KB126700

일제 말기 조선인 강제동원과 거부투쟁

충남지역을 중심으로

일제 말기 조선인 강제동원과 거부투쟁: 충남지역을 중심으로

초판 1쇄 발행 2021년 12월 27일

지은이 | 노영종
펴낸이 | 윤관백
펴낸곳 | 도서출판 선인

등 록 | 제5-77호(1998.11.4)
주 소 | 서울시 마포구 마포대로 4다길 4(마포동 324-1) 곶마루 B/D 1층
전 화 | 02) 718-6252 / 6257
팩 스 | 02) 718-6253
E-mail | sunin72@chol.com

정가 36,000원
ISBN 979-11-6068-646-3 93910

· 잘못된 책은 바꿔 드립니다.
· www.suninbook.com

일제 말기 조선인 강제동원과 거부투쟁

충남지역을 중심으로

노영종 지음

도서출판 선인

책을 펴내며

일제의 조선인 강제동원은 과거의 역사가 아닌 현재도 여전히 진행 중인 역사이다. 지금으로부터 70여 년 전 일제가 행한 조선인들의 강제 인력 수탈에 대해 2021년 지금도 한국과 일본 두 나라 사이에 논란이 계속되고 있다. 일본 정부가 조선인 강제동원의 강제성을 여전히 부정하고 있기 때문이다. 과거사가 해결되지 않은 탓이다.

일제는 그들의 침략전쟁을 수행하기 위해 조선인의 인력이 필요했다. 조선인의 강제동원은 계획적 · 집단적 · 강제적으로 수행되었고, 강제노동과 민족차별이 수반되었음은 많은 사료와 증언들을 통해 사실임이 입증되고 있다.

일제는 강제모집 방식, 관주도 방식, 징용 방식 등 다양한 형태로 조선인을 동원하였다. 명칭은 달랐지만, 일제가 조선인의 인력동원을 주도하고, 계획적 · 집단적 · 강제적으로 수행된 점에서는 차이가 없다.

일제의 인력 수탈에 조선인들이 순순히 응한 것만은 아니었다. 비밀결사를 조직하여 징용 반대투쟁을 전개하였고, 개인적인 차원에서 저항하기도 하였다. 대표적인 저항의 표출방식은 탈출과 노동쟁의였다. 강제동원되는 과정에서는 물론 동원된 이후에도 끊임없이 개인적으로 혹은 집단적으로 탈출을 감행하였고, 민족차별과 열악한 노동환경·노동조건하에서 파업, 태업, 집단탈출, 직접투쟁 등 다양한 방식으로 노동쟁의를 전개하였다.

일제의 강제동원에 대한 조선인들의 저항은 항일 독립운동 차원의 '거부투쟁'으로 평가되어야 한다. 일제의 침략전쟁 수행을 저해하였음은 물론 민족의 독립을 쟁취하기 위한 차원에서 전개되었기 때문이다.

이 책은 2019년 박사학위논문으로 제출한 「일제 말기 충남지역 노동력 강제동원과 거부투쟁」을 다듬고 보완한 것으로, 책을 출간하기까지 많은 분들의 도움과 격려를 받았다.

학창 시절부터 지금까지 부족한 제자를 학문의 길로 이끌어주신 김상기 교수님, 늘 격려해 주시고 박사학위논문의 완성도를 높여 주신 박걸순 교수님, 곽건홍 교수님, 허종 교수님, 김도형 선생님께 감사드린다.

아울러 연구에 매진하도록 도와주신 차상철 교수님을 비롯하여 김형국 선배님과 길기태 선배님, 그리고 박경목 관장을 비롯한 충남대학교 국사학과 동료, 후배들께도 감사드린다.

오랫동안 지켜봐 주시고 격려해주신 부모님과 처가의 부모님 그리고 가족들 모두에게 감사드린다. 특히, 아내(류은미)와 세 아이(하람, 하경, 하은)에게 이 책은 가족 모두의 것임을 말해주고 싶다.

책을 출간하기까지 독려해 주시고 흔쾌히 출판을 결정해 주신 윤관백 대표님과 꼼꼼히 다듬고 정성을 기울여 주신 편집부 여러분께도 깊은 감사를 드린다.

이 모든 것이 하나님의 도우심이었음을 고백한다.

2021년 7월

지은이 노영종

차 례

제1장
서 론

제1장

서론

1. 문제 제기

해방 이후 줄곧 일본 정부는 그들의 침략전쟁을 반성하기는커녕 조선인의 강제동원[1]에 대한 진실을 외면하며 합법성의 주장을 노골화 해가고 있

1) 전시체제기 조선인의 인력동원에 대해 ① 조선인은 자유 의지에 기초한 노동력 이동과 외국 이주를 하지 못했고, 피지배민족인 조선인이 일본의 침략전쟁 때문에 동원되었으며, 가족 離散, 생사불명, 유골 방치 등의 인권무시가 공공연히 행해진 측면에서 '강제연행'의 용어를 사용하였다(朴慶植, 金贊汀, 林えいだい, 長澤秀, 守屋敬彦, 金光烈, 古庄正, 洪祥進, 守屋敬彦, 外村大, 김운태, 김인덕, 한혜인). ② '강제연행'에 대한 개별적 개념으로서의 한계를 들어 집단적 개념으로서의 '전시노무동원'을 주장하였다(김민영). ③ '강제적인 노동력 동원'의 의미가 담겨진 '강제동원'이 일본에서 제기되어 국내 연구자들도 사용하였고(허수열, 강만길, 강창일, 곽건홍, 이상의, 안자코 유카), 강제동원 피해의 진상규명과 희생자 지원을 위해 제정된 법령과 기구의 명칭에도 사용되었다. ④ 동원과정과 노동 전반의 강제성을 포괄하는 개념으로서 '강제연행 · 강제노동'을 사용하였다(전기호, 정혜경). ⑤ 조선인 인력동원을 '강제연행, 강제노동, 민족차별'이라는 세 가지 측면을 포함하는 포괄적 개념으로서 '조선인 전시노동동원'으로 부르면서, 노동동원(모집, 관알선, 징용, 여자근로정신대)과 군사동원(병사(지원병, 징병), 군요원(군속, 군부), 군위안부)으로 분류하였다(山田昭次, 古庄正, 樋口雄一). ⑥ 조선인에 대한 강제적인 전쟁동원을 '전시동원'이라고 하면서 그 가운데 폭력적인 동원을 '강제연행'이라고 하였다. '전시동원'은 병력동원(병사, 포로감시원)과 노무동원(군요원(軍屬, 軍夫, 從軍慰安婦), 민간요원(集團移入勞働者))을 포함한다(金英達). ⑦ 북한에서는 '강제 징용'이라고 부르면서 강제동원 방식을 '관알선', 보국대, 징용으로 구분하여 설명하였다. 필자는 「국가총동원법」이 적용된 '총동원체제하에서 수행된 강제적인 인력 동원'이라는 의미로 '강제동원'을 사용하고자 한다. 이 개념에는 노동력 동원, 병력동원, 성동원이 포함되는데, 노동력 동원은 강제모집, 관 주도, 징용 및 군속 · 군노무자, 근로보국대, 근로정신대 등 국내

다.[2] 그러나 일제의 조선인 강제동원은 역사적 事實이고 수많은 자료와 증언을 통해 史實임이 입증되고 있다.

일제는 1938년 4월 1일 「국가총동원법」을 제정하여 총동원체제로 개편하고, 같은 해 5월 5일 조선에도 이를 적용하였다. 또한, 1941년 12월 진주만을 습격하여 태평양전쟁을 일으킴으로써 戰線을 확대해 나갔다. 파시즘 독재체제하의 일제는 그들의 침략전쟁 수행을 위해 부족한 노동력을 식민지 조선에서 충당하고자 하였다. '경제적 수탈과 민족 말살'이라는 일관된 식민정책하에서 추진된 조선인 강제동원은 조직적 · 강제적으로 수행되어 강제노동을 수반하였고, 皇民化教育을 통해 조선인의 日本人化를 의도한 것이었다.[3]

일본지역으로의 조선인 인력 동원은 강제모집[4]과 관 주도[5] 그리고 징용을 중심으로 이루어졌다. 각각의 동원방식에 대한 구체적인 동원절차와 대상자의 선정기준 등에 대한 심도있는 연구가 필요하다. 또한, 조선인의 징용은 1944년이 되어야 실시되었다고 이해되어 왔지만, 실제로는 1941~43년 시기에도 상당수의 조선인이 징용되고 있었다. 누가, 어떻게, 어떤 기준으로 조선인을 동원해 갔는가가 밝혀질 때 조선인 강제동원의 구체상이 명

외의 노동력 동원을 포괄한다. 병력동원은 지원병, 징병 등 군인으로 동원된 경우이고, 성동원은 조선인 여성이 '일본군 성노예'로 동원된 경우를 말한다.

2) 최근 대법원의 '한국인 강제징용 피해자에 대한 일본 기업의 배상책임이 있다.'는 판결(2018년 10월 30일)에 대해, 일본 총리 아베 신조(安倍晋三)는 "이번 사건을 한반도 출신 노동자 문제라고 부르고 있다."며 강제동원의 강제성을 부정하는 발언을 하였다.

3) 전기호, 「일제하 조선인 강제연행 · 강제노동에 있어서 강제의 성격에 관한 연구」, 『경제연구』 16-1, 경희경제연구소, 2000.

4) '모집'은 '사람이나 작품, 물품 따위를 일정한 조건 아래 널리 알려 뽑아 모음'이란 뜻으로, 일제가 조선인을 동원하면서 자율성이 내포되었음을 교묘하게 포장하기 위해 사용한 용어로서, 본고에서는 강제성을 분명히 드러내기 위해 '강제모집'으로 표현한다.

5) '알선'은 '남의 일이 잘 되도록 주선하는 일'을 뜻하는데, 일제가 조선인 동원에 직접적으로 관여하지 않았음을 교묘하게 의도하고 법망을 피하기 위해 '관알선'이란 용어를 사용하였으나, 본고에서는 일제와 조선총독부가 직접적으로 조선인 동원에 개입하고 주도했음을 드러내기 위해 '관 주도'로 표현한다.

확해질 수 있을 것이다.

이와 함께 조선인을 강제동원하기 위해 사전조치로서 행해진 조선 전역의 노동력 조사과정과 결과 그리고 강제동원 업무를 담당했던 기구의 정비와 증원 과정도 면밀하게 밝혀질 필요가 있다. 일제가 조선인의 강제동원을 위해 어떻게 준비했는가를 밝힐 수 있기 때문이다.

그럼 일제는 얼마나 많은 조선인을 강제동원하였는가? 2002년 일제강점하강제동원피해진상규명을 위한 특별법 제정을 위한 국회 보고대회에서 조선인의 강제동원 인원수를 7,879,708명으로 추산하였고,[6] 대일항쟁기강제동원피해진상조사및국외강제동원희생자등지원위원회는 『위원회 활동 결과보고서』에서 7,804,376명으로 보고한 바 있다.[7] 그러나 강제동원 현황의 정확한 추산을 위해 기업별, 사업장별 또는 출신 지역별 연구와 함께 동원 유형(병력동원, 노동력동원, 여성동원)과 동원 방식(강제모집, 관 주도, 징용, 근로보국대, 군 동원 등)별로 구체적인 연구가 더욱 축적될 필요가 있다.

본고에서는 그동안 다루어지지 않았던 충남지역을 대상으로 강제동원 현황을 분석해 보고자 한다. 충남지역의 각 부·군별 집중적으로 동원되는 기업(사업장) 현황을 동원 시기·방식 등과 연계하여 밝혀보고자 한다. 충남지역은 강제동원이 시작된 1939년부터 1945년 해방 때까지 지속적으로 동원되어 전체인원의 13명당 1명이 동원되었다.[8] 특히, 관 주도 방식에 의해 홋카이도탄광기선(주)에 가장 먼저 동원되었고, 타 지역에 비해 탈출율이 월등히 높은 지역이었다. 또한, 1940년 당시 노동력 조사 결과 농업에

6) 일제강점하강제동원피해진상규명등에관한특별법제정추진위원회, 『일제강점하 강제동원피해 진상규명 어디까지 왔나 – 일제강점하강제동원피해진상규명등에관한특별법공청회자료집』, 2002.

7) 대일항쟁기강제동원피해진상조사및국외강제동원희생자등지원위원회, 『위원회 활동 결과보고서』, 2016.

8) 국가기록원에 보존 중인 명부에 등재되어 있는 충남지역 출신자는 11만여 명이다.

서 노동으로의 出稼[9]·轉業 희망인력 비율이 가장 높았고 인원수도 가장 많았으며, 인구 대비 강제동원 비율도 경북보다 높았다.[10] 뿐만 아니라 충남지역 출신 강제동원자들은 동원된 이후 他道 출신자들과 함께 다양한 형태의 노동쟁의를 전개하였고, 동향인을 중심으로 집단 탈출을 시도하는 한편, 민족주의 성격의 노동쟁의를 주도하였다.

일제는 이른바 '內鮮一體'를 주장하며 강제동원 조선인과 일본인 노동자 사이에 차별이 없는 것처럼 위장하였지만, 실제로는 임금, 노동시간, 담당 업무, 숙식, 대우 등 모든 면에서 차별이 존재하였다. 강제동원 조선인은 철저한 통제 속에서 상시적으로 구타를 당하였고, 민족 차별과 학대를 경험하였다.[11]

郡名	계	일본정부 전달 명부	왜정 시 피징용자명부	독립기념관 수집 명부	군인군속 공탁금명부	일제강점기 피해자명부
계	111,316	37,047	42,928	2,621	5,327	23,393
대전	8,463	2,990	3,355	126	327	1,665
공주	8,623	3,268	3,625	209	325	1,196
금산	3,884	1,519	1,894	7	464	-
논산	8,954	3,036	3,299	328	411	1,880
당진	8,030	2,249	2,884	146	253	2,498
보령	6,605	1,825	2,519	91	347	1,823
부여	8,345	2,713	2,804	156	421	2,251
서산	9,583	3,219	4,006	159	401	1,798
서천	6,625	2,370	2,169	252	444	1,390
아산	7,868	2,673	2,996	238	300	1,661
연기	5,738	2,002	2,181	198	216	1,141
예산	8,494	2,407	3,442	233	396	2,016
천안	6,799	2,698	3,008	286	324	483
청양	5,027	1,531	2,316	63	205	912
홍성	7,659	2,112	2,430	83	357	2,677
不明	619	435	-	46	136	2

9) 出稼는 '일시적으로 고향을 떠나 타향에서 돈벌이를 하는 것'을 의미한다.

10) 국가기록원에 보존되어 있는 명부를 분석한 결과, 1940년 인구 대비 강제동원 비율은 충청남도가 8.8%로 경기도(4.7%), 경상북도(8.7%), 경상남도(7.3%), 전라남도(8.2%), 전라북도(7.1%)에 비해 높은 비율이었다.

11) 국제노동기구 총회가 1930년 6월 28일 채택하여 1932년 5월 1일 효력이 발생(174개국 비준)된 「강제근로협약(Forced Labour Convention)」에 의하면, 강제근로라 함은 어떤 사람이 처벌

일제의 강제동원에 대해 조선인이 순순히 응한 것만은 아니었다. 강제동원 조선인은 다양한 방식으로 저항하였다. 비밀결사를 조직하여 거부투쟁을 벌였으며, 동원되는 과정에서 수시로 탈출을 시도하였다. 동원된 이후 민족차별을 겪으며 반일주의자로 변모한 조선인은 집단 탈출과 파업·태업·무력행사 등 다양한 노동쟁의를 전개하였다.

특히, 탈출은 고향 현지와 동원되는 과정에서는 물론 동원지에 도착한 이후에도 끊임없이 시도된 저항의 형태였다. 개인적인 탈출도 시도되었지만 계획적인 집단탈출이 빈번했던 만큼 적극적인 저항의 한 형태로 평가되어야 한다.

일제의 강제동원에 대한 조선인의 거부투쟁은 일제의 戰力을 약화시켜 침략전쟁 수행을 저해하였으며, 일제가 내세우는 內鮮一體의 허구성을 깨닫고 민족적 자각하에 추진되었다. 따라서 조선인의 강제동원 거부투쟁을 항일운동의 한 분야로서 평가하여야 한다.

2. 연구사 검토

조선인 강제동원 관련 연구는 크게 3시기로 구분할 수 있다. 첫째, 재일조선인과 일본인 학자를 중심으로 강제동원 연구가 진행된 1960~80년대 시기이다. 둘째, 국내 연구자들의 본격적인 연구가 시작되어 일본 지역과 국내 지역에서 병행적으로 이루어진 1990년대 초반~2003년이다. 셋째, 2004년 이후부터 국내 연구자들의 연구가 폭발적으로 증가하여 강제동원 연구의

의 위협하에서 강요받거나 자발적으로 제공하는 것이 아닌 모든 노동이나 서비스를 의미한다. 일제도 비준한 이 조약에 의하면, 강제근로를 완전히 폐지하여야 하고(제4조), 행정적 기능을 수행하지 않는 기관의 장은 강제근로를 시켜서는 안되며(제7조), 강제근로를 사용하기 위한 모든 결정에 대한 책임은 관련 영토에서 시정을 담당하는 최고기관에 있다고 하였다(「강제근로협약(1930년)」, 고용노동부 국제기구담당관실, 『ILO 주요협약』, 문원기획, 2012).

중심축이 일본에서 국내로 이동된 시기이다.

첫째 시기는 박경식이 『조선인 강제연행의 기록』을 발표[12]한 이후 재일 조선인 문제에 관심을 갖게 된 재일동포와 일본인들 학자들에 의해 강제동원 정책과 그 전개과정에 대한 연구가 수행되었고,[13] 인터뷰 기록이 수집·발간되었으며,[14] 지역사 차원에서 일본 지역별 강제동원의 현황과 생활실태에 대한 연구가 진행되었다.[15] 특히, 朝鮮人强制連行眞相調査團이 조직되어 강제동원 실태보고서가 발간되었다.[16] 국내의 연구로는 최초로 강제동원을 다룬 김대상의 연구와 다양한 자료를 바탕으로 국내동원을 최

12) 朴慶植, 『朝鮮人强制連行の記錄』, 未來社, 1965.

13) 小澤有作, 『近代民衆の記錄 10』(재일조선인), 新人物未來社, 1978 ; 小林英夫, 「朝鮮總督府の勞動力政策について」, 『經濟と經濟學』 34, 東京道立大學經濟學會, 1974 ; 依田憙家, 「第二次世界大戰下 朝鮮人强制連行と勞務政策」, 『社會科學硏究』, 早稻田大學 社會科學硏究所, 1972 ; 戶塚秀夫, 「日本帝國主義の崩壞と「移入朝鮮人」勞動者－石炭産業における一事例硏究－」, 隅谷三喜男, 『日本勞使關係論史』, 1977 ; 康成銀, 「戰時下日本帝國主義の農村勞動力收奪政策」, 『歷史評論』, 1979 ; 山田昭次, 「中國人,朝鮮人强制連行史試論」, 『朝鮮歷史論集』(下), 龍溪書舍, 1979 ; 樋口雄一, 『協和會－戰時下在日朝鮮人の統制組織硏究』, 社會評論社, 1989 ; 鈴木敬夫, 『法을 통한 朝鮮植民地 支配에 관한 연구』, 高大民族文化硏究所, 1989.

14) 金贊汀, 『證言 朝鮮人强制連行』, 新人物往來社, 1975 ; 권병탁, 『게라마열도－일제말 징용기』, 영남대 출판부 1981 ; 하야시 에이다이 저, 신경식 역, 『일제의 조선인노동 강제수탈사』, 비봉출판사, 1982 ; 金贊汀, 『火の慟哭－在日朝鮮人坑夫生活史－』, 田畑書店, 1979 ; 殷宗基, 『在日朝鮮人の生活と人權』, 同成社, 1986 ; 林えいだい, 『消された朝鮮人强制連行の記錄』, 明石書店, 1989 ; 朝鮮人强制連行眞相調査團, 『强制連行された朝鮮人の證言』, 明石書店, 1990.

15) 長崎在日朝鮮人の人權を守る會, 『原爆と朝鮮人 第1~6集』, 1982~1994 ; 兵庫朝鮮關係硏究會, 『兵庫と朝鮮人』, シシヅ印刷, 1985 ; 札幌鄕土を堀る會, 『海峽の波高く・札幌の朝鮮人强制連行と勞働』, 1989 ; 廣島の强制連行を調査する會, 『强制連行(强制勞働)の調査にあなたもしてさい』, 1990 ; 兵庫縣朝鮮關係硏究會 編, 『地下工場と朝鮮人强制連行』, 明石書店, 1990 ; 大阪府朝鮮人强制連行眞相調査團岬町地元まとめの會, 『泉南における朝鮮人强制連行と强制勞働』, 1991 ; 全國交流集會實行委員會, 『第2回朝鮮人・中國人强制連行・强制勞働を考える全國交流集會報告集』, 1991 ; 大阪人權歷史資料館 編, 『朝鮮侵略と强制連行』, 解放出版社, 1992 ; 廣島の强制連行を調査する會, 『地下壕に埋もれた朝鮮人强制勞動』, 明石書店, 1992 ; 兵庫朝鮮關係硏究會, 『在日朝鮮人90年の軌跡－續兵庫と朝鮮人』, 神戶學生靑年センター出版部, 1993 ; 長崎在日朝鮮人の人權を守る會, 『佐賀縣朝鮮人强制連行,强制勞働實態調査報告書』, 1994 ; 奈良・發掘する會, 『金屋淵鑛業所と朝鮮人强制連行』, 1996.

16) 朝鮮人强制連行眞相調査團, 『沖繩朝鮮人强制連行虐殺眞相調査團報告書』, 1972 ; 『九州朝鮮人强制連行の記錄』, 1974 ; 『朝鮮人强制連行調査の記錄－北海道・千島・樺太編』, 現代史出版會, 1974.

초로 밝힌 허수열의 연구가 주목된다.[17] 이 시기는 조선인 강제동원이 학문의 영역으로 자리 잡기 시작하여 탄광, 공장, 사업장 등 일본지역 내의 동원지별 동원현황과 노동실태에 대한 연구가 중심을 이루었다.

두 번째 시기는 1990년 노태우 대통령의 訪日을 계기로 일본 정부에 강제동원 자료를 요청하면서 강제동원에 대한 관심이 높아져 국내에서도 본격적인 연구가 시작되었다. 다양한 자료집이 발간되었고,[18] 각 지역별로 강제동원 현황과 실태를 밝히는 연구가 계속적으로 진행되었으며,[19] 강제동원의 개념과 범위,[20] 강제동원 정책,[21] 강제동원에 대한 조선인의 저

17) 김대상, 『일제하 강제인력수탈사』, 정음사, 1975 ; 허수열, 「조선인 노동력의 강제동원의 실태－조선내에서의 강제동원정책의 전개를 중심으로－」, 차기벽 편, 『일제의 한국식민통치』, 정음사, 1985.

18) 朴慶植, 『戰時强制連行・勞務管理政策』, アヅア問題研究所, 1981 ; 朴慶植, 『朝鮮問題資料叢書』, アヅア問題研究所, 1982 ; 『在日朝鮮人關係資料集成』, 不二出版, 2000~2001 ; 林えいだい, 『戰時外國人强制連行關係資料集』, 明石書店, 1991 ; 長澤秀 編, 『戰時下朝鮮人中國人聯合軍俘虜强制連行資料集』, 綠蔭書店, 1991 ; 樋口雄一 편, 『協和會關係資料集』, 綠蔭書店, 1992~1993 ; 金英達・飛田雄一, 『朝鮮人・中國人・强制連行・强制勞動資料集』, 神戶學生青年センター出版部, 1990~1994.

19) 朝鮮人强制連行眞相調査團, 『各地での朝鮮人强制連行眞相調査團活動』, 1990 ; 『强制連行された朝鮮人の證言』, 明石書店, 1990 ; 廣島の强制連行を調査する會, 『强制連行(强制勞働)の調査にあなたもしてさい』, 1990 ; 兵庫縣朝鮮關係研究會 編, 『地下工場と朝鮮人强制連行』, 明石書店, 1990 ; 長崎在日朝鮮人の人權を守る會, 『原爆と朝鮮人 第1~6集』, 1982~1994 ; 大阪府朝鮮人强制連行眞相調査團岬町地元まとめの會, 『泉南における朝鮮人强制連行と强制勞働』, 1991 ; 全國交流集會實行委員會, 『第2回朝鮮人・中國人强制連行・强制勞働を考える全國交流集會報告集』, 1991 ; 大阪人權歷史資料館 編, 『朝鮮侵略と强制連行』, 解放出版社, 1992 ; 廣島の强制連行を調査する會, 『地下壕に埋もれた朝鮮人强制勞動』, 明石書店, 1992 ; 朝鮮人强制連行眞相調査團, 『北海道朝鮮人强制連行と虐待の實態』, 1992 ; 朝鮮人强制連行眞相調査團, 『朝鮮人强制連行調査の記錄』(京都, 四國, 大阪, 兵庫, 廣島, 神奈川, 山口編), 柏書房, 1992~1994 ; 兵庫朝鮮關係研究會, 『在日朝鮮人90年の軌跡－續兵庫と朝鮮人』, 神戶學生青年センター出版部, 1993 ; 古庄正, 『强制連行の企業責任－徵用された朝鮮人は訴える』, 創史社, 1993 ; 長崎在日朝鮮人の人權を守る會, 『佐賀縣朝鮮人强制連行,强制勞働實態調査報告書』, 1994 ; 長崎在日朝鮮人の人權を守る會, 『佐賀縣朝鮮人强制連行,强制勞働實態調査報告書』, 1994 ; 奈良・發掘する會, 『金屋淵鑛業所と朝鮮人强制連行』, 1996 ; 『遙かなるアリランの故鄕よ』, 隨想舍, 1998 ; 朝鮮人强制連行實態調査報告書編纂委員會, 『北海道と朝鮮人勞働者』, 1999 ; 朝鮮人强制連行眞相調査團, 『朝鮮人强制連行調査の記錄(關東編)』, 柏書房, 2002 ; 『朝鮮人强制連行調査の記錄－神內川・千葉・山梨 編－』, 2002 ; 金光烈, 『足で見た築豊 朝鮮人炭鑛勞働の記錄』, 明石書店, 2004.

20) 山田昭次, 「朝鮮人强制連行研究史覺書」, 梁泰昊 編, 『朝鮮人强制連行論文集成』, 明石書店,

항,[22] 군인·군속의 동원,[23] 일본군 성노예[24] 등 연구영역도 확장되었다. 특히, 국내에서는 강제동원 해외 희생자 보고서가 공간되었고,[25] 여러 편의 박사학위 논문[26]이 발표되었다. 이 시기는 다양한 연구주제로 강제동

1993；海野福壽,「朝鮮の勞務動員」,『岩波講座 日本近代と植民地』5, 岩波書店, 1993；飛田雄一·金英達·高柳俊男·外村大,『朝鮮人戰時動員に關する基礎硏究』,『靑丘學術論叢』4, 1994；「第二次世界大戰下における朝鮮人强制連行の統計的硏究－被連行者數について－」,『道都大學紀要』제13호, 1994；金英達·飛田雄一,『1994 朝鮮人·中國人强制連行·强制勞働資料集』, 神戸學生靑年センター出版部, 1994.

21) 守屋敬彦,「國家統制下における勞働者募集法規の硏究」,『道都大學紀要』제8호, 1989；「朝鮮人强制連行における募集·官斡旋·徵用方式の一貫性」,『道都大學紀要』제14호, 1995；「アジア太平洋戰爭下の朝鮮人强制連行のと遺家族援護」,『道都大學紀要』제15호, 1996；金英達,『朝鮮人强制連行の硏究　金英達著作集Ⅱ』, 明石書店, 2003；山田昭次, 古庄正, 樋口雄一,『朝鮮人戰時勞働動員』, 岩波書店, 2005.

22) 강만길,「침략전쟁기 일본에 강제동원된 조선노동자의 저항」,『한국사학보』2, 1997；김인수,「일제하 총동원체제에서의 노무동원과 저항에 관한 연구－조선 노동자들의 식민적 근대성 경험」, 서울대학교 사회학과 석사학위논문, 2000；전기호,「강제연행 재일조선인 노동자들의 투쟁에 관한 연구」,『경제연구』17, 2001；노영종,「일제말기 북해도지역의 강제연행과 거부투쟁」,『한국근현대사연』17, 2001；곽건홍,「침략전쟁기(1937~45) 일본에 경제동원된 조선노동자의 존재형태－군대식 노동규율과 노동조건의 민족적 차별을 중심으로」,『아세아연구』제45권 2호, 2002；변은진,「일제침략전쟁기 조선인 '강제동원' 노동자의 저항과 성격－일본내 '도주'와 '비밀결사운동'을 중심으로」,『아세아연구』제45권 2호, 2002；이상의,「일제지배 말기의 노동문제와 조선인의 저항」, 역사학연구소,『역사연구』13, 2003；전기호,「강제연행 재일 한국인 노동자들의 투쟁」,『일제시대 재일한국인 노동자계급의 상태와 투쟁』, 지식산업사, 2003.

23) 樋口雄一,『皇軍兵士にされた朝鮮人』, 社會評論社, 1991；姜德相,『朝鮮人學徒出陣』, 岩波書店, 1997；표영수,「일제말기 병력동원정책의 전개와 평양학병의거」,『한일민족문제학회』3, 2003.

24) 鈴木裕子,『朝鮮人從軍慰安婦』,；朴壽南,『アリランのうた』, 靑木書店, 1991；高木健一,『從軍慰安婦と戰後補償』, 三一書房, 1992；吉見義明,『從軍慰安婦』, 岩波書店, 1995；吉見義明·林博史 編,『共同硏究 日本軍慰安婦』, 大月書店, 1995；윤명숙,「中日戰爭期における朝鮮人軍隊慰安婦の形成」,『朝鮮史硏究會論文集』32, 1994；樋口雄一,「太平洋戰爭下の朝鮮女性動員－愛國班を中心に」,『朝鮮史硏究論文集』32, 1994；정진성·강창일·김경일,「일본군 위안부의 생활실태와 연구에 대한 검토」,『성곡논총』27-3, 1996；신영숙·조혜란,「일제시기 조선인 '군위안부'의 실태 및 특성에 관한 연구」, 한국정신대연구회 편,『한일간의 미청산 과제』, 아세아문화사, 1997；한국정신대문제대책협의회,『일본군 '위안부' 문제의 진상』, 역사비평사, 1997；정진성,「일제말 강제 동원기의 기업 위안부에 관한 연구」,『사회와 역사』63, 2003.

25) 한국정신문화연구원,『해외희생자유해현황 조사사업보고서』(Ⅰ·Ⅱ), 1995~1996.

26) 김민영,「일제의 조선인 노동력 수탈에 관한 연구：강제동원을 중심으로」, 전남대학교 박사학위논문, 1991；곽건홍,「일제하 조선의 전시 노동정책 연구」, 고려대학교 박사학위논문,

원의 연구영역이 확장되었고, 일본지역과 국내에서 모두 활발한 연구가 진행되었다.

세 번째 시기는 2004년 「일제강점하 강제동원 피해 진상규명 등에 관한 특별법」이 제정되고 일제강점하강제동원피해진상규명위원회가 활동하면서 국내에서의 강제동원 연구가 크게 증가하였다. 또한, 한일민족문제학회가 설립되면서 활발한 연구가 진행되었다. 이 시기부터는 강제동원 연구의 중심축이 일본지역에서 국내지역으로 이동되었다고 할 수 있다. 이하에서는 본고에서 다루고 있는 주제를 중심으로 연구 성과를 검토해 보려 한다.[27]

우선 강제동원 관련 기록사료를 소개하고 분석한 연구 성과가 축적되었다. 국내 소장 기록사료의 현황과 향후의 수집 및 활용방안에 대해 제안하면서 구술자료의 수집과 활용을 강조하였고,[28] 일본 정부로부터 이관받은 명부와 강제동원 기록물을 소개 · 분석하였으며,[29] 일제강점하강제동원피해진상규명위원회가 수집한 자료를 증언집[30]과 보고서[31]로 발간하였다.

1998 ; 이상의, 「1930~40년대 일제의 조선인노동력 동원체제 연구」, 연세대학교 박사학위논문, 2002.

27) 그동안의 연구 성과는 김인덕과 김민영, 정혜경에 의해 정리된 바 있다(김인덕, 『강제연행사 연구』, 경인문화사, 2003 ; 김인덕, 「일본지역 강제연행 연구」, 『한국민족운동사연구』 17, 1997 : 김민영, 「일제하 조선인 '강제연행' 문제의 연구쟁점과 전망(1)－전후처리 · 보상문제를 중심으로－」, 『춘계 박광순박사 화갑기념논문집』, 1993 ; 김민영, 「한국의 식민지시기 '전시노무동원'에 대한 연구동향」, 『역사교과서 속의 한국과 일본』, 혜안, 2000 ; 정혜경, 『조선인 강제연행 강제노동 I : 일본편』, 선인, 2006).

28) 정혜경, 『일제말기 조선인 강제연행의 역사－사료연구』, 경인문화사, 2003 ; 정혜경, 「일제말기 조선인 강제연행 · 강제노동에 관한 기록사료－수집 및 활용 방안을 중심으로－」, 『사림』 제24호, 2005.

29) 노영종, 「일제 강제연행자 현황에 대한 검토」, 『기록보존』 16, 2003 ; 노영종, 「대전지역의 강제연행 현황－국가기록원 소장 기록물을 중심으로－」, 『대전문화』 14집, 2008 ; 「대전지역의 강제연행 현황 관련 기록물 현황」, 『대전문화』 24집, 2015.

30) 일제강점하강제동원피해진상규명위원회, 『당꼬라고요?』(2005), 『똑딱선 타고 오다가 바다 귀신 될 뻔 했네』(2006), 『가긴 어딜가? 헌병이 총 들고 지키는데』(2006), 『검은 대륙으로 끌려간 조선인들』(2006), 『갑자 · 을축생은 군인에 가야 한다』(2006), 『수족만 멀쩡하면 막 나는 거야』(2007), 『시베리아 억류 조선인 포로의 기억1』(2007), 『내 몸에 새겨진 8월』(2008), 『조

강제동원자명부에 대한 개요와 검토내용, 의의에 대해 밝혔으며,[32] 강제동원 관련 기록물을 분석하여 그 결과물을 발표하였다.[33] 軍屬 관련 명부를 미시적으로 분석하여 군속 현황을 밝히는 일련의 연구들이 발표되었고,[34] 홋카이도 지역의 탄광 기록이 소개되었고,[35] 스미토모(住友)(주) 고노마이(鴻之舞)광업소, 홋카이도(北海道)탄광기선(주), 닛소데시오(日曹天鹽)광업소 등의 기업자료가 소개되기도 하였다.[36] 이상과 같이 강제동원자 명부 등 관련 자료를 소개하고 분석한 연구가 진행되었는데, 이는 강제동원 연

선이라는 나라가 있었구나』(2008), 『굴 파러 군대 갔어!』(2008), 『남방기행』(2008), 『조선여자근로정신대, 그 경험과 기억』(2008), 『아홉머리 넘어 북해도로』(2009).

31) 대일항쟁기강제동원피해조사및국외강제동원희생자등지원위원회(일제강점하강제동원피해진상규명위원회), 『강제동원 기증 자료집: 사진류, 명부류, 문서류, 박물류, 기타』(2006), 『소록도 한센병환자의 강제노역에 관한 조사』(2006), 『'大東亞聖戰大碑'와 7인의 한국인특공대』(2006), 『거문도 군사시설 구축을 위한 주민 강제동원에 관한 조사』(2006), 『일본 우토로지역 주민의 도일(渡日) 배경에 관한 조사』(2006), 『타이헤이마루사건』(2006), 『제주도 군사시설 구축을 위한 노무 · 병력동원에 관한 조사』(2007), 『사할린 '이중징용' 피해 진상조사』(2007), 『일본 조세이(長生)탄광 수몰사고 진상조사』(2007), 『사할린 가미시스카(上敷香) 조선인 학살사건 진상조사』(2007), 『야스쿠니신사 '한국인' 합사경위 및 합사자명부 진상조사』(2007), 『'조선여자근로정신대' 방식에 의한 노무동원에 관한 조사』(2008), 『일제시기 조선 내 군사시설 조사: 전남 서남해안 일대 군인동원을 중심으로』(2008), 『국내 주요 공장의 강제동원 실태에 관한 기초조사: 『경성일보』 기사 색인을 중심으로』(2008), 『하와이 포로수용소 한인 포로에 관한 조사』(2008), 『남양군도 지역 한인노무자 강제동원 실태에 관한 조사(1939~1941)』(2009), 『(사진으로 보는) 강제동원 이야기: 홋카이도편』(2009), 『태평양전쟁기 격전지와 조선인 희생자에 관한 연구 : 제5방면군 주둔지역을 중심으로』(2009), 『위원회활동결과보고서』(2016).

32) 일제강점하강제동원피해진상규명위원회, 『강제동원 명부해제집』 1 · Ⅱ, 2009 · 2013.

33) 정혜경 외, 『강제동원을 말한다－명부편(1)』, 선인, 2011 ; 방일권 외, 『강제동원을 말한다－명부편(2)』, 선인, 2012.

34) 심재욱, 「공원명표를 통해 본 전시체제기 구일본육군조병창의 조선인 군속동원」, 『한국민족운동사연구』 66, 2006 ; 「구일본해군 조선인군속 관련 자료(2009)에 대한 미시적 분석」, 『한일민족문제학회』 24, 2013 ; 「전시체제기 조선인 해군군속의 일본지역 동원 현황－구일본해군 조선인군속 관련 자료(2009)의 데이터 분석을 중심으로」, 『한국민족운동사연구』 81, 2014.

35) 박맹수, 「홋카이도(北海道) 地域의 '朝鮮人' 强制連行 資料에 대하여」, 『한일민족문제연구』 제4집, 2003 ; 「일제말기 北海道로 강제동원된 전북 출신 노무자 213명의 名簿」, 『한일민족문제연구』 제8집, 2005.

36) 모리야 요시히코(守屋敬彦), 「기업 자료 중 각종 명부류의 기술내용에서 알 수 있는 조선인 강제연행자에 관한 사실」, 『한일민족문제연구』 제16집, 2009.

구의 활성화를 위한 기초작업으로서의 의미가 있다고 하겠다.

조선인의 인력 동원을 수행하기 위한 사전 조치의 의미를 가진 조선인의 노동력 조사와 관련된 연구도 진행되었다. 그동안 이에 대한 연구는 단편적으로 소개되었다. 조선의 농촌재편성 정책과 노동력 조사를 연관시켜 설명하였고,[37] 노동력 재분배계획의 일환이나[38] 노동력 동원정책의 일환으로 설명하였다.[39] 또한 국가기록원이 勞務群 문서를 해제하는 과정에서 소개되었고,[40] 여성동원 가능인력의 산출 과정에서 인용되기도 하였다.[41] 최근 『勞務資源調査關係書類』를 분석하여 1940년 조선총독부가 처음 실시한 조선 전역의 노동력 조사과정과 조사결과를 설명하였는데, 조선인의 인력 동원이 강제적이고 기만적일 수밖에 없었음이 통계로서 입증되었다.[42]

다음으로 조선인의 강제동원 정책과 관련된 연구가 진행되었다. 김민영은 조선인 강제동원의 구체적인 전개과정과 조선인의 사회경제적 실태를 분석하면서 일본 사가(佐賀)현에 동원된 조선인의 노동력 수탈과 생활 실태를 규명하였다.[43] 강제동원의 배경, 전개과정, 노동실태, 사회경제적 영향을 고찰한 한국인 최초의 박사논문이라는 점에서 의의가 있으나, 일제 시각이 반영된 '전시노무동원' 관점에서 다룸으로써 그 강제성을 약화시킬

37) 허수열, 「조선인 노동력의 강제동원의 실태－조선내에서의 강제동원정책의 전개를 중심으로－」, 차기벽 편, 『일제의 한국식민통치』, 정음사, 1985.

38) 海野福壽, 「朝鮮の勞務動員」, 『岩波講座 近代日本と植民地』 5, 岩波書店, 1993.

39) 곽건홍, 『일제의 노동정책과 조선노동자(1938~1945)』, 신서원, 2001.

40) 국가기록원(당시 정부기록보존소), 『日帝文書 解題－理財 · 司計 · 商工 · 輕金屬 · 燃料 · 勞務篇－』, 2002.

41) 김미정, 「전시체제기 조선총독부의 여성노동력 동원정책과 실태」, 고려대학교 박사학위논문, 2015.

42) 노영종, 「일제강점기 노무자원 조사와 충남지역 강제연행」, 『한국근현대사연구』 제78집, 2016.

43) 김민영, 「일제의 조선인 노동력 수탈에 관한 연구 : 강제동원을 중심으로」, 전남대학교 박사학위논문, 1991 ; 『일제의 조선인노동력 수탈 연구』, 한울아카데미, 1995.

우려가 있다.

안자코 유카는 일제의 총동원정책과 연계한 조선총독부의 인력동원 정책을 다루었다.[44] 조선의 총동원체제를 노구교 사건, 국민총력운동 조선연맹 조직의 완성, 결전체제 확립을 위한 조선총독부의 기구 개편을 기준으로 4개 시기로 구분하여 설명하였는데, 조선지역 전쟁동원정책의 시점을 자원조사법이 시행되는 1929년으로 잡았다는 점, 일본에서 책정조차 되지 못한 생산확충계획이 조선에서 실시되었다는 점, 조선총독부라는 배타적 권력기구에 의해 일본보다 총동원체제의 형성이 용이했다는 점 등 조선의 총동원체제 형성과 구조를 처음으로 밝혔다. 하지만 조선총독부가 실시한 각종 총동원정책의 정밀한 분석이나 구체적 실시과정에 대해서는 미흡한 측면이 있다.

도노무라 마사루는 조선인 강제동원을 '강제연행'으로 부르면서 식민지 조선의 현실과 당시 일제의 상황에 입각하여 연구를 진행하였다.[45] 조선인 강제동원이 조선인에 대한 폭력을 수반하는 동시에 일제의 국가 운영에도 혼란을 초래했다면서, 그 요인을 식민지 조선의 현실과 당시의 일본사회 상황에서 찾았다. 즉, 조선인의 노동력 동원정책은 일제의 절대적인 노동력 부족상황에서 나온 것이 아니었고, 확고한 근본 방침에 입각한 것이 아닌 '임시방편'이었으며, 지방 말단의 실정이 반영되지 않은 무리한 동원계획이었다고 하면서, 노동력 동원 인프라가 부족하여 조선인의 반발이 확대되고 원활한 동원이 어려웠다고 하였다. 그리고 조선인 강제동원에 대해 '민주주의를 결여한 사회에서 충분한 조사와 준비가 부족한 조직이 무모한 목표를 내걸고 추진하는 행위가 가장 약한 사람들의 희생을 초래한다는 사실을 보여주는 사례'라고 평가하였다.

[44] 庵逧由香, 「조선총독부의 총동원체제 연구」, 고려대학교 박사학위논문, 2006.

[45] 外村大, 『朝鮮人 强制連行』, 岩波書店, 2012(도노무라 마사루 지음, 김철 역, 『조선인 강제연행』, 뿌리와 이파리, 2018).

일제의 노무동원계획에 대응한 조선총독부의 정책에 대한 연구도 진행되었다. 일본 정부와 조선총독부 사이에 조선인의 '인력동원의 수'에 대한 이견이 있음과 공출기관으로서의 職業紹介所를 설명하였고, 조선인 강제동원의 경로에 대해 천착하였다. 관 주도 방식의 특징을 統制會를 통한 모집신청 수속의 간소화, 朝鮮勞務協會를 통한 모집, 공출의 유료화, 東亞旅行社를 통한 수송의 일원화를 들었다. 결국 탈출자가 속출하면서 관 주도 방식 대신에 징용이 실시되었음을 결론짓고 있다.[46] 하지만 조선총독부의 강제동원 정책과 실행과정이 일제의 총동원정책과 연계되지 못하였고, 각 정책의 실행과정이 분절적으로 연구되어 상호 연관성이 약하기 때문에 강제동원 정책의 전체상을 나타내기에는 한계가 있다.

강제동원 조선인의 수송정책에 대한 연구도 수행되었다. 해상수송에 주목하여 철도와 연락선에 대해 설명하고, 동아여행사의 역할에 대해 강조하였다.[47]

조선인 강제동원을 실질적으로 담당했던 지방 행정기구와 관련된 연구도 진행되었다. 京城府의 사례를 통해 노동력 수급 통제와 전시 동원구조를 살피면서 町會와 愛國班의 역할을 살폈고,[48] 전시하 조선의 농민층 분화에 주목하여 영세농민층이 주된 동원 대상이었기 때문에 영세농가수가 감소했다고 주장하면서 지방 말단관리인 읍·면 직원의 역할에 주목하였다.[49]

46) 한혜인, 「조선인 강제연행에서의 강제성의 한 단면」, 『일본어문학』 10, 2001 ; 「조선인 강제연행정책의 운용」, 『아시아문화연구』 6, 2002 ; 「'강제연행'에서의 공출구조-1939·40년의 조선총독부 정책과 부산직업소개소의 역할을 중심으로-」, 『한일민족문제연구』 4, 2003 ; 「소위 관알선에 의한 강제연행의 경로-북해도탄광기선주식회사의 경우」, 『동양사학회 학술대회 발표논문집』, 2006 ; 「전시기 조선인 강제연행의 경로-강제연행 정책수립의 과정을 중심으로-」, 『한일군사문화연구』 제5집, 2007.

47) 김민영, 「식민지시대 노무동원 노동자의 송출과 철도·연락선」, 『한일민족문제연구』 4, 2003.

48) 이병례, 「일제하 전시체제기 경성부의 노동력 동원구조」, 『사림』 제24호, 2005 ; 이종민, 「전시하 애국반 조직과 도시의 일상 통제-경성부를 중심으로-」, 『동방학지』 124호, 2004.

49) 松本武祝, 「전시하 조선의 농민층 분화형태에 관한 분석-노동동원의 영향에 주목하여-」, 『경제사학』 45, 2008 ; 「전시동원체제하 조선에 있어서 읍면 직원의 대일협력」, 『대동문화연

그러나 이는 조선인 강제동원을 긍정적으로 바라보거나 자칫 지방 말단관리의 역할을 지나치게 강조함으로써 일제의 책임을 반감시킬 수 있다.

이외에도 조선인의 인력동원을 '강제연행 · 강제노동'으로 부르면서 강제모집, 관 주도, 징용 방식의 일관된 강제적 성격에 천착하여 일제의 존망이 달려있는 전쟁 수행을 뒷받침할 조선인의 노동력 동원과 사용은 강제연행 · 강제노동일 수밖에 없다고 강조한 논문이 발표되었다.[50)]

특히, 정혜경은 일제의 조선인 강제동원 연구에 천착하여 일련의 연구성과를 발표하였다. 강제동원 관련 사료 연구로부터 구술작업의 결과물, 강제동원의 용어와 범주 및 강제동원 정책, 당시의 시대상황과 연계된 '국민징용' 방식의 종합적 검토 등 다양한 연구를 통해 조선인 강제동원 연구를 한 차원 높였다고 평가할 수 있다.[51)]

국내지역으로의 조선인 동원에 대한 연구도 주목할 만하다. 국내동원 연구의 선구자는 허수열이다. 조선총독부 노무군 문서와 신문 · 잡지 등 다양한 자료를 분석하여 국내동원에 대해 최초로 밝혔다. 강제동원 방식을 '모집', '관알선', 징용으로 설정하고, 국내동원자수를 4,568,517명으로 산출하였다.[52)]

구』 48, 2004.

50) 전기호, 「일제하 조선인 강제연행 · 강제노동에 있어서 강제의 성격에 관한 연구」, 『경제연구』 16-1, 경희경제연구소, 2000.

51) 정혜경, 『일제말기 조선인 강제연행의 역사』, 경인문화사, 2003 ; 『조선인 강제연행 강제노동 1』, 선인, 2006 ; 『조선 청년이여 황국 신민이 되어라』, 서해문집, 2010 ; 『일본 제국과 조선인 노무자 공출』, 선인, 2011 ; 『지독한 이별』, 선인, 2011 ; 『공출 징용 강제연행 강제노동』, 선인, 2013 ; 『봄날은 간다』, 선인, 2013 ; 『우리 마을 속의 아시아태평양전쟁유적』, 선인, 2014 ; 『기록 화태에서 온 편지1』, 선인, 2015 ; 『홋카이도 최초의 탄광 가야누마와 조선인 강제동원』, 선인, 2017 ; 『일제 강제 동원 이름을 기억하라!』, 사계절, 2017 ; 『우리 지역의 아시아태평양전쟁 유적 활용－방안과 사례』, 선인, 2018 ; 『일제강점기 조선인 강제동원 연표』, 선인, 2018 ; 『일본의 아시아태평양전쟁과 조선인 강제동원』, 동북아역사재단, 2019 ; 『아시아태평양전쟁에 동원된 조선의 아이들』, 섬앤섬, 2019.

52) 허수열, 「조선인 노동력 강제연행의 실태－조선내에 있어서의 강제동원 정책의 전개를 중심으로－」, 차기벽 편, 『일제의 한국 신민 통치』, 정음사, 1985.

일제의 노동정책 측면에서 국내지역으로의 강제동원을 다룬 연구가 발표되었다. 곽건홍은 일제의 조선인 강제동원을 노동력의 효율적 동원과 계획적 통제의 관점으로 설명하였다. 노동력 동원정책을 노동력의 강제동원과 노동이동의 제한, 숙련노동자의 양성으로 구분하여 설명하였고, 노동통제를 위한 仕奉隊 조직과 군대식 노동규율, 皇國勤勞觀과 왜곡된 勞資關係, 작업장 통제와 생활통제 등 다양한 통제방안에 대해 밝혔다.[53] 다만, 노동통제에 조선인이 어떻게 저항했는가에 대한 모습은 보이지 않는다. 또한 노동정책을 둘러싼 일본 정부와 조선총독부의 권력관계, 조선총독부와 일본독점자본과의 관계 등에 대해서는 다루지 않았다.

이상의는 전시체제기 노동정책의 변화과정과 정책 이데올로기에 대해 설명하였다. 대공황, 중일전쟁, 태평양전쟁을 기준으로 일본 제국주의의 노동정책을 4시기로 구분하여 고찰하였는데, 태평양전쟁 이후 일제의 노동정책은 '勞資一體'의 高度國防國家體制와 戰時勞務管理體制로 파시즘 체제하의 국가주의적 노무관리였음을 밝혔다. 특히 파시즘 체제하의 노동정책에 조선인은 끊임없이 저항하였고, 민족운동으로 발전하였다고 보았다.[54] 또한, 증언자료를 활용한 전북지역의 노무동원 사례연구가 진행되었고,[55] 勤勞報國隊 조직의 형성과 운용실태를 살폈다.[56] 하지만 근로보국대의 조직과 운영에 대한 최초의 연구논문이라는 의의가 있으나, 시기적으로는 1938~41년, 장소적으로는 토목공사장으로 한정되어 있어 근로보국대의 전체상을 이해하는 데는 한계가 있다.

53) 곽건홍, 「일제하 조선의 전시 노동정책 연구」, 고려대학교 박사학위논문, 1998 ; 『일제의 노동정책과 조선노동자(1938~1945)』, 신서원, 2001.

54) 이상의, 「1930~40년대 일제의 조선인노동력 동원체제 연구」, 연세대학교 박사학위논문, 2002 ; 『일제하 조선의 노동정책 연구』, 혜안, 2006.

55) 김민영, 「일제강점기 국내 노무동원에 대한 연구 : 전북지역의 사례」, 『한일민족문제연구』 16, 2009.

56) 김윤미, 「근로보국대 제도의 수립과 운용(1938~1941)」, 부경대학교 대학원 석사학위논문, 2007.

강제동원의 현황에 대한 연구는 일본 지역 또는 기업 등 동원지별로 진행되는 한편 출신 지역별 연구도 병행되었다. 우선 동원지별 연구는 홋카이도와 남양군도를 중심으로 이루어졌다.[57] 그 외에 니혼제철(주)에 동원된 조선인의 삶과 귀향과정을 그렸고,[58] 제5農耕勤務隊의 동원과정을 밝히기도 하였다.[59] 이들 연구는 새로운 사료의 발굴을 통한 창의적 연구라기보다는 기존의 선행 연구를 보완하는 측면이 강하다.

특히, 지역사 차원에서 국내 출신지역별 강제동원 연구도 활발하게 진행되었다. 강제동원자명부와 일제강점하강제동원피해진상규명위원회의 신고자료를 활용하여 지역별 강제동원 현황을 분석하였는데, 대전[60]과 강화,[61] 제주,[62] 여수,[63] 의성,[64] 대구,[65] 완도,[66] 경북지역[67] 등이다. 이들

57) 노영종, 「일제말기 조선인의 북해도지역 강제연행과 거부투쟁」, 『한국근현대사연구』 제17집, 2001 ; 정혜경, 「스미토모 고노마이광산 발신전보를 통해 살펴본 조선인 노무동원 실태」, 『강제동원을 말한다-명부편(1)』, 선인, 2011 ; 서혜선, 「스미토모(住友) 고노마이(鴻之舞) 광산의 조선인 노무자 실태에 관한 연구, 1939~1942년」, 한성대학교 대학원 석사학위논문, 2013 ; 「일제말기 홋카이도 스미토모 고노마이광업소 조선인 노무자 노동재해 관련 기록물 연구」, 『한일민족문제연구』 30, 2016 ; 정혜경, 「공문서의 미시적 구조 인식으로 본 남양농업이민(1939~1940)」, 『한일민족문제연구』 3, 2002 ; 「일제말기 '남양군도'의 조선인노동자」, 『한국민족운동사연구』 44, 2005 ; 今泉裕美子, 「南洋群島經濟の戰時化と南洋興發株式會社」, 『전시하アジアの일본경제단체』, 일본경제평론사, 2004 ; 남경희, 「1930~1940년대 마이크로네시아지역 한인의 이주와 강제연행」, 국민대학교 대학원 석사학위논문, 2006 ; 김명환, 「일제말기 남양척식주식회사의 조선인 동원실태」, 『한일민족문제연구』, 2010.

58) 정혜경, 「기억에서 역사로 : 일제말기 일본제철(주)에 끌려간 조선인 노동자」, 『한국민족운동사연구』 41, 2004.

59) 김광열, 「1945년 전반의 일본육군 농경근무대와 피동원 한인」, 『한일민족문제연구』 20, 2010.

60) 노영종, 「대전지역의 강제연행 현황-국가기록원 소장 기록물을 중심으로-」, 『대전문화』 제14집, 2008.

61) 김진영, 「일제 말 강화군에 대한 인력동원의 실태와 추이(1938~45)-국가기록원 소장 '일제강제연행자 명부'를 중심으로-」, 경희대학교 석사학위논문, 2008.

62) 허수열, 「제주도에 있어서 조선인 강제동원」 및 지영임, 「구술을 통해 본 일제하 제주도 내 강제동원의 실태와 특징」, 조성윤 엮음, 『일제말기 제주도의 일본군 연구』, 보고사, 2008.

63) 김인덕, 「일제시대 여수지역 강제연행에 대한 고찰」, 『역사와경계』 67, 2008.

64) 김난영, 「일제말기 경북 의성군의 노무동원 현황과 실태」, 충남대학교 석사학위논문, 2011.

65) 강필구, 「일제의 전시체제기 조선인 강제동원 실태분석-대구광역시 강제동원 피해신고자를 중심으로-」, 계명대학교대학원 석사학위논문, 2013.

의 연구는 동원 시기 · 방식과 연계된 현황 분석이나 동원 이후의 삶의 모습 등 세부적인 실태에 대한 분석이 미흡하다.

여성, 학생, 군속 등 강제동원의 대상별 연구도 진행되었다. 우선 조선총독부의 농촌여성 노동력 동원을 '옥외노동'의 논리를 중심으로 살폈고,[68] 조선여자근로정신대의 동원실태에 대한 연구도 진행되었다.[69] 이들 연구는 동원지역이 일본 지역에 한정되어 있고, 전시체제기 전반에 걸친 여성 노동력의 동원정책과 실태를 밝히지 못했다는 한계가 있다.

조선총독부의 여성노동력 동원정책을 분석하고 다양한 동원실태에 대해 다룬 연구가 진행되었다. 김미정은 일제의 노동정책 변화에 따른 여성 노동력 동원정책의 변화과정과 여성동원의 선전논리 및 여자청년단 · 특설청년대 · 조선여자청년연성소 · 간호부양성소 등의 여성동원 조직 그리고 동원주체 및 지역 · 직종에 따른 여성동원 실태를 살폈다.[70] 하지만 구체적인 동원과정이나 동원 현황에 대한 정밀한 분석이 미흡하다.

군속의 동원에 대해서는 피징용군속 동원의 법적 배경과 오키나와(沖繩) 지역의 特設水上勤務隊 사례를 추적하였고,[71] 동원 목적과 작업 내용을 기준으로 볼 때, 군속과 노무자는 같은 범주에 속한다고 하였다.[72] 또한

66) 문혜지, 「일제말기 완도지역 노무동원 연구」, 목포대학교 석사학위논문, 2014.

67) 이수환, 이광우, 「1939~1945년 경북 지역의 노동력 강제동원」, 『민족문화논총』 제58집, 영남대학교 민족문화연구소, 2014.

68) 김미현, 「조선총독부의 농촌여성 노동력동원–'옥외노동' 논리를 중심으로」, 『역사연구』 13, 2003.

69) 여순주, 「일제말기 조선인여자근로정신대에 관한 실태연구」, 이화여대 여성학과 석사학위논문, 1994.

70) 김미정, 「전시체제기 조선총독부의 여성노동력 동원정책과 실태」, 고려대학교 박사학위논문, 1025.

71) 강정숙, 「일제 말기 조선인 군속 동원–오키나와로의 연행자를 중심으로–」, 『사림』 제32호, 2005.

72) 정혜경, 「국민징용령과 조선인 인력동원의 성격–노무자와 군속의 틀을 넘어서–」, 『한국민족운동사연구』 제56집, 2008 ; 『징용 공출 강제연행 강제동원』, 선인, 2013.

자바, 하와이, 팔라우군도, 필리핀·버마지역에 동원된 군속의 현황과 귀환에 대한 일련의 연구도 진행되었다.73)

학생의 노동력 동원에 대한 연구도 진행되었다. 「결전비상조치에 따른 학생동원실시요강」 이후 학생 노동력 동원이 通年動員 즉, 일상적 근로동원으로 바뀌었고,74) 경북중학교와 계성중학교 및 경북고등여학교 등 대구지역 중등학교에 대한 동원 실태와 저항 양상을 구명하였다.75) 조선총독부의 학생 노동력 동원정책과 중등학교 학생의 通年動員의 첫 사례인 仁川造兵廠 동원사례를 추적하였고,76) 경남지역의 학생 노동력 동원 사례가 밝혀졌다.77)

강제동원에 대한 저항 관련 연구는 강만길의 논문으로부터 비롯되었다. 『특고월보』의 '紛爭議' 상황을 분석하여 투쟁상을 밝혔는데,78) 강제모집단계(1940.4~1941.12)에서의 투쟁상이었다는 한계가 있다. 『특고월보』 등 다양한 통계자료를 활용하여 강제모집·관 주도로 동원된 조선인의 사업장 내 紛爭議 상황과 탈출 현황을 밝혔고,79) 일본지역 내의 '도주'와 '비밀결사운동'을 중심으로 투쟁상을 밝혀내었는데, 강제동원 조선인의 저항을 민족주의 운동과 연계시켰다는 점에서 의의가 있다.80) 강제동원에 대한

73) 김도형, 「해방 전후 자바지역 한국인의 동향과 귀환활동」, 『한국근현대사연구』 24, 2003 ; 「태평양전쟁기 하와이 포로수용소의 한인 전쟁포로 연구」, 『한국독립운동사연구』 22, 2004 ; 「중부태평양 팔라우 군도 한인의 강제동원과 귀환」, 『한국독립운동사연구』 26, 2006 ; 「일제 말기 필리핀·버마지역 한인 병사의 강제동원과 귀환」, 『한국독립운동사연구』 4, 2014.

74) 신주백, 「일제의 교육정책과 학생의 근로동원(1943~1945)」, 『역사교육』 78호, 1999.

75) 권영배, 「일제말 전시체제하 중등학교의 동원과 저항-대구지역을 중심으로」, 『역사교육논집』 40, 2008.

76) 김미현, 「전시체제기 인천지역 학생 노동력 동원」, 『인천학연구』 12, 인천대학교 인천학연구원, 2010 ; 이상의, 「아시아·태평야전쟁기 일제의 '인천조병창' 운영과 조선인 학생동원」, 『인천학연구』 25, 2016.

77) 전성현, 「일제말기 경남지역 근로보국대와 국내노무동원-학생 노동력 동원을 중심으로」, 『역사와경계』 제95집, 부산경남사학회, 2015.

78) 강만길, 「침략전쟁기 일본에 강제동원된 조선노동자의 저항」, 『한국사학보』 2, 1997.

79) 전기호, 「강제연행 재일조선인 노동자들의 투쟁에 관한 연구」, 『경제연구』 17, 2001.

조선인의 저항에 대해 '拒否鬪爭'으로서 의미를 부여하고, 충남지역의 투쟁사례를 밝히기도 하였다.[81] 조선인 노동자의 탈출에 대해서 '신체적 · 무의식적으로 반제국주의적 효과를 지니는 행동'[82]으로서 평가하거나 '유일한 탈출구요 최후의 저항수단'[83]으로서 의미를 부여하였는데, 개인적인 탈출만이 아니라 계획적인 집단 탈출도 상당했던 것에 비추어 볼 때 기존의 연구는 탈출의 의미를 소극적으로 평가한 측면이 있다. 한편, 『朝鮮檢察要報』를 활용한 다양한 저항사례를 추적하고,[84] 강제징용 경험자의 증언을 토대로 '노예노동'의 실상과 저항을 검토한 연구도 있다.[85] 경북지역의 조직적 투쟁 및 국민징용령 위반사례에 대해 주목하는 한편,[86] 조선인 군속의 투쟁사례가 연구되기도 하였다.[87] 하지만 강제동원에 저항한 조선인의 구체적인 탈출 현황과 과정 및 다양한 방식으로 전개된 노동쟁의의 구체상에 대해서는 다루어지지 않았고, 조선인의 집단탈출과 노동쟁의가 항일독립운동사에서 어떻게 위치 지어질까에 대한 검토가 부족했다.

한편, 1970~1990년대 북한에서도 강제동원 연구가 진행되었다. 『력사과학』을 통해 발표된 연구[88]를 살펴보면, 조선인 강제동원을 '강제징용'이라

80) 변은진, 「일제침략전쟁기 조선인 '강제동원' 노동자의 저항과 성격－일본내 '도주'와 '비밀결사운동'을 중심으로」, 『아세아연구』 제45권 2호, 2002.

81) 노영종, 「일제말기 조선인의 북해도지역 강제연행과 거부투쟁」, 『한국근현대사연구』 제17집, 2001 ; 「일제강점기 노무자원 조사와 충남지역 강제연행」, 『한국근현대사연구』 제78집, 2016.

82) 김인수, 「일제하 총동원체제에서의 노무동원과 저항에 관한 연구－조선 노동자들의 식민적 근대성 경험」, 서울대학교 대학원 사회학과 석사학위논문, 2000.

83) 곽건홍, 「침략전쟁기(1937~45) 일본에 강제동원된 조선노동자의 존재형태－군대식 노동규율과 노동조건의 민족적 차별을 중심으로」, 『아세아연구』 제45권 2호, 2002.

84) 이상의, 「일제지배 말기의 노동문제와 조선인의 저항」, 역사학연구소, 『역사연구』 13, 2003.

85) 김영택, 「일본지역 강제연행 노무자의 '노예노동'의 실상」, 『전남사학』 제22집, 2004.

86) 정혜경, 「일제말기 경북지역 출신 강제동원 노무자들의 저항」, 『한일민족문제연구』 제25집, 2013.

87) 유병선, 「일제말기 인도네시아 한인군속의 항일투쟁」, 『한국독립운동사연구』 44, 2013 ; 로스티뉴, 「한국인 군속의 인도네시아에서의 독립운동」, 인하대학교 석사학위논문, 2009.

고 부르면서 강제동원 방식을 '관알선', 보국대, 징용으로 구분하여 설명하고 있다. 특히, 조선 내 동원은 '관알선'과 보국대, 국외지역 동원은 '관 알선'과 징용 방식을 기본으로 하였고,[89] 조선인의 탈출은 '집단탈주투쟁'으로서 일본 모든 지역에서 일어난 일반적인 현상이며 일제의 전시생산에 큰 타격을 주었다고 평가하였으며, 조선인의 집단행동을 김일성의 항일무장투쟁과 연결시켜 설명하였다.[90] 하지만 강제동원 초기의 강제모집 방식과 조선 국내에서의 징용 방식을 도외시했고, 1940년대 강제동원 조선인의 노동쟁의를 지나치게 김일성의 항일무장투쟁과 연결지었다.

이상과 같이 강제동원 관련 연구는 명부 등 자료에 대한 소개와 설명을 시작으로 일본 총동원정책과 연계한 강제동원 정책사, 강제동원 현황과 실태에 대한 동원지별 또는 일본 지역별 · 기업별 연구, 강제동원에 대한 조선인의 저항 등 다양한 방향으로 진행되었다. 하지만 강제동원을 실행하기 위한 전 단계 조치로서의 노동력 조사 과정과 직접 강제동원 업무를 실행했던 지방 말단관리의 증원과정, 강제모집 · 관 주도 · 징용 등 동원방식별 대상자의 선정조건과 구체적인 동원절차나 강제동원 조선인의 전담조직인 內鮮警察의 정비과정 그리고 비밀결사, 집단 탈출 및 노동쟁의 등 조선인의 적극적 저항사례는 밝혀지지 않았다.

88) 주종식, 「조선인 징용로동자들에 대한 일제의 가혹한 착취와 억압, 학살만행」, 『력사과학』, 1977년 제3호 ; 리국순, 「일제 말기 조선인 강제 징용에 관한 고찰」, 『력사과학』, 1984년 제3호 ; 리구호, 「항일무장투쟁의 혁명적 영향밑에 벌어진 재일조선인들의 반일반전투쟁」, 『력사과학』, 1987년 제4호 ; 김동호, 「태평양전쟁마당에 조선사람들을 강제동원하여 학살한 일제의 죄악」, 『력사과학』, 1996년 제4호.

89) 일제가 강제징용을 실시한 원인을 첫째, 전시노동력의 부족을 타개하기 위한 것, 둘째, 戰時生産 增强에 따르는 高率의 戰時 초과이윤에 대한 獨占資本의 무제한한 욕망 충족, 셋째, 조선 인민과 일제와의 민족적 및 계급적 모순의 격화, 대중의 反戰鬪爭 확대 심화와 관련되었다고 설명하였다.

90) 김일성의 항일무장투쟁과 연결된 대표적인 항쟁 사례로 1944년 니가타(新瀉)철공소 투쟁, 1940년 1월 후쿠오카현 닛산(日産)화학공업소 다카마스(高松)탄광 투쟁, 1941년 6월 이바라키현 히다치(日立)광산 투쟁, 1943년 1월 후쿠오카현 탄광의 투쟁, 1944년 1월 가라후토(樺太) 니데츠 하구시기광업소 투쟁, 1944년 6월 홋카이도 유바리(夕張)탄광 투쟁 등을 들었다.

3. 연구 내용

본고는 제1장 서론 이외에 5개 장으로 구성하였는데, 일제의 조선인 노동력 조사현황과 강제동원 기구의 정비, 강제모집 · 관 주도 · 징용 방식 등 강제동원의 구체적 절차와 동원과정, 그리고 일제의 충남지역 조선인 강제동원 현황과 동원지에서의 강제노동 실태, 일제의 강제동원에 대한 조선인의 항쟁과 일제의 탄압을 살펴보고자 한다.

제2장에서는 조선총독부가 실시한 조선 전역의 조선인 노동력 조사 과정과 조사결과 현황 그리고 강제동원을 수행한 중앙 · 지방 행정 및 경찰기구에 대해 살펴볼 것이다. 일제의 '노무동원계획' 및 '국민동원계획'을 실행하기 위해 조선총독부가 추진한 노동력 조사의 구체적 실행 방법과 조사 결과는 어떠하였는가를 밝힐 것이다. 특히, 가능인력 대비 희망인력의 비율이 가장 높았던 충남지역에 대한 세부적인 분석을 통해 노동력 조사의 의미에 대해 살펴볼 것이다. 또한 조선인 강제동원 업무를 담당한 조선총독부의 중앙 및 지방 행정기구와 직업소개소, 경찰 등의 기구 정비 과정과 지방 말단에서 실질적인 업무를 수행했던 읍 · 면 직원과 구장, 경찰의 증원현황을 살펴볼 것이다.

제3장에서는 일제의 강제동원 방식에 대해 살펴보고자 한다. 조선인의 강제동원 방식은 징병을 비롯하여 강제모집, 관 주도, 징용, 근로보국대 등 다양하다. 그중에서도 일본 기업으로 조선인을 동원하는 주된 방식이었던 강제모집, 관 주도, 징용을 대상으로 할 것이다.

그동안 강제모집, 관 주도, 징용은 시기 순으로 적용되어 온 것으로 이해되어 왔다. 그러나 일제의 필요에 따라 강제동원 방식이 적용되었다고 생각한다. 이를 논증하기 위해 강제모집, 관 주도, 징용 방식에 대한 각각의 강제동원 절차와 대상자의 선정기준 그리고 구체적인 실행방법 등을 살펴볼 것이다. 특히, 1942~1943년 시기에도 징용에 의한 강제동원이 일반화되었던 상황도 논증해 보려고 한다.

제4장에서는 충남지역의 강제동원 현황에 대해 살펴보고자 한다. 일본 정부로부터 전달받은 강제동원자명부를 중심으로 다양한 항목으로 분석하여 제한적이나마 강제동원 현황을 정리해 볼 것이다. 특히, 곡창지대로서 일찍이 강제모집 방식으로 1939년부터 강제동원이 시작되었고, 노동력 조사 결과 노동으로의 出稼 또는 轉業 희망인력의 비율이 가장 높았던 충남지역을 중심으로 살펴볼 것이다. 각 부·군별 강제동원 현황의 통계를 산출하면서 연령과 학력, 동원 방식과 시기, 종사했던 업무 그리고 집중적으로 동원된 기업이 어디인가를 알아볼 것이다.

제5장에서는 강제동원자들의 강제노동의 실태에 대해 서술하고자 한다. 일제는 內鮮一體를 주장하며 일본인과 조선인은 차별이 없는 것처럼 위장하였지만, 실제로는 숙식, 임금, 노동시간, 담당업무 등 모든 면에서 차별하였다. 때문에 강제동원 조선인은 일제의 민족 차별과 열악한 노동환경을 경험하며 점차 반일주의자로 변모해 갔다. 이를 밝히기 위해 문헌사료뿐만 아니라 충남지역 강제동원자들의 증언을 적극 활용할 것이다. 충남 출신 강제동원자의 실태를 노무관리, 숙소, 노동시간, 식사, 임금, 사고 및 재해 등의 측면에서 다루어 볼 것이다.

제6장에서는 일제의 강제동원에 대해 조선인이 어떻게 대응하였는가와 그에 대한 일제의 탄압상을 살펴보고자 한다. 일제의 강제동원에 대한 조선인들의 거부투쟁은 당시 전체주의적 독재국가, 파시즘체제였던 일제의 한 복판에서 행해진 것이었다. 때문에 일제의 강제동원에 대한 조선인의 다양한 투쟁 사례가 더욱 밝혀져야 한다. 조선인의 강제동원에 대한 거부투쟁은 반제반전운동, 나아가 항일 독립운동의 한 분야로서 평가될 필요가 있다. 이러한 문제의식하에 강제동원되는 과정에서는 물론 강제동원된 이후에도 끊임없이 지속되는 조선인의 거부투쟁 사례를 밝혀볼 것이다.

4. 연구자료

본 연구를 위해 그동안 선행 연구에서 이용하지 않았던 일제 및 조선총독부가 생산한 기록물을 적극 발굴하여 이용하였다.

우선 조선 전역의 노동력 조사와 관련하여 1939~40년 조선총독부가 생산한 『勞務資源調査關係書類』[91]를 중심으로 살펴볼 것이다. 또한 『失業調査綴』[92]과 『朝鮮年鑑』, 『朝鮮總督府調査月報』와 『동아일보』, 『매일신보』를 참고하였다.

강제동원 정책과 관련하여 1944년 조선총독부 내무국이 작성한 『復命書綴』[93]과 아시아역사자료센터 소장자료, 일제강점기 『판결문』을 비롯하여 박경식의 『在日朝鮮人關係集成』과 『朝鮮問題資料叢書』 및 하야시 에이다이(林えいだい)의 『戰時外國人强制連行關係史料集』, 長澤秀의 『戰時下朝鮮人中國人聯合軍俘虜强制連行資料集』 등 다양한 자료집과 모리야 요시히코(守屋敬彦)와 히구치 유이치(樋口雄一)의 저서 및 논문에 첨부되어 있는 자료들을 이용하였다. 아울러 『조선총독부관보』와 『동아일보』, 『매일신보』를 참고하였다. 또한 문헌사료로는 밝힐 수 없는 당시의 생생한 증언자료를 활용하였다. 특히 필자가 직접 수행한 대전·충남 지역의 증언자료를 비롯하여 일제강점하강제동원피해진상규명위원회가 펴낸 『당꼬라고

91) 1940년 조선총독부 內務局 勞務課가 조선 전역의 노동력을 조사하기 위해 13개 道와 주고받은 21개의 문건으로 이루어진 1,098쪽 분량의 기록물이다. 국가기록원에 보존 중인 조선총독부 기록물로, 『노동자원 조사에 관한 건』(CJA0016565)이라는 제목으로 관리되고 있다. 1940년 3월 말을 기준으로 전국의 2,271개 면을 대상으로 조선 전역의 노동력을 어떤 항목으로, 어떻게 조사했는지 등 조사과정과 결과가 담겨져 있다.

92) 1935~1941년 조선총독부 厚生局 勞務課가 조선 전역의 실업상황을 조사하기 위해 13개 道와 주고받은 6개의 문건으로 이루어진 294쪽 분량의 기록물이다(CJA0016567).

93) 1942년 조선총독부 내무국 사회과가 생산한 打合會 개최 문건, 출장 복명서 등이 편철되어 있다. 노동력 동원 및 통제와 관련한 조선총독부의 지시사항, 각 도의 보고사항 등과 함께 각종 법령·통첩 등이 첨부되어 있어, 강제동원의 전체적인 구조와 실제적으로 강제동원을 수행했던 지방 단위에서의 역할을 이해하는데 매우 유용하다.

요?』, 『가긴 어딜가? 헌병이 총 들고 지키는데』, 『내 몸에 새겨진 8월』, 『아홉머리 넘어 북해도로』 등 다양한 증언집도 활용하였다.

충남지역 강제동원의 현황에 대해서는 『강제동원자 명부』를 분석 대상으로 삼았다. 일본지역 각 기업과 사업장에 동원된 조선인 현황이 수록되어 있는 『朝鮮人労働者に關する調査結果』(15권), 『いわゆる朝鮮人徵用者に關する名簿』(6권)와 『日帝下被徵用者名簿』(3권) 등 24권이 그것이다.[94] 이들 명부는 1991년 일본 정부로부터 직접 전달받아 국가기록원에 보존하고 있는데, 다양한 형식의 세부 명부로 구성되어 있다. 명부마다 차이는 있지만 강제동원된 조선인의 성명, 본적, 동원지(기업명), 동원방식 및 동원일자, 연령 또는 출생연도, 담당업무(직종), 퇴소사유, 학력, 직업 등 다양한 항목으로 이루어져 있다. 충남지역 강제동원자들에 대해 다양하게 분석함으로써 전체 강제동원 현황을 추적하는 세부작업으로서 의미가 있을 것이다.

충남지역 강제동원자의 노동실태는 문헌자료의 한계를 감안하여 구술자료를 중심으로 활용하였다. 「移入勞務者生活訓練必携」, 「移入勞務者訓練實施の具體的研究」, 「移入勞務者訓練及取扱要綱」, 「出動勞務者訓練服務心得準則」 등 中央協和會 발간자료와 자료집, 기존 연구 성과를 반영하여 강제동원 조선인의 노동실태를 밝혔고, 강제동원 조선인의 人身이 구속된 통제된 삶과 일상적인 폭력, 열악한 노동환경 등에 대해서는 충남 출신 강제동원자들이 직접 보고 경험한 바를 구술한 증언자료로 재구성하였다.

강제동원에 대한 조선인의 거부투쟁과 관련한 문헌자료는 일본 내무성 경보국이 작성한 『特高月報』[95]와 고등법원 검사국이 작성한 『朝鮮檢察要

94) 국가기록원이 구축한 기존의 D/B자료 가운데 중복인원을 삭제하고 연령, 학력, 직업, 동원방식, 동원시기, 퇴소사유, 담당업무 등의 항목을 추가하는 등 수정 · 보완하였다(노영종, 「일제 강제연행자 현황에 대한 검토」, 국가기록원, 『기록보존』 제16집, 2003).

95) 『특고월보』는 내무성 경보국 보안과가 일본 전역의 다양한 치안 관련 사항이 1944년 11월 시기까지 담겨져 있는 자료로, 그중에서도 조선인 특히, 강제동원 조선인의 移入 현황, 탈출

報』,[96] 『高等外事月報』, 『昭和特高彈壓史』, 홋카이도탄광기선(주) 자료인 『釜山往復』과 『公文類聚』, 『種村氏警察參考資料』 등 일본 アジア歷史資料センター 소장자료,[97] 일제강점기 『판결문』,[98] 국가보훈처 공훈사료관 소장자료 등을 이용하였고, 박경식의 『在日朝鮮人關係資料集成』과 『朝鮮問題資料叢書』, 김정명의 『조선독립운동』 등의 자료집을 참고하였다. 또한 문헌자료를 보완하기 위해 본인이 수행한 구술자료와 다양한 증언집도 활용하였다.

및 노동쟁의 현황을 추적할 수 있는 귀중한 사료이다.

96) 1943~45년 高等法院 檢事局이 조선 전역의 검사국으로부터 보고받은 중요사항이 기재되어 있는 기록물로, 징용이 실시된 조선사회의 모습과 다양한 항쟁 사례를 살펴볼 수 있는 중요한 자료이다. 장신이 발굴하여 발행목적과 구성, 주요 내용 및 목차를 정리하였다(장신, 「『朝鮮檢察要報』를 통해 본 태평양 전쟁 말기(1943~45)의 조선사회」, 『역사문제연구』 6, 2001).

97) 아시아역사센터 소장 자료는 강제동원 조선인의 단속 및 탈출자 색출 등을 전담했던 內鮮警察에 대해 밝히는 중요한 근거가 되었다. 內鮮警察의 규모와 역할을 밝혀 강제동원 조선인의 탈출 방지를 위해 일제가 얼마나 노력하는가를 알 수 있게 하는 자료로서 의미가 있다.

98) 국가기록원에 소장되어 있는 충남지역 관련 '국민징용령(국민근로동원령) 위반죄' 판결문(326건)은 조선인의 거부투쟁을 살필 수 있는 의미있는 자료이다. 일제가 징용에 응하지 않은 조선인을 무차별적으로 형사처벌하였음을 알려주는데, 특히 여기에는 미성년자 23명이 포함되어 있다.

제2장

노동력 조사와 기구의 개편

제2장

노동력 조사와 기구의 개편

1. 조선인 노동력 조사

1) 조사 방식과 결과

일제는 침략전쟁 수행에 필요한 노동력을 식민지 조선에서 동원하려 하였다. 조선총독부는 일본 厚生省이 수립한 노무동원계획(국민동원계획)을 수행하기 위해 조선 전역의 노동력을 조사하였다.

조선총독부가 스스로 밝혔듯이, 노동력의 조사 목적은 "관청의 알선에 의하지 않으면 도저히 그 충족을 기할 수 없는 실정에 이르러, 軍需와 생산력 확충에 유감없도록 농촌 과잉노력의 소재 및 양을 항상 조사하여 노무의 적정한 배치에 이바지하기"[1] 위한 것으로, 조선인을 강제동원하기 위한 사전 조치였음을 알 수 있다.

조선총독부가 조선 전역의 노동력 조사를 검토한 것은 1939년 7월로 확인된다.[2] 이후 두 차례의 검토를 거쳐 결국 1940년 3월 12일 내무국장 명

[1] [勞務資源調查要綱], 「勞務資源調查ニ關スル件」(1940년 3월 12일), 『勞務資源關係書類』(CJA0016565)(국가기록원 소장).

의로 각 도지사에게 「勞務資源調査ニ關スル件」을 通牒하였다. 각 도에 1940년 3월 말을 기준으로 '각자의 지방 실정을 고려하여 理想耕地面積[3]을 설정하고, 〈勞務資源調査表〉를 작성하여 4월 말일까지 조선총독부에 제출' 하도록 지시하였다. 이 조사에서는 府와 邑을 제외하고 '面'만을 대상으로 한 점과 노동으로의 出稼 또는 轉業이 가능한 인력과 희망인력을 조사한 것이 특징이다. 당시 신문에서도 농촌 지역의 노동력 조사 실시를 알리고 있다.[4]

조선총독부의 조선인 노동력 조사는 〈노무자원조사표〉를 활용하여 이루어졌다. 〈노무자원조사표〉는 세대주의 본적, 주소, 직업[5]을 비롯하여 가족 개개인의 성명, 나이, 세대주와의 관계, 건강상태,[6] 노동 출가 또는 전업 가능성의 유무[7]와 희망의 유무, 경지면적(논, 밭), 생활상황(연수입, 연지출), 적요 등 12개의 항목으로 이루어져 있다. 여기에서 주목할 점은 잉여인력을 산출한 것이 아니었다는 것이다. 당초 조선총독부도 전체 所在勞力에서 농업 所要勞力과 家事勞力 등을 제외한 剩餘人力을 조사하려 했지만,[8] 농업에서 노동으로의 출가 또는 전업이 가능한 인력의 조사로 방침

2) 1939년 7월 24일과 1940년 2월 7일 두 차례 검토되었으나 결재가 이루어지지 않아 시행되지는 못하였다(「勞務資源調査ニ關スル件」(1937년 7월 24일), 「勞務資源調査ニ關スル件」(1940년 2월 7일)).

3) 이상경지면적은 剩餘人力 없이 최소의 농촌노동력으로 소출을 극대화할 수 있는 농지면적을 뜻한다.

4) 「농촌의 勞資를 조사」, 『동아일보』, 1940년 3월 15일 ; 「剩餘人力은 얼마? 勞務資源을 調査」, 『매일신보』, 1940년 3월 15일.

5) 직업은 自作農, 自作兼小作農, 小作農, 農業勞働者로 구분토록 하였다.

6) 건강 상태는 强, 普, 弱으로 구분하였다.

7) 可能者는 남자는 20세~44세, 여자는 12세~19세로서 건강상태가 普 이상인 자를 뜻하였다.

8) 〈노무자원조사표〉의 양식은 여러 차례 검토되었다. 전체 所在勞力, 농업 所要勞力, 家事勞力과 농업 종사가능자수 등을 산출하여 노동 出稼 · 전업 가능인력과 희망인력을 산출하려 하였음이 확인된다. 농업 소요노력＝농업에 필요한 日數×농업종사가능자이고, 家事 기타 필요노력＝전년도의 농업에 전담하지 않은 일수×농업종사가능자이다. '농업종사가능자'는 17~60세 미만의 농업에 종사할 수 있는 노동력을 가진 자를 뜻하였고, 성별 · 연령에 따라 산정되었다.

을 바꾸었다. 임의로 책정한 이상경지면적을 기준으로 하여, 그 기준에 미달되는 농가를 過剩戶數로 산정함으로써 조선의 농촌에서 끌어낼 수 있는 최대한의 농가호수를 찾아내려는 데 목적이 있었다.[9)]

조선 전역의 노동력을 조사하기 위해서는 상당한 예산이 소요되었다. 1940년 3월 13일 조선총독부 내무국장이 각 도지사에 발송한 「勞務資源調査實施ニ伴經費豫算配賦ニ關スル件」에 의하면, 조선총독부는 노동력의 조사에 필요한 소요예산을 총 30,310원으로 예상하고 있었다. 조사원 수당(22,710원), 조사용품비(7,600원) 등이 합해진 금액이었다. 예산항목은 (款) 勞務需給調整 및 失業對策諸費 – (項) 勞務需給調整 및 失業對策諸費 – (目) 勞務資源調査費補助 – (節) 調査員手當補助 및 調査用品費補助였다. 그러나 실제로 조선총독부가 각 도에 배부한 예산액은 22,710원이었다.[10)]

조선총독부의 예산 지원을 받은 각 도는 면 내의 인물 중에서 '면내의 사정을 잘 아는 자'를 조사원으로 임명하여 노동력을 조사케 하였다. 1개 면에 5명씩의 조사원을 두도록 하였는데, 전국 2,271개 면에 총 11,355명이 동원되었다.[11)] 이들 조사원들에게는 1인당 2원씩의 수당이 지급되었다.[12)]

〈농업 종사가능자 산정 표준〉

성별＼연령	17~18세	19~50세	51~55세	56~60세
남	0.8	1.0	0.9	0.8
녀	0.6	0.8	0.7	0.6

농업에 필요한 일수는 1) 경지정리, 파종, 수확, 조정 등에 필요한 일수, 2) 養畜, 養蠶 등에 필요한 일수, 3) 퇴비 제조, 가마니 짜기(叺織), 새끼줄 꼬기(繩綯), 베짜기(織布) 등에 필요한 일수를 합한 일수를 말하고, 家事 기타 필요노력은 1) 공휴일수, 2) 병 등에 의한 일수, 3) 가사 일을 위해 필요한 일수, 4) 賦役, 市場行, 교제, 冠婚喪祭 기타에 필요한 일수 등을 합한 일수이다.

9) 허수열, 「조선인 노동력의 강제동원의 실태－조선내에서의 강제동원정책의 전개를 중심으로－」, 차기벽 편, 『일제의 한국식민통치』, 정음사, 1985, 309쪽.

10) 노동력 조사를 위한 총 예산은 30,310원이었고, 실제 확보해 놓은 예산은 47,152원(조사원 수당 26,452원, 조사용품비 20,600원)이었으나, 실제로 조선총독부가 각 도에 배부한 예산액은 22,710원이었다(총 예산의 74.9%, 확보 예산의 48.2%). 아래의 표는 당초 조선총독부가 각 도에 배부하려 한 예산내역이다.

또한 각 洞里에는 1명의 노무자원조사원을 두고 일정 경지면적 미만의 농업에 종사하는 소작농·농업노동자 등을 조사하여 노동력으로 동원할 수 있는 사람을 파악했다.[13]

조사원들은 면내의 實地調査를 통해 〈노무자원조사표〉를 작성하여 면에 제출하였다. 각 면은 〈노무자원조사표〉를 취합하여 군에 제출하였고, 각 군은 이를 취합하여 다시 도에 제출하였다.[14] 각 도는 관내의 각 군으로부터 제출받은 〈노무자원조사표〉와 이를 분석하여 작성한 〈노무자원조사서〉, 〈이상호수 및 과잉호수조서〉, 〈노동출가 및 노동전업 가능자수조서〉, 〈노동출가 및 노동전업 희망자수조서〉를 조선총독부에 보고하였다.

도명	조사원 수당	조사 용품비	계(원)	도명	조사원 수당	조사 용품비	계(원)
경기	2,320	760	3,080	황해	2,030	672	2,702
충북	1,040	360	1,400	평남	1,380	464	1,844
충남	1,670	560	2,230	평북	1,730	584	2,314
전북	1,720	576	2,296	강원	1,680	568	2,248
전남	2,440	808	3,248	함남	1,250	424	1,674
경북	2,430	808	3,238	함북	720	256	976
경남	2,300	760	3,060	합계	22,710	7,600	30,310

11) 각 도별 면의 숫자 및 조사원수는 아래의 표와 같다.

도명	면수(개)	조사원수(명)	도명	면수(개)	조사원수(명)
경기	332	1,160	황해	203	1,015
충북	104	520	평남	138	690
충남	167	835	평북	173	865
전북	172	860	강원	168	840
전남	244	1,220	함남	125	625
경북	243	1,215	함북	72	360
경남	230	1,150	합계	2,271	11,355

12) 조선총독부 내무국장이 각 도지사에 通牒한 [勞務資源調査要綱]에는 조사원의 수당을 1인당 3원씩 지급하도록 예산을 책정하였으나, 실제로는 1인당 2원씩 지급되었다.

13) 조선총독부 司政局 勞務課, 「朝鮮の勞務に就て」, 『朝鮮勞務』 3-2·3, 1943년 8월, 44~45쪽(곽건홍, 『日帝의 勞動政策과 朝鮮勞動者 1938~1945』, 신서원, 2001, 47쪽에서 재인용).

14) 당초 노동력의 조사 일정은 조선총독부가 〈노무자원조사표〉를 만들어 3월 15일까지 각 도에 배부하면, 面은 4월 10일까지 道에 제출하고, 각 道는 이를 취합하여 4월 말일까지 조선총독부에 제출하는 것이었다.

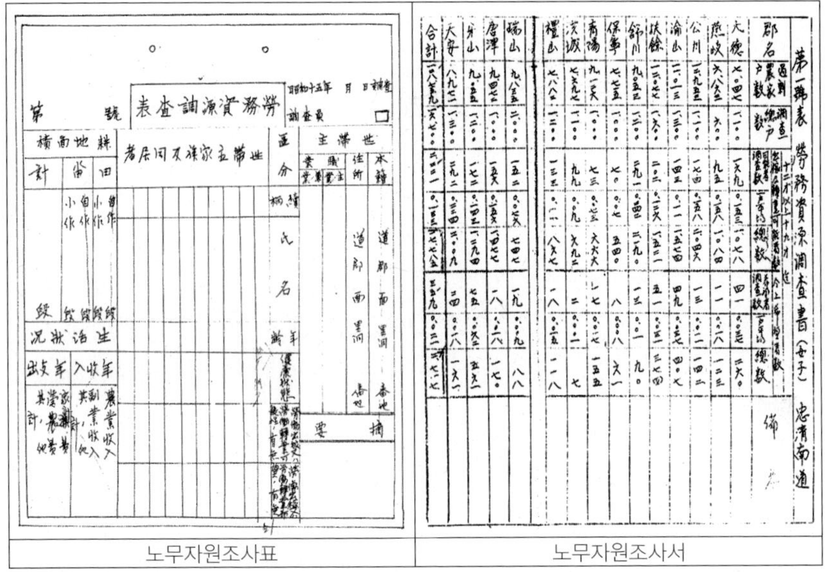

노무자원조사표	노무자원조사서

〈그림 1〉 노무자원조사표 및 노무자원조사서

조선총독부가 제시한 1939년도 조선 전역의 농가이상호수는 2,035,264호, 과잉농가호수는 1,023,491호로 집계되어 있다. 이를 도별로 정리하면 아래 〈표 1〉과 같다.

〈표 1〉 조선총독부의 과잉농가 조사(1939년)

(단위 : 反[15]/戸)

도명	총경지면적 (1936년도)	이상 경지면적	현재호수	농가 이상호수	과잉농가호수 (현재호수 대비율)
경기	3,932,444	21	244,605	187,259	57,346(23.4%)
충북	1,611,586	18	142,162	89,533	52,629(37.0%)
충남	2,492,580	14	223,372	178,041	45,331(20.3%)
전북	2,434,055	18	237,546	152,128	85,418(36.0%)
전남	4,309,902	17	401,161	239,439	161,722(40.3%)
경북	3,840,138	16	358,415	225,890	132,525(37.0%)
경남	2,776,239	30	297,742	173,514	124,228(41.7%)
황해	5,796,841	33	246,543	193,228	53,315(21.6%)
평남	4,673,995	34	179,043	141,636	37,407(20.9%)
평북	5,358,127	40	211,747	157,592	54,155(25.6%)

강원	4,211,890	44	247,593	105,297	142,296(57.5%)
함남	5,562,294	37	189,893	126,416	63,477(33.4%)
함북	2,415,753	24	78,933	65,291	13,642(17.3%)
합계	49,415,844	-	3,058,755	2,035,264	1,023,491(33.5%)

위 〈표 1〉에서 보는 바와 같이, 1939년도 조선 전역 현재호수(3,058,755호)의 33.5%(1,023,491호)가 과잉농가호수로 집계되었는데, 1/3이 넘는 수치이다. 이는 조선총독부가 조선의 농촌을 비효율적으로 판단하고 있음을 반증한다. 또한 조선인을 강제동원하기 위한 목적임을 감안할 때, 농업에서의 출가 또는 전업 가능인력을 확대하려는 의도가 내포되어 있음이 분명하다.

1936년도 당시 총경지면적을 살펴보면, 가장 넓은 지역이 황해도이고, 이하 함남, 평북, 평남, 전남, 강원, 경기의 순이다. 곡창지대로 알려진 삼남지방(17,464,500反, 35.4%)보다도 오히려 북한지역(23,807,010, 48.2%)의 총경지면적이 넓게 나타난 것이 특이하다. 이는 1939년 조선총독부의 『調査月報』와 비교해도 반대의 결과를 나타낸다. 총경지면적의 비율이 가장 높은 지역은 황해도(33.4%)이지만, 이하 충남(31.0%), 전남(30.9%), 경기(30.5%), 전북(28.5%) 등 삼남지방의 비율이 월등히 높다. 특히 논의 비율은 전북(71.6%), 충남(67.1%), 경남(66.1%), 경기(54.4%), 경북(53.0%), 전남(50.2%) 등 삼남지방이 압도적으로 높다.[16]

주목할 것으로 도별로 이상경지면적의 넓이에 차이가 있다. 이상경지면

15) 反은 면적의 단위로, 300평(1/10町)이다.

16) 총면적에 대한 경지면적의 비율(1939년 말 현재) (단위 %)

도명	총면적에 대한 경지면적의 비율			도명	총면적에 대한 경지면적의 비율		
	계	논(경지면적 대비)	밭		계	논(경지면적 대비)	밭
경기	30.5	16.6(54.4%)	13.9	황해	33.4	9.0(26.9%)	24.4
충북	21.3	9.8(46.0%)	11.5	평남	26.7	6.09(22.5%)	20.7
충남	31.0	20.8(67.1%)	10.2	평북	14.3	3.4(23.8%)	10.9
전북	28.5	20.4(71.6%)	8.1	강원	13.5	3.6(26.7%)	9.9
전남	30.9	15.5(50.2%)	15.4	함남	13.0	2.0(15.4%)	11.0
경북	20.2	10.7(53.0%)	9.5	함북	11.0	1.0(9.1%)	10.0
경남	22.4	14.8((66.1%))	7.6	합계	20.3	7.9(38.9%)	12.4

적을 어떻게 설정하는가에 따라 과잉호수 및 가능인력이 산출되기 때문에 매우 중요한 지표였다. 하지만 어떻게 이상경지면적이 상정되었는가에 대한 설명은 보이지 않는다. 이상경지면적은 아마도 토지의 비옥에 따른 차이로 생각되는데, 총 면적에 대한 경지면적의 비율을 통해 이를 추측할 수 있다. 총 면적 대비 경지면적 비율이 높고 논의 비율이 높은 지역일수록 이상경지면적이 작게 나타남을 알 수 있다. 조선총독부는 이상경지면적을 충청남도 14反, 전라북도와 경상남도 16反, 경상북도 17反, 전라남도와 충청북도 18反, 경기도 21反, 황해도 30反, 평안남도 33反, 평안북도 34反, 함경북도 37反, 강원도 40反, 함경남도 44反으로 상정하였다.[17)]

과잉농가호수를 도별로 살펴보면, 가장 많은 지역은 전남(161,722호)이고 이하 강원(142,296호), 경북(132,525호), 경남(124,228호), 전북(85,418호) 순이다. 전라도와 경상도, 강원도에 집중되어 있음(75.1%)을 알 수 있다. 이를 현재호수 대비 비율로 볼 때는 강원(50.7%), 경남(41.7%), 전남(40.3%), 경북과 충북(37.0%), 전북(36.0%) 순이다. 하지만 이상경지면적과 이상호수를 田畓耕作만으로 한정하여 농가 1호당 수입을 산출하였기 때문에 과잉호수가 과대조사된 측면이 있다. 이는 조선총독부도 인정하고 있는데, 副業收入과 現金收入 등이 고려되지 않았기 때문에 결과적으로 이상호수는 줄어들고 과잉호수가 증가하였던 것이다.

조선총독부가 노동력을 조사한 목적과 직접적인 관계가 있다고 생각되는 것이 가능인력과 희망인력이다. 조선인 강제동원을 위한 기초 통계자료이기 때문이다. 각 군마다 농가 이상경지면적을 산정하고, 이상경지면적 미만의 토지를 경작하는 농가에 대해 가능인력과 희망인력을 조사하였다. 1개 면마다 100호씩 〈노무자원조사표〉에 기초한 實地調査를 실시하여

17) 원문에는 경기도 20, 충청북도 20, 충청남도 16, 황해도 28, 평안남도 30, 평안북도 30, 강원도 30, 함경남도 35, 함경북도 35로 되어 있으나, 잘못된 수치(총경지면적＝이상면적×이상호수)로 생각되어 수정하였다.

농가 1호당 가능인력과 희망인력을 조사하였다. 군에서는 각 면에서 조사한 가능인력 및 희망인력의 평균인원과 이상경지면적 미만을 경작하는 농가호수를 곱하여 가능인력과 희망인력을 산출하였다.[18] 위와 같은 방식으로 조사된 조선 전역의 가능인력과 희망인력은 아래의 〈표 2〉와 같다.

〈표 2〉 조선총독부의 농촌인구 移出 가능인력과 희망인력 조사현황(1940년)

(단위 : 세, 명)

도별	가능인력					희망인력				
	여자	남자				여자	남자			
	12~19	20~30	31~40	41~45	소계	12~19	20~30	31~40	41~45	소계
경기	6,017	14,744	8,661	2,829	26,234	513	2,158	829	298	3,285
충북	39,967	89,503	44,861	14,759	149,123	3,938	23,635	7,143	1,683	32,461
충남	17,785	66,017	19,408	4,751	90,176	2,717	31,004	8,649	1,954	41,607
전북	11,408	36,332	20,423	8,330	65,085	1,790	17,597	7,995	2,948	28,540
전남	17,631	37,763	26,092	15,258	79,113	1,544	13,376	8,060	3,501	24,937
경북	19,304	64,969	30,035	12,108	107,112	2,815	24,254	8,831	2,826	35,911
경남	44,671	71,384	40,502	21,719	133,605	3,691	23,306	9,373	3,790	36,469
황해	11,030	16,218	10,930	6,271	33,419	1,000	2,073	1,275	815	4,163
평남	33,179	50,396	32,201	14,547	97,114	721	5,001	2,505	1,069	8,575
평북	12,667	34,076	17,480	8,084	59,640	1,127	10,671	4,138	1,941	16,750
강원	4,760	14,104	7,869	3,312	25,285	325	999	476	121	1,596
함남	10,744	32,692	13,310	5,292	51,294	557	4,111	1,813	708	6,632
함북	3,478	5,870	3,115	1,321	10,306	29	734	415	239	1,388
합계	232,641	534,068	274,887	118,581	927,536	20,767	158,919	61,502	21,893	242,314

위 〈표 2〉에서 보는 것처럼, 조선 전역의 가능인력은 1,160,177명(남자 927,536명, 여자 232,641명), 희망인력은 263,081명(남자 242,314명, 여자 20,767명)이었다.

가능인력과 희망인력은 남녀와 연령별로 구분하여 조사되었다. 남성은

18) 가능인력/희망인력=농가 1호당 가능인력/희망인력 × 0.01 × 이상경지면적 미만을 경작하는 농가호수

> ○ 가능인력 = 가능인력의 평균인원 × 이상경지면적 미만 농가호수
> ○ 희망인력 = 희망인력의 평균인원 × 이상경지면적 미만 농가호수

20~45세를 대상으로 20~30세, 31~40세, 41~45세 등 3단계 구분하여 조사한 반면, 여성은 단지 12~19세만을 대상으로 조사하였다. 일제가 조선인의 주 노동력층을 20~45세의 남성과 12~19세의 여성으로 파악하고 있음을 알 수 있다.

희망인력은 가능인력의 22.7% 비율이다. 이를 남자로만 한정할 경우는 26.1% 비율인데, 여자의 경우는 8.9%에 불과하다. 조선총독부가 농업에서 노동으로 出稼 및 전업이 가능하다고 조사한 인원 1,160,177명 중 무려 77.3%에 해당하는 897,096명은 희망하지 않았다. 이는 장차 조선인의 강제동원이 자의에 반하여 강제적일 수밖에 없었던 상황임을 알게 한다. 이를 남자의 경우에 한정하여 도별로 살펴보면, 충청남도 지역은 가능인력 90,176명, 희망인력 41,607명으로 희망인력의 비율이 46.1%로 가장 높다. 다음으로 전북이 43.9%이고, 이하 경북(33.5%), 전남(31.5%), 평북(28.1%), 경남(27.3%), 충북(21.8%) 순이다. 특히, 가능인력과 희망인력이 삼남지방(경상도, 전라도, 충청도)에 집중되어 있다. 삼남지방의 가능인력은 927,536명이고 희망인력은 242,316명(26.1%)으로, 가능인력 4명 중 1명 정도가 出稼 및 전업을 희망하고 있다는 통계이다. 이는 강제모집 방식의 조선인 강제동원 대상 지역이 삼남지방을 중심으로 하고 있었던 것과 일치된다.[19] 특히, 여자(12~19세)의 경우, 가능인력은 총 232,641명, 희망인력은 20,767명으로 희망율이 8.9%에 불과하였다. 조선인 여성의 강제동원은 남성과 비교해 보아도 더욱 강제적이지 않으면 안되는 상황이었다.[20]

19) 강제동원 대상 지역은 강제모집 방식이 7개 도(경기도, 충청남·북도, 전라남·북도, 경상남·북도)였고, 관 주도 방식 시에는 강원도, 황해도가 추가되어 9개 도로 확대되었다가 징용 방식 시에는 조선 전역(13개 도)으로 확장되었다.

20) 조선총독부는 매년 10월 1일 취업의 능력과 의사를 가진 자를 대상으로 조선 전역의 실업상황을 조사하였다. 1939년 조선 전역의 1,156,268명을 조사한 결과 실업자는 46,111명으로, 실업율은 4.0%에 불과하였다(조선총독부 내무국 사회과, 『실업조사철』(CJA0016507)(국가기록원 소장)). 동일한 시기(1939년) 동일한 부서(조선총독부 내무국 사회과)가 실시한 두 가지의 조사 결과는 정반대의 결과로 나타났다. 즉, 조선 전역의 전업·出稼 가능자 비율은 77.3%인

이를 일제의 노무(국민)동원계획 인원수와 비교해 보면 더욱 확실하다. 조선인의 강제동원 계획수는 1939년 85,000명, 1940년 88,800명, 1941년 81,000명, 1942년 130,000명, 1943년 125,000명, 1944년 290,000명 등 총 799,800명이었다.[21] 일제의 노무(국민)동원계획에 의한 강제동원자수만으로 비교할 때, 노동 출가 · 전업 희망인력 전체(263,081명)가 동원되어도 그 수를 채울 수 없는 상황이었다. 1940~42년 강제동원 계획수 299,800명은 이미 희망인력을 이미 뛰어넘고 있다. 때문에 희망인력으로서는 일제의 강제동원 계획수를 채울 수 없는 상황이었다. 이는 그만큼 일제의 노무동원계획에 의한 조선인 인력동원이 강제적이지 않으면 달성할 수 없는 상황이었음을 알 수 있다. 강제모집 방식이 강제적이고 기만적일 수밖에 없다는 것이 통계 수치상으로도 증명되고 있는 것이다. 따라서 조선에서의 인력 동원은 강제모집보다 더욱 조직적이고 강력한 동원 방식인 관 주도와 징용이 대두될 수밖에 없는 상황이었다.[22]

반면 실업율은 3.7%에 불과하였음은 주목되는 결과이다.

〈조선의 실업자수 및 실업율(1935~1940년)〉

연도	조사대상자		실업자수		실업율(%)		
	조선인	일본인	조선인	일본인	총비율	조선인	일본인
1935	1,002,847	97,510	79,214	2,570	7.4	7.9	2.6
1936	1,925,565	104,085	74,699	1,797	6.0	7.3	1.7
1937	1,051,100	119,376	56,440	1,233	4.9	5.4	1.0
1938	1,092,682	128,814	47,179	1,032	3.9	4.3	0.8
1939	1,156,268	121,903	46,111	710	3.7	4.0	0.6
1940	1,142,869	137,743	25,603	495	2.1	2.2	0.4

21) 곽건홍, 「침략전쟁기(1939~45) 일본에 강제동원된 조선노동자의 존재형태 : 군대식 노동규율과 노동조건의 민족적 차별을 중심으로」, 『아세아연구』 제45권 2호, 2002, 13쪽.

22) 이와 함께 강제동원되는 과정에서의 조선인 탈출의 급증은 강제모집 방식으로부터 더욱 조직적이고 체계적인 동원 방식인 관 주도, 징용으로 전환하게 하였다.

2) 충남지역 조사 결과

충남지역은 희망인력의 인원수나 비율적인 면에서 가장 높은 지역이었다. 가능인력 107,961명(남자 90,176명, 여자 17,785명), 희망인력 44,324명(남자 41,607명, 여자 2,717명)으로, 가능인력 대비 희망인력의 비율이 41.1%이다. 남자만으로 한정할 경우에는 전술한 바와 같이 46.1%의 비율에 달한다.

충청남도는 관할 167개 면의 노동력을 조사하여 1940년 5월 17일 조선총독부 내무국에 보고하였다.[23] 충남지역 전체를 대상으로 각 면당 100호씩 총 16,700호(총 호수의 7.8%)가 조사된 대규모 조사결과였다. 이를 위해 총 2,230원(조사원 수당 1,670원, 조사용품비 560원)의 예산과 835명에 달하는 조사원이 투입되었다.[24]

〈표 3〉 충청남도 과잉농가 조사(1940년)

(단위 : 戶)

군명	농가총호수	조사총호수	이상농가호수	과잉농가호수
대덕	13,026	1,100(8.4%)	5,979	7,047(54.1%)
공주	18,152	1,100(6.1%)	5,199	12,993(71.6%)
논산	16,693	1,300(7.8%)	5,680	11,012(66.0%)
당진	15,000	1,000(6.7%)	5,528	9,472(63.1%)
보령	11,136	1,000(9.0%)	4,465	7,715(69.3%)
부여	19,045	1,600(8.4%)	6,968	12,077(63.4%)
서산	26,179	2,000(7.6%)	16,344	9,835(37.6%)
서천	12,180	1,200(9.9%)	5,750	9,053(74.3%)
아산	14,153	1,200(8.5%)	5,098	9,055(64.0%)
연기	8,826	600(6.8%)	1,963	6,863(77.8%)
예산	16,606	1,200(7.2%)	8,724	7,882(47.4%)
천안	14,151	1,300(9.2%)	5,179	8,971(63.4%)
청양	14,739	1,000(6.8%)	2,010	9,126(61.9%)
홍성	14,739	1,100(7.5%)	7,042	7,697(52.2%)
계	214,688	16,700(7.8%)	85,929	128,759(60.0%)

23) 「勞務資源調査ニ關スル件」(1940년 9월 24일, 충청남도지사→조선총독부 내무국장), 『勞務資源調査關係書類』(CJA0016565)(국가기록원 소장).

24) 「勞務資源調査實施ニ件經費豫算配賦ニ關スル件」(1940년 3월 13일, 조선총독부 내무국장→각 도지사), 『勞務資源調査關係書類』(CJA0016565)(국가기록원 소장).

위의 〈표 3〉에서 보듯이, 1940년 3월 31일 현재 충청남도의 이상농가호수는 85,929호, 과잉농가호수는 128,759호로 산출되었다. 이는 〈표 1〉의 1939년 당시의 농가호수(223,372호)와 이상농가호수(178,041호), 과잉농가호수(45,331호)와 비교할 때, 총 농가호수는 8,684호 감소하고 이상농가호수가 92,112호 감소한 반면에 과잉농가호수는 83,428호 증가한 것이었다. 불과 1년 사이에 이상농가호수가 51.7% 감소한 데 반해, 과잉농가호수는 무려 184% 증가한 결과였다. 특히, 총 농가호수가 감소했음에도 불구하고 과잉농가호수가 늘어났는데, 과잉농가호수는 전체 농가호수의 60%에 달하는 것으로 조사되었다. 충청남도는 이상면적을 지나치게 좁게 산정하여 결과적으로 과잉농가호수가 급격하게 늘어나는 결과를 가져왔다.[25] 과잉농가호수가 늘어났다는 것은 出稼 또는 轉業 가능인력이 늘어날 것이라는 의미를 담고 있다. 가능인력의 산출 기준은 과잉농가호수와 직접적으로 관련이 있었다. 즉, 가능인력=가능인력 평균인원[26] × 과잉농가호수였다.

가장 많은 과잉농가호수가 조사된 지역은 공주군(12,993호)이다. 이하 부여군(12,077호), 논산군(11,012호), 서산군(9,835호), 당진군(9,472호) 순이다. 이는 장차 농업에서의 전업 또는 출가 가능인력이 비례할 것임을 예상할 수 있다. 전체농가 대비 과잉농가호수의 비율에서는 연기군이 77.8%로 가장 높고 서천군(74.3%), 공주군(71.6%), 보령군(69.3%), 홍성군(52.2%) 순이다.

충청남도는 타 지역과는 달리 1940년 5월 17일 과잉호수를 보고한 이후 같은 해 8월 28일 농업에서 노동으로 전업 또는 출가 가능인력과 희망인력을 조선총독부에 보고하였다. 충남지역 관할 15개 군의 가능인력과 희망

25) 이상면적은 과잉호수 및 가능자수가 산출되는 기준이었다. 그런데 충청남도는 이상면적을 14반으로 정하여 타 도에 지나치게 좁게 상정하였다. 전라북도와 경상남도는 16반, 경상북도는 17반, 전라남도와 충청북도는 18반, 경기도는 21반으로 상정하였다.

26) 각 면마다 100호씩 가능자수를 조사하여 가능자수의 평균값을 구하고, 이를 군으로 확대하여 군의 가능자수 평균인원으로 산출하였다.

인력을 성별·연령별 현황을 정리한 것이 아래의 〈표 4〉이다.

〈표 4〉 충청남도 농촌인구 移出 가능인력과 희망인력 조사현황(1940년)

(단위 : 세, 명)

군명	희망인력(비율)	가능인력					
		합계	여자	남자			
			12~19	소계	20~30	31~40	41~45
대덕	1,021(1.3%)	4,044	1,078	2,966	2,382	465	119
공주	8,238(6.6%)	16,799	2,046	14,753	11,515	2,720	518
금산	1,951(2.6%)	5,221	736	4,485	2,688	1,164	633
논산	2,983(2.2%)	5,429	1,574	3,855	3,095	694	66
당진	3,190(3.4%)	8,135	1,477	6,658	4,745	1,582	331
보령	1,109(1.3%)	4,281	940	3,341	2,608	571	162
부여	6,786(5.5%)	12,402	1,521	10,881	6,775	3,140	966
서산	1,847(1.2%)	9,362	747	8,615	5,331	2,616	668
서천	3,294(3.2%)	8,627	2,190	6,437	5,061	1,123	253
아산	3,666(3.9%)	6,066	1,294	4,772	3,740	851	181
연기	2,257(3.4%)	6,271	1,084	5,187	4,200	775	212
예산	2,065(1.8%)	6,919	867	6,052	4,209	1,371	472
천안	3,193(2.8%)	8,325	2,009	6,316	4,773	1,364	179
청양	2,199(2.8%)	4,728	666	4,062	3,003	812	247
홍성	2,477(2.5%)	6,973	692	6,281	4,580	1,324	377
계	46,276(3.0%)	113,582	18,921	94,661	68,705	20,572	5,384

위 〈표 4〉에서처럼, 1940년 3월 31일 현재 충남지역의 노동 출가 또는 전업 가능인력은 총 113,182명(남자 94,661명, 여자 18,521명), 희망인력은 46,276명(남자 43,456명, 여자 2,820명)으로 조사되었다. 1940년 당시 충남지역의 조선인 인구 1,536,587명에 비교할 때 가능인력은 7.37%에 해당하는 비율이다.[27] 어린이, 노인과 20세 이상의 여성인구를 제외하고 주 노동계층 인구를 그 반수(768,294명)로 가정했을 경우, 약 14.7%에 해당하는 비율이다. 장래 남자 성인과 미혼 여성 7명 중 1명 정도는 강제동원의 대상자로 조사된 셈이다. 조선총독부의 방침에 따라 충청남도는 최대한 많은

27) 국가기록원에 보존 중인 강제동원자명부에는 충남지역 출신자 총 111,316명이 등재되어 있다. 1940년 당시 충남인구(1,536,586명)의 7.24%로, 13명 중에 1명 정도가 강제동원된 비율이다.

가능인력을 보고한 것으로 생각된다. 농가호수가 1939년에 비해 8,684호(3.9%) 감소했음에도 불구하고 과잉호수를 무려 83,428호(184.0%) 증가한 것으로 파악했던 점에서 짐작할 수 있다.

남성의 가능인력은 총 94,661명이다. 이를 군별로 살펴보면, 공주군이 14,753명(16.4%)으로 가장 많고, 부여군 10,881명(12.1%), 서산군 8,615명(9.6%), 당진군 6,658명, 서천군 6,437명, 천안군 6,316명, 홍성군 6,281명, 예산군 6,052명, 연기군 5,187명, 아산군 4,772명, 청양군 4,062명, 논산군 3,855명, 보령군 3,341명, 대덕군 2,966명 순이다. 이를 1940년 당시의 인구와 비교해 보면 그 비율은 공주군이 11.7%로 가장 높고, 부여군(8.9%), 연기군(7.9%), 당진군(7.1%), 홍성군(6.4%), 서천군(6.3%), 천안군(5.6%), 서산군(5.4%), 예산군(5.3%), 청양군(5.2%), 아산군(5.1%), 보령군과 대덕군(각 3.9%), 논산군(2.9%) 순이다. 가능인력의 비율로 볼 때 공주, 부여, 연기, 당진, 홍성 등의 지역에서 상대적으로 많은 인력이 동원될 것임을 예상할 수 있다. 연령별로 살펴보면, 20~30세의 가능인력은 66,017명으로 전체 가능인력의 73.2% 비율이다. 31~40세의 가능인력은 19,408명(21.5%)이고, 41세 이상의 가능인력은 4,751명(5.3%)이다. 이로 볼 때 강제모집 방식의 강제동원 주 대상층은 20대 남성이 될 것임을 추측할 수 있다.

충남지역에서의 노동력 조사 결과는 타 지역에 비해 과잉호수의 비율과 희망인력의 비율이 월등히 높았다. 이는 충청남도가 조선총독부의 정책에 적극 호응한 결과로 보이는데, 농가호수가 3.9% 감소했음에도 불구하고 과잉호수는 무려 184.0% 증가하였고, 가능인력 대비 희망인력의 비율은 41.1%인데, 남자만으로 한정했을 경우에는 46.1%에 해당하였다.

충남지역의 희망인력 비율이 타 지역에 비해 높기는 하지만, 희망하지 않는 비율이 훨씬 높았다. 충남지역 또한 희망인력만으로는 일제가 요구하는 동원계획 예정수를 채울 수 없는 상황이었다. 특히, 충남지역에서의 희망인력은 1940년 당시의 충남 전체인구와 비교했을 때는 약 3.0%에 불과한 수치이다. 이는 향후 충남지역에서의 인력 동원이 도저히 自意로는 이루어질 수 없고, 강제적이고 기만적인 방법으로 이루어질 수밖에 없는 상황임을 알게 한다.

일제는 노동력 조사를 명분으로 강제동원 가능인력을 최대한 확보하고자 하였고, 아울러 희망인력을 조사하여 표면적으로는 일제의 식민정책에 동조하는 조선인의 비율을 높이고 정책의 정당성을 확보하고자 하였다. 하지만 충남지역의 경우에서 보듯이, 노동 출가 · 전업 가능인력과 희망인력의 수나 비율은 역으로 조선인 강제동원에 대한 강제적 성격과 기만적 행태를 드러내는 결과를 가져왔다.

2. 기구의 정비와 인력 증원

1) 중앙 행정기구와 직업소개소의 정비

일제강점기 총동원체제에서 조선의 농촌사회는 두 가지 역할을 강요당하는 상황이었다. 하나는 식량 생산이고, 다른 하나는 일제의 침략전쟁을 수행하기 위한 인력동원, 즉 조선인의 강제동원이었다.

일제는 조선인의 강제동원을 추진하기 위해 행정기구와 경찰기구를 정비하고 인력을 증원하였다. 우선 중앙 행정기구를 개편하고 확대하였다. 중앙기구의 개편상황을 살펴보면, 1939년 11월 28일 기존의 資源課와 殖産局의 臨時物資調整課를 통합하여 企劃部를 신설하였고,[28] 國民精神總動員

[28] 기획부의 신설은 총동원체제기 인적 · 물적 조사와 통제를 강화하고, 개별적으로 진행되던 정책을 종합적으로 기획 · 입안 · 평가 · 조정하는 국토계획적 관념의 제도화 및 국가행정 집행능력의 강화라는 의미를 가지고 있다(김민철, 「전시체제하(1937~1945) 식민지 행정기구의 변화」, 『한국사학보』 제14집, 2003, 289~292쪽).

朝鮮聯盟의 활동을 촉진시키기 위해 1939년 2월 총독관방에 國民精神總動員課를 신설하였다. 무엇보다도 사회과 내의 勞務係를 확대하여 1941년 3월 13일 內務局 산하에 勞務課를 신설하였다. 일제의 노무동원계획을 수행하기 위한 담당부서로서 종래의 係를 확대하여 전담 課를 설치하였던 것이다.[29] 이때의 관장 업무는 ① 직업소개 기타 노무의 수급조정, ② 실업대책, ③ 노동력의 保持·增强, ④ 노동조건, ⑤ 노동보호, ⑥ 국민직업능력의 등록 및 국민징용, ⑦ 기타 노무에 관한 사항 등이었다. 당시의 노무과 직원은 이사관 1명, 사무관 2명, 技師 1명, 屬 21명, 技手 2명과 囑託 5명 등 32명이었다. 이들은 대개 5~10년의 행정 경력을 지니고 있었으며, 다수가 내무국 사회과에서 근무한 경험을 가진 전문 직원이었다.[30] 이후 1941년 11월 19일에 厚生局이 신설되면서 노무과는 후생국에 소속되었으며,[31] 1942년 11월 1일 노무과는 地方課, 社會課, 土木課 등과 함께 다시 司政局으로 이속되었고,[32] 1943년 4월 1일 '기술자의 할당에 관한 사항'이 담당업무에 추가되었다.[33]

1943년 12월 1일 鑛工局이 설치되면서 노무과는 광공국에 소속되었고,[34] 노무과의 업무가 더욱 늘어남에 따라 1944년 10월 15일 종래의 노무과가 勤勞調整課, 勤勞動員課, 勤勞指導課로 확대 세분화되었다. 이때 조선인의 강제동원 관련 사무는 근로동원과가 담당하였다.[35] 이후 1945년 1월 광

29) 「조선총독부사무분장규정(개정)」(조선총독부훈령 제23호), 『조선총독부관보』 호외, 1941년 3월 13일.

30) 이상의, 『일제하 조선의 노동정책 연구』, 혜안, 2006, 210쪽.

31) 「조선총독부사무분장규정(개정)」(조선총독부훈령 제103호), 『조선총독부관보』 호외, 1941년 11월 19일.

32) 「조선총독부사무분장규정(개정)」(조선총독부훈령 제54호), 『조선총독부관보』 호외, 1942년 11월 1일.

33) 「조선총독부사무분장규정(개정)」(조선총독부훈령 제21호), 『조선총독부관보』 호외, 1943년 4월 1일.

34) 「조선총독부사무분장규정(개정)」(조선총독부훈령 제88호), 『조선총독부관보』 호외(1), 1943년 12월 1일.

공국에 勤勞部를 설치하고 그 산하에 調整課, 動員課, 指導課를 두었다. 그중 동원과가 조선인의 강제동원 사무를 담당하였다.[36] 결국 사회과의 노무계로 시작한 강제동원 담당기구는 1941년 3월 전담조직으로서 내무국 노무과로 확대되었다. 일제의 총동원체제를 수행하기 위한 조선총독부의 개편 과정에서 노무과는 후생국, 사정국, 광공국 등으로 소속이 변경되었고, 1944년 10월에는 업무가 확대되고 세분화되어 3개의 과로 확대개편되었다.

또한, 조선인을 동원하기 위한 기구로서 직업소개소를 정비하였다. 일제는 1940년 1월 11일 「朝鮮職業紹介令」을 공포하여 '인적 자원의 계획적 배치'를 위해 서울, 부산, 대구, 평양, 신의주, 함흥 등 6府의 직업소개소를 '國營'으로 이관하는 한편 1942년 10월 대전, 광주, 청진 등 3개의 府에 직업소개소를 개설하였다.[37] 이후 1942년에 이르러 13개의 도청 소재지에 모두 직업소개소가 설치되었다.

이와 함께 직업소개소의 운영 모습도 바뀌었다. 국영 직업소개소에는

---

35) 「조선총독부사무분장규정(개정)」(조선총독부훈령 제89호), 『조선총독부관보』 호외, 1944년 10월 15일.

근로조정과	근로동원과	근로지도과
1. 국민동원계획 및 기술동원계획 책정 2. 국민등록, 기능자등록 및 과학기술자 등록 3. 근로자의 배치규제 4. 이공과계 학교졸업자 사용제한 5. 근로급원의 조사개척 6. 근로동원에 관한 조사 7. 기타 타과의 주관에 속하지 않는 근로행정	1. 국민징용, 국민근로협력 기타 근로동원의 실시 2. 근로자의 가동배치 및 전환 3. 근로자의 조선외 송출 및 도항 보호 4. 일용근로자의 통계 5. 직업소개 6. 입영자의 직업 보장 7. 근로자 모집 허가 8. 근로동원 예정자의 훈련 9. 조선근로협회 및 조선송출근로자양성협회의 지도	1. 근로 관리 2. 근로자의 표창 및 징계 3. 근로자의 교양 훈련 4. 기능자의 양성 5. 기능 검사 6. 임금, 급료 및 기타 급여 7. 근로자용 물자 및 주택 기타 근로자의 후생시설 8. 근로자의 부조 및 구호 9. 朝鮮勞動援護會의 지도

36) 「조선총독부사무분장규정(개정)」(조선총독부훈령 제2호), 『조선총독부관보』 호외, 1945년 1월 27일.

37) 「국영직업소개소 대전 광주 청진에 신설」, 『매일신보』, 1942년 10월 5일.

소년부, 여자부, 청(장)년부 등 3部가 설치되고 전임자가 배치되었다. 직업소개소의 '직업소개 사업, 노동력 공급사업, 노동자 모집' 등에 대한 사무가 認可 또는 許可制로 바뀌었으며, '무허가'로 노동력을 알선하면 징역이나 벌금형에 처해졌다. 이제 직업소개소는 단순한 '직업소개' 기능에서 벗어나 조선인을 북부 지역과 일본 등으로 동원·배치하는 말단 노동력 동원 기관으로의 성격으로 전환되었다.[38] 그리고 모집의 신청·접수·사무 등 모든 업무는 警務行政에서 內務行政으로 이관되었다. 조선총독부에서는 保安課에서 社會課로, 각 도청에서는 高等警察課에서 社會課로, 각 군에서는 경찰서에서 군청으로 이관되었다. 이것은 경찰이 강제동원에 관계하지 않는다는 것을 뜻하는 것이 아니라 보다 많은 노동력을 동원하기 위해 행정사무를 행정기관이 전담하는 조치였다.[39] 즉, 조선인의 집단적인 대량동원을 수행하기 위해 행정절차를 신속하게 추진하려는 의도가 반영된 것이다.

국영 직업소개소는 기업의 모집 종사자와 협의하여 모집업무를 개시하면 登錄係, 宣傳係, 連絡係, 檢查係, 庶務係 등 5계를 두어 사무를 분담하였다. 즉, 등록계는 응모자 신고를 접수하는 업무를 담당하는데, 書記 1명과 雇人 2명 등 총 3명이 담당하였다. 선전계는 서기 1명이 입간판을 만들거나 라디오·신문 등에 광고를 내고 조선인들에게 모집에 대해 설명하는 업무를 담당하였다. 연락계는 서기 1명이 모집 업무와 관련하여 면사무소, 경찰서 등과의 연락사무를 맡았고, 검사계는 서기 2명과 고인 2명 등 총 4명이 銓衡 및 신체검사, 종두검사, 사진 촬영 업무를 담당하였다. 그리고 서무계는 서기 1명과 고인 1명이 등사나 인쇄, 통계작성 등의 업무를 맡았다.[40]

38) 직업소개사업이란 구인 및 구직신청을 받아 고용계약을 성립시키는 것을 목적으로 하는 사업을 말한다(곽건홍, 『日帝의 勞動政策과 朝鮮勞動者 1938~1945』, 신서원, 2001, 182~183쪽).

39) 박경식, 『日本帝國主義の朝鮮支配』, 청아출판사, 1986, 78쪽.

그러나 조선에서는 일본 지역과 달리 직업소개소가 전국적으로 정비되지 못했기 때문에 직업소개소가 설치되지 않았던 府·郡·島에서는 지방의 행정관청이 그 역할을 대신해서 수행하였다.[41]

2) 지방행정기구·경찰기구의 정비와 인력 증원

조선총독부는 조선인의 강제동원을 수행하기 위해 지방 행정기구도 개편하였다. 1938년 6월 23일자로 「道事務分掌規定 改正(훈령 제35호)」에 '國家總動員에 관한 사항'이 처음 등장하는데, 內務部 소관 업무에 추가되었다. 각 도에서 노무 관련 업무는 知事官房과 內務部가 담당하였다. 1943년 12월 조선총독부에 광공국이 설치되면서 노무과가 소속됨에 따라 각 도에서도 鑛工部에 노무과가 설치되었다.[42] 이후 광공부가 폐지되고 내무부에 勤勞動員課를 설치하여 노동력 동원 사무와 동원 예정자의 훈련을 담당하게 하였다. 내무부 사회과를 支援課로 바꾸어 종래의 사무와 아울러 노동자 등록 업무를 관장시켰고, 勤勞指導課에서는 노무관리와 노동자의 급여·후생시설, 노동자의 扶助와 援護에 관한 사항을 담당하였다.[43] 부·군·도에서 노무 관련 업무를 담당했던 것은 庶務課(庶務係)와 內務課(內務係)였다.[44] 또한 읍·면에서는 勸業係(충북 단양군)나 庶務係(전남 해남

40) 한혜인, 「'강제연행'에서의 공출구조－1939·40년의 조선총독부 정책과 부산직업소개소의 역할을 중심으로－」, 『한일민족문제연구』 제4집, 2003, 85쪽.

41) 『직업소개소령』 제3조(부·읍·면은 조선총독이 정하는 바에 따라 직업소개사업을 행할 수 있다.)의 규정에 의해 일선 행정기관도 직업소개사업을 직접 담당하였다.

42) 곽건홍, 『일제의 노동정책과 조선노동자(1938~1945)』, 신서원, 2001, 178쪽.

43) 이상의, 『일제하 조선의 노동정책 연구』, 혜안, 2006, 249쪽.

44) 경성부의 경우, 노무자원 확보를 담당했던 기구는 총무부, 재무부, 공영부였다. 總務部 안에 국민총력과, 호적과, 사회과가 속해 있었는데, 社會課가 노무 업무를 담당하였다. 또한 1943년 6월 區制가 시행되면서 사회과 勞務係와 區役所에서 징용 관련 업무를 처리하였다. 특히 區域所는 징용 대상자 조사, 징용장 발부 및 소집 등의 업무를 처리하였다(이병례, 「일제하 전시체제기 경성부의 노동력 동원구조」, 『사림2』 제24호, 2005, 50~51쪽).

군), 社會係(충남 예산군) 소속 係員이 노무 관련 업무를 담당하였다.[45] 당시 전남 해남군 산이면에서 서무계장과 부면장으로 근무했던 박호배의 증언에 의하면, 면에는 庶務係와 산업계가 조직되어 있었는데, 서무계에 호적계, 勞務係, 병사계 등이 소속되었고, 산업계에 보통농사계, 전작계, 비료계, 식량계가 소속되었다. 서무계 중에서도 노무계가 강제동원 업무를 담당했다고 한다.[46]

지방 행정기관은 조선인의 강제동원에 불가결한 역할을 담당했다. 특히, 지방행정의 말단에서 촌락질서에 대한 개입의 매개체가 되었던 읍·면 직원의 역할이 중요했다. 읍·면 직원은 해당 지역 내에 거주하였는데, 그 지역 출신자가 많았다. 따라서 조선인의 강제동원을 수행하기 위해서는 읍·면 직원 스스로 동기를 부여하는데 충분한 목적 합리성과 함께 촌락질서에 대한 친화성을 동시에 겸비하고 있어야 했다.[47] 읍·면 직원과 함께 지방 말단에서 강제동원을 직접 수행했던 존재가 區長이다. 구장은 國民總動員聯盟(國民總力聯盟) 町洞里聯盟의 이사장을 역임하며 지역 내에서 큰 영향력을 행사하는 마을의 실력자였다.

조선총독부는 1930년대 총동원체제 이후 조선인의 강제동원을 실질적으로 수행했던 읍·면 직원과 구장의 수를 급속히 늘리는 한편 관련 예산도 대폭적으로 증액하였다. 〈그림 2〉는 읍·면 직원과 구장의 인원수 증가현황을 나타낸 그래프이다.

45) 정혜경, 「일본 '제국'의 틀로 본 조선인 노무동원」, 『일제 식민지배와 강제동원』, 경인문화사, 2010, 218~220쪽.

46) 박호배는 1919년 해남군 산이면에서 출생하여 산이면에서 임시서기를 거쳐 서무계장, 부면장을 역임한 인물이다(국사편찬위원회, 『지방에 살다』, 252~282쪽).

47) 마쯔모토 타께노리(松本武祝), 「전시동원체제하 조선에 있어서 읍면 직원의 대일협력」, 『대동문화연구』 48, 2004, 207~208쪽.

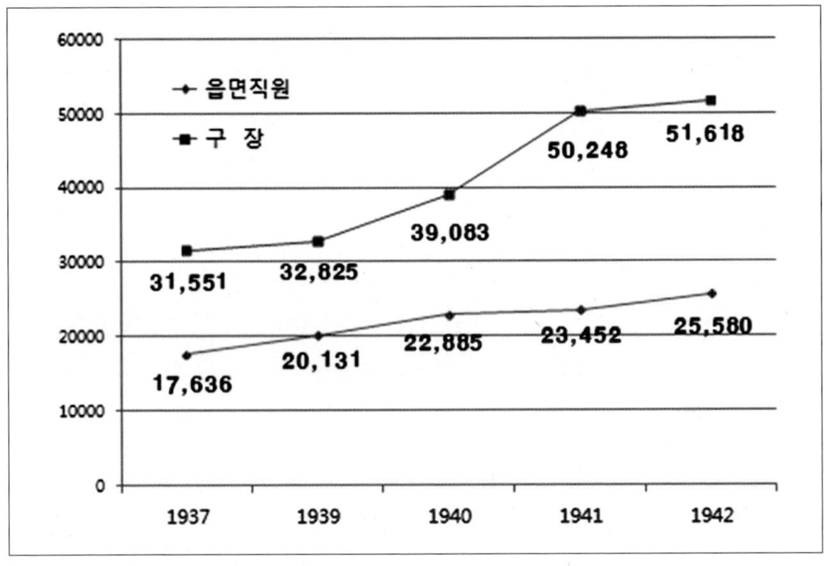

〈그림 2〉 읍 · 면 직원 및 구장 증원현황(1937~42년)

위 〈그림 2〉에서처럼, 1937~1942년 사이 읍 · 면 직원과 구장의 인원수는 매년 급속하게 증가되었음을 알 수 있다. 우선 읍 · 면 직원수를 살펴보면, 1937년 당시 17,636명이었는데, 조선인의 강제동원이 시작되었던 첫 해인 1939년에는 무려 14.1%(2,495명)가 늘어났고, 또한 1940년에도 13.7%(2,754명)가 늘어났다. 이후 1941년에는 3.5%(567명), 1942년에는 9.1%(2,128명)가 증가하여 총 25,580명에 달하였다.

1937년과 1942년을 비교해보면, 5년 만에 읍 · 면 직원은 45.0%(7,944명)가 증가한 것이었다. 이는 물론 '국민총력운동 등 시국(時局)업무를 수행'하기 위한 읍 · 면 직원의 업무량이 증가한 때문이었다. 즉, 조선인의 강제동원 업무를 수행했던 읍 · 면 직원수가 꾸준히 증가하였던 것이다. 특히, 조선총독부는 읍 · 면 직원의 증원을 뒷받침하기 위해 예산을 대폭 증액하였다. 1941~1942년 조선총독부가 각 도에 지원한 국고보조금은 294,988원에 달하였다. 예산항목은 (관) 보조 및 장려비/(항) 지방비 보조/(목) 읍면 경비기타보조 항목이었다.[48] 충남지역의 경우를 살펴보면, 충남도에서 신청한 보조신청액 17,600원 전액을 지원하는 것으로 결정되었고, 1941년 9월과 1942년 1월에 각각 8,800원씩이 보조되었다.

다음으로 구장 인원수를 살펴보면, 1939년 이후 급속하게 증가하였다. 1939년의 경우 1937년(31,551명)보다 4.0%(1,274명) 늘어났고, 1940년에는 19.1%(6,258명)가 증가하였으며, 1941년에는 28.6%(11,165명) 대폭 증원되었다. 1942년에도 2.7%(1,370명) 늘어나 51,618명에 달하였다.[49] 1937년과 1942년을 비교해보면, 5년 만에 구장 또한 63.6%(20,067명)가 급속하게 증가하였다. 이는 물론 읍·면 직원과 마찬가지로 강제동원 업무 등 '국민총력운동 등 시국업무를 수행'하기 위함이었다.

이상과 같이 읍·면 직원 및 구장의 인원수는 급증하였다. 이는 지방말단에서의 행정력을 강화하여 조선인의 강제동원 업무를 원활히 수행하기 위한 것이었다.

또한, 지방행정의 말단관리과 함께 직접적인 조선인의 동원주체였던 경찰 조직이 정비되고 인력도 증원되었다. 1940년 9월 당시 조선총독부 경무국(보안과 고등제1계)은 조선인의 모집, 인선, 도항 단속, 모집허가 및 단

48) 「國民總力運動其ノ他時局事務遂行ニ伴フ邑面書記增置費國庫補助ニ關スル件」(조선총독부 내무국(지방과) → 조선총독부 재무국, 각 도지사, 1941년 8월 21일 기안, 9월 20일 발송), 『國庫補助關係綴』(CJA0003591)(국가기록원 소장). 1941년도 조선총독부의 각 도별 읍·면 직원 관련 국고보조액은 아래와 같다.

도명	보조액			도명	보조액		
	계	제1회분 (1941.9월)	제2회분 (1942.1월)		계	제1회분 (1941.9월)	제2회분 (1942.1월)
경기	26,758	13,379	13,379	황해	27,730	27,730	13,865
충북	11,730	5,860	5,860	평남	15,850	19,850	9,920
충남	17,600	8,800	8,800	평북	26,450	26,450	13,225
전북	20,500	10,250	10,250	강원	26,450	26,450	13,225
전남	31,250	15,625	15,625	함남	17,740	17,740	8,870
경북	28,500	14,250	14,250	함북	12,790	12,790	6,395
경남	27,650	13,825	13,825	계	294,988	294,988	147,494

49) 조선총독부, 『朝鮮總督府統計年報』(1937~1942년).

속, 모집종사자의 신원보증, 탈출방지 단속, 분쟁 단속 등의 업무를 담당하고 있었다.[50)]

일본 지역에서는 經濟警察이 인력동원 사무를 담당하였고, 동원된 조선인의 단속을 전담하는 內鮮警察이 신설되었다. 하지만 조선에서는 1943년 10월 이전까지 경제경찰은 物資動員에만 한정되고, 인력동원 관련 사항은 여전히 일반경찰(警務課)이 담당하고 있었다.[51)]

경찰조직은 조선총독부 警務局을 중심으로 부·군 단위에 警察署가 설치되었고, 읍·면 단위에는 駐在所가 개설되었다. 특별히 역이나 시장 등 인구 밀집지역에는 별도로 派出所가 설치되었고 기타 詰所나 請願所, 溫泉所 등이 설치되었다. 아울러 주요 항구에는 水上警察署가 설치되기도 하였는데, 부산수상경찰서가 대표적이다.[52)]

1940년 말 현재 조선 전역에는 255개의 경찰서, 2,375개의 주재소, 318개의 파출소, 71개의 出張所 및 각 2개의 詰所와 請願所, 1개의 溫泉所 등 약 3천여 개의 경찰조직이 정비되어 있었다.[53)] 또한 당시 경찰 인원은 경찰부장

50) 「警務局 保安課 事務分擔表」(1940년 9월 19일 현재)에 의하면, 高等第一係의 업무에 조선인 內地渡航에 관한 사항, 조선인노동자의 內地移住에 관한 사항(內地方面行 노동자의 모집, 內地이주 노동자의 人選, 內地이주 노동자의 渡航取締, 內地이주 조선인의 처우 기타의 取締), 노동자의 募集과 斡旋에 관한 사항(노동자의 募集許可 및 取締, 모집종사자의 身元保證, 알선노동자의 移動防止取締, 알선노동자의 紛爭取締), 조선인의 만주이민에 관한 사항 등이 포함되어 있다(조선총독부 경무국 보안과, 「高等外事月報」 제13호, 宮田節子 編, 『高等外事月報』 2, 고려서림, 1988, 57~63쪽).

51) 「警務課事務分擔表」(1941년 1월 29일 현재)에 의하면, 警務課 第三部는 動員 및 召集, 徵發, 一般兵事, 志願兵에 관한 사항을 담당하고 있다. 경찰업무에 여전히 조선인의 노무동원 사무가 포함되어 있음을 알 수 있다. 경무과는 5개의 部(제1부~제5부)로 구성되어 있다(「事務分擔表送付ニ關スル件」(忠北經濟129호, 1941년 6월 27일, 충청북도 警察部長 → 警務局長, 內務課長, 각 경찰서장), 『雜書綴』(CJA0002509)(국가기록원 소장)).

52) 釜山水上警察署는 1935년 3월 19일 棧橋(부두)파출소로 이사하여 20일부터 사무취급을 개시하였다. 港務室은 제1부두 북측에, 留置場은 道廳 내로 이전했다(「釜山水上署棧橋へ引越シ」, 『부산일보』, 1935년 3월 20일). 부산수상경찰서 산하에는 第一棧橋警察官派出所(부산부 高島町), 佐藤町水上警察官派出所(부산부 佐藤町), 牧島水上警察官派出所(부산부 瀛仙洞)가 있었다(「경상남도는 경찰관서의 명칭, 위치 및 관할구역을 다음과 같이 개정한다」, 『조선총독부관보』, 1920년 7월 16일)(국사편찬위원회, 『일제침략하 한국 36년사』 5권, 1970년에서 재인용).

13명(일본인), 警視 79명(조선인 7명, 일본인 72명), 警部 466명(조선인 67명, 일본인 399명), 警部補 837명(조선인 121명, 일본인 716명), 巡査 18,886명[54](조선인 7,902명, 일본인 10,984명) 등 20,297명(조선인 8,097명, 일본인 12,200명)에 달했다. 전체 경찰인원 중 조선인의 비율은 약 39.9%였는데, 이 가운데 경부보 이하가 99.1%(8,023명) 비율인 것으로 보아 조선인은 대부분 하급 경찰을 담당하였음을 알 수 있다. 특히, 충청남도에는 14개의 경찰서, 162개의 주재소, 7개의 파출소 등 총 183개소가 설치되어 있었고,[55] 경부보 220명, 순사 625명 등 총 845명(조선인 381명, 일본인 464명)의 경찰이 배치되어 있었다. 이후 1942년 1월 1일 기차역의 단속 강화를 이유로 대덕군 東面 細川里에 파출소 1개소가 증설되기도 하였다.[56]

한편, 1938년 11월 설치된 經濟警察은 1940년 2월 經濟警察課로 독립하

53) 함경북도는 소실되어 부·군의 숫자가 동일한 함경남도로 추정하였다(조선총독부 警務局, 「昭和十五年末 警務統計」, 『雜書綴』(CJA0002509)(국가기록원 소장)).

구분	계	경찰서	주재소	파출소	출장소	구분	계	경찰서	주재소	파출소	출장소
경기	301	25	159	112	5	강원	195	22	152	15	6
충북	111	10	97	4	0	황해	218	18	194	4	2
충남	183	14	162	7	0	평남	187	17	137	30	3
전북	191	14	171	4	2	평북	249	24	191	29	5
전남	280	22	231	19	8	함남	271	21	209	23	18
경북	285	23	240	22	0	함북	271	21	209	23	18
경남	282	24	223	26	9	계	3,024	255	2,375	318	75

54) 1940년 말 당시의 순사정원은 전년도에 비해 8.0%(1,541명)이 증가한 20,775명이었다. 재적인원 18,886명은 총 정원의 90.9%에 해당한다(조선총독부 警務局 警務課, 「昭和十五年末 警務統計」, 『雜書綴』(CJA0002509)(국가기록원 소장)).

구분	순사정원	증가수	구분	순사정원	증가수
계	20,775	1,541	경남	1,639	217
경기	2,496	215	강원	1,268	95
충북	614	58	황해	1,233	58
충남	963	68	평남	1,348	102
전북	1,077	69	평북	2,904	170
전남	1,571	80	함남	2,072	138
경북	1,652	93	함북	1,938	179

55) 1940년 말 충남의 경찰조직 현황은 아래의 표와 같다(조선총독부 警務局, 「警察管轄區域表(忠淸南道)」, 『雜書綴』(CJA0002509)(국가기록원 소장)).

였다. 1940년 말 당시 경제경찰은 1,633명으로 전체 경찰인원의 8%를 차지하고 있었다.[57] 1943년 10월 〈生産增强勞務强化對策要綱〉이 결정된 이후에는 물자동원뿐만 아니라 노동력 동원업무까지 담당하여 「국민징용령」, 「노

구역	행정조직			경찰조직				주재소 / 파출소
	부군	읍면	정동리	계	경찰서	주재소	파출소	
대전	2	10	176	17	1	11	5	산내, 동면, 회덕, 신탄진, 구즉, 탄동, 유성, 진잠, 기성, 가수원, 유천 / 대전역전, 시장, 춘일정, 영정, 서대전역
조치원	1	7	93	8	1	7	-	동면, 서면, 연기, 금남, 전의, 소정, 전동
공주	1	12	215	12	1	11	-	이인, 탄천, 계룡, 공암, 대교, 의당, 광정, 우성, 사곡, 신하, 유구
강경	1	15	192	17	1	15	1	논산, 성동, 광석, 노성, 상월, 부적, 연산, 두계, 신도내, 벌곡, 육곡, 구자곡, 은진, 양촌, 채운 / 강경역전
부여	1	16	191	16	1	15	-	규암, 은산, 이산, 내산, 구룡, 홍산, 옥산, 남면, 충화, 임천, 양화, 장암, 세도, 석성, 초촌
서천	1	13	168	12	1	11	-	길산, 마서, 장항, 화양, 기산, 한산, 신장, 시초, 문산, 판교, 비인
보령	1	10	110	10	1	9	-	남포, 웅천, 艮恃, 도화담, 청라, 주포, 청소, 오천, 천북
청양	1	10	115	10	1	9	-	운곡, 대치, 정산, 목면, 미당, 적곡, 사양, 화성, 비봉
홍성	1	11	139	11	1	10	-	광천, 결성, 고도, 장곡, 홍동, 홍북, 금마, 은하, 서부, 구항
예산	1	12	175	14	1	12	1	신례원, 대술, 신양, 광시, 대흥, 응봉, 삽교, 덕산, 봉산, 대천, 신암, 오가 / 예산역전
서산	1	20	232	20	1	19	-	인지, 부석, 구도, 지곡, 대산, 성연, 음암, 대호지, 천의, 운산, 해미, 고북, 안면도, 남면, 태안, 안흥, 소원, 원북, 만지
당진	1	10	123	10	1	9	-	면천, 기지시, 신평, 범천, 순성, 고대, 송산, 통정, 합덕
온양	1	12	163	12	1	11	-	송악, 배방, 탕정, 염치, 음봉, 둔포, 인주, 아산, 선장, 도고, 신창
천안	1	14	170	14	1	13	-	풍세, 광억, 목천, 북면, 성남, 수신, 병천, 동면, 성환, 직산, 성거, 입장, 양대
총계	15	172	2,262	183	14	162	7	

56) 「警察官出張所設置ノ件」(忠南警秘 제623호, 1941년 12월 26일, 충청남도지사 → 警務局長), 『警察區劃配置關係綴』(CJA0002526)(국가기록원 소장). 細川驛의 월 평균승객(4,380명)과 경부선 複線工事에 투입된 人夫(1일 약 300명)의 단속을 위한 필요도 있었다.

57) 김상범, 「日帝末期 經濟警察의 設置와 活動」, 『한국민족운동사연구』 제17집, 1997, 112~114쪽.

무조정령」 등의 노동통제 법령을 관장하게 되었다. 당시 경제경찰의 주요 업무는 ① 관 주도와 근로보국대의 노동력 동원을 독려하고, 日傭勞動者의 통제와 훈련을 담당하는 노동력동원과 노동력 배치업무, ② 노동기피·轉退職·탈주 등의 노동이동 제한과 장기결근자 파악, ③ 임금의 적정 수준 유지, 노동자의 작업용 필수물자와 식량 기타 생활필수물자의 배급에 대한 부정유출 등을 감시했으며, 때때로 배급에도 직접 관여했다. ④ 노동통제 법령 위반에 대한 단속강화 등이었다. 경제경찰의 활동영역이 늘어남에 따라 조선총독부는 經濟警察官을 증원하였다.[58)]

이상과 같이 조선총독부는 중앙 및 지방 행정기구와 직업소개소, 경찰기구를 정비하고 읍·면 직원과 구장 및 경찰 인력을 대폭 증원하여 조선인의 인력 동원을 수행하고자 하였다. 1941년 3월 종래의 노무계를 勞務課로 확대하여 강제동원 사무를 전담케 하였으며, 1942년 말에는 13개의 도청 소재지에 모두 직업소개소를 설치하였다. 특히, 지방행정의 말단에서 조선인의 강제동원에 필수불가결한 역할을 담당했던 읍·면 직원과 구장, 경찰인력을 크게 증원하였다. 읍·면 직원은 1937년 대비 1942년 당시 불과 5년 만에 45.0% 늘어난 25,580명, 구장은 무려 63.6% 급증한 61,618명에 달하였다. 1940년 말 당시 조선 전역에는 3천여 개의 경찰조직에 2만여 명의 경찰이 배치되어 있었다. 또한 1940년 經濟警察課로 독립한 경제경찰은 1943년 10월 이후 물자동원뿐만 아니라 노동력 동원업무까지 담당하게 되었다. 결국 조선인의 강제동원을 담당했던 인력은 경찰 2만여 명, 읍·면 직원 2만 5천여 명, 구장 5만 1천여 명 등 무려 9만 7천여 명에 달하였다.[59)]

---

58) 곽건홍, 『일제의 노동정책과 조선노동자(1938~1945)』, 신서원, 2001, 179~180쪽.

59) 1940년 당시 인구(24,326,327명)의 0.4%로, 2017년 현재(0.8%)와 비교해도 적지 않은 비율이다. 2017년 현재 지방자치단체 공무원은 310,576명, 경찰직 공무원은 310,576명이고, 대한민국 총인구는 51,422,507명이다(통계청 국가통계포털(KOSIS) 참고).

제3장
강제동원 절차와 방식

제3장

강제동원 절차와 방식

1. 강제모집

1) 절차와 과정

일제는 1938년 제정된 「국가총동원법」에 의거하여 1939년부터 노무동원계획(국민동원계획)을 수립하였는데, 그 가운데 조선인의 인력 동원이 포함되어 있었다.[1] 일제는 이미 노무동원계획의 수립 단계부터 조선인의 인력 동원을 계획하였고, 이를 실행하였던 것이다.

1939년 7월 4일 일본 閣議는 조선인 85,000명의 인력동원이 포함된 「昭和十四年度勞務動員實施計劃綱領」을 결정하고, 1939년 7월 29일 厚生次官·內務次官이 지방장관 앞으로 「朝鮮人勞働者ノ內地移住ニ關スル件」을 통첩하였다. 이를 수행하기 위해 조선총독부는 정무총감 명의로 각 도지사

1) 일제의 노무동원계획(1942년부터는 국민동원계획) 현황

구분	전체	조선인	구분	전체	조선인
1939	1,139,000	85,000	1942	1,968,000	120,000
1940	1,540,000	88,000	1943	2,396,000	170,000
1941	2,212,000	81,000	1944	4,542,000	290,000

에게 「朝鮮人勞務者募集竝渡航取扱要綱」을 通牒하였다.

강제모집[2]은 일본 기업의 모집원이 조선총독부가 할당한 지역에 직접 가서 인솔해가는 강제동원 방식으로, 「조선인 노동자의 내지 이주에 관한 건」에 의해 1939년 9월(실제 강제모집 방식으로 조선인이 동원된 것은 1938년 5월)[3]부터 시작되었다. 강제모집 기간은 2년이었으며, 대상지역은 경기도, 충청남북 · 도, 경상남북 · 도, 전라남북 · 도 등 7개 도에 한정되었다. 조선총독부가 남부지역의 '과잉 노동력'에 주목하였던 결과였다.[4] 특히, 이들 지역이 1940년 조선총독부의 노동력 조사 결과 가능자수는 조선 전체의 70.1%(650,448명), 희망자수는 83.8%(203, 210명)에 달한 만큼 동원의 효율성도 고려한 것이었다.[5]

강제모집 방식의 강제동원은 일본 厚生省과 道 · 都 · 府 · 縣의 지방장관, 일본 기업 그리고 조선총독부의 긴밀한 협력 아래 수행된 것이었다. 1940년 5월 23일부터 3일간에 걸쳐 조선총독부 주도하에 13개 도의 社會課

2) 모집 방식은 志願募集, 緣故募集, 請負募集, 直接募集 등 4가지 방식이 있었다. 지원모집은 노무자 개개인이 모집광고를 보고 직접 회사에 고용을 신청하는 방식이다. 연고모집은 기존 사업장에서 일하고 있던 자가 인편이나 편지 등으로 소개하여 모집하는 방식이다. 이때 소개자는 회사로부터 소개료를 지급받았다. 청부모집은 알선인을 통해 모집비를 지불하고 노무자를 모집하는 방식이다. 직접모집은 회사에 속한 직원이 직접 조선으로 도항하여 모집 업무를 수행하고 회사까지 인솔하는 방법이다(北海道炭鑛汽船株式會社, 「七十年史 · 勤勞篇 －第一次 稿本－」, 林えいだい 감수 · 책임편집, 加藤博史 편집, 『戰時外國人强制連行關係史料集』 조선인2 中卷, 明石書店, 1991, 1,067~1,073쪽).

3) 정혜경은 강제동원 방식을 '국민징용(1939.10~1945.6)', '할당모집'(1938.5~1945.6), '관알선'(1942.2~1945.6)으로 구분하였다(정혜경, 『일본의 아시아태평양 전쟁과 조선인 강제동원』, 동북아역사재단, 2019).

4) 1940년의 國勢調査 결과에 따르면, 평지면적에 대한 인구밀도는 1평방㎢당 경기도 558명, 충청북도 451명, 충청남도 486명, 전라북도 512명, 전라남도 512명, 경상남도 686명, 평안남도 324명, 평안북도 317명, 함경북도 348명 등이었다. 따라서 조선총독부는 인구밀도가 높은 남부지역의 '과잉 노동력'에 주목하였다(田原實, 「朝鮮の勞務資源に就て」, 『朝鮮勞務』 2-3, 1942.6(곽건홍, 『일제의 노동정책과 조선노동자－1938~1945－』, 신서원, 2001, 105쪽에서 재인용)).

5) 조선총독부의 노동력 조사 결과, 가능자수와 희망자수 현황은 아래의 표와 같다(『勞務資源調査關係書類』(CJA0016565)(국가기록원 소장)).

長이 모여 노동력 수급확보를 위한 회의를 개최하였는데, 모집에 대해 노동자의 모집허가, 선출, 교양훈련, 가족呼寄 및 노동자명부 등 6가지 사항에 대해 집중적으로 협의하였다.[6] 조선총독부와 각 도가 일제의 '노무동원계획(국민동원계획)' 실행을 위해 깊숙이 개입하고 주도하였음을 알 수 있는 대목이다.

이하에서는 「朝鮮人勞務者募集要項」과 「조선인노무자 모집 및 도항취급요강」을 중심으로 강제모집 방식의 동원 절차를 살펴보고자 한다.[7] 우선 조선인을 '모집'하고자 하는 일본 기업은 〈朝鮮人勞務者雇入願〉(5통)을 직업소개소에 제출하였다. 직업소개소는 경찰서와 협의하여 부·현 지방장관에게 의견을 첨부하여 〈조선인노무자고입원〉(正副 3통)을 제출하였고, 각 부·현은 이를 심사한 후에 '雇入許可가 적당하다고 인정된다.'는 〈의견서〉를 첨부하여 厚生省에 上申하였다. 각 부·현의 요청을 취합한 후생성은 內務省과 협의하여 매년도 노무동원계획(국민동원계획)을 수립하였고, 각 부·현에 〈移入許可指令〉을 통지하는 한편 조선총독부에도 이를 移牒하였다.

후생성으로부터 강제모집을 허가받은 기업은 조선총독부에 〈노동자모집허가신청〉을 제출하였다. 조선총독부는 〈노동자모집허가신청〉과 〈이입

도별	가능자수	희망자수	도별	가능자수	희망자수
경기	26,234	3,285	황해	33,419	4,163
충북	149,123	32,461	평남	97,114	8,575
충남	90,176	41,607	평북	59,640	16,750
전북	65,085	28,540	강원	25,285	1,596
전남	79,113	24,937	함남	51,294	6,632
경북	107,112	35,911	함북	10,306	1,388
경남	133,605	36,469	합계	927,536	242,314

6) 「노동력 수급확보, 大量斡旋에 萬全策, 今日 사회과장회의서 협의」, 『동아일보』, 1940년 5월 24일.

7) 「朝鮮人勞務者募集要項」, 林えいだい 감수·책임편집, 加藤博史 편집, 『戰時外國人强制連行關係史料集』 조선인 2 中卷, 明石書店, 1991, 1,074~1,078쪽.

허가지령〉을 비교·대조한 후 최종적으로 강제모집 지역(도/군)을 할당하여 기업에게 통지하고 〈募集從事者證〉을 교부하였다.

조선총독부로터 강제모집 지역을 할당받은 기업은 해당 도에 정식으로 〈모집허가신청〉의 수속을 시작하였다. 특히, 모집지역이 2개 이상의 道에 걸쳐있는 경우에는 직접 조선총독에게 제출하였다. 기업의 정식 신청을 받은 도는 모집의 可否, 모집 인원 등에 대한 의견을 붙여 조선총독부에 보고하였다. 조선총독부의 최종 승인을 통지받은 각 도는 해당 기업에게 조선인의 강제모집을 허가하고, 모집 인원을 고려하여 모집 지역(군)을 할당해 주었다. 사업주의 강제모집 신청을 받은 조선총독부가 모집을 허가한 때는 사업주에 〈모집종사자증〉을 교부하였다. 사업주로부터 〈모집종사자증〉을 전달받은 모집원은 이를 휴대하고 조선으로 건너왔다.

기업의 모집원이 조선의 할당된 지역에서 강제모집을 시작하려면 관할 경찰서장에게 〈조선인노동자모집고입원〉 사본과 〈취업안내〉를 첨부하여 〈신고서〉를 제출하였다. 신고사항은 ① 강제모집 종사자의 주소 및 성명, ② 사무소의 소재지, ③ 모집 종사기간, ④ 모집 예정인원, ⑤ 응모자 집합소의 소재지 및 집합일시 등이었다.[8)]

강제모집 절차 과정에서 보듯이, 일본 厚生省과 조선총독부의 허가 없이는 기업의 모집 자체가 원천적으로 불가능했음을 알 수 있다. 일본 후생성과 道·都·府·縣 그리고 조선총독부는 사업 계획부터 동원 지역 및 인원의 허가, 인원 할당 등 모든 과정에 개입하여 주도하였다. 일제의 노무(국민)동원계획 수립 단계부터 조선인의 인력 동원을 염두에 두고 계획이 수립되었던 것이다.

조선총독부로터 강제모집 인원이 할당되어 도 할당－부·군 할당－읍·면 할당되는 행정체계 속에서 도, 부·군, 읍·면과 경찰서 및 주재소에서

8) 「職業紹介所施行規則」 제47조(조선총독부훈령 제7호, 1940년 1월 20일).

는 할당인원을 채우기 위해 갖은 방법을 동원하였다. 기업의 모집원은 조선인 강제동원을 원활히 수행하기 위해 조선총독부와 부·군·도 및 읍·면 직원과 경찰 등에게 뇌물을 주거나 향응을 제공하였다. 할당받은 지역에서 할당인원을 채우기 위해 해당 지역 말단관리의 적극성을 유도하는 방법으로서 기능하였다. 특히, 할당된 인원을 할당기간 내에 채우기 위해 강제로 조선인을 끌어갔다. 후쿠오카현 아타고(愛宕)탄광의 강제모집 업무를 담당했던 노미야마 고와시(野見山魏)는 강제동원 초기에는 조선총독부와 지방 행정기구의 협조로 쉽게 인원을 채울 수 있었다. 하지만 1941년 이후에는 닥치는 대로 동원했다고 고백하였고,[9] 아카사카(赤坂)탄광의 쇼또 요기치(松藤要吉)는 조선인을 인솔하고 감시하는 것이 매우 힘든 업무였음을 증언하였다.[10]

각 면에서 동원되어 군청에 집합된 조선인들에게는 정신교육과 기초적 단체훈련으로 이루어진 現地訓練과 出發式이 거행되었다.[11] 강제모집으로 동원되어 집합된 후 출발하기까지 적어도 5시간 이상의 현지훈련[12]이

---

9) 野見山魏는 조선에서 巡査를 지낸 前歷으로 야타고탄광에 스카웃되어 노무계로 근무하였고, 직접 조선인 강제모집 업무를 담당했던 인물이다(하야시 에이다이 저, 신정식 역, 『일제의 조선인노동 강제수탈사』, 비봉출판사, 1982, 176~178쪽).

> 조선으로 모집하러 가기 전에 아사부 상점 서울출장소 주재원이 총독부에 연줄을 대어 허가를 얻어 냈습니다. 다음에는 도청 사회과로, 군청에서 면으로 인원이 할당되었습니다. 처음에는 군청에 부탁만 해도 쉽게 모집이 되었습니다. 아사부 탄광의 지정 지역은 경상북도와 경상남도였습니다. … 그것은 처음 2년간 뿐이고, 태평양전쟁이 터지자 곧 모집난에 허덕이게 되어 광부 모집 포스터를 여러 곳에 붙였습니다. 이미 면 안에는 탄광에 데려갈 수 있는 장정들이 바닥이 났으므로 더욱 모집은 곤란해졌습니다. 첫째로는 탄광의 위험성을 알게 되었으니까요. 마침내는 남한에서의 모집이 불가능해지고 북한의 황해도까지 가서 닥치는대로 연행했습니다. 1944년의 100명이 마지막입니다.

10) 松藤要吉는 현지 모집계 3명, 본사에서 5명, 청원순사 3명 등 총 11명과 조선인 150명의 인솔과 감시 업무를 맡았는데, 매우 힘들었다고 하였다(「쇼또 요키찌(松藤要吉, 아카사카(赤坂)탄광 청원순사)의 증언」, 하야시 에이다이 저, 신정식 역, 『일제의 조선인노동 강제수탈사』, 비봉출판사, 1982, 173~176쪽).

11) 「內地移住勞働者訓練要綱」, 宮田節子 編, 『高等外事月報』 2, 高麗書林, 1988.

12) 현지훈련의 훈련과목과 시간은 修身과 公民(1시간 이상), 訓話(1시간), 禮義와 作法(1시간 이

실시되었는데, 경찰서장이나 高等主任, 高等係員 등 高等警察이 담당하였다. 특히, 일본 경찰당국의 탈출자 단속 實狀을 구체적으로 설명함으로써 탈출 방지에 노력하였다.

강제모집 절차와 비자 발급 등 수속이 완료된 후에는 神社나 神祠를 참배시킨 후 엄숙한 분위기에서 출발토록 하기 위해 神前에서 出發式을 거행하였다. 출발식은 일동 집합(정렬), 神社參拜, 國歌 奉唱, 宮城遙拜, 戰歿·出征장병에 대한 감사 默禱, 경찰서장 訓話, 대표 선서, 皇國臣民의 誓詞 제창, 神社參拜 등의 순으로 거행되었다. 훈화는 경찰서장이 전담토록 하였는데, 동원 후의 마음가짐과 '內鮮一體'를 중심 내용으로 하였고, 선서는 '응모자 대표'가 ① 국가에 공헌하고 '내선일체'에 노력할 것, ② 직장을 변경하지 않을 것, ③ 생활비 이외는 저축할 것, ④ 協和會 간부나 경찰관의 지시에 복종할 것 등 10가지에 대해 선서하였다.[13)]

출발식이 끝난 이후에는 각 군에서 가장 가까운 철도역으로 인솔된 후에 기차에 태워져 부산이나 여수, 목포 등에 도착했다. 각 기업은 강제동원된 조선인을 인솔하기 위해 별도의 인솔인을 두었다. 조선총독부 警務局長이 통첩한 「朝鮮職業紹介所令施行ニ伴ウ取纏ニ關スル件」에 의하면, 선박 내에서는 조선인 50명당 1명, 육지 수송에서는 30명당 1명씩의 인솔자를 두어 전담토록 하였다.[14)] 스미토모(住友)광업(주)의 〈朝鮮人勞働者募集雇入願〉에 의하면, 선박 내에서는 조선인 50명당 1~2명, 철도에서는 30명

상), 規律訓練(2시간 이상), 기타 등이었다.

13) 선서의 내용은 1) 時局産業에 종사하여 국가에 공헌한다는 것을 인식하여 그 책임이 중대한 것을 자각하고, 솔선하여 內鮮一體의 촉진에 노력할 것, 2) 훈련소에 入所하여 훈련을 받을 것, 3) 함부로 직장을 변경하지 않을 것, 4) 協和會에 가입하여 회원이 될 것, 5) 일본의 생활풍습에 순응하고, 일본인이 혐오하는 행동을 하지 않을 것, 6) 언어는 될 수 있는 한 일본어를 사용할 것, 7) 생활비에 필요한 액수 이외는 저축할 것, 8) 公租·公課·家賃 등의 체납은 결코 하지 않을 것, 9) 자녀를 취학시킬 것, 10) 협화회 간부나 경찰관의 지시에 복종할 것 등이었다.

14) 「朝鮮職業紹介所令施行ニ伴ウ取纏ニ關スル件」, 林えいたい 監修·責任編輯, 守屋敬彦 編輯, 『戰時外國人强制連行關係史料集』, 朝鮮人 2 下卷, 明石書店, 1991, 18쪽.

당 1~2명씩 인솔자를 배치하였음이 확인된다.[15] 각 기업은 자체적으로 인솔자를 증원배치하여 조선인의 탈출 방지를 꾀했던 것으로 생각된다.

인솔자는 乘船地 관할 경찰서장에게 〈應募者名簿〉를 제시하고 비자(査證)를 발급받았다. 이를 위해 인솔자는 일본 도착 이틀 전에 〈渡航者名簿〉와 〈여행일정〉을 승선지 및 취업지를 관할하는 경찰서장, 직업소개소장 및 관계 協和會에 각각 송부하였고, 이후 변동이 있을 경우에는 별도로 보고하였다.

조선인의 강제동원 이송은 陸路移送과 海路移送의 2가지 방법이 있었다. 강제동원 초기에는 주로 해로이송 방식이었으나, 戰局이 악화됨에 따라 1940년 이후에는 육상이송이 주로 행해졌다. 해로이송은 원산, 인천, 부산 등에서 선박으로 직접 동원지와 가까운 항구로 동원하는 방법이다. 부산이나 여수, 목포에서 시모노세키(下關)나 하카타(博多)로 연락선이 취항했다.[16] 홋카이도의 경우에는 하코다테(函館), 오타루(小樽), 무로란(室蘭) 등의 항구가 이용되기도 하였다. 그러나 1940년이 되면 선박이 부족하게 되어 釜關연락선[17]과 麗關연락선이 주로 이용되었다. 이때 운항되었던 선박은 곤고마루(金剛丸, 7,081톤, 1936년 11월 16일 취항), 고안마루(興安丸, 7,079톤, 1937년 1월 31일 취항), 텐산마루(天山丸, 7,906톤, 1942년 9월 27일 취항),

15) 守屋敬彦, 「朝鮮人强制連行における募集 · 官斡旋 · 徵用方式の一貫性」, 『道都大學紀要』 제15호, 1995, 16~18쪽.

16) 김인덕, 「일제시대 여수지역 강제연행에 대한 고찰」, 부산경남사학회, 『역사와경계』 67, 2008, 19쪽.

17) 부관연락선은 대한해협을 사이에 두고 부산과 下關 사이의 320㎞ 구간을 연결하는 정기선으로서 1905년 9월 山陽철도주식회사에 의해 개설되었다(김민영, 『일제의 조선인노동력수탈 연구』, 도서출판 한울, 1995, 105쪽). 1905년 9월 11일에 처음으로 운항한 부관연락선은 이키마루(壹岐丸), 쓰시마마루(對馬丸)였고, 1913년 고마마루(高麗丸), 시라기마루(新羅丸), 1922년 게이후쿠마루(景福丸), 도쿠주마루(德壽丸), 쇼케이마루(昌慶丸), 1936년 곤고마루(金剛丸), 고안마루(興安丸), 1942년 덴잔마루(天山丸), 곤론마루(崑崙丸) 등으로 점차 수송량과 운항속도가 확대 강화되면서 1945년 6월에 운항이 정지되기까지 약 49년 동안 부산과 시모노세키를 왕복하면서 실로 3,000만 명을 넘는 사람들을 왕래시켰다(최영호, 박진우, 류교열, 홍연진 지음, 『부관연락선과 식민-식민도시 부산과 민족 이동』, 논형, 2007, 108~109쪽).

곤론마루(崑崙丸, 7,908톤, 1943년 4월 12일 취항) 등이었다.[18)]

육로이송은 부산 혹은 여수항에서 시모노세키에 도착한 다음, 일본 내에서는 철도로 이송하는 방법이었다. 유바리(夕張)광업소의 경우, 부산－시모노세키－도쿄－아오모리(青森)－하코다테(函館)－삿포로(札幌) 등을 경유하며 광업소로 동원되었다.

특히, 강제모집 조선인의 원활한 인솔을 위해 시모노세키의 시청 구내에 下關渡航者保護斡旋所를 개설하였다.[19)] 각 道·府·縣은 協和事業團體로 하여금 하관도항자보호알선소에 기업자의 대표명, 동원 인원수 및 동원예정일 등을 통보케 하였고, 강제모집 종사자나 인솔자도 미리 동원명부와 여행일정을 송부하여 강제동원 조선인의 인솔을 원활하게 하였다. 특히, 인솔자가 下船한 때는 즉각 하관도항자보호알선소에 연락하여 알선소의 지시를 받았다. 이렇듯 하관도항자보호알선소는 가장 많은 조선인이 下船하는 시모노세키에서 미리 이송계획을 세우고 이를 실행함으로써 조선인의 탈출을 사전에 방지하기 위함이었다.

조선인을 할당받은 기업은 할당지역부터 동원지에 이르기까지의 이송비용(교통비 및 숙박료) 전액을 부담하였다. 스미토모(주) 고노마이(鴻之舞)광산의 경우 조선인의 이송비용은 1인당 약 40원가량이 소요되었고, 朝鮮勞務協會에 조선인 1인 당 11원을 알선수수료로 납입하였다.[20)]

강제모집 방식의 강제동원은 기업의 직원이 조선에 건너와 조선총독부와 도, 부·군·도, 읍·면 등을 비롯하여 경찰서 및 주재소, 水上警察署,[21)]

18) 김민영, 「식민지시대 노무동원 노동자의 송출과 철도·연락선」, 『한일민족문제연구』 제4집, 2003, 50~52쪽.

19) 「下關渡航者保護斡旋所改設狀況」, 宮田節子 編, 『高等外事月報』(朝鮮總督府 警務局 保安課) 2, 高麗書林, 1988.

20) 守屋敬彦, 「『支拂依賴書綴』よりみたる住友鴻之舞鑛山朝鮮人强制連行」, 『道都大學紀要』 제10호, 1991, 5~9쪽.

21) 1920년 1월 부산수상경찰서는 부산경찰서에서 분리 독립하였다. 부산수상경찰서 밑에는 제1棧橋 수상파출소, 佐藤瀛水上所, 牧島水上所가 설치되어 부산지역 해상치안 및 도항과 관련

朝鮮勞務協會,[22] 철도국(열차 차장, 역원 등), 國民總力聯盟, 구장, 읍·면 유력자 등 중앙·지방조직, 관련 단체·인물 등과의 적극적인 협조 속에서 추진된 방식이었다. 동원지역, 동원기간, 수송방법 등 조선인의 강제동원과 관련된 모든 사항이 일본 후생성, 조선총독부 및 그 하부기관의 계획과 통제하에 행해졌다.[23]

일본(동원지)에 도착한 조선인의 본적, 성명, 연령 등의 인사정보는 관계 관청, 경찰서장, 직업소개소장 및 協和會[24]에 보고되어 관리되었다. 이는 강제동원된 조선인이 기업과 함께 관청, 경찰, 협화회 등 다중통제하에

된 행정업무를 담당하였다. 1924년 당시 직원 현황은 港務醫官 1명, 경부 1명, 경부보 4명, 기수 1명, 순사 38명, 경찰촉탁의 1명, 雇員 7명으로 총 53명 규모였다(이승희, 「조선인의 일본 '밀항'에 대한 일제 경찰의 대응 양상」, 『다문화콘텐츠연구』 13집, 2012, 346~347쪽).

22) 朝鮮勞務協會는 1941년 6월 조선총독부 내에 설치되어 조선인의 강제모집업무를 수행하였다. 스미토모(住友) 고노마이(鴻之舞)광산의 강제모집원이 98명의 조선인을 강제동원하면서 조선노무협회에 1,078원(1인당 11원)을 납입하였다(守屋敬彦, 「朝鮮人强制連行における募集·官斡旋·徵用方式の一貫性」, 『道都大學紀要』 제15호, 1995, 55쪽).

23) 강제모집 방식의 강제동원 절차는 ① 1단계(노무자원 조사 및 등록단계) : 조선총독부, 각 도에 노무자원 조사 지시 → 도, 각 군에 노무자원 조사 지시 → 군, 각 면에 노무자원 조사 지시 → 면, 군에 노무자원 조사결과 보고 → 군, 도에 노무자원 조사결과 취합 및 보고 → 도, 조선총독부에 노무자원 조사결과 취합 및 보고, ② 2단계(강제모집 요청 단계) : 사업주, 신청수를 결정하여 부·현장관에 신청 → 부·현장관, 사업주 신청을 취합하여 후생성에 강제모집 신청 → 후생성이 査定하여 조선총독부에 강제모집인원 통지 → 조선총독부, 문서접수 → 조선총독부, 후생성에 강제모집지역 도의 할당인가 → 후생성, 부·현장관에 강제모집지역 및 인원수 통지 → 부·현장관, 사업주에 강제모집지역, 인원수 및 사업장 허가증 통지 → 사업주, 사업장 허가증 수령 → 기업의 모집원 조선 도항, ③ 3단계(노무자 동원 단계) : 조선총독부, 모집인원 도 할당 → 도, 모집인원 부·군·도 할당 → 부·군·도, 모집인원 읍·면 할당 → 각 읍·면은 구장, 경찰서 및 주재소, 읍·면 유력자 및 국민총력연맹 등과 협력하여 노무자 선정 → 부·군·도 및 도를 거쳐 노무자 선정결과를 조선총독부에 상신 → 각 읍·면, 송출 준비, ④ 4단계(수송 단계) : 조선총독부, 수송 업무 주관 → 모집원, 읍·면, 경찰, 수상경찰, 철도국 등과 협력하여 승선지까지 조선인 인솔 → 수송업무 수행 이후 조선총독부에 보고 → 조선총독부, 사업주 및 부·현장관, 후생성에 통보 → 모집원, 회사직원, 경찰, 열차 차장 및 역원 등과 협조하여 동원지까지 조선인 인솔 → 동원지(기업, 사업장, 공장 등), 조선인 노무자 인수 및 부·현장관, 경찰서, 직업소개소, 협화회 등에 보고 → 협화회 가입·등록 등으로 진행되었다.

24) 協和會는 재일조선인의 억압·감시를 위해 설립되었으나, 1939년 이후 강제동원된 조선인들을 일상적으로 지도계몽하고 통제하며, 조선인의 탈출을 방지하기 위한 단체였다(김운태, 『일본제국주의의 한국통치』, 박영사, 1998, 533쪽).

있게 되는 것을 의미하는 것이다. 특히, 협화회는 강제동원 조선인들을 일상적으로 지도계몽하고 통제하며, 탈출 방지 역할을 담당한 단체였다.[25] 경찰서장이 支會長, 特高課長이 幹事長, 內鮮係員이 幹事를 맡는 등 경찰조직 그 자체였다.[26]

일본 정부는 여전히 강제모집 방식의 강제동원을 조선인 본인의 의사에 따라 자유로이 응모한 것이라고 주장한다.[27] 그렇다면 일본 지역으로 이동하는 과정에서도 본인의 의사가 존중되어야 한다. 일본 정부의 주장대로 본인의 의사로 '모집'에 응했다고 하더라도 마음이 바뀌면 언제든지 고향집으로 되돌아 올 수 있는 상황이어야 한다. 하지만 삼엄한 감시 속에서 개인행동은 철저하게 금지되어 동원되었다. 말로는 '모집'이라고 했지만 실제로는 강제로 끌려가는 상황이었다. 1942년 9월경 후쿠오카현 니혼제철(주) 야하타(八幡)제철소로 동원된 李天求는 도망가면 부모들이 고통을 당할까봐 어쩔 수 없이 응하였고,[28] 1943년 2월에 가고시마현 소재 제련소에 동원된 柳濟喆도 이리저리 피해 다녔지만, 아버지를 구타하는 바람에 강제로 갈 수밖에 없었으며,[29] 1943년 17세 때 후쿠오카현 호슈(豊州)탄광에 동원된 安龍漢도 아버지가 괴로움을 당할까봐 강제모집에 응할 수밖에 없었다.[30]

---

25) 1940년 중앙협화회는 45만 부의 會員章을 발행하여 府·縣協和會, 支部를 통해 재일조선인에 배포하였다. 1941년 3월『國民勞務手帳法』이 공포된 이후에는 勞務手帳이 교부되었다(樋口雄一,『協和會－戰時下朝鮮人統制組織の研究』, 사회평론사, 1986).

26) 桶口雄一,「民族の心を奪う－'內鮮融和'政策と協和會－」, 大阪人權歷史資料課,『朝鮮侵略と强制連行 : 日本は朝鮮に何をしたか?』, 解放出版社, 1992, 75~79쪽.

27) 2018년 11월 1일 아베 신조(安倍晋三) 일본 총리는 10월 30일 대법원의 판결에 대해 "재판의 원고들은 모두 모집에 응했기 때문에 조선반도 출신 노동자 문제"라로 하였다. 강제모집의 강제성을 정면으로 否定하는 발언이다.

28) 「이천구(李天求, 1927년 충남 서천군 출생)의 증언」, 일제강점하강제동원피해진상규명위원회,『똑딱선 타고 오다가 바다귀신 될 뻔 했네』, 2006, 190~218쪽.

29) 「유제철(柳濟喆, 1918년 충남 당진군 출생)의 증언」, 일제강점하강제동원피해진상규명위원회,『똑딱선 타고 오다가 바다귀신 될 뻔 했네』, 2006, 24~46쪽.

죠반(常磐) 탄광 노무 관리자의 고백을 통해서도 '모집' 방식이 강제적으로 수행되었음을 알 수 있다. 조선총독부의 도 할당－군 할당－면 할당의 행정체계 속에서 할당된 인원을 정해진 날짜에 맞게 강제로 끌어모았다. 기업의 강제모집인은 모집서류만 준비하면 일본인 면장의 지휘하에 장남이든 아니든 상관없이 동원하였던 것이다.[31]

동원과정에서도 전혀 자유가 허락되지 않았다. 삼엄한 감시 속에 철저히 통제되었다. 1939년 홋카이도탄광기선(주) 소라치(空知)광업소 아키마(赤間)탄광으로 동원된 박수철은 동원되는 과정에서 수시로 기합을 받았고, 인솔자가 던진 목침으로 맞았다. 군대식 동원이라 따라가고 싶지 않았지만 갈 수밖에 없는 상황이었다고 한다.[32] 또한, 1941년 미쓰비시(三菱)광업(주) 오유바리(大夕張)광업소로 동원된 徐正萬도 삼엄한 감시 속에서 꼼짝 못하고 일본으로 끌려갔다. 머리를 깎고 푸대자루 같은 옷으로 갈아입혔으며, 기차 안에서는 마음대로 물도 먹으러 갈 수 없고, 입구에는 감시자가 서 있었다고 한다.[33] 1942년 봄 오이타(大分)현 니혼광업(주) 사가노세키(佐賀關)제련소에 동원되었던 周德鍾도 동원되는 과정에서 團服으로 갈아입었고,[34] 1940년 홋카이도 슈마리나이(朱鞠內)댐 공사장에 동원된 李詳石도 시퍼런 옷으로 갈아입었고 경찰의 감시 속에서 동원되었다.[35]

특히, 강제적이고 비인간적인 동원 방식도 자행되었다. 1940년 경북 사

30) 「안용한(安龍漢, 1943년 2월 후쿠오카현 호슈(豊州)탄광 동원)의 증언」, 하야시에이다이 저, 신정식 역, 『일제의 조선인노동 강제수탈사』, 비봉출판사, 1982, 136~147쪽.

31) 박경식 지음, 박경옥 옮김, 『조선인 강제연행의 기록』, 고즈윈, 2008, 71쪽.

32) 「박수철(가명)(1923년 전북 장수군 출생)의 증언」, 일제강점하강제동원피해진상규명위원회, 『아홉머리 넘어 북해도로』, 2009, 26쪽~51쪽.

33) 「서정만(徐正萬, 1920년 경북 김천군 출생)의 증언」, 일제강점하강제동원피해진상규명위원회, 『아홉머리 넘어 북해도로』, 2009, 128~153쪽.

34) 「주덕종(周德鍾, 1929년 충북 옥천군 출생)의 증언」, 일제강점하강제동원피해진상규명위원회, 『똑딱선 타고 오다가 바다 귀신 될 뻔 했네』, 2006, 242~266쪽.

35) 「이상석(李詳石, 1921년 경남 창녕군 출생)의 증언」, 일제강점하강제동원피해진상규명위원회, 『아홉머리 넘어 북해도로』, 2009, 421~459쪽.

천에서는 도로를 걸어가는 조선인을 순사가 체포하여 트럭에 실어갔고,[36] 1941년 추석을 맞이하여 從兄 집에 가는 조선인을 강제로 트럭에 태워 홋카이도로 동원하였다. 1942년 3월의 어느 날 직장에서 친구의 집에 들러 집으로 돌아오다가 밤 10시경 서울 거리에서 이유도 없이 경찰에 잡혀 그대로 홋카이도 아사노(淺野)탄광의 하청회사 가와구치구미(川口組)로 동원되었고,[37] 1943년 3월 20일 미쓰비시탄광으로 동원된 金永達은 충남 부여군 외산면 거주지에서 외산면 주재소 일본순사에 의하여 강제로 끌려갔으며,[38] 1943년 후쿠오카현 이타츠키(板付)비행장으로 동원된 金守義의 증언에서 볼 수 있듯이, 강제모집인들에 의해 식사 중이던 저녁도 다 먹지 못하고 강제로 끌려가는 상황이었다.[39]

「조선인노동자 내지 이주에 관한 건」과 「조선인노무자 모집 및 도항취급요강」 등에 의거해 추진되었던 강제모집은 기업의 직원이 일본 후생성과 도·도·부·현, 조선총독부, 지방 말단관리, 경찰 등의 협조 속에 강제적이고 기만적으로 조선인을 동원한 방식이었다.

일제는 노무동원계획(국민동원계획) 수립 단계부터 조선인의 인력동원을 염두에 두고 계획을 수립하였다. 또한, 일본 후생성과 조선총독부의 허가나 승인 없이는 일본 기업이 '모집' 자체를 시작조차 할 수 없었다. 뿐만 아니라 강제모집 지역과 인원수의 허가·할당 등 '모집'의 절차마다 일본 후생성과 조선총독부가 개입하고 주도하였다. 조선인을 '모집'할 때는 조선총독부 및 지방 행정기구와 경찰의 협조 없이는 불가능하였다. 실제로 강제모집 방식이 수행되었던 1941년 당시 이미 지방 말단에서 조선인의

36) 김운태, 『일본제국주의의 한국통치』, 박영사, 1986, 526쪽.

37) 박경식 지음, 박경옥 옮김, 『조선인 강제연행의 기록』, 고즈윈, 2008, 72쪽.

38) 「김영달(金永達, 1922년 충남 부여군 출생)의 증언」, 김인덕, 『강제연행사 연구』, 경인문화사, 2002, 108~109쪽.

39) 金賛汀, 『證言 朝鮮人强制連行』, 新人物未來社, 1975, 19~20쪽.

강제모집을 수행했던 인력은 경찰인력 2만여 명, 읍면 직원 2만 3천여 명, 구장 5만여 명 등 무려 9만 3천여 명에 달하였다.

모집의 인솔과정에서도 각 기업은 조선지역을 출발할 때나 일본에 도착했을 때 그리고 최종적으로 동원지에 도착했을 때는 일본 후생성과 도·도·부·현 그리고 조선총독부에 수시로 보고했다. 또한 기업은 탈출이나 사망, 送局 등 조선인의 신상에 변화가 있을 때마다 수시로 후생성, 도·도·부·현과 조선총독부에 일일이 보고하였다.

결국 강제모집의 계획 수립 단계부터 대상 지역과 인원수의 허가·할당단계, 인솔단계, 동원 후의 노동단계에 이르기까지 강제동원 전반에 걸쳐 일본 후생성과 조선총독부가 깊숙이 개입하여 주도하였다. 때문에 말은 '모집'이었지만 실제로는 강제적이고 비인간적인 동원 방식이 수행되었던 것이다.

2) 충남지역 강제모집

강제모집은 일제와 조선총독부의 주관 아래 조선인의 동원을 할당받은 기업의 관계자가 조선 지역에 직접 건너와 식민지 관료와 경찰 등의 협조를 받아 조선인을 동원한 방식이다.

충남지역은 강제모집이 시작된 1939년부터 다수의 인원이 동원된 지역이다. 충남지역의 조선인을 강제동원했던 기업 중 자료로 확인되는 대표적 기업이 스미토모(住友)(주) 고노마이(鴻之舞)광산과 홋카이도탄광기선(주)이다.

홋카이도탄광기선(주)은 일본 홋카이도 지역에 위치한 자본금 10억 엔의 대표적인 탄광 개발 회사였다. 1889년 11월 18일 설립된 北海道炭鑛鐵道會社가 호로나이(幌內)탄광과 소라치(空知), 유바리(夕張) 등의 탄광을 양수받고 신호로나이(新幌內) 등 여러 탄광을 개발하여 1906년 10월 홋카이도탄광기선(주)로 개칭되었다.[40] 홋카이도탄광기선(주)은 조선인을 동원하기 위해 1939년 7월부터 신청수속을 추진하는 등 적극적으로 대응하였고, 자체적으로 선박과 기차를 보유하고 있어 수송에 유리한 측면이 있었다.[41]

1939년 9월 1일 삿포로(札幌)에서 열린 石炭鑛業會 주최 勞務主任會議에서 북해도청이 홋카이도 내 모든 회사의 〈노동자모집허가신청〉을 취합하여 일괄적으로 9월 중순에 조선총독부에 송달하기로 합의가 이루어졌다. 결국 1939년 9월 19일 조선총독부의 정식허가를 받은 홋카이도탄광기선(주)은 請負募集의 형태로 조선인을 동원하였다.[42] 그 결과 10월 3일 제1회 해상수송을 시작으로 10월 5~9일 도카치마루(十勝丸)로 400명을 동원하는 등 11월 7일까지 조선인 약 2,500명을 동원하였다. 이후 直接募集 형태로 전환하여 경상남도와 전라도 출신 조선인 약 2,100명을 추가로 동원하였다.

홋카이도탄광기선(주)에는 1939년 8월 2일~1942년 6월 5일 강제모집 방식으로 조선 전역에서 25회에 걸쳐 10,425명(할당인원 12,500명의 83.4%)의 조선인이 동원되었다. 이 가운데 충남지역 출신 조선인은 1,811명으로 전체의 14.5%에 해당된다. 〈표 5〉는 모두 6차례에 걸쳐 홋카이도탄광기선(주)

40) 札幌通商産業局 石炭部 編, 『北海道の石炭産業』, 1954.

41) 1930년대부터 이미 만성적인 노동력 부족에 시달렸던 홋카이도탄광기선(주)은 이미 1939년 7월에 모집 신청수속을 서둘러 추진하였다. 모든 勞務部員을 京城에 파견하여 관청 방면과 협의하는 한편 조선인 2명을 모집 업무에 고용하는 등 적극적이었고, 夕張鐵道會社, 公立汽船會社 등 조선인 수송을 담당할 선박과 열차를 자체 보유하고 있었다는 점은 동원율 84.2%를 달성할 수 있는 요인이었다(林えいだい 감수·책임편집, 加藤博史 편집, 『戰時外國人强制連行關係史料集』 Ⅲ 조선인 2 中卷, 明石書店, 1991 ; 朝鮮人强制連行眞相調査團 編, 『强制連行强制勞働の記錄 北海道·千島·樺太篇, 現代史出版社, 1974).

42) 北海道炭鑛汽船(주)은 勞務部員을 京城에 파견하여 관청 방면과 협의를 진행하는 한편 조선인 2명을 모집 업무에 고용하는 등 당초 '직접모집' 방식을 취하려고 하였으나, ① 모집인원이 다수인데 모집기간이 짧다는 점, ② 회사의 모집 종사자가 小數인 점, ③ 선박수송이기 때문에 1939년 10월까지 供出시켜야 한다는 점, ④ 조선 내의 사정으로서 災害의 실정상 공출정도가 불확실하다는 점, ⑤ 관 주도의 시기를 예측할 수 없다는 점 등 때문에 '請負募集' 방식을 취하였다(林えいだい 監修·責任編集, 加藤博史 編集, 『戰時外國人强制連行關係史料集』 Ⅲ 조선인 2 中卷, 明石書店, 1991).

에 강제모집으로 동원된 충남 출신 강제동원자의 현황을 나타낸 것이다.

〈표 5〉 홋카이도탄광기선(주)의 충남지역 강제모집 현황[43]

<table>
<tr><th>구분</th><th>신청
일자</th><th>승인
일자</th><th>道 할당
일</th><th>도지사
허가일</th><th>모집
착수일</th><th>동원지
도착일</th><th>할당
인원</th><th>도착인원
(동원율)</th><th>동원인원
(할당인원)</th></tr>
<tr><td>계</td><td>-</td><td>-</td><td>-</td><td>-</td><td>-</td><td>-</td><td>2,150</td><td>1,811+α
(84.2%)</td><td></td></tr>
<tr><td>1회</td><td>1941.
3.15</td><td>1941.
5.22</td><td>1941.
7.6</td><td>1941.
7.28</td><td>1941.
7.28</td><td>1941.
8.27</td><td>200</td><td>197
(98.5%)</td><td>서산 197(200)</td></tr>
<tr><td>2회</td><td>1941.
6.17</td><td>1941.
8.9</td><td>1941.
9.27</td><td>1941.
10.20</td><td>1941.
11.10</td><td>1941.
12.12</td><td>100</td><td>100
(100%)</td><td>금산 100(100)</td></tr>
<tr><td>3회</td><td>1941.
6.17</td><td>1941.
8.9</td><td>1941.
11.4</td><td>1941.
12.12</td><td>1942.
1.20</td><td>1942.
2.28</td><td>700[44]</td><td>693
(99%)</td><td>서산 150(150)
부여 137(100)
홍성 137(150)
예산 122(150)
논산 147(150)</td></tr>
<tr><td>4회</td><td rowspan="3">1941.
7.15</td><td rowspan="3">1941.
9.29</td><td>1941.
11.19</td><td>1941.
12.12</td><td>-</td><td>-</td><td>300</td><td>α</td><td>-</td></tr>
<tr><td>5회</td><td>1941.
1.20.</td><td>1942.
1.21.</td><td>1942.
1.24.</td><td>1942.
3.24.</td><td>300</td><td>224
(74.7%)</td><td>연기 95(100)
서천 38(100)
부여 100(100)</td></tr>
<tr><td>6회</td><td>1941.
3.5</td><td>1942.
3.6</td><td>1942.
4.15</td><td>1942.
6.5</td><td>550</td><td>597
(119.4%)</td><td>천안 100(100)
아산 98(100)
당진 134(150)
예산 99(100)
서산 106(100)
홍성 60(68)</td></tr>
</table>

〈표 5〉에서 보듯이, 홋카이도탄광기선(주)은 조선총독부로부터 1941년 7월~1942년 3월 사이 충남지역에서 6차례 강제모집을 할당받았다. 할당된 인원 2,150명 가운데 실제로 동원된 인원은 1,811+α 명으로 적어도 84.2%의 동

43) 守屋敬彦,「第二次世界大戰における朝鮮人强制連行の統計的硏究」,『道都大學紀要』 제13호, 1994, 76~77쪽.

44) 표에는 400명으로 기재되어 있으나, 군별 할당인원을 합하면 700명이므로 수정하여 기재하였다.

원율이었다. 조선지역 전체의 동원율(83.4%)과 비교할 때 약간 높은 비율을 보인다. 홋카이도탄광기선(주)이 조선인의 강제모집을 신청한 이후 실제로 충남지역 조선인이 탄광에 도착하는데 걸린 시간은 평균 7.2개월로 나타난다. 짧게는 4개월에서 길게는 11개월이 소요되었다.

가장 먼저 홋카이도탄광기선(주)에 동원된 것은 1941년 8월 27일 서산군 출신 197명이 유바리(夕張)광업소(88명), 호로나이(幌内)광업소(50명), 소라치(空知)광업소(50명)에 동원된 것이었다. 1942년 3월 15일 홋카이도탄광기선(주)의 신청을 받은 조선총독부가 같은 해 5월 22일 승인한 후 7월 6일 충청남도에 200명을 할당하였다. 7월 28일 충남도지사의 허가를 받은 홋카이도탄광기선(주)은 강제모집에 착수하여 한 달 뒤인 8월 27일에 197명을 동원하였던 것이다. 이후 1941년 12월 12일 금산군 출신 100명이 동원되었고, 1942년 2월 28일 서산, 논산, 부여, 홍성, 예산 등 5개 군에서 693명이 유바리광업소(247명)를 비롯하여 호로나이광업소(158명), 소라치광업소(155명), 신호로나이(新幌内)광업소(50명), 만지(萬字)광업소(53명), 마야치(眞谷地)광업소(40명)에 동원되었다. 또한, 1942년 3월 24일 부여, 서천 등 3개 군에서 224명이 소라치광업소(95명), 유바리광업소(46명), 호로나이광업소(45명), 신호로나이광업소(38명)에 동원되었고, 같은 해 6월 5일 당진, 서산, 천안, 예산, 아산, 홍성 등 6개 군에서 유바리광업소(313명)를 비롯하여 호로나이광업소(60명), 소라치광업소(124명)에 597명이 동원되었다.

군별로 동원현황을 살펴보면, 서산이 3회 453명(100.7%)으로 가장 많고, 부여 2회 237명(118.5%), 예산 2회 221명(88.4%), 홍성 2회 197명(93.8%), 논산 147명(98.0%), 당진 134명(89.3%) 등이다. 공주, 대전, 청양, 보령지역 등에서는 동원되지 않았음이 특징적이다. 대부분 지역에서 할당된 강제모집 인원에 육박하는 인원을 동원하고 있다. 특히, 당초 할당인원보다 더 많은 인원이 동원된 경우가 2차례 있었는데, 부여와 서산에서이다. 부여 지역에서는 100명 할당에 137명이 동원되었고, 서산지역에서는 100명이 할당되어

106명이 동원되었다. 각 도와 부·군, 읍·면은 할당된 인원을 반드시 채워야 하는 도별 할당-부·군별 할당-읍·면별 할당되는 행정체계 내에 있었기 때문에 일제의 인력 동원은 강제적이고 기만적으로 수행되었다. 당시 면서기를 지냈던 박호배의 증언에 의하면, 군과 면에 배정된 동원인원은 반드시 채워야만 했다.[45]

다음으로 홋카이도의 대표적 금광산이었던 스미토모(住友)(주)[46] 고노마이광산에도 많은 충남 출신 조선인이 동원되었다. 1939년 10월~1942년 9월 강제모집 방식으로 동원된 인원은 1,668명이었다. 고노마이광산은 홋카이도 몬베쓰(紋別)에 소재한 금 광산이었다. 1917년 스미토모광업(주)이 경영권을 얻은 이후 1973년 폐산되었다.[47] 충남지역에서 모두 12차례에 걸쳐 동원된 상황을 군별로 정리하면 아래의 〈표 6〉과 같다.

〈표 6〉 고노마이광산의 충남지역 강제모집 현황[48]

(단위 : 명)

郡名	구분	도착일	할당 인원	동원 인원	읍면 현황
계		-	1,667	1,668	
천안	소계	-	201	202	木川 29, 歡城 25, 天安 23, 城南 23, 北 21, 成歡 19, 葛田 14, 豊歲 12, 廣聖居 9, 笠場 9, 稷山 7, 德 5, 修身 4, 陰峰 1, 槐山 1

45) 국사편찬위원회, 『지방에 살다』, 2006, 255~256쪽(구술자 박호배는 1939년 면사무소에서 임시서기로 근무하고, 1944년 해남군 산이면에서 서무계장, 부면장으로 근무하였다).
문 : 노무자들 같은 경우에는 관에서 알선하는 경우도 있고, 노무회사에서 사람들 뽑으러 오고 그러지 않나요?
답 : 그리 안해. 이것이 가령 해남군으로 배정이 오거든요. "몇 백명 해라"하면 군에서 산이면 몇, 황산면 몇, 각 배정을 합니다. 군에 노무계가 있어. 면에도 노무계가 있어. 그럼 그놈 배정하죠. 그 배정수는 기어이 채워야 써. 기어이 채울랑께.

46) 1919년 설립된 스미토모(住友)는 오사카에 본사를 두고 있으며 홋카이도에는 고노마이광산을 비롯하여 아카비라(赤平)탄광, 우에우타시나이(上歌志內)탄광, 우타시나이(歌志內)탄광, 신우타시나이(新歌志內)탄광, 고쿠후(國富)광산, 나이에(奈井江)탄광, 이나우시(伊奈牛)광산, 카라마쓰(唐松)탄광, 본베쓰(奔別)탄광, 아소시(八十士)광산 등이 있었다(일제강점하강제동원피해진상규명위원회, 『강제동원 명부해제집』 1, 2009.12, 123~124쪽).

47) 守屋敬彦, 「解說 住友鴻之舞鑛山の朝鮮人强制連行·强制勞働」, 林えいだい 監修·責任編集, 守屋敬彦 編集, 『戰時外國人强制連行關係史料集』 Ⅲ 朝鮮人 2 下卷, 明石書店, 1991.

	1	1939.10.7	102	102	天安 7, 豊歳 12, 歡城 23, 廣德 5, 木川 8, 城南 4, 修身 4, 葛田 14, 成歡 19, 北 6
	2	1942.8.29	99	100	天安 16, 歡城 2, 木川 21, 城南 19, 北 15, 陰峰 1, 聖居 9, 笠場 9, 稷山 7, 槐山 1
아산	소계	-	200	200	溫陽 27, 松岳 6, 湯井 15, 塩峙 22, 陰峰 19, 靈仁 10, 仁州 14, 仙掌 27, 道高 20, 新昌 24, 桃芳 2, 屯浦 14
	1	1939.10.7	100	100	溫陽 16, 松岳 3, 湯井 7, 塩峙 14, 陰峰 5, 靈仁 5, 仁州 3, 仙掌 16, 道高 11, 新昌 13, 桃芳 2, 屯浦 5
	2	1942.8.15	100	100	溫陽 11, 松岳 3, 湯井 8, 塩峙 8, 陰峰 14, 靈仁 5, 仁州 11, 仙掌 11, 高道 9, 新昌 11, 屯浦 9
당진	소계	-	197	197	唐津 31, 順城 24, 高大 10, 石門 9, 沔川 20, 合德 37, 泛川 18, 新平 13, 松嶽 22, 送山 22, 松德 1
	1	1939.10.7	100	100	唐津 16, 順城 15, 高大 3, 石門 4, 沔川 10, 合德 24, 泛川 9, 新平 6, 松嶽 8, 松山 4, 松德 1
	2	1942.8.23	97	97	唐津 15, 順城 9, 高大 7, 石門 5, 沔川 10, 合德 13, 泛川 9, 新平 7, 松嶽 14, 松山 8
연기	소계	-	236	236	東 55, 鳥致院 23, 西 38, 全義 52, 全東 26, 南 36, 錦南 50
	1	1940.1.6	50	50	東 23, 鳥致院 4, 西 9, 全義 7
	2	1940.12.8	97	97	東 21, 鳥致院 6, 西 11, 全義 17, 全東 3, 南 10, 錦南 29
	3	1941.1.16	15	15	東 3, 鳥致院 1, 全義 4, 全東 7
	4	1941.12.21	74	74	東 2, 鳥致院 3, 西 12, 全義 16, 全東 8, 南 12, 錦南 21
공주	소계	-	226	226	灘川 33, 鷄龍 23, 反浦 20, 長岐 28, 儀堂 15, 正安 13, 牛城 21, 寺谷 12, 新下 14, 新上 5, 公州 16, 木洞 26
	1	1940.3.27	125	125	灘川 12, 鷄龍 17, 反浦 14, 長岐 13, 儀堂 14, 正安 7, 牛城 11, 寺谷 9, 新下 3, 新上 5, 公州 10, 木洞 10
	2	1940.12.8	26	26	灘川 20, 公州 6
	3	1941.1.16	75	75	灘川 (1), 鷄龍 6, 反浦 6, 長岐 15, 儀堂 1, 正安 6, 牛城 10, 寺谷 3, 新下 11, 木洞 16
부여	1	1941.9.8	148	148	扶餘 7, 窺岩 4, 恩山 7, 外山 29, 草村 15, 石城 12, 九龍 3, 玉山 4, 南 17, 忠化 5, 揚巖 10, 良化 7, 林川 10, 世道 8, 鴻山 10
대덕	소계	-	120	120	鎭岑 22, 杞城 37, 儒城 10, 山內 6, 鎭峰 2, 東 12, 炭洞 7, 北 8, 九則 13, 柳川 3
	1	1940.1.6	50	50	鎭岑 20, 杞城 30
	2	1941.12.21	70	70	鎭岑 2, 杞城 7, 儒城 10, 山內 6, 鎭峰 2, 東 12, 炭洞 7, 北 8, 九則 13, 柳川 3
논산	1	1941.9.8	114	114	論山 8, 陽村 10, 魯城 12, 九子谷 5, 伐谷 8, 上月 13, 夫赤 5, 城東 13, 江景 6, 連山 12, 可世谷 9, 豆磨 13
예산	1	1941.12.21	97	97	禮山 4, 大述 9, 新陽 8, 光時 6, 大興 3, 鷹峰 5, 揷橋 11, 古德 13, 新岩 9, 吾可 16, 德山 11, 凡山 2

서천	소계	-	128	128	鍾川 8, 西 13, 庇仁 20, 韓山 23, 馬山 6, 馬西 9, 舒川 5, 麒山 1, 時草 8, 文山 17, 長項 7, 華陽 8, 東 3
	1	1941.9.8	33	33	鍾川 6, 西 3, 庇仁 9, 韓山 5, 馬山 2, 馬西 1, 舒川 1, 華陽 6
	2	1942.8.7	50	50	韓山 15, 馬山 3, 馬西 8, 麒山 1, 時草 8, 文山 15
	3	1942.9.22	45	45	鍾川 2, 西 10, 庇仁 11, 韓山 3, 馬山 1, 舒川 4, 文山 2, 長項 7, 華陽 2, 東 3

위 〈표 6〉에서 알 수 있듯이, 1939년 10월 7일~1942년 9월 22일 사이 충남지역에서는 고노마이광산에 강제모집 방식으로 모두 12차례에 걸쳐 총 1,668명이 동원되었다. 이를 군별로 살펴보면, 연기군이 4차례 236명으로 가장 많고, 공주 3차례 226명, 천안 2차례 202명, 아산 2차례 200명, 당진 2차례 197명 순이다.[49] 관 주도 방식이 시작된 시기인 1942년 8~9월에도 5차례에 걸쳐 여전히 강제모집 방식의 강제동원이 수행되었음이 주목된다.[50]

충남지역에서 강제모집 방식을 통해 처음으로 고노마이광산에 동원된 지역은 천안, 아산, 당진 등 3개 군이었다. 1939년 10월 7일 천안 102명, 아산 100명, 당진 100명 등 할당된 302명 전원이 동원되었다. 고노마이광산은 충남지역 조선인의 강제모집을 수행하기 위해 모집원을 고용하는 한편 천안여관을 사무소로 이용하였다. 고노마이광산의 하라(原)가 1939년 9월 20일 충남지역 조선인이 오타루(小樽)에 도착할 수 있도록 군청, 경찰서 등과 협의하는 한편 천안여관의 모집원에게도 수송준비를 지시하였다. 이에 따라 모집원은 인솔증명서 등 관련 서류를 준비하여 10월 4일 송출준비를 완

48) 守屋敬彦, 「金屬鑛山と朝鮮・韓國人强制連行」, 『道都大學紀要』 제9호, 1990, 19~20쪽.

49) 강제동원자명부를 검토한 결과, 고노마이광산에 동원된 충남 출신 동원자는 공주 352명, 아산 282명, 연기 275명, 당진 255명, 천안 177명, 부여 169명, 대전 153명, 논산 134명, 서천 132명, 예산 125명, 청양 41명, 보령 8명, 서산 7명, 금산 6명, 홍성 4명 등 총 2,120명이었다.

50) 관 주도 방식이 시작된 이후에도 강제모집 방식으로 고노마이광산에 동원된 상황은 1942년 8월 7일 서천에서 50명, 15일 아산에서 100명, 23일 당진에서 97명, 29일 천안에서 100명, 같은 해 9월 22일 서천에서 45명 등 5차례 392명이 동원되었다.

료하였다.[51)]

제10회 강제모집의 구체적인 동원 현황도 살펴볼 수 있다. 고노마이광산의 강제모집 업무를 수행한 다카노 시게고로(高野重五郎)와 이즈미야 요시오(泉谷芳男)[52)] 등이 1941년 10월 12일 충청남도에 〈조선인노무자모집허가신청서〉를 제출하자, 충청남도지사는 1941년 11월 7일(忠南社제257호)에 노동자 강제모집을 허가해 주었다.[53)] 강제모집 대상지역은 대덕군, 연기군, 예산군 일원이었고, 대상자는 만 20~40세의 남자로서 갱내 運搬夫 250명, 採鑛夫 100명이었다. 인원은 대덕군 100명, 연기군 100명, 예산군 150명 등 총 350명이었으며, 2개월 동안 모집이 허락된 것이었다. 〈신청서〉에 의하면, 조선인 인솔 시에는 12개 班으로 나누어 선박에서는 50명, 기차에서는 30명당 1명의 인솔자가 담당하도록 하였다. 강제모집 지역으로부터 부산항까지는 기차로 인솔되었고, 부산항에서부터는 임차선박으로 하코다테(函館)나 오타루(小樽)까지 인솔되었다. 일본 지역에 도착한 이후에는 기차로 몬베쓰(雄別)역까지 수송되었다가 역에서 광업소까지는 승합자동차로 수송되었다.

충청남도지사로부터 강제모집 허가를 받은 고노마이광산은 1941년 11월 11일 〈勞務者募集着手屆〉를 예산경찰서장에게 제출하였다.[54)] 〈응모자모집착수계〉에 의하면, 모집종사자의 居所는 충남 예산군 예산읍 禮山館, 사무

51) 정혜경, 「스미토모(住友) 고노마이(鴻之舞)광산 발신전보(發信電報)를 통해 살펴본 조선인 노무동원 실태」, 『강제동원을 말한다－명부편(1)』, 선인, 2011, 301쪽.

52) 대전부 本町 1丁目 52번지 花家旅館에 임시사무소를 개설하여 조선인 노무자 강제모집에 종사하던 자들로, 高野重五郎(1904년 출생)는 1932년 고노마이광산에 취직하였고, 1937년 勞務係員이 되었다. 泉谷芳男(1913년생)는 1924년 고노마이광산에 취직하였고, 1940년 서무과 保安係 警備手가 되었다.

53) 「半島勞務動員募集關係書類」, 林えいだい 監修·責任編集, 守屋敬彦 編集, 『戰時外國人强制連行關係史料集』 Ⅲ 朝鮮人2 下卷, 明石書店, 1991.

54) 고노마이광산의 高野重五郎은 1941년 11월 11일 예산경찰서장에게 〈노무자모집착수계〉를 제출하였다(「勞務者募集着手屆」, 林えいだい 監修·責任編集, 守屋敬彦 編集, 『戰時外國人强制連行關係史料集』 Ⅲ 朝鮮人2 下卷, 明石書店, 1991).

소는 충남 대전부 本町 1丁目 花家旅館이었고, 강제모집 일시와 동원지는 1941년 11월 7일, 충남 예산군 예산읍 禮一旅館이었다.

1941년 11~12월 사이 기업의 모집원은 행정 관료와 경찰들에게 24차례나 접대하였다. 1941년 11월 21~29일 6차례에 걸쳐 과장, 면장, 사회계 직원 등의 군·면 직원과 서장, 부장, 주재소의 주임과 순사 등의 경찰을 접대하였고, 12월 2~10일 9일 동안에는 18차례나 접대하였다. 12월 9일 예산군청에 집합한 조선인들은 10일까지 여관에 투숙하였고, 예산경찰서장과 대전경찰서장에게 〈募集朝鮮人勞務者宿泊屆〉[55]와 〈應募者募集地出發屆〉,[56] 〈應募鮮人勞務者渡航屆〉,[57] 〈應募者內地渡航紹介願〉[58]을 제출하였다. 12월 11일 새벽 5시 30분 기차로 예산을 출발하였고, 천안에서 환승하여 대전에 도착한 후 숙박하였다. 다음날인 12일 대전을 출발하여 부산에 도착한 후 다시 숙박하였다. 부산에서는 다시 연기군과 대덕군 지역에서 '모집'된 동원자들이 합류되었다. 昌寶丸에 승선한 조선인은 12월 13일 오후 4시 부산항을 출발하여 4일이 지난 후 무로란(室蘭)항에 도착하였고, 12월 21일 동원지인 고노마이광산에 도착하였다.[59] 조선인 20명을 1반으로 조직하여

55) 〈응모조선인노무자숙박계〉에는 숙박소, 동원인원, 숙박소 도착 및 출발일시가 기재되어 있다. 예산의 경우 숙박은 예산군 예산읍 禮一館, 1941년 12월 9일 오후 5시 도착, 11일 오전 5시 30분 출발이었고, 대전의 경우에는 1941년 12월 11일 오전 19시 30분 도착, 12일 오전 2시 출발이었다(「應募朝鮮人勞務者宿泊屆」(모집대리인 高野重五郎→예산경찰서장) ; 「應募朝鮮人勞務者宿泊屆」(모집대리인 高野重五郎→대전경찰서장)), 林えいだい 監修·責任編集, 守屋敬彦 編集, 『戰時外國人强制連行關係史料集』 Ⅲ 朝鮮人2 下卷, 明石書店, 1991.

56) 〈응모자모집지출발계〉에는 동원수, 승선지, 승선지까지의 경로, 승선지까지의 수송방법이 기재되어 있다(「應募者募集地出發屆」(1941년 12월 10일, 모집대리인 高野重五郎→예산경찰서장), 林えいだい 監修·責任編集, 守屋敬彦 編集, 『戰時外國人强制連行關係史料集』 Ⅲ 朝鮮人2 下卷, 明石書店, 1991).

57) 〈응모선인노무자도항계〉에는 승선인원, 승선지명, 승선지도착시각, 출발일시, 수송방법이 기재되어 있다(「應募者募集地渡航屆」, 林えいだい 監修·責任編集, 守屋敬彦 編集, 『戰時外國人强制連行關係史料集』 Ⅲ 朝鮮人2 下卷, 明石書店, 1991).

58) 〈응모자내지도항소개원〉에는 본적지 및 주소, 도항지, 도항목적, 최종귀선지가 기재되어 있다(「應募者內地渡航紹介願」, 林えいだい 監修·責任編集, 守屋敬彦 編集, 『戰時外國人强制連行關係史料集』 Ⅲ 朝鮮人2 下卷, 明石書店, 1991).

반장을 정하는 한편, 인솔자는 赤色 완장을, 강제동원자는 白布지에 사업장명(住友鴻之舞鑛業所)과 번호를 기록한 완장을 붙였다. 특히, 반장은 별도의 黃色 완장 위에 강제동원자들의 완장을 덧붙였다.[60)]

1941년 11월 21일~12월 10일 고노마이광산의 모집원이 충남 예산군에서 98명을 강제모집 방식으로 동원하기 위해 지출한 비용은 모두 6,023원 31전이었다.[61)] 郡에서의 접대비 1,228원 76전, 面에서의 접대비 380원 8전, 지출 경비 886원 47전, 조선노무협회 납입금 1,078원(=11원×98명), 여비 및 교통비 2,450원 등으로, 강제동원자 1명당 61원 46전이 지출된 셈이다. 이 가운데 군과 면에서의 접대비는 총 1,609원 56전에 달하였다. 군수, 경찰서장을 비롯하여 내무과장, 군 사회계 직원, 特高主任, 경찰서 外勤部長, 警部, 면장, 면 사회계 직원에 이르기까지 茶器, 통조림, 셔츠, 과자 등의 뇌물과 '기생'이 동석한 宴會, 단체회식 등 총 46차례의 향응을 제공받고 조선인을 강제동원시키는 데 적극 개입하였던 것이다.[62)]

---

59) 정혜경, 「스미토모(住友) 고노마이(鴻之舞)광산 발신전보(發信電報)를 통해 살펴본 조선인 노무동원 실태」, 『강제동원을 말한다-명부편(1)』, 선인, 2011, 302~304쪽.

60) 「應募者募集地出發屆」(1941년 12월 10일, 모집대리인 高野重五郎→예산경찰서장), 林えいだい 監修·責任編集, 守屋敬彦 編集, 『戰時外國人强制連行關係史料集』 Ⅲ 朝鮮人2 下卷, 明石書店, 1991.

61) 서혜선, 「스미토모(住友) 고노마이(鴻之舞) 광산의 조선인 노무자 동원 실태, 1939~1942년」, 『한성사학』 28집, 2013, 81쪽.

62) 고노마이광산 강제모집 종사원의 지출 경비 내역은 아래와 같다(守屋敬彦, 「朝鮮人强制連行における募集·官斡旋·徵用方式の一貫性」, 『道都大學紀要』 제14호, 1995, 54~56쪽).

일자	내 역	금액(원)	일자	내역	금액(원)
11.1	논산역 옷·모자 보관(21일)	15.75	12.10	호적초본 수수료, 특사료	19.90
11.6	노무자명부 미농백지 700매	8.40	12.10	호적초본 수수료, 특사료, 일당	250.00
11.9	취업안내 150부 인쇄	37.00	12.11	노무자(98명) 숙박료, 식비(5일)	319.03
11.12	모집안내 게시용구	3.16	12.11	모집원(3명) 기차(예산-천안)	3.90
11.23	출장여비 및 일당(7일)	20.00	12.11	기차(천안-대전)	3.90
12.8	신원조사용지(예산경찰서)	15.00	12.11	일당 및 귀택 여비	45.00
12.9	자동차 임차(20일)	18.90	12.12	부상 노무자 의료비	4.90
12.10	강제모집 노무자 사진	65.00	12.12	기타	27.23
12.10	신체검사 및 종두	30.00	합계		886.47

1942년 3월 고노마이광산에 동원된 吳小得의 증언에 의하면, 동원 중의 탈출을 방지하기 위해 군청에서 직접 국방색 옷으로 갈아입히고 머리를 깎았다고 한다.[63)]

고노마이광산은 1939년 10월 7일~1942년 9월 22일 사이 충남지역에서 강제모집 방식으로 12차례에 걸쳐 1,668명을 동원하였다. 충청남도에서 할당한 인원을 다 채울 만큼 일제와 조선총독부, 지방행정 말단에 이르기까지 계획적이고 조직적으로 조선인을 강제동원하였다.

이상과 같이 충남지역에서 강제모집 방식으로 홋카이도탄광기선(주)과 고노마이광산에 동원된 상황을 살펴보았다. 홋카이도의 대표적인 탄광 및 금광산이었던 두 회사에 1939년 10월 7일~1942년 9월 22일 사이 18차례에 걸쳐 3,479명이 동원되었다. 관 주도 방식이 시작된 이후인 1942년 8~9월에도 5차례에 걸쳐 여전히 강제모집 방식이 수행되었음이 특징적이다. 강제모집에 의한 조선인 동원은 일본 후생성과 도·도·부·현, 기업을 비롯하여 조선총독부, 경찰과 지방 행정기구 등이 일체가 되어 계획적이고 조직적으로 그리고 강제적으로 수행된 인력동원이었다.

2. 관 주도

1) 절차와 선정기준

일본 국내의 노동력 부족이 심각해지자 강제모집 방식의 조선인 강제동원만으로는 이를 충족시키지 못하였다. 따라서 관 주도·징용이라는 더욱

63) 「오소득(吳小得, 1923년 출생)의 증언」, 일제강점하강제동원피해진상규명위원회, 『아홉머리 넘어 북해도로』, 2009, 266~285쪽.

폭압적인 수단이 강구되었고, 강제동원 대상자가 새롭게 설정되어 확대되었다. 즉, 경지면적이 적은 소작농, 농업노동자에 한정하지 않고 자·소작농민까지도 그 대상이 되었고, 학력자의 강제동원도 개시되었다.[64]

일제가 관 주도를 실시했던 이유는 크게 3가지이다. 우선 일제의 노무동원계획에 의한 조선인 강제동원의 실행률을 향상시키기 위해서였다. 강제모집 방식에 의한 조선인의 강제동원은 노무동원계획 대비 45~66%에 불과하였다. 두 번째는 강제동원 과정에서 조선인의 탈출이 크게 늘어났기 때문이다. 1942년에는 12만 명을 동원해야 하는 상황이었기 때문에 군대식으로 조직하고 통제하여 탈출을 방지할 필요가 있었던 것이다. 세 번째는 조선총독부의 노동력 재배분계획 실시 때문이다. 조선총독부는 조선 전역에 노동력을 적정배치하고 일본 이외에도 만주, 사할린, 남양군도 등에 인력을 강제동원해야 하는 상황이었던 것이다.[65]

관 주도[66]는 1942년 2월 13일 일제 각의에서 결정된 「朝鮮人勞務者活用ニ關スル方策」과 조선총독부의 「勞務動員計劃ニ依スル朝鮮人勞務者ノ內地移入斡旋要綱」,[67] 「勞務動員計劃ニ依スル朝鮮人勞務者ノ內地移入ニ關スル件」 등에 의해 조선인의 강제동원 사무를 朝鮮勞務協會로 일원화하는 보다 강제적인 노동력 동원 방식이었다. 각 사업주는 소요 경비를 조선노무협회에 납부하고 할당된 노무자를 인수하였다. 조선인 동원자의 동원과 그 수송을 일원화시켜 효율적으로 운영한 것이었다.

조선노무협회는 조선총독부의 할당을 받은 각 도와 부·군·도 등의 지

64) 樋口雄一, 『戰時下朝鮮の農民生活誌』, 社會評論社, 1998, 154쪽.

65) 海野福壽, 「朝鮮の勞務動員」, 『岩波講座 近代日本と植民地』 5, 岩波書店, 1993.

66) 관 주도는 일본 정부나 조선총독부의 알선이나 지시, 명령에 의하여 강요되는 동원을 의미하며, 조선총독부에 의한 道外斡旋과 각 도청에 의한 道內斡旋을 총칭한다(김운태, 『일본제국주의의 한국통치』, 박영사, 1998, 536쪽).

67) 「勞務動員計劃ニ依スル朝鮮人勞務者ノ內地移入斡旋要綱」, 長澤秀 編, 『戰時下朝鮮人中國人聯合軍俘虜强制連行資料集』 Ⅱ(문서편), 綠蔭書房, 1992.

방행정기관 및 직업소개소와 협력해서 조선인을 동원하여 대조직에 편성시키고 사업주에 인계하는 등의 업무를 수행하였다. 조선총독부의 주도로 동원되는 조선인은 노동력 동원 산업에 종사시키고, 조선인 노무자의 수는 매년도의 노무동원실시계획에 의한 인원수로 한정되었다.[68] 기간은 2년이었고, 강제동원 대상 지역이 기존의 7개 道에서 강원도와 황해도가 추가되어 9개 도로 확장되었다.

조선노무협회는 1941년 6월 28일 조선총독부 勞務課 안에 설치된 조선총독부의 외곽단체였다.[69] 조선총독부 내에 本會가 설치되었고, 각 도청 내에는 支部가 설치되었으며, 각 부 · 군 · 도(직업소개소가 설치된 부에는 직업소개소에, 기타의 부 · 군 · 도에서는 부 · 군 · 도청)에는 分會가 조직되었다. 본회의 본부회장은 정무총감이 맡았고, 지부장은 각 도지사가 맡는 한편 분회장은 직업소개소장이나 부윤, 군수가 맡는 구조였다. 또한, 본회, 지부, 분회의 구성원 역시 조선총독부와 각 도 및 부 · 군의 국장, 부장, 과장과 경찰서장으로 구성되었다.[70] 이는 조선노무협회가 다름 아닌 행정기

68) 「勞務動員計劃ニ依スル朝鮮人勞務者ノ內地移入ニ關スル件」(忠南機密 제32호, 1942년 2월 28일, 內務部長→各 郡守, 大田職業紹介所長), 『復命書綴』(CJA0016572)(국가기록원 소장).

69) 곽건홍, 『일제의 노동정책과 조선노동자 1938~1945』, 신서원, 2001, 184쪽.

70) 「朝鮮勞務協會設置 廿八日本府서發會式擧行」, 『매일신보』, 1941년 6월 29일. 1941년 6월 28일 오전 10시부터 조선총독부 제3회의실에서 조선노무협회의 發會式과 이사회가 개최되었다. 조선노무협회의 조직은 아래의 표와 같다.

구분	구 성
本會	○ 본부회장 : 정무총감 ○부회장 : 내무국장, 경무국장 ○ 감사 : 사계과장 ○ 상무이사 : 노무과장, 보안과장, 이사국민총력과장, 지방과장, 사회과장, 토목과장, 상공과장, 광산과장, 농정과장, 제1과장, 철도국운수과장, 개량과장, 국민총력연맹 사무이사, 토목건축업협회 이사, 국민총력광산연맹 사무이사, 조선상공회의소 이사 ○ 참여 : 식산국장, 농림국장, 기획부장, 철도국장, 국민총력연맹 사무국총장, 조선토목건축업협회 회장, 국민총력조선광산연맹 회장, 조선상공회의소 회장
支部	○ 지부장 : 도지사 ○ 부지부장 : 내무부장, 경찰부장 ○ 감사 : 도 회계과장 ○ 상무이사 : 사회과장 고등경찰과장 ○ 참여 : 산업부장 ○ 이사 : 국민총력과장, 지방과장, 토목과장, 산업과장(상공과장), 농정과장, 지부

관 그 자체였음을 보여주는 것이라 하겠다.

조선노무협회의 주요 사업은 ① 노무자의 교양 훈련에 관한 사항, ② 노동사정과 직업문제에 관한 조사연구와 그 보급선전에 관한 사항(간행물 발행), ③ 노무자원의 개척에 관한 사항(노무자의 알선 및 모집 협력), ④ 노무관리의 지도에 관한 사항, ⑤ 노무자 및 그 가족의 보호지도에 관한 사항, ⑥ 관청 및 민간과의 연락에 관한 사항, ⑦ 기타 필요하다고 인정하는 사항 등이었다.[71]

충청남도 내무부장이 1942년 2월 28일 각 군수와 대전직업소개소장에 보낸 「勞務動員計劃ニ依スル朝鮮人勞務者ノ內地移入ニ關スル件」에 의하면, 노무동원실시계획에 의한 조선인의 강제동원은 1939년 이래 강제모집 방식으로 실시해 왔는데, 현재 決戰體制에서의 노무사정에 비추어 종래의 「朝鮮職業紹介所令」에 의한 노무자 강제모집의 방법을 폐지하고 조선총독부 및 지방청의 '알선'으로 이행하도록 하였다.[72]

조선총독부는 관 주도 방식을 추진하기 위해 담당기구의 정비 및 확충을 실시하였다. 우선 조선총독부 및 지방청(도, 부 · 군, 읍 · 면 등)의 동원 담당 기구의 확대강화를 꾀하였다. 이를 위해 예산상의 조치를 강구하고

	장이 위촉한 특별회원, 본회의 사업에 관해서 지식 · 경험이 유한 자를 지부장이 위촉한 자
分會	○ 분회장 : 직업소개소장 또는 부윤 군수 도사 ○ 고문 : 경찰서장 ○ 이사 : 직업소개소 상석서기/부윤 島 내무부장, 부군도 권업과장, 경찰서 고등주임 및 경무주임, 본회의 사업에 관해서 지식 · 경험이 있는 자로서 분회장이 위촉한 자
會員	○ 명예회원 : 학식 · 경험이 있거나 특히 공로가 있는 자로서 회장이 추천한 자 ○ 특별회원 : 매년도 백원 이상 또는 일시에 천원 이상을 갹출하는 자 ○ 보통회원 : 본회 발행의 간행물을 구독하고 매년도 2원 이상을 갹출한 자

71) 「朝鮮勞務協會設置 廿八日本府서發會式擧行」, 『매일신보』, 1941년 6월 29일.

72) 「勞務動員計劃ニ依スル朝鮮人勞務者ノ內地移入ニ關スル件」(忠南機密 제32호, 1942년 2월 28일, 내무부장→각 군수, 대전직업소개소장), 『復命書綴』(CJA0016572)(국가기록원 소장). 하지만 강제모집 방식의 강제동원은 1945년까지 계속 이어진다.

적임자를 배치토록 지시하였고, 조선노무협회의 확충을 꾀하는 한편 각 관계기관에 강제동원 업무를 원조하도록 하였다. 특히, 강제동원 업무를 원조하는 각 관계기관에 대해서는 강제동원에 관한 사무를 囑託하고 勞務補導員의 명예를 붙였다.[73] 강제동원 업무에 필요한 경비는 사업주 또는 재단법인 職業協會가 조선노무협회에 납부토록 하였다.

관 주도 방식의 세부적 절차는 「勞務動員計劃ニ依スル朝鮮人勞務者ノ內地移入斡旋要綱朝鮮人內地移入要綱」,[74] 「勞務動員計劃ニ依スル朝鮮人勞務者ノ內地移入ニ關スル件」,[75] 「昭和十六年度勞務動員實施計劃ニ依スル朝鮮人勞務者ノ內地移入要領」[76] 및 「昭和十六年度勞務動員實施計劃ニ依スル朝鮮人勞務者ノ內地移入要領實施細目」[77]을 통해 살펴볼 수 있다.

우선 조선인을 '알선'받기 원하는 기업(사업주)은 〈募集雇入願〉 4부를 기업을 관할하는 지역의 직업소개소에 제출하였다. 직업소개소는 의견을 첨부하여 〈모집고입원〉 3부를 지방장관(道·都·府·縣)에 제출하는 한편, 경찰서에도 〈모집고입원〉 1부를 송부하였다. 도·도·부·현은 학무·경찰부에서 조사·검토하여 직업소개소를 통해 기업에 〈朝鮮人勞務者移入雇傭承認書〉를 송부하였고, 厚生省에는 〈모집고입원〉 2부를 송부하였다. 후생성은 기업별로 동원인원을 할당하고, 조선총독부에 조선인의 '알선' 승인을 통보하며 〈모집고입원〉 1부를 송부하였다.

---

73) 「勞務動員實施計劃ニ依スル朝鮮人勞務者ノ內地移入ニ關スル件」, 『復命書綴』(CJA0016572)(국가기록원 소장).

74) 「勞務動員計劃ニ依スル朝鮮人勞務者ノ內地移入斡旋要綱朝鮮人內地移入要綱」, 長澤秀 編, 『戰時下朝鮮人中國人聯合軍俘虜强制連行資料集』Ⅱ(문서편), 綠蔭書房, 1992.

75) 「勞務動員計劃ニ依スル朝鮮人勞務者ノ內地移入ニ關スル件」(1942년 4월 21일), 慶尙南道 勞務課, 『勞務關係法令集』, 1944(樋口雄一, 『戰時下朝鮮の農民生活誌』, 社會評論社, 1998에서 재인용).

76) 「昭和十六年度勞務動員實施計劃ニ依スル朝鮮人勞務者ノ內地移入要領」, 『復命書綴』(CJA0016572) (국가기록원 소장).

77) 「昭和十六年度勞務動員實施計劃ニ依スル朝鮮人勞務者ノ內地移入要領實施細目」, 『復命書綴』(CJA0016572)(국가기록원 소장).

지방장관의 승인을 얻은 각 기업은 조선총독부에 〈朝鮮人勞務者斡旋申請書〉[78](正副 2통)와 〈도·도·부·현 조선인노무자이입고용승인서〉(사본) 그리고 勞務補導員의 〈이력서〉를 제출하였다.

조선총독부는 업무의 중요도, 종래의 緣故 및 地盤, 조선인의 노동력 상황 등을 고려한 심사를 통해 각 도별로 동원될 인원과 및 기간을 결정하였고, 각 도에 〈斡旋內地移入朝鮮人勞務者道選出人員割當決定書〉를 通牒하였다. 조선총독부로부터 동원될 인원이 할당된 道는 각 부·군에 〈斡旋內地移入朝鮮人勞務者選出人員割當決定書〉를 통보하였고,[79] 각 부·군에서는 5일 이내에 府·郡·島별로 동원될 인원을 결정하였다.

이렇듯 일본 후생성으로부터 조선인의 강제동원을 요청받은 조선총독부는 일방적으로 동원인원을 결정하여 각 도에 통보했다. 각 도는 부·군에, 각 부·군은 다시 읍·면에 동원할 인원과 기간을 일방적으로 통보하였다. 조선총독부의 통보를 받은 각 도는 조선총독부에 '부·군·별 동원 예정 인원'을 보고하는 한편, 직업소개소와 부·군·도에 통첩하고, 기업에게도 통지하였던 것이다.

---

78) 〈조선인노무자알선신청서〉에는 ① 본적, 주소, 직업, 성명, 연령(법인인 때는 그 주된 사무소의 소재지, 명칭, 學業의 종류 및 이사 기타 법인의 업무를 집행하는 役員의 성명), ② 就業場의 소재지 및 명칭, ③ 사업의 종류, ④ 短期業務인 경우 그 사업의 개시 및 종료일, ⑤ 移入雇用하려는 이유, ⑥ 현재 종사하는 노무자수(內鮮人別, 남녀별, 노무별 및 選出道別 집단이입 조선인 노무자의 移入總數 및 현재 在籍數), ⑦ 指導組織, ⑧ 알선을 받으려는 노무자수(월별, 남녀별, 노무별), ⑨ 연령 기타의 자격, ⑩ 대 조직에 대한 희망, ⑪ 알선희망지역 및 특정한 이유, ⑫ 고용기간, ⑬ 수송방법, ⑭ 노무보도원 등이 기재되어 있다(「勞務動員實施計劃ニ依ル朝鮮人勞務者ノ內地移入斡旋要綱」, 『復命書綴』(CJA0016572)(국가기록원 소장).

79) 〈알선내지이입조선인노무자도선출인원할당결정서〉에는 ① 사업주명, ② 就業場 소재지, ③ 事業場名, ④ 도에서 選出할 노무자의 員數(單身者 인원수), ⑤ 연령의 범위, ⑥ 隊의 편성(隊數 및 인원수, 班數 및 1班의 인원수, 組數 및 1組의 인원수), ⑦ 選出期間, ⑧ 雇用期間, ⑨ 輸送方法 등이 기재되어 있고, 〈알선내지이입조선인노무자선출인원할당결정서〉에는 ① 사업주명, ② 就業場 소재지, ③ 事業場名, ④ 府郡島選出勞務者(노무별 인원), ⑤ 연령의 범위, ⑥ 隊의 편성(隊數 및 인원수, 班數 및 1班의 인원수, 組數 및 1組의 인원수), ⑦ 取纏期間, ⑧ 雇用期間, ⑨ 輸送方法, ⑩ 隊의 출동예정일, ⑪ 選出狀況 보고기간 등이 기재되어 있다(「勞務動員實施計劃ニ依ル朝鮮人勞務者ノ內地移入斡旋要綱」, 『復命書綴』(CJA0016572)(국가기록원 소장).

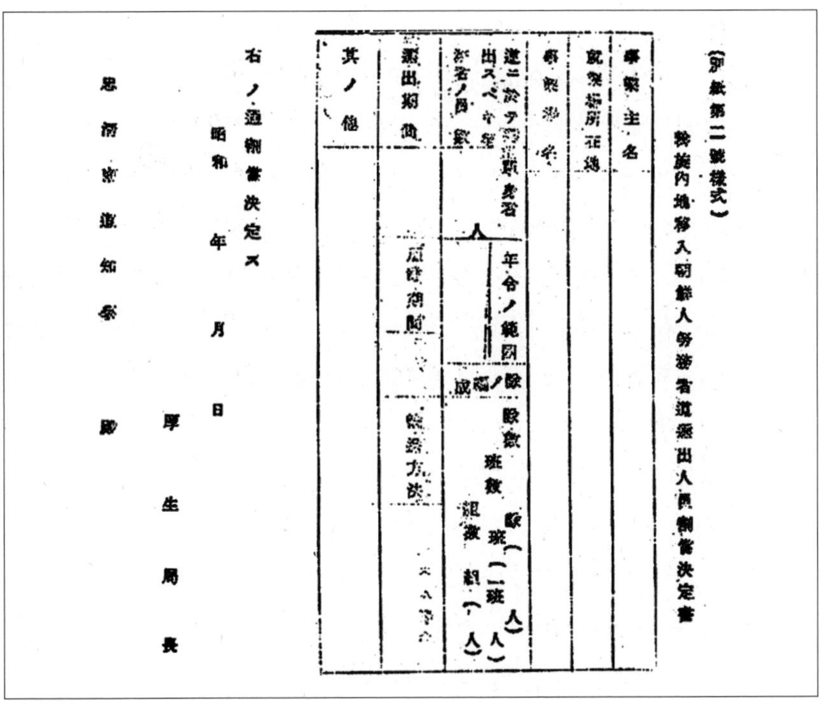
(別紙第二號樣式)
斡旋內地移入朝鮮人勞務者道選出人員割當決定書

事業主名
就業場所在地
府郡名
道ニ於テ選出スベキ者ノ員數　人
年令ノ範囲
隊ノ編成　隊數　隊(一隊　人)　班數　班(一班　人)　組數　組(一組　人)
選出期間
選出方法
其ノ他

右ノ通割當決定ス
昭和　年　月　日
厚生局長
忠清南道知事　殿

〈그림 3〉 알선내지이입조선인노무자 도선출인원할당결정서

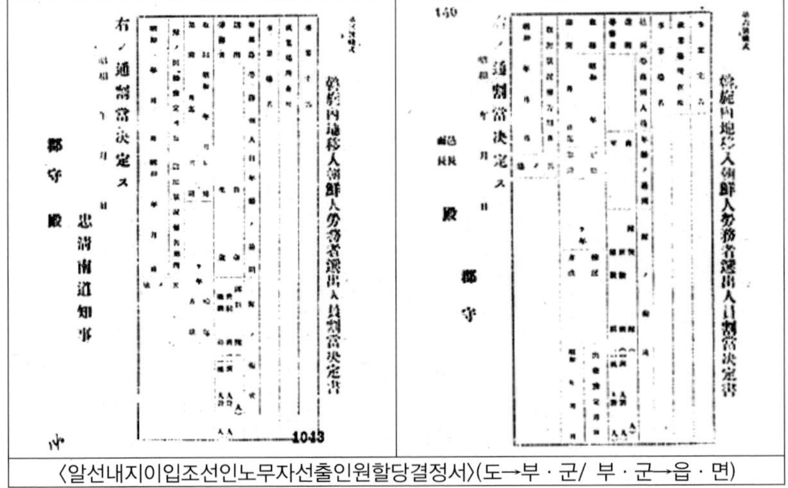
斡旋內地移入朝鮮人勞務者選出人員割當決定書
右ノ通割當決定ス
昭和　年　月　日
忠清南道知事
郡守　殿
1043

140
斡旋內地移入朝鮮人勞務者選出人員割當決定書
右ノ通割當決定ス
昭和　年　月　日
邑長
面長　殿
郡守

〈알선내지이입조선인노무자선출인원할당결정서〉(도→부 · 군/ 부 · 군→읍 · 면)

이상과 같이 각 기업의 조선인 노동력 '알선' 요청에 대해 일본 후생성과 지방관청, 경찰서 및 조선총독부와 지방 행정관청이 조직적으로 연계하여 '알선'을 승인하였으며, 동원 지역을 지정하고 동원 인원과 기간까지도 결정하는 등 깊숙이 개입하고 있음을 알 수 있다.

관 주도 방식으로 동원될 조선인은 ① 사상이 견실하고, 신원이 확실하며, 신체가 강건한 자, ② 가능한 한 일본어를 이해하는 자였다. 특히, 隊長은 위 두 조건과 함께 ① 인망과 지도력이 있는 자, ② 초등학교 종료 정도 이상의 학력을 가진 자, ③ 연령 30세 이상의 자라는 조건이 추가되었다.[80]

조선총독부가 1942년 4월 21일 각 부윤, 군수, 경찰서장에게 통첩한 〈노무동원계획에 의한 조선인노무자의 내지이입에 관한 건〉[81]을 통해 관 주도 방식의 동원 대상과 선정기준을 알 수 있어 주목된다. 즉, 관 주도 방식의 대상은 연령 만 17~45세로 신체 강건, 사상 견실하고 육체노동을 감당할 수 있는 남자였다. 그중에서도 우선적 대상은 ① 희망하는 자, ② 무직

---

80) 「勞務動員計劃ニ依スル朝鮮人勞務者ノ內地移入斡旋要綱朝鮮人內地移入要綱」, 長澤秀 編, 『戰時下朝鮮人中國人聯合軍俘虜强制連行資料集』 Ⅱ(문서편), 綠蔭書房, 1992.

81) 「勞務動員計劃ニ依スル朝鮮人勞務者ノ內地移入ニ關スル件」(1942년 4월 21일), 慶尙南道 勞務課, 『勞務關係法令集』, 1944(樋口雄一, 『戰時下朝鮮の農民生活誌』, 社會評論社, 1998에서 재인용).

1. 1) 內地 이주를 희망하는 자, 2) 무직자, 3) 1호에 2인 이상의 노무자가 있는 농가, 4) 경작지가 적어 轉業이 가능한 농가를 권장 선정할 것
2. 1) 경지가 협소한 부락, 2) 상습적으로 旱水害가 일어나는 부락, 3) 연고도항 출원자가 있는 부락에 대해서는 가능한 한 다수 선출할 것
3. 1) 연령 만 17세 이상, 만 45세 이하의 남자, 2) 신체 강건, 사상 견실하여 노동을 감당할 수 있는 자
4. 선정된 노무자는 아래와 같이 공출의 순서를 정할 것
   1) 희망자를 우선으로 할 것, 2) 무직자를 우선으로 하고, 유업자를 나중으로 할 것, 3) 연령이 적은 자를 우선으로 하고, 많은 자를 나중으로 할 것, 4) 독신자를 우선으로 하고 배우자가 있는 자를 나중으로 할 것, 5) 부양가족이 적은 자를 우선으로 하고 많은 자를 나중으로 할 것
5. 선정될 자를 등록할 명부를 제작하여 군·읍·면 및 관할 경찰서, 주재소, 파출소와 부락연맹마다 備付할 것

자, ③ 과잉농가(1호에 2인 이상의 노동력이 있는 농가), ④ 경작지가 적은 농가였다. 특히, 경지가 협소한 마을, 旱水害가 빈번한 마을, '緣故渡航' 즉, 강제동원된 前歷이 있는 마을에서는 가능한 한 많은 인원을 동원토록 하였다.

최종적으로 우선 순위도 정해졌다. 우선 희망자를 우선하였다. 둘째로, 직업이 있는 자보다는 무직자를 우선하였고, 셋째로, 연령이 많은 자보다는 연령이 적은 자를 우선하였다. 넷째, 배우자가 있는 자보다는 독신자를 우선하였고, 다섯째, 부양가족이 많은 자보다는 부양가족이 적은 자를 우선하였다.

특히, 위와 같은 기준에 의해서 선정된 동원 대상자에 대해 각 군과 읍·면에서는 〈名簿〉를 만들어 보관하는 한편, 경찰서와 주재소, 파출소, 부락연맹 등에도 송부하여 비치하도록 하였다.

조선총독부의 '알선' 할당에 대비하여 각 직업소개소와 부·군·도는 항상 관내의 노동 상황을 주의 깊게 살피는 등 노동력의 소재 및 현황을 파악하고 있어야 했다. 때문에 각 부·군·도는 경찰, 國民總力部落聯盟과 긴밀하게 협의하고 勞務補導員의 협력을 받아 미리 대상 인력을 선정하고 등록해 두었다.

도의 '알선' 할당을 받은 각 부·군·도는 동원될 자를 편성한 후 도에 보고하였다. 이를 보고받은 도는 인계지 및 인계인원 등을 조선총독부에 보고하는 한편 해당 기업에도 통지하였다. 최종적으로 각 읍·면에서는 명부에 등록되어 있는 순서에 따라 해당 인물들을 착출하였다. 강제동원 대상으로 선정이 된 후에는 신체검사를 받았는데, 건강에 이상이 있는 경우는 동원에서 제외가 되기도 하였다.[82] 조선의 부·군·도로부터 통지를

82) 강제동원에서 제외되는 경우는 1) 신경계 질환이 있는 자, 2) 결핵성 질환이 있는 자, 3) 만성 기관지 加答兒, 천식 現疾 또는 임파선의 현저한 腫脹이 있는 자, 4) 청력, 언어, 기타 운동기능에 현저한 장해가 있는 자, 5) 림질 기타 성병이 있는 자, 6) 피부병, 홍역(痲疹) 및 치질,

받은 기업은 지정된 시기에 노무보도원을 관계 도나 직업소개소 또는 부·군·도에 파견하여 인력 동원 업무에 협조하였는데, 도지사가 노무보도원에게 인력 동원에 관한 사무를 촉탁하는 형태로 진행되었다. 노무보도원은 조선인 100명당 2인을 고용하였는데, 이후 100명이 증가할 때마다 1인을 증원하였고, 500명 이상인 때는 300명이 증가할 때마다 1인씩 증원하였다.

「昭和十六年度勞務動員實施計劃ニ依スル朝鮮人勞務者ノ內地移入要領」[83]에 의하면, 강제동원 조선인을 '隊組織'으로 조직하여 인솔토록 하였다. 1組는 5명 내지 10명으로 하고, 2조 내지 4조로 1班을, 5반 내외로써 1隊를 조직하였다. 1隊는 약 50~200명의 규모였다. 組에는 組長, 班에는 班長, 隊에는 隊長을 두도록 하였다. 특히, 隊는 가능한 한 부·군·도 마다, 班은 읍 또는 면마다 편성하였다. 그리고 일본 내 각 사업장에서의 배치도 원칙적으로 편성 당시의 대조직을 존치토록 하였고, 직장 조직에 대해서도 가능한 한 이를 활용토록 하였다.

강제동원될 인원이 최종적으로 선정되면 隊가 편성되고 [隊員名簿][84]가

7) 기타 신체 허약하다고 인정되는 자 등이었다.

83) 「昭和十六年度勞務動員實施計劃ニ依スル朝鮮人勞務者ノ內地移入要領」, 『復命書綴』 (CJA0016572) (국가기록원 소장).

84) 각 읍·면은 당해 지역에서 동원되는 노무자의 [명부]를 작성하여 보관하도록 되어 있었다. 또한 각 군도 [대원명부] 20통을 작성하여 도, 조선총독부, 경찰서, 수상경찰서, 국민총력연맹, 일본 경찰서, 道·都·府·縣, 協和會, 기업 등에 제출하는 한편 자체적으로 보존하였다. 그러나 필자가 2003년과 2006년 경기도, 충남, 전북 등의 읍·면 및 시·군 문서고를 점검한 결과 명부는 발견할 수 없었다. 「朝鮮總督府內總動員關係機密文書取扱規定」에 의하면, 총동원계획 관련 기밀문서는 '總動員機密取扱'을 표기하고 별도 관리되고 있었다(「總動員計劃ニ關スル機密書類取扱規定」, 『국가총동원관계철(CJA0004244)』(국가기록원 소장)). 강제동원 관련 문서는 해방을 전후하여 폐기된 것으로 보이는데, 일본은 패전 뒤인 1945년 8월 16일 軍需省 문서를 폐기하였고, 그에 앞서 8월 15일에는 조선총독부 문서도 소각했다고 한다(조동걸, 『한국민족주의의 발전과 독립운동사연구』, 지식산업사, 121쪽). 최근 일제의 기록 폐기가 패전 직후에 발생한 '일회적 행위'가 아니라 1930년을 전후로 식민지 조선에서의 총동원계획과 관련하여 1945년 이전에 이미 문서정리 등의 경험이 축적된 사실을 규명하였다(이경용, 「일제의 공문서 폐기 시론 : 국가기록원 소장 조선총독부 기록의 잔존성을 중심으로」, 『기록학연구』 67, 2021),

작성되었다. 1대의 인원은 보통 100명이었는데, 대의 명칭은 될 수 있는 한 부 · 군 · 도명을 사용하여 '○○근로출동대'로 불렸다.[85] 대가 편성된 후에는 국방복과 전투모 등을 지급하여 복장을 통일시켰는데, 이는 탈출을 방지하기 위한 것이었다. 물론 이들 비용은 '빌린 돈'으로 취급되어 동원지에 도착한 후에 월급에서 공제되었다.

각 직업소개소 및 부 · 군 · 도는 편성된 대를 부 · 군 · 도 소재지인 출발지에서 사업주 또는 대리자에 인계하였다. 이때 [대원명부]가 첨부된 〈인계서〉 정 · 부본 3통을 작성하였는데, 正本은 직업소개소나 부 · 군 · 도가 관리하였고, 副本은 도와 사업주가 각각 관리하였다. [대원명부]는 각 대마다 20통을 작성하여 2통은 관할 경찰서장의 입국허가를 받는데 사용되었고, 수상경찰서의 비자(査證) 발급과 사업주 교부에 각각 1통씩 사용되었다.

隊의 인계가 완료된 후 직업소개소 또는 부 · 군 · 도는 〈인계서〉 부본을 첨부하여 그 상황을 도에 보고하였고, 각 도는 이를 취합하여 조선총독부에 보고하였다. 조선인을 인솔할 때는 특별히 주의를 기울였다. 인솔자는 적어도 노무자 50명당 1인 이상이 책정되었는데, 동원되는 사업장을 관할하는 國民職業指導所가 발행한 〈인솔증명서〉를 휴대하였다. 乘船 시에는 관할 경찰서장에게 [대원명부]를 제출하여 입국허가를 받았다. 조선인 강제동원자들은 승선하기 전에 부산과 여수의 渡航保護事務所에서 檢疫을 받았다.[86]

관 주도 방식의 구체적인 수송절차는 ① 동아여행사는 조선총독부와 협의하여 〈단체수송신입서〉를 매월 10일까지 다음달 분을 작성한다. → ②

85) 일본정부로부터 전달받은 『いわゆる朝鮮人徵用者に關する名簿』에는 「서천군 愛國出動隊」, 「아산군 勤勞出動隊」, 「당진군 勤勞出動隊」 등으로 기재되어 있다.

86) 부산 제1부두 부산세관 앞에 위치했던 부산도항보호사무소는 1937년 12월 15일 개소되었다. 소장은 釜山水上警察署長이 겸임하였다(「부산도항보호사무소가 개소되다」, 『동아일보』, 1937년 12월 10일 ; 「釜山渡航保護事務所 十五日에 開所式 當日부터 事務開始」, 『매일신보』, 1937년 12월 10일 ; 「渡航保護事務所ける愈よ店開き 盛大な開催式」, 『부산일보』, 1937년 12월 16일).

철도성은 〈단체수송계획표〉를 작성하여 20일까지 작성하고 노무보도원에 연락한다. → ③ 숙박, 식사 등의 준비를 동아여행사 각 지부가 행한다. → ④ 동아여행사 조선지부는 〈단체여행결정서〉를 교부한다. 이때 석탄통제회 관련 경우는 적색 또는 복숭아(桃)색, 광산통제회 관련은 청색, 철강통제회 관련은 황색, 토목공업협회 관련은 녹색의 리본휘장을 인솔자에 건낸다. → ⑤ 동아여행사 조선지부는 단체승차권을 발행하고 운임요금을 지불한다. → ⑥ 동아여행사가 경비개산액을 각 통제회에 통지하여 예납을 받고, 매월 말일에 정산하였다.[87]

강제동원 조선인의 대량 수송을 개선하기 위해 1942년 5월 11~12일 시모노세키에서 石炭統制會, 鑛山統制會, 鐵鋼統制會, 土木工業協會 공동 주최로 기획원, 상공성, 후생성, 철도성, 내무성, 海務院, 조선총독부가 모여 輸送協議會를 개최하고, 東亞旅行社[88]와 〈移入朝鮮人勞務者團體輸送取扱手續要綱〉을 체결하였다. 이로써 조선인의 강제동원 수송 업무는 1942년 7월 1일부터 동아여행사가 담당하는 것으로 결정되었다.[89] 수송경비는 석탄통제회의 경우 조선인 강제동원자 1인당 후쿠오카 관내는 10원, 도부(東部) 지역은 20원, 홋카이도의 삿포로는 25원이었다.

조선인 강제동원은 보통 3일에서 길게는 보름이 걸리기도 하였다. 南洋

87) 守屋敬彦, 「朝鮮人强制連行における募集 · 官斡旋 · 徵用方式の一貫性」, 『道都大學紀要』 제14호, 1995, 34~36쪽.

88) 동아여행사는 본사를 동경(東京都 麴町區 丸ノ內 1-1)에 두고 있었으며, 조선 내 지부(경성부 용산철도국 운수과 내)를 갖고 있었다(김민영, 「식민지시대 노무동원 노무자의 송출과 철도 · 연락선」, 『한일민족문제연구』 제4집, 2003, 60쪽). 동아여행사는 1942년 12월 8일 총회를 열고 재단법인 大東亞旅行社로 발족하였다. 총재는 귀족원 의원 오쿠라(大藏內室) 남작, 이사장은 華北交通 이사인 아라이(新井兼辭), 전무이사는 전 국제관광국장 다카다(高田寬)가 취임하였다(「東亞旅行社新發足」, 『매일신보』, 1942년 12월 10일). 이후 1944년 1월 7일 東亞交通公社로 회사명이 변경되었다(「昭和9年朝鮮總督府告示第329號シベリヤ經由歐亞旅行及手荷物聯絡運輸規則中左ノ通改正ス」(朝鮮總督府告示 제11호), 『조선총독부관보』 제5075호, 1944년 1월 7일).

89) 朝鮮人强制連行眞相調査團 編, 『朝鮮人强制連行强制勞働の記錄 ; 北海道 · 千島 · 樺太 篇』, 1974, 78쪽.

群島 지역의 경우에는 한 달 이상이 소요되기도 하였다. 강제동원 과정에서 조선인이 다수 탈출하는 경우가 숙박지와 철도역에서였다. 따라서 강제동원 조선인의 탈출 방지를 위해 동원경로를 따라 숙박시설과 휴게시설이 준비되어 있었다.[90)]

관 주도 방식에 의한 강제동원은 강제모집 방식에 의한 것보다도 훨씬 더 조직적이고 강제적인 것이었다. 강제모집 방식은 일본 후생성, 조선총독부와 해당 기업이 긴밀히 협조하여 조선인을 동원하는 구조였던데 반해, 관 주도 방식은 일본 후생성과 조선총독부의 총괄하에 조선노무협회가 주관하여 동원하는 구조였다고 할 수 있다. 특히, 동원하는 과정에서 隊－班－組 등 군대식 대조직을 구성하였다.

이 시기에도 역시 폭력적이고 비인간적인 동원 방식이 수행되었다. 조선의 강제동원을 직접 담당했던 조선총독부 厚生局 勞務課 직원 다하라 미노루(田原實)는 지방 행정기구를 통한 관 주도 방식이 '강제적인 동원'이었음을 고백하였고,[91)] 1944년 4월에 열린 도지사회의에서 조선총독부 政

---

90) 守屋敬彦, 「朝鮮人强制連行における募集・官斡旋・徵用方式の一貫性」, 『道都大學紀要』 제14호, 1995, 37쪽.

> ○ 부산 : 春汝, 金泉, 昇寧, 慶山, 東亞, 錦城, 江原, 東洋, 相順, 金海
> ○ 여수 : 太陽, 完山, 興亞, 金剛, 濟南
> ○ 시모노세키(下關) : 야마구치현 사회과 청년회관(불교회관)
> ○ 오사카(大阪) : 역 서쪽의 고베기(寄) 2층
> ○ 나고야(名古屋) : 중앙선 관서선 대합광장
> ○ 교토(京都) : 석탄・광산・철강・토목 공업통제회의 지정휴게소
> ○ 아오모리(靑森) : 秋田屋旅館　○ 하코다테(函館) : 北海屋旅館

91) 다하라 미노루는 좌담회에서 관 주도 방식의 강제성을 인정하였다(도노무라 마사루 지음, 김철 옮김, 『조선인 강제연행』, 뿌리와 이파리, 2018, 151쪽).

> 이 관 알선 방식 말인데, 조선의 직업소개소는 각 도에 1개소 정도밖에 없어서 조직도 진용도 극도로 빈약하기 때문에, 일반 행정기구인 부, 군, 도를 제일선 기관으로 노무자를 모으고 있습니다만, 이 모으는 작업이 매우 빈약해서 하는 수 없이 반강제적으로 하고 있습니다. 그 때문에 수송 도중에 도망치거나, 애써서 광산에 데려가도 도주하거나 말썽을 일으키는 등의 사례가 매우 많아져서 힘듭니다. 하지만 그렇다고 해도 지금 당장은 징용도 할 수 없는 사정이기 때문에, 반강제적인 공출은 앞으로도 더욱 강화해 나가야 한다고 생각합니다.

務總監 역시 관 주도 방식에 의해 '억지로 강제동원을 실시'하고 있음을 인정하였다.[92] 1942년 10월경 일본 후쿠오카현 오이타(大分)광업소에 강제동원되었던 元天常은 어디로 가는지 무슨 일을 하는가도 모른 채 납치되듯 끌려갔다.[93] 또한 1943년 11월 효고(兵庫)현 고베(神戸) 소재 가와사키(川崎)조선소로 동원되었던 李秀喆은 새벽녘에 차려진 아침도 먹지 못하고 입던 옷 그대로 동원되었다.[94] 1943년 2월 가고시마(鹿兒島)현 제련소로 동원되었던 柳濟喆은 자신이 도망한 책임을 물어 아버지가 구타되었다는 소식을 듣고 어쩔 수 없이 끌려갔다고 한다.[95] 1942년 일본 오이타현 일본광업(주) 사가노세키(佐賀關)제련소에 동원된 周德鍾은 신사복을 입은 일본인에 의해 할머니의 눈물 속에서 동원되었고,[96] 비바이(貝島)탄광(주) 다이노우라(大之浦)탄광에 동원된 朴魯直은 1943년 7월 밀가루 타는 일로 면사무소에 갔다가 집에도 들르지 못하고 그대로 붙들려 동원되었다.[97] 또한, 홋카이도의 댐 공사장에 동원된 邢斗煥은 1942년경 서울의 거리에서 두 명의 일본인이 끌고 가 결국 홋카이도로 동원되었다.[98]

「조선인 노무자 활용에 관한 방책」, 「노무동원계획에 의한 조선인 노무

92) 조선총독부 정무총감은 1944년 4월에 열린 도지사회의에서 관 주도 방식의 강제성을 인정하는 언급을 하였다(도노무라 마사루 지음, 김철 옮김, 『조선인 강제연행』, 뿌리와 이파리, 2018, 152쪽).

93) 「원천상(元天常, 1919년 충남 당진군 출생)의 증언」, 일제하강제동원피해진상규명위원회, 『똑딱선 타고 오다가 바다 귀신 될 뻔 했네』, 2006, 171~188쪽.

94) 「이수철(李秀哲, 1923년 충남 서산군 출생)의 증언」, 일제강점하강제동원피해진상규명위원회, 『당꼬라고요?』, 2005, 148~177쪽.

95) 「유제철(柳濟喆, 1918년 충남 당진군 출생)의 증언」, 일제하강제동원피해진상규명위원회, 『똑딱선 타고 오다가 바다 귀신 될 뻔 했네』, 2006, 25~46쪽.

96) 「주덕종(周德鍾, 1929년 충북 옥천군 출생)의 증언」, 김인덕, 『강제연행사 연구』, 경인문화사, 2002, 206~208쪽.

97) 「박노직(朴魯直, 1916년 경북 상주군 출생)의 증언」, 김인덕, 『강제연행사 연구』, 경인문화사, 2002, 148~149쪽.

98) 「형두환(邢斗煥, 1919년 전북 남원군 출생)의 증언」, 김인덕, 『강제연행사 연구』, 경인문화사, 2002, 215~216쪽.

자의 내지이입알선요강」 등 일련의 노동정책 법령에 의해 추진된 관 주도 방식은 강제동원 사무를 조선노무협회로 일원화한 보다 계획적이고 조직적으로 수행된 동원 방식이었다. 대상 지역도 기존의 7개 도에서 강원도와 황해도가 추가되어 9개 도로 확장되었고, 17~45세의 남자를 대상으로 선정 기준이 마련되었다. 특히, 隊－班－組의 군대식 隊組織이 조직되어 동원되었음이 특징적이다.

관 주도 방식은 강제모집 방식으로도 부족한 노동력을 채울 수 없게 되자 1942년 2월부터 시작된 보다 조직적이고 강제적인 동원 방식이었다. 강제모집 방식과 마찬가지로 일제가 국민동원계획의 수립할 때부터 조선인의 인력동원이 계획되어 있었다. 또한, 일본 후생성과 조선총독부의 허가·승인 없이는 '알선' 자체가 불가능하였고, 동원 지역이나 동원 인원과 기간, 인솔 등 강제동원의 모든 실행과정에서 일제가 깊숙이 개입하고 주도한 강제동원 방식이었다. 또한 폭력적이고 비인간적인 동원 방식이 계속되었음은 물론이다.

2) 충남지역 관 주도

관 주도 방식에 의해서 충남지역 조선인이 동원된 것은 1942년 2월 24일부 忠南機密 제1호 충청남도 內務部長의 通牒에 의해서 시작되었다. 1942년 3월 각 부·군 內務課長 및 노무사무 담임 직원의 협의회에서 조선총독부가 지시한 〈선내에서의 노무자 공출에 관한 건〉에 의하면, '조선인 노동력은 태평양전쟁의 완수를 위해 중요한 사명을 감당하기에 이르러 (중략) 충청남도의 노동력이 점차 줄어드는 상황이기 때문에 조선 내·외로의 인력동원이 상당히 곤란하지만, 조선 민중에게 요청된 것은 … 조직적이고 종합적인 노동력의 供給源이 조사되어 강제동원되는 것'이었다.[99)]

충남지역 조선인이 관 주도 방식으로 동원된 상황을 알 수 있는 대표적 기업이 홋카이도탄광기선(주)이다. 홋카이도탄광기선(주)에는 1942년 8월부터 1945년 6월까지 모두 416차례에 걸쳐 관 주도 방식에 의해 전북, 전남, 충남, 충북, 경남, 경북, 강원, 황해 등 8개 도에서 약 15,233명의 조선인이 동원되었다.[100)]

북해도청이 승인한 '알선' 인원은 179,044명이었으나, 조선총독부가 승인한 인원은 42.1%에 해당하는 75,463명이었다.[101)] 일제의 인력 동원과 함께 식량 증산의 두 가지 역할을 부여받았던 조선총독부로서는 요구받은 인원을 전부 승인할 수 없었기 때문이다. 일제와 조선총독부는 조선인의 강제

99) 「鮮內外ニ於ケル勞務者供出ニ關スル件」, 『復命書綴』(CJA0016572)(국가기록원 소장).

100) 모리야의 논문에 첨부되어 있는 강제동원 현황을 정리하였다(守屋敬彦, 「朝鮮人强制連行における募集 · 官斡旋 · 徵用方式の一貫性」, 『道都大學紀要』 제14호, 1995).

101) 현지 군에서의 인계받은 인원(17,484명)은 조선총독부 승인 인원의 23.2% 비율이었고, 열차에 탑승한 인원(16,694명)은 군에서 인계받은 인원의 95.5%에 달했다. 최종적으로 각 광업소에 동원된 인원(15,233명)은 군 인계인원의 87.1%, 열차 탑승인원의 91.2%의 비율이다. 탈출인원은 1,301명에 달하는데, 군 인계인원의 7.44%에 해당한다.

광명	횟수	북해도청 승인인원	총독부 승인인원	군 인계인원	출발		도착		탈출 인원
					일자	인원	일자	인원	
夕張	122	77,579	17,985	5,605	42.8.1~45.6.26	5,259	42.8.5~45.6.	4,739	539
空知	90	37,019	24,248	3,689	42.8.10~45.6.12	3,572	42.8.26~45.6.	3,349	198
平和	73	24,556	13,449	2,325	42.8.9~45.6.24	2,264	42.8.13~45.6.	2,230	157
幌內	73	23,295	11,799	3,539	42.8.9~45.6.12	3,428	42.8.15~45.6.	3,054	208
新幌內	35	10,536	4,365	1,497	42.8.9~45.6.16	1,426	42.8.13~45.6.	1,189	133
眞谷地	7	1,775	1,204	272	미상~44.2.13	261	43.1.15~44.2.19	208	29
天塩	6	2,205	705	162	42.8.20~45.4.30	162	42.8.28~45.4.	162	4
登天	4	1,022	651	148	미상~44.2.20	146	43.1.15~44.2.25	139	7
赤間	2	800	800	31	43.10.7~43.10.12	31	43.10.12~10.17	29	2
미상	4	257	257	216	-	145	-	134	24
계	416	179,044	75,463	17,484	-	16,694	-	15,233	1,301

동원 자체에 대해서는 의견의 차가 없었지만, 강제동원의 인원수에 관해서는 서로 입장을 달리하였다.[102]

그 가운데 충남지역에서 관 주도 방식으로 홋카이도탄광기선(주)에 동원된 현황을 정리한 것이 아래의 〈표 7〉이다.

〈표 7〉 홋카이도탄광기선(주) 충남지역 관 주도 동원현황(1942년 8월~1945년 6월)

구분	알선 신청			총독부 승인	군명	군 인계 인원	출발			도착		탈출 인원
	鑛名	북해도 승인일	인원				역명	일자	인원	일자	인원	
			17,830	4,869		1,666			1,586		1,443	205
1	夕張	42.6.9	2,000	500	금산	100	부산	42.8.1	50	42.8.5	50	-
2	夕張	42.6.9	2,000	500	금산	50	부산	42.9.11	49	42.9.16	49	1
3	幌內	42.6.9	2,000	350	금산	50	부산	42.9.28	50	42.10.2	50	-
4	幌內	43.6.23	400	400	금산	96	대전	43.8.2	94	43.8.10	74	17
5	空知	43.6.18	400	400	연기	49	조치원	43.8.24	49	43.9.5	44	3
6	空知	43.6.18	400	400	천안	94	천안	43.9.10	94	43.9.18	91	3
7	幌內	43.12.31	200	200	홍성	100	홍성	44.2.6	100	44.2.10	99	36
8	幌內	43.12.31	200	200	부여	61	전주	44.2.7	60	44.2.13	56	2
9	幌內	43.12.31	200	200	부여	37	논산	44.2.3	36	44.3.29	34	3
10	空知	44.4.10	300	100	아산	73	온양	44.6.4	73	44.6.9	60	13
11	空知	44.4.10	300	300	미상	38	-	-	38	44.6.9	38	-
12	空知	-	300	45	부여	45	논산	44.6.13	45	44.6.19	38	7
13	-	-	50	50	천안	48	부산	44.6.21	47	-	47	1
14	-	-	127	127	논산	109	부산	44.6.29	98	-	87	11
15	夕張	-	1,600	68	당진	68	신례원	44.8.3	67	44.8.8	63	3
16	空知	44.4.10	300	300	논산	16	논산	44.8.4	16	44.8.10	6	1
17	夕張	-	1,600	86	서산	86	홍성	44.8.8	66	44.8.16	58	28
18	夕張	-	1,600	49	논산	49	논산	44.8.13	48	44.8.20	37	39
19	夕張	-	1,600	48	부여	48	논산	44.8.13	43	44.8.20	24	
20	夕張	-	1,600	100	당진	100	신례원	44.8.15	94	44.8.22	75	25
21	幌內	44.6.17	100	100	천안	98	천안	44.8.19	98	44.8.25	92	6
22	幌內	-	250	250	미상	197	-	-	197	44.10.8	197	-
23	幌內	-	250	43	금산	17	부산	45.1.6	42	45.1.11	42	1
24	新幌內	-	53	53	논산	37	-	45.4.18	32	-	32	5

102) 한혜인, 「'강제연행'에서의 공출구조－1939 · 40년의 조선총독부 정책과 부산직업소개소의 역할을 중심으로－」, 『한일민족문제연구』 제4집, 2003, 72쪽 ; 「朝鮮人「强制連行」政策の運用－朝鮮總督府の運用を中心に－」, 아시아문화연구소, 『아시아문화연구』 제6집, 2002, 71~75쪽.

위 〈표 7〉에서 보는 바와 같이, 1942년 8월 5일~1945년 4월 사이 관 주도 방식으로 24차례에 걸쳐 홋카이도탄광기선(주)에 동원된 충남 출신 조선인은 최소 1,443명(전체 동원자의 9.5%)이었다.[103]

광업소별로 살펴보면, 호로나이광업소에 8차례(644명)로 가장 많고, 유바리광업소 7차례(356명), 소라치광업소 6차례(277명), 신호로나이광업소 1차례(32명), 미상 2차례(134명) 등이었는데, 평화광업소에 동원되지 않았다는 점이 특징적이다.

충남지역에서 홋카이도탄광기선(주)에 가장 먼저 동원된 것은 1942년 8월 5일 금산군 지역에서 유바리광업소로 50명이 동원된 것이었다. 1942년 6월 9일 북해도청의 승인(2,000명), 같은 달 30일 조선총독부의 승인(500명) 이후 8월 1일 부산역을 출발(50명)하여 8월 5일 동원(50명)되었다. 동원의 신청·승인~도착까지 약 2개월이 소요되었다.

郡에서 인계인수된 인원(1,666명)은 조선총독부 승인인원의 34.2%, 부산항 출발인원(1,586명)은 32.6%, 동원지에 도착한 인원(1,443명)은 29.6%의 비율에 불과하다. 동원 과정에서 탈출한 인원은 205명(군 인계인원의 12.3%)이었다. 군별로 살펴보면, 금산(5회), 논산과 부여(각 4회), 천안(3회), 당진(2회), 서산, 아산, 연기, 홍성(각 1회) 등 9개 군이었다. 가장 많은 인원이 동원된 지역은 금산(265명)이었고, 천안(230명), 논산(162명), 부여(152명), 당진(138명), 홍성(99명), 아산(60명), 서산(58명), 연기(44명) 순이었다. 특히 공주, 대전(대덕)을 비롯하여 예산, 서천, 청양, 보령 등에서는 동원되지 않았음이 주목된다.

홋카이도탄광기선(주)에 동원된 전체 9개 군 중에 5개 군의 탈출율이

103) 이외에도 1943년 11월 홋카이도탄광기선(주) 신호로나이(新幌內)탄광으로 동원된 장인식(張仁植, 1926년 충남 논산군 출생)의 증언에 의하면, 본인이 동원될 당시의 인원을 3개 班 100명이 함께 동원되었다고 한다(일제강점하강제동원피해진상규명위원회, 『아홉머리 넘어 북해도로 - 홋카이도 강제동원 피해 구술자료집 -』, 2009, 110~127쪽).

10%를 상회하였다. 충남지역의 탈출율은 12.3%에 달하는데, 경기(1.3%), 경남(4.7%), 전남(7.1%), 경북(7.8%) 등 타 지역에 비해 월등히 높았다.[104) 그 가운데에서도 가장 높은 지역은 서산이었다. 군 인계인원 86명 가운데 28명이 집단 탈출하여 탈출율은 무려 32.5%에 달했다. 그 다음이 당진(20.2%), 부여(18.8%), 아산(17.8%), 논산(13.7%) 순이었다.

관 주도 방식의 조선인 동원 소요기간은 약 2~4개월로, 평균 약 2.5개월이었다. 강제모집 당시의 소요기간 7.2개월보다 무려 4.7개월 단축된 상황이었다. 논산군 출신 張仁植은 1943년 11월 당시 3개 班, 약 100명이 함께 신호로나이탄광으로 동원되었는데, 각 면에서 논산군청에 집합하여 부산-시모노세키-하코다테-홋카이도를 거쳐 5일이 걸렸다고 한다.[105)]

충남지역에서 가장 먼저 그리고 가장 많은 인원이 동원된 금산군에서는 1942년 8월 5일~1945년 1월 11일 5회에 걸쳐 265명이 동원되었다. 금산군에서는 유바리광업소에 2회 99명, 호로나이광업소에 3회 156명이 동원되었다. 북해도청의 승인(6,650명)과 조선총독부의 승인(1,793명)을 받아 군에서 인계한 인원은 313명(조선총독부 승인인원의 17.4%)이었다. 1942년 8월 1일~1945년 1월 11일 부산역과 대전역에서 출발한 인원은 285명(군 인계인원의 91.0%)이었으며, 최종적으로 유바리광업소와 호로나이광업소에 도착한 인원은 255명(군 인계인원의 81.4%)이었다. 강제동원 과정에서 탈출인원은 19명(6.0%)이었다. 그 다음으로 많은 인원이 동원된 논산지역과 부여지역에서는 각각 4차례에 걸쳐 최소 162명, 152명이 동원되었는데, 1944년에 집중되는 경향을 보인다.

이상과 같이 충남지역에서 1942년 8월 5일~1945년 4월 사이 홋카이도탄

104) 탈출율(군 인계인원 대비 탈출인원)이 가장 높은 지역은 충남(12.3%)이었고, 이하 황해도(11.3%)였고 강원(10.6%), 전북(8.1%), 경북(7.8%), 전남(7.1%), 경남(4.7%), 경기(1.3%) 순이었다.

105) 「장인식(張仁植, 1926년 충남 논산군 출생)의 증언」, 일제강점하강제동원피해진상규명위원회, 『아홉머리 넘어 북해도로』, 2009, 110~127쪽.

광기선(주)에 관 주도 방식으로 24차례에 걸쳐 최소 1,411명이 동원되었다. 1942년 8월 5일 금산군 지역을 시작으로 논산과 부여, 천안, 당진, 서산, 아산, 연기, 홍성 등 9개 군에서 동원되었는데, 공주, 대전, 예산, 서천, 보령에서는 동원되지 않았다. 특히, 충남지역은 관 주도 방식으로 홋카이도탄광기선(주)에 가장 먼저 동원되었고, 타 지역에 비해 탈출율이 월등히 높은 지역이었다.

3. 징용

1) 절차와 선정기준

일제는 조선인을 징용하기 위해 칙령으로 1938년 「국가총동원법」, 1939년 「국민징용령」[106]을 제정하였고, 조선총독부는 이를 뒷받침하기 위해 〈국민징용령시행규칙〉과 〈국민징용령 제3조 제2항의 규정에 의해 징용될 자의 조사등록에 관한 건〉[107] 및 〈국민징용령사무규칙〉 등을 제정하여 조선

106) 국민징용령은 모두 4차례 개정되었다(정혜경, 『징용 공출 강제연행 강제동원』, 선인, 2013, 81쪽).

법 이름	공포일	주요 내용	시행일
국민징용령 (칙령 제415호)	1939.7.8	전문 26조, 부칙 1항 * 군무원 동원 근거(6조)	시행(7.15) 조선 적용(10.1)
〃 제1차 개정 (칙령 제674호)	1940.10.16	총 13개 조항 개정 * 현원징용 근거	시행(10.20)
〃 제2차 개정 (칙령 제1129호)	1941.12.15	총 12개 조항 및 부칙 개정 * 부조규정(19조 4항) 추가	시행(12.15)
〃 제3차 개정 (칙령 제600호)	1943.7.20	총 18개 조항 개정 * 사장 징용, 응징사 근거	시행(8.1) 조선 적용(9.1)
〃 제4차 개정 (칙령 제89호)	1944.2.18	총 3개 조항 및 부칙 개정	조선 적용(5.1)

107) 「國民徵用令施行規則(조선총독부령 제164호)」, 『조선총독부관보』 제3811호, 1939년 9월 30일 ; 「國民徵用令第3條第2項ノ規定ニ依スル徵用者調査登錄ニ關スル件(조선총독부령 제219호)」,

인 징용의 실현을 구체화하였다.[108] 조선인 징용은 법적으로 1939년 10월 1일부터 시행토록 되어 있었다.[109] 특히, 조선인 선원의 징용은 1940년 11월 10일,[110] 의료관계자(의사, 치과의사, 약제사, 간호부)의 징용은 1941년 12월 25일부터였다.[111] 하지만 실제로 조선인 실행이 문헌상으로 확인되는 것은 1942년 1월부터였는데, 陸軍省 및 海軍省이 관할하는 '군사상 특히 필요한 토목공사'에 투입될 軍屬으로서의 징용이다. 이후 1942년 2월 3일 閣議決定된 〈조선인 노무자 활용에 관한 방책〉에 의해 재일조선인에 대한 징용이 실시되었고,[112] 1944년 2월 現員徵用[113]이 시작되었으며, 1944년 9월

『조선총독부관보』 제4355호, 1941년 7월 30일.

108) 김광열은 「국민징용령」에 의한 징용 방식으로 동원된 조선인은 일반징용 265,896명(조선 내 43,679명, 일본지역 222,082명, 남양 135명), 현원징용 260,145명 등 총 526,041명으로 산정하였다(金英達, 『朝鮮人强制連行の研究 金英達著作集Ⅱ』, 明石書店, 2003, 63쪽).

연도별		조선 내	일본 본토	남양	계
1941		-	4,895	-	4,895
1942		90	3,871	135	4,096
1943		648	2,341	-	2,989
1944	일반	19,655	201,189	-	220,845
	현원	153,850	-	-	153,850
1945	일반	23,286	9,786	-	33,072
	현원	106,295	-	-	106,295
계	일반	43,679	222,082	135	265,896
	현원	260,145	-	-	260,145

109) 일본인의 민간기업 징용은 1941년 8월 제1차 징용(신규, 현원)을 시작으로 1944년 5월 제21차 징용(신규)이 이루어졌다. 1944년 5월 현재 신규징용 21회 768,119명, 현원징용 20회 1,255,580명 등 총 41회 1,975,129명이 동원되었다.(「國民徵用實施狀況」(昭和19년 5월), (아시아역사자료센터 소장))

110) 「선원징용령」은 1940년 10월 19일 제정되었고, 「선원징용령시행규칙」은 같은 해 11월 9일 제정되어 11월 10일부터 시행되었다(「선원징용령」(칙령 제687호) 및 「선원징용령시행규칙」(조선총독부령 제237호), 『조선총독부관보』 제4111호, 1940년 11월 9일). 특히, 1942년 10월 20일 이후 조선 선박의 징용이 실시되어 일본 요코스카(橫須賀) 지역에서 최초로 징용식을 거행하였음이 확인된다(「船舶의 徵用引渡 來二十日 以後에 實施」, 『매일신보』, 1942년 10월 11일 ; 「朝鮮置籍船 徵用 橫須賀서 ○○ 最初의 徵用式 擧行」, 『매일신보』, 1942년 10월 27일).

111) 「의료관계자징용령」은 1941년 12월 25일 제정・시행되었고, 「의료관계자징용령시행규칙」은 1942년 10월 15일 제정・시행되었다(「의료관계자징용령」(칙령 제1131호) 및 「의료관계자징용령시행규칙」(조선총독부령 제260호), 『조선총독부관보』 4715호, 1942년 10월 15일).

112) 「內地在住朝鮮人ノ國民徵用實施ニ對スル動向」(특고월보 1942년 10월), 內務省 警報局 特高

부터 厚生省이 주관하는 일반 기업에도 징용이 시작되었다.[114]

1942년 1월 육·해군성 주도의 조선인 군속 징용이 실시된 이후 1944년 2월 조선인의 現員徵用이 시작되고 같은 해 9월 조선인 징용이 전면적으로 확대되자, 당시의 조선 사회는 매우 커다란 충격을 받았다. 휴업하는 상점이 많아 '상점가가 한산한 상황'이었고, 이발업계 및 양복·양화업계, 금융계, 교통업계 등 업계마다 구인난을 겪었는데 특히, '교통 상 일대 異變을 드러내는 상황'이 연출되었다.[115]

일제는 조선인을 징용하기 위해 우선 징용 대상자를 조사하였다. 징용 대상자의 조사는 寄留制度의 시행과 관련이 깊다. 기류제도는 본적 외의 장소에 주소를 정하거나 또는 거주자, 본적이 없거나 불분명한 장소에 거주하는 자의 신분관계를 公簿에 기재하는 제도로서, 병역·납세·선거 기

課, 『特高月報』 제31집.

113) 現員徵用은 일하던 사업장에서 그대로 징용되는 것을 말하는데, 제1차 국민징용령 개정(1940년 10월 16일) 때 법적 근거가 마련되었다.

114) 1944년 9월 1일 일본 厚生省은 「朝鮮人勞務者內地送出方法ノ强化ニ關スル件」, 「朝鮮人勞務者送出機構ノ改善强化ニ關ス實施細目」을 通牒하여 국민징용령에 의한 조선인 노무동원을 발동하였다(守屋敬彦, 「朝鮮人强制連行における募集·官斡旋·徵用方式の一貫性」, 『道都大學紀要』 제14호, 1995, 38~39쪽). 하지만 일제는 이미 1944년 8월 8일 「半島人勞務者ノ移入ニ關スル件」이 閣議決定하여, '필요하다면 「國民徵用令」을 개정하여 조선인의 新規徵用을 실시'하기로 하였다.

115) 「徵用實施强化に伴う業界の反響」(경성검사정 보고), 고등법원 검사국, 『조선검찰요보』 제9호, 1944년 11월.

이발업계의 반향이 커서 징용자가 75명이고, 징용을 우려하여 전직한 자가 11명으로, 종로와 동대문에서만 휴업한 이발업자가 11개소이다. 양복 직공자들은 군수공장 방면으로 전향하고자 경기도 양복상조합원 870명 중 직공 380명의 6할이 감소를 보이고, 직공 부족으로 휴업하거나 양복 주문을 받고 1개월 이상을 소요하는 상황이다. 양화점 제화공은 군수공장 방면을 물색하여 이직하는 자가 격증하여 개점 휴업의 상태에 빠지고 있다. 일반 상점도 군수공장 방면의 징용을 받지 않는 업종으로 전향하는 자가 많아 점원이 부족하여 상점가가 한산한 상황이다. 회사, 특히 京電의 경우에도 피징용자 108명 중 운수부 61명이 포함되어 있어 징용기피, 식량난, 주택난 등에 의해 54%의 결근자가 나왔고 이에 따라 교통상 일대이변을 드러내는 상황이다. 은행 측에서도 특히, 조흥은행은 피징용자 17명 중 부내 6명으로서, 7~9월 3개월간 170여 명이 퇴직하여 평소보다 30% 증가한 수치로 사무처리 상 상당수 부족한 상황이다. 평화산업 방면의 남자사원은 군수공장 방면으로 전향하려는 자가 많고, 구인난의 현황을 드러내고 있다.

타 각종 행정의 목적을 위해 일정한 행정기구 내에서의 인구동태를 밝히려는 데 목적이 있다.[116] 조선총독부는 기류제도를 '徵兵制度[117] 기타 인적 자원을 기초로 한 각종 중요제도의 기획 및 실시에 이바지하기 위한 것'으로 이해하고, 기류제도의 시행을 적극 독려하였다. 조선총독은 각 도지사와 경무국장에게 공문을 보내, '조선인의 자발적 신고로는 도저히 嚴守하기 어렵기 때문에 각 부윤과 읍·면장의 전적인 책임하에 愛國班長의 협조를 받아 관내 거주자의 〈寄留届〉를 힘써 본 제도의 목적 달성에 유감없도록' 팸플릿과 포스터를 송부하였고, 경찰관서의 적극적인 협조를 요청하였다.[118] 조선인의 강제동원 업무를 담당했던 김영한의 증언에 의하면, 징용 대상자를 조사·등록할 때는 실제로 〈寄留簿〉[119]를 참고하였다고 한다.[120]

조선총독부는 징용의 필요가 생길 때마다 도에, 도는 부·군·도에 징용 대상자를 조사하고 등록시키도록 通達하였다. 이에 따라 각 부·군·도는 경찰의 협조를 받아 징용 대상자를 조사하고 등록하였는데, 〈調査登錄票〉[121]를 활용하였다. 이는 징용이 일제와 조선총독부의 통제하에 행정관서와

116) 「朝鮮寄留令制定ニ關スル件」(1942년 5월 14일, 조선총독 → 내각 총리대신), 『朝鮮寄留令ニ關スル書類』(CJA0004278)(국가기록원 소장).

117) 이명종은 기류제도를 조선인의 징병을 위한 사전작업으로서 이해하였다(이명종, 「일제말기 조선인 징병을 위한 기류제도의 시행 및 호적조사」, 한국사회사학회, 『사회와역사』 74, 2007).

118) 「朝鮮寄留令施行ニ關スル件」(1942년 9월 14일, 법무국장 → 각 도지사, 경무국장), 『朝鮮寄留令ニ關スル書類』(CJA0004278)(국가기록원 소장).

119) 寄留簿는 면사무소에서 각 里別로 작성되었는데, 기류의 장소와 기류자(세대주 및 세대주와의 관계, 본적, 호주의 성명 및 호주와의 관계, 성명, 출생일, 신고내용)이 기재되어 있다(金陵郡 釜項面事務所, 『寄留簿』(CJA0035362)(국가기록원 소장)).

120) 김영한은 『寄留簿』가 강제동원 대상을 선정하는 기초자료로서 참고하였음을 강조하곤 하였다(「김영한(金英漢)의 증언」(1999년 필자가 면담)).

121) 〈조사등록표〉는 징용될 자의 성명, 출생일, 본적, 거주장소, 병역관계, 학력 또는 직업상의 약력, 현재 종사하는 직업(직업명, 직업상의 신분·지위, 작업내용, 경험년수), 취업의 장소(명칭, 소재지, 사업종별, 사용자명), 급료 또는 임금, 배우자의 유무, 현재 부양할 자의 수(호주와의 관계 포함), 작성일자 등 18개 항목으로 이루어져 있다.

경찰관서가 긴밀히 협조하여 수행되었음을 보여주는 것이라 하겠다.

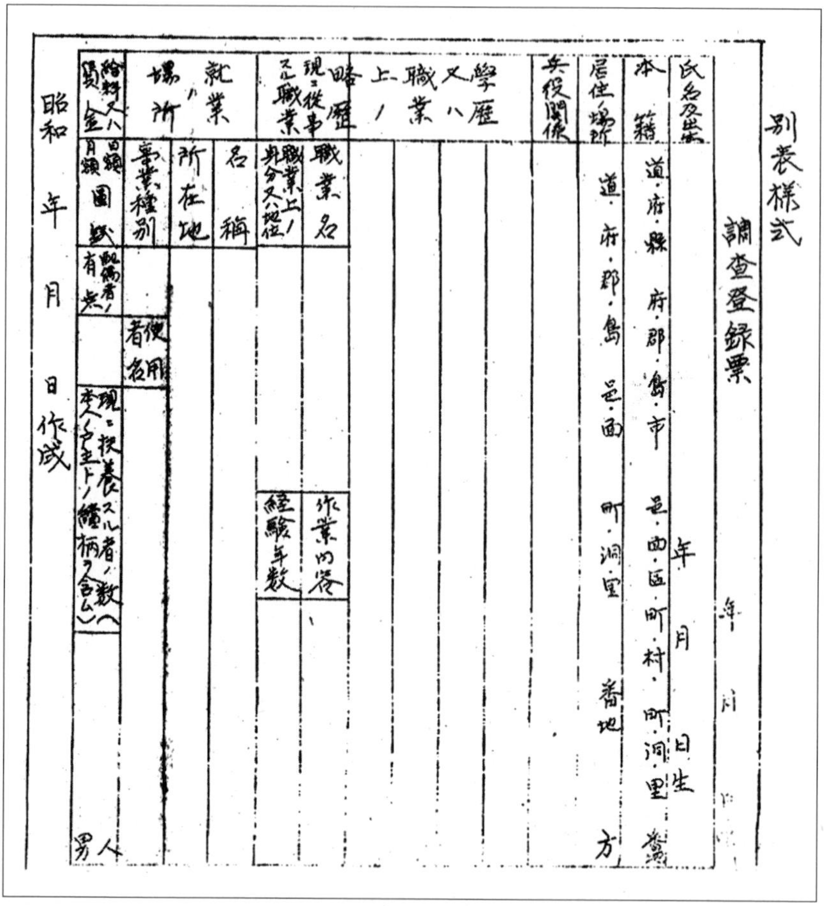

別表様式

調査登録票

氏名及生年月日 … 年 月 日生

本籍 道・府・縣 府・郡・島・市 邑・面・區・町・村・町・洞・里 番地

居住場所 道 府・郡・島 邑・面 町・洞・里 番地 方

兵役關係

學歴又ハ職業上ノ略歴

現ニ從事シツツアル職業: 職業名 / 職業上ノ身分又ハ地位 / 作業ノ内容 / 經驗年數

就業ノ場所: 名稱 / 所在地 / 事業種別 / 使用者名

給料又ハ賃金: 日額 月額 圓 錢

配偶者ノ有無

現ニ扶養スル者ノ數(戸主トノ續柄ヲ含ム) 男 人

昭和 年 月 日作成

〈그림 4〉 조사등록표

각 부·군·도는 징용 대상자의 조사와 등록을 완료한 후 그 현황을 도에 보고하였고, 각 도는 소속 부·군·도의 보고를 취합하여 최종적으로 조선총독부에 보고하였다.[122] 특히, 읍·면 및 부·군에서는 징용자의 〈명부〉를 작성하여 보존하고, 수시로 변경사항을 정정하여 보고하였다.[123]

조선 총독이 특별히 필요한 인원의 배치를 청구받고 「國民職業能力申告令」에 의한 要申告者로부터 필요한 인원을 얻지 못한 경우에는 각 도지사에게 조사 등록한 대상자를 징용토록 '징용명령'을 통달하였다. 1939년 7월 당시 조선총독부는 향후 징용될 조선인 국민등록자를 약 70만 명으로 파악하고 있었다.[124)]

우선 일본 후생성과 조선총독부는 각 4반기 개시 전 징용수를 협의하여 결정하였다. 이후 후생성은 관계 관청과 협의하여 사업장별 할당인원을 결정하고 지방장관(도·도·부·현)에 通達하였다. 지방장관은 이에 대한 제반의 견지에서 檢定하고, 적당하다고 인정한 때는 사업주에게 〈徵用申請書〉를 제출하도록 지시하였다. 이에 따라 사업주는 〈징용신청서〉를 조선총독부(軍需大臣 또는 主務大臣을 경유)에 제출하는 한편, 사본 1부를 厚生省과 主務省, 지방장관에 제출하였다.[125)] 사업주로부터 〈징용신청서〉를 받은 조선총독부는 給與의 인가와 함께 각 사업장별 징용인원을 결정하고, 도 할당을 실시하여 도지사에게 징용을 발령하였다. 징용명령의 통달을 받은 각 도는 '징용될 자, 종사할 총동원업무, 직업 및 장소, 징용 기간, 출두할 일시 및 장소, 피징용자의 처우와 전형, 기타 필요하다고 인정하는 사항'을 다시 부·군·도에 通達하였다.[126)]

122) 一般徵用 실시에 따라 名簿의 정리에 대해 유감없도록 期하고, 異動報告에 대해서는 異動의 상황, 轉出轉入 등의 연월일, 장소, 職系 등을 상세히 기입토록 하였다(「普通勞務要員ノ一般徵用ノ實施ニ伴ワ異動報告ニ關スル件」(1942년 7월 20일, 통영군수→각 읍·면장), 『機密書類』(CJA0024526)(국가기록원 소장)).

123) 「普通勞務要員ノ一般徵用者ノ指定年令者連名簿送付ノ件」(1942년 7월 31일, 통영군수→각 읍·면장), 『機密書類』(CJA0024526)(국가기록원 소장)).

124) 「國民徵用令 不日 公布 朝鮮 內에도 이에 追隨 閣議에서 決定, 늦어도 今月 中旬 實施 七十萬 登錄者 中 必要 따라 徵用」, 『동아일보』, 1939년 7월 6일.

125) 「朝鮮人勞務者送出機構ノ改善方ニ關スル實施細目」, 長澤秀 편, 『戰時下朝鮮人中國人聯合軍俘虜强制連行資料集』 Ⅱ 조선인강제연행(문서편), 綠蔭書房, 1992.

126) 국민징용령 제8조 제3호는 "종사할 총동원업무, 직업 및 장소", 제4호는 "징용의 기간", 제5호는 "출두할 일시 및 장소"였다(「국민징용령」(칙령 제451호), 『조선총독부관보』 제3811호, 1939년 9월 30일).

징용 명령을 받은 각 부·군·도는 징용될 인원의 2~3배에 달하는 適格者를 선정하여 각 징용자 개인별로 〈徵用調書〉[127]를 작성하였고, 〈出頭要求書〉를 발부한 때는 〈徵用適格者銓衡簿〉를 작성하였다. 또한 각 부·군·도는 거주 및 취업의 장소, 직업, 신체의 상태, 가정의 상황, 희망 등을 고려하여 징용될 인원의 110%를 선정하였다.[128] 이는 징용 대상자의 신체검사에서 노동이 불가능한 불합격자를 염두에 둔 사항이었다.

부·군·도는 징용 대상자의 전형을 끝낸 후에 〈징용조서〉를 참조하여 〈徵用適格者連名簿〉를 작성하고 〈徵用者名簿〉와 함께 도에 보고하였다.[129]

---

127) 〈징용조서〉는 징용번호, 출두서번호 및 개인 인적사항(성명, 생년월일, 본적지, 주거지), 취업장소(소재지, 명칭), 학력, 병역사항, 가정상황, 특별사정, 기능심사, 근로심사, 총평 및 신체검사 사항(등위, 신장, 체중, 언어 등) 등의 항목이 기재되어 있다.

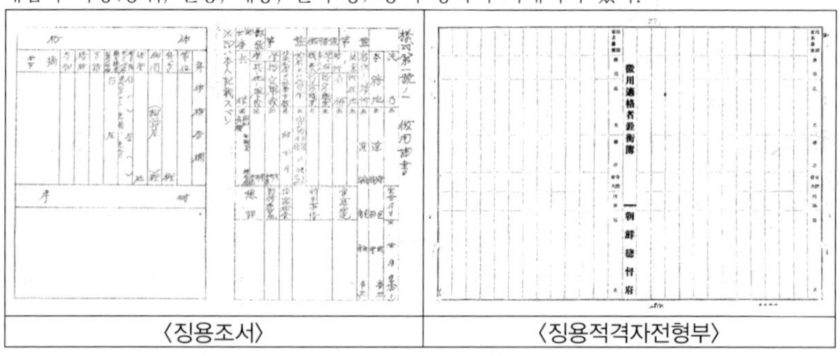

〈징용조서〉	〈징용적격자전형부〉

128) 「國民徵用事務取扱要綱」 제6조~제8조, 『復命書綴』(CJA0016572)(국가기록원 소장).

129) 「國民徵用事務取扱ニ關スル件」(忠南機密 제3호, 1942년 1월 8일, 내무부장 → 각 부윤, 군수), 『復命書綴』(CJA0016572)(국가기록원 소장).

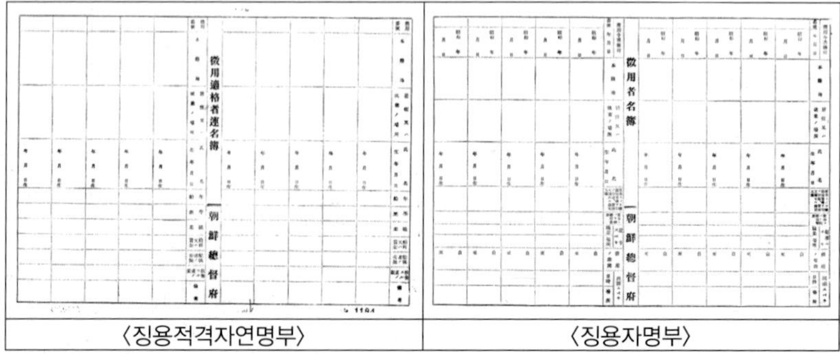

〈징용적격자연명부〉	〈징용자명부〉

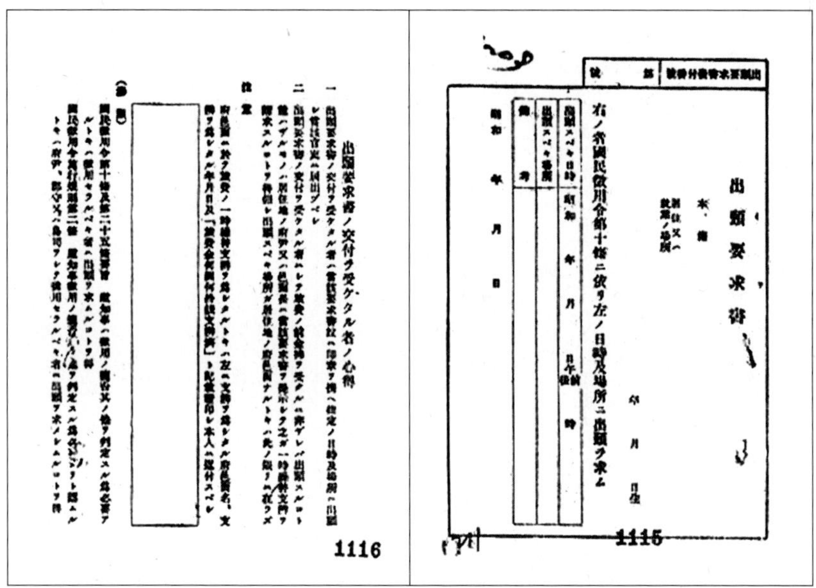

出頭要求書

本籍

住所又ハ就業ノ場所

年 月 日生

右ノ者國民徵用令第十條ニ依リ左ノ日時及場所ニ出頭ヲ求ム

出頭スベキ日時	昭和 年 月 日 午前/午後 時
出頭スベキ場所	
備考	

昭和 年 月 日

1115

出頭要求書ノ交付ヲ受ケタル者ノ心得

1116

〈그림 5〉 출두요구서

〈徵用令書〉를 발부하는 것은 도지사의 권한이었다. 각 도는 부·군·도가 제출한 〈징용적격자연명부〉를 참고하여 징용할 자를 결정하였다. 즉, 징용될 자의 거주, 취업의 장소, 직업, 기능정도, 신체상태, 가정상황, 희망 등을 참작하여 징용의 適否와 종사할 총동원업무의 유형, 담당업무 및 장소를 결정한 것이다. 이후 각 도는 도지사 명의로 〈징용영서〉를 발부하고 〈징용자명부〉를 첨부하여 각 부·군·도에 송부하였다. 또한 각 도는 〈징용영서〉의 발부현황을 조선총독부에 보고하고, 해당 사업장과 사업장을 관할하는 부·현 장관에게도 통지하였다.

그러나 실제적인 징용의 주관은 부윤과 군수의 역할이었다.[130] 1942년 1월 8일 충청남도 내무부장의 명의로 각 부윤, 군수에게 보낸 〈국민징용사

130) 「徵用事務를 移讓 府尹,郡守에 決定權」, 『매일신보』, 1945년 4월 19일.

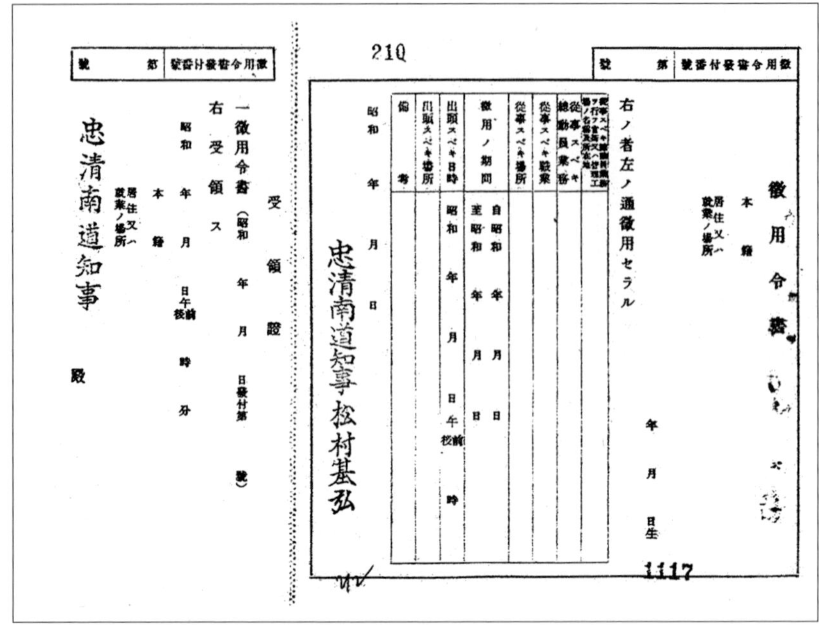

210

徵用令書番號 第 號

徵用令書

本籍

居住又ハ就業ノ場所

年 月 日生

右ノ者左ノ通徵用セラル

從事スベキ總動員業務ヲ行フ官衙又ハ管理工場ノ名稱及所在地	從事スベキ總動員業務	從事スベキ職業	從事スベキ場所	徵用ノ期間	出頭スベキ日時	出頭スベキ場所	備考
				自昭和 年 月 日 至昭和 年 月 日	昭和 年 月 日 午前/午後 時		

昭和 年 月 日

忠清南道知事 松村基弘

1117

徵用令書番號 第 號

受領證

一 徵用令書（昭和 年 月 日發付第 號）

右受領ス

昭和 年 月 日 午前/午後 時 分

本籍

居住又ハ就業ノ場所

忠清南道知事 殿

〈그림 6〉 징용영서

무취급에 관한 건〉에 의하면, '도지사가 발부한 〈징용영서〉, 〈출두변경영서〉, 〈징용취소영서〉에 관해서 그 성질상 급속처리의 필요가 있어 그 권한을 부윤, 군수에게 내부위임'하였다.[131] 실제적으로 부윤과 군수의 책임 아래 징용이 실시되었음을 알 수 있다.[132]

131) 「國民徵用事務取扱ニ關スル件」(忠南機密 제3호, 1942년 1월 8일, 內務部長→각 부윤, 군수), 『復命書綴』(CJA0016572)(국가기록원 소장).

132) 징용되는 자는 도지사 혹은 부윤·군수가 여비와 숙박비를 지급토록 규정되어 있었다. 아울러 징용자가 사망하거나 다친 경우 도지사는 징용자 본인이나 유족에게 부조(生活扶助, 居宅扶助, 醫療, 助産, 生業扶助, 埋葬費의 지급 등)토록 하였다. 그러나 실제로 지급되었는지는 의문이다(「徵用セラルベキ者ノ出頭旅費支辨方ニ關スル件」(조선총독부령 제165호, 1939년 9월 30일 제정, 10월 1일 시행), 「徵用セラルベキ者ノ出頭旅費支給ニ關スル件」(조선총독부령 제166호, 1939년 9월 30일 제정, 1939년 10월 1일 시행), 「國民徵用扶助規則」(조선총독부령 제309호, 1943년 9월 30일 제정·시행)). 外村大는 1944년 9월 조선근로동원원호회가 발족되었다고 하면서도, 1944년도의 회비 수입이 당초 예정액의 절반 수준에 그쳐서 원호수당을 지급하려 해도 할 수 없는 상황에 놓여 있었다. 원호시책이 기능하지 않으면서 조선

부윤과 군수는 징용 대상자에게 〈출두요구서〉를 발행하여 신체검사를 실시하고, 징용의 적부 등을 판정한 후에 〈징용영서〉를 교부하였다. 이때 각 부 · 군에서는 〈징용자명부〉 6통을 첨부하여 도에 速報하였다.[133] 각 부 · 군에서는 '急使'[134]로 하여금 징용될 본인이나 호주, 세대주, 가족 또는 사용주에게 〈징용영서〉를 교부하고, 수령일자와 수령인의 성명을 기입 날인한 〈수령증〉를 회수하도록 하였다.[135] 그러나 실제로는 급사뿐만 아니라 읍 · 면 직원이나 구장을 비롯하여 군수, 내무과장, 경찰서장, 군 직원, 읍장, 면장, 부면장, 반장, 임시지도원 등 다양한 인사들이 〈징용영서〉를 전달하였다.[136]

조선총독부는 1945년 6월 20일 「徵用忌避防遏取締要綱」을 발표하고 각 町部落聯盟에 勤勞委員會를 설치하여 조선인의 징용을 적극적으로 추진하도록 하였다. 근로위원회는 부락연맹 이사장이 회장을 맡고, 愛國班長이 추천하는 6인 이내의 위원(임기 1년)으로 구성되었다. 징용 기피자를 철저히 조사하여 면장이나 부윤에게 보고하는 한편 자수를 독려하였다. 특히, 징용을 기피하는 사람이 있으면 그 가족, 친척, 愛國班員 등이 대신 징용을 가도록 연대책임을 지웠다.[137]

〈징용영서〉의 교부에 대하여 조선총독부 내에서 법적 논의가 진행되기

민중의 동원 기피 현상은 점차 확대되었다.'고 기술하였다(도노무라 마사루 지음, 김철 옮김, 『조선인 강제연행』, 뿌리와이파리, 2018, 194~200쪽).

133) 〈징용영서〉의 발부번호는 도와 부 · 군이 동일하도록 하였다(「國民徵用事務取扱ニ關スル件」(忠南機密 제3호, 1942년 1월 8일, 內務部長→각 부윤, 군수), 『復命書綴』(CJA0016572)(국가기록원 소장).

134) 「國民徵用事務取扱要綱」(제11조, 제12조), 『復命書綴』(CJA0016572)(국가기록원 소장).

135) 「國民徵用令施行規則」(조선총독부령 제164호), 『조선총독부관보』 제3,811호, 1939년 9월 30일.

136) 국민징용령 위반 관련 판결문에는 〈징용영서〉의 전달자가 읍 · 면 직원(노무계, 노무계서기, 노무촉탁, 기수보, 읍서기, 면서기, 면계원), 구장뿐만 아니라 군수, 경찰서장, 읍 · 면장, 부면장, 군 직원, 반장, 임시지도원, 부락연맹이사장 등으로 기재되어 있다.

137) 「徵用의 忌避를 防遏 認識하라 國民義務 取締指導要綱을 決定」, 『매일신보』, 1945년 6월 22일 ; 「自首하면 前非不問 忌避者들은 悔悟하라」, 『매일신보』, 1945년 6월 22일.

도 하였다. 즉, '徵用不應罪의 주체가 본인이기 때문에 〈징용영서〉를 반드시 본인에게 직접 교부하여야 한다.'는 소극설과 '〈징용영서〉를 본인에게 교부하는 것이 원칙이나, 본인에게 교부할 수 있는 적당한 방법을 완료하면 족하다.'는 적극설이 대립되었다. 결국 '〈징용영서〉를 그 가족이나 동거인 등에 교부하거나 본인의 주거지에 도달하면 〈징용영서〉를 본인에게 교부한 것으로 간주한다.'는 적극설이 채택되어 고등법원 檢事長은 1945년 1월 16일 각 검사국의 검사장, 檢事正, 검사에게 통첩을 발하였다.[138]

〈징용영서〉를 받은 조선인은 읍·면사무소(또는 학교)에 모였다가 군청(또는 경찰서)에 합류되어 집단적으로 수송되었다. 조선총독부는 각 도에 징용을 명령하면서 交通公社에 징용 조선인의 일괄수송을 신청하였다. 교통공사는 수송인원 및 일자 등을 고려하여 각 도에 〈輸送決定書〉를 송부하였고, 이를 송부받은 각 도는 부·군·도에 인원 및 인계일시를 통보하였다.[139] 인솔자는 대개 50명당 1명의 비율로 배치되었는데, 도, 부·군·도, 읍·면 직원이 담당하였다. 인솔자는 승차역에서 교통공사가 발행한 〈勞務者團體乘車劵〉을 수령하고, '應徵士'의 휘장을 패용한 후 부산(여수)역까지 조선인 피징용자들을 인솔하였다. 피징용자의 인계는 부산(여수)역에 도착한 후 하차 즉시 실시하였고,[140] 부산(여수)도항보호사무소에서 인솔자와 사업주(대리자) 사이에 인계인수 절차가 진행되었다. 이때 〈인계명부〉와 도에서 작성한 〈피징용자명부〉 그리고 〈노무자단체승차권〉을 인계인수하였다.[141]

138) 「國民徵用令の疑義に關する件」(1945년 1월 16일, 高檢제100호), 『조선검찰요보(1945년 2월)』 제12호.

139) 「朝鮮人勞務者內地送出强化概要」, 長澤秀 編, 『戰時下朝鮮人中國人聯合軍俘虜强制連行資料集』 Ⅱ 朝鮮人强制連行(文書篇), 綠蔭書房, 1992.

140) 피징용자와 관련된 서류는 印鑑(1통), 戶籍謄本(1통), 從前收入額申告書(1통) 등이었다.

141) 「朝鮮人勞務者內地送出ノ强化ニ就テ」, 長澤秀 編, 『戰時下朝鮮人中國人聯合軍俘虜强制連行資料集』 Ⅱ 朝鮮人强制連行(文書篇), 綠蔭書房, 1992.

사업주는 피징용자의 인솔을 위해 隊가 편성되기 전날까지 1군 1명의 비율로 부·군·도 現地에 인솔인을 파견하였다. 이들 파견원의 임무는 銓衡의 입회, 인솔 도중의 탈출 방지, 인계 준비, 조선인의 행동 사찰 등이었다. 특히 파견원이 부·군·도에 도착한 후에는 인계의 원활을 기하기 위해 '차내에서 인계준비를 완료'할 것을 목표로 인솔사항을 준비하였다.[142] 사업주는 징용의 할당과 동시에 조선총독부에 피징용자 1인당 100원씩의 납부금을 지불하였다. 납부금은 ① 조선에서의 노무동원 강화에 필요한 경비 일체, ② 인계지까지의 징용자 여비, 숙박료 및 기타 경비, ③ 송출 당시 필요한 勞務援護費 일체 등이 합해진 것이었다. 선납된 납부금은 조선인 징용자를 인계인수한 후에 최종적으로 정산하였다.[143]

부산(여수)항에서 인솔자(도, 부·군, 읍·면 직원)와 파견원(사업주, 대리자) 사이 피징용자의 인계인수를 마친 후에는 檢疫이 실시되었는데, 부산은 神仙臺검역소(검역능력 500명), 여수는 여수역 북쪽에 위치한 淨水所에서 실시되었다. 검역이 끝난 피징용자들은 배에 올랐는데, 피징용자들은 강제모집, 관 주도 방식과는 달리 비자(査證) 없이 승선하였다.

〈징용영서〉에는 징용일과 징용장소 등이 기재되어 있다. 〈징용영서〉를 교부받은 피징용자는 징용일에 징용장소까지 도착해야 한다. 그렇지 않으면 국민징용령 위반죄로 처벌받았다. 국민징용령 위반 관련 판결문에는 징용영서의 교부일자와 징용일자가 기재되어 있는데, 모두 1,287건(중복자 19건 포함)으로 파악된다.

142) 인솔 준비사항은 1) 인원의 점검, 2) 휴대물품의 점검, 3) 僞名者 또는 가짜(替玉)의 발견, 4) 연소자·고령자·질병자 등 不適格者의 발견 등이었다.

143) 「朝鮮人勞務者內地送出强化概要」, 長澤秀 編, 『戰時下朝鮮人中國人聯合軍俘虜强制連行資料集』 Ⅱ 朝鮮人强制連行(文書篇), 綠蔭書房, 1992.

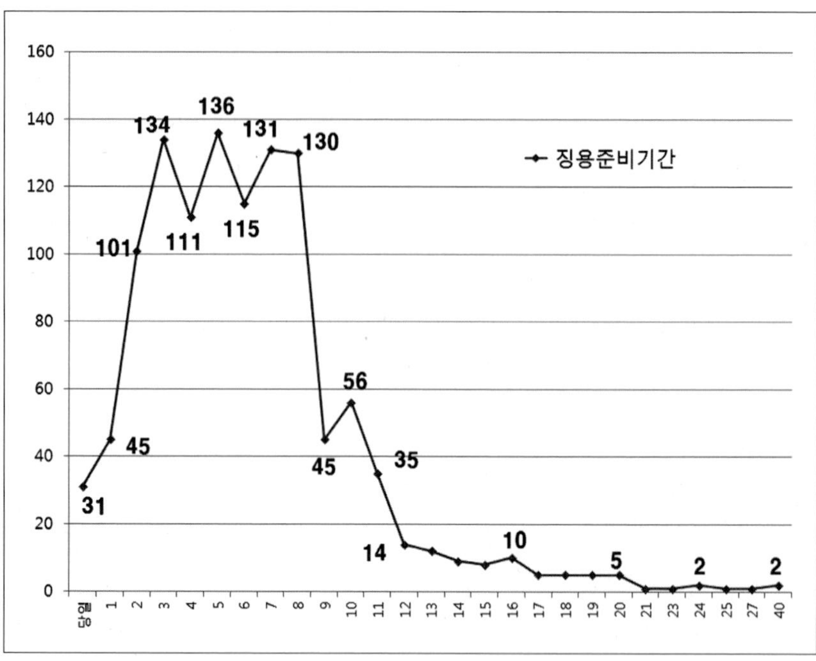

〈그림 7〉 징용 준비기간(징용영서 교부일~징용일) 현황

위의 〈그림 7〉에서처럼, 징용 준비기간이 당일~1주일 804건, 10일 이내 1,035건, 15일 이내 1,113건, 30일 이내 1,287건이다. 이 가운데는 미성년자도 53명(16세 1명, 17세 6명, 18세 13명, 19세 33명)이나 포함되어 있다. 특히 당시 16세로 1944년 12월 24일 사세보(佐世保)시 도아(東亞)광업(주) 나가사토(中里)광업소에 징용되었던 金田○○에 대한 판결문에는 "정당한 사유없이 동소를 탈출 歸鮮하여 업무에 종사하지 않았는데, 심신 아직 발육되지 않은 미성년자이고 또 개전의 정이 있는 자"라며 징역 6월을 선고하였다.[144]

징용 준비기간이란 집안의 대소사 등 가사를 정리하고 가족들과의 이별

144) 「金田○○의 판결문」, 『형사재판원본』(CJA0002151).

을 준비하는 시간을 뜻한다 하겠다. 〈징용영서〉를 전달받은 조선인은 가족을 떠나 어쩔 수 없이 징용될 처지였다. 더구나 징용에 응하지 않으면 감옥에 가야하는 상황이었다. 당시가 戰時 상황임을 감안하면 가족 및 지인과의 이별, 앞으로 가족들이 생활해 나갈 방도 등 준비사항이 많았을 것이다. 그런데 고작 하루, 단 며칠간의 준비기간이 주어진 상황이고, 이를 어길 경우에는 징역형이 선고되는 상황이었다. 특히, 준비기간이 당일인 경우가 31건[145]이었고, 1일 45건, 2일 101건, 3일 134건, 4일 111건, 5일 136건, 7일 131건이었다. 징용 준비기간이 당일~1주일인 경우가 전체의 62.4%에 달한다. 10일로 넓히면 80.3%, 15일 86.3%, 30일 99.8%의 비율이다. 현재 현역병 입영 대상자들에게 적어도 30일 전에 입영통지를 하도록 의무화하고 있는 상황과 비교할 때[146] 징용은 폭력적이고 무자비한 인력 동원방식이었음을 알 수 있다.

일제의 폭압적인 징용 상황은 증언을 통해서도 확인할 수 있다. 한밤중이나 새벽녘에 잠들어 있는 사람을 붙잡아 끌어갔으며, 논밭에서 한참 일하고 있던 사람까지도 트럭에 태워 홋카이도나 큐슈의 탄광으로 동원하였다.[147] 순사들이 길거리에서 붙잡아 끌어갔고,[148] 징용장도 없이 그냥 말로만 전달받고 강제로 끌려갔으며,[149] 방에서 가마니를 치다가 잡혀가서 짐도 챙기지 못하고 헌 옷과 헌 신발 입고 있던 그대로 끌려갔다.[150]

145) 이 가운데 19건은 現員徵用으로, 징용지는 中門鑛業(주) 청양광산(충남 청양), 帝國石綿(주) 廣川鑛業所(충남 홍성), 청진제철소(청진), 日月鑛山(주) 中川日月광업소(경북 영양), 三菱化成工業(주) 청진공장(청진), 日立鑛業(주) 釜洞鑛業所(함남 단천) 등이었다.

146) 『병역법』 시행령 제21조(현역병입영 통지서의 송달 등) "지방병무청장은 현역병입영 대상자의 입영통지서를 입영일 30일 전까지 본인에게 송달하여야 한다."

147) 박경식 지음, 박경옥 옮김, 『조선인 강제연행의 기록』, 고즈윈, 2008, 71~72쪽.

148) 「성봉제(成鳳濟, 1924년 강원 춘천읍 출생)의 증언」, 일제강점하강제동원피해진상규명위원회, 『수족만 멀쩡하면 막 가는 거야』, 2007, 190~211쪽.

149) 「이남기(李南冀, 1925년 충남 천안군 출생) 증언」, 일제강점하강제동원피해진상규명위원회, 『지독한 이별』, 2007, 522~544쪽.

150) 「박용식(朴龍植, 1927년 충남 서산군 출생)의 증언」, 일제강점하강제동원피해진상규명위원

일본 야마구치현 탄광에 동원된 朴丁出은 징용 고지를 받고 당일날 징용되었고,[151] 사할린 타이헤이(太平)탄광에 동원된 李奭遠 또한 통지를 받는 즉시 동원되었다고 한다. 이석원은 짐도 없이 입던 옷 그대로 동원되어 동원지에 도착한 후에 "거지같다."는 소리를 들을 정도였다고 한다.[152]

일제의 조선인 징용은 법령으로 강제한 인력동원 방식으로서, 징용에 응하지 않으면 형사처벌되었다. 징용은 강제모집, 관 주도 방식과 마찬가지로 일제가 국민동원계획을 수립할 때부터 조선인의 인력동원이 계획되어 있었고, 일본 후생성과 조선총독부의 허가·승인 없이는 조선인의 '징용'자체가 불가능하였다. 징용 방식에 의한 조선인의 동원 지역이나 동원 인원과 기간, 인솔 등 모든 실행과정에서 일제가 계획하고 시행한 강제동원 방식이었다.

비인간적이고 폭압적인 동원은 징용 방식에서도 동일하였다. 징용장도 보여주지 않고 짐도 챙길 사이도 없이 그대로 끌려갔다. 밤중에 들이닥쳐 자고 있는 자를 끌어갔고, 순사들이 길거리에서 보이는 대로 붙잡아 갔으며, 방에서 가마니를 치다가 그 복장 그대로 잡혀갔다. 징용이 실시되던 시기에도 강제적이고 비인간적인 동원 방식은 여전히 수행되고 있었다. 판결문을 분석한 결과, 징용 준비기간이 당일~1주일인 경우가 전체의 62.4%에 달할 만큼 비인간적이고 무자비한 인력동원 방식이었다.

2) 충남지역 징용

일제가 군속을 징용하게 된 것은 징병령과 연동하여 징병 나이가 아닌

회, 『당꼬라고요?』, 2005년, 31~51쪽.

151) 「박정출(朴丁出, 1927년 충남 서산군 출생)의 증언」, 일제강점하강제동원피해진상규명위원회, 『가긴 어딜 가? 헌병이 총 들고 지키는데』, 2006년, 58~76쪽.

152) 「이석원(李奭遠, 1927년 충남 서산군 출생)의 증언」, 일제강점하강제동원피해진상규명위원회, 『지독한 이별』, 2007, 480~521쪽.

층을 최대로 동원하여 일본의 군 노동력 부족을 메우려는 의도에서 비롯되었다.[153] 군속 징용은 厚生省이 아닌 陸軍省 및 海軍省의 소관사항이었다. 일본 패전 당시 귀환한 조선인 군속은 총 155,307명(육군 군속 70,824명, 해군 군속 84,483명)이었다.[154]

충남지역에서 조선인의 군속 징용이 시작된 것은 1942년 1월부터였다.[155] 「海軍工員ノ徵用方ニ關スル件」(忠南秘 제1호)에 의하면, 조선총독부로부터 '1941년 12월 31일부로 해군 공원의 징용명령'이 있었다.[156] 그리고 「國民徵用事務取扱ニ關スル件」(忠南機密 제3호)에 의하면, 징용일시는 1942년 1월 15~31일이었다.[157] 이와 관련하여 당시 구레(吳) 해군건축부로 징용되었으나 이에 응하지 않아 '국민징용령 위반죄'로 처벌받은 내용이 담겨져 있는 「판결문」에는 징용일자가 1942년 1월 15일로 기록되어 있다.[158] 이는

153) 강정숙은 군속으로 징용된 자가 1941년 4,895명, 1942년 4,096명, 1943년 2,989명이라고 하였다(강정숙, 「일제 말기 조선인 군속 동원－오키나와로의 연행자를 중심으로－」, 『사림』 제32호, 2005, 178~185쪽).

154) 일본 패전 후 조선인 군속 귀환 상황은 아래의 표와 같다(강만길, 안자코 유카, 「해방직후 '강제동원' 노동자의 귀환정책과 실태」, 『아세아연구』 제45권 제2호, 2002, 83쪽).

구분	육군 군속					해군 군속						
	사망	사망 확정	생존 추정	귀환 수	계	귀환 수	사망		미귀환		귀환 추정	계
							종전 전	종전 후	생존 확실	불명		
명수	1,908	1,084	20,674	46,758	70,424	60,539	6,260	711	108	9	16,856	84,483
%	3	2	29	66		72	7	1	0.1	0.01	20	

155) 『매일신보』에 의하면, 1939년 내에 조선인 技術部隊의 징용을 계획하고 있었다. 실제로 조선인 기술부대의 징용이 실시되었는가는 알 수 없으나, 조선인 징용이 처음으로 확인된다(「朝鮮內 技術部隊는 徵用後 內地로 派遣, 年內로 一次徵用令發動」, 『매일신보』, 1939년 10월 4일).

내지에서는 이미 지난 7월 15일부터 징용령을 실시하야 두 번째 여러방면의 기술자를 징용해씻습으로 조선에서도 금년 안으로는 한 번 가량 징용이 잇슬 것이며 징용되는 기술부대는 內鮮一體와 國策을 위하야 내지로 진○하게 되리라고 한다.

156) 「海軍工員ノ徵用方ニ關スル件」(忠南秘 제1호, 1942년 1월 5일, 內務部長→부윤, 군수), 『復命書綴』(CJA0016572)(국가기록원 소장))

157) 「國民徵用事務取扱ニ關スル件」(忠南機密 제3호, 1942년 1월 8일, 內務部長→각 부윤, 군수), 『復命書綴』(CJA0016572)(국가기록원 소장)).

158) 국민징용령 위반 관련 대전지법 홍성지청의 판결문(3건, 4명)에는 징용 시작일이 1942년

조선총독부의 제85회 제국의회 설명자료에서 군속 징용이 '1942년 1월 이후부터'라는 설명과 일치한다.[159]

충남지역에서의 군속 징용을 위한 구체적 내용과 절차는 충청남도 내무부장이 관할 부윤, 군수에 보낸 「해군공원의 징용방에 관한 건」(忠南秘 제1호)과 「해군공원의 징용방에 관한 건」(忠南機密 제2호),[160] 「국민징용사무 취급에 관한 건」을 통해 살펴볼 수 있다.

'海軍工員'으로 징용된 이들의 신분은 軍屬이었고, 징용기간은 2년이었다. 그리고 이들이 담당할 업무는 '군사상 특히 필요한 토목공사에 관한 업무'였다. 특히, 군속으로 징용될 대상자의 선정조건이 규정되어 있다.[161] 즉, '만 17~30세의 일본어를 말할 줄 아는 미혼 남자'가 해군 군속 대상자였음을 알 수 있다.[162]

조선총독은 징용의 필요가 생길 때마다 징용자 범위를 도지사에 通達하였고, 도지사는 이를 다시 부윤, 군수에게 지시하였다. 징용 대상자의 등록을 마친 부윤, 군수는 도지사에 보고하였고, 도지사는 각 부윤, 군수의 보고를 취합하여 조선총독에게 보고하였다.[163] 주목되는 점은 '군사상 특히

1월 15일로 기재되어 있다.

159) 內務省 管理局, 「第85回 帝國議會說明資料」, 近藤釼一 編, 『太平洋戰下終末期の朝鮮』, 友邦協會, 1967.

160) 「海軍工員ノ徵用方ニ關スル件」(忠南機密 제2호, 1942년 1월 7일, 內務部長→군수), 『復命書綴』(CJA0016572)(국가기록원 소장)).

161) 우선 대상자는 1) 연령 17세~30세 미만의 남자, 2) 일본어를 이해하는 자, 3) 단신으로 도항이 가능한 자였다.

162) 「海軍徵用工員規則」(1940년 11월)의 제2조 제2항에는 '16세 이상 공원으로서 기능을 갖고 있는 자, 단 필요한 경우 14세 이상'으로 규정하고 있으며, 「海軍工員徵用實施要綱」에는 1942년 1월 해군 건축부에서 공원을 모집하는데 '17세 이상 30세 미만의 조선인 남자'를 대상으로 하고 있다(심재욱, 「전시체제기 조선인 해군군속의 일본지역 동원 현황-구일본해군 조선인군속 관련 자료(2009)의 데이터 분석을 중심으로-」, 『한국민족운동사연구』 81집, 340쪽).

163) 「國民徵用令第3條第2項ノ規定ニ依スル徵用者調査登錄ニ關スル件」(조선총독부령 제219호), 『조선총독부관보』 제4,355호, 1941년 7월 30일.

필요한 징용자의 배치'를 청구받은 경우에는 「國民職業能力申告令」의 '要申告者' 이외의 자도 징용할 수 있었다는 점이다. 이는 1942년 시기부터 조선인이 해군공원으로 징용될 수 있었던 배경이 되었을 것으로 생각된다.[164)]

징용 대상자의 전형 시에는 관공립의원 公醫 등을 위촉하여 신체검사를 실시하도록 하였다. 신체검사에서 질환이 있거나 몸이 약한 자[165)]는 징용 대상에서 제외되었다. 전형을 마친 각 부·군에서는 〈징용적격자연명부〉와 〈징용자명부〉를 도에 제출하였다. 부윤, 군수가 〈징용영서〉를 발부한 때는 〈징용자명부〉 6부를 첨부하여 도에 속히 보고토록 하였고, 징용 대상자에게 〈징용영서〉와 〈徵用工員赴任心得〉을 함께 교부하였다. 피징용자는 〈이력서〉, 〈신원증명서〉, 〈호적등본〉, 인감 등을 지참토록 하였다.

징용인원 20명을 1개 班으로 편성하고, 각 반에는 '일본어에 정통하고 모범이 될 만한 인물'을 班長으로 삼아 통솔하게 하였다. 출발 때에는 부·군에서 壯行會를 개최하기도 하였다.

충청남도는 기차 수송일정을 각 부·군에 통보하여 준비토록 하였다. 각 부·군은 해당 지역에서 부산역까지의 수송을 담당하였고, 부산으로부터 징용지까지는 해군용 선박으로 이동하였다. 징용지의 부근 항구에 도착한 이후에는 왼쪽 상단에 '적색마크'를 붙인 안내계원을 따라 최종 목적지로 이동하였다. 징용의 전형에 필요한 경비는 미리 예산을 배부하도록 하였다. 출두여비(1인 2원), 신체검사 등 징용잡비(1인 60전), 징용영서를 교부하는 使丁의 임금(1인 1일 1원), 징용조사비(1부군 20원), 징용 여비(1인 70전) 등이 그에 해당되었다. 취업시간은 9시간 15분으로, 실제 노동

164) 군속의 징용대상에서 제외되는 자는 ① 生産力擴充計劃産業에 속한 공장·광산·사업장에서 종사하는 자, ② 신체와 사상이 不健全하고, 品行이 不正하며, 身元이 不確實한 자, ③ 禁錮 이상에 처해진 자 등이었다.

165) ① 신경계 질환이 있는 자, ② 결핵성 질환이 있는 자, ③ 만성 기관지염, 천식 또는 임파선의 현저한 종창 있는 자, ④ 청력, 언어 기타 운동기능에 현저한 장애가 있는 자, ⑤ 임질 기타 성병이 있는 자, ⑥ 신체 허약으로 노무를 감당하기 어렵다고 인정되는 자

시간은 휴게시간 45분을 제외한 8시간 30분이었다. 이들의 기본 임금은 1일 1원 60전~1원 90전으로, 매월 약 70~85원의 월급에 해당하는 액수였다. 하지만 식비(1일 55전), 모포 대여비(1일 3전), 숙사 사용료(1개월 50전) 등은 피징용자의 월급에서 제외되었다.[166)]

군무원(軍屬 혹은 軍夫)의 징발은 노무동원계획(국민동원계획)과는 별도의 명령계통으로 행해졌는데, 1942년 1월부터 「국민징용령」이 발동되어 군속으로서 각지의 海軍施設部와 南方 지역에 동원되었다.[167)] 특히, 「국민징용령」에 의해 동원된 조선인 군속은 1942년 1월 이후 1945년 9월까지 31,783명이었는데, 요꼬스카(橫須賀), 구레(吳), 마이즈루(舞鶴), 오미나토(大湊), 鎭海 등 각 海軍施設部 및 南洋 방면에 배속되었다.[168)]

국가기록원 소장 강제동원자명부를 분석한 결과 충남지역에서 해군 군속으로 동원된 인원은 6,481명(『해군군속자명부』 6,087명, 『군속선원명표』 239명, 『공원명표』 155명)으로 추산된다.[169)] 이들이 전부 징용에 의해 동원된 것은 아니고, 관 주도에 의해 동원되기도 하였다.[170)] 일제는 포로수용소의 감시요원으로서 조선인을 군속으로 동원하였는데, 자바지역의 포로수용소에는 3,000명의 조선인들이 강제모집 방식으로 군속으로 동원되었다.[171)]

166) 1개월(30일 기준) 징수한 액수는 최소 17원 90전(食費 16원 50전, 이불 대여비 90전, 宿舍 사용료 50전)이었을 것이다(「海軍工員ノ徵用方ニ關スル件」(忠南秘 제1호, 1942년 1월 5일, 내무부장→부윤, 군수), 『復命書綴』(CJA0016572)(국가기록원 소장).

167) 징용 이외에도 陸海軍의 個別命令에 의해 조선인이 동원되어 「海軍作業愛國團」, 「北部軍經理部要員」, 「米英人俘虜監視要員」, 「運輸部要員」 등으로 동원되었다(金英達, 『朝鮮人强制連行の研究　金英達著作集Ⅱ』, 明石書店, 2003, 67쪽).

168) 김민영, 『일제의 조선인노동력수탈 연구』, 도서출판 한울, 1995, 107쪽.

169) 해군 군속으로 동원된 인원 97,433명(海軍軍屬者名簿 82,179명, 軍屬船員名票 7,046명, 工員名票 2,121명) 중 충남지역 출신은 약 6.7%(6,481명)에 해당한다.

170) 심재욱은 구일본해군 조선인군속자료의 데이터를 분석하여 충남지역 출신의 해군 군속은 5,388명으로 전체 73,671명의 7.8%에 해당한다고 하였다(심재욱, 「전시체제기 조선인 해군 군속의 일본지역 동원 현황－구일본해군 조선인군속 관련 자료(2009)의 데이터 분석을 중심으로－」, 『한국민족운동사연구』 81집, 2014, 341쪽).

그동안 징용은 1944년 9월부터 실시되었다고 알려져 왔다. 1944년 9월 1일 후생성이 通牒한 「朝鮮人勞務者內地送出方法ノ强化ニ關スル件」과 「朝鮮人勞務者送出機構ノ改善强化ニ關スル件實施細目」에 근거하여 조선인의 징용이 발동되었다고 이해되어 왔기 때문이다.[172] 그리고 1939년 10월 1일부터 시행될 예정이었던 조선인의 징용이 보류된 이유를 조선인의 쓸데없는 오해와 마찰을 피하기 위해서라든가 민족적 저항을 두려워했기 때문이라거나 혹은 노무관리와 행정기구의 미비, 조선인의 강제동원이 탄광·광산 중심이었기 때문이라는 등의 이유를 들었다.[173].

그러나 일제강점기 『판결문』과 『조선검찰요보』, 『특고월보』, 『군법회의 판결문』 그리고 증언 등을 통해 1942~43년 시기에도 조선인의 징용이 일상적으로 수행되고 있음을 알 수 있다. 일제강점기 『판결문』과 『조선검찰요보』에서 8차례 징용 사실을 확인할 수 있고,[174] 「국민징용령 위반사건의

171) 김도형, 「해방 전후 자바지역 한국인의 동향과 귀환활동」, 『한국근현대사연구』 제24집, 2003, 155~157쪽.

172) 「朝鮮人勞務者內地送出方法ノ强化ニ關スル件」, 「朝鮮人勞務者送出機構ノ改善强化ニ關スル件實施細目」(守屋敬彦, 「朝鮮人强制連行における募集·官斡旋·徵用方式の一貫性」, 『道都大學紀要』 제14호, 1995, 38~39쪽).

173) 일본 大藏省은 1939년 10월 1일부터 시행된 징용이 보류된 것은 "쓸데없는 오해와 마찰을 초래할 우려 때문이었다."고 하였고(대장성 관리국, 『日本人の海外活動に關する歷史的調査』 朝鮮篇 제9分冊), 박경식은 이에 대해 '일본이 민족적 저항을 무엇보다 두려워했다.'고 주장하였다(박경식 지음, 박경옥 옮김, 『조선인 강제연행의 기록』, 고즈윈, 2008, 52쪽). 이상의는 '총독부가 징용령 실시 연기의 이유를 공장, 사업장의 노무관리가 극히 불충분하기 때문이라고 하였으나, 직접적인 원인은 징용의 발동이 조선인의 정서에서 저항을 부를 염려가 컸기 때문'이라고 하였고(이상의, 『일제하 조선의 노동정책 연구』, 혜안, 2006, 306쪽), 안자코 유카는 조선 내의 징용은 비교적 노무자원이 풍부한데다 조선의 공장·사업장의 노무관리가 충분하지 않다는 등의 이유로 연기하였다고 하였으며(안자코 유카, 「총동원체제하 조선인 노동력 '강제동원' 정책의 전개」, 『한국사학보』 제14호, 2003, 336쪽), 外村大는 행정기구의 미비와 조선인이 주로 탄광·탄광에 배치되었기 때문이라고 하였다(도노무라 마사루 지음, 김철 옮김, 『조선인 강제연행』, 뿌리와이파리, 2018, 153~154쪽). 필자는 관 주도 방식만으로도 충분히 징용 방식 만큼의 인력 동원 효과를 거두는 상황이었고, 식민지 조선인들에게 징용을 실시하여 일본인과 동등한 지위를 부여하는 것에 주저했던 것이 아닐까 생각한다.

174) 일제강점기 『판결문』과 『조선검찰요보』를 통해 1942~43년 충남을 비롯하여 전남, 전북 및 미상지역에서 적어도 8차례(15명) 징용 사실을 확인할 수 있다. 죄명은 '국민징용령 위반'으

개요」 문건에는 1942~43년 시기 국민징용령 위반자 28건(30명)이 기재되어 있다.[175] 또한, 『특고월보』에는 6차례의 조선인 징용 현황이 나타나 있다.

로 동일한데, 형량이 반드시 일치하는 것은 아니었다. 벌금형을 선고받은 복전○○은 병이 사유였고, 도금○○, 금본○○, 정○○은 대리징용이었다. 황촌○○ 또한 대리징용이었으나 징역 3월을 선고받았고, 목촌○○는 *老母*와 함북에서 일하고 있던 사정 등이 고려되어 벌금형(30원)을 선고받았다. 형량은 징역 1년이나 벌금 1천 원 이내에서 선고 시기나 선고법원에 따라 차이가 있었다고 생각된다.

구분	이름	본적	나이	직업	형량	동원지 (신분)	징용기간	판결일 (판결법원)
1	금천 ○○	충남 홍성군	20	농업	징역 3월	구레(吳)시 구레 해군건축부 (해군공원)	2년 (1942.1.15~?)	1942.4.9. (대전홍성지청)
	신본 ○○	충남 홍성군	28	농업	징역 3월			1942.4.9. (대전홍성지청)
	목촌 ○○	충남 홍성군	23	농업	벌금 30원			1942.3.23. (대전홍성지청)
	송본 ○○	충남 예산군	19	농업	징역 3월			1942.5.23. (대전홍성지청)
2	도금 ○○	전북 김제군	23	농업	벌금 1백원	나가사키현 사세보시 사세보 해군시설부 (해군공원)	2년 (1942.1.15~?)	1944.10.2. (전주지방법원)
	공목 ○○	전남 광산군	24	농업	징역 3월			1942.7.22. (광주지방법원)
3	금산 ○○	전남 광주부	21	어소매상	징역 3월	사세보 해군시설부 (해군공원)	2년 (1942.10.21~ 1944.10.20)	1942.11.16. (광주지방법원)
	복전 ○○	전남 광주부	23	운송업	벌금 3백원			1942.12.1. (광주지방법원)
	금본 ○○	전남 나주군	26	농업	징역 3월			1943.4.9. (광주지방법원)
4	정 ○○	전남 나주군	30	농업	징역 3월	-	미상 (1942.10.11~?)	1943.12.10. (마산지청)
5	황촌 ○○	전남 고흥군	22	농업	징역 3월	사세보 해군시설부 (해군공원)	미상 (1942.10.30~?)	1943.7.16. (광주 순천지청)
6	식전 ○○	-	21	농업	징역 6월	오미나토(大湊) 해군건축부	-	1943.11.24. (해주지방법원)
7	산천 ○○	-	23	인부	징역 6월	? 해군건축부	-	1943.10.25. (신의주법원)
8	고산 ○○	-	19	인부	벌금 150원	진해 해군건축부	-	1943.12.3. (마산지청)
	금촌 ○○	-	30	목수	벌금 150원			1943.12.10. (마산지청)

175) 「國民徵用令違反事件ノ概要」에는 1942년 12건(12명), 1943년 16건(18명) 등 28건(30명)의 국

1942년 2월 15일 당시 나가사키현 사세보해군건축부에는 1,580명의 조선인이 징용되어 있었고,[176] 1942년 4월 11일 당시 나가사키현 히가시소노기(東彼杵)군 소재 사세보해군건축부 군사시설 공사장에는 조선인 340명이 징용되어 있었다.[177] 또한 1943년 2월 8일 미야기(宮城)현 마쓰시마(松島) 비행장 건설공사장에는 8백여 명의 조선인이 징용되어 있었고,[178] 야마구치현 구마게(熊毛)군의 구레 해군건축부 우(光)출장소에도 조선인 징용공원 715명이 확인된다.[179] 1943년 8월 9일 히로시마현 구레 해군시설부에는 조선인 700여 명이 징용되어 있었으며,[180] 1944년 2월 이전에 이미 돗토리(鳥取)현의 미호(美保) 해군시설부 소속으로 최소 430명의 조선인이 징용되어 있었다.[181] 이를 합하면, 1944년 이전 시기에 이미 4,565명의 조선인이 징용된 상황이었음을 알 수 있다.

증언을 통해서도 1944년 이전 시기에 징용으로 동원된 상황을 확인할 수 있다. 황종대는 1942년 봄에 해군 군속으로 징용되어 솔로몬 군도 등에서 비행장 건설공사에 동원되었고,[182] 1927년 전남 순천군 출생인 송영근

민징용령 위반 현황이 기재되어 있다(「國民徵用令違反事件ノ概要」, 『조선검찰요보』 제10호, 1944년 12월).

176) 「海軍徵用朝鮮人工員の紛議發生」(특고월보 1942년 2월), 내무성 경보국 보안과, 『특고월보』 제29집.

177) 「募集朝鮮人勞働者其他特殊紛爭事件」(특고월보 1942년 5월), 내무성 경보국 보안과, 『특고월보』 제30집.

178) 「徵用鮮人工員の暴行傷害事件」(특고월보 1943년 2월), 내무성 경보국 보안과, 『특고월보』 제32집.

179) 「軍徵用朝鮮人の動向」(특고월보 1943년 3월), 내무성 경보국 보안과, 『특고월보』 제32집.

180) 곤도 노부오(近藤伸生), 「자료소개 : 히로시마(廣島) 구레(吳) 해군공창 조선인 징용공들에 대한 군법회의 판결을 읽고」, 『한일민족문제학회』 제25집, 2013.

181) 「徵用朝鮮人勞務者の集團暴行事件」(특고월보 1944년 2월), 내무성 경보국 보안과, 『특고월보』 제35집.

182) 황종대는 1942년 봄에 해군 군속으로 징용되어 솔로몬 군도 및 라바울에서 비행장 設營 공사에 동원되었다(「황종대(黃鍾大, 1919년 충남 금산군 출생)의 증언」, 일제강점하강제동원피해진상규명위원회, 『조선인라는 우리나라가 있었구나』, 208~223쪽).

은 1943년 징용되어 티니안 섬에서 비행장 건설작업에 투입되었다고 한다.[183]

결국 1942~43년 시기 최소 14차례에 걸쳐 4,565명 이상의 조선인이 징용된 상황을 감안할 때, 이 시기에도 조선인의 징용이 광범위하게 시행되고 있었음을 알 수 있다.

특히, 1942년 1월 15일 충남 홍성군과 예산군 출신자가 구레 해군건축부에 해군공원으로 징용되었다.[184] 金川, 新本, 木村, 松本 등이 징용기간 2년(1941년 1월 15일~1944년 1월 14일)의 징용사실을 통지받은 것은 징용일의 3일 전인 1942년 1월 12일이었다. 이들은 일제의 징용에 대해 자택에서, 숙박 중 여관(홍성읍 추월여관 및 화신여관)에서, 열차에서 탈출의 방법으로 저항하였다. 탈출의 대가는 국민징용령 위반 죄목으로 징역 3월(3명)과 벌금 30원(1명)이었다. 이들은 모두 농업에 종사하고 있었으며, 19~28세로 팔팔한 청춘들이었다.

충남지역에서 조선인의 군속 징용이 시작된 것은 1942년 1월부터였다.[185] 조선총독으로부터 1941년 12월 31일부로 해군 공원의 징용을 명령받은 충청남도는 1942년 1월 15~31일 사이에 이를 수행하고자 하였다. 당시의 징용 대상은 '만 17~30세의 일본어를 말할 줄 아는 미혼 남자'였고, 대상 업무는 해군 군속으로서 구레 해군건축부의 군사상 필요한 토목공사에 투입되

183) 김도형, 「태평양전쟁기 하와이 포로수용소의 한인 전쟁포로 연구」, 『한국독립운동사연구』 제22집, 2004, 119~120쪽.

184) 「金川○○의 판결문」, 「新本○○의 판결문」, 「木村○○의 판결문」, 「松本○○의 판결문」, 대전지법 홍성지청, 『형사재판원본철』(CJA0001071)(국가기록원 소장).

185) 海野福壽는 조선인 징용의 실시 이유를 군요원(군속)을 징용에 의해 조달하도록 하기 위해서였고, 1941년 9월 이후 육해군 요원의 징발에 징용령이 적용되었다고 하였고(海野福壽, 「朝鮮の勞務動員」, 『岩波講座 近代日本と植民地』 5, 岩波書店, 1993), 정혜경도 군노무자의 동원이 1940년 11월 19일자 「海軍徵用工員規則」에 근거하여 1941년부터 동원이 가능하게 되었다고 하였다(정혜경, 「일제 말기 조선인 군노무자의 실태 및 귀환」, 『한국독립운동사연구』 제20집, 2003, 62쪽). 또한, 해군의 작업애국단은 문헌사료에 나타난 가장 이른 시기의 군노무자 동원 사례인데, 계약기간은 2년으로 일본 국내와 조선에서 '모집'되었다. 1941년 12월 8일에 남방 경영지의 設營을 목적으로 파견이 결정되어 1942년 현지에서 작업이 시작되었다고 하였다(정혜경, 『징용 공출 강제연행 강제동원』, 선인, 2013, 48~49쪽).

었다. 1942년 3~5월 당시 국민징용령 위반죄와 관련된 『판결문』에도 징용 기간이 '1942년 1월 15일~1944년 1월 14일'로 기재되어 있다. 결국 충청남도에서 최초로 징용이 이루어진 것은 1942년 1월 15일이었다.

그동안 조선인 징용은 일부 군속 징용이 실시되었지만, 1944년에 들어서야 시작되었다고 알려져 왔다. 하지만 「국민징용령」이 조선 지역에 시행된 것은 1939년 10월 1일이기 때문에, 이때부터 조선인 징용이 법적으로 가능했었다. 그리고 실제로 「국민징용령」이 충남지역에 시행된 것은 1942년 1월부터로, 1942~43년 시기에 조선인의 징용이 광범위하게 실시되었다고 결론지을 수 있다.

4. 동원 방식의 차이점과 공통점

일제의 조선인 강제동원은 강제모집, 관 주도, 징용 등 3가지 방식을 중심으로 수행되었다. 시기와 동원 대상에 따라 동원방식은 혼용되기도 하였다. 강제모집과 관 주도 그리고 징용 등 각각의 동원방식의 차이점을 5가지 측면에서 분석하였다.

우선 동원 방식의 가장 큰 차이점은 수행된 시기이다. 강제모집은 강제동원이 시작된 1939~1945년까지 수행되었다. 특히, 1939년 9월~1942년 2월은 강제모집이 동원방식의 중심이 된 시기이다. 관 주도는 1942년 2월~1945년까지 수행되었다. 1944년 9월 징용이 중심적인 역할을 한 이후에도 징용 : 관 주도=7 : 3의 비율로 관 주도 방식이 실시되었다. 징용은 1942년 1월(법적으로는 1939년 10월)~1945년 6월까지 지속적으로 수행되었다.[186]

---

186) 조선인 강제동원이 종료된 것은 1945년 4월 19일 차관회의에서 결정된 「內地大陸間人員移動指導調査ニ關スル件」에 의해서였다. '戰局의 樣相과 식량수급의 急迫함에 비추어 疏開 및 기업 재정비의 실시와 노무배치의 조정에 照應하여 內地 및 大陸 방면을 통해 … 인원이

1942년 1월부터 陸·海軍省 주도로 군속을 동원하기 위한 방식으로 시작되어 1942년 2월 재일조선인의 징용, 1944년 2월 現員徵用 그리고 1944년 9월 厚生省이 주도하는 일반기업으로 확대되었다.

기존 연구는 동원 방식별로 동원 시기를 구분하여 이해하여 왔다. 1939년 9월 강제모집이 시작되었고, 1942년 2월부터 관 주도 방식이 실시되었으며, 1944년 9월 징용이 본격화되었다는 설명이다. 그러나 1942년 1월부터 강제모집과 징용이 중첩되어 실시되었고, 1942년 2월부터 1945년 6월 사이에는 강제모집, 관 주도, 징용이 혼재되어 시행되었다. 동원시기와 동원방식이 서로 중첩되는 상황을 볼 때, 일제의 필요에 따라 강제동원 방식이 적용되었을 뿐이다. 특히, 조선인의 징용은 1944년 9월에 시작되었다고 이해되어 왔다. 조선인의 징용이 법적으로 가능했던 것은 1939년 10월이었으나, 1942년 1월 조선인의 군속 징용이 실시된 이후 1942~43년 시기에도 징용이 일반화되고 있었다.

〈표 8〉 동원방식별 시기

구분	1939	1940	1941	1942	1943	1944	1945
강제 모집							
관 주도							
징용							

※ 굵은 줄은 중점적으로 수행된 시기를 나타낸다.

두 번째로, 강제동원 대상지역은 점차 확대되었다. 강제모집 방식의 대상지역은 경기도와 충청남·북도, 전라남·북도, 경상남·북도 등 7개 도

동의 지도조정을 행할 방침'으로서, '半島人 노무자의 新規 內地 招致는 특수한 사정이 있는 것을 제외하고 원칙적으로 당분간 보류시키는 것'으로 되었다(守屋敬彦, 「朝鮮人强制連行における募集·官斡旋·徵用方式の一貫性」, 『道都大學紀要』 제14호, 1995, 43~44쪽).

였다. 1939년 강제모집 방식에 의한 강제동원이 시작된 이후부터 관 주도 방식이 시작되기 전까지의 대상지역은 7개 도로 한정되었다. 그러던 것이 1942년 2월 관 주도 방식이 시행된 이후에는 대상지역에 강원도와 황해도가 추가되어 9개 도로 확대되었다. 징용 방식의 대상지역은 제한이 없었다. 즉, 조선 전역이 그 대상이었다. 종전의 9개 도에서 평안남·북도, 함경남·북도가 포함된 13개 도로 확장되었다. 일제는 침략전쟁 수행을 위해 부족한 노동력을 식민지 조선에서 최대한 끌어내기 위해 대상지역을 확대해 나갔다.

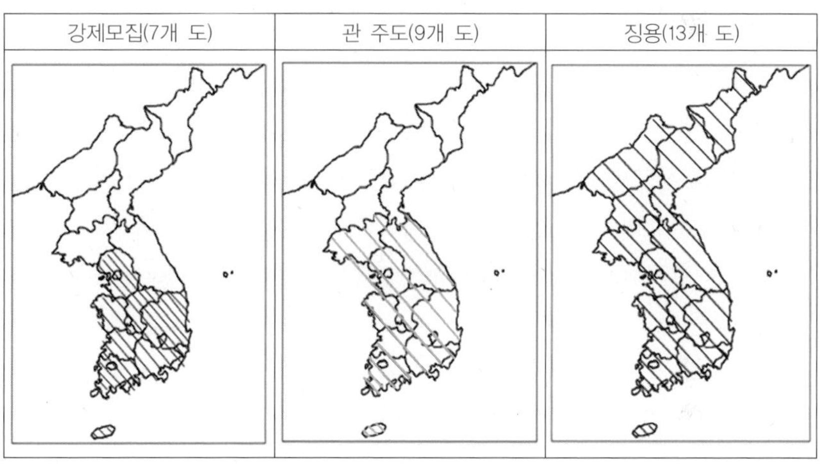

〈그림 8〉 동원방식별 대상지역

세 번째로, 표면적으로 조선인의 강제동원을 직접 수행한 동원 및 인솔 주체의 차이이다. 강제모집 방식은 기업의 모집인이 동원 및 인솔의 주체였다. 조선인의 '모집'을 할당받은 기업은 모집인을 해당 지역(도, 부·군, 읍·면)에 파견하여 조선총독부와 도, 부·군 및 읍·면의 직원, 경찰, 구장 등의 협조 속에 조선인을 동원하였고, 직접 동원지까지 인솔하였다. 특히, 할당된 인원을 정해진 날짜에 맞춰 동원하기 위해 기업의 모집인은 조선총독부에서 지방 말단에 이르기까지 강제동원 업무를 담당했던 직원과 경찰, 구장 등에게 뇌물과 향응을 제공하였다.

관 주도 방식에서의 동원 주체는 조선노무협회였고, 인솔 주체는 부·군 또는 읍·면 직원이었다. 조선노무협회가 중심이 되어 조선인을 '알선'하고 기업에 인계한 후에 기업으로부터 노무자 1인당 100원의 납부금을 지급받았다. 하지만 실제적으로 강제동원 업무를 수행한 것은 도나 부·군, 읍·면 직원 및 구장, 경찰 등이었다. 부·군 및 읍·면 직원이 당해 지역의 조선인을 직접 부산까지 인솔하였고, 기업의 관계자에게 인계하였다.

징용 방식의 동원 주체는 조선총독부였다. 조선인의 징용계획에서부터 실행에 이르기까지 모두 조선총독부의 주관하에 이루어졌다. 조선총독부는 기업으로부터 노무자 1인당 100원을 납부받았다. 피징용 조선인의 인솔은 부·군이나 읍·면 직원, 또는 경찰[187]이 수행하였다. 이들이 직접 징용 조선인을 부산도항보호사무소까지 인솔하여 기업 관계자에 인계하였다.

일제는 동원 및 인솔주체를 민간기업 → 관변단체 → 조선총독부로 변경하는 등 더욱 조직적이고 체계적으로 조선인을 동원하였다.

〈표 9〉 동원방식별 동원주체 및 인솔주체

구분	동원주체 및 인솔주체
강제모집	후생성 – 조선총독부 – **기업(인솔자)** – 도/부·군/읍·면 – 기업
관 주도	후생성 – 조선총독부 – **조선노무협회** – 도/부·군/읍·면 – 기업
징용	후생성 – **조선총독부** – 도/부·군/읍·면 – 기업

※ **굵은 글씨**는 동원주체, 밑줄 친 글씨는 인솔주체이다.

187) 1944년 1월 후쿠오카현 치쿠호(筑豊)지방의 탄광에 동원되었던 박용식의 증언에 의하면, 부산까지의 인솔은 홍성경찰서의 경무주임이 맡았다고 한다(「박용식(朴龍植, 1927년 1월 충남 서산군 출생)의 증언」, 일제강점하강제동원피해진상규명위원회, 『당꼬라고요?』, 2005, 31~51쪽).

홍성 경찰이 경무주임이여. 경무주임 직책을 갖고 있던 사람인데, 그 양반도 끌고 가고 싶어서 간 게 아니라 명령에 따라서 우리를 인계해라 하는 데서 우리를 인계했지. 그래서 경무주임이 우리를 데리고 가서 부산 가서 인수했어. 부산에서는 일본 놈이 인수했지.

네 번째로, 동원 방식에 따라 대상자의 선정기준에 차이가 있었다. 강제모집 방식에서는 기업의 모집조건에 따라 동원자가 선정되었다. 대개 강제모집 연령은 만 18~40세 또는 45세였다. 조선의 청장년들은 읍·면 직원과 구장, 경찰 등의 협박과 기만에 의해 강제모집 방식으로 동원되는 상황이었다.

관 주도 방식에서는 일정한 선정기준이 정해졌다. 희망자, 무직자가 우선적인 대상이었고, 2인 이상의 노동력이 있는 농가나 경작지가 없는 소작농가와 경지가 협소하거나 상습적으로 가뭄(旱水害)이 있는 마을이 주 대상지역이었다. 특히, 緣故모집의 경력이 있었던 마을이 주된 고려 대상이었다.

관 주도 방식의 동원 대상자는 원칙적으로 만 17~45세의 남자로서, 신체 건강하고 사상이 堅實하여 노동을 감당할 수 있는 자였다. 이들을 대상으로 관 주도로 동원될 조선인들의 〈명부〉가 작성되었다. 〈명부〉는 부·군 및 읍·면은 물론 경찰서·주재소·파출소와 부락연맹마다 비치되었다. 이는 조선총독부로부터 '알선'명령이 내려지는 즉시 부·군 및 읍·면, 경찰서, 구장, 부락연맹 등이 일체가 되어 조선인을 동원하기 위함이었다. 〈명부〉에 등재되어 있는 대상자 중에서도 우선순위가 정해졌다. '희망자'를 최우선으로 하였고, 무직자와 연령이 적은 자, 독신자, 부양가족이 적은 자의 순서에 따라 동원되었다.

징용 대상자는 만 16~50세의 남자였다.[188] 징용의 우선 대상은 무직자, 연령이 적은 자, 독신자, 부양가족이 적은 자, 현재 종사하고 있는 업무의 중요도가 낮은 자였다. 법적 강제방식이었던 징용은 희망자의 우선 대상

188) 「강제근로협약」 10조와 제11조에 의하면, 조세나 공공사업을 위한 강제근로의 경우에도, '누가 봐도 알 수 있는 나이가 18세 이상 45세 이하인 신체 건강한 성인 남자만 강제근로에 동원'토록 규정되어 있다(「강제근로협약(1930년)」, 고용노동부 국제기구담당관실, 『ILO 주요협약』, 문원기획, 2012).

조건이 사라지고, 현재 종사하고 있는 업무의 중요도가 새로운 기준으로 추가되었음이 특징적이다. 이와는 별도로 재일조선인은 일본어에 정통한 자, 사상이 건실하고 性行이 선량한 자, 독신생활자로서 30세 미만의 자가 우선 대상이었다.

이상과 같이 동원 대상 연령의 상 · 하한이 점차 늘어났고, 특히 관 주도 방식부터는 선정기준과 우선순위가 정해지면서 미리 명부를 작성하였는데, 최대한 많은 조선인 노동력을 확보하여 효율적으로 동원하기 위함이었다.

다섯 번째로, 동원 방식에 따라 동원과정에 차이가 있었다. 강제모집 방식에서는 기업의 모집인이 조선총독부와 도, 부 · 군, 읍 · 면 및 경찰, 수상경찰 등의 협조를 받아 조선인을 부산항까지 인솔하였고, 기업의 인솔인에게 인계하여 동원하였다. 일제 당국의 협조 속에서 기업이 철도와 선박을 단체예약하여 인솔하였는데, 부관연락선을 비롯하여 여관연락선, 부산－하카다 등 다양한 노선이 이용되었다.

관 주도 방식에서는 조선인들을 組－班－隊의 군대식 隊로 조직하여 부 · 군 또는 읍 · 면 직원이 직접 부산항까지 인솔하였다. 조선인들은 부산역에서 기업의 인솔인에게 인계되어 사업장까지 동원되었다. 조선인들의 복장은 통일되었고 깃발의 인솔하에 동원되었다. 특히, 조선인의 탈출을 방지하기 위해 휴게시설과 숙박시설이 완비되었다. 강제동원자의 집단수송은 동아여행사가 주관하였다. 부관연락선과 여관연락선이 주로 이용되었다.

징용 방식에서는 조선인들이 군대조직화되어 동원되었다. 강제모집, 관 주도 방식과는 달리 강제동원자의 비자(査證)가 필요 없었다. 부관연락선과 여관연락선이 이용되었으나, 軍用船으로 인솔되기도 하였다. 특히, 법적 강제방식으로서 불응 시에는 '국민징용령(국민근로동원령) 위반죄'로 1년 이하의 징역 또는 1천 원 이하의 벌금에 처했다.

위에서처럼, 동원 방식별로 차이점을 살펴보았다. 동원시기, 대상지역, 동원 및 인솔주체, 대상자의 선정기준, 동원과정 등의 측면에서 차이가 있음을 알 수 있다. 그러나 3가지 방식 모두 일본 후생성(도·도·부·현, 경찰)과 조선총독부(도, 부·군, 읍·면, 경찰)의 공권력이 조직적이고 체계적으로 조선인을 동원해갔다는 점에서는 차이가 없다. 일제는 1939~1945년 노무(국민)동원계획의 수립 단계부터 조선인의 인력동원을 염두에 두고 계획을 수립하였다. 또한, 기업의 조선인 노동력의 요청('모집'이나 '알선', 징용)에 대해 일본 후생성, 육·해군성과 조선총독부의 허가나 승인 없이는 '모집'과 '알선' 그리고 징용 자체가 불가능하였다. 조선인의 강제동원은 대상자의 선정~인솔 등 모든 절차와 과정에서 일제(후생성, 도·도·부·현과 경찰, 협화회)와 조선총독부(노무과, 지방 행정기구, 부락연맹, 경찰)의 조직적이고 적극적인 협조 속에서 실행되었던 것이다. 때문에 강제모집과 관 주도 그리고 징용 방식은 그 강제성 측면에서 별 차이가 없었다.

일본의 침략전쟁이 수행된 전시체제하에서 수행된 공권력은 일반 조선인들에게는 더욱 무겁고 두렵게 느껴졌다. 당시 조선 사회에서는 구장이나 읍·면 관리, 경찰 등의 '모집', '알선', 징용 통지를 거스르기 어려운 상황이었다. 농업 중심의 공동체사회였던 식민지 조선에서는 읍·면 관리, 경찰은 물론 구장의 통지는 그야말로 명령과 다름이 없었다. 도－부·군－읍·면－구·부락으로 이어지는 할당 방식은 공동체 책임을 강제한 것이었다. 때문에 당사자가 응하지 않으면 형이나 아버지 또는 마을의 다른 누군가가 대신 동원되는 상황이었기 때문에 어쩔 수 없이 끌려갔다. 아버지나 어머니가 경찰서로 불려가거나 구타를 당하기도 하였고, 가족 중의 누군가가 강제로 동원되는 상황도 연출되었다. 때문에 '모집'이나 '알선', 징용이 통지되면 응할 수밖에 없었다. 당시에 강제동원되었던 분들의 공통된 증언 "어쩔 수 없이 갈 수밖에 없었다."는 것이 당시 상황을 가장 잘 드러낸다고 할 수 있다.

이와 함께 폭력적이고 비인간적인 동원방식은 강제모집, 관 주도, 징용에서 공통적으로 나타났다. 밤중이나 새벽녘에 쳐들어가 강제로 잡아가거나 밭에서 일하는 모습 그대로 끌려가기도 하였고, 아침밥을 먹다가 혹은 가마니를 짜다가 잡혀가기도 하고 친척집에 가는 중에 차에 태워져 끌려갔다. 폭력적이고 비인간적인 동원방식은 강제동원이 시작된 1939년부터 해방이 되는 해인 1945년까지 지속적으로 진행되었다.

또한 탄광이나 광산 등 동원지에 도착한 강제동원 조선인의 삶 또한 동원방식과는 무관하게 별반 차이가 없었다. 자유가 없는 통제 생활이었고, 열악한 노동환경과 노동조건 속에서 강제노동에 시달리고 있었다. 음식, 임금, 노동시간 등에서도 차이가 없었다. 일상적인 노동재해나 노무관리자의 억압과 폭력 상황도 같았고, 일본인과의 민족 차별 상황도 동일하였다.

이상에서 살펴본 것과 같이, 강제모집, 관 주도, 징용은 그 동원시기, 동원 대상지역, 인솔주체, 동원과정 등에서 차이점이 발견되지만, 피동원자였던 조선인의 입장에서는 일제와 조선총독부의 조직적이고 체계적인 인력 동원이라는 점, 강제성의 측면, 동원 이후의 노동환경, 노동조건 및 민족차별의 측면 등에서 차이가 없는 것이었다.

제4장
강제동원 현황

제4장

강제동원 현황

1. 출신지 부·군

1939~1945년 조선인은 강제모집, 관 주도, 징용 등 다양한 방식으로 강제동원되었다. 그러면 얼마나 많은 조선인이 동원되었을까? 전체 강제동원자의 추산치는 다양하다. 이를 표로 정리한 것이 아래의 〈표 10〉이다.

〈표 10〉 강제동원자 현황

(단위 : 명)

주 장 자	인원수	비 고
일본 정부	66~72만	후생성 노무국 667,684, 공안조사청 724,287 제86회 제국의회 설명자료 724,875
원용덕	661,684	「요시다 정부에 보내는 공개장」, 『민주조선』(1950) * 후생성 근로국 통계(1939~44년)
대장성 관리국	724,787	『日本人の海外活動に關する歷史的調査』 조선편 第9分冊 * 일본 정부는 주로 이 통계를 사용하고 있음.
후생성자료	798,143	『朝鮮經濟統計要覽』(1949년) * 후생성 조사자료(1939~44년)
일본작성명부 (1992년)	900,804	김민영, 「일제하 조선인 '강제연행' 문제의 연구쟁점과 전망」(『춘계박광순박사화갑기념논문집』, 1993)
守屋敬彦	444,306	* 일본, 사할린, 남양군도 조선인 강제동원자수 「第二次世界大戰下における朝鮮人强制連行の統計的硏究－被强制連行者數について」(『道都大學紀要』 제13호)

山田昭次	1,199,875	야마다쇼오지 외 지음, 『근대사속의 한국과 일본』, 돌베개, 1992 1939년 제86회의회설명자료, 1940~43년 고등외사월보, 1944년 조선경제통계요람, 1945년 『日本人の海外活動に關する歷史的調査』
朝鮮時報	1,518,806	『朝鮮時報』(1990.12.20) * 강제연행진상조사단이 『특고월보』 산출(1939~45년)
琴秉洞	1,519,142	「일본제국주의의 조선동포 강제연행과 학살의 실태에 대하여」, 『월간조선자료』(1974.8)
조동걸	200만	『한국민족주의의 발전과 독립운동사연구』, 지식산업사, 1993
허수열	4,568,517	* 조선 국내 동원 동원자수 총독부 알선 422,399명, 각도 알선 4,146,118명
홍상진	6백만	* 일본지역 151만 명 『朝鮮人强制連行・强制勞動の記錄』(北海道・千島・華太篇)
吉田淸治	633만	조선내 480만, 일본・남양군도 153만, 군위안부 10만
박경식	647만	국외 150만, 국내 450만, 군인・군속 37만, 군위안부 10만
康成殷	700만	국내 480만, 일본 152만, 군요원 20~30만, 군위안부 14만
특별법 제정 국회청원자료	7,879,708	국내 6,126,180명, 국외 1,390,063명, 군인・군속 363,465명
김민영	8,041,101	노무동원 7,326,585명, 병력동원 614,516명, 군위안부 10만 명 이상
대외항쟁기 강제동원피해조사 및 국외강제동원 희생자등 지원위원회	7,804,376	군인동원 209,279명(국내 51,948명, 국외 157,331명), 군무원동원 60,668명(국내 12,468명, 국외 48,200명), 노무자동원 7,534,429명(국내 6,488,467명, 국외 1,045,962명) ※ 군위안부 동원수(2만~40만 명)는 별도
북한	8,397,536	강제징용 7,784,839명, 육군지원병 17,644명, 학도병 4,385명, 징병 240,847명, 군속 154,186명, 군위안부 20만 명

위 〈표 10〉에서와 같이 전체 강제동원자수는 66~840만 명으로 다양하게 추산되고 있다. 그동안 징용만을 조선인 강제동원에 포함시켜 왔던 일본정부는 전체 강제동원자수를 60~90만 명으로 추산하고 있고, 모리야 요시히코는 약 44만 명으로 추산하였다. 야마다 쇼지(山田昭次)는 약 120만 명으로 추산하였고, 『조선시보』에서는 150만여 명으로 집계되었다. 琴秉同은 「의회설명자료」, 『고등외사월보』, 『조선경제통계요람』 등을 참고하여 약 152만 명으로 추산하였으며, 조동걸은 200만 명으로 추정하였다.

강제동원 연구의 단초를 연 박경식은 647만 명으로 추산하였다. 이후 연구의 진전에 따라 허수열은 조선 내의 동원자수를 약 450만 명으로 집계하였고, 조선인강제연행진상조사단의 홍상진 국장은 약 6백만 명으로 추산하였다. 또한, 직접 조선인 강제동원 업무를 담당했던 요시다 세이지(吉田清治)는 633만 명으로 추산하였고, 康成殷은 7백만 명으로 집계하였다. 특히, 일제강점하강제동원피해진상규명을위한특별법의 제정을 위한 국회청원자료에는 조선인 강제동원자수를 약 790만 명으로 추산되어 있으며, 북한의 주장은 약 840만 명 정도이다. 특히, 대일항쟁기 강제동원 피해 조사 및 국외 강제동원 희생자 등 지원위원회는 강제동원 피해 유형을 군인(지원병, 징병, 기타 해군징모병과 소년지원병), 군무원, 노무자, 위안부로 구분하여 강제동원 피해현황을 약 7804,376명(1인당 중복 동원 포함, 위안부 피해자 동원수 제외)으로 추산하였다.

정확한 근거에 의한 추론은 아니지만, 국외 노동력 동원 150만 명을 비롯하여 국내 노동력 동원 610만 명, 병력동원 25만 명, 성동원 15만 명 등 800만 명 이상이 동원되었다고 생각한다.

일제는 패전에 임박하면서 강제동원 관련 자료를 모두 소각하였다고 한다.[1] 하지만 상당수의 자료가 어딘가에 묻혀 있을 것이라 생각한다. 자료의 발굴이 이루어져야만 향후 일제의 조선인 강제동원자수는 확정될 수

1) 일본은 패전 뒤인 1945년 8월 16일 軍需省 문서와 그에 앞서 8월 15일에는 조선총독부 문서도 소각했다(조동걸, 「일제말기의 전시수탈-식민조 조선에서의 실태와 문제-」, 『한국민족주의의 발전과 독립운동사연구』, 지식산업사, 1993, 121쪽). 쑤즈량(蘇智良, 상하이사범대 교수)에 의하면, 일본군이 중국지역에서 미처 소각하지 못한 '일본군'위안부 관련 자료가 대량 발견되었는데, 이들 기록은 지린성(吉林省) 기록보관실과 저장성(浙江省) 진화(金華)시 기록보관실에 보존 중이다(「일본'군위안부' 성노예 제도에 대한 책임을 반드시 추궁하여야」, 일본군'위안부'관련 기록물 유네스코 세계기록유산 공동등재를 위한 국제연대위원회, 『일본군 '위안부'의 목소리』, 2017, 30~33쪽). 최근 조선총독부의 기밀문서 관리 규정을 추적하여 패전 직수 조선총독부가 대대적으로 소각한 '기밀문서'를 추적한 연구가 있다(이경용, 「일제의 공문서 폐기 시론 : 국가기록원 소장 조선총독부 기록의 잔존성을 중심으로」, 『기록학연구』 67, 2021).

있을 것이다. 이는 개별 연구가 더욱 진척되어야 할 이유이다.

본고에서는 일본 지역 각 기업과 사업장에 동원된 조선인 현황이 수록되어 있는 『朝鮮人勞働者に關する調査結果』(15권), 『いわゆる朝鮮人徵用者に關する名簿』(6권)와 『日帝下被徵用者名簿』(3권) 등의 강제동원자명부를 분석하여 충남지역의 강제동원 현황을 분석해 보고자 한다.[2] 이들 명부에는 동원지를 비롯하여 연령, 직업, 학력 및 동원 방식과 동원일자, 담당업무, 퇴소사유 등의 항목이 기재되어 있다. 특히, 1939~45년 일본 지역 93개 사업장에 동원된 충남지역 강제동원자 9,823명의 현황이 담겨져 있어 다양한 현황을 분석할 수 있다.

강제동원자명부를 분석한 결과, 조선인은 일본 8개 권역 23개 道·都·府·縣에 소재한 총 468개소의 일본 지역 기업 및 사업장에 최소 89,656명이 동원되었음이 확인된다.[3] 그중 충남지역에서는 15개 부·군에서 9,823명이 동원되었다. 충남지역 출신지 부·군별로 동원된 현황을 정리한 것이 아래의 〈표 11〉이다.

〈표 11〉 출신지 부·군별 강제동원 현황(1939~45년)

군명	인원	30명이상 동원된 기업명(인원수, 단위: 명)
계	9,823	※ 출신지가 충남으로 기재되어 있는 인원 63명 포함
공주	1,225	스미토모(住友)(주) 고노마이(鴻之舞)광산(352), 호슈야마(寶珠山)탄광(146), 니혼(日本)제철(주) 가마이시(釜石)제철소(116), 미쓰비시(三菱)광업(주) 이쿠노(生野)광업소(92), 우구스(宇久須)광업(주))(85), 하네다(羽田)精機(주)(79), (주)니시마쓰구미(西松組)(73), 미쓰이(三井)(주) 미이케(三池)광업소(33)
서산	966	메이지(明治)광업(주) 히라야마(平山)광업소(225), 가마이시제철소(130), 메이지광업(주) 다테야마(立山)탄광(118), 히다치(日立)광산(113), 미쓰비시광

2) 이 명부들은 1990년대 일본 정부로부터 전달받아 국가기록원에 소장되어 있는 명부이다(노영종, 「일제 강제연행자 현황에 대한 검토」, 『기록보존』 제16호, 2003).

3) 『위원회 활동 결과보고서』에는 조선인이 강제동원된 일본지역 기업 1,257개의 목록이 첨부되어 있다(대일항쟁기강제동원 피해 조사 및 국외 강제동원 희생자 등 지원위원회, 『위원회 활동 결과보고서』, 디자인SJ, 2016, 156~166쪽).

		업(주) 아케노베(明延)광산(82), 만지(萬字)탄광(77), 이비가와(揖斐川)전기(주)(44)
부여	934	고노마이광산(169), 닛소데시오(日曹天塩)광업소(145), 만지탄광(주)(101), 후루가와(古河)광업(주) 아시오(足尾)광업소(96), 히다치광산(81), 우구스광업(주)(68), 미쓰비시광업(주) 호소쿠라(細倉)광업소(54), 데이코쿠(帝國)광업개발(주) 아리가와(荒川)광업소(48), 나가사키조선소(37), 미이케광업소(33)
당진	851	고노마이광산(255), 히라야마광업소(160), 기시마(杵島)탄광(124), 도와(同和)광업(주) 하나오카(花岡)광업소(84), 요시하라(吉原)광업소 다이이사(大志佐)탄광(51), 다테야마탄광(48), 하네다精機(주)(41), 이와타니(岩谷)탄광(35)
아산	834	고노마이광산(282), 미이케광업소(90), 히다치광산(87), 니시기(西杵)탄광(76), 미쓰비시(주) 나가사키(長崎)조선소(44), 후루가와광업(주) 구네(久根)광업소(39), 도이(土肥)광업(주) 유카시마(湯ケ島)광산(32)
논산	685	고노마이광산(134), 우구스광업(주)(114), 아시오광업소(75), 히다치광산(54), 니혼(日本)통운(주)(47), 아키타(秋田)항만운송(주)(34)
천안	663	고노마이광산(177), 도이광산(106), 하나오카광업소(78), 구네광업소(32), 니시기탄광(31)
대전	629	고노마이광산(153), (주)니시마쓰구미(98), 가마이시제철소(81), 미이케광업소(65), 히다치광산(45), 아케노베광산(40)
연기	626	고노마이광산(275), 다치가와(立川)광업소(77), 세키모토(關本)탄광(52), 나가사키항운(주)(39), (주)니시마쓰구미(39), 다이시사탄광(31), 코이와(小岩)탄광(41)
홍성	520	만지탄광(주)(113), 일본광업(주) 미네노사와(峰之澤)광산(95), 히다치광산(70), 이쿠노광업소(54)
서천	456	고노마이광산(132), 히라야마광업소(122), 구네광업소(48), 나가사키조선소(36)
금산	404	고베(神戸)선박하역(주)(84), 노가미도아(野上東亞)광업(주) 간바야시(神林)탄광(54), 만지탄광(주)(53), 스미토모(住友)전기공업(주) 이타미(伊丹)제작소(50), 나가사키항운(주)(43), 닛치쓰(日室)광업(주) 에무카에(江迎)탄업소(32)
예산	386	고노마이광산(125), 하네마精機(주)(45), 구네광업소(41)
청양	319	구네광업소(59), 고노마이광산(41), 닛소데시오광업소(39), 니혼통운(주)(24), 우그스광업(주)(32)
보령	262	가마이시제철소(79), 미이케광업소(73)

위 〈표 11〉에서 보듯이, 일본의 각 기업 및 사업장으로 동원된 충남지역 출신 조선인은 최소 9,823명 이상이었다. 가장 많은 인원이 동원된 지역은 공주군(1,225명)이고, 이하 서산(966명), 부여(934명), 당진(851명), 아산(834명),

논산(685명), 천안(663명), 대전(대덕군 포함)(629명), 연기(626명), 홍성(520명) 순이다. 이는 1940년 조선총독부의 노동력 조사 결과와 대체로 일치하는 결과이다.[4)]

공주군에서는 55개의 기업에 1,225명이 동원되었다. 홋카이도(376명)와 후쿠오카(福岡)현(195명), 이와테(岩手)현(138명) 등에 집중(709명, 57.9%) 동원되었다. 가장 많은 인원이 동원된 기업은 스미토모(주) 고노마이광산(352명)이고, 이하 호슈야마(寶珠山)탄광(146명), 니혼제철(주) 가마이시(釜石)제철소(116명) 순이다. 특징적으로 호슈야마탄광(94.8%, 154명 중 146명)과 이쿠노(生野)광업소(50.3%, 183명 중 92명), 하네다(羽田)精機(주)(47.6%, 166명 중 79명)에서 공주군 출신의 비율이 높다.

두 번째로 많은 인원이 동원된 서산군에서는 38개 기업에 966명이 동원되었다. 후쿠오카(238명), 이와테(130명), 사가(佐賀)현(120명), 이바라키(新瀉)현(113명)에 집중(601명, 62.2%)되었다. 특히, 후쿠오카의 경우는 서산군 강제동원자 4명 중 1명 이상의 비율이다. 가장 많은 인원이 동원된 기업은 메이지(明治)광업(주) 히라야마(平山)광업소(223명)이고, 다테야마(立山)탄광(118명), 히다치(日立)광산(113명), 가마이시제철소(102명)에 집중동원되었다. 특히, 다테야마탄광(71.1%; 166명 중 118명), 이비가와(揖斐川)전기(주)[5)](60.3%; 73명 중 44명), 미쓰비시(三菱)광업(주) 아케노베(明延)광산(54.7%; 150명 중 82명)에 서산군 출신의 비율이 높다.

세 번째로 많은 인원이 동원된 부여군에서는 49개 기업에 934명이 동원되었다. 가장 많은 인원이 동원된 지역은 홋카이도(417명)로, 2명 중 1명이

4) 1940년 3월 조선총독부는 1939년 3월 말을 기준으로 조선 전역의 노동 出稼 또는 轉業이 가능한 인원과 희망자수를 조사하였다. 충남지역의 경우 농업에서 노동 出稼·전업 가능자수는 공주군이 가장 많고, 부여, 서산, 당진 순이었다(노영종, 「일제강점기 노무자원 조사와 충남지역 강제연행」, 『한국근현대사연구』 제78집, 2016, 198~207쪽).

5) 기후현 오가키(大垣)시 간다쵸(神田町)에 위치한 회사로, 1943~45년 300명이 동원되었다(『朝鮮人勞働者に關する調査結果(秋田縣)』, 242쪽).

동원된 비율(49.6%)이다. 가장 많은 인원이 동원된 기업은 공주군과 마찬가지로 고노마이광산(156명)이고, 닛소데시오(日曹天塩)광업소(120명), 후루가와(古河)광업(주) 아시오(足尾)광업소(96명) 순이다. 특히, 데이코쿠(帝國)광업개발(주) 아리가와(荒川)광업소[6](56.6%, 62명 중 53명), 미쓰비시광업(주) 호소쿠라(細倉)광업소[7](85.5%, 62명 중 53명), 닛소데시오광업소(56.6%, 212명 중 120명)에서 부여군 출신 비율이 높다.

그 다음 많은 인원이 동원된 당진군에서는 27개 기업에 851명이 동원되었다. 홋카이도(262명), 사가(207명), 후쿠오카(168명)에 집중(637명, 74.9%) 동원되었다. 가장 많은 인원이 동원된 기업은 고노마이광산(287명)이고, 히라야마광산(131명), 기시마(杵島)탄광(124명) 순이다. 특히, 기시마탄광에 동원된 비율(96.9%, 128명 중 124명)이 타 부·군에 비해 월등히 높다.

아산군에서는 39개 기업에 834명이 동원되었다. 특히 홋카이도(287명), 후쿠오카(103명), 나가사키(長崎)현(93명)에 집중(483명, 57.9%) 동원되었다. 고노마이광산에 가장 많은 인원(282명)이 동원되어 아산군 전체의 33.8% 비율이다. 특히, 아산군 출신 비율이 높은 기업은 도이(土肥)광업(주) 유카시마(湯ケ島)광산[8](94.1%, 34명 중 32명), 세키모토탄광[9](77.6%, 67명 중 52명), 니기시탄광(63.9%, 119명 중 76명) 등이다.

논산군은 62개 기업에 685명 이상의 조선인이 동원된 지역으로, 시즈오카(171명)과 홋카이도(157명)에 집중(328명, 47.9%)되었다. 가장 많은 인원

6) 아키타현 센보쿠(仙北)군 아리가와촌 소재 아리가와광업소는 1942년 101명 할당(관 주도 51명, 징용 50명), 96명(관 주도 49명, 징용 47명)이 동원되었다(『朝鮮人勞働者に關する調査結果(秋田縣)』, 242쪽, 278~282쪽).

7) 미야기현 구리하라(栗原)군 우구이스자와(鶯澤)촌에 위치한 광업소로, 1940~44년 932명이 동원되었다(『朝鮮人勞働者に關する調査結果(岩手縣·宮城縣)』, 99쪽, 152쪽).

8) 시즈오카현 다가타(田方)군 아마기유카시마쵸(天城湯ケ島町)에 위치한 광산이다(조선인강제연행진상조사단 편저, 『朝鮮人强制連行調査の記錄 中部·東海編』, 柏書房, 1997, 399쪽).

9) 이바라키현 다가(多賀)군 세키모토(關本)촌에 위치한 탄광으로, 1944년 72명, 1945년 23명 등 95명의 조선인이 동원되었다(『朝鮮人勞働者に關する調査結果(茨城縣)』, 598쪽, 640~644쪽).

이 동원된 기업은 고노마이광산(134명)이고, 그 다음이 우구스(宇久須)광업(주)(114명)이다. 특징적으로 니혼통운(주) 시즈오카(靜岡)지점과 아키타(秋田)항만운송(주)에는 오직 논산군에서만 동원되었다.

대전(대덕군 포함)에서는 홋카이도(158명)와 미야기(宮城)(100명)현을 중심(258명, 41.0%)으로 50개 기업에 629명이 동원되었다. 특히, 고노마이광산(104명)과 (주)니시마쓰구미(西松組)(96명)에 집중되었다. 대전지역 출신자 비율이 높은 기업은 닛코(日光)광산(48.9%; 47명 중 23명)[10], (주)니시마쓰구미(44.7%; 215명 중 96명)이다.

천안군에서는 45개 기업에 663명이 동원되었다. 특히, 홋카이도(288명)와 시즈오카현(141명)에 집중(429명, 64.7%)되었다. 집중적으로 동원된 기업은 고노마이광산(220명)과 도이광산(106명)이다.

연기군에서는 40개 기업에 626명이 동원되었다. 홋카이도(282명), 사가(118명)를 중심(400명, 63.9%)으로 동원되었다. 고노마이광산에 가장 많은 인원(237명)이 동원되었고, 코이와(小岩)탄광[11](87.2%; 47명 중 41명), 다치가와(立川)광업소[12](46.4%; 166명 중 77명), 나가사키항운(주)[13](40.2%; 97명 중 39명)에서 연기군 출신자의 비율이 높다.

홍성군 출신 강제동원자는 38개 기업에 520명이다. 지역별로는 홋카이도(121명)와 시즈오카(97명,), 나가사키(94명)를 중심(312명, 60.6%)으로 동

10) 도치키현 시오야(塩谷)군 다마뉴(玉生)촌에 위치한 광산으로, 1944년 72명, 1945년 101명 등 173명의 조선인이 동원되었다(『朝鮮人勞働者に關する調査結果(栃木縣 · 長野縣)』, 827쪽, 865~892쪽, 1001~1025쪽).

11) 사가현 니시마쓰우라(西松浦)군 히가시야마시로(東山代)촌에 위치한 탄광으로, 1939~45년 579명이 동원되었다(『朝鮮人勞働者に關する調査結果(佐賀縣)』, 445쪽, 523~560쪽).

12) 사가현 니시마쓰우라군 오카와(大川)촌에 위치한 탄광으로, 1940~45년 2,243명이 할당되어 1,849명(할당인원의 82.4%)이 동원되었다(『朝鮮人勞働者に關する調査結果(佐賀縣)』, 445~448쪽, 510쪽).

13) 나가사키시 데지마쵸(出島町)에 위치한 회사로, 112명(44년 78명, 45년 34명)이 동원되었다(『朝鮮人勞働者に關する調査結果(長崎縣)』, 267~273쪽).

원되었고, 만지(萬字)탄광(주)(105명), 미네노사와(峰之澤)광산(95명)에 집중되었다. 특히, 미네노사와광산은 홍성군 출신 비율이 89.6%(106명 중 95명)에 달한다.

서천군에서는 32개의 기업에 455명이 동원되었다. 홋카이도(145명)와 후쿠오카(143명)를 중심(63.3%)으로, 고노마이광산(129명)과 히라야마광업소(115명)에 집중되었다.

금산군[14]에서는 36개 기업에 404명이 동원되었다. 특히, 지역별로는 효고(兵庫)현(148명)와 나가사키(140명)가 중심(288명, 71.3%)을 이루고, 기업별로는 고베(神戶)선박하역(주)[15](84명), 노가미도아(野上東亞)광업(주) 간바야시(神林)탄광(54명), 만지탄광(주)(52명), 미쓰비시(三菱)전기공업(주) 이타미(伊丹)제작소(50명) 등에 집중되었다. 특히, 간바야시탄광, 이타미제작소[16], 닛치쓰(日室)광업(주) 에무카에(江迎)탄업소[17]에는 금산군 지역에서만 동원되었음이 특징적이다.

예산군에서는 48개 기업에 386명이 동원되었는데, 홋카이도(139명), 시즈오카(73명)를 중심으로, 고노마이광산(125명), 하네다精機(주)(45명), 후루가와광업(주) 구네(久根)광업소(41명)에 집중되었다.

청양군에서는 39개 기업에 319명이 동원되었는데, 시즈오카현(92명)과 홋카이도(83명)를 중심으로 구네광업소(59명), 고노마이광산(41명), 닛소데시오광업소(39명), 우구스광업(주)(32명)에 집중되었다.

마지막으로 보령군에서는 29개 기업에 261명이 동원되었는데, 후쿠오카(92명), 이와테(79명)를 중심으로, 가마이시제철소(79명), 미쓰이(三井)광업

14) 금산군은 1963년 1월 충청남도에 편입(이전에는 전라북도)되었다. 본고에서는 현재의 행정구역을 기준으로 충청남도 소속으로 분석하였다.

15) 효고현 고베(神戶)시 이쿠타(生田)구 하토바쵸(波止場町)에 위치하였다.

16) 1941년 효고현 이타미(伊丹)시에 신설되었다(朝鮮人强制連行眞相調査團 編著, 『朝鮮人强制連行調査の記錄 大阪編』, 柏書房, 1993, 166쪽).

17) 나가사키현 기타마쓰우라(北松浦)군 에무카에쵸(江迎町)에 위치하였다.

(주) 미이케(三池)광업소(73명) 등에 집중되었다.

이상과 같이 충남지역 각 부·군별로 집중되는 기업을 살펴보았다. 공주군, 부여군, 대전부 등 15개 부·군에서 일본지역 93개 사업장으로 동원된 충남지역 강제동원자는 최소 9,823명이었다. 가장 많은 인원이 동원된 지역은 공주군이고, 서산군, 부여군, 당진군 순이다. 이는 1940년 조선총독부의 노동력 조사 결과와 일치한다.

공주군, 부여군, 당진군, 아산군, 논산군, 대전부, 천안군, 연기군, 서천군, 예산군 등 10개 부·군에서 가장 많은 인원이 동원된 기업은 스미토모(주) 고노마이광산이다. 서산군에서는 미쓰비시광업(주) 히라야마광업소에 집중적으로 동원되었고, 홍성군은 만지탄광(주), 금산군은 고베선박하역(주), 청양군은 후루가와광업(주) 구네광업소, 보령군은 니혼제철(주) 가마이시제철소에 집중적으로 동원되었다.

또한 각 군마다 동원 비율이 높은 특정 기업이 존재함을 알 수 있다. 공주군은 호슈야마탄광과 이쿠노광업소에서의 비율이 높고, 서산군은 기비가와전기(주)와 아케노베광산의 비율이 높다. 대전부는 닛코광산과 (주)니시마쓰구미, 부여군은 호소쿠라광업소와 아리가와광업소, 닛소데시오광업소, 당진군은 기시마탄광과 이와타니탄광의 비율이 높다. 아산군은 유가시마광산, 세키모토(關本)탄광과 니시기탄광, 천안군은 도이광산, 홍성군은 미네노사와광산, 연기군은 코이와(小岩)탄광과 다치가와광업소의 비율이 월등히 높다. 특히, 니혼통운(주) 시즈오카지점, 아키타항만운송(주)는 논산군에서만 동원되었고, 간바야시탄광과 이타미제작소, 에무카에탄업소는 금산군에서만 동원되었다.

위에서처럼 충남지역 각 부·군별로 집중되는 기업이 존재하고 있음을 알 수 있다. 이는 종래의 緣故 및 地盤[18] 관계를 고려한 할당 및 알선의 방

18) 緣故는 종래 緣故募集에 의해 동원된 경우가 있는 경우를 뜻하고, 地盤은 기존에 동원된 조

식에서 비롯된 결과였다. 강제모집 방식의 경우, 〈1941년도 노무동원실시계획에 의한 조선인 노무자의 내지이입요령 실시세목〉[19]에 의하면, 종래의 연고, 지반 관계 등을 고려하여 할당하였다. 위와 같은 기준은 관 주도 방식에서도 유지되었다. 〈노무동원계획에 의한 조선인노무자의 내지이입에 관한 건〉[20]에 의하면, 조선총독부와 각 도는 '업무의 중요도, 종래의 연고 및 지반사항, 조선의 노동력 현황' 등을 고려하여 '알선' 인원과 기간을 결정하였던 것이다.

2. 연령과 직업·학력

1) 연령

일본지역의 각 기업과 사업장에 동원된 충청남도 출신 강제동원자들의 연령은 어떠할까? 앞서 살폈듯이, 최대한의 조선인을 강제동원하기 위해 대상 연령의 상하한이 모두 늘어났음을 알 수 있다.

강제동원자명부에 등재되어 있는 연령과 출생연도를 알 수 있는 인원은 모두 7,646명이다. 이를 연령별로 정리하면 아래의 〈그림 9〉와 같다.

선인의 출신지역을 의미한다. 국내 동원의 경우, 조선총독부는 1942년 5월부터 정착률이 높은 緣故募集의 장점을 수용하여, 緣故募集한 다음 官斡旋하는 방법을 채택했다(곽건홍, 『일제의 노동정책과 조선노동자』, 2001, 신서원, 98쪽).

19) 「昭和十六年度勞務動員實施計劃ニ依スル朝鮮人勞務者ノ內地移入要領實施細目」, 『復命書綴(CJA0016572)』(국가기록원 소장).

20) 「勞務動員計劃ニ依スル朝鮮人勞務者ノ內地移入ニ關スル件」(1942년 4월 21일), 慶尙南道 勞務課, 『勞務關係法令集』, 1944(樋口雄一, 『戰時下朝鮮の農民生活誌』, 社會評論社, 1998에서 재인용).

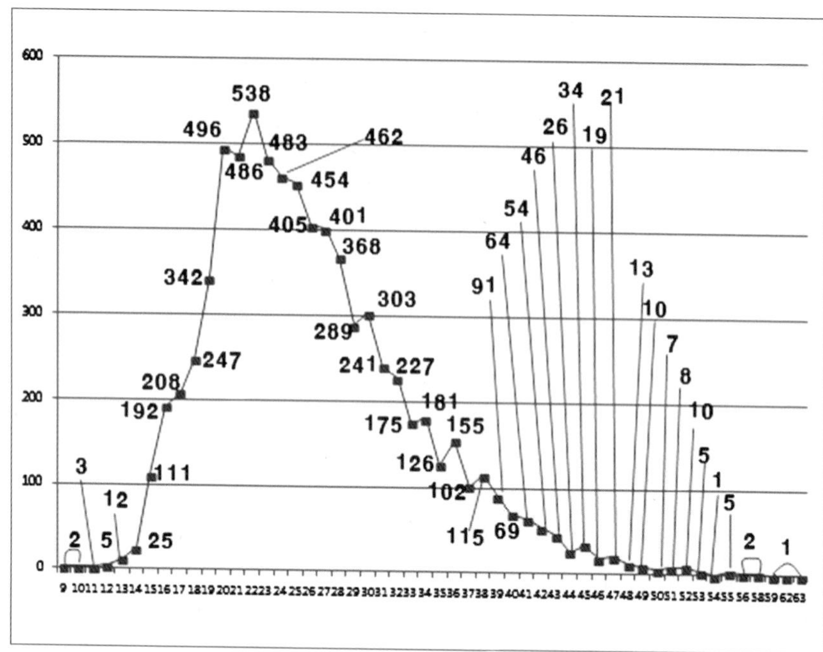

〈그림 9〉 충남 출신 강제동원자 연령별 현황

위 〈그림 9〉에서처럼, 충남지역 강제동원자의 연령은 9~63세로 나타난다. 연령별로 살펴보면, 10대 이하는 1,149명(15.0%), 20대는 4,382명(57.3%), 30대는 1,716명(22.4%), 40대는 356명(4.7%), 50대 이상은 43명(0.6%)으로 나타난다. 20~30대의 비율이 무려 79.8%로 나타나는데, 이는 충남지역 강제동원의 주 대상층이 20~30대였음을 말해주는 통계이다.

징용의 대상연령인 16~50세의 범위를 초과하여 동원된 것은 미성년자(9~15세) 36명과 노인(51~63세) 160명 등 총 196명(2.6%)이었다. 특히, 현재의 초등학생 연령인 어린아이(23명; 9세 2명, 10세 2명, 11세 2명, 12세 5명, 13세 12명)와 환갑이 넘은 노인(2명; 62세 1명, 63세 1명)도 동원되었다. 이는 비인간적인 동원 형태였음을 알 수 있게 한다.

한편, 일제는 1942년 5월 8일 〈조선에 징병제 시행준비의 건〉(陸密 제

1147호)을 각의에서 결정하고 다음날인 5월 9일에 공포하였다. 이는 1944년부터 조선에서도 징병제를 실시한다는 것이었다. 당시의 징병 대상은 1923.12.1~1924.11.30 출생자(갑자생)였는데, 1943년 11월 말 현재로 266,643명에 달했다. 이 중 신체검사자는 206,057명이었다고 한다.[21)]

징병 대상자는 강제동원의 대상에서 제외되었다. 1944년 당시 징병대상 연령이었던 1924년 출생자(甲子生)는 징용의 대상에서 제외되었다. 또한 강제동원된 이후 각 사업장에서 강제노동 중이던 조선인들 중에서 징병 대상자들은 별도로 착출되었다. 이는 명부에서도 확인되는데, '應召', '入營', '應召入營', '臨時召募', '現役入隊', '現役' 등의 사유로 '퇴소'한 22명이 해당된다. 실제로 1944년 야마구치(山口)탄광에 동원되어 강제노동에 시달리던 安秉邱는 1945년 봄 신체검사를 받은 후 7월경 입영영장을 받아 군대 훈련을 받았다고 한다. 다행히 戰場에 보내지기 전에 해방이 되어 고향에 돌아올 수 있었다.[22)]

2) 직업과 학력

일제 강제동원자명부는 개별 명부마다 그 형식과 내용이 다양하다. 그 중 前職과 학력 그리고 職種의 항목을 통해 충남지역 강제동원자의 전 직업과 학력 그리고 동원지에서 담당하고 있었던 업무를 살펴볼 수 있다.

우선 강제동원자들의 전 직업을 알 수 있는 인원은 596명이다. 이를 표로 나타내면 아래의 〈그림 10〉과 같다.

21) 近藤釰一 編, 「太平洋戰爭下終末期朝鮮の政治」, 『朝鮮近代史料』(2), 143쪽.
22) 「안병구(安秉邱, 1925년 충남 논산군 출생)의 증언」(2001년 필자가 면담함).

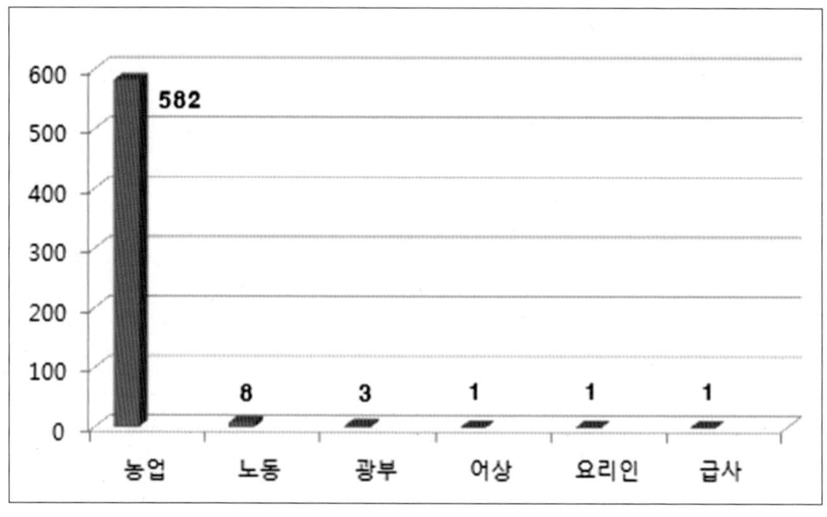

〈그림 10〉 충남 출신 강제동원자 직업별 현황

위 〈그림 10〉에서 보는 것처럼, 충남 출신 강제동원자들의 직업은 농업을 중심으로 노동, 광부, 요리인, 給仕 등 다양하다. 노동에 종사하던 이[23]가 8명(1.3%), 광부[24] 3명(0.5%)으로 나타나고, 생선 장수(魚商)와 요리사, 給仕 등이 각 1명씩이었다. 특히, 농업에 종사한 경우가 전체의 94.9%(582명)에 해당할 만큼 월등히 높다. 당시 사회가 농경 중심의 사회였기 때문에 당연한 결과일 것이다. 또한 1940년 조선 전역에서 실시된 노동력 조사에서, 농업에 종사하던 인원 중에서 出稼나 轉業이 가능한 인원을 조사했다는 점에서 강제동원의 주 대상은 농업 노동력이었음을 알 수 있다.

다음으로 충남지역 강제동원자들의 학력을 알 수 있는 인원은 모두 109명이다. 無學을 중심으로 초등학교 수료 및 중퇴자 등으로 구분할 수 있는

23) 전 직업이 '노동', '공사부(工事夫)', '토공(土工; 토목공사에 종사하는 노동자)'이었던 자를 노동으로 분류하였다.

24) 전 직업이 '광부', '지주부(支柱夫; 광산 등의 지하에서 무너지지 않도록 버팀목을 설치하던 사람)', '채탄부(採炭夫; 직접 석탄을 캐는 인부)'를 광부로 분류하였다.

데, 이를 정리한 것이 아래의 〈그림 11〉이다.

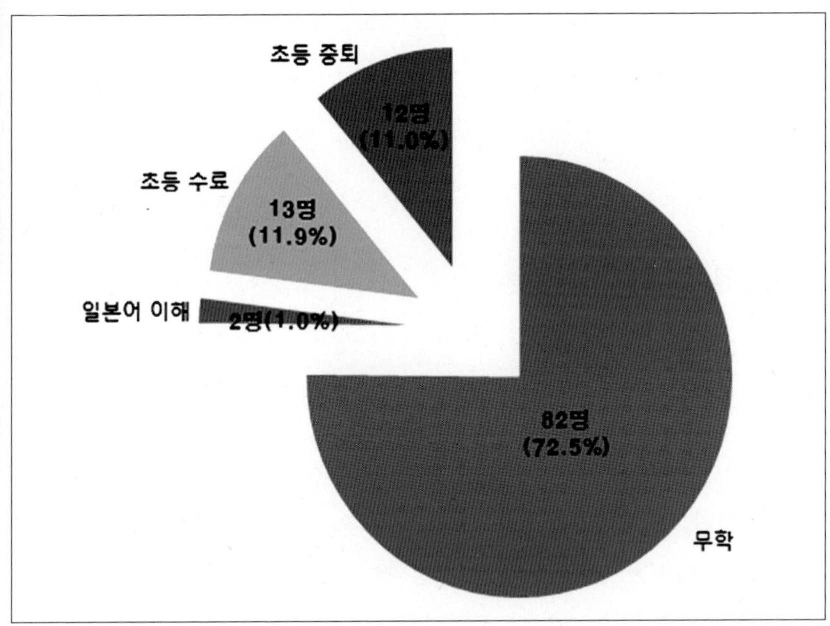

〈그림 11〉 충남 출신 강제동원자 학력별 현황

위 〈그림 11〉과 같이, 충남지역 강제동원자의 학력을 무학, 초등학교 수료, 초등학교 중퇴, 일본어를 이해하는 자로 분류하였다. 이 중 초등학교 수료자는 13명(11.9%), 초등학교 중퇴는 12명(11.0%)이었다.[25] 이들은 일본어를 이해하고 말할 수 있는 사람들로 충남지역 강제동원자의 24.8%(27명) 정도였다. 특이한 것은 중등학교 학력 이상의 고학력자가 포함되어 있지 않다는 점이다. 당시 중등학교 이상의 학력자는 조선사회에서 상층계층이었음을 감안한다면 강제모집, 관 주도 방식의 강제동원에서 우선적 대상은 아니었다.

25) 초등학교 중퇴자 현황은 5년 수료 1명, 2년 수료 5명, 1년 수료 3명, 기타 3명이다.

특히, 정규 학교의 혜택을 받지 못한 이가 82명으로 75.2%에 해당하는데, 일본어를 말하거나 알아들을 수 없었던 경우이다. 이는 '대장, 반장 등 일부를 제외하고는 일본어를 알아듣는 이가 많지 않았다.'는 강제동원자들의 증언과 일제가 분석한 집단항쟁의 원인 가운데 '일본어를 이해하지 못한 오해'가 자주 발견되는 점과도 일치된다.

3. 동원 방식·시기와 동원지

1) 동원 방식과 시기

충남지역에서는 1939~45년 강제모집, 관 주도, 징용 등의 방식으로 일본지역의 탄광, 광산, 제철소, 조선소 등에 동원되었다. 충남지역 강제동원자의 '入所經路'와 '입소년월일'을 분석한 결과, 일부 不明인 경우를 제외하면 총 496차례에 걸쳐 8,658명이 동원되었음을 확인할 수 있다. 이를 동원 방식과 시기별로 정리한 것이 〈그림 12〉이다.

〈그림 12〉에서 보는 것처럼, 충남지역의 강제동원은 1939년부터 시작되어 서서히 증가하다가 관 주도 방식이 시작된 1942년부터 크게 증가하여 1943~44년 최고조를 이루었다.[26]

강제모집 방식은 동원인원 전체의 25.7%, 관 주도 방식은 38.7%, 징용

26) 동원방식 및 시기별 현황표

구분	계	1939	1940	1941	1942	1943	1944	1945	不明
계	8,658	449	536	840	1,209	2,124	1,830	993	680
강제모집	2,224	449	536	840	141	78	93	76	11
관 주도	3,349	-	-	-	333	1,743	1,192	78	3
징용	1,250	-	-	-	1	16	382	829	5
불명	1,835	-	-	-	734	287	163	10	641

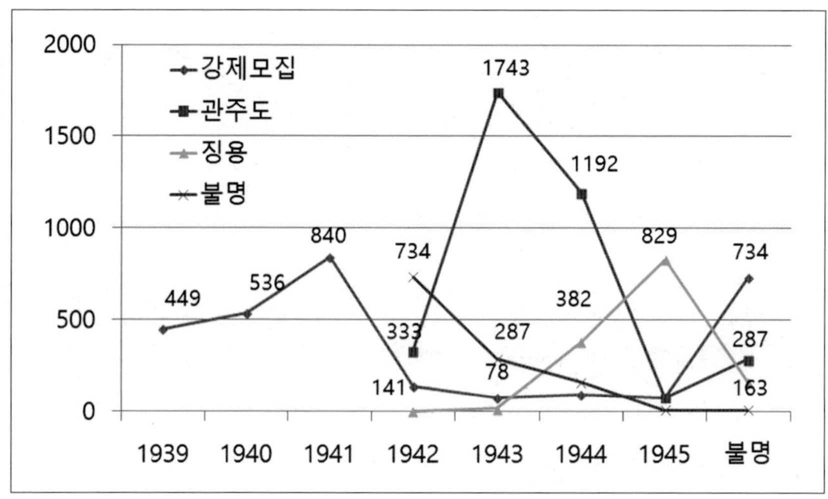

〈그림 12〉 충남 출신 강제동원자 동원방식 및 시기별 현황

방식은 14.4%로, 충남지역에서는 관 주도 방식이 동원의 중심을 이루었다고 말할 수 있다. 특히, 동원방식이 不明한 인원(1,835명)이 1942년 이후에 동원된 경우로서 대부분 관 주도 방식으로 추정된다. 이를 합한다면 관 주도 방식이 전체의 59.9%에 해당된다.

동원방식별로 자세히 살펴보면, 강제모집 방식으로 1939~45년 사이 162차례에 걸쳐 2,224명(25.7%)이 동원되었다. 1939~41년에는 강제모집 방식으로만 동원되었고, 이 시기 강제모집 방식이 전체의 82.1%(1,825명)가 집중되어 있다. 관 주도 방식이 시행된 1942년 이후에는 보조적인 방식(17.4%, 388명)으로 기능하였음을 알 수 있다.

관 주도 방식으로는 1942~45년 122차례 3,349명(38.7%)이 동원되었다. 1942~43년 전체의 62.0%(2,076명)이 동원되어 당시 관 주도가 주된 동원방식이었음을 알 수 있다.[27] 1945년 시기에는 78명(7.9%)으로 징용 방식의

27) 1942~43년 불명 인원수 1,021명 중 상당수가 관 주도로 동원된 것으로 생각되는데, 이를 포함한다면 92.9%비율에 달하게 된다.

보조적 방식으로 기능하였음을 할 수 있다.

징용 방식으로 62차례 1,250명(14.4%)이 동원되었다. 1942년부터 시작되긴 했지만, 1944~45년 96.8%(1,211명)를 차지하고 있는 만큼 1944년 이후부터는 중심적인 동원방식이 되었다. 징용이 일반 기업에도 실시된 1944년 이후 관 주도 : 징용=3 : 7로 배분되었음이 증명된다고 하겠다.

2) 동원지

일본정부로부터 전달받은 『朝鮮人勞働者に關する調査結果』(15권), 『いわゆる朝鮮人徵用者に關する名簿』(6권)와 『日帝下被徵用者名簿』(3권) 등 24권에 등재되어 있는 강제동원 조선인은 89,656명에 달한다. 이를 일본 지역별로 살펴보면 〈표 12〉와 같다.

〈표 12〉에서 보듯이, 일본 8개 권역에 모두 최소 89,656명의 조선인이 동원되었다. 가장 많은 조선인이 동원된 권역은 큐슈(九州) 지역으로, 전체 인원의 40.8%(36,580명)를 차지하고 있다. 이하 긴키(近畿) 지역(16.6%), 홋카이도(15.3%), 도호쿠(東北) 지역(11.6%), 간토(關東) 지역(8.6%), 주부(中部) 지역(6.7%) 순이다.

전체 48개 도 · 도 · 부 · 현 중 36개에만 조선인이 동원되었고, 도야마(富山), 오카야마(岡山), 구마모토(熊本) 등 12개 현의 경우에는 조선인 동원이 확인되지 않는다. 가장 많은 인원이 동원된 지역은 후쿠오카(福岡)현(14,820명)이고, 이하 효고(兵庫)현(13,476명), 홋카이도(13,717명), 나가사키(長崎)현(11,091명), 사가(佐賀)현(10,667명) 순이다. 조선인 1만 명 이상이 동원된 지역은 5개 현이고, 5천 명 이상 동원된 지역은 10개 현, 3천 명 이상이 동원된 지역은 20개 현에 달한다. 이들 지역은 대부분 탄광이나 광산 지대가 있는 지역이라는 특징이 있다.

특히, 조선인이 대규모로 집단동원되는 기업 현황을 알 수 있어 주목된

〈표 12〉 일본 지역별 조선인 강제동원 현황

구분		인원(명)	구분		인원(명)
총계		89,656	주부(中部)	소계	6,028
홋카이도(北海道)		13,717		니가타(新寫)	11
도호쿠(東北)	소계	10,416		도야마(富山)	-
	아오모리(青森)	11		이시카와(石川)	-
	이와테(岩手)	993		후쿠이(福井)	5
	미야기(宮城)	3,444		기후(기阜)	753
	아키타(秋田)	5,678		나가노(長野)	1,332
	야마가타(山形)	5		아이치(愛知)	5
	후쿠시마(福島)	285		시즈오카(靜岡)	3,921
긴키(近畿)	소계	14,870		야마나시(山梨)	1
	시가(滋賀)	-	주코쿠(中國)	소계	343
	미에(三重)	739		시마네(島根)	7
	교토(京都)	1		오카야마(岡山)	-
	나라(奈良)	364		돗토리(早取)	67
	효고(兵庫)	13,476		히로시마(廣島)	2
	오사카(大阪)	285		야마구치(山口)	267
	와카야마(和歌山)	5	시코쿠(四國)	소계	13
간토(關東)	소계	7,689		가가와(香川)	-
	이바라키(茨城)	3,429		도쿠시마(德島)	-
	토치기(栃木)	4,084		고치(高知)	2
	군마(群馬)	-		에히메(愛媛)	11
	사이타마(岐玉)	-	큐슈(九州)	소계	36,580
	치바(千葉)	-		나가사키(長崎)	11,091
	도쿄(東京)	176		사가(佐賀)	10,667
	카나가와(神乃川)	-		후쿠오카(福岡)	14,820
				구마모토(熊本)	-
				오이타(大分)	1
				미야자키(宮崎)	1
				가고시마(鹿兒島)	-

다. 1944년 12월 당시 1천 명 이상의 조선인이 동원된 기업은 431개에 달하였다. 1,500명 이상의 조선인이 동원된 기업은 224개, 1,000~1,500명이 동원된 기업은 207개이다. 조선인이 집단동원된 사업장이 가장 많은 곳은 후쿠오카현(1,500명 이상 77개, 1,000~1,500명 13개)이고, 홋카이도(1,500명 이상 53개, 1,000~1,500명 41개)가 그 다음이다. 사가현(1,500명 이상 24개, 1,000~1,500명 11개), 나가사키현(1,500명 이상 9개, 1,000~1,500명 15개), 이와테현

(1,500명 이상 10개, 1,000~1,500명 7개), 나가노현(1,500명 이상 4개, 1,000~1,500명 8개), 이바라키현(1,500명 이상 9개), 나카다현(1,500명 이상 5개, 1,000~1,500명 6개), 시즈오카현(1,500명 이상 5개, 1,000~1,500명 4개), 효고현(1,500명 이상 4개, 1,000~1,500명 5개), 후쿠시마현(1,500명 이상 7개) 등 집단동원 사업장만으로 산출한 결과 1만 명 이상 동원된 지역은 모두 11개 지역이다.[28)]

충남지역에서는 일본의 7개 권역 및 24개 도·도·부·현에 동원되었다. 이를 지도로 나타낸 것이 〈그림 13〉이다.

〈그림 13〉에서 보듯이, 홋카이도 지역(2,791명, 28.4%)과 큐슈 지역(2,645명, 26.9%)을 비롯하여 도호쿠(1,290명, 13.1%), 주부(1,171명, 11.9%), 간토 지역(1,345, 15.1%) 등에 동원되었다. 다만, 시코쿠 지역에는 충남지역 출신이 동원되지 않았다. 전체 동원자 중 큐슈의 비중(40.8%)이 가장 높고 홋카이도는 15.3%에 불과했던 것과는 달리 충남지역에서는 홋카이도의 비중이 가장 높고, 큐슈 지역에도 동원된 비율이 상대적으로 높다. 홋카이도와 큐슈 지역에 동원된 인원은 충남지역 전체 강제동원자수의 55.3%(5,436명)로,

28) 강제동원 조선인 1,500명 이상 및 1,000명~1,500명 사업장수 현황(1944년 12월)

구분	1,500명 이상	1,000명~1,500명	구분	1,500명 이상	1,000명~1,500명	구분	1,500명 이상	1,000명~1,500명
北海道	53	41	靜岡	5	4	島根	-	2
神奈川	-	9	山梨	-	-	岡山	-	2
兵庫	4	5	岐阜	3	-	德島	-	7
長崎	9	15	長野	4	8	山口	1	7
新瀉	5	6	福島	7	-	愛媛	-	4
群馬	-	11	岩手	10	7	福岡	77	13
千葉	1	2	青森	-	8	佐賀	24	10
茨城	9	-	山形	-	3	熊本	3	3
栃木	3	-	秋田	-	4	宮崎	-	5
三重	-	10	福井	-	1	鹿兒島	-	6
愛知	-	2	富山	-	3	계	224	207

(「昭和19年度第二豫備金支出要求, 昭和19.10.20.」, 『種村氏警察參考資料』 제98집)(아시아역사자료센터 소장)

〈그림 13〉 일본 지역별 충남지역 강제동원 현황(1939~45년)

적어도 2명 중 1명 이상이 이곳에 동원되었을 만큼 집중적으로 동원되었다. 탄광 및 광산지대로 알려진 홋카이도와 큐슈에 충남 출신 강제동원자가 집중되었다.

이를 지역별로 살펴보면, 일본 전 지역의 47개 道·都·府·縣 가운데 충남지역 출신자가 동원된 지역은 23개 도·도·부·현과 사할린 지역이다. 동원되지 않은 지역은 교토, 아오모리, 와카야마 등 24개 부·현으로 확인된다. 100명 이상 동원된 지역은 모두 12개 현이다. 가장 많이 동원된 지역은 홋카이도이고 후쿠오카(1,211명), 시즈오카(938명), 나가사키(781명), 이바라키(719명), 사가(653명), 효고(610명), 이와테(557명), 아키타(409명), 도치키(317명), 미야기(314명), 야마구치(259명), 기후(123명) 등의 순이다.

조선인이 동원된 일본 지역 기업 및 사업장은 총 468개소인데, 100명 이상이 동원된 사업장을 정리하면 아래의 〈표 13〉과 같다.

〈표 13〉 조선인 100명 이상 동원된 사업장 현황

사업장명	인원	사업장명	인원	사업장명	인원
三井(株)	12,918	三菱(株)	10,744	住友(株)	7,814
杵島炭鑛	6,517	日本製鐵(株)	4,842	北海道炭鑛汽船(株)	4,132
明治鑛業所	3,678	古河鑛業(株)	2,986	日立鑛山	2,787
播磨造船所	2,274	花岡鑛業所	2,181	日本鑛業(株)	1,733
川崎重工業製鐵所	1,624	寶珠山炭鑛	1,241	日本通運(株)	941
小坂鑛山	875	西松組(株)	838	石原産業(株)	738
間組(株)	723	日室鑛業(株)	678	野上東亞鑛業(株)	676
球第8887部隊	668	岩谷炭鑛	644	昭和鑛業所	625
日曹天塩鑛業所	610	小岩炭鑛	567	吉原鑛業所	549
川南浦之崎造船所	543	川南深堀造船所	501	長崎鑛業(株)	492
宇久須鑛業(株)	488	戰線鑛業(株)	487	日亞製鋼	476
北方炭鑛	448	中村組(株)	442	鹿島組(株)	436
帝國鑛業開發(株)	435	黑崎窯業(株)	414	日立製作所	412
神戸製鋼所	412	日本輕金屬(株)	406	管原組(株)	401
土肥鑛山	399	天野セメント(株)	370	花輪鑛山	342
廣畑航運(株)	309	立山炭鑛	309	角舘出張所	306
揖斐川電氣(株)	300	德義炭鑛	276	高山職業指導所	267
西杵炭鑛	262	東出鐵工所	240	日滿鑛業(株)	223
麻生鑛山	214	井華鑛業(株)	208	長生炭鑛	205
林鑛業所	203	立川炭鑛	195	唐津海運(株)	187
常磐炭鑛	181	新瀉鐵工所	175	羽田精機(株)	169
小眞木鑛山	165	古澤組(株)	164	神戸貨物自動車(株)	162
大倉土木(株)	154	神戸船舶荷役(株)	148	日寶鑛軍用品(株)	147
帶廣土木見業所	145	大日本セルロイド(株)	144	相模組(株)	144
日本パイプ製造(株)	136	岡崎共同(株)	133	木田組(株)	130
櫻山炭鑛	128	硅石業	128	飛島組(株)	127
國民職業指導所	120	日本制動機(株)	118	鈴木式織機(株)	118
長崎航運(株)	114	吉原製油(株)	111	古河電氣工業(株)	109
東北配電(株)	107	關本炭鑛(株)	102	東海鋼業(株)	100

위 〈표 13〉에서 보는 바와 같이 100명 이상의 조선인이 동원되었음이 확인된 사업장은 87개이다. 이렇듯 탄광, 광산, 조선소, 제철소 등 일제의 침략전쟁을 수행하기 위해 필요한 군수산업 관련 거의 모든 기업에 동원되었음을 알 수 있다. 1만 명 이상 동원된 기업은 2개이고, 1천 명 이상 동원된 기업은 14개, 500명 이상 동원된 기업은 29개에 달한다. 가장 많은 인원이 동원된 기업은 12,918명인 미쓰이(주)이고, 그 다음이 10,744명이 동원된 미쓰비시(주)이다. 이하 스미토모(住友)광업(주)(7,814명), 기시마(杵島)탄광(6,517명), 니혼제철(주)(4,842명), 홋카이도탄광기선(주)(4,132명), 메이지(明治)광업(주)(3,678명), 후루가와(古河)광업(주)(2,986명), 히다치(日立)광산(2,787명), 하리마(播磨)조선소(2,274명), 하나오카(花岡)광업소(2,181명), 니혼광업(주)(1,733명), 나가사키(川崎)중공업제철소(1,624명), 호슈야마(寶珠山)탄광(1,241명) 순이다.

그 가운데 충남 출신 강제동원자는 93개 사업장에 9,823명이 동원되었다. 이 가운데 100명 이상이 집중적으로 동원된 사업장 상황은 〈그림 14〉와 같다.

〈그림 14〉에서 보듯이, 충남지역 출신 100명 이상이 동원된 사업장은 모두 23개이다. 300명 이상은 7개, 500명 이상은 3개, 1천 명 이상이 동원된 사업장은 1개이다.

가장 많은 충남 출신 조선인이 동원된 기업은 홋카이도 지역의 스미토모(住友)(주) 고노마이(鴻之舞)광산이다. 고노마이광산은 1917년 스미토모(주)가 경영권을 얻은 이후 1973년까지 개발이 이어졌던 광산으로, 주 광물은 금, 은, 동이었다. 홋카이도 오호츠크해 연안 왓카나이(稚内)시와 아바시리(網走)시의 중간지점에 있는 몬베쓰(紋別)시로부터 내륙으로 약 30km 안의 山中에 있다. 이 지역은 사방이 高度 300~600m 산으로 둘러 싸여 있어 11월부터 4월까지 눈에 묻혀 있는 추운 지역이다.[29)]

충남지역에서는 1939년 10월 7일 293명이 강제모집 방식으로 동원된 것

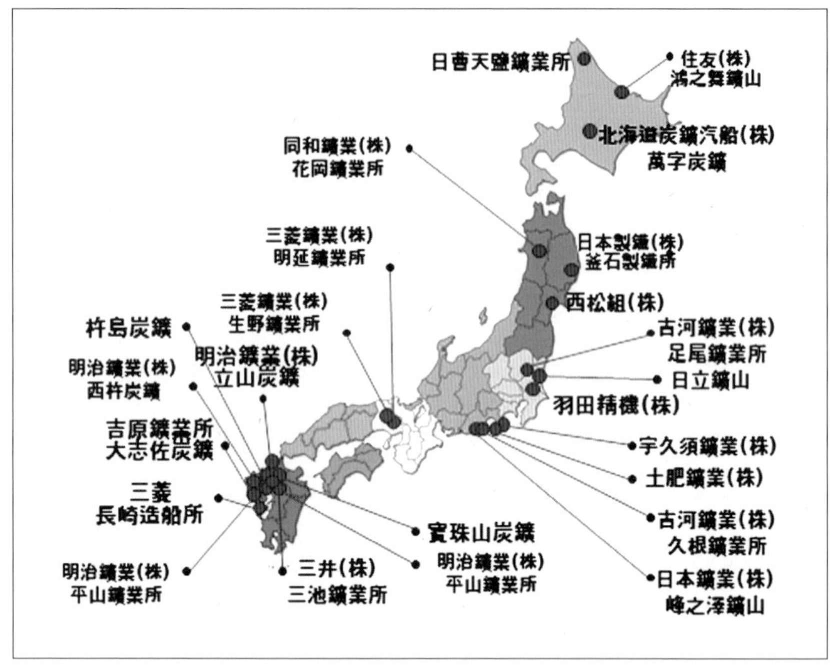

〈그림 14〉 충남 출신 조선인 100명 이상 동원된 사업장 현황

을 시작으로 총 37차례에 걸쳐 충남 전 지역에서 2,120명(충남지역 강제동원자의 21.6%)[30]이 동원되었다. 홍성(4명), 서산(7명), 금산(6명), 보령(8명)에서는 10명 미만이 동원된 반면, 공주(352명)를 비롯하여 아산(282명), 연기(275명), 당진(255명), 천안(177명), 부여(169명), 서천(132명), 예산(125명) 등에서는 100명 이상 대량 동원되었다. 특히, 강제모집 방식에 의해서는 1940년 3월 27일에 공주군에서 「北海道住友鑛山行勞働者」 125명, 1940년

29) 일제하강제동원피해진상규명위원회, 『강제동원명부해제집1』, 2009, 125쪽.

30) 모리야(守屋敬彦)는 충남지역(12개 군 124개 읍 · 면)에서 1,744명(전체의 64%)이 동원되었음을 밝혔고(『戰時外國人强制連行關係資料集』 Ⅲ 조선인2 下, 1991), 서혜선은 1939~1942년 23차례에 걸쳐 충남지역 조선인 1,656명(64.6%)이 동원되었다고 하였다(「스미토모(住友) 고노마이(鴻之舞)광산의 조선인 노무자 실태에 관한 연구, 1939~1942년」, 한성대 석사논문).

12월 8일에 연기군에서 「北海道住友鴻之舞鑛山行勞働者」 124명이 집단적으로 동원되었다. 관 주도 방식에 의해서는 1942년 8월 7일과 9월 22일에 「서천군 愛國出動隊」 124명, 45명이 각각 동원되었고, 1942년 8월 15일 「아산군 勤勞出動隊」(100명), 1942년 8월 23일 「당진군 근로출동대」(83명), 1942년 8월 29일 「천안군 근로출동대」(101명) 등이 집단 동원되었다.[31]

이외에도 홋카이도 지역에는 100명 이상 동원된 2개의 기업이 존재하는데, 홋카이도탄광기선(주) 만지(万字)탄광과 닛소데시오(日曹天鹽)광업소이다. 홋카이도 구리사와쵸(栗澤町)에 있는 만지탄광은 홋카이도탄광기선(주)이 1903년에 획득하고 1905년에는 夕張 제1광 萬字鑛으로서 開鑛하였다. 1914년에는 만지에서의 석탄 채굴과 운반을 위해 이와미자와(岩見澤)에서 만지탄산까지 23km의 철도를 개통했다. 만지탄광에는 1939년부터 약 1,600명이 넘는 조선인이 동원되어 왔다.[32] 충남지역에서는 관 주도 방식이 시작된 1942~44년 16차례에 걸쳐 홍성(113명), 부여(101명), 서산(77명), 금산(53명),

31) 고노마이광산에 동원된 충남지역 조선인의 도착일을 정리하면 아래의 표와 같다(『いわゆる朝鮮人徵用者に關する名簿』(6)).

동원일		인원	동원일		인원	동원일		인원
계		1,866	1941	소계	689	1942	소계	431
1939.10.7		293		1.16	89		4.4	1
1940	소계	453		1.18	1		4.20	1
	1.6	95		3.9	11		5.6	3
	1.9	2		3.11	11		5.15	5
	1.29	1		3.21	1		8.7	50
	3.21	68		3.23	1		8.15	100
	3.27	131		4.18	8		8.23	82
	3.29	6		6.23	5		8.29	101
	4.8	12		9.8	301		9.22	45
	6.29	5		9.9	19		10.27	33
	8.8	2		12.21	242		12.15	9
	9.28	1					12.17	1
	9.30	1				不明		
	12.8	123						
	12.9	6						

32) 竹內康人, 『조사 · 조선인강제연행① 탄광편』, 사회평론사, 2013, 18~21쪽, 81~82쪽.

서산(49명) 등 12개 군에서 361명이 동원되어 왔다.[33] 특히, 1942년 2월 28일 25명, 1942년 3월 26일과 1944년 10월 9일 각 17명씩 집단적으로 동원되었음이 확인된다.[34] 특징적인 것은 1942~44년 관 주도로 동원되었던 41명이 1944년 4월 25일에 일괄적으로 現員徵用되었다는 점이다.

닛소데시오광업소는 홋카이도 최북단의 덴기타(天北) 탄전에 위치한 탄광으로,[35] 1937년에 開鑛하고 41년에는 北海道石炭統制組合 소속으로 9만여 톤의 석탄을 생산했다.[36] 1941~45년 4차례에 걸쳐 부여(145명), 청양(39명), 공주(14명) 등에서 212명이 동원되었다.[37]

두 번째로 많은 충남인이 동원된 기업이 후쿠오카현 가호(嘉穗)군 게이센쵸(桂川町) 소재 메이지(明治)광업(주) 히라야마(平山)광업소이다. 이 광업소에는 1941년 5월 제1차를 시작으로 1945년 3월까지 25차례에 걸쳐 3,242명이 동원되었다.[38] 충남지역에서는 1941년 1월 12일 이후 최소 10차례 이상에 걸쳐 서산(225명)을 비롯하여 당진(160명), 서천(122명) 등 전역에서 574명(충남지역 강제동원자의 5.8%)이 동원되었다.[39] 특히, 서산군의 경우에는 「서산군 勤勞出動隊」로서 1943년 11월 11일에 96명, 같은 달 29일

---

33) 당진, 천안, 연기에서는 동원되지 않았고, 대전, 서천에서 각 1명, 공주, 보령, 청양에서 각 2명, 논산, 아산, 예산에서 각 3명이 동원되었다.

34) 1942년 7차례(2.28일, 3.2일, 3.26일, 4.26일, 6.4일, 8.1일, 8.2일), 1943년 6차례(8.10일, 8.12일, 9.16일), 1944년 3차례(2.13일, 10.10일, 10.9일) 동원된 사실이 확인된다.

35) 홋카이도 최북단에 위치하였던 닛소데시오광업소는 일본 동북지역에서 노동자를 모집하여 왔으나, 만성적 노동자 부족상태를 극복하기 위해 조선인을 동원하고자 하였다(金贊汀, 『證言 朝鮮人强制連行』, 新人物未來社, 1975, 188쪽).

36) 長澤秀, 「日曹天塩炭鑛朝鮮人强制連行－會社文書を中心に－」, 『재일조선인사연구』 24, 1994, 56~57쪽.

37) 해방 이후 데시오광업소에서 조선으로 귀국할 당시 작성된 「승선자명부」가 대부분이어서 동원일자가 나타나지 않는다. 다만, 1941년 12월 19일 6명, 1942년 8월 28일 2명, 1943년 12월 12일 12명, 1944년 5월 28일 12명, 1945년 4월 25일 1명 동원되었음이 확인된다(『いわゆる朝鮮人徵用者に關する名簿』(6)). 당진, 대전, 아산, 연기, 예산, 홍성에서는 동원되지 않았고, 보령과 천안에서 각 1명, 금산에서 2명, 서산과 서천에서 각 3명이 동원되었다.

38) 김민영, 「解放 前後 日本 炭鑛의 情況과 朝鮮人勞動者의 雇傭狀態－平山炭鑛의 「半島人關係雜書類綴(1945.3.6~1947.2.14)」 檢討－」, 『經濟史學』 제25호, 231~234쪽.

에 72명, 1944년 5월 24일에 41명이 집단적으로 동원되었다. 당진군에서는 1944년 5월 24일 「明治鑛業株式會社 平山鑛業所行 出動隊」 46명, 1944년 6월 13일 「당진군 勤勞出動報國隊」 38명이 집단적으로 동원되었다.[40]

이외에도 후쿠오카현 지역에는 100명 이상 동원된 미쓰이(三井) 미이케(三池)광업소과 호슈야마(寶珠山)광업(주) 호슈야마탄광이 있다. 우선 호슈야마탄광은 후쿠오카현 아사쿠라(朝倉)군 호슈야마촌 후쿠이(福井) 950번지에 소재한 탄광으로, 공주(146명)를 중심으로 154명이 동원되었다.[41] 1942년 2월 10일 시작으로 적어도 17차례 관 주도 방식으로 동원되었다고 생각된다.[42] 특히 1943년 2월 19일 31명, 4월 15일 36명, 6월 17일 35명이 집단적으로 동원되었다.

미이케탄광은 1889년 미쓰이가 拂下를 받은 이후 1898년에 미야하라(宮

연도	동원자수		이 동 상 황							현재수
	인원	누계	귀국	송환	전직	탈출	사망	기타	계	
1941.5~12	932	932	95	23	4	559	6	14	701	231
1942	962	1,894	112	41	-	1,015	7	25	1,200	694
1943	505	2,399	178	66	-	1,367	15	41	1,642	737
1944	636	3,035	349	86	-	1,711	25	56	2,227	876
1945.1~3	207	3,242	359	100	-	1,862	34	56	2,411	903

39) 동원일자를 살펴보면 1941년 2차례(1월 12일 3명, 6월 26일 4명), 1942년 1차례(12월 21일 1명), 1943년 2차례(11월 7일 117명, 11월 25일 69명), 1944년 5차례(5월 24일 53명, 5월 28일 4명, 6월 10일 179명, 6월 26일 7명, 6월 8일 19명)이다.

40) 당진군에서는 이외에도 1941년 11월 1일(1명)을 시작으로 6월 26일(4명), 1942년 12월 2일(1명), 1944년 5월 28일(4명), 6월 8일(20명), 6월 26일(10명)이 동원되었다(勤勞動員援護事業强化徹底關件」(1945년 3월 3일, 明治鑛業(주) 平山鑛業所 → 당진군수), 『일제하피징용자명부』 Ⅲ).

41) 1941년 64명, 1942년 421명, 1943년 259명, 1944년 371명, 1944년 92명 등 1,337명이 동원된 것으로 기록되어 있는데, 명부에는 1,241명이 등재되어 있다. 금산, 당진, 대전, 보령, 서산, 서천, 아산, 연기, 천안, 청양, 홍성에서는 동원되지 않았고, 예산과 부여 각 2명, 논산에서 4명이 동원되었다(『朝鮮人勞働者に關する調査結果(福岡縣)』, 115~195쪽).

42) 1942년 6차례(2월 10일 2명, 7월 10일 2명, 8월 11일 1명, 12월 9일 2명, 12월 17일 2명, 12월 19일 1명), 1943년 11차례(1월 17일 1명, 2월 7일 1명, 2월 9일 2명, 2월 11일 3명, 2월 14일 1명, 2월 17일 3명, 2월 19일 31명, 4월 15일 36명, 6월 2일 2명, 6월 7일 17명, 6월 17일 35명), 불명 1차례(2명) 등이다.

原)갱, 1902년에는 만다(万田)갱에서 채굴을 시작하였다. 1905년에 미이케 전용철도가 개통되고, 1908년 미이케항이 개항되는 등 수송의 근대화가 진전되었다. 1923년 욘사마(四山)갱, 1940년 미가와(三川)갱이 채굴되어 미이케탄광은 일본 최대의 탄광이 되었다.[43] 이 탄광에 충남지역 조선인이 동원된 것은 1942년 2월 10일 2명을 시작으로 아산(90명), 보령(73명), 대전(65명), 부여(33명), 공주(33명) 등에서 343명이 동원되었다.[44] 특히, 1943년 2월 19일(31명)과 4월 15일(36명), 6월 7일(17명), 6월 17일(36명)에 동원되었음이 확인된다.

세 번째로 많은 충남인이 동원된 니혼제철(주) 가마이시(釜石)제철소는 이와테(岩手)현 가마이시(釜石)시에 위치한 제철소로, 1880년 官營 가마이시제철소로 발족하여 1887년 민간에 불하되었고, 1917년 주식회사가 되었다.[45] 1934년 1월 야하타(八幡)제철소와 가마이시제철소, 와니시(輪西)제철소, 조선 염이포제철소(미쓰비시계), 큐슈(九州)제철소, 후지(富士)제강소 등이 합병하여 일본제철(주)로 설립되었다. 그 후 야하타제철소가 위임경영하던 도요(東洋)제철소와 오사카(大阪)제철소도 1936년 합병되어 니혼제철(주)은 일본 국내 최대의 철강트러스트가 되었다.[46] 충남지역에서는 1942년 5월~1945년 2월 적어도 23차례에 걸쳐 서산(130명), 공주(116명)를 비롯하여 대전(81명), 보령(79명), 논산(26명) 등에서 504명(충남지역 강제동원자의 5.1%)이 동원되었다.[47] 특히, 1942년 5월 16일(40명)을 비롯하여

43) 竹內康人, 『조사 · 조선인강제연행① 탄광편』, 사회평론사, 2013, 231~234쪽.

44) 금산, 당진, 서천에서 각 1명, 연기 2명, 청양 3명, 서산 6명, 예산 7명, 홍성 8명, 천안 9명, 논산에서 10명이 동원되었다.

45) 일제강점하강제동원피해진상규명위원회, 『가긴 어딜가? 헌병이 총 들고 지키는데』, 2006, 177쪽.

46) 정혜경, 「기억에서 역사로 : 일제 말기 일본제철(주)에 끌려간 조선인 노동자」, 『한국민족운동사연구』 41집, 2004, 268~269쪽.

47) 아산, 천안에서는 동원되지 않았고, 부여 5명, 서천 6명, 연기 7명, 홍성 8명, 예산 9명, 당진 11명, 금산과 청양에서 각 13명이 동원되었다.

6월 5일(68명), 10월 23일(42명), 11월 2일(90명) 및 1943년 1월 16일(40명), 9월 13일(35명), 10월 19일(38명), 1944년 11월 13일(34명)에 집단적으로 동원되었다.[48)]

그 다음으로 많은 충남인이 동원된 히다치(日立)광산은 이바라키현 히다치(日立)시 미야다(宮田)에 소재한 銅을 중심으로 금, 은 등을 채굴했던 광산이다.[49)] 이 광산에 조선인이 처음 동원된 것은 1940년 2월경이었다. 1943년 3월 당시에는 1,333명, 1945년 4월경에는 1,620명의 조선인이 강제노동에 시달리고 있었다.[50)] 충남지역에서는 1943년 2월~1944년 5월 적어도 10차례 이상에 걸쳐 서산(113명), 아산(87명), 부여(81명), 홍성(70명), 논산(54명), 대전(45명) 등 11개 군에서 459명이 동원되었다.[51)] 특히, 1943년 9월 8일(136명)과 9월 28일(51명), 1944년 3월 21일(102명)과 4월 7일(66명), 4월 12일(117명)에 동원되었다.[52)] 특히, 충남 報國隊長이었던 全鳳漢의 증언에 의하면, 1941년 충남 출신 조선인 약 1천 명(실제로는 몸이 약한 2명이 제외되어 998명)이 히다치광산에 동원되었다고 하였다.[53)]

그 외에도 이바라키현 이나시키(稻敷)군에 위치한 하네다(羽田)精機(주)에는 1939년 12월 8일 156명이 동원되었고, 1941년 1월 156명이 동원되었

48) 古壓正은 일본제철주식회사의 『朝鮮人勞務者關係』를 분석하여 가마이시제철소의 조선인 노동자 615명 중 59.8%(368명)이 충청남도 출신으로, 서산 96명, 공주 87명, 대덕 33명, 보령 30명, 논산 25명, 대전부 19명, 청양 11명, 당진 11명, 금산 10명이라고 하였다(古壓正, 「在日朝鮮人勞働者の賠償要求と政府および資本家團體の對應」, 早稻田大學 社會科學硏究所, 『社會科學討究』 31-2, 1985, 191~192쪽).

49) 山田昭次, 「日立鑛山朝鮮人强制連行の記錄」, 『재일조선인사연구』 제7호, 1980.12, 17~32쪽.

50) 相澤一正, 「茨城縣朝鮮人中國人强制連行に關するノート」, 梁泰昊 編, 『朝鮮人强制連行論文集成』, 明石書店, 1994, 213~222쪽.

51) 히다치광산에는 1942~45년 3,000명이 할당되어 2,844명(할당수의 94.8%)이 동원되었다(『朝鮮人勞働者に關する調査結果(茨城縣)』, 597~598쪽).

52) 공주, 당진, 서천, 연기, 청양에서는 동원되지 않았고, 보령, 예산, 천안에서 각 2명, 금산에서 3명이 동원되었다.

53) 「전봉한(全鳳漢, 1911년 충남 논산군 출생)의 증언」(필자가 2011년 면담)(독립기념관 한국독립운동사연구소 소장 구술자료).

다.[54] 충남지역에서는 공주(79명), 예산(45명), 당진(41명) 등에서 166명이 동원되었다.[55] 특히, 강제모집 방식에 의해 1939년 12월 8일 155명이 집단적으로 동원되었음을 확인할 수 있다.

다음으로 시즈오카현에 소재한 충남인 100명 이상 동원된 기업은 4개이다. 우구스(宇久須)광업, 후루가와(古河)광업(주) 구네(久根)광업소, 도이(土肥)광업(주) 도이광산, 니혼광업(주) 미네노사와(峯之澤)광산 등이다. 우선 우구스광업(주)는 가모(賀茂)군 우구스(宇久須)촌에 위치한 광산회사로, 모두 징용에 의해 논산(114명), 공주(85명), 부여(68명), 청양(32명), 보령(25명) 등 충남지역 9개 군에서 339명이 동원되었다.[56] 특히, 1945년 2월 15일 307명이 집단적으로 징용된 사례도 확인할 수 있다.[57]

도이광업(주) 도이광산은 다카다(田方)군 도이쵸(土肥町)에 위치한 광산으로서, 충남지역에서는 1941년 4월 5일(50명), 6월 20일(67명)에 천안(106명) 등에서 강제모집 방식으로 113명이 동원되었다.[58] 구네광업소는 이와타(磐田)군 다쓰야마(龍山)촌 시모히라야마(下平山)에 위치한 광산으로, 강제모집 2차례, 관 주도 4차례, 징용 2차례 등 8차례 이상에 걸쳐 청양(59명), 서천(48명), 예산(41명), 아산(39명), 천안(32명) 등 충남지역 9개 군에서 227명이 동원되었다.[59]

---

54) 相澤一正, 「茨城縣朝鮮人中國人强制連行に關するノート」, 梁泰昊 편, 『朝鮮人强制連行論文集成』, 明石書店, 1994, 209~213쪽.

55) 금산, 논산, 대전, 보령, 부여, 서산, 서천, 연기, 천안, 청양, 홍성에서는 동원되지 않았고, 아산에서 1명이 동원되었다.

56) 금산, 당진, 서산, 예산, 청양, 홍성에서는 동원되지 않았고, 대전과 아산 각 1명, 서천 5명, 연기에서 8명이 동원되었다.

57) 명부의 설명자료에는 1944년에 75명(관 주도), 1944년 413명(징용) 등 488명이 동원되었다고 기록되어 있으나, 실제 명부를 분석한 결과 1945년 2월 15일 307명이 징용되었음을 확인할 수 있다(『朝鮮人勞働者に關する調査結果(岐阜縣 · 靜岡縣)』, 114~115쪽, 191~192쪽).

58) 1940~44년 450명이 할당되어 364명(할당수의 80.9%)이 동원되었다(『朝鮮人勞働者に關する調査結果(岐阜縣 · 靜岡縣)』, 114~115쪽, 338~349쪽).

59) 1940~1944년 총 600명이 할당되어 471명(할당수의 78.5%)이 동원되었다(『朝鮮人勞働者に關

미네노사와광산도 이와타군 다쓰야마촌 시모히라야마 106번지에 소재한 광산으로서, 강제모집 5차례, 관 주도 2차례 등 7차례에 걸쳐 홍성(95명) 등에서 105명이 동원되었다.[60] 특히, 1940년 3월 19일 강제모집 방식으로 50명이, 1943년 10월 8일 관 주도 방식으로 46명이 동원되었다.

도치키현에 소재한 후루가와광업(주) 아시오(足尾)광업소는 가미쓰가(上都賀)군 아시오쵸(足尾町)에 위치하고 있으며, 부여(96명), 논산(75명)을 비롯하여 서산(21명), 서천(21명) 등에서 251명이 동원되었다.[61] 1942년 3월 29일 2명을 시작으로 모두 관 주도 방식에 의해 10차례 동원되었는데, 특히 1943년 4월 20일 224명이 집단적으로 동원되었다.[62]

아키타현 기타아키타(北秋田)군 하나요카쵸(花岡町)에 위치한 도와(同和)광업(주) 하나오카(花岡)광업소에는 1943년 4월~1944년 7월 관 주도 방식으로 5차례에 걸쳐 당진(84명), 천안(78명), 서천(27명) 등 최소 229명이 동원되었다.[63] 특히, 1943년 4월 17일(106명)과 4월 19일(97명)에 집중적으로 동원되었다.[64]

또한 미야기현에 소재한 (주)니시마쓰구미(西松組)[65]에는 관 주도 방식에 의해 9차례 걸쳐 대전(98명), 공주(73명), 연기(39명) 등 충남지역 8개

する調査結果(岐阜縣・靜岡縣)』, 269~270쪽).

60) 공주, 금산, 논산, 대전, 부여, 서산, 서천, 아산에서는 동원되지 않았고, 천안 1명, 보령과 연기, 청양에서 각 2명, 예산에서 3명이 동원되었다.

61) 공주와 보령에서는 동원되지 않았고, 당진, 홍성에서 각 1명, 예산 2명, 천안과 연기 각 4명, 금산과 청양 각 5명, 대전 6명, 아산에서 10명이 동원되었다.

62) 동원일자를 살펴보면, 1942년 1차례(1942년 3월 29일 2명), 1943년 4차례(1월 17일 1명, 3월 20일 2명, 4월 20일 224명, 5월 31명), 1944년 4차례(7월 25일 1명, 7월 26일 1명, 7월 27일 2명, 11월 8일 1명), 1945년 1차례(5월 25일 1명) 등 적어도 10차례 동원되었음이 확인된다.

63) 부여, 연기, 홍성에서는 동원되지 않았고, 대전과 보령에서 각 1명, 청양 2명, 논산 3명, 아산 5명, 예산 7명, 공주 8명, 서산에서 11명이 동원되었다.

64) 1942~44년 총 2,600명이 할당되어 1,978명(할당수의 76.1%)이 동원되었다(『朝鮮人勞働者に關する調査結果(秋田縣)』, 290~392쪽).

65) 시오가마(塩釜)출장소는 온가(遠賀)군 시오가마쵸(塩釜町)에, 세미네(瀬峯)출장소는 구리하라(栗原)군 후지사토(藤里)촌에 위치하였다.

부 · 군에서 221명(50.8%)이 동원되었다. 특히, 1943년 7월 23일(58명)과 8월 17일(47명), 1944년 8월 17일(43명)에 집단적으로 동원되었다.[66)]

이어서 효고현에는 100명 이상의 충남인이 동원된 기업이 2개이다. 미쓰비시광업(주) 이쿠노(生野)광업소와 아케노베(明延)광산이다. 이쿠노광업소는 효고현 아사고(朝來)군 이쿠노쵸(生野町)에 위치한 광업소로, 1896년 미쓰비시광산(주)가 아케노베광산과 함께 매수하여 경영하였다.[67)] 공주(92명), 홍성(54명), 논산(20명) 등 충남지역 10개 군에서 183명이 동원되었다.[68)] 1942년 11월 7일을 시작으로 8차례에 걸쳐 모두 관 주도 방식으로 동원되었음이 확인된다.[69)] 특히, 1943년 4월 10일 71명, 9월 23일 97명이 집단적으로 동원되었다.[70)]

아케노베광산은 효고현 야부(養父)군 미나미타니(南谷)촌에 위치한 광산으로, 16세기 말에는 은광이, 18세기에 동광이 개발되었고, 1896년 미쓰비시(三菱)에 불하되었다.[71)] 충남지역에서는 관 주도 방식으로 3차례(94명), 징용으로 1차례(51명) 등 4차례[72)]에 걸쳐 서산(82명), 대전(40명), 홍성(14명) 등 13개 부 · 군에서 158명이 동원되었다.[73)] 특히, 관 주도 방식으로 1943년

66) 시오가마출장소에는 1943년 223명, 1944명 518명 등 741명, 뇌봉출장소에는 1944년 79명(관 주도)이 동원되었다. 명부에는 419명이 등재되어 있다(『朝鮮人勞働者に關する調査結果(岩手縣 · 宮城縣)』, 51~98쪽).

67) 金慶海, 「生野鑛山」, 『鑛山と朝鮮人强制連行』, 明石書店, 1987, 64쪽.

68) 금산, 부여, 서산, 아산에서는 동원되지 않았고, 당진과 서천, 예산, 천안에서 각 1명, 연기 2명, 대전 5명, 청양에서 6명이 동원되었다.

69) 1939~45년 1,400명 할당되어 1,331명(할당수의 95.1%)이 동원되었다(『朝鮮人勞働者に關する調査結果(兵庫縣)』, 62~63쪽).

70) 동원일을 살펴보면, 1942년 1차례(11월 7일 1명), 1943년 3차례(4월 10일 71명, 4월 15일 10명, 9월 23일 97명), 1944년 3차례(7월 24일 2명, 9월 19일 1명, 11월 4일 4명), 1945년 1차례(1월 19일 1명) 등 8차례 동원되었음이 확인된다.

71) 金慶海, 「明延鑛山」, 『鑛山と朝鮮人强制連行』, 明石書店, 1987, 22쪽.

72) 관 주도로 3차례(1943년 10월 1일 92명, 10월 20일 1명, 10월 30일 1명), 징용으로 1차례(1945년 1월 17일 57명) 동원되었다.

73) 아산, 천안에서는 동원되지 않았고, 당진과 부여, 서천, 예산에서 각 1명, 공주와 논산, 연기,

10월 1일 92명, 징용 방식으로 1945년 1월 17일 51명이 집단 동원되었다.[74]

다음으로, 나가사키현 지역에서 100명 이상의 충남지역 조선인이 동원된 기업은 2개인데, 요시하라(吉原)광업소 다이시사(大志佐)탄광과 미쓰비시(주) 나가사키(長崎)조선소이다. 키타마쓰우라(北松浦)군 시사쵸(志佐町) 소재 다이시사탄광에는 당진(51명), 연기(31명), 대전(20명), 청양(13명) 등 7개 부, 군에서 110명이 동원되었다.[75] 1943년 6월 23일을 시작으로 6차례에 걸쳐 모두 관 주도 방식에 의해 동원되었다. 특히, 1943년 6월 23일(16명), 1944년 1월 15일(51명)과 6월 18일(46명)에 집단적으로 동원되었다.[76] 나카사키조선소는 아키노우라쵸(飽之浦町)에 위치하였고, 아산(44명), 부여(37명), 서천(36명) 등 6개 부 · 군에서 123명이 동원되었다.[77]

마지막으로 사가현에는 100명 이상의 충남 출신 조선인이 동원된 기업이 3개인데, 메이지(明治)광업(주) 다테야마(立山)탄광, 니시기(西杵)탄광과 기시마(杵島)탄광이다.[78] 다테야마탄광은 오기(小城)군 키타다쿠(北多久)촌에 위치한 탄광으로, 징용에 의해 4차례에 걸쳐 서산(118명), 당진(48명) 두 지역에서만 166명이 동원되었다. 1944년 11월 10일(65명)과 1945년 2월 15일(81명)에 집단 동원되었음이 확인된다.[79] 기시마탄광은 기시마(杵島)

청양 2명, 보령 4명, 금산에서 6명이 동원되었다.

74) 1942~45년 1,100명이 할당되어 899명(할당수의 81.7%)이 동원되었다(『朝鮮人勞働者に關する調査結果(兵庫縣)』, 136~137쪽).

75) 금산, 논산, 보령, 부여, 서천, 아산, 천안, 홍성에서는 동원되지 않았고, 서산과 예산 2명, 공주에서 4명이 동원되었다.

76) 동원일자를 살펴보면, 1943년 1차례(6월 23일 16명), 1944년 5차례(1월 15일 51명, 3월 27일 3명, 6월 13일 2명, 6월 18일 46명, 9월 25일 7명) 등 적어도 6차례 이상 동원되었다.

77) 명부의 설명자료에는 1944년 3,474명, 1945년 2,502명 등 5,975명의 조선인이 동원되었다고 기재되어 있다(『朝鮮人勞働者に關する調査結果(長崎縣)』, 162~259쪽, 261~264쪽). 공주, 금산, 당진, 보령, 서산, 예산, 천안, 청양, 홍성에서는 동원되지 않았고, 논산 1명, 대전과 연기에서 각 2명이 동원되었다.

78) 다테야마탄광에는 1944~45년 300명이 할당되어 309명이 징용되었고, 기시마탄광에는 1942~45년 4,500명이 할당되어 2,043명(할당수의 45.4%)이 동원되었다. 니기시탄광에는 1943~45년 297명이 동원되었다(『朝鮮人勞働者に關する調査結果(佐賀縣)』, 445쪽, 629~635쪽).

군 오마치쵸(大町町)에 있던 탄광으로, 모두 관 주도 방식에 의해 6차례 당진(124명) 등에서 128명이 동원되었다.[80] 1943년 12월 24일(53명), 1944년 2월 22일(43명)에 집단 동원되었음이 확인된다. 또한 기시마군 기타가타쵸(北方町)에 위치한 니시기탄광에는 관 주도 방식으로 5차례에 걸쳐 아산(76명), 천안(31명) 등 8개 군에서 120명이 동원되었다.[81] 특히, 1943년 2월 14일(40명)과 11월 14일(54명), 1944년 4월 9일(46명)에 집단적으로 동원되었다.

이상과 같이 충남지역의 동원 지역과 기업에 대해 살펴보았다. 충남지역에서는 일본의 8개 권역 가운데 시코쿠 지방을 제외한 7개 권역에 동원되었다. 그중에서도 홋카이도(2,809명)와 큐슈지방(2,448명)을 중심으로 동원되었다. 일본지역 48개 도 · 도 · 부 · 현 가운데 24개 도 · 도 · 부 · 현에만 동원되었고 나머지 24개 부 · 현에는 동원되지 않았다. 부 · 현별로 살펴보면, 홋카이도를 비롯하여 후쿠오카현, 시즈오카현, 이바라키현, 사가현, 나가사키현, 이와테현, 효고현, 아키타현 등을 중심으로 동원되었음을 알 수 있다. 이는 경기도 지역에서 후쿠오카현과 아키타현, 강원도에서 효고현과 미에현, 경북에서 아키타현, 전북에서 후쿠오카현과 기후현, 충북에서 나가사키현과 도치키현을 중심으로 동원된 것과 대비된다.

또한 충남지역 강제동원 100명 이상이 집중적으로 동원되는 기업을 살펴보았다. 가장 많은 인원이 동원된 기업은 스미토모(주) 고노마이광산이었다. 그 다음이 메이지광업(주) 히라야마광산, 니혼제철(주) 가마이시제

79) 1943년 다쿠(多久)탄광(1936년 개갱)의 2갱과 3갱을 다테먀아광업소로 再開, 1963년 폐광했다. 광장(鑛長)을 부대장, 채탄계장을 중대장, 선산(先山)을 분대장 등으로 하는 군대식 조직을 만들기도 했다(일제강점하강제동원피해진상규명위원회, 『똑딱선 타고 오다가 바다 귀신될 뻔 했네』, 2006, 93쪽).

80) 공주, 금산, 논산, 대전, 보령, 부여, 연기, 예산, 천안, 홍성에서는 동원되지 않았고, 서산과 서천, 아산, 청양에서 각 1명이 동원되었다.

81) 대전, 보령, 부여, 서산, 연기, 홍성에서는 동원되지 않았고, 금산과 논산에서 각 1명, 공주와 예산에서 각 2명, 청양 3명, 서천에서 4명이 동원되었다.

철소, 히다치광산, 미쓰이(주) 미이케광업소, 우구스광업(주), 홋카이도탄광기선(주) 만지탄광 순이다. 특징적인 점은 충남지역 강제동원자들의 동원지가 탄광, 광산 등에 집중하고 있다는 점이다. 100명 이상 동원된 기업 22개 중 18개 기업이 모두 탄광이나 광산이다.

충남지역에서 집중적으로 동원되는 지역과 기업이 존재함을 알 수 있다. 이는 종래의 緣故 및 地盤 관계를 고려한 강제모집 방식의 할당 및 관주도 방식의 '알선'에서 비롯된 결과로 생각된다. '종래의 연고, 지반 관계 등을 고려'하여 강제모집 지역을 할당하였고,[82] '업무의 중요도, 종래의 연고 및 지반사항, 조선의 노동력 상황 등을 고려하여 알선 인원과 기간을 결정하였다.[83] 즉, 할당과 알선에 공통적으로 나타나는 기준이 종래의 연고 및 지반 관계였다. 실제로 충남지역에서 가장 많은 인원이 동원된 고노마이광산은 강제동원 초기인 1939년 10월 7일(293명)부터 강제모집 방식으로 집단 동원된 이후 1942년 12월까지 무려 37차례에 걸쳐 지속적으로 동원되었고, 두 번째로 많은 인원이 동원된 히라야마광업소도 1941년 1월 12일 강제모집으로 시작된 강제동원이 1944년 6월까지 최소 10차례에 걸쳐 지속적으로 동원된 상황에서도 알 수 있다.

충남지역 강제동원자 중 홋카이도나 큐슈 지역 등의 탄광이나 광산에 동원된 인원은 총 5,436명으로, 전체 충남지역 강제동원자의 55.3%에 달한다. 이는 경기도 지역에서 아사노(淺野)시멘트공업(주), 미노다(稔田)탄광, 오사리자와(尾去澤)광업소에 집중적으로 동원되었고, 강원도에서 나가사키(長崎)중공업(주), 호슈야마탄광, 기슈(紀州)광산에 집중 동원되었으며, 경북에서 하나오카(花岡)광업소와 고사카(小坂)광산에, 전북에서 미노다(稔

82) 「昭和16年度勞務動員實施計劃ニ依スル朝鮮人勞務者ノ內地移入要領實施細目」, 『復命書綴』(CJA0016572)(국가기록원 소장).

83) 「勞務動員計劃ニ依スル朝鮮人勞務者ノ內地移入ニ關スル件」(1942년 4월 21일), 慶尙南道 勞務課, 『勞務關係法令集』, 1944(樋口雄一, 『戰時下朝鮮の農民生活誌』, 社會評論社, 1998에서 재인용).

田)탄광과 가미오카(神岡)광업소에, 충북에서 히라야마탄광, 이오지마(伊王島)광업소와 닛코(日光)광산을 중심으로 동원된 것과 대비된다.[84]

4. 담당업무와 퇴소사유

1) 담당업무

일제 강제동원자명부는 개별 명부마다 그 형식과 내용이 다양하다. 그 중 조선인이 담당하고 있었던 업무를 살펴볼 수 있는 항목이 '職種'이다. 충남지역 강제동원자들은 어떤 업무를 담당하고 있었을까? 강제동원자명부의 '직종'란을 정리한 결과 이를 알 수 있는 인원은 5,036명이었다. 충남

[84] 각 도별로 집중된 지역과 주요 기업의 현황은 아래의 표와 같다.

도명	지역(현)	주요 동원기업 (동원수; 명)
경기	후쿠오카	아사노(淺野)시멘트공업(주)(970), 히라야마광산(737), 미쓰비시(주) 미노다(稔田)탄광(574), 미이케광업소(546)
	아키타	미쓰비시(주) 오사리자와(尾去澤)광업소(639)
강원	효고	나가사키(川崎)중공업(주)(560), 일본제철(주)(238)
	후쿠오카	호슈야마탄광(560), 미노다탄광(262)
	미에	이시하라(石原)산업(주) 기슈(紀州)광산(545)
경북	아키타	하나오카(花岡)광업소(1,882), 고사카(小坂)광산(971), 다이코쿠광업개발(주)(322)
	홋카이도	고노마이광산(548), 홋카이도탄광기선(주)(229)
	후쿠오카	히라야마광산(398), 미노다탄광(189), 니혼통운(주)(186)
경남	효고	이쿠노광업소(753), (주)하리마(播磨)조선소(321), 아케노베광산(295)
	나가사키	노가미도아(野上東亞)광업(주) 칸바야시(神林)탄광(269), 도쿠기(德義)탄광(192), 니혼통운(주)(145)
전북	후쿠오카	미노다탄광(967), 일본제철(주) 야와타(八幡)제철소(436)
	기후	미쓰이광산(주) 가미오카(神岡)광업소(1,296)
전남	홋카이도	홋카이도탄광기선(주) (805)
	후쿠오카	미노다탄광(523), 히라야마광업소(518)
충북	나가사키	나가사키광업(주) 이오지마(伊王島)광업소(337), 칸바야시탄광(250)
	후쿠오카	히라야마광업소(578), 미노다탄광(267)
	도치키	닛코(日光)광산(398), 니혼광업(주) 기고가사와(木戸ケ澤)광산(223)

지역 강제동원자들이 구체적으로 어떤 일을 담당하고 있었는가를 분석하는 것은 의미있는 작업이 될 것이다. 아래의 〈그림 15〉는 충남지역 강제동원자의 담당업무를 나타낸 표이다.

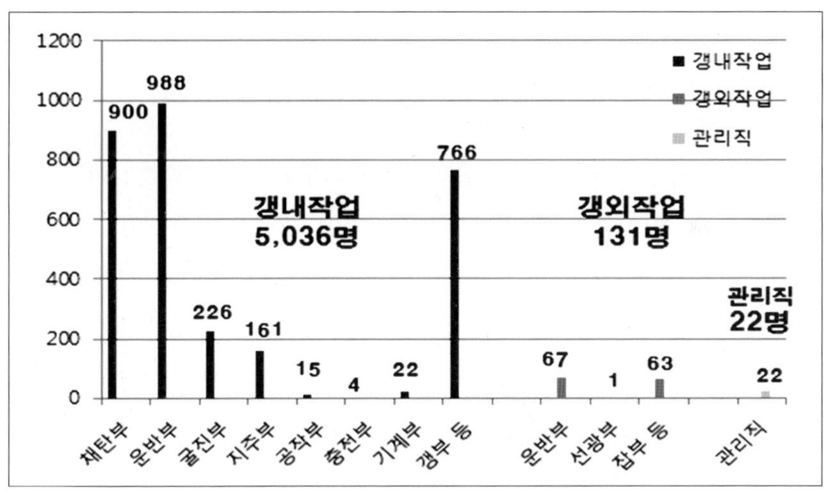

〈그림 15〉 충남 출신 강제동원자 담당업무별 현황

위 〈그림 15〉에서 보는 것처럼, 충남지역 강제동원자들은 다양한 업무에 종사하고 있었다. 坑道를 만들어 나가는 掘進夫,[85] 직접 탄을 캐는 採炭夫,[86] 막장이 무너지지 않도록 받침대를 세우는 支柱夫[87]를 비롯하여 파낸 광석과 폐석을 옮기는 運搬夫,[88] 충전부,[89] 기계부,[90] 갱외작업부(운

85) 坑道의 掘進(굴 모양을 이루면서 땅을 파 들어감) · 수리 등을 하는 사람을 말한다.

86) 직접 탄을 생산하는 작업원을 말한다.

87) 막장이 무너지지 않도록 支柱(버팀목)를 세우는 일을 하는 사람, 즉 持保작업을 하는 작업원을 말한다.

88) 坑內運搬은 광산, 탄광의 막장이나 기타 작업장에서 광석, 폐석, 필요자재 등을 갱구 또는 반대 방향으로 운반하는 것을 말한다. 넓은 뜻으로는 갱내외로의 승강을 위한 인원의 수송도 포함된다.

89) 落盤이나 地表의 沈下를 막기 위하여 殘炭을 캐낼 수 있도록 석탄을 캐낸 자리에 土砂나 암

반부,[91] 선광부[92]), 항만노동자인 沖仲士,[93] 土工,[94] 製鍊夫, 壓延伸張工,[95] 운전사, 자동차 수리공, 雜夫, 保安夫, 試驗夫, 衛生夫, 班長, 組長 등 다양하다.

가장 높은 비율을 차지하는 분야는 탄광 및 광산(69.5%)이다. 앞서도 언급했듯이 충남지역 강제동원자는 홋카이도와 큐슈 지역의 탄광이나 광산에 동원되었음을 알 수 있는 통계이다. 이외에도 토목공사(18.8%), 운수업(6.5%), 제련업(4.2%) 등의 순으로 동원되었다.

그중에서도 채탄부, 굴진부, 운반부 등 갱내작업의 비율(97.1%)이 압도적으로 높다. 이는 1944년 5월 말 유바리(夕張)광업소에 동원된 조선인의 갱내작업 비율(90.2%)을 훨씬 웃도는 수준이다.[96] 충남지역 강제동원자들은 사고나 노동재해가 빈번하고 노동환경이 열악한 탄광과 광산의 갱내작업에 투입되었음을 알 수 있다.[97] 특히, 갱내작업 중에서도 가장 위험하고 힘든 작업인 채탄부와 운반부에 집중(갱내작업 인원의 61.3%)되고 있음을

석을 메워 채우는 인부를 말한다.

90) 기계류, 전기 계통의 보수 및 유지를 담당하는 작업원을 말한다.

91) 坑外運搬 : 광산의 갱 밖 구내에서의 운반은 갱 안에서 운반된 광차나 벨트가 그대로 선광장까지 연장 운행되도록 되어 있으며, 선광장의 貯鑛場에서 역에 마련된 저광장까지는 주로 자동차에 의하여 精鑛이나 석탄을 운반한다.

92) 광석을 분류하는 작업원을 말한다. 選鑛은 광석을 다른 목적광물 또는 무가치한 상분에서 물리적, 기계적 방법 등으로 분리하는 조작을 말한다.

93) 배에서 육지로 화물을 내리거나 육지에서 배로 화물을 쌓는 등 荷役을 하는 항만노동자를 말한다.

94) 토목이나 건축공사에서 土砂를 취급하는 공사에 종사하는 사람이나 땅을 파거나 메우거나 흙을 운반하는 것을 전문으로 하는 사람을 말한다.

95) 각종의 압연기를 사용하여 금속재료를 각종의 형태로 압연하는 일에 종사하는 사람을 말한다. 壓延이란 금속의 塑性을 이용해서 고온 또는 상온의 금속재료를 회전하는 2개의 롤 사이로 통과시켜서 여러 가지 형태의 재료, 즉 板, 棒, 管, 形材 등으로 가공하는 방법을 말한다.

96) 1944년 5월 말 현재 유바리탄광에 동원된 조선인은 5,077명이었는데, 그중 갱내부의 비율은 90.2%에 달했다(北海道炭鑛汽船(주) 夕張炭鑛, 「昭和十九年七月二十二日 夕張炭鑛概況」, 『昭和十九年勤勞查察調查關係書類(其二)』(방위연구소도서관 소장)).

알 수 있다.

위에서처럼 강제동원 조선인은 가장 힘들고 어려운 일에 배치되었다. 특히, 탄광이나 광산에서는 가장 위험하고 힘든 역할인 갱내부에 배치되었다. 그중에서도 채탄부, 굴진부, 운반부의 비율이 높았다. 이와는 반대로 일본인은 갱외부의 역할을 담당했다. 담당 업무 측면에서도 조선인과 일본인 간의 민족 차별이 존재하였다. 이외에도 土工(10.0%, 504명), 雜夫(7.1%, 367명), 沖仲士(1.8%, 90명), 電爐工[98](1.5%, 78명), 壓延伸張工(1.3%, 64명) 등이 눈에 띈다.

2) 퇴소사유

강제동원자명부를 구성하고 있는 항목 가운데 퇴소일자와 퇴소사유가 포함되어 있다. '퇴소사유'란 강제동원자가 강제동원된 기업(사업장)에서 自意나 他意로 退所하게 된 사유를 뜻한다 하겠다.

명부에 기재되어 있는 퇴소사유는 매우 다양하지만, 이를 정리한 것이 〈그림 16〉이다.

담당업무		인원수	비율(%)	담당업무		인원수	비율(%)
갱내부	채탄부	1,668	36.4	갱외부	선탄부	-	0
	굴진부	614	13.4		운반부	237	47.8
	지주부	577	12.6		기계부	5	1.0
	운반부	561	12.2		공작부	31	6.3
	충전부	386	8.4		전기부	7	1.4
	기계부	148	3.2		잡부	216	43.5
	공작부	345	7.5		계	496	0.8
	잡부	282	6.2	합계		5,077	
	계	4,581	90.2				

97) 「강제근로협약」 제21조에 '강제근로는 광산의 갱내근로를 위하여 사용되어서는 안된다.'고 규정되어 있다(「강제근로 협약(1930년)」, 고용노동부, 『ILO 주요협약』, 2012).

98) 電氣爐를 다루는 일을 하는 노동자를 말한다.

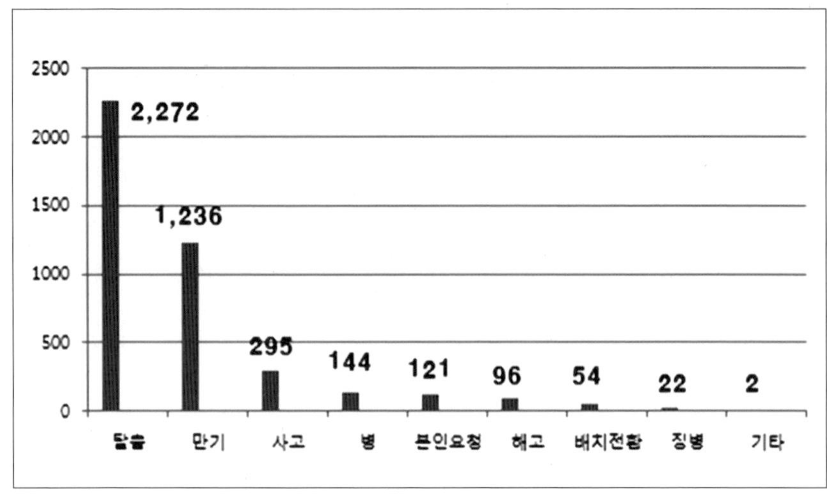

〈그림 16〉 충남 출신 강제동원자의 퇴소사유별 현황

위 〈그림 16〉에서 보는 바와 같이, 충남지역 강제동원자의 퇴소사유를 탈출, 滿期, 事故, 病, 본인요청, 解雇, 配置轉換, 徵兵, 기타 등 크게 8가지로 구분하였다.

이 가운데 가장 높은 비율을 차지하고 있는 사유는 탈출이다. 전체의 53.6%에 해당하는 2,272명이 해당된다. 그러니까 퇴소자 2명 중에 적어도 1명 이상은 탈출했던 것이다. 이는 그만큼 충남지역 조선인의 동원이 강제적이었으며, 충남지역 조선인의 적극적 항거가 탈출의 형태로 실행되었음을 뜻하는 것이라 할 수 있다.

두 번째로 높은 비율을 차지하는 것이 滿期이다. 이는 계약기간이 만료되어 동원된 기업(작업장)에서 벗어날 수 있었음을 뜻한다. 1,236명이 이에 해당하는데 전체의 29.1%를 점하고 있다. 그런데 이들 가운데 38.3%(474명)이 1945년 8월 15일 이후 계약이 만기되었는데, 이는 일제가 패망한 이후에도 여전히 작업에 투입되는 상황이었음을 알 수 있다.[99)]

강제동원된 조선인의 '계약기간'은 보통 2년이었다. 1939년 10월~1941년 조선인이 동원된 이후 계약기간이 만료되는 시점은 1941년 10월~43년이었다. 그러나 일제는 계약기간이 만료된 이후에도 재계약을 강요하였다. 이 시기 조선인의 집단투쟁이 급증하는 이유도 '재계약의 강요' 때문이었다.

세 번째는 사고이다. 전체의 약 7.0%에 해당하는 435명이 사고로 작업장을 벗어날 수 있었다. 사고로 인한 장애로 인해 겨우 강제노동의 현장에서 해방될 수 있었다. 필자는 강제동원자의 증언을 채록할 때마다 "다리나 배, 등이나 어깨 등의 흉터를 직접 보여주며 죽을 뻔한 사연"을 들을 수 있었다. 그런데 전체 사고 인원 435명 가운데 사망한 인원이 311명으로 71.5%에 달한다.[100] 당시의 열악한 노동조건 속에서 사고는 곧 죽음으로 이어졌다. 결국 사고로 인한 죽음으로 강제노동 사업장에서 해방될 수 있었던 것이다.

---

99) 해방 이후 계약만기 강제동원자 현황(1945년 8월 15일~1946년 5월 14일)

퇴소일		인원	퇴소일		인원	퇴소일		인원	퇴소일		인원
年	月日		年	月日		年	月日		年	月日	
	8.24	3		9.23	40		11.26	1	1	12.2	8
	8.30	11		10월	12		10.25	1	9	12.7	3
	8.31	12		10.2	30		10.26	15	4	12.30	2
	9.1	4		10.5	2		11.8	19	5	소계	465
1	9.3	116	1	10.7	1	1	11.13	3		1.10	1
9	9.10	9	9	10.8	78	9	11.18	2		2.7	1
4	9.13	35	4	10.10	7	4	11.19	1	1	3.30	4
5	9.15	1	5	10.11	2	5	11.21	1	9	3.31	1
	9.17	12		10.13	1		11.22	3	4	4월	1
	9.21	1		10.15	1		11.23	1	6	5.14	1
	9.22	6		10.18	2		11.30	19		소계	9
									총계		474

100) 사고사(事故死)의 사유별 현황은 아래의 표와 같다.

사유	인원	사유	인원	사유	인원
낙반(落磐)	52	추락(墜落)	7	발파(發破)	1
공상(公傷) 사망	21	감전(感電)	6	업무상 간장파열	1
사망	20	낙경(落硬)	6	사고 사망	1
가스폭발, 폭사(爆死)	18	화상(火傷)	3	스킵	1
전재사(戰災死)	17	소사(轢死)	3	공습	1
광차(鑛車),탄차(炭車)	16	압사(壓死)	2	원동기 사고	1
가스중독, 질식	11	전락(轉落)	2	불명(不明)	110
업무상 사망	9	매몰(埋沒)	1	계	311

네 번째는 병이다. 총 144명으로 3.4%에 해당한다. 부족한 식사량과 식사의 질, 집단생활, 그리고 강제노동 속에서 조선인은 병약해져 갔다. 때문에 전염병에 쉽게 노출되었다. 특히 病死한 조선인 11명(0.12%)이 확인되는데, 폐결핵, 급성신염, 말라리아 등이 원인이었다.

기타 配置轉換 및 徵兵의 사유가 주목된다. 배치전환은 원래의 동원된 기업(사업장)에서 다른 기업(사업장)으로 이동되어 배치되는 것을 뜻한다. 총 54명으로 전체의 1.3%의 비율이다. 강제모집, 관 주도 방식으로 동원되었던 조선인이 다시 징용(현원징용)되는 사례이다. 실제로 1942~44년 만지탄광에 관 주도로 동원되었던 충남지역 조선인 41명이 1944년 4월 25일에 일괄적으로 징용되었다. 또한 징병은 기업(사업장)에 동원되어 종사하던 중에 군인으로 入營되는 경우인데, 총 22명으로 0.5%에 해당하는 비율이다. 강제노동에 시달리던 충남 출신 강제동원자가 군인으로 추출되어 기업(작업장)에서 벗어날 수 있었던 것이다. 배치전환과 징병은 강제동원자 본인의 의지와는 상관없이 다시 징용이나 군인으로 차출된 것인데, 더 악화된 상황 속으로 편입되는 결과가 되었다. 마지막으로 기타의 사유 중에 '익사(溺死)'가 눈에 띈다. 이는 탈출의 과정에서 사망한 것이 아닐까 추측해 본다.

그 외에 終戰도 퇴소사유 중에 하나였다. 일본의 패전으로 말미암아 조선인은 강제노동에 시달리던 기업(작업장)에서 벗어날 수 있었는데, 총 1,386명이 해당한다. 그런데 주목할 점은 1945년 8월 15일 해방 즉시 강제노동의 상황이 해결되지 않았다는 점이다. 해방된 이후인 1945년 8월 16일~1946년 5월 14일 사이 무려 2,189명이 여전히 강제동원된 기업(작업장)에서 벗어나지 못하고 있었다. 특히, 명부에는 해방된 이후부터 1945년 12월 31일 이전까지도 퇴소사유에 여전히 '도주', '도망'이 기재된 인원이 152명에 달한다. 해방된 이후에도 일제는 강제동원된 조선인을 통제하고 있었음을 말해주는 것이다.

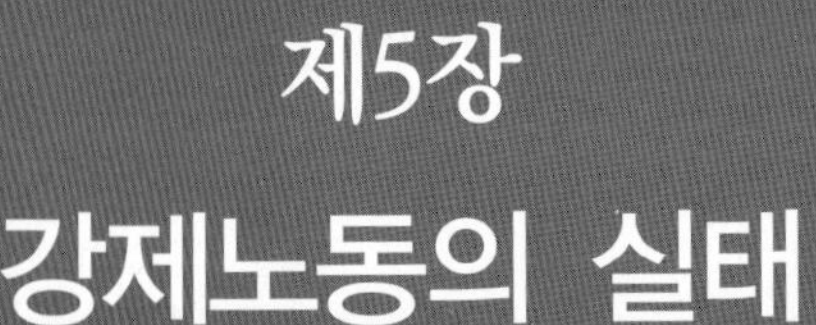

제5장 강제노동의 실태

第5장

강제노동의 실태

1. 군대식 노무관리

1) 인신구속적 통제

강제동원된 조선인은 일본인 노동자들과 달리 하루하루의 日課가 철저히 통제되고 억압과 폭력이 일상화된 감옥과 같은 생활에 놓여 있었다.[1] 기업의 노무관리자를 비롯하여 경찰, 협화회, 헌병 등 다중 통제하의 상황이었다. 무엇보다도 조선인은 군대식 조직에 편제되어 집단생활이 강요되었다. 동원 당시의 隊－班－組의 隊組織이 유지되어 개인생활은 금지되고 모든 행동이 통제되는 삶의 연속이었다.[2]

1) 「강제근로협약」 제16조와 제17조에 의하면, 어떠한 형태의 강제근로도 포함하지 않아야 하고, 음식물 및 기후가 그들에게 익숙한 것들과 현저히 달라서 그들의 건강을 위태롭게 만드는 지역으로 이송되어서는 안되며, 이송이 부득이한 경우라도 새로운 환경에 점차적으로 적응시키는 조치가 도입되어야 하고, 점진적 훈련이나 휴식 제공, 음식물의 추가 공급이나 개선 등의 조치를 취하도록 [illegible] 취사도구의 공급, 거수 및 피복의 만족스러운 공급 등 근로자의 건강을 보호하고 필요한 의료조치를 보장하는 모든 필요한 조치를 취하도록 하였다(「강제근로 협약(1930년)」, 고용노동부, 『ILO 주요협약』, 2012).

2) 「昭和十六年度勞務動員實施計劃ニ依スル朝鮮人勞務者ノ內地移入要領」, 『復命書綴』

일제 당국과 기업은 '작업 및 생활 질서를 바르게 하기 위해 군대식 통솔이 필요하다.'라든가 '담당자의 명령에 따르게 하고 각자 자유행동을 금지시킨다.', '책임감이 없고 게으름 피우는 습관이 있으므로 감독을 철저히 해야 하며 출근을 독려한다.' 또는 '조선인 자체 부대를 조직하여 군대식 훈련을 상시 실시하고, 지도와 감독을 충분히 한다.'는 등 조선인을 군대식으로 감독하고 관리하는 대상으로 인식하고 있었음을 알 수 있다.[3)]

함바(飯場)나 寮라는 숙소에 살면서 집단생활이 이루어졌다. 사업장을 자유로이 떠날 수 없어 직업선택의 자유가 부정되었음은 물론이다. 1942년 4월 홋카이도탄광기선(주) 소라치(空知)광업소에 동원된 윤병렬은 작업을 나갈 때면 이름이 적힌 패를 가지고 다니게 했다고 하고,[4)] 1943년 11월 신호로나이(新幌內)광업소에 동원된 장인식은 탄광에 들어가기 전에 자기 푯말을 돌려놓거나 서명을 하기도 하였다고 한다.[5)]

사업장은 울타리가 쳐져 있었고 초소에서는 24시간 감시가 이루어져 인신 구속적 상태에서 생활하였다.[6)] 후쿠오카현 아카사카(赤坂)탄광은 기숙사 주위에 철조망이 쳐 있었고, 파수병 초소가 설치되어 헌병들이 지키고 있었다.[7)] 큐슈 지역 미쓰비시 탄광의 경우, 숙사의 주위에 높이 6척의 판자

(CJA0016572)(국가기록원 소장).

3) 박경식 지음, 박경옥 옮김, 『조선인 강제연행의 기록』, 고즈윈, 2008, 248~258쪽.

4) 「윤병렬(尹秉烈, 1925년 충남 홍성군 출생)의 증언」, 일제강점하강제동원피해진상규명위원회, 『아홉머리 넘어 북해도로』, 2009, 74~109쪽.

5) 「장인식(張仁植, [illegible] 출생)의 증언」, 일제강점하강제동원피해진상규명위원회, 『아홉머리 넘어 북해도로』, 2009, 110~127쪽.

6) 니가타(新潟)현 電氣化學工業(주)에 동원되었던 金青松의 증언에 의하면, 외출없이 공장 안 [illegible] 때도 항상 인솔자가 있어 개인행동은 금지되었으며, 마 [illegible] 충남 서산군 출생)의 증언」, 일제강점하강제동원피해진상규명위원회 [illegible] 키는데』, 2006, 270~296쪽).

7) [illegible] 162~166쪽.

담장을 치고는 그 위에 다시 6척 높이의 철조망을 가설하여 외부와 차단하였다. 후쿠오카현의 도요가와(豊川)탄광의 경우도 높이 12척의 5푼[8] 판자 담장을 쳤다. 홋카이도 지역의 호쿠류(北隆)광산에서도 '인원이 많을 때는 專任指導員을 두고, 수위 및 守衛所를 설치'토록 하였고, 고치현의 사라타키(白瀧)광산에서는 '경찰기관의 확충과 수위제도의 정비를 강화'토록 하였다.[9] 숙소 주위에 이와 같은 담장 시설을 한 것은 어느 특정한 곳에서만 한정된 것이 아니고 거의 모든 탄광, 작업장에 공통적인 것이었다. 이것은 조선인들의 탈출을 방지하기 위한 목적이었다. 다카마쓰(高松) 탄광의 경우에는 高壓放電 철조망이 둘러쳐져 있었다.[10]

울타리와 철조망이 쳐진 작업장에서 감시를 받으며 생활했음은 다양한 증언을 통해 확인할 수 있다. 1943년 니가타현 니혼(日本)화학공업(주)에 동원된 金鳳來는 울타리 안에서만 살았던 구속적인 삶을 증언하였고,[11] 1944년 1월 후쿠오카현 치쿠호(筑豊)지방의 탄광으로 동원되었던 朴龍植은 당시 철조망 속에서 자유가 없는 동원지에서의 탄광생활을 호소하였다.[12] 일본 야마구치현 우베우키노야마(宇部沖之山)탄광으로 동원되었던 金甲得의 증언에 의하면, 탈출을 방지하기 위해 수용소는 울타리가 둘러쳐져 있었고 입구에는 항상 사무실 직원들이 경비를 서고 있어 외출이 일절 금지되었다고 하였다.[13] 또한 니가타현 전기화학공업(주)에 동원되었던 金靑松도 외출 없이 공장 안에서 꼼짝 못하였고, 마치 감옥생활을 하는

8) 약 3m 70cm 높이이다. 1척(尺)=1자=30.3cm=10치(寸)=100푼(分).

9) [illegible]

10) 김대상 저, 『일제하 강제인력수탈사』, 정음사, 1975, 109쪽.

11) 「김봉래(金鳳來, 1926년 충남 서산군 출생)의 증언」, 일제강점하강제동원피해진상규명위원회, 『가긴 어딜 가? 헌병이 총 들고 지키는데』, 2006, 254~269쪽.

12) 「박용식(朴龍植, 1927년 1월 충남 서산군 출생)의 증언」, 일제강점하강제동원피해진상규명위원회, 『[illegible]』, 2005, 31~51쪽.

13) 「김갑득(金甲得, 1926년 충남 서산군 출생)의 증언」, 일제강점하강제동원피해진상규명위원회, 『가긴 어딜 가? 헌병이 총 들고 지키는데』, 2006, 23~38쪽.

것처럼 죄인 취급을 당하였으며, 작업장에 오갈 때도 항상 인솔자가 있어 개인행동은 금지되었다고 한다.[14] 1942년 나라현 해군시설부로 동원되었던 李承順도 헌병의 감시 속에 생활했던 상황을 증언하였다.[15] 19살 때 야마구치 탄광으로 동원되었던 安秉邱 또한 사방에 있었던 초소의 감시 속에서의 갑갑한 생활을 증언하였다.[16] 1941년 2월 큐슈의 탄광에 동원된 한준석도 당시의 생활이 울타리가 쳐진 안에서 갇혀 있어 감옥 같았다고 고백하였다.[17]

조선인 숙소는 일본인 숙소와 분리되었다. 조선인이 동원된 공장·사업장 등에서는 조선인을 일본인과 구별하여 수용하고, 일본인과의 접촉을 가능한 한 피하도록 조치하였다.[18] 조선인의 숙소는 기존의 건물을 수리하거나 급조한 조립식 건물이었다. 강제동원된 조선인들은 군대식 내무반 같은 숙소에 집단적으로 수용되어 그동안 익숙했던 온돌방이 아닌 일본식 다다미 방에서 생활했다. 조선인 숙소는 말이 기숙사이지 실제로는 감옥과 같았으며, 강제노동을 위한 수용시설이었다.

홋카이도 닛소데시오(日曹天塩)광업소의 경우, 강제동원 조선인은 第一尙和寮, 第二尙和寮 등 조선인들만 거주했던 숙소 2군데와 일본인과 혼재했던 大和寮 등 3동의 寮(건평 240평, 수용인원 200명)에서 생활했다. 가족이 있는 조선인은 가족과 함께 6동(건평 180평)의 수용숙사에서 생활했다. 이 광업소의 寮長은 사세보(佐世保)海軍團 豫備練習隊의 海軍豫備一等兵

14) 「김청송(金青松, 1920년 충남 서산군 출생)의 증언」, 일제강점하강제동원피해진상규명위원회, 『가긴 어딜 가? 헌병이 총 들고 지키는데』, 2006, 270~296쪽.

15) 「이승순(李承順, 1915년 충남 논산군 출생)의 증언」(2011년 필자가 면담함).

16) [illegible] 논산군 출생)의 증언」(2011년 필자가 면담함).

17) [illegible] 출생)의 증언」([illegible]).

18) [illegible]スル非常其ノ他ノ措置ニ關スル件」(特別高等警察部長→각 경찰서장)(변은진, 「[illegible]전쟁기 조선인 '강제동원' 노동자의 저항과 성격－일본내 '보국회' '비밀결사운동'을 중심으로」, 『아세아연구』 제45권 2호, 2002, 56쪽에서 재인용).

曹, 北海道協和會의 指導員을 역임하고, 1927년 조선에서 巡査를 시작으로 1940년 3월에 巡査部長으로 퇴직한 인물이다. 퇴직 후 3개월 만인 6월 同광업소에 入社하였고, 1942년 가을에는 직접 조선에 건너가 경북 봉화군 지역의 조선인 50명을 관 주도 방식으로 동원하기도 하였다.[19] 1941년 12월 당시 후쿠오카현 가이지마(貝島)탄광(주) 오쓰지(大辻)광업소의 第二親和寮 노무관리자였던 모리모토(三本)도 히로시마(廣島)현 출신으로 조선에 건너가 경찰이 되어 경북 永川에 근무했던 인물이다.[20] 이렇듯 강제동원 조선인을 관리하는 寮長과 勞務係員은 군인 출신이거나 경찰 이력을 가진 인물들이 많았다.

조선인은 별도의 구역에서 일본인과 분리되어 집단생활을 강요받았다.[21] 일본인과는 잠도 따로 잤고 식사 장소도 구별되었다. 식사의 악화와 의료품의 부족도 민족 차별에 기인한 것이었다.[22] 김규형의 증언에 의하면, 일본인 숙소는 깨끗하고 다니기도 편했는데, 조선인 숙소는 그 반대였다고 한다.[23]

조선인은 모두 함바나 요에 수용되어 군대식 조직으로 편성되어 집단생활이 이루어졌다. 잠자고 휴식하는 寮는 군대의 내무반과 같아서 입구에는 항상 감시자가 지키고 있었다. 대체로 100명 정도가 수용되는 기숙사는 조선인 노동자의 생활과 '노무관리'를 연결시킨 군대식 조직이었다.[24] 요

19) 日曹鑛業(주) 日曹天塩鑛業所, 『朝鮮人勞働者關係綴 昭和十七年七月~昭和二十年十月』(長澤秀, 「日曹天塩炭鑛と朝鮮人强制連行－會社文書を中心に」, 『在日朝鮮人史研究』 제24호, 在日朝鮮人運動史研究會, 1994에서 재인용).

20) 金英達, 『朝鮮人强制連行の研究　金英達著作集Ⅱ』, 明石書店, 2003, 176~199쪽.

21) 박경식 지음, 박경옥 옮김, 『조선인 강제연행의 기록』, 고즈윈, 2008, 83쪽.

22) 식사 및 의료품 등 배급물자의 不公正 취급은 역시 사실이었다. 조선인 노동자의 식사의 악화는 민족 차별과 寮 관계자의 횡령에 기인하였고, 衣料品의 부족도 심각하였다(山田昭次, 古庄正, 樋口雄一, 『朝鮮人戰時勞働動員』, 岩波書店, 2005, 205~210쪽).

23) 「김규형(金奎衡, 1924년 충남 공주군 출생)의 증언」, 일제강점하강제동원피해진상규명위원회, 『똑딱선 타고 오다가 바다 귀신 될 뻔 했네』, 2006, 138~168쪽.

24) 곽건홍, 「침략전쟁기(1937~1945) 일본에 강제동원된 조선노동자의 존재형태 : 군대식 노동규

마다 불침번을 두고 지도원(매일 교대), 주번(시간 교대), 요당번(2시간 교대)으로 하여금 화재 예방, 탈출 방지 등의 사고를 대비했다. 1개 組씩 교대로 요의 당번 근무를 맡았고, '요 생활의 반성 및 개선향상'을 위해 매달 또는 매주 寮役員堂會를 열기도 하였다.[25]

오이타(大分)현의 사가노세키(佐賀關)제련소는 강제동원 조선인 30명당 1명의 전담관리자를 배치하였고[26], 홋카이도 닛소데시오광업소는 3개의 寮에 9명의 계원들을 배치하고 있었다.[27]

출신지 面別로 숙소에 수용되었고, 동원 당시의 隊조직이 동원지에 도착한 이후에도 유지되었다.[28] 다만 가족이나 친척은 같은 숙소에 수용되지 않았다. 신규로 동원된 조선인은 기존 동원되어 온 조선인과는 다른 요(혹은 다른 室)에 수용함을 원칙으로 하였고, 훈련기간 후에는 班별로 요에 배치되고 作業番方에도 편성되었다. 각 실의 입구에 반장과 반원의 명

율과 노동조건의 민족적 차별을 중심으로」, 『아세아연구』 제45권 2호, 2002, 21쪽.

25) 中央協和會, 『移入勞務者訓練實施の具體的硏究』, 1944, 13쪽(아시아역사자료센터 소장).

26) 오이타(大分)현의 사가노세키(佐賀關)제련소의 경우, 조선인 30명당 전담관리자 1명을 배치하여 지도하였다. 실제로 감독자를 배치하였다(박경식 지음, 박경옥 옮김, 『조선인 강제연행의 기록』, 고즈윈, 2008, 261쪽).

1. 야마노우에(山の上) 주택구역(현 조선인 236명, 종래 초대 283명)

직별	인원	용무
수위장	일본인 3명	경계(3교대)
조수(잡부)	조선인 3명	경계(3교대)
조수(잡부)	일본인 2명	통역, 잡무, 捲揚機(주간)

2. 휴가도마리(日向泊) 주택(현 조선인 70명, 종래 최대수 75명)

직별	인원	용무
수위장	조선인 1명	공급소 병원 용건 등(주간)
조수(잡부)	조선인 1명	공급소 병원 용건 등(야간)

27) 寮長은 係員들과 寮에 머무르면서 강제동원 조선인들을 관리했다. 계원은 모두 9명이었는데, 第一尙和寮 4명(일본인 3명, 조선인 1명), 第二尙和寮 4명(일본인 2명, 조선인 2명), 大和寮 1명(일본인) 등이었다(日曹鑛業(주) 日曹天塩鑛業所, 『朝鮮人勞働者關係綴 昭和十七年七月~昭和二十年十月』(長澤秀, 「日曹天塩炭鑛と朝鮮人强制連行－會社文書を中心に」, 『在日朝鮮人史硏究』 제24호, 在日朝鮮人運動史硏究會, 1994에서 재인용)).

28) 朝鮮人强制連行實態調査報告書編纂委員會, 『北海道と朝鮮人勞働者』, 1999, 230~235쪽.

찰을 달아놓도록 하였다.[29]

군대식 내무반과 같았던 조선인 요는 내지인 요에 비교하여 건물도 粗末하고 제 설비도 불완전하였다. 호로나이광업소 조선인 요의 1인당 면적은 평균 2평 정도였는데, 호로나이광은 특히 1.76평에 불과하였다.[30] 조선인 요는 입구에 번호를 붙여 구별하였는데, 사무소, 취사장, 식당, 浴場, 건조실, 요장실 등으로 이루어져 있었다.

고노마이광산에 동원된 조선인은 7개의 協和寮에 수용되었다. 협화요는 작업장에서 100m 정도 떨어진 곳에 위치하였는데, 한 요에는 200명 정도가 수용되었다. 요의 건물배치는 전체 관할이 편리한 곳에 사무실을 두고, 그 내부에는 경비실을 두어 감시가 용이하도록 했다. 중앙 복도를 중심으로 양측에 室을 배치하고, 목욕탕은 따로 설치하였다. 식당은 1요 1개소를 원칙으로 취사장과 일렬로 배치되었다. 조선인에 대한 감시와 통제를 위해 요의 배치나 감시요원이 상주하는 사무실의 위치도 중앙 복도의 끝으로 내부 감시가 용이한 지역에 두었다.[31] 1942년 나라현 해군시설부로 동

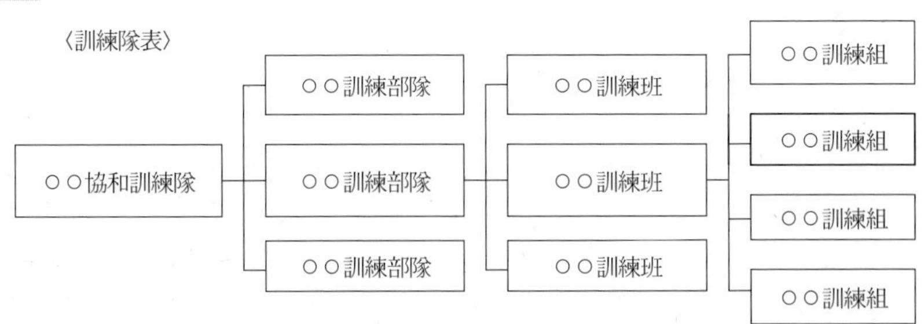

29) 中央協和會, 『移入勞務者訓練實施の具體的研究』, 1944, 14쪽(아시아역사자료센터 소장).

훈련조직	요의 수용	작업편성
○○부대 제1班	○○요 제1室	1番方
○○부대 제2班	○○요 제2室	1番方
○○부대 제3班	○○요 제3室	2番方
○○부대 제4班	○○요 제4室	2番方

30) 桑原眞人, 『戰前期北海道の史的研究』, 北海道大學圖書刊行會, 1993, 222~223쪽.

31) 서혜선, 「스미토모(住友) 고노마이(鴻之舞) 광산의 조선인 노무자 동원 실태, 1939~1942년」,

원되었던 李承順은 당시의 숙소를 '창고 같이 형편 없던 곳'으로 기억하고 있었다.[32)]

일부 외출이나 편지가 가능한 곳도 있었지만, 대부분은 외출이 금지되었고 편지 왕래도 할 수 없었다. 〈出動勞務者訓練服務心得準則〉에 의하면, 편지의 왕래는 指導職員을 거쳐 알 수 있도록 하였다. 또한 외래자와의 면회 또한 지도직원의 허가를 얻어야 했다. 특히 6개월간의 훈련 중에는 외출이 제한되었다. 즉, 제1기 훈련기간(동원일~2개월) 중에는 외출을 인정하지 않고, 제2기 훈련기간(2~4개월) 중에는 책임자 인솔하에 외출할 수 있었으며, 제3기 훈련기간(4~6개월) 중에는 감독자와 동행하여 외출할 수 있었다.[33)] 히다치(日立)광산의 〈協和報國寮外出規定〉에 의하면, 외출 때마다 훈련소에 신고하여 외출증을 교부받고, 행선지, 용건, 소요시간 등을 신고하게 하였다. 외출은 種別로 허가시간이 달랐다.[34)] 특히, 외출을 매주 2회로 제한하였다.[35)]

일제는 강제동원 조선인에게 '書翰指導'를 실시하였다. 부모나 가족에게 쓰는 편지를 '생산증강상 가장 중요한 일'로 평가했다.[36)] '서한지도'에 의하

『한성사학』 28, 2013, 88~89쪽.

32) 「이승순(李承順, 1915년 충남 논산군 출생)의 증언」(필자가 2001년 구술자 자택에서 3차례(12월 7일, 12월 19일, 12월 21일) 면담).

33) 中央協和會, 「出動勞務者訓練服務心得準則」, 朴慶植 編, 『在日朝鮮人關係資料集成』 제4권, 1975.

34) 「日立鑛山に於ける半島人勞務者と語る」(김민영, 『일제의 조선인노동력수탈연구』, 한울, 1995, 129쪽 재인용).

35) 히다치광산의 〈移動防止를 위한 管理方法〉에 의하면, 일제는 조선인의 외출이나 지출을 방임하면 생활 규율이 파괴되고 주색에 빠지며 도박을 하는 등 게으른 생활에 빠지게 될 것을 우려하여 외출을 매주 2회(단 부득이한 경우는 예외)로 제한하고, 월 10엔 정도의 용돈만 주었음을 알 수 있다(박경식 지음, 박경옥 옮김, 『조선인 강제연행의 기록』, 고즈윈, 2008, 256쪽).

36) 書翰指導를 설명하면서 '살던 고향을 떠나 환경, 생활이 다른 일본에서 알지 못하는 자와 새로운 요 생활과 직장생활을 하는 것은 정신적으로 큰 변화를 가져오는 것은 말할 필요도 없다. 이런 가득 찬 감정을 변화시켜 銃後奉公에 매진하는 今日의 생활을 부모에 통신시키는 것은 生産增强상 가장 중요한 일이다.'라고 하였다.

면, 국민의식을 앙양하는 戰果의 발표라든가 戰場과 요 생활의 즐거운 週間反省 후에 편지를 쓰게 하고, 가급적 인사말로 끝내지 않고 생활 상황이 '손에 잡히도록' 고향의 부모님께 전하도록 지도하였다. 특히, 정신적으로 타격을 입은 때라든가 병에 걸린 때에는 편지를 쓰지 못하도록 특별지도를 하였다.[37]

위의 '서한지도'의 내용은 다양한 증언을 통해 확인할 수 있다. 편지가 가능했어도 불평은 적을 수 없어 "건강하니까 걱정하지 말라."는 정도의 안부가 전부였고,[38] 편지봉투를 봉인하지 않고 제출하도록 하였는데 검열을 받은 후 관리자가 알아서 봉인해서 보냈다. 편지내용도 "잘 있다. 건강하다." 식으로 통제를 받았다.[39] 박용식의 증언에 의하면, 모두가 편지를 쓸 수 있었던 것은 아니고 다치지 않고 사고 없이 '성적이 우수'했던 사람에 한해서 편지를 쓸 수 있었다고 한다. 그나마도 편지를 검열당하여 불평불만은 할 수 없는 그야말로 '허위선전'의 도구였음을 고백하고 있다.[40]

강제동원된 조선인은 철조망이 둘러쳐진 작업장 내에서 노무관리자의 감시 속에서 강제노동에 시달리고 있었다. 마치 감옥생활을 하는 것처럼 죄인 취급을 당했으며, 개인행동은 금지되었고 작업장에 오갈 때도 인솔자가 동행하였다. 군대식 내무반 같은 숙소에서 집단생활이 이루어졌고, 일본인들과는 철저하게 분리되었다. 조선인 숙소는 열악하기 그지없었다. 숙소의 배치는 감시가 편하도록 사무실을 입구 쪽에 두었고, 숙소에서의 생활은 1인당 1평 남짓한 공간 속에서 24시간 내내 감시 속에서의 삶이었

37) 中央協和會, 『移入勞務者生活訓練必携』(아시아역사자료센터 소장).

38) 「이수철(李秀哲, 1923년 충남 서산군 출생)의 증언」, 일제강점하강제동원피해진상규명위원회, 『당꼬라고요?』, 2005, 148~177쪽.

39) 「김기옥(金基玉, 1927년 충남 서산군 출생)의 증언」, 일제강점하강제동원피해진상규명위원회, 『똑딱선 타고 오다가 바다 귀신 될 뻔 했네』, 2006, 223~41쪽.

40) 「박용식(朴龍植, 1927년 충남 서산군 출생)의 증언」, 일제강점하강제동원피해진상규명위원회, 『당꼬라고요?』, 2005, 31~51쪽.

다. 일부 편지와 외출이 가능한 사업장도 있었지만, 많은 경우 외출은 물론 편지도 자유롭지 못했다. 그나마 편지를 쓸 수 있는 경우에도 검열이 이루어지는 상황이라 불평불만은 할 수 없었고 안부 인사를 묻는 정도였다.

2) 폭력의 일상화

강제동원된 조선인의 일상은 폭력 그 자체였다. 당시를 회상하는 증언자들 모두가 조선인이 맞는 것을 보았거나 혹은 직접 폭력을 경험할 만큼 조선인에 대한 폭력이 일상화되어 있었다. 1943년 6월 홋카이도 아사지노(淺茅野) 비행장에 동원되었던 지옥동은 감독이 몽둥이를 들고 작업을 독려하였고, 감독의 구타가 일상적이었다고 하였다. 특히 본인도 일본인 감독한테 맞아 고막이 터져 지금도 오른쪽 귀가 들리지 않는다고 하였다.[41) 1942년 나라현 해군시설부에 징용되었던 이승순도 구타당하는 일은 일상적인 것이었으며, 본인도 얼굴이 멍들고 치아가 상했다며 자신이 경험한 폭력을 증언하였다.[42) 1944년 가을 미쓰비시광업(주) 신시모카와(新下川) 광산으로 동원된 김태순은 홍성 출신 노인이 경찰에게 구타당하는 것을 목격하였고,[43) 1944년 후쿠오카현 치쿠호지방의 탄광으로 동원된 박용식도 자신이 목격한 당시의 심한 폭력적인 구타상황에 대해 증언하였다.[44)

강제동원 조선인은 일상적인 폭력만이 아니라 심한 고문도 당했다고 한

41) 「지옥동(池玉童, 1927년 충남 천원군 출생)의 증언」, 일제강점하강제동원피해진상규명위원회, 『아홉머리 넘어 북해도로』, 2009, 366~381쪽.

42) 「이승순(李承順, 1915년 충남 논산군 출생)의 증언」(필자가 2001년 구술자 자택에서 3차례(12월 7일, 12월 19일, 12월 21일) 면담).

43) 「김태순(金泰淳, 1930년 충남 부여군 출생)의 증언」, 일제강점하강제동원피해진상규명위원회, 『아홉머리 넘어 북해도로』, 2009, 232~265쪽).

44) 「박용식(朴龍植, 1927년 1월 충남 서산군 출생, 1944년 1월 후쿠오카현 치쿠호(筑豊)지방의 탄광에 동원)의 증언」, 일제강점하강제동원피해진상규명위원회, 『당꼬라고요?』, 2005, 31~51쪽.

다. 1943년 5월 후쿠오카현 가미야마다(上山田) 탄광에 동원되었던 金奎衡은 자신이 경험한 고문을 두려워하여 탈출을 선택하였다.[45] 1941년 9월 우루시오(漆生)탄광에 동원된 廉燦淳도 구타와 함께 물고문 당하는 광경을 목격했다고 한다.[46] 심지어는 매를 맞아 정신 이상이 되거나 자살하는 청년도 있었다.[47]

강제동원 조선인과 일본인 노동자 사이에 不和가 생기거나 다툼이 발생하는 경우 노무관리자나 순사는 일방적으로 일본인 노동자의 편이었다. 심지어는 합세하여 조선인을 나무라면서 폭행하는 일이 비일비재하였다.[48]

이상과 같이, 충남 출신 강제동원자는 전혀 직업 선택의 자유를 갖지 못하였고, 일본인들의 감시를 받으며 제한된 공간에 속박되어 생활하였다. 최소한의 인간적 대우도 받지 못한 채 비인간적인 억압적·폭력적 체제 속에서 강제노동에 시달리고 있었다. 인간으로서의 기본적 인권이 무시된 채 상시적인 감독의 몽둥이질과 경찰의 폭력은 '언제 또 맞을지 모른다'는 두려움을 느낄 정도였다. 일제의 일상화된 민족 차별과 폭력 때문에 조선인은 반일감정이 점차 높아져 갔다.

45) 「김규형(金奎衡, 1924년 충남 공주군 출생)의 증언」, 일제하강제동원피해진상규명위원회, 『똑딱선 타고 오다가 바다 귀신 될 뻔 했네』, 2006, 138~168쪽.

46) 「염찬순(廉燦淳, 경남 거창군 출생, 1941년 9월 26일 후쿠오카현 미쓰이 야마노(山野)광업소 우루우(漆生)탄광 동원)의 증언」, 하야시에이다이 저, 신정식 역, 『일제의 조선인노동 강제수탈사』, 비봉출판사, 1982, 147~150쪽.

47) 「안용한(安龍漢, 1943년 2월 후쿠오카현 호슈(豊州)탄광 동원)의 증언」, 하야시에이다이 저, 신정식 역, 『일제의 조선인노동 강제수탈사』, 비봉출판사, 1982, 136~147쪽.

48) 1943년 8월 16일 일본광업(주) 산요(山陽)무연탄광업소의 대규모 항쟁사건은 강제동원 조선인과 일본인 노동자 사이의 言辭로 시작되었으나, 일본인 노무계(3명)가 편파적으로 일본인을 편들자 조선인 300명의 분노가 폭발한 사건이다(「移入勞務者の集團暴行騷擾事件」(특고월보 1943년 9월), 내무성 경보국 보안과, 『특고월보』 제33집).

2. 노동환경

1) 노동시간

일제는 內鮮一體를 주장하며 원칙적으로는 일본인과 조선인의 차별이 없는 것처럼 위장하였다. 홋카이도탄광기선(주)이 1939년 10월 1일 제정했던 〈移入勞務者訓練及取扱要綱〉[49]에 의하면, '임금, 노동시간 등은 賃金統制令, 就業規則 등 모든 제 규정이 정하는 바에 의해 식사, 숙소, 복리, 의료 등에서도 차별적 대우를 하지 않는다.'라고 규정되어 있고, 조선총독부가 제정한 〈鮮人內地斡旋要綱〉(1942년 2월 20일 실시)에도 '본 要綱에 의해 알선한 조선인 노무자의 처우에 대해서는 가능한 한 일본인 노무자와의 사이에 차별이 없는 것으로 한다.'라고 규정되어 있다.[50] 조선인 강제동원에 대해 문헌사료로써만 연구를 수행할 경우 위험한 까닭이 여기에 있다. 때문에 피지배자로서 착취받은 상황을 재구성하기 위해서는 반드시 피지배자의 실제 경험(구술자료)이 반영되어야 할 필요가 있다.[51]

하지만 실제로는 엄연히 일본인과 조선인 사이에는 민족 차별이 존재하였다. 일제는 식민지 조선인에 대한 민족적 멸시관념에 기반하여 직종, 부서, 임금, 숙사, 식사 등 생활의 모든 면에서 민족차별을 시행하였다.[52]

노동시간은 광업소별로 약간씩 차이가 있었는데, 교대가 없는 경우에는 새벽 6시~오후 6시, 2교대인 경우에는 새벽 4시~오후 2시와 오후 2시~밤

49) 北海道炭鑛汽船株式會社, 「七十年史・勤勞篇－第一次 稿本－」, 林えいだい 監修・責任編集, 加藤博史 編集, 『戰時外國人强制連行關係史料集』 朝鮮人2 中卷, 明石書店, 1991.

50) 戸塚秀夫, 「日本帝國主義の崩壞と「移入朝鮮人」勞働者」, 隅谷三喜男 편, 『日本勞使關係史論』, 東大出版, 1997, 210쪽.

51) 일제의 조선인 강제동원 관련 연구에서 구술자료는 적극적으로 활용되어야 한다. 구술자료의 진실성을 검증해야 하겠지만, 구술채록을 할 때마다 놀랍도록 당시의 상황을 또렷하게 기억하고 있음을 경험한다.

52) 김민영, 『일제의 조선인노동력수탈연구』, 한울, 1995, 151쪽.

11시 또는 새벽 6시~오후 4시, 오후 4시~새벽 2시, 3교대인 경우에는 새벽 6시~오후 2시, 오후 2시~밤 10시, 밤 10시~새벽 6시이거나 새벽 6시~오후 4시, 오후 2시~밤 11시, 밤 11시~아침 7시 등이었다.[53] 홋카이도 탄광의 1인당 노동시간을 보면, 1943년(4期) 당시 20세 미만은 11.4~11.9시간, 30세

53) 노동시간은 아래의 표와 같이 광업소별로 약간씩 차이가 있었다(勞働科學研究所, 「半島勞務者勤勞狀況に關する調査報告」, 朴慶植 編, 『朝鮮問題資料叢書』 제1권, アジア問題研究所, 1982).

구분			교대제	교대없음	一番方	二番方	三番方
A광업소			2교대제	-	05:00~14:00	14:00~23:00	-
B광업소			2교대제	-	06:30~16:30	17:00~03:00	-
			3교대제	-	06:00~14:00	14:00~22:00	22:00~06:00
C광업소	갱내부	채탄부 굴진부	교대없음	06:00~18:00	-	-	-
			2교대	-	06:00~16:00	16:00~02:00	
			3교대	-	06:00~15:00	14:00~11:00	11:00~07:00
		지주부	교대없음	06:00~18:00	-	-	-
			2교대	-	06:00~18:00	18:00~06:00	-
		운반부	교대없음	06:00~18:00	-	-	-
			2교대	-	06:00~16:00	16:00~02:00	-
			3교대	-	06:00~15:00	14:00~11:00	11:00~07:00
	갱외부	선탄부 운반부 기계부	교대없음	06:00~16:00	-	-	-
			2교대	-	06:00~16:00	16:00~02:00	-
			3교대	-	06:00~15:00	14:00~11:00	11:00~07:00
		전공 잡부	교대없음	06:00~18:00			
			2교대	-	06:00~18:00	18:00~06:00	
	16세 미만 남자 및 여자		교대없음	06:00~16:00	-	-	-
			2교대제	-	06:00~14:00	14:00~22:00	
D광업소	갱내부	채탄부 지주부	교대없음	06:30~16:30	-	-	-
			2교대	-	06:30~16:30	15:30~01:30	
			3교대	-	06:30~15:30	14:30~11:30	10:30~07:30
		공작부 기계부	교대없음	06:30~16:30	-	-	-
			2교대	-	06:30~16:30	16:30~02:30	-
			3교대		06:30~15:30	14:30~11:30	10:30~07:30
		운반부 잡부	교대없음	06:30~17:30	-	-	-
			2교대	-	06:30~18:30	18:30~06:30	-
			3교대	-	06:30~15:30	14:30~11:30	10:30~07:30
	갱외부	선탄부 운반부 기계부	교대없음	06:30~18:30	-	-	-
			2교대	-	06:30~18:30	18:30~06:30	-
			3교대	-	06:30~14:30	14:30~22:30	22:30~06:30
		공작부 운반부	교대없음	06:30~16:30	-	-	-
			2교대	-	06:30~16:30	16:30~02:30	-

미만은 10.5~11.6시간, 30세 이상은 10.1~11.9시간으로 되어 있는 반면 1944년(1期) 20세 미만은 11.0~11.6시간, 30세 미만은 10.6~11.4시간, 30세 이상은 10.3~11.8시간으로 보고되어 있다.[54] 하지만 강제동원 조선인은 12시간 이상의 장시간 노동에 시달리고 있었다.[55]

2교대 작업은 2개 팀이 10시간씩, 3교대 작업은 3개 팀이 9시간씩 교대하는 노동체제였으나,[56] 실제로는 12시간을 넘어 14시간 이상의 노동이 빈번하였다. 1944년 야마구치 탄광에 동원된 안병구의 경우, 2교대 작업을 하였는데 아침 6시부터 저녁 8시까지 약 14시간 동안 노동에 시달렸음을 증언하였다.[57] 특히, 가장 어렵고 힘든 작업에 종사했던 '다코베야'의 조선인 또한 2교대로 12시간 이상의 강제노동에 시달리고 있었다. 윤병렬의 증언에 의하면, 홋카이도탄광기선(주) 소라치(空知)광업소에서 보통 3교대로 작업하던 일을 다코베야의 조선인은 2교대로 작업을 하여 훨씬 더 오랜 시간 작업을 하는 구조였다고 하였다.[58] 후쿠오카현 호슈(豊州)탄광 가미다(神田)광업소의 坑長이었던 사카다 쓰구모(坂田九十百)의 증언에 의하면, 1일 15시간 노동은 부득이한 일이었다. 출탄량이 약 5배나 증가될 정도로

54) 朝鮮人强制連行眞相調査團,『强制連行・强制勞動の記錄－北海道・千島・樺太篇』, 現代史出版會, 1974, 169쪽.

55) 「강제근로협약」 제12조와 제13조, 제18조에 의하면, 강제근로에 동원될 수 있는 최장기간은 근무장소를 왕복하는 데 소요되는 시간을 포함하여 60일을 초과해서는 안되고, 통상적인 근로시간과 동일하여야 하며, 주당 1일의 휴일이 부여되어야 한다(「강제근로협약(1930년)」, 고용노동부, 『ILO 주요협약』, 2012).

56) 採炭夫의 노동시간은 아래의 표와 같다(朝鮮人强制連行實態調査報告書編纂委員會, 『北海道と朝鮮人勞働者』, 1999, 234쪽).

구분	노동시간	노동 시각
교대없음	10	06시~16시
2교대	10	1番方 06시~16시 / 2番方 15시~01시
3교대	9	1番方 06시~16시 / 2番方 14시~23시 / 3番方 22시~07시

57) 「안병구(安秉邱, 1925년 충남 논산군 출생)의 증언」(2001년 필자가 면담).

58) 「윤병렬(尹秉烈, 1925년 충남 홍성군 출생)의 증언」, 일제강점하강제동원피해진상규명위원회, 『아홉머리 넘어 북해도로』, 2009, 74~109쪽.

채탄 현장에서의 노동이 강화되었다.[59]

2교대나 3교대 모두 사업장 내에서는 잠시도 쉬는 시간 없이 하루 온종일 노동이 이루어지고 있었다. 같은 사업장에서도 맡은 업무에 따라 2교대와 3교대가 혼용되기도 하였다.[60] 채탄부, 굴진부, 운반부 등 갱내작업의 육체노동이 3교대 중심이었다. 미쓰비시(三菱)광업(주) 신시모카와(新下川)광산의 경우, 굴 안의 갱내작업은 3교대였고 選炭場은 2교대였다고 한다.[61] 홋카이도탄광기선(주) 소라치광업소는 3교대였고, 야마구치현 모토야마(本山)탄광에서는 아침 9시부터 저녁 6시까지 일했다고 한다.[62] 홋카이도탄

59) 「사카다 쓰쿠모(坂田九十百, 전 호슈(豊州)탄광 가미다(神田)광업소 坑長)의 증언」, 하야시 에이다이 저, 신정식 역, 『일제의 조선인노동 강제수탈사』, 비봉출판사, 1982, 147~150쪽.

60) 아래의 표는 〈夕張炭鑛의 就業時間 一覽表〉이다. 강제동원 조선인의 경우, 이 일정이 지켜졌는지는 의문이다(朝鮮人强制連行眞相調查團, 『强制連行・强制勞動の記錄－北海道・千島・樺太篇』, 現代史出版會, 1974, 168~172쪽).

<table>
<tr><th colspan="2">구분</th><th>교대없는 경우</th><th>2교대의 경우</th><th>3교대의 경우</th></tr>
<tr><td rowspan="3">갱내부</td><td>掘進夫, 採炭夫, 保安夫, 運搬夫, 機械夫, 工作夫, 雜夫</td><td>06시~16시
(10시간)</td><td rowspan="2">1番方 06시~16시
2番方 16시~02시
(10시간)</td><td rowspan="2">1番方 06시~15시
2番方 14시~23시
3番方 22시~07시
(9시간)</td></tr>
<tr><td>支柱夫</td><td>06시~16시
16시~02시
22시~06시
(8시간)</td></tr>
<tr><td>運搬夫, 機械夫, 工作夫, 電工, 雜夫</td><td>06시~18시
(12시간)</td><td>1番方 06시~18시
2番方 18시~06시
(12시간)</td><td></td></tr>
<tr><td rowspan="3">갱외부</td><td>選鑛夫</td><td>06시~16시
22시~05시
(10시간)</td><td rowspan="2">1番方 06시~16시
2番方 16시~02시
(10시간)</td><td rowspan="2">1番方 06시~15시
2番方 14시~23시
3番方 22시~07시
(9시간)</td></tr>
<tr><td rowspan="2">運搬夫, 機械夫, 工作夫, 電工, 雜夫</td><td>06시~16시
(10시간)</td></tr>
<tr><td>06시~18시
(12시간)</td><td>1番方 06시~18시
2番方 18시~06시
(12시간)</td><td></td></tr>
</table>

61) 「김태순(金泰淳, 1930년 충남 부여군 출생)의 증언」, 일제강점하강제동원피해진상규명위원회, 『아홉머리 넘어 북해도로』, 2009, 232~265쪽).

62) 「김동업(金東業, 1914년 충남 서산군 출생)의 증언」, 일제강점하강제동원피해진상규명위원회, 『가긴 어딜 가? 헌병이 총 들고 지키는데』, 2006, 41~56쪽.

광기선(주) 신호로나이(新幌內)탄광[63]과 이와테현 니혼제철(주) 가마이시(釜石)광산,[64] 니가타현 니혼화학공업(주),[65] 가고시마현 소재 제련소,[66] 나가사키현 미쓰비시조선소[67] 등은 증언을 통해 2교대 작업이었음을 알 수 있다.

특히, 일본인 감독의 감시하에서 제대로 쉬지도 못하며 강제노동에 시달렸다.[68] 모토야마탄광의 운반부로 동원된 김동업은 삽으로 구루마(수레)에 탄을 싣는 일을 했는데, 일본인 감독관의 감시 때문에 잠시도 쉬지 못하고 일을 해야만 했다. "天命으로 살아올 수 있었다."고 회상하였다.[69]

강제동원 조선인은 12시간 이상의 노동에 시달린 경우가 많았다. 원칙적으로 정해진 노동시간이 있었지만, 12시간 이상 장시간의 강제노동에 시달려야 했다. 2교대 혹은 3교대로 작업장은 쉴 새 없이 하루 온종일 작업이 이루어졌다. 같은 사업장에서도 맡은 업무에 따라 2교대와 3교대가 혼용되기도 하였는데, 채탄, 굴진, 운반 등 가장 어렵고 힘든 육체노동이 주로 3교대였다. 조선인은 장시간의 노동시간 동안 일본인 감독의 감시 때문에 조금의 쉼도 없이 일해야만 했다.

63) 「윤병렬(尹秉烈, 1925년 충남 홍성군 출생)의 증언」, 일제강점하강제동원피해진상규명위원회, 『아홉머리 넘어 북해도로』, 2009, 74~109쪽.

64) 「송영빈(宋榮彬, 1929년 충남 부여군 출생)의 증언」, 일제강점하강제동원피해진상규명위원회, 『가긴 어딜 가? 헌병이 총 들고 지키는데』, 2006, 177~199쪽.

65) 「김봉래(金鳳來, 1926년 충남 서산군 출생)의 증언」, 일제강점하강제동원피해진상규명위원회, 『가긴 어딜 가? 헌병이 총 들고 지키는데』, 2006, 254~269쪽.

66) 「유제철(柳濟喆, 1918년 충남 당진군 출생)의 증언」, 일제하강제동원피해진상규명위원회, 『똑딱선 타고 오다가 바다 귀신 될 뻔 했네』, 2006, 25~46쪽.

67) 「임원재(任元宰, 1922년 충남 서산군 출생)의 증언」, 일제하강제동원피해진상규명위원회, 『똑딱선 타고 오다가 바다 귀신 될 뻔 했네』, 2006, 51~72쪽.

68) 휴게시간을 살펴보면, B광업소와 D광업소, E광업소는 일정한 시간이 정해져 있지 않았고, A광업소 30분, C광업소 30분~1시간으로 규정되어 있다(勞働科學研究所, 「半島勞務者勤勞狀況に關する調査報告」(1943년 5월), 朴慶植 編, 『朝鮮問題資料叢書』 제1권, アジア問題研究所, 1982).

69) 「김동업(金東業, 1914년 충남 서산군 출생)의 증언」, 일제강점하강제동원피해진상규명위원회, 『가긴 어딜 가? 헌병이 총 들고 지키는데』, 2006, 41~56쪽.

강제동원된 조선인 노동자의 노동시간을 산출한다는 것은 사실상 무의미하다고 볼 수 있다. 군대식 편제와 노동규율에 따라 작업시간은 물론이고 기숙사를 통한 노동통제에 따라 하루 24시간 강제노동에 시달렸기 때문이다.[70]

2) 식사

강제동원 조선인들은 동원된 이후에 가장 힘들었던 점이 "강제적으로 일하는 것도 어려웠지만 가장 견디기 힘들었던 점은 배고픔이었다."라고 한결같이 증언하고 있다. 그 정도로 강제동원 조선인들이 견디기 힘들었던 것 중의 하나가 식사문제였다.

식사의 질도 질이지만 양이 너무 적어 몇 숟가락 먹으면 없어졌다고 한다. 매일매일의 고된 노동과 열악한 노동환경을 견디기에는 부족한 식사량과 음식의 질이었던 것이다.[71] 식사에 있어서도 민족 차별이 존재하였다.[72] 조선인과 일본인은 별도의 식당에서 각각 식사하였다. 식사 배급 측면에서 차별대우를 느낀 강제동원 조선인들의 항쟁사건이 주목된다. 1942년 1월 후쿠오카현 다가와(田川)군 미쓰비시광업(주) 호죠(方城)炭坑에 동원된 조선인 77명은 일본인들에게만 鰤(방어)를 배급한 사실을 알고 '일본인 寮에만 방어를 배급하고, 우리들에게는 代用食을 지급하는 것은 차별대우가 아닌가?'라며 怠業하였다.[73]

70) 곽건홍, 「침략전쟁기(1937~45) 일본에 강제동원된 조선노동자의 존재형태: 군대식 노동규율과 노동조건의 민족적 차별을 중심으로」, 『아세아연구』 제45권 2호, 2002, 28쪽.

71) 「강제근로협약」 제14조와 제16조에 의하면, 작업의 특수한 환경에서 작업 수행에 적합한 상태로 유지하기 위해서 근로자에게 공급하는 특별한 음식이나 피복, 숙박, 공구류의 공급을 위해서는 임금에서 공제할 수 없고, 음식물 및 기후의 새로운 환경에 점차적으로 적응시키는 조치가 도입되어야 하며, 음식물의 추가 공급이나 개선 등의 조치를 취하여야 한다(「강제근로 협약(1930년)」, 고용노동부, 『ILO 주요협약』, 2012).

72) 박경식 지음, 박경옥 옮김, 『조선인 강제연행의 기록』, 고즈윈, 2008, 84쪽.

일제는 강제동원 조선인들에게 '식사훈련'을 실시하였다. 훈련의 요체는 쌀 한 톨, 한 조각의 채소, 한 조각의 魚肉에도 國恩을 감사하고, 희생과 은혜의 結晶인 음식물을 경건한 태도로 먹게 하여 '報恩感謝의 정신과 共存親和의 眞意를 체득시켜 일본인이라는 자부심을 새롭게 하는 것'이었다. 식사의 질과 양이 형편없는 것을 주면서도 '國恩에 감사'하고 '일본인이라는 자부심'을 갖도록 했다는 것은 아이러니가 아닐 수 없다. 일제는 식사훈련을 통해 '찬밥도 기쁘게 먹고, 주어진 것을 감사하게 먹게 하고, 조리가 불충분할 때도 불평을 하지 않도록' 지도하였다. 식당 입구 쪽에 神棚을 만들어 들어올 때마다 경례하게 하였다. 또한 식사 전에는 눈을 감고 合掌하며 "잘 먹겠습니다."를 복창케 하는 한편 식사가 끝난 후에도 눈을 감고 合掌하며 '진수성찬' 식사를 감사하는 기도를 하게 하였다.[74)]

홋카이도 A광업소의 식단을 살펴보면, 아침은 야채국이나 미역국 등이 제공되었고, 점심과 저녁도 일본식 요리를 중심으로 제공되었다.[75)] 12시

73) 「募集に依る移住朝鮮人勞働者の狀況」(특고월보 1942년 1월분), 내무성 경보국 보안과, 『특고월보』 제29집.

74) 中央協和會, 『移入勞務者生活訓練必携』, 1944, 8~10쪽.

75) 홋카이도의 A광업소의 식단이다(勞働科學研究所, 「半島勞務者勤勞狀況に關する調査報告」(1943년 5월), 朴慶植 編, 『朝鮮問題資料叢書』 제1권, アジア問題研究所, 1982).

일	아침	점심	저녁	일	아침	점심	저녁
1	야채국	야채국 양배추볶음	무국 생선조림	16	야채국	미역국	야채국 조린요리
2	야채국	미역국 야채튀김	야채국 해산물조림	17	야채국	무국 생선조림	미역국 야채볶음
3	야채국	야채국 야채볶음	야채국 양배추볶음	18	야채국	야채국 채소절임	두부국 생선조림
4	미역국	야채국	야채국 생선조림	19	미역국	야채국 해산물조림	야채국 곤약고기조림
5	야채국	야채국 해산물조림	야채국 채소절임	20	야채국	미역국 덴부라	야채국 해산물조림
6	미역국	야채국 생선조림	야채국 튀김	21	야채국	야채국 야채볶음	무국 조린고기

간 이상의 육체노동을 감당했던 강제동원 조선인들이 먹는 식단으로서는 영양이나 체력을 유지하기 어려운 것이었다. 특히, 1940년부터 일제의 식량사정이 어려워져 「米穀消費規正」이 규정되는 등 강제동원 조선인들에게 제대로 된 식사가 공급되지 않았다.

홋카이도탄광기선(주) 상무이사가 1940년 12월 북해도청장관에게 보낸 〈진정문〉과 1942년 石炭統制會 삿포로(札幌) 지부장이 戰時非常石炭增産期間激勵班에 제출했던 〈진정서〉을 통해 당시 강제동원 조선인의 식량 부족이 일상화된 상황이었음을 알 수 있다. 〈진정문〉에 의하면, 원래 1일 약 2ℓ이었던 식사량이 1940년 12월 당시에는 약 648mℓ(당초의 32.7%)로 줄어들어 출탄 능률에도 중대한 문제가 되고 있음을 호소하는가 하면, 〈진정서〉에는 식량 부족을 이유로 歸鮮을 요구하거나 盛切制(한 그릇 식사만 제공하고 더 주지 않음)의 시행으로 불만이 쌓여 盜食이 빈번하였고, 배고픔을 달래기 위해 조선인들이 음식점에 몰려드는 상황이 기재되어 있다.[76)]

7	야채국	야채국 생선조림	야채국 야채볶음	22	미역국	야채국	야채국 채소절임
8	야채국	미역국 양배추볶음	두부국 생선조림	23	야채국	야채국	유부국 조린고기
9	미역국	야채국 생선조림	야채국 채소절임	24	야채국	미역국	야채국 구운생선
10	야채국	야채국 해산물조림	야채국 생선조림	25	미역국	야채국 튀김	야채국 양배추볶음
11	야채국	무국 채소절임	야채국 해산물조림	26	야채국	야채국 생선조림	무국 튀김
12	미역국	야채국 청어조림	야채국 생선조림	27	야채국	무국 야채볶음	미역국 생선조림
13	야채국	야채국 야채볶음	두부국 야채볶음	28	미역국	야채국 해산물조림	두부국 야채볶음
14	야채국	야채국 생선조림	무국 채소절임	29	야채국	야채국 조린생선	야채국 곤약고기조림
15	미역국	야채국 야채볶음	야채국 해산물조림	30	야채국	야채국 생선조림	무국 야채볶음

76) 戸塚秀夫, 「日本帝國主義の崩壞と「移入朝鮮人」勞働者」, 隅谷三喜男 편, 『日本勞使關係史論』, 東大出版, 1997, 209쪽.

특히, 일제가 1941년 4월부터 실시한 「米穀消費規正」에 따라 식사 배급량이 급격히 줄어들자 육체노동을 담당했던 조선인은 상당한 고통을 호소하였다. 「米穀消費規正」은 1941년 4월 1일부터 6대 도시부터 시작하여 점차 각 府縣에서도 실시되었다. 종래의 割當配給量을 개정하여 通帳制[77]를 실시하는 것으로, 배급량이 종전 1인 1일 1升[78] 내지 7, 8合 정도에서 2合 3勺으로 대폭 축소되었다. 일제 당국도 '육체노동에 시달렸던 조선인들이 상당히 고통을 호소하고 있는 실정'이었음을 파악하고 있었고, '노동 파업, 태업 등을 야기하는 등 이 동향은 상당 주의를 요하는 실정'이라며 우려를 나타내고 있었다.[79]

식사의 양이 절대적으로 부족했고 질도 형편없었음은 다양한 증언을 통해서 확인할 수 있다.[80] 1943년 겨울 오사카의 군수공장으로 동원된 鄭大

77) 米穀配給通帳은 일제가 「食糧管理法」(법률 제40호로 1942년 2월 21일 제정)에 근거하여 시행된 식량관리제도(일제 당국이 쌀과 보리 등 식량의 가격과 공급 등을 관리하는 제도)하에서 1942년 4월 1일부터 쌀의 배급을 받기 위해 발행된 통장이다. 農林水産省 주관이었고, 市町村이 발급하였는데, 一般用미곡류구입통장, 旅行者用미곡류구입통장, 船舶用미곡류구입통장, 職場加配用곡류구입통장, 勞務者加配用미곡류구입통장, 業務用미곡류구입통장, 小賣販賣業者用미곡류구입통장 등 7가지 종류가 있었다. 이 제도는 1981년 6월 11일 식량관리법 개정에 의해 폐지되었다.

78) 1升은 1되(1.8리터)이다. 1升=10合=100勺

79) 「米穀消費規正實施に伴う在住朝鮮人の動靜」, 明石博隆・松浦総三 編, 『昭和特高彈壓史』 7, 太平出版社, 1975, 104, 113~114쪽.

80) 1941년 1월 당시 고노마이광산의 식단표는 아래와 같다. 실제로 지급되었는가는 의문이다(서혜선, 「스미토모(住友) 고노마이(鴻之舞) 광산의 조선인 노무자 동원 실태, 1939~1942년」, 『한성사학』 28, 2013, 92쪽).

구분	아침		점심		저녁	
	주식	부식	주식	부식	주식	부식
식단 (수량)	7分搗米 (140) 콩 (120)	무(100) 시금치(50) 미역(7) 멸치(약간) 된장(50) 단무지(50)	7分搗米 (200) 콩 (140)	다시마(15) 인삼(30) 무(50) 멸치(약간) 간장소금 식용유(7) 배추절임(50)	7分搗米 (180) 콩 (100) 감자 (100)	송어(100) 고구마(400) 간장소금 무말랭이(15) 양배추(100) 멸치(약간) 된장(50) 단무지(50)

成은 반찬도 없이 세 끼를 모두 주먹밥으로 버텼는데, 나중에는 그마저도 주지 않아 콩밥과 단무지로 연명하였고,[81] 1945년 일본 니가타현의 전기화학공업(주)로 동원된 金伯煥은 반찬은커녕 제대로 된 밥도 나오지 않았고, 무엇보다 식사량이 부족하였음을 호소하였다. 식사량을 늘리기 위해 일을 갔다가 오는 길에 개별적으로 쑥을 뜯어 밥과 섞어 먹기도 했다고 한다.[82] 1943년 6월 홋카이도 아사지노(淺茅野) 비행장 건설공사의 단노구미(丹野組)에 동원된 池玉童은 식사량을 채우기 위해 밥에 고구마 말린 것을 섞는 바람에 더욱 심한 배고픔에 시달렸고,[83] 1944년 야마구치 탄광으로 동원된 안병구는 식사로 콩깻묵 7할, 묽은 보리쌀 2할, 쌀 1할이 섞인 밥을 먹었다고 한다.[84] 1943년 11월 신호로나이(新幌內)광업소에 동원된 張仁植도 콩밥으로 연명하여 소화가 잘 안되고 설사했던 경험을 증언하였다.[85] 1942년 10월 후쿠오카현 오이타(大分) 광업소에 동원된 원천상은 당시 사람 먹을 게 아닌 콩깻묵이었고, 개밥보다 못한 영양이라곤 하나도 없는 식사였지만, 배고파서 죽지 않으려고 먹었다고 회상하였다.[86]

일제는 일상화된 식량의 부족을 보완하기 위해 각 기업별로 지방 실정에 맞는 代用食을 충당하게 하고, 副食物을 이용하여 포만감을 줄 수도 있도록 하는 한편 야채류를 스스로 길러 충당토록 강구하였다.[87] 이는 증언

81) 「정대성(鄭大成, 1920년 충남 서산군 출생)의 증언」, 일제강점하강제동원피해진상규명위원회, 『당꼬라고요?』, 2005, 149~177쪽,

82) 「김백환(金伯煥, 1919년 충남 서산군 출생)의 증언」, 일제강점하강제동원피해진상규명위원회, 『가긴 어딜 가? 헌병이 총 들고 지키는데』, 2006, 235~253쪽.

83) 「지옥동(池玉童, 1927년 충남 천원군 출생)의 증언」, 일제강점하강제동원피해진상규명위원회, 『아홉머리 넘어 북해도로』, 2009, 366~381쪽.

84) 「안병구(安秉邱, 1925년 충남 논산군 출생)의 증언」(2001년 필자가 면담).

85) 「장인식(張仁植, 1926년 충남 논산군 출생)의 증언」, 일제강점하강제동원피해진상규명위원회, 『아홉머리 넘어 북해도로』, 2009, 110~127쪽.

86) 「원천상(元天常, 1919년 충남 당진군 출생)의 증언」, 일제하강제동원피해진상규명위원회, 『똑딱선 타고 오다가 바다 귀신 될 뻔 했네』, 2006, 171~188쪽.

87) 「移入勞務者訓練及取扱要綱」, 長澤秀 編, 『戰時下朝鮮人中國人聯合軍俘虜强制連行資料集』

을 통해서도 확인할 수 있는데, 밥 대신 우동, 도꼬로땡, 대나무죽 등 代用食을 사먹거나 밥에 콩깻묵이나 고구마, 옥수수, 쑥 등을 섞어 식사량이 많게 했던 것이다.

강제동원 조선인들은 식사량의 減食을 이유로 집단파업, 태업 등 노동쟁의를 전개하였고, 집단 탈출을 감행하였다.

강제동원 조선인들은 식사량과 음식의 質의 개선을 요구하며 다양한 노동쟁의를 전개하였다. 『특고월보』를 통해 확인된 것이 45건인데, 파업, 태업 등을 전개하고 집단적으로 무력을 행사하기도 하였다.

〈표 14〉 식사를 사유로 전개한 노동쟁의(1939년 10월~1944년 11월)

일자			소재지	사업장	항쟁	참가자/동원자
연	월	일				
1939	10	21	北海道	三菱鑛業(주) 手稻鑛山	파업	293/293
	11	8	北海道	淺野炭坑	파업	48/48
1940	1	1	北海道	北海道炭鑛汽船(주) 幌內鑛業所	태업	69/69
	1	23	北海道	靜狩金山(주) 靜狩鑛業所	태업	186/186
	2	17	新瀉顯	三菱鑛業(주) 佐渡鑛山	개선요구	40 /98
	2	26	北海道	北海道炭鑛汽船(주) 夕張鑛業所	무력항쟁	92/92
	3	4	福岡縣	明治炭坑	태업	14/195
	4	2	山口縣	東見初炭鑛(주)	파업	17/66
	-	-	青森縣	東北振興電力會社 發電所工事場	무력항쟁/단식	96/96
1941	6	25	北海道	大夕張炭坑	무력항쟁	213/800
1942	1	-	福岡縣	方城炭坑	태업	77/?
	2	8	北海道	住友鑛業(주) 奈井江鑛業所	태업	154/?
	2	20	北海道	北海道炭鑛汽船(주) 夕張鑛業所	개선요구	80/120
	2	-	北海道	三井鑛山(주) 砂川鑛業所	파업	326/?
	3	1	北海道	千歲鑛山	무력항쟁	34/331
	11	21	佐賀縣	岩屋炭坑	태업	27/700
	12	9	佐賀縣	杵島炭坑	무력항쟁	270/1,400
1943	2	8	福岡縣	八幡製鐵所	무력항쟁	479/646
	3	7	愛媛縣	帝國鑛業開發(주) 今出鑛業所	태업	24/24
	4	2	宮崎縣	鐵道工事(주)	무력항쟁	51/263
	5	15	山口縣	大之浦鑛業所	무력항쟁	35/35
	5	25	佐賀縣	小城炭坑	무력항쟁	50/570

Ⅱ 朝鮮人强制連行(文書編), 綠蔭書房, 1992.

	6	6	山口縣	本山炭鑛	무력항쟁	30/593
	6	15	長崎縣	日本製鐵(주) 北松鑛業所	무력항쟁	51/51
	7	15	山口縣	日本鑛業(주) 山陽無煙炭鑛業所	태업	80/217
	7	26	神奈川縣	日本鋼管(주) 淺野船渠	무력항쟁	26/26
	8	2	愛媛縣	住友鑛業(주) 田坂島製鐵所	무력항쟁	60/80
	8	11	福岡縣	麻生鑛業(주) 吉猥炭坑	무력항쟁	수십명/2,620
	11	-	福岡縣	大之浦炭坑	무력항쟁	25/166
	12	10	長崎縣	日本鑛業(주) 矢岳炭坑	무력항쟁	32/1,047
	-	-	鳥取縣	美保海軍施設部	무력항쟁	30/430
	-	-	福島縣	大昭炭鑛(주) 上山川礦	무력항쟁	십수명/60
	2	9	青森縣	大湊海軍施設部 佐佐木組	무력항쟁	319/644
	2	21	山口縣	大濱炭鑛	태업	45/?
	3	1	長崎縣	三菱高島鑛業所	파업	13/1,278
	3	15	岩手縣	松尾鑛山	파업	33/724
	3	-	福岡縣	三菱 上山田炭坑	파업	?/1,131
1944	3	21	福岡縣	黑崎窯業株式會社	파업	55/?
	3	27	北海道	太平洋炭鑛 春採坑	태업	27/111
	4	11	岐阜縣	三井鑛山 神岡鑛業所	무력항쟁	수명/853
	4	-	山口縣	東見初炭鑛	무력항쟁	90/?
	5	28	山口縣	宇部興産(주) 東見初炭坑	무력항쟁	?/1,321
	-	-	宮城縣	(주)西松組	무력항쟁	76/134
	-	-	秋田縣	三菱(주) 尾去澤鑛業所	무력항쟁	184/520
	10	15	兵庫縣	川崎重工業(주) 艦船工場	무력항쟁	510/1,221

위 〈표 14〉에서 보는 바와 같이, 식사량의 부족 및 질의 개선을 요구한 조선인의 항쟁은 1939년 2건, 1940년 7건, 1941년 1건, 1942년 7건, 1943년 13건, 1944년 15건 등 45건에 달한다. 조선인 강제동원이 시작된 1939년부터 시작되어 1943년 이후 급증하는 추세를 보이고 있다. 식사를 이유로 가장 먼저 전개된 노동쟁의는 1939년 10월 21~23일 3일 동안 홋카이도 미쓰비시광업(주) 데이네(手稻)광산에 동원된 293명 전원의 罷業이다. 같은 해 11월 8일에도 홋카이도 아사노(淺野)탄광에서도 48명 전원이 '밥이 차갑고 간장이 부족하다.'며 파업하였다.[88]

노동쟁의의 형태를 살펴보면, 직접적인 무력항쟁이 25건(56.8%)으로 가

88) 「勞務動員計劃實施に伴う移住朝鮮人勞働者の狀況」(특고월보 1940년 1월분), 내무성 경보국 보안과, 『특고월보』 제24집.

장 많고 태업(10건), 파업(8건), 개선요구(2건) 등이다. 강제동원 초기에는 파업, 태업이 중심이었지만, 1942년 이후에는 직접적인 무력항쟁의 형태가 중심을 이루고 있다. 식사문제는 주로 갱내에서 육체노동을 담당했던 조선인들의 삶과 직결되는 기본적인 욕구였다. 때문에 식사문제에 대해 강제동원 조선인들은 직접적인 무력항쟁을 통해 그들의 주장을 표출하였다.

동원지역별로 살펴보면, 홋카이도(11건) 지역이 가장 많고, 그 다음이 야마구치현과 후쿠오카현(6건), 사가현(3건) 등이고, 이하 나가사키현과 아오모리현, 에히메현(2건), 미야자키현, 가나가와현, 돗토리현, 후쿠시마현, 이와테현, 기후현, 아키타현, 효고현, 미야기현, 이바라키현(1건) 순이다. 가장 노동환경이 열악했던 홋카이도와 큐슈 지역이 전체의 52.3%(23건)로 절반을 넘는 상황이다.

홋카이도의 가야누마(茅沼)탄광과 가시와구라이와(柏倉石)광업소, 홋카이도탄광기선(주) 유바리(夕張)광업소, 미에(三重)현의 기슈(紀州)광산, 후쿠시마현의 요시마(好間)광업소와 이와키(磐城)탄광, 야마다(山田)탄광과 히라야마(平山)탄광 등에서는 集團罷業을 전개하였고, 후쿠오카현의 야하타(八幡)제철소, 가와마쓰(若松)항 도바타(戶畑)작업장, 니혼(日本)化成(주), 지쿠시(筑紫)광업소 등 후쿠오카현에서만 20건(164명)에 달하는 怠業을 전개하였다. 또한 니혼化成(주) 소속 조선인 2명은 농촌 방면으로 탈출하였고, 후쿠오카현 미쓰비시광업소에서는 도시락 도난사건이 발생하기도 하였다.[89)]

강제동원 조선인 100명 이상이 참여한 노동쟁의만 해도 10건에 달한다. 1939년 10월 21~23일 홋카이도 미쓰비시광업(주) 데이네(手稻)광산의 파업,[90)]

89) 「米穀消費規正に對する在住朝鮮人の動靜」, 明石博隆・松浦総三 編, 『昭和特高彈壓史』 7, 太平出版社, 1975.

90) 「勞務動員計劃實施に伴う移住朝鮮人勞働者の狀況」(특고월보 1939년 11,12월), 내무성 경보국 보안과, 『특고월보』 제23집.

1940년 1월 23일 홋카이도 시즈카리(靜狩)金山(주) 시즈카리광업소에서의 怠業,[91] 1941년 6월의 홋카이도 오유바리(大夕張)탄광의 경찰서 습격사건[92]을 비롯하여 1942년 2월 미쓰이광산(주) 스나가와(砂川)광업소의 동맹파업과 스키토모광업(주) 나이에(奈井江)광업소의 태업[93] 및 1942년 12월의 사가현 기시마(杵島)탄광[94]과 1943년 2월 후쿠오카현 야하타(八幡)제철소,[95] 1944년 2월 아오모리현 오미나토(大湊)해군시설부 사사키구미(佐佐木組)[96] 그리고 10월 효고현 나가사키중공업(주) 艦船공장과 아키타현 미쓰비시광업(주) 오사리자와(尾去澤)광업소에서의 무력항쟁(184명)[97] 등이다.

최병연의 증언에 의하면, 1944년 효고현 가와사키(川崎) 조선소에서도 식사에 대한 항의를 시작으로 노동쟁의가 발생하였다. 조선인 분대장들이 중심이 되어 음식의 질과 양 등 식사에 대해 항의를 하였는데, 일제는 중심인물들을 폭행하고 경찰서로 연행하였다. 그러자 동료 조선인 4천여 명이 합세하여 경찰서로 몰려가 항의하는 등 직접적인 무력항쟁으로 발전하였던 것이다. 이 사건을 통해 최병연 등 강제동원 조선인들은 일제가 주장하는 內鮮一體가 허구였음을 깨달았다. 정해진 식사량을 요구하며 정당하게 항의하는 조선인을 무자비하게 구타하고 경찰서에 동원하는 등 폭력적

91) 「勞務動員計劃實施に伴う移住朝鮮人勞働者の狀況」(특고월보 1940년 2월), 내무성 경보국 보안과, 『특고월보』 제24집.

92) 「移住勞働者の特異暴行事件」(특고월보1941년 6월), 내무성 경보국 보안과, 『특고월보』 제집.

93) 「勞務動員實施計劃産業に從事する朝鮮人勞働者の狀況」(특고월보 1942년 3월), 내무성 경보국 보안과, 『특고월보』 제29집.

94) 「國民動員計劃に依する移住朝鮮人勞働者野の狀況」(특고월보 1942년 12월), 내무성 경보국 보안과, 『특고월보』 제30집.

95) 「國民動員計劃に依する移住朝鮮人勞働者野の狀況」(특고월보 1943년 3월), 내무성 경보국 보안과, 『특고월보』 제32집.

96) 「國民動員計劃に基く移住朝鮮人勞働者の狀況」(특고월보 1944년 4월), 내무성 경보국 보안과, 『특고월보』 제35집.

97) 「移入朝鮮人勞務者紛爭發生狀況」(특고월보 1944년 11월), 내무성 경보국 보안과, 『특고월보』 제36집.

인 진압을 경험했던 최병연과 강제동원 조선인들은 또한 4~5천 명의 단합된 조선인의 힘이 경찰들도 "살살 사정을 하는" 정도로 얼마나 강한 것인지도 함께 경험했다.[98)]

일제는 강제동원 조선인들에게 정해진 식사 배급량을 주지 않았다. 당시의 상황을 경험한 증언들의 공통된 것은 "가장 어려운 점이 배고픔"이었다. 식사라고 할 것도 없이 절대적으로 식사량이 적었으며, 질 또한 형편없는 것이었다. 강제동원 조선인들은 제대로 된 식사도 공급받지 못한 채 육체노동에 시달리고 있었던 것이다.

3) 임금

일본 정부와 기업은 조선인들에게 임금을 제대로 지불하였고, 일본인과 그다지 차이가 없었다고 주장한다. 하지만 강제동원되었던 조선인들은 한결같이 임금을 지불받지 못했거나 용돈 정도만을 받았을 뿐이라고 증언한다.[99)]

98) 「최병연(崔炳淵, 1923년 충남 서산군 출생)의 증언」, 일제강점하강제동원피해진상규명위원회, 『가긴 어딜 가? 헌병이 총 들고 지키는데』, 2006, 100~125쪽.

99) 사가현 탄광 조선인 坑夫의 1944년 12월분 임금 명세서는 아래와 같다. 월 지급총액 176.50원에서 공제금 123.60원을 제외한 실제 지급액은 52.85원이었다. 그러나 이마저도 지급받지 못한 경우가 많았음은 공통된 증언을 통해 확인할 수 있다(김민영, 『일제의 조선인노동력 수탈연구』, 한울아카데미, 2001, 271쪽).

期間	노동시간	採炭	期間	노동시간	採炭	控除金			
1	12	4.69	21	12	5.48	繰越부족금		寮貯金	
2	12	4.47	22	-	-			報國會費	
3	-	-	23	12	5.34			分會費	
4	12	4.79	24	12	5.98			協和會費	
5	12	5.20	25	12	5.65			寮食費	
6	12	5.49	26	12	5.96	退職積立金	1.38	有付金	
7	12	6.15	27	12	4.79	健康保險料	1.75	貸付金	
8	-	-	28	12	6.45	年金保險料	2.80	貸付金利息	
9	12	5.12	29	12	6.66			印判代	
10	12	4.25	30	12	6.86			貸 이불代	

일본인 노동자와 강제동원 조선인은 임금체계 자체가 달랐다. 일본인 노동자는 採用과 동시에 請負制였기 때문에 작업 능력에 따라 수입에 차이가 있었지만, 강제동원 조선인은 고정된 월급제가 많았다.[100] 따라서 일본인 노무관리자는 '조선인은 일하는 자나 일하지 않는 자가 최저 2원이기 때문에 조선인들 사이에서는 일하는 자만 바보라는 느낌을 가지고 있다.'고 분석하였다.[101]

1943년 5월 당시 일본 노동과학연구소의 조사에 의하면, B광업소의 경우 조선인은 90원 이하의 임금을 지급받는 경우가 전체의 71.6%이고, 170원 이상의 고액은 전체의 5.9%에 불과한 반면에 일본인은 90원 이하가 48.4%이고 90원 이상이 51.6% 비율이었다. D광업소도 조선인은 70원 미만이 87.3%였는데 반해 일본인은 39% 수준이었고, I광업소도 조선인은 70원 미만이 61.5%, 일본인은 44.3%였다.[102] A광업소의 경우, 일본인의 하루 임금

11	12	5.74	31	12	7.11	住民稅		賃金 內渡	
12	12	4.59	出炭額		135.50	所得稅	10.90		
13	12	5.21				住宅料			
14	12	4.15	勤勞手當		26.00	라디오電力料			
15	-	-				安全代	1.25	控除金總額	123.60
16	12	4.79	手當		26.00	地域貯金	3.00		
17	12	5.32				職域貯金	32.00		
18	12	5.30	월 지급총액		176.50	婦人會貯金			
19	-	-				分會貯金			
20	-	-	취업시간 수		300時	國債貯金	14.00	差引支拂額	52.85

100) 임금 지급방법은 크게 4가지로 定額拂, 時間拂, 稼高拂(出來高拂), 日額拂이 있다. 정액불은 1일 작업시간 10 내지 12시간에 대해 일정한 임금을 지불하는 것으로, 주로 坑外夫의 지불방법이었다. 시간불은 일한 시간에 따라 임금을 지불하는 방법이다. 가고불은 작업종류마다 결정되는 請負單價에 작업개수를 곱한 금액을 지불하는 방법이다. 일액불은 1일의 취업시간에 대한 임금으로 하고, 소정의 시간을 초과하거나 정해진 시간을 채우지 못하는 경우에는 일정한 임금을 增減한다(勞働科學研究所, 「半島勞務者勤勞狀況に關する調査報告」, 朴慶植 編, 『朝鮮問題資料叢書』 제1권, アジア問題研究所, 1982).

101) 「朝鮮人勞働者指導員ニ對スル內地人現場係員ノ談」(특고월보 1940년 1월), 內務省 警報局 保安課, 『특고월보』 제24집.

102) 1943년 5월 노동과학연구소의 광업소별 평균임금은 아래의 표와 같다(勞働科學研究所, 「半島勞務者勤勞狀況に關する調査報告」, 朴慶植 編, 『朝鮮問題資料叢書』 제1권, アジア問題研

은 최저 0.60원~최고 244.71원으로, 월 평균임금이 77.26원이었던 데 반해, 조선인의 하루 임금은 최저 2.60원~최고 168.02원으로, 월 평균임금이 69.90원이었다. 또한 F광업소의 경우도 일본인의 임금은 1.98~6.043원으로 평균 3.894원이었던 데 반해 조선인의 임금은 2.571~4.579원으로 평균 3.373원이었다. 조선인의 평균임금은 A광업소의 경우 90.5% 수준이었고, F광업소는 86.6% 수준이었다. 조선인은 70원 이하의 저임금이 대부분을 차지하고 있는 데 반해 일본인은 90원 이상의 중·고임금이 많았다. 임금에 있어서도 명백히 조선인과 일본인 사이에는 민족 차별이 존재하였다.

언뜻 보기에 강제동원 조선인의 임금이 일본인 노동자와 크게 차이가 나지 않는다고 생각할 수도 있다. 하지만 여기서 간과할 수 없는 점은 높은 임금을 받은 조선인은 강제동원된 조선인이 아니라 재일조선인 노동자라는 점이다.[103] 업무연한이 축적되고 일정한 기술을 습득한 재일조선인의 임금을 감안한다면 강제동원 조선인의 평균임금은 훨씬 줄어들 것이다.

究所, 1982).

구분(원)	B광업소				D광업소				I광업소			
	조선인		일본인		조선인		일본인		조선인		일본인	
	인원	비율	인원	비율	인원	비율	인원	비율	인원	비율	인원	비율
30 미만	130	13.7	443	8.7	117	36.1	32	3.7	38	14.6	73	4.2
30~50	68	7.1	655	12.9	126	38.9	123	14.0	53	20.4	222	12.9
50~70	98	10.3	611	12.0	40	12.3	187	21.3	69	26.5	469	27.2
70~90	134	14.1	753	14.8	22	6.8	194	22.1	47	18.1	403	23.4
90~110	147	15.5	1,179	23.2	7	2.1	181	20.6	34	13.2	299	17.4
110~130	171	18.0	767	15.2	12	3.8	160	18.3	19	7.2	256	14.9
130~150	147	15.4	390	7.7	-	-	-	-	-	-	-	-
150~170	39	4.1	172	3.4	-	-	-	-	-	-	-	-
170~190	17	1.7	65	1.3	-	-	-	-	-	-	-	-
190~210	1	0.1	26	0.5	-	-	-	-	-	-	-	-
210 이상	-	-	15	0.3	-	-	-	-	-	-	-	-
계	952	100	5,076	100	324	100	877	100	260	100	1,722	100

103) 1927년 70원 이상의 임금을 받은 재일조선인의 비율이 19.0%에서 1928년에 28.2%로 증가하였고, 30원 이하의 경우는 20.6%에서 15.8%로 줄어들었다(大槻文平, 「北海道に於ける朝鮮人鑛夫問題」, 林えいだい 監修·責任編集, 白戸仁康 編集, 『戰時外國人强制連行關係史料集』 Ⅲ 朝鮮人2 上卷, 明石書店, 1991).

일제는 강제동원 조선인들을 대상으로 철저하게 경제생활에 대한 지도와 훈련을 실시하였는데, 최저 생활을 만족케 하여 저축의 증강을 기하고자 하였다.[104] 강제동원 조선인들이 필수품 외는 구입하지 않도록 '賣物指導'를 하고 저금을 강요하는 한편, 고향에 보내는 송금도 최대 20~30원을 원칙으로 하여 통제하였다.[105] 또한, 報國債券, 貯蓄債券, 어음(彈丸切手)을 구입하도록 하였고, 국가관념을 함양시키는 방편으로 郵便貯金, 簡易保險, 기타 각종 보험에 가입토록 지도하였다. 특히, 저금액을 달성시키기 위해 매달의 개인별 수입과 저금액, 송금액, 용돈 등이 기재된 표를 작성하여 보기 쉬운 장소에 게시토록 하였다.

일제의 강제동원 조선인들에 대한 저축 장려는 그들의 침략전쟁을 수행하기 위한 전시체제하에서의 國策이었고, 탈출 방지 등을 위한 노무관리의 의미가 포함되어 있었다.[106]

조선인의 저금은 대부분 강제저축의 형태였다. 메이지(明治)광업(주) 히라야마(平山)광업소의 경우, 국민저금은 愛國貯金, 强制貯金, 普通貯金의

연 도			1927년(명/%)	1928년(명/%)	변동율
인원수		일본인	13,377	12,152	-
		조선인	5,213	8,256	-
임금	70원 이상	일본인	30.6	37.6	▽
		조선인	19.0	28.2	
	50~70원	일본인	31.1	35.7	
		조선인	37.2	37.3	
	30~50원	일본인	19.0	25.6	
		조선인	23.2	18.7	
	5~30원	일본인	13.3	11.2	
		조선인	20.6	15.8	

104) 고향 부모에 송금이 과다할 때는 '도리어 徒食케 하고 생산 증강에 지장을 주어 今日의 결전하에 어울리지 않는다.'고 하여 고향의 부모에 대한 송금도 통제하였다(中央協和會, 『移入勞務者生活訓練必携』, 1944, 20쪽).

105) 勞働科學硏究所, 「半島勞務者勤勞狀況に關する調査報告」, 朴慶植 編, 『朝鮮問題資料叢書』 제1권, アジア問題硏究所, 1982.

106) 長澤秀, 「新寫縣と朝鮮人强制連行」, 梁泰昊 編, 『朝鮮人强制連行論文集成』, 明石書店, 1993, 254쪽.

3종류가 있었다. 애국저금은 임금에서 매월 8원 75전을 공제하여 '事變公債'나 '貯蓄債券'을 구입한 것이다. 강제저금은 개인당 30원까지 회사가 매월 10원씩 임금에서 적립하여 예치한 것으로, 協和會長의 허가가 없으면 인출하지 못하였다. 보통저금은 개인이 임의로 회사에 저축하는 회사저금이었는데, 회사가 인정하는 경우에 한하여 인출할 수 있었다.[107)]

일제는 조선인들의 강제노동에 대한 대가를 제대로 지급하지 않았다.[108)] 개개인에게 노동에 대한 임금이 지불되는 것이 원칙이었으나, 강제동원 조선인들의 탈출 방지를 위해 1인 1월 최대 10~15원의 금액만을 지급하였다. 〈반도노무자 근로상황에 관한 조사보고〉에 의하면, A광업소와 F광업소에서는 탈출방지책의 한 방법으로서 10원 또는 15원 이하의 금액을 지급하고 있음이 조사되었다.[109)]

일부에서는 임금이 지급되기도 하였지만,[110)] 대부분의 경우 임금이 지급되지 않거나 몇 푼의 '용돈'만이 지급될 뿐이었다. 이바라키현의 히다치(日立)광산의 경우 '이동 방지를 위한 관리방법'으로서 월 10엔 정도의 용도만 주고 그 외는 송금이나 저금을 시키도록 하였다.[111)]

1943년 11월 야마구치현 모토야마탄광에 동원된 金東業[112)]과 홋카이도

---

107) 山田昭次, 古庄正, 樋口雄一, 『朝鮮人戰時勞働動員』, 岩波書店, 2005, 199~200쪽.

108) 「강제근로협약」 제14조와 제17조에 의하면, 통상적으로 지급되는 임금률보다 낮지 않게 현금으로 보수를 지급하여야 하고, 임금의 지급은 가능한 한 신속하게 각 근로자에게 개별적으로 지급하여야 하며, 근로자에게 공급하는 특별한 음식이나 피복, 숙박, 공구류를 임금에서 공제할 수 없었다. 또한, 임금의 일부를 가족에게 송금하는 것을 용이하게 하여 근로자 가족의 생계를 보장하기 위한 분명한 조치를 취하도록 하였다(「강제근로 협약(1930년)」, 고용노동부, 『ILO 주요협약』, 2012).

109) 기업에서는 탈출방지대책으로서 1인 1개월에 10원(혹은 15원) 이상을 지급하지 않았다(勞働科學研究所, 「半島勞務者勤勞狀況に關する調査報告」, 朴慶植 編, 『朝鮮問題資料叢書』 제1권, アジア問題研究所, 1982).

110) 증언을 통해 확인된 곳이 야마구치현 오키노야마(宇部沖之山) 탄광(90원)과 효고현 가와사키(川崎)조선소(60~70원), 이와테현 일본제철(주) 가마이시(釜石)제철소(규정대로 받음), 홋카이도탄광기선(주) 소라치(空知)광업소(80~90원) 등이다.

111) 박경식 지음, 박경옥 옮김, 『조선인 강제연행의 기록』, 고즈윈, 2008, 256쪽.

탄광기선(주) 신호로나이광업소로 동원된 장인식[113]은 얼마 안되는 월급을 받았고, 1944년 12월 히로시마현 도요(東洋)공업(주)에 동원된 李南純은 집으로 보낼 정도는 아니고 거기서 쓸 정도의 월급을 받았다고 기억하였다.[114] 1944년 니가타현 전기화학공업(주)에 동원된 김청송은 신청한 만큼의 액수조차도 지급되지 않았고,[115] 1943년 1월 나가사키현 미쓰비시광업(주) 兵器製作所의 스미요시(住吉) 터널공장에 동원된 朴泳男은 집에 돈을 부치기는커녕 자신도 먹고 살기도 힘들 정도의 월급이었다.[116] 아예 약간의 푼돈마저도 지급받지 못한 경우로는 홋카이도 아사지노(淺茅野) 비행장에의 하청업체였던 단노구미(丹野組),[117] 오사카 군수공장,[118] 니가타현의 광산[119]과 전기화학공업(주)[120] 등이 확인된다. 1944년 1월 후쿠오카현 탄광에 동원된 朴龍植도 월급은커녕 배급품도 제대로 받지 못했고, 하루하루 구타당하지 않는 것만도 다행이라 생각할 정도였다고 한다.[121]

112) 「김동업(金東業, 1914년 충남 서산군 출생)의 증언」, 일제강점하강제동원피해진상규명위원회, 『가긴 어딜 가? 헌병이 총 들고 지키는데』, 2006, 40~56쪽.

113) 「장인식(張仁植, 1926년 충남 논산군 출생)의 증언」, 일제강점하강제동원피해진상규명위원회, 『아홉머리 넘어 북해도로』, 2009, 110~127쪽.

114) 「이남순(李南純, 1927년 충남 논산군 출생)의 증언」, 일제강점하강제동원피해진상규명위원회, 『내 몸에 새겨진 8월』, 2008, 180~199쪽.

115) 「김청송(金靑松, 1920년 충남 서산군 출생)의 증언」, 일제강점하강제동원피해진상규명위원회, 『가긴 어딜 가? 헌병이 총 들고 지키는데』, 2006, 270~296쪽.

116) 「박영남(朴泳男, 1927년 충남 당진군 출생)의 증언」, 일제강점하강제동원피해진상규명위원회, 『내 몸에 새겨진 8월』, 2008, 376~395쪽.

117) 1943년 6월 홋카이도 아사지노(淺茅野) 비행장의 하청업체였던 단노구미(丹野組)에 동원된 지옥동은 월급이나 용돈을 받지 못했다고 증언하였다(「지옥동(池玉童, 1927년 충남 천원군 출생)의 증언」, 일제강점하강제동원피해진상규명위원회, 『아홉머리 넘어 북해도로』, 2009, 366~381쪽).

118) 「정대성(鄭大成, 1920년 2월 충남 서산군 출생)의 증언」, 일제강점하강제동원피해진상규명위원회, 『당꼬라고요?』, 2005, 149~177쪽.

119) 「박기성(朴基成, 1919년 충남 서산군 출생)의 증언」, 일제강점하강제동원피해진상규명위원회, 『가긴 어딜 가? 헌병이 총 들고 지키는데』, 2006, 299~314쪽.

120) 「김백환(金伯煥, 1919년 충남 서산군 출생)의 증언」, 일제강점하강제동원피해진상규명위원회, 『가긴 어딜 가? 헌병이 총 들고 지키는데』, 2006, 235~253쪽.

일제는 강제동원 조선인의 월급에서 숙소 비용, 식비나 옷값, 이불값 등 갖가지 명목으로 제외하였다. 노동과학연구소의 조사에 의하면, 광업소에서의 공제내역과 비용은 기숙사 비용, 식비, 이불 대여료, 전등료, 協和會費, 親友會費, 銃後後援會費, 작업복, 작업모, 地下足袋, 삽, 휴대전등, 共愛會費 등 매월 34원 46전~51원 42전이었다.[122] 또한, 1941년 10월 충남지역(대덕군, 연기군, 예산군)에서 강제모집 방식으로 고노마이광산에 동원될 당시의 〈취업안내서〉에 의하면, 식사비 1일 60전(월 18원), 침구료 매월 3원, 積立金 매월 임금의 3/100, 法定積立金 매월 임금의 2/100, 愛國貯金 매월 1口 1원 이상, 任意貯金 등이 월급에서 공제되는 것으로 기재되어 있다.[123] 당시 갱내부의 최소 임금 매월 51원(1일 1원 70전)에서 최소한의 공제금액 32원(식비 18원, 침구료 3원, 적립금 및 법정적립금 10원, 애국저금 1원)을 공제한 19원이 고노마이에 동원된 조선인이 지급받는 액수였다.

이런 상황은 다양한 증언을 통해서도 확인할 수 있다. 1941년 9월 사할린(樺太) 도요하타(豊畑)탄광에 동원된 崔在弘은 월급에서 갖가지 명목으로 제외한 나머지를 받아 겨우 배고픔을 달랬고,[124] 1942년 2월 홋카이도

121) 「박용식(朴龍植, 1927년 1월 충남 서산군 출생)의 증언」, 일제강점하강제동원피해진상규명위원회, 『당꼬라고요?』, 2005, 31~51쪽.

122) 기숙사 비용은 1일 1인당 A · B · C · D광업소는 45전, E광업소는 15전, F광업소는 47전, G광업소는 55전이었다. 이는 매월 각각 13원 50전, 4원 50전, 14원 10전, 16원 50전에 해당한다. 식비는 1인 1일 45전~55전으로 매월 13원 50전~16원 50전이었고, 이불 대여료는 매월 1인 30전이었다. 이외에도 電燈料 1개월 50전, 協和會費 10전, 親友會費 10전, 銃後後援會費 6전, 作業服 1벌 10원, 작업모 1원 44전, 地下足袋 1원 75전, 삽 2원 47전, 携帶電燈 76전, 共愛會費 40전을 공제하였다. 이를 종합해보면 매월 34원 46전~51원 42전이 공제되었다(勞働科學研究所, 「半島勞務者勤勞狀況に關する調査報告」, 朴慶植 編, 『朝鮮問題資料叢書』 제1권, アジア問題研究所, 1982).

123) 協和會費, 親友會費, 銃後後援會費, 共愛會費, 물품비(작업복, 작업모, 地下足袋, 삽, 휴대전등 등)를 제외한다면 지급받는 임금은 훨씬 줄어들 것이다(「半島勞務動員募集關係書類」, 林えいだい 監修 · 責任編集, 守屋敬彦 編集, 『戰時外國人强制連行關係史料集』 Ⅲ 朝鮮人2 下卷, 明石書店, 1991).

124) 「최재홍(崔在弘, 1922년 충남 논산군 출생)의 증언」, 일제강점하강제동원피해진상규명위원회, 『지독한 이별』, 2007, 74~166쪽.

소라치(空知)광업소로 동원된 尹秉烈도 강제저금과 식비, 옷값을 제외한 나머지만을 지급받았다고 한다.[125] 1944년 홋카이도 미쓰비시광업(주) 비바이(美唄) 광업소로 동원된 구○환도 월급에서 밥값, 옷값, 삽값, 이불값 등이 제외되었고,[126] 니가타(新瀉)현 니혼화학공업(주)에 동원된 金鳳來도 강제저금과 갖가지 명목으로 제외된 임금을 받았으며,[127] 1941년 1월 니가타현 전기화학공업(주)에 동원되었던 김동열도 얼마 안되는 월급임에도 저축을 강요당하여 실제로 받은 돈은 허기를 달래기 위해 사 먹을 수 있는 정도였다.[128]

일제는 '貯蓄報國'의 실효를 거두기 위해 강제동원 조선인을 貯蓄組合에 가입시키고, 필요한 송금 및 생활비 이외는 모두 저금시켰다. 특히, 저금통장은 강제동원 조선인이 보유하며 확인할 수 있는 체제가 아니라 공장이나 사업장의 노무관리자가 보관하였다.[129] 때문에 강제동원 조선인은 실제로 본인의 저축액이 얼마였는가를 알지 못하는 상황이었다. 심지어는 1943년 아카사카(赤坂)탄광에 동원된 文有烈은 노무관리자에게 저금통장을 보여 달라고 주장했다가 콘크리트 바닥에서 쓰러진 채 몽둥이로 맞았다.[130]

강제동원 조선인들은 일제의 강제저축에 항의하는 한편 집단 罷業을 전개하였다. 1939년 11월 19일 이와키(磐成)탄광(주)에서는 강제동원된 조선

125) 「윤병렬(尹秉烈, 1925년 충남 홍성군 출생)의 증언」, 일제강점하강제동원피해진상규명위원회, 『아홉머리 넘어 북해도로』, 2009, 74~109쪽.

126) 김난영, 「日帝末期 慶北 義城郡의 勞務動員 現況과 實態」, 충남대학교 석사학위논문, 2011, 34쪽(「구○환(1927년생)의 증언」(2010년 9월 26일 김난영 면담).

127) 「김봉래(金鳳來, 1926년 충남 서산군 출생)의 증언」, 일제강점하강제동원피해진상규명위원회, 『가긴 어딜 가? 헌병이 총 들고 지키는데』, 2006, 254~269쪽.

128) 「김동열(金東烈, 1927년 충남 부여군 출생)의 증언」, 일제강점하강제동원피해진상규명위원회, 『가긴 어딜 가? 헌병이 총 들고 지키는데』, 2006, 202~232쪽.

129) 中央協和會, 「出動勞務者訓練服務心得準則」, 朴慶植 編, 『在日朝鮮人關係資料集成』 제4권, 1975.

130) 하야시 에이다이 저, 신정식 역, 『日帝의 朝鮮人勞動 强制收奪史』, 비봉출판사, 1982, 121~132쪽.

인 139명 전원이 강제저축에 항의하였다.[131] 1943년 6월 홋카이도 도코로(常呂)군 루베시베쵸(留辺蘂町)의 노무라(野村)광업(주) 이도무카(イトムカ)광업소에서는 조선인 전원(160명)이 강제저축 액수를 줄일 것을 요구하며 一齊罷業하였고, 같은 해 7월 4일 오이타(大分)현 홋카이부(北海部)군 소재 第二陸軍造兵廠 사카노이찌(坂ノ市) 제철소에서도 강제저축 완화 등을 요구하며 일제히 罷業하였다.[132] 관할 경찰서에서 기업 측에 '저축액이 가혹'함을 인정하고 개선토록 조치하였음을 감안할 때, 일제의 강제저축이 얼마나 심했던가를 추측할 수 있다.

결국 강제동원 조선인들에게는 얼마 안되는 푼돈이 쥐어질 뿐이었다. 그마저도 배고픔을 이기지 못하여 허기진 배를 채우는 데 써 버리는 상황이었다. 이는 다양한 증언을 통해서 확인할 수 있다. 1944년 4월 히로시마현 도요(東洋)공업(주)에 동원된 吳澤鎭은 몇 푼의 월급을 받아 代用食을 사먹었고,[133] 1943년 7월 야마구치현 탄광으로 동원된 朴丁出은 '도꼬로땡'을 사먹을 정도의 월급을 받았으며,[134] 944년 야마구치 탄광으로 동원된 안병구도 몇 푼 안되는 월급은 배고픔을 이기기 위해 국수를 사서 먹을 수 있는 정도였다고 하였다.[135] 1944년 가을 미쓰비시광업(주) 신시모카와(新下川)광산에 동원된 김태순은 하루에 50전, 월급은 17~18원 정도였다. 본

131) 이와키(磐城)탄광에 동원된 조선인 138명은 1939년 11월 19일 회사 측이 5원 이하의 임금만을 지불하고 나머지는 食費, 저금 등에 충당하자 노무계에 저금을 돌려달라고 요구하며 入坑하지 않는다고 항의하였다(「紛爭議一覽表」, 明石博隆·松浦総三 編, 『昭和特高彈壓史』 6, 太平出版社, 1975, 299쪽).

132) 「國民貯蓄等の緩和を目的とし罷業したるもの」, 明石博隆·松浦総三 編, 『昭和特高彈壓史』 8, 太平出版社, 1975.

133) 「오택진(吳澤鎭, 1928년 충남 논산군 출생)의 증언」, 일제강점하강제동원피해진상규명위원회, 『내 몸에 새겨진 8월』, 2008, 200~215쪽.

134) 도꼬로땡(心太)은 우뭇가사리(天草, ところてん)를 달이고 그 달인 물을 식혀 굳힌 투명한 음식으로, 배고픈 조선인들이 허기를 달래기 위해 많이 사먹었다고 한다(「박정출(朴丁出, 1927년 충남 서산군 출생)의 증언」, 일제강점하강제동원피해진상규명위원회, 『가긴 어딜가? 헌병이 총 들고 지키는데』, 2006, 58~76쪽).

135) 「안병구(安秉邱, 1925년 충남 논산군 출생)의 증언」(2001년 필자가 면담).

인의 월급이 일본인 여자보다 적은 것을 알고 화가 나서 감독에게 항의하였다고 한다.[136] 1944년 9월 나가사키현 나가사키항운(주)에 동원된 金鍾求는 4원 30전의 월급을 받아 대나무죽을 사먹었다고 한다.[137]

이와 같이 다양한 증언사례에서 보듯이, 강제동원 조선인 대부분은 용돈 정도의 '푼돈'을 지급받았음을 알 수 있다. 월급에서 식비나 옷값, 모포대 등 갖가지 명목으로 제외되고, 강제저축과 채권 구입, 보험 가입 등의 이유로 얼마 안되는 푼돈이 쥐어질 뿐이었던 것이다. 그마저도 배고픔을 이기지 못하여 허기진 배를 채우는 데 써 버리는 상황이었다.

4) 노동재해

일본 지역의 탄광, 광산, 군수공장, 토건공사장에서 동원되었던 조선인 중에 죽거나 다친 이도 많았다. 死傷者는 약 30만 명이었고, 그중 사망자는 6만 명에 달했다. 특히, 1943년 이후는 재해율이 높아져 사망자수도 증가하였다.[138] 일제 말기로 갈수록 資材의 결핍은 末期狀態를 드러내고 그 중에 채탄 및 운반의 주요 機器는 노후하기 때문에 고장이 속출하고 사고 발생율은 평상시의 7배에 달했다.[139] 1943년 노동과학연구소의 조사에 따르면, 조선인이 강제동원된 9개 광업소에서의 1년 사이 사망자는 82명, 중상자는 488명이었다.[140] 특히, 홋카이도 지역은 노동재해 발생횟수나 재해

136) 「김태순(金泰淳, 1930년 충남 부여군 출생)의 증언」, 일제강점하강제동원피해진상규명위원회, 『아홉머리 넘어 북해도로』, 2009, 232~265쪽.

137) 「김종구(金鍾求, 1923년 충남 연기군 출생)의 증언」, 일제강점하강제동원피해진상규명위원회, 『내 몸에 새겨진 8월』, 2008, 436~457쪽.

138) 朴慶植, 「朝鮮人强制連行」, 梁泰昊 編, 『朝鮮人强制連行論文集成』, 1993, 명석서점, 17~18쪽.

139) 北海道炭鑛汽船株式會社, 「七十年史・勤勞篇－第一次 稿本－」, 林えいだい 監修・責任編集, 加藤博史 編集, 『戰時外國人强制連行關係史料集』 朝鮮人 2 中卷, 明石書店, 1991.

140) 勞働科學研究所, 「半島勞務者勤勞狀況に關する調査報告」, 朴慶植 編, 『朝鮮問題資料叢書』 제1권, アジア問題研究所, 1982.

자수가 꾸준히 1만여 명을 훨씬 웃돌았다.[141] 사망 및 부상자수는 전체 노동자의 17.6~22.4%에 달하는데, 5명 중의 1명 정도가 노동재해를 당한 셈이다. 특히, 광업소에서는 사망자와 중상자 모두가 많았던 데 반해 토건작업장에서는 중상자의 비율이 높았다.[142]

충남지역 강제동원자가 가장 많이 동원된 홋카이도[143]와 큐슈[144]는 탄

구분	사망	중상	구분	사망	중상	구분	사망	중상
A광업소	9	1	D광업소	7	0	P토건	0	232
B광업소	39	170	E광업소	4	11	I광업소	7	16
C광업소	13	4	F광업소	2	49	S공장	1	5

141) 매년 재해발생횟수와 부상자수는 계속 증가하고 있다. 다만 사망자수는 1942년 줄어들어다가 다시 증가하는 추세이다. 1939~45년 홋카이도 지역의 탄광재해 사상자수는 아래의 표와 같다(「北海道炭鑛災害死傷者調」, 林えいだい 監修·責任編集, 白戸仁康 編集, 『戰時外國人强制連行關係史料集』 朝鮮人 2 上卷, 明石書店, 1991).

구분	노동자수	재해발생 횟수	재해자수		
			합계	사망자수	부상자수
1939	57,359	11,604	11,258(19.6%)	296	11,962
1940	68,199	12,837	13,516(19.8%)	428	13,088
1941	67,567	14,167	15,112(22.4%)	680	14,432
1942	76,526	14,398	14,674(19.2%)	484	14,192
1943	82,204	15,080	15,302(18.6%)	559	14,743
1944	87,722	15,722	16,068(18.3%)	624	15,444
1945	73,922	12,832	12,997(17.6%)	504	12,403

142) 「강제근로협약」 제15조와 제16조에는 음식물 및 기후가 달라서 건강을 위태롭게 만드는 지역으로 이송되어서는 안되고, 위생 및 숙박에 관한 모든 조치가 엄격히 적용되어야 하며, 익숙하지 않은 규칙적인 작업을 하는 경우에는 특히, 점진적 훈련이나 근로시간, 휴식 제공과 음식물의 추가공급이나 개선 등의 조치를 취하여야 한다. 또한, 근로로 인한 재해 또는 질병으로 스스로를 부양할 증력을 상실한 자의 생계를 보장하고, 실제로 부양하는 자의 생활을 보장해 주기 위한 조치를 취하도록 의무화하였다(「강제근로 협약(1930년)」, 고용노동부, 『ILO 주요협약』, 2012).

143) 홋카이도 지역의 사고소식은 신문을 통해 꾸준히 조선 사회에 알려지고 있었다. 때문에 조선인은 홋카이도 지역을 '죽음의 땅'으로 인식하고 있었다(「監獄部屋 탈출 잔혹포학한 진상泣訴」, 『조선일보』, 1922년 12월 22일 ; 「北海道札幌炭鑛爆發 二百坑夫生死不明」, 『조선일보』, 1922년 12월 7일 ; 「北海道夕張炭鑛崩壞 朝鮮人坑夫五名卽死二名重傷」, 『조선일보』, 1929년 11월 15일 ; 「炭坑崩落 坑夫七名慘死 慘死遭難者全部朝鮮人」, 『중외일보』, 1929년 11월 15일 ; 「函舘罹災民總數 十四萬二千餘名」, 『조선중앙』, 1934년 3월 26일 ; 「函舘在住朝鮮人罹災民四百四十」, 『조선중앙』, 1934년 3월 31일 ; 「夕張炭坑爆發 百九十名生死不明」, 『동아일보』, 1938년 10월 7일 ; 「炭坑爆發事件入坑者三百二十二名 昨日까지十三名救出」, 『동아일보』, 1938년 10월 8일 ; 「夕張炭坑의 大慘死 現發見屍百二十五個」, 『동아일보』, 1938년 10월 9일 ; 「夕張炭坑爆發 五十二名絶望」, 『동아일보』, 1940년 1월 19일).

광이나 광산이 많은 지역으로, 사고와 노동재해가 끊이지 않는 가장 열악한 노동환경이었다. 강제동원자명부에서 확인할 수 있는 충남 출신 강제동원자의 事故死만 해도 435명이다.

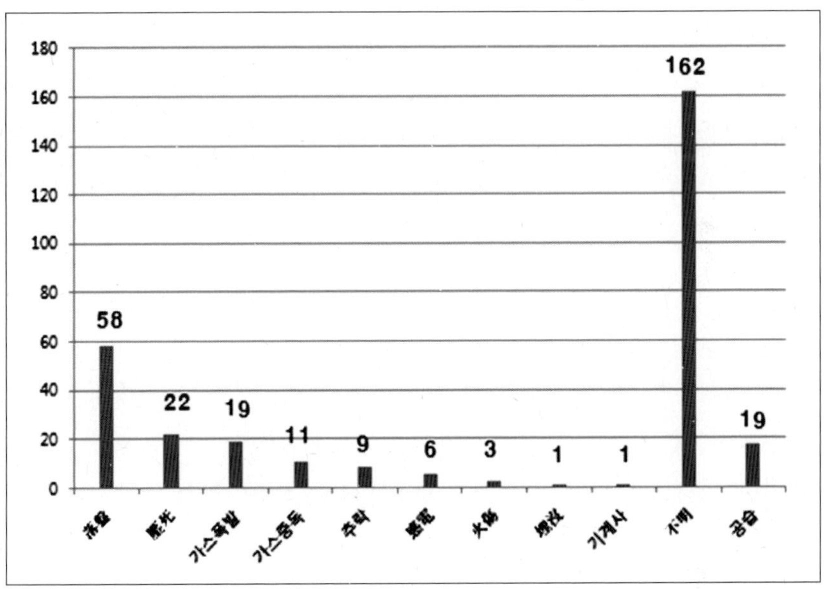

〈그림 17〉 충남 출신 강제동원자의 事故死 사유별 현황

〈그림 17〉에서 보는 것처럼, 막장이 무너져 매몰되는가 하면, 작업 중에 추락하여 사망하였고, 기계 조작 미숙으로 사고를 입기도 하였다. 발파작업 때에는 가스 폭발로 爆死하였고, 가스 중독으로 질식사하는 경우도 있었다. 鑛車나 炭車에 깔려 壓死하기도 하였고, 火傷이나 感電 사고도 빈번하였다. 충남지역 강제동원 조선인은 다양한 사고 유형으로 사망했다. 가

144) 큐슈 지역에서도 1939년 7월 立川炭鑛 가스폭발(27명 사망), 1940년 11월 大鶴炭鑛 낙반사고(1명 사망), 1941년 10월 新屋敷炭鑛 가스폭발(7명 사망) 및 12월 相知의 탄광 가스폭발(16명 사망), 1942년 6월 岩屋炭鑛 가스폭발(15명 사망)과 12월 立川炭鑛 가스폭발(50명 사망), 1943년 6월 唐津炭鑛 가스폭발(27명 사망) 등 사고가 빈번하였다(김민영, 『일제의 조선인노동력 수탈 연구』, 한울아카데미, 1995, 207쪽).

장 많은 事故死 사유는 不明으로, 전체 사고 사망(311건)의 52.1%(162건)에 해당한다. 글자 그대로 사고를 당해 사망했는데도 그 사유를 명확히 밝히지 못한 상황이다. 그만큼 일제와 기업 측은 강제동원 조선인의 사망에 대해 무책임했음을 알 수 있다.

두 번째가 落磐[145]인데, 전체의 18.6%(58건)에 해당한다. 탄광이나 광산의 막장에서는 갱내가 깊어질수록 地壓이 증가하고 지하의 암석 온도가 높아져 천정에서는 수시로 바위나 돌덩이가 떨어졌다. 특히, 갱내는 좁고 조명이 어두워 떨어지는 바위나 돌덩이를 피하기가 어려운 환경이었다. 때문에 강제동원 조선인들은 항상 落磐의 위험이 상존하는 가운데 작업을 하는 상황이었다.

1941년 2월 큐슈의 탄광에 동원된 한준석은 몇 차례나 낙반사고를 당해 목숨을 잃을 뻔 했다고 한다. 바로 옆에서 함께 작업하던 동료가 바위에 깔리는 사고를 당했다고 증언하였다.[146] 후쿠오카현 호슈(豊州)탄광에서도 낙반사고가 발생하여 14세의 소년을 비롯해 8명이 함께 매몰되는 사고가 발생하였다.[147]

세 번째가 가스 폭발로 사망하거나 가스 중독으로 질식사하는 경우로, 전체의 9.6%(30건)에 해당한다. 탄광이나 광산에서는 탄벽·암벽에서 갑자기 高壓의 가연성 메탄가스가 분출하는데, 메탄가스 때문에 그곳에서 일하던 조선인이 粉炭 속에 매몰되어 질식하거나 근처에 불씨가 있을 때는

145) 강제동원 조선인의 노동재해는 주로 落磐에 의한 재해가 많았다. 1943년 5월 노동과학연구소의 조사에 의하면, 재해사유 중 가장 높은 비율이 落磐(50%)이었다(勞働科學研究所, 「半島勞務者勤勞狀況に關する調査報告」, 朴慶植 編, 『朝鮮問題資料叢書』 제1권, アジア問題研究所, 1982).

146) 한준석은 20세 때 강제모집 방식으로 큐슈의 탄광으로 동원되었는데, 미리 탈출하여 함바를 운영 중이던 동향인의 도움을 받아 동료 2명과 함께 탈출하여 나가사키현 고토시마(五島)의 조선소에서 일했다고 한다(「한준석(1922년 대전 출생)의 증언」(필자가 2001년 면담)).

147) 「안용한(安龍漢, 1943년 2월 후쿠오카현 호슈(豊州)탄광 동원)의 증언」, 하야시에이다이 저, 신정식 역, 『일제의 조선인노동 강제수탈사』, 비봉출판사, 1982, 136~147쪽.

폭발을 일으키게 되는 것이다. 1940년 5월~1945년 8월 사이 홋카이도 지역에서의 가스폭발사고는 32회 발생했고, 死傷者는 1,222명(사망자 829명, 부상자 393명)에 달했다.[148] 그만큼 충남지역에서 다수가 동원된 홋카이도

148) 1940년 5월~1945년 5월 홋카이도 지역 가스 폭발사고 현황은 아래의 표와 같다(「北海道ガス爆發變災調」, 林えいだい 監修·責任編集, 白戸仁康 編集, 『戰時外國人强制連行關係史料集』 朝鮮人 2 上卷, 明石書店, 1991).

일자 및 시각	炭鑛명	원인	사망	부상	계
1940.05.31 오전00:20	青葉炭鑛	전기	12	-	12
1940.12.06 오전09:50	夕張炭鑛	전기	161	21	182
1939.02.11 오전02:30	三菱美唄鑛	발파	5	8	13
1939.04.27 오전09:40	夕張炭鑛	전기	20	36	56
1939.12.01 오후03:40	萬字美流渡鑛	발파	13	2	15
1940.01.08. 오전04:10	眞谷地炭鑛	전기	51	2	53
1940.02.14 오전10:05	空知鑛	자연발화	36	6	42
1940.03.12 오후05:40	三井芦別炭鑛	발파	2	9	11
1940.06.24 오전07:10	開北炭鑛	안전등	16	-	16
1940.10.05 오후07:30	茂尻炭鑛	발파	-	10	10
1941.02.13 오후03:10	雨龍炭鑛	발파	27	12	39
1941.03.18 오전02:40	삼릉미패鑛	불명	177	10	187
1941.04.15 오후07:40	彌生炭鑛	발파 스파크	30	2	32
1941.09.27 오후10:15	夕張炭鑛	발파	1	28	29
1942.02.13 오후11:13	三井砂川炭鑛	전기	42	5	47
1942.06.30 오전09:40	三井砂川炭鑛	발파	-	18	18
1942.07.03 오전09:00	角田鑛	발파	17	9	26
1942.11.26 오전05:45	三菱大夕張鑛	전기누설전류	3	40	43
1943.03.24 오전09:20	茂尻鑛	안전등	4	17	21
1943.06.13 오전01:30	別保鑛	전기 스파크	7	39	44
1943.07.12 오후08:00	茂尻鑛	발파	3	7	10
1943.07.22 오전06:00	三井芦別鑛	스파크	10	-	10
1943.09.05 오후12:00	新夕張鑛	불명	11	2	13
1943.10.22 오전07:00	大和田鑛	불명	4	6	10
1943.12.17 오전09:00	尺別鑛	안전등 발파	12	-	12
1944.01.19. 오전00:00	神威鑛	발파	17	10	27
1944.01.25. 오후03:00	神威鑛	발파	-	33	33
1944.05.16. 오전11:50	三菱美唄鑛	스파크	109	14	123
1944.06.22. 오후03:30	大夕張鑛	스파크	13	31	44
1944.11.05. 오전07:00	赤平鑛	밀폐 폭발	5	8	13
1945.02.16. 오후01:30	三菱美唄鑛	불명	9	1	10
1945.05.04. 오후04:40	豊里鑛	가스폭발	12	7	19
-	-	-	829	393	1,222

지역에서 가스 폭발사고가 많은 상황이었다. 강제동원 조선인은 가스 폭발과 질식의 위험 속에서 강제노동에 시달려야 했다.

다음으로 鑛車나 炭車[149] 또는 수레 등에 깔려 壓死하는 경우로, 7.1%(22건)를 차지한다. 갱내에서 캐낸 석탄이나 암석은 鑛車를 이용하여 갱 밖으로 운반된다. 레일을 이용하여 광차를 운반하였으나, 레일을 설치하기 어려운 경우에는 철사로프를 이용하여 끌어올렸다. 광차의 무게는 작은 트럭 한 대 무게와 맞먹는 1톤에 달했다고 한다.[150] 때문에 갱내가 깊어지면 깊어질수록 갱내 운반은 더 위험해지고 어려워지는 상황이었다. 경사도를 지나면서 광차의 속도가 빨라져 사람의 힘으로 제어가 어려웠고, 철사로프가 끊어지는 경우에는 광차에 부딪히거나 깔려 죽는 경우가 빈번하였다.

또한 墜落하는 경우도 많았는데 2.9%(9건)의 비율이다. 광산이나 탄광이 800~1,000m 이상의 지하까지 깊어지기 때문에 계단식 구조물이 만들어졌다. 지하수 때문에 미끄러지거나 어둡고 침침한 환경 속에서 추락하는 경우가 많았다.

이외에도 感電 사고(1.9%, 6건)나 火傷(1%, 3건), 埋沒 또는 원동기 사고(0.3%, 1건)도 있었다. 또한 미군의 공습으로 인한 戰災死(6.1%, 19건)도 발생하였다.

필자는 강제동원자의 증언을 채록할 때마다 "팔과 다리나 배, 등이나 어깨 등의 흉터를 직접 보여주며 죽을 뻔한 사연"을 들을 수 있었다. 당시의 열악한 노동환경 속에서 사고는 곧 죽음으로 이어졌다. 결국 사고로 인한 죽음으로 강제노동 사업장에서 해방될 수 있었던 것이다.

---

149) 광산이나 탄광에서 광석, 석탄, 폐석 등을 운반하는데 사용하는 차체와 輪軸으로 된 차량. 옛날에는 목제로 된 것이 보통이었으나, 오늘날에는 鋼材로 된 것이 가장 많고, 차의 중량을 줄이기 위하여 광석의 용기를 경합금으로 만든 것도 있다(국립중앙박물관, 『e뮤지엄』).

150) 「"개 묻듯 묻었다" 탄광노동자 기록, 누가 지켜야 하나」, 『쿠키뉴스』, 2017년 8월 7일.

홋카이도 소라치(空知)광업소로 동원된 윤병렬의 증언에 의하면, '굴 안에 들어갈 때는 허리에 魂魄을 짊어지고 간다.'는 말이 퍼질 정도로 하루하루의 삶이 고단하고 죽음에 직면해 있었던 상황이었다.[151)]

후쿠오카현 치쿠호(筑豊) 지방의 탄광에 동원되었던 박용식의 증언은 당시의 탄광의 노동환경이 어떠했는지 알 수 있게 한다. 항상 사고와 재해의 위험 속에서 언제 죽을지 모르는 마음으로 굴 속에 들어갔다고 한다. 막장이 무너지는 사고가 언제 일어날지 몰랐고, 탄차에 깔려 압사되거나 지진이 나면 화재사고도 예견되었다. 발파 시의 폭발사고와 지하수 물이 넘쳐 水葬될 사고의 위험도 있었다. 천정에서 물이 떨어져 온몸이 젖게 되어 일을 하지 않으면 추위를 견딜 수 없는 정도였으며, 막장에 들어가면 부상자가 2/10에 달할 만큼 부상자가 많았다고 한다. 더욱 심한 것은 부상을 당하면 오히려 욕을 먹거나 구타당하는 상황이었다.[152)]

강제동원 조선인은 사고와 재해가 잦은 열악한 환경 속에서 언제 죽을지 모르는 두려움 가운데 강제노동에 시달리고 있었다. 파업의 원인 중에 노동재해가 상당수를 차지할 만큼 강제동원 조선인의 노동환경은 하루하루 목숨을 담보하며 강제노동에 시달리는 상황이었다. 특히, 1943년 이후에는 자재가 부족해지고 기계가 노후화되어 고장이 잦아 사고는 더욱 빈번해졌다. 하지만 일하지 않으면 심한 폭력을 당해 어쩔 수 없이 막장으로, 사업장으로 발을 옮길 수밖에 없었다. 결국 강제동원 조선인은 언제 어떻게 목숨을 잃을지 모르는 상황에서 고된 삶이 반복되었다. 1930년 6월 28일 국제노동기구가 채택하고, 1932년 5월 1일 효력이 발생된 「강제근로협약」에는 '강제근로라는 용어는 어떤 사람이 처벌의 위협하에서 강요받

151) 「윤병렬(尹秉烈, 1925년 충남 홍성군 출생)의 증언」, 일제강점하강제동원피해진상규명위원회, 『아홉머리 넘어 북해도로』, 2009, 74~109쪽.

152) 「박용식(朴龍植, 1927년 1월 충남 서산군 출생)의 증언」, 일제강점하강제동원피해진상규명위원회, 『당꼬라고요?』, 2005, 31~51쪽.

거나 자발적으로 제공하는 것이 아닌 모든 노동이나 서비스를 의미'하는 것으로서, '강제근로의 불법적인 강요는 형사상의 범죄로 처벌되어야 한다.'고 명시되어 있다. 또한, '강제근로를 사용하기 위한 모든 결정에 대한 책임은 관련 영토에서 시정을 담당하는 최고기관에 있음'을 분명히 하고 있다.[153] 일제가 스스로 비준한 「강제근로 협약」에 따르면, 일제 당국을 비롯하여 기업은 형사범으로도 처벌되어야 하는 상황이었다.

153) 「강제근로 협약(1930년)」, 고용노동부, 『ILO 주요협약』, 2012.

제6장

거부투쟁

제6장

거부투쟁

1. 비밀결사 조직과 항쟁

조선인이 일제의 강제동원에 대해 순순히 응한 것만은 아니었다. 소극적으로는 만주 등지로 망명하거나 전국 각지를 전전하였다. 또한, 단체를 만들어 조직적으로 항거하였고, 그들의 동원을 직접 담당했던 순사나 노무계 직원, 區長 등을 위협하거나 살해하는 등 적극적으로 저항하였다.

우선 일제의 강제동원에 대항하여 조직을 결성하고 항쟁하였다. 경상북도 경산군에서는 청장년 29명이 食刀, 竹槍, 鎌 등의 무기를 휴대하고 산정상에서 농성하면서 징용에 저항하였다.[1] 1944년 8월 12일 경산군의 청장년 24명은 오전 11시 大旺山(해발 700m) 정상에 올라 安昌律을 대장, 金命乭을 부대장으로 추대하고 조직을 결성하여 '決心隊'로 명명하였다.[2] 다

1) 內務省 管理局, 「第85回 帝國議會說明資料」, 近藤釼一 編, 『太平洋戰下終末期の朝鮮』, 友邦協會, 1967. 대왕산죽창의거는 『대구매일신보』(1985년 8월 16일자 「日警 총칼에 竹槍으로 死鬪」), 『하나일보』(1994년 9월 9일자, 「南山면민 29명 징용반대결사항쟁」), 『경산향토신문』(1994년 9월 17일자 「대왕산항쟁을 아십니까?」, 1995년 4월 22일자 「대왕산 '죽창의거대'의 항일투쟁」) 등에 게재되어 알려져 왔다.

2) 대왕산죽창의거의 조직은 아래와 같다(「경상북도 경산군 남산면 대왕산죽창의거사건개요」(국가보훈처 소장)).

음날인 13일 오전 9시 金慶龍 등 3명이 산에 올라 인원은 총 27명으로 늘어났다.[3] 이들은 돌덩이 3백 개를 모아 요소요소에 배치하여 결전을 준비하였다. 오후 1시경 下山을 권고하기 위해 올라온 남산주재소 순사 등 3명에게 돌덩이를 던지며 항거하였고, 오후 4시 반경에는 순사와 警防團員 등 15명을 상대로 投石戰을 벌이는 등 1시간의 접전 끝에 물리쳤다. 그러나 근거지가 발각되자 밤 11시경 全員 협의하고 隊長의 명령에 따라 결심대를 해산하고 하산하였다.[4] 바로 이 항쟁이 '大旺山竹槍義擧'로, 경상북도 경산군의 청장년 29명이 대왕산에 올라 성을 쌓고 죽창으로 무장하며 실제로 일제와 投石戰을 벌여 승리한 항쟁이었다.[5]

또한, 항일 독립운동의 차원에서 비밀결사에 의한 징용 거부투쟁이 전개되었다. 金重鎰을 비롯하여 鄭文圭, 崔昇宇, 李昌器, 吳相欽 등은 중요 공장·은행 등의 파괴 및 조선총독·조선군사령관과 친일파를 처단하려는

○ 의거대장 : 安昌律 ○ 부대장 : 金命乭
○ 소대장 : 成相龍(1소대) 裵相淵(2소대) 崔外文(3소대)
○ 특공대장 : 崔基貞 ○ 정보연락대장 : 朴在達
○ 대원 : 崔泰萬, 金仁鳳, 曺泰植, 宋水沓, 崔萬甲, 金洪俊, 李鍾泰, 崔東植, 朴永植, 蔡元俊, 蔡燦元, 金特述. 崔德鍾. 金棨和. 金慶龍. 金渭道. 金任方. 安八十. 李日壽. 朴在千. 朴惠光. 崔順瀚

이들 중 독립유공자로 포상(건국훈장 애족장)을 받은 이는 21명(안창률, 김명돌, 성상룡, 배상용, 최기정, 박재달, 최태만, 송수답, 최만갑, 김홍준, 이종태, 최동식, 박영식, 채원준, 채찬원, 김특술, 김경룡, 김임방, 박혜광, 최순한)이다(『독립유공자공훈록』(국가보훈처 공훈사료관)).

3) 이들은 모두 보안법 및 치안유지법(6명은 보안법 및 폭력행위 등에 관한 법률 위반)으로 1944년 10월 4일에 수감되었는데, 가혹한 고문으로 안창률이 옥중 순국(1945.4.6)했고 8명이 병보석으로 출옥했으며, 김경룡은 병보석(1945.6.23) 직후인 1946년 3월 사망했다(정혜경, 「일제말기 경북지역 출신 강제동원 노무자들의 저항」, 『한일민족문제연구』 제25집, 2013, 94~95쪽).

4) 「徵用忌避を目的とする集團暴行事件(대구검사정 보고)」, 『조선검찰요보』 제8호, 1944년 10월. 일제는 대왕산죽창의거를 단순한 '집단폭행사건'의 하나로 인식하였으며, 김인봉과 박재천을 주동자로 파악하였음이 확인된다(김인봉, 박재천은 '主謀者'로, 나머지는 '妄動者'로 표현하고 있다).

5) 노영종, 「일제말기 조선인의 北海道地域 강제연행과 거부투쟁」, 『한국근현대사연구』 제17집, 2001, 171쪽.

계획을 가지고 동지를 모집하던 중에 1944년 7월 하순 '조선 청년 다수가 징용을 당하면 조선 독립의 때에 능력있는 청년을 상실하게 되는 것이므로 징용을 반대할 것'을 논의하고, 9월 상순 징용반대 檄文을 작성하여 京城驛을 출발하는 열차 안에서 살포하기로 협의하였다.[6] 그러나 10월 23일 조선총독 처단계획이 발각되어 뜻을 이루지 못하였다.

이외에도 五目會, 和寧會, 朝鮮人學友會 등의 비밀결사는 항일 독립운동의 방략으로서 징용 거부투쟁을 전개하였다.

五目會는 1940년 5월 朴相瑜, 柳春逢, 金在于 등 咸興永生學院 학생을 중심으로 조직된 비밀결사로, '지원병제와 징용제에 협조하는 것은 利敵行爲이므로 이를 기피, 거부하게 한다.'는 기본방침을 수립하고 징용 거부투쟁을 벌였다. 그러던 중 회원 전원이 피체되어 치안유지법 및 육해군형법 위반으로 처벌되었다.[7]

---

6) 1943년 12월 정문규, 최승우, 김중일 등은 대한민국임시정부에 참여하기 위해 중경으로 향하다가 山海關역에서 발각되어 귀국하였다. 1944년 4월 초순 조선독립운동을 협의하여 60~70명의 동지들과 함께 首領 아래에 破壞部와 建設部 등 조직하였다. 건설부에는 破壞班, 暗殺班, 宣傳班을 두어 중요 공장·은행 등의 파괴, 조선 총독·조선군사령관과 및 친일파의 처단, 격문의 작성·살포를 담당하고, 건설부에는 法經班, 文化班, 政法班 등 3개 반을 설치하여 독립 실현 후를 준비하였다. 8월 하순 조선총독을 경성부 종로구 통의정과 효자정 중간 지점의 전차 도로상에서 처단할 계획을 세웠다가 10월 23일 발각되어 치안유지법과 약품 및 약품영업 취체령 위반으로, 김중일과 정문규는 징역 4년, 최승우는 징역 3년, 이창기는 징역 2년, 오상은은 징역 1년 6월을 선고받았다(「김중일 등의 판결문」(경성지방법원, 1945년 10월 23일), 『판결문원본철』(CJA0000001) 및 「수사자료표 : 일제시기 수형자 지문원지」(DE0005593, DE0005722)(국가기록원 소장), 「김중일의 독립유공자공훈록」, 「최승우의 독립유공자공훈록」, 「이창기의 독립유공자공훈록」, 「오상흠의 독립유공자공훈록」(국가보훈처 보훈전자사료관)).

성명	연령	직업	본적 / 주소	형량
金重鎰 (松原茂)	25	무직	황해 장연군 장연읍 동리 황해 송화군 풍해면 성하리	징역 4년
鄭文圭 (智山文圭)	30	柳漢제약(주)	경기 안성군 서운면 현매리 경기 부천군 소사읍 심곡리	징역 4년
崔昇宇 (南原信行)	30	旭東산업(주) 총무과장	경성부 동대문구 안암정	징역 3년
李昌器	23	光新상업학교 교원	경성부 종로구 효자정 경기 양주군 경해면 창동리	징역 2년
吳相(吳相欽) (高山欽藏)	26	유한제약(주) 약제사	경북 의성군 의성읍 도동동 경기도 부천군 소사읍 심곡리	징역 1년 6월

1944년 李熙東, 洪錫吉, 洪玩杓, 閔丙浩, 梁態喆, 李秉起, 晉岡旭, 盧必熄, 徐先杓, 徐圭善, 洪相根, 申永植, 申丙植, 鄭永祚, 金容哲, 李學鎭 등 淳昌農林高等學校 학생을 중심으로 조직한 비밀결사 和寧會 회원과 화령회와 연계하여 조직을 결성한 曺泳徹(전주사범학교), 洪性吉(전주북중학교) 등 80여 명은 항일 독립운동의 방안으로서 징병 · 징용 거부투쟁을 벌이다가 1944년 7월~1945년 1월 사이 피체되어 심한 고문과 함께 퇴학처분을 당했다.[8)]

1937년 7월 尹旻燮, 劉溶根 등 50여 명이 조직한 항일 비밀결사 朝鮮人學友會는 항일격문을 살포하고 군자금을 모금하는 등 항일투쟁을 전개하는 한편, 1942년에는 松禾지역의 군중들 앞에서 학병 · 징용반대 연설을 행하는 등 징용 거부투쟁을 벌여 징역형과 벌금형을 선고받았다.[9)]

일제의 강제동원에 대하여 개인 차원에서 항거한 사례도 나타난다. 1944년 9월 조선총독부가 제85회 日本帝國議會에 보고한 설명자료에도 나타나 있듯이, 읍 · 면 직원과 경찰관을 폭행, 협박하는 사례가 20여 건에 달하였고,

---

7) 1940년 5월 박상유, 유춘봉, 김재우 등 함흥영생학원 재학생을 중심으로 조직된 비밀결사 五目會는 ① 일제의 우상인 산사참배를 거부케 하며, ② 지원병제와 징용제에 협조하는 것은 이적행위이므로 이를 기피, 거부케 하며, ③ 태평양전쟁에서 일제는 군수물자 부족과 기술능력상 가까운 장래에 패망할 것이므로 이때를 위하여 독립에 대비하고, ④ 군자금을 모집하여 애국지사를 지원한다는 목표로, 회원들은 20원씩을 내도록 하는 등 기본방침을 수립하고 활동하던 중 회원 전원이 피체되었다. 1943년 8월 17일 함흥지방법원에서 치안유지법 및 육해군형법 위반으로 징역 장기3년 단기1년형을 선고받았다(「박상유의 독립유공자공훈록」(국가보훈처 보훈전자사료관)).

8) 순창농림고등학교 재학 중인 이희동, 홍석길, 홍완표 등이 규합하여 和寧會라는 비밀결사를 조직하고 독서회를 통하여 민족정신 고취와 민족독립에 대해 토론하였다. 태평양전쟁에서 일본의 패색이 짙어지자 징병 · 징용 반대, 식량공출 반대 등의 항일투쟁을 전개하기로 결의하고 동년 9월부터 반일낙서운동, 공출방해운동을 벌였다(「이희동의 독립유공자공훈록」, 「홍완표의 독립유공자공훈록」, 「이학진의 독립유공자공훈록」(국가보훈처 보훈전자사료관)).

9) 윤민섭, 유용근 등이 1941년 朝鮮人學友會를 조직하여 항일투쟁을 전개하였고, 1942년에는 학병 · 징용 · 강제 공출 등의 반대투쟁을 전개하다가 피체되어 유용근은 징역 장기8년 단기5년을 선고받고 해주형무소에서 옥고를 치렀다(「윤민섭의 독립유공자공훈록」, 「윤민섭의 독립유공자 공적조서」 및 「유용근의 독립유공자공훈록」(국가보훈처 보훈전자사료관)).

성명	출생일	본적	형량
劉溶根(劉一敎)	1921.10.20	황해도 송화군 上里面 薪平里 287	장기 8년 단기 5년
尹旻燮	1920.11.24	황해도 송화군 雲遊面 鳥項里 250	금고 3월 벌금 107원

충남지역에서는 경찰관이 살해되는 사건도 발생하였다.[10] 읍・면 직원의 집 안에 돌을 던지기도 하고 편지를 써서 협박하기도 하였다.[11] 특히, 조선을 떠들썩하게 했던 崔海天의 항거가 주목된다.[12] 최해천은 1945년 7월 자신을 징용하기 위해 야음을 틈타 찾아온 강경경찰서 성동주재소 주임인 경사 崎城光明를 타살하였다. 일제는 경찰관과 읍・면 직원뿐만 아니라 경방단원까지 동원하여 최해천을 잡으려고 하였다. 대둔산 石泉庵(충남 논산군 벌곡면)에 피해 있던 최해천은 경찰과 경방단원에게 포위되었음을 깨닫고,

> 나는 너희들에게 잡혀서 죽지 않는다. 나를 괴롭히지 마라. 나는 스스로 죽는다. 그러나 한마디 할 말이 있다. 왜 조선 사람을 왜놈들의 전쟁에 끌어들이려 하느냐? 나는 조선사람이다. 나를 잡아다가 왜놈들 싸움에 희생을 시키려 하니까 나를 잡으로 온 놈을 죽인 것이다.

라고 질책하며 절벽에서 뛰어내려 자살하였다. 최해천은 일제의 징용에 죽음으로써 항거한 대표적 인물이라고 할 수 있다.[13]

자신을 징용 보낸 면사무소 직원을 폭행한 사례도 확인할 수 있다. 두 차례나 징용되었던 岡村○○는 동원과정에서 탈출한 후 본인을 징용한 면사무소 직원에게 "당신은 무엇 때문에 몇 번이나 나를 징용했는가?"라고

10) 內務省 管理局, 「第85回 帝國議會說明資料」, 近藤釼一 編, 『太平洋戰下終末期の朝鮮』, 友邦協會, 1967.

11) 당시 충남 논산군청에서 근무한 김영한(金英漢)의 증언(필자가 1999년 12월 7일 구술자 자택에서 면담)에 의하면, 강제동원 대상자들은 읍・면 담당직원의 집에 돌을 던지고 도망가거나 편지를 써서 협박하였다고 한다. 김영한은 충남 논산에서 부산까지 강제동원자들을 인솔하여 인계해주는 업무를 수행하였다.

12) 최해천은 경주 최씨로 1901년 2월 1일(음) 생이다. 공주군 반포면 상신리에서 3남 중 막내로 태어나 서당선생 權重冕의 영향을 받아 3・1운동에 참여하였고, 논산군 성동면으로 이사했다(최문휘, 『공주군 상신리』, 충청남도 향토문화연구소, 1993).

13) 노영종, 「일제말기 조선인의 홋카이도지역 강제연행과 거부투쟁」, 『한국근현대사연구』 제17집, 2001, 170쪽.

항의하며 얼굴을 때리고 몽둥이로 등쪽을 가격하여 징역 1년 6월을 선고 받았다.[14] 이와 같은 강제동원의 폐해는 해방 후에도 계속되었다. 해방 이후 강제동원을 보낸 면서기, 구장 등은 해방 이후 원성이 높았다고 한다.[15] 충남 논산군 출신으로 1944년 야마구치탄광에 동원된 안병구[16]와 1942년 해군시설부에 징용되었던 이승순은 해방 이후 자신을 동원했던 직원이 미워 갈등을 빚었다고 한다.[17] 1944년 가을 미쓰비시광업(주)의 신시모카와(新下川)광산으로 동원된 김태순[18]과 1944년 9월 나가사키항운(주)로 동원된 김종구[19]도 해방 이후 고향에 돌아와 자신을 잡아갔던 면 직원을 발견하고는 심적 갈등을 겪었다. 강원도 지역에서는 살인사건이 발생하기도 하였다. 1945년 11월 14일 강원도 고성군의 최덕○은 본인의 장남을 징용 보낸 구장 최천○을 복수하고자 살해하였던 것이다.[20] 일제의 조선인 강제동원은 당시는 물론 해방 이후에도 지역공동체 안에서 갈등을 일으키는 원인이 되었다.

14) 「강촌○○의 판결문」, 『형사재판원본』(CJA0002035)(국가기록원 소장)

15) 「임원재(任元宰, 1922년 충남 서산군 출생)의 증언」, 일제강점하강제동원피해진상규명위원회, 『똑딱선 타고 오다가 바다 귀신 될 뻔 했네』, 2006, 51~72쪽.

16) 「안병구(安秉邱, 1925년 충남 논산군 출생)의 증언」(2001년 필자가 면담). 구술자는 19세 때(1944년) 구장의 강제모집 통지를 받고 야마구치(山口)탄광으로 동원되었다. 동원 후에는 송아지처럼 일만 했고, 일상화된 폭력 속에서 월급도 몇 푼 받지 못하고 '버러지처럼 짐승처럼' 살았다고 한다. 1945년 봄 신체검사를 받고, 7월 중 영장을 받아 군사 훈련 중에 해방이 되어 고향으로 돌아왔다고 한다.

17) 「이승순(李承順, 1915년 충남 논산군 출생, 1942년 나라(奈良)현 해군시설부 징용)의 증언」(필자가 2002년 구술자 자택에서 3차례(12월 7일, 12월 19일, 12월 21일) 면담). 구술자는 당시 건강상태가 양호하고 기억력이 또렷하여 구술내용을 신뢰할 수 있었다. 1942년 해군시설부에 징용되었다가 미군 폭격기 공습을 틈타 매형이 살고 있는 효고(兵庫)현으로 탈출하였다고 한다. 兵庫縣協和會가 발행한 『협화회 수첩』을 소지하고 있었다.

18) 「김태순(金泰淳, 1930년 7월 충남 부여군 출생)의 증언」, 일제강점하강제동원피해진상규명위원회, 『아홉머리 넘어 홋카이도로』, 2009, 232~265쪽.

19) 「김종구(金鐘求, 1923년 충남 연기군 출생)의 증언」, 일제강점하강제동원피해진상규명위원회, 『내 몸에서 새겨진 8월』, 2008, 435~457쪽.

20) 「徵用싸고 骨肉相爭 끗헤 殺害」, 『民主衆報』, 1945년 12월 22일.

위에서 보는 바와 같이 일제의 강제동원에 대해 조선인은 순순히 응하지 않고, 직접 행동으로써 항거하였다. 지방 말단에서 실질적으로 조선인의 강제동원 업무를 수행했던 읍·면 직원, 구장, 경찰 등을 협박·폭행하거나 살해하였고, 대왕산죽창의거와 같이 징용 대상 청장년들이 조직을 결성하고 직접 일제와 싸워 승리하기도 하였다. 또한 항일 비밀결사의 징용반대 격문 살포를 비롯하여 五目會, 和寧會, 朝鮮人學友會 등 독립운동 차원에서의 징용 반대투쟁을 전개하였다.

2. 탈출

1) 동원 과정에서의 탈출

(1) 동원 과정에서의 탈출 방지책

일제는 강제동원 조선인들의 탈출을 방지하기 위해 다양한 방법을 강구하였다. 우선 동원 대상지역이었던 현지에서부터 탈출 방지를 위해 노력하였다. 일제는 조선인을 집단 수송하기 위해 현지 군청(혹은 학교)에 집합시키고, 高等警察의 주도하에 現地訓練을 실시하고, 出發式을 거행하였다. 경찰서장이 훈시를 하고 '皇國臣民의 誓詞'를 외우게 하는 한편 '차렷! 앞으로 갓!' 등의 제식훈련을 실시하였다. 특히, 일본 경찰당국의 탈출자 단속 實狀을 구체적으로 설명함으로써 애초부터 탈출을 시도하지 못하도록 조치하였다. 또한, 조선인들에게 "함부로 직장을 변경하지 않을 것" 등의 내용이 포함되어 있는 선서를 강제하였다.[21]

일제는 조선인들을 '團服'으로 갈아 입혀 탈출을 방지하고자 하였고, 자

21) 「內地移住勞働者訓練要綱」, 宮田節子 編, 『高等外事月報』 2, 高麗書林, 1988.

유행동을 嚴禁하는 한편 명령에 절대 복종하도록 강제했으며, 탈출할 경우에는 가족이나 친척에게 그 영향이 미칠 것이라고 협박하였다.[22)]

일제는 조선인의 탈출이 빈번했던 기차와 인계지, 숙박지 등에서의 탈출 방지를 위해 시설을 정비·확충하는 한편 주의사항을 시달하였다. 강제모집 조선인의 탈출을 방지하고 원활한 인솔을 위해 시모노세키의 시청 내에 下關渡航者保護斡旋所를 개설하였으며,[23)] 1941년 2월에는 부산도항보호사무소 2층에 內務省警報局朝鮮派遣員 사무소를 개설하고 일제의 內鮮警察을 파견하여 강제동원 조선인의 탈출 방지 업무 등에 투입하였다.[24)] 부산과 여수, 시모노세키, 오사카, 나고야, 교토, 아오모리, 하코다테 등 조선인의 동원경로를 따라 숙박시설과 휴게시설을 마련하였다.[25)] 특히, 1944년에는 강제동원자의 숙박소인 內地送出勞務者錬成所를 부산과 여수에 설립하였는데, 練成[26)]과 檢疫[27)]을 아울러 고려한 것이었다. 부산

22) 朴慶植, 『太平洋戰爭中における朝鮮人勞働者の强制連行について－日本帝國主義の爪跡－』, 朝鮮大學校 地理歷史學科, 1962, 37~38쪽.

23) 「下關渡航者保護斡旋所開設狀況」, 宮田節子 編, 『高等外事月報』 2, 高麗書林, 1988.

24) 「內務省警報局朝鮮派遣員事務所開設ニ關スル件」(警報局保發甲제1호, 1941년 2월 12일, 警報局長→警視總監, 각 廳府縣長官), 朴慶植 編, 『在日朝鮮人關係資料集成』 제4권, 1975.

25) 守屋敬彦, 「朝鮮人强制連行における募集·官斡旋·徵用方式の一貫性」, 『道都大學紀要』 제14호, 1995, 37쪽.

○ 부산 : 春汝, 金泉, 昇寧, 慶山, 東亞, 錦城, 江原, 東洋, 相順, 金海
  * 숙박료: 1박3식은 1원 80전, 1박1식·2식은 1원 20전, 식사만 60전
○ 여수 : 太陽, 完山, 興亞, 金剛, 濟南
  * 숙박료: 1박3식 1원 90전, 1박2식 1원 30전, 1박1식 70전, 식사만 60전
○ 시모노세키(下關) : 야마구치현 사회과 청년회관(불교회관) *무료
○ 오사카(大阪) : 역 서쪽의 고베기(寄) 2층 * 청소비 1인당 1전
○ 나고야(名古屋) : 중앙선 관서선 대합광장 * 청소비 1인당 1전
○ 교토(京都) : 석탄·광산·철강·토목 공업통제회의 지정휴게소
  * 5시간 이내 1인당 45전, 5시간 이상 1인당 75전, 식사 1식 50전
○ 아오모리(青森) : 秋田屋旅館
  * 숙박료: 1박3식 3원, 1박2식 2원50전, 1박1식 2원, 식사만 1원80전
○ 하코다테(函館) : 北海屋旅館
  * 휴게료 : 1인당 70전, 식사료 40전

26) 연성기간은 3일이었으며, 인솔자와 강제동원 조선인이 함께 참여하였다.

연성소의 경우 大浦灣 부근의 부지 약 2만 평에 300만 원의 예산을 투입하여 16개 동(棟)을 건축하는 대규모 계획을 세우고 1944년 5월 말에 起工하였다. 1개 동에 100명을 수용하는 건물 16동을 건축하여 총 1,600명을 수용하려는 것이었다.[28] 이는 일본으로 출발하기 전에 일정상 어쩔 수 없이 부산과 여수 등에서 숙박하게 되는데, 숙박 중에 강제동원 조선인의 탈출을 방지하기 위한 것이었다.

일제는 조선인의 탈출이 빈번했던 기차와 인계지에서의 탈출을 방지하기 위해 특별한 주의사항을 시달하였다.[29] 기차가 停車한 경우에는 下車를 금지하는 한편, 탄광노동의 경험이 있거나 두 번째 동원되는 자, 거동이 수상한 사람을 조사토록 하였다. 음료도 인솔자가 보급하고, 昇降口에 서있는 것도 금지하였다. 특별히 창문을 여는 자나 용변자에 주의토록 하였다. 아울러 숙소에서도 교대로 감시원을 배치하고, 단체행동의 경우에는 인솔자가 관망할 수 있도록 隊를 떨어져 전면적으로 감시토록 구체적 지침까지 시달하였다. 특히, 용변도 기차 안에서 해결토록 하였는데, 부득이하게 화장실을 갈 경우에는 인솔인이 화장실까지 쫓아다닐 정도였다.[30)]

27) 검역은 말라리아 등 훈증소독 방식으로 수행되었는데, 내지송출연성소가 완료될 때까지 부산에서는 神仙台검역소(검역능력 500인), 여수에서는 여수역 북쪽 정미소에서 실시하였다.

28) 「チロ送出情報(1)」(1944년 5월 25일), 『釜山往復』Ⅰ, 191~193쪽.

29) 「朝鮮人勞務者內地送出ノ强化ニ就テ」, 長澤秀 編, 『戰時下朝鮮人中國人聯合軍俘虜强制連行資料集』 Ⅱ 朝鮮人强制連行(文書篇), 綠蔭書房, 1992.
〈기차 내에서의 탈출방지대책〉으로는 ① 명령없이 정차 중에 하차를 금지할 것, ②음료(湯茶)는 인솔자가 보급할 것, ③ 탄광노동체험자, 再度자를 조사할 것, ④거동의심자(不審者)를 조사할 것, ⑤ 창문을 여는 자나 용변자에 주의할 것, ⑥ 승강구에 서있는 것(停立)을 금지할 것 등이었고,
〈인계지에서의 탈출방지대책〉으로는 ① 기차 안에서 용변을 해결하게 하고, 하차 직후에 용변자에 주의할 것, ② 단체행동의 경우(인계, 査證, 숙소에의 행진, 인솔외출 등)에 인솔자 중의 1인은 반드시 그 대(隊)를 떨어져 가까운 거리에서 따라다니며 전면적으로 감시를 할 것, ③ 일용품, 담배(煙草) 등 일괄구입할 것, ④ 숙소에서 교대로 감시원을 배치할 것 등이었다.

30) 1943년 겨울 오사카 소재 군수공장(육군조병창 히라가타(枚方)제조소로 추정)으로 동원된 정대성의 증언에 의하면, 동원되는 동안에 일본인이 감시를 하였다고 한다. 화장실을 갈 때마다 따라다니며 감시를 해서 도망갈 엄두도 내지 못했다고 한다(「정대성(鄭大成, 1920년 충

동원 도중이나 숙박할 때는 열차 입구나 숙소 앞에서 인솔인이 출입을 통제하였고, 기차를 갈아탈 때나 야간 이동할 때는 수시로 점호를 하였다. 열차와 선박을 기다리는 동안에도 정신훈련과 행동훈련을 하였고, 수시로 인원점검을 실시하였으며,[31] 단체열차라는 것을 알리기 위해 열차 입구에 깃발(旗)을 걸어놓기도 하였고, 이동 중에는 수시로 인원점검이 이루어졌으며, 정신훈련 · 행동훈련 등의 군대식 규율이 강요되었다. 이는 혼잡한 상황에서 조선인의 탈출을 예방하기 위한 조치였다.

또한, 일제는 강제동원 조선인의 탈출을 방지하기 위해 조선인을 군대 조직화하는 한편 특별히 인솔전문가를 고용하였다. 관 주도 방식에서는 조선인 5명별로 '組'를, 읍 · 면별로 '班'을, 부 · 군별로 '隊'를 조직하는 등 組－班－隊의 隊組織으로 조직하고, 각각 組長, 班長, 隊長을 임명하여 연대책임을 지웠다. 아울러 동일한 복장(團服)으로 통일시켜 동원하였으며, 깃발을 앞세워 인솔하기도 하였다.

강제동원 과정에서 조선인의 탈출을 감시하던 것은 道駐在員, 勞務補導員, 連送人, 경찰, 부 · 군 및 읍 · 면 직원, 열차 차장과 역원 등이었는데, 그중에서도 도주재원, 노무보도원, 연송인은 특별히 조선인의 강제동원을 위해 고용된 사람들이었다.

도주재원은 조선인의 강제동원 업무를 위해 기업이 직접 고용한 인물로, 각 도에 파견되어 강제동원 조선인을 기업 인솔자에게 인도하는 업무를 담당하였다. 홋카이도탄광기선(주)의 경우 도주재원은 석탄통제회 직원으로서 임기는 1년 이상으로서 석탄통제회 경성사무소의 지휘감독을 받았다. 이들의 업무는 군이나 읍 · 면에 대한 인원수 할당, 수송에 관한 연락 등 조선인 동원과 관련된 사항이었다.[32]

남 서산군 출생)의 증언」, 일제강점하강제동원피해진상규명위원회, 『당꼬라고요?』, 2005, 149~177쪽).

31) 北海道炭鑛汽船株式會社, 『七十年史 · 勤勞編: 第1次稿本』, 七十年史編纂室, 1958.

노무보도원은 조선인 100명마다 2명으로 하고, 100명 증가할 때마다 1명을 더 두는 것으로 하였다. 다만, 500명 이상은 30명이 늘어날 때마다 1명을 더 두었다.[33)]

연송인은 면 단위로 동원된 조선인을 도망가지 못하도록 통솔하고 감시하면서 탄광 사업소까지 인솔하는 역할을 담당했는데,[34)] 열차 내 등 육지에서는 동원자 30명당 1명씩을 두었고, 船內에서는 50명당 1명씩 두었다.[35)] 실제로 1944년 9월 27일~10월 4일 사이 8일 동안에 3,150명의 조선인 탈출을 방지하고 인계 · 수송하기 위해 아래와 같이 조직적으로 연송인을 편제하였다.[36)]

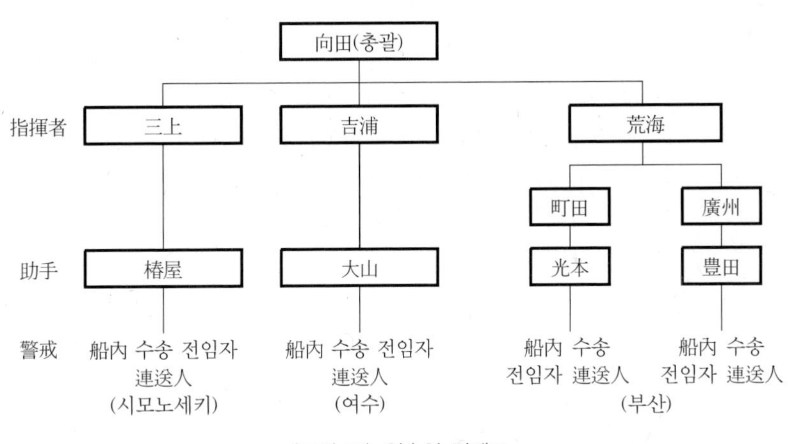

〈그림 18〉 연송인 편제표

32) 「道駐在員ニ依スル朝鮮人勞務者募集ニ關スル件」(1943년 11월 1일, 石炭統制會 札幌支部 → 夕張鑛業所), 『釜山往復』 Ⅲ, 657~669쪽.

33) 「勞務動員實施計劃依朝鮮人勞務者內地移入斡旋要綱」, 長澤秀 編, 『戰時下朝鮮人中國人聯合軍捕虜强制連行資料集』 Ⅱ, 朝鮮人强制連行(文書編), 綠蔭書房, 1992.

34) 한혜인, 「북해도대학 부속도서관 소장 조선인 강제연행 관련자료의 현황」, 『일본소재 한국사 자료 조사보고 Ⅱ』(해외사료총서 8권), 2004.

35) 「朝鮮人勞務者內地送出改善强化概要」, 長澤秀 編, 『戰時下 朝鮮人 · 中國人 · 聯合軍捕虜 强制連行資料集』 Ⅱ, 朝鮮人强制連行(文書篇), 綠蔭書房, 1992.

36) 「第2 · 4半期追加分輸送ニ關スル件」(1944년 9월 5일), 『釜山往復』 Ⅱ, 369쪽.

일제는 인솔자에 대한 교육과 당근책도 제시하였다. 우선 인솔자들이 '産業戰士의 인솔 지도자'라는 자각과 긍지를 가지고 수송임무에 임하도록 수시로 訓示하고, 부산수상경찰서[37]의 직원, 교통공사와 석탄통제회의 주재원 등을 초청하여 訓話 및 錬成打合會를 실시하였다. 인솔인의 근무성적과 인솔성적 등의 평가자료인 〈근무성적표〉를 회사에 보고토록 하여 인솔자 간의 경쟁심을 조장하고 이를 근거로 성적 순에 따라 상장 등을 수여하기도 하였다.[38] 특히 탈출자가 없는 경우에는 인솔인에게 상여금을 지급하여 조선인의 탈출 방지에 진력을 다하였다.[39]

주목되는 점은 종래 일본 도항 후의 조선인 탈출 방지에 중점을 두었던 것에서 조선 지역 내에서의 탈출 방지에 중점을 두는 것으로 바뀌었다는 점이다. 연송경비의 지출 면에서나 연송인력의 측면에서 조선지역 내를 중심으로 삼았다.[40]

이상과 같이 일제는 강제동원 조선인의 탈출 방지를 위해 동원되는 현

37) 釜山水上警察署는 1935년 3월 19일 棧橋(부두)파출소로 이사하여 20일부터 사무취급을 개시하였다. 부산수상경찰서 산하에는 第一棧橋警察官派出所(부산부 高島町), 佐藤町水上警察官派出所(부산부 佐藤町), 牧島水上警察官派出所(부산부 瀛仙洞)가 있었다(「釜山水上署棧橋へ引越シ」, 『부산일보』, 1935년 3월 20일 및 『조선총독부관보』, 1920년 7월 16일(국사편찬위원회, 『일제침략하 한국 36년사』 5권, 1970년에서 재인용)).

38) 「鮮人引率者選定ニ關スル件(錬成ト檢疫ヲ兼ネタル勞務者ノ宿泊所 內地送出勞務者錬成所(假稱) 釜山ト麗水ニ設立セラル)」(1944년 7월 10일, 부산주재원→본점 노무과장), 『釜山往復』 Ⅱ, 347~358쪽.

39) 상여금은 郡 인계~철도역, 기차 승차 후~항 출발로 구분하여 지급되었는데, 지급 금액은 아래의 표와 같다(「鮮人引率者選定ニ關スル件」(1944년 7월 10일, 부산주재원→본점 노무과장), 『釜山往復』 Ⅱ, 351~352쪽).

구분	100명 인솔(원)	50명 인솔(원)
군 인계 후 철도역까지 결원이 없는 경우	10	5
기차 승차 후 항 출발까지 결원이 없는 경우	10	5
둘 다 결원이 없는 경우(추가 지급)	10	5
합계	30	15

40) 인솔을 위한 경비나 인력의 중심을 조선 내 지역에 두도록 하였다(「拜啓 時局益益緊迫ノ折柄愉愉御壯健ニ御活躍ノ御事大慶ニ存上候」(1944년 2월 22일, 부산출장소 → 각 광업소 노무과장), 『釜山往復』 Ⅱ, 295~296쪽.

장에서부터 정신교육과 단체훈련을 실시하고, 동원경로를 따라 숙박시설과 휴게시설을 확충하였다. 또한 조선인을 군대식 조직으로 조직화하여 인솔하는 한편 도주재원, 노무보도원, 연송인 등 특별히 인솔전문가를 고용하는 등 다양한 방법을 강구하였다.

(2) 고향 현지와 동원과정에서의 탈출

일제의 갖가지 탈출방지책에도 불구하고 강제동원 조선인들은 고향 현지에서는 물론 동원되는 과정에서 끊임없이 탈출을 시도하였다.

고향 현지에서는 가족과 지인들의 협조를 얻어 소재를 애매하게 하였다. 중국·만주 등으로 망명하기도 하였고, 주거를 옮겨 주거조사를 어렵게 하였다. 인근 야산에 몸을 숨기거나 바닷가의 경우에는 부근의 섬으로 탈출하였다. 신의주 출신의 잡역인부였던 山泉○○(23세)은 해군건축부에 출두하라는 징용영서를 교부받고 만주로 잠적하였다.[41]

동원되는 과정에서도 개인적으로나 집단적으로 탈출하였다. 숙박 중에 집단적으로 탈출하였고, 기차가 정차 중일 때는 기회를 엿보다가 플랫폼의 반대쪽으로 달아났으며, 물을 마신다거나 용변을 본다는 구실로 탈출을 시도하였다. 뿐만 아니라 달리는 열차 안에서 뛰어내리기도 하였다.[42] 거창군 출신의 농업에 종사하던 大山○○(27세) 등 20여 명은 진주역에서 부산역으로 향하는 도중 열차에서 뛰어내려 집단 탈출하였다.[43] 1944년 5월 24일 후쿠오카현 이즈카(飯塚)시 소재 스미토모(住友)광업(주) 추우와이(忠猥)광업소로 동원되던 조선인 72명 가운데 54명(75%)이 탈출하였고, 1944년

41) 「國民徵用者の一齊檢擧狀況(청진검사정 보고)」, 『조선검찰요보』 제15호, 1945년 5월.

42) 「朝鮮人勞務者內地送出强化ニ就テ」(1944년 9월 2일, 석탄통제회 경성출장소), 『釜山往復』 Ⅱ, 385~417쪽.

43) 「國民徵用者の一齊檢擧狀況(청진검사정 보고)」, 『조선검찰요보』 제15호, 1945년 5월.

5월 27일 큐슈의 탄광에 동원되는 과정에서 조선인 37명 중 무려 36명(97.3%)이 탈출하였다.[44]

탈출의 사례는 다양한 증언을 통해서도 확인된다. 1944년 5월 스미토모광업(주) 고노마이광산에 징용된 黃台萬은 달리는 기차에서 탈출한 상황을 증언하였고,[45] 아버지의 징용 사례를 수필로 기록한 민경문의 글에 의하면, 1944년 2월 하순 순사를 대동한 면사무소 직원이 아버지를 강제로 징용하려 하자 아버지는 돌담을 훌쩍 뛰어넘어 뒷산으로 탈출하였다. 하지만 집안일과 배고픔 때문에 집으로 돌아왔다가 붙잡혀 홋카이도의 탄광으로 끌려갔다.[46]

일본에 건너간 이후에도 동원지에 도착하기 전까지 수시로 탈출을 시도하였고, 집단탈출도 빈번하였다. 홋카이도 슈마리나이(朱鞠內)댐 공사장으로 동원된 李詳石의 증언에 의하면, 부산의 여관과 도쿄행 열차의 환승지였던 오사카(大阪)에서 제일 많은 인원이 탈출했다고 한다.[47]

강제동원 조선인의 탈출은 강제모집 방식을 보다 강력한 관 주도나 징용 방식으로 바꾼 가장 중요한 원인의 하나였다. 탈출자의 증가로 인해 한층 더 조직적이고 강제적인 동원방법으로의 전환이 필요했던 것이다.[48]

일제는 조선인의 탈출에 대해 적극적으로 탄압하였다. 특히, 징용에 저항하는 조선인들에게 징역이나 벌금형을 선고하였다. 징용에 불응한 자에 대해 각 도에서는 '반드시 벌 줄 것(必罰)'과 '一罰百戒로 준엄하게 처벌할

44) 「國民動員計劃に基く移入朝鮮人勞務者の狀況」,(특고월보 1944년 6월), 내무성 경보국 보안과, 『특고월보』 제36집.

45) 「황태만(黃台萬, 1920년 경북 영천군 출생)의 증언」, 일제강점하강제동원피해진상규명위원회, 『아홉머리 넘어 홋카이도로』, 2009, 286~309쪽.

46) 민경문, 「일본 강제징용에 대하여」, 문예운동사, 『수필시대』 10, 2015, 219~220쪽.

47) 「이상석(李詳石, 1921년 경남 창녕군 출생)의 증언」, 일제강점하강제동원피해진상규명위원회, 『아홉머리 넘어 홋카이도로』, 2009, 428~459쪽.

48) 강만길, 「侵略戰爭期 일본에 강제동원된 조선노동자의 저항」, 『한국사학보』 제2호, 1997, 244쪽.

것' 등 처벌방침을 세워 각 부·군에 지시하였다.[49]

〈표 15〉 국민징용령 위반 현황(1942~1944년 10월)[50]

연도별		수리	기소			불기소				이송	계	未濟
			재판	약식	계	유예	중지	기타	계			
1942	건수	12	3	2	5	3	2	2	7	-	12	-
	인원	12	3	2	5	3	2	2	7	-	12	-
1943	건수	16	5	3	8	3	3	1	7	1	16	-
	인원	18	5	3	8	3	3	3	9	1	18	-
1944 (1~10월)	건수	316	28	157	185	49	34	16	99	9	293	23
	인원	330	29	162	191	50	38	17	105	10	306	24
총계	건수	344	36	162	198	55	39	19	113	10	321	23
	인원	360	37	167	204	56	43	22	121	11	336	24

위 〈표 15〉에서 보는 것처럼, 조선총독부가 파악한 국민징용령 위반사건은 1942년 12건 12명, 1943년 16건 18명, 1944년(1~10월) 316건 330명 등 총 344건 360명이었다. 1944년에 국민징용령 위반자가 급증하는데, 이는 조선인의 징용이 일반화되는 시기가 1944년임과 일치한다. 1942~43년 시기에도 28건 34명의 국민징용령 위반자가 있다는 사실은 '1944년부터 징용이 시작되었다'는 식의 서술은 수정되어야 함을 알려준다.

전체 수리 건수 가운데 起訴 건수는 198건[51](204명)으로, 57.6% 비율이다. 특이한 점은 起訴 건수 가운데 정식 재판이 아닌 略式命令 청구사건이 162건(167명)으로 81.8%에 달한다는 점이다. 1944년도만을 비교하면 약 84.9% 비율이다. 그러니까 일제는 국민징용령 위반자에 대해 정식 재판절차를 거치지 않고 징역형을 선고하였던 것이다. 이는 '사안의 내용이 단순하고 범죄의 성립이 명백하다고 인정하는 사건에 대해 약식명령으로써

49) 「徵用不應은 必罰」, 『매일신보』, 1944년 9월 9일.

50) 「國民徵用令違反事件の概要」, 『조선검찰요보』 제10호, 1944년 12월.

51) 국가기록원 소장 국민징용령 위반 판결문 가운데 1942년 3월~1944년 10월 판결된 73건의 판결문이 확인된다.

1년 이하의 懲役 혹은 禁錮 또는 拘留를 처할 수 있다.'고 규정된 「전시형사특별법」 조항 때문이었다.[52)]

징용에 불응하여 탈출한 조선인을 '국민징용령 위반죄'로 강경하게 형사처벌하는 상황에서도 조선인이 지속적으로 탈출을 시도하자 조선총독부는 조선 전역에서 일제히 징용 거부자를 수색 검거하는 한편 자수를 권고하였다. 조선총독부는 1945년 6월 20일 「徵用忌避防遏取締要綱」을 발표하고 각 町部落聯盟에 勤勞委員會를 설치하여 징용 거부자를 철저히 조사한 후 읍·면장이나 부윤·군수에게 보고하게 하였다.[53)] 또한 '다른 應徵士들에게 영향을 줄 뿐만 아니라 앞으로의 勤勞動員에도 크나큰 지장이 있고, 치안 유지에도 좋지 못한 결과를 초래할 염려' 때문에 이사카(伊坂) 경찰부장 명의로 「徵用忌避者 自首勸告文」을 발표하였다.[54)] 1945년 6월 23일~7월 2일 열흘 동안 '자수하여 오는 자에는 특별히 관대한 처분으로 과거의 잘못을 일체 묻지 않기로' 하였다. 조선총독부의 자수 권고가 얼마나 효과가 있었는가는 확실하지 않지만, 자수권고 마지막 날인 1945년 7월 2일 이후에도 '국민징용령(국민근로동원령) 위반죄'로 처벌된 사례가 361건[55)]이나 확인되는 것으로 보아 그렇게 실효를 거두었다고는 볼 수 없다.

조선인들은 일제의 갖가지 탈출 방지책에도 불구하고 끊임없이 탈출을 감행하였다. 고향 현지에서는 물론, 기차역에서, 숙박지에서 그리고 환승

52) 「戰時刑事特別法」(1942년 2월 24일 법률 제64호 제정) 제29조의2에 '區裁判所는 事案의 內容이 單純하고 犯罪의 成立이 明白하다고 認定하는 事件에 관해서 略式命令으로써 1년 이하의 懲役 혹은 禁錮 또는 拘留를 科할 수 있다.'고 규정되어 있다(金炳華 著, 『續近代韓國裁判史』, 韓國司法行政學會, 1976, 501쪽). 약식명령의 선고가 내려진 이후 7일 이내에 정식 재판을 청구할 수 있었으나, 당시 조선인의 사회적·경제적인 상황을 고려할 때 정식재판 청구가 어려웠을 것임은 짐작할 수 있다.

53) 「徵用의 忌避를 防遏 認識하라 國民義務 取締指導要綱을 決定」 및 「自首하면 前非不問 忌避者들은 悔悟하라」, 『매일신보』, 1945년 6월 22일.

54) 「지금도 늦지 안타 徵用忌避者는 自首하라」, 『매일신보』, 1945년 6월 24일.

55) 국가기록원 소장 판결문 가운데 1945년 7월 2일 이후 판결된 국민징용령(국민근로동원령) 위반 판결문 361건이 확인된다.

역에서, 달리는 열차 가운데에서 끊임없이 탈출을 감행하였다. 일제는 징용에 응하지 않는 조선인을 '국민징용령(국가근로동원령) 위반죄'로 가차없이 처벌하였다. 그럼에도 동원과정에서의 조선인 탈출은 개인적으로, 집단적으로 끊임없이 이어졌다.

2) 동원지에서의 탈출

(1) 동원지에서의 탈출 방지책

일제는 강제동원 조선인이 부산에서 출발할 때부터 일본 경찰의 감시를 받게 하였고, 그들의 이름과 주소는 물론 직업, 사상 경향, 소속 단체, 가족, 본적지까지 모두 취조했다. 또한, 일제는 조선인이 일본에 도착하자마다 協和會에 등록시켜 기업은 물론 경찰과 협화회의 다중 통제하에 두어 감시하였다.

각 기업은 협화회와 경찰의 협조 속에서 강제동원 조선인들을 철저히 통제하고 감시하였다. 동원 과정에서의 탈출을 방지하기 위해 조직했던 隊조직을 공장 · 광산 등 생산현장에서도 유지하였다. 이동 중에는 수시로 인원점검이 이루어졌으며, 정신훈련 · 행동훈련 등의 군대식 규율이 강요되었다. 특히, 「반도노무자 근로상황에 관한 조사보고」에 의하면, 강제동원 조선인들의 탈출 방지를 위해 기업 차원에서 1인 1월 최대 10원 또는 15원 이하의 금액을 지급하였다.[56)]

각 기업은 조선인의 탈출을 대비하여 강제동원 조선인 개인별로 성명, 본적지, 연령 등의 신상정보와 키, 눈 · 코 등 얼굴 생김새, 사진까지 첨부된 카드를 작성하였다. 조선인 탈출자가 발생하면 해당 기업은 개인별 카

56) 勞働科學研究所, 「半島勞務者勤勞狀況に關する調査報告」, 朴慶植 編, 『朝鮮問題資料叢書』 제1권, アジア問題研究所, 1982.

드를 참고하여 별도의 탈출자 리스트를 작성하였다.[57] 이 리스트에는 탈출한 조선인의 키, 머리 길이, 얼굴 생김새, 의복 상황(종류, 색깔 등), 일본어 능력, 현금 소지 여부 등이 기재되었다.[58] 기업은 경찰에게 수색을 요청하면서 탈출자 리스트를 송부하여 탈출자의 검거에 협조하였다. 또한 각 기업은 숙소마다 탈출율 인하 목표치를 설정케 하고 그 실적에 따라 노무직원에게 '도주방지 현상금' 수당을 지급하였고,[59] 탈출자 1명 체포할 때마다 5엔의 상여금을 경찰에게 지급하였다.[60]

그럼에도 조선인의 탈출자수가 점차 증가하자 1942년 8월 6일 후생성·내무성·상공성 차관 공동 명의로 탈출방지대책으로서 「移入朝鮮人勞務者防止對策要綱」[61]을 결정하였다. 이는 강제동원 조선인에 대한 훈련을

57) 桑原眞人, 『戰前期北海道の史的研究』, 北海道大學圖書刊行會, 1993, 246~249쪽.

58) 탈출한 조선인에 대해서는 탈출일자, 본적 및 주소, 직업, 성명, 연령, 키, 얼굴색 등의 인상, 복장, 일본어 이해 정도 등의 항목으로 리스트가 작성되었다(「移入並應徵朝鮮人勞務者逃走手配ニ關スル件」, 朴慶植 編, 『在日朝鮮人關係資料集成』 제5권, 三一書房, 1976).

59) 長澤秀, 「戰時下常磐炭田における朝鮮人鑛夫の勞働と鬪い」, 梁泰昊 편, 『朝鮮人强制連行論文集成』, 明石書店, 1993, 188쪽.

60) 朝鮮人强制連行實態調査報告書編纂委員會·札幌大學北海道委託調査報告書編纂室, 『北海道と朝鮮人勞働者』, ぎょうせい(주), 1999, 77~78쪽.

61) 「移入朝鮮人勞務者逃走防止ニ關スル件」(厚生省勤發제81호, 1942년 8월 6일, 厚生次官, 內務次官, 商工次官→警視總監, 地方長官, 鑛山監督部長), 朴慶植 編, 『在日朝鮮人關係資料集成』 제4권, 1976.

一. 조선인 노동자의 훈련을 촉진할 것
(一) 이입 조선인 노무자에 「移入勞務者訓練及取扱要綱」을 힘써 행할 것
(二) 移動習癖있는 자는 특별훈련을 실시하고, 특별훈련은 철저히 행할 것
二. 조선인 노무자에 대한 노무관리의 쇄신을 꾀할 것
(一) 각 사업장은 「移入勞務者訓練及取扱要綱」 취지에 맞게 관리할 것
(二) 엄하게 감독하고, 不良分子 豫見과 선동·유혹 등 誘引 防除에 힘쓸 것
(三) 도주자수가 많은 경영자에게는 당분간 노무자의 충족을 정지시킬 것
三. 業者 간에 노무자의 스카우트(引拔) 방지를 철저히 할 것
스카우트업자를 처벌하고, 도덕적 제재 및 노무자의 충족을 정지시킬 것
四. 일용 노무자의 단속을 강화할 것
(一) 公正賃金制를 勵行과 단속을 강화할 것
五. 노무자 브로커의 단속을 철저히 실행할 것
노무자 브로커를 조사하고, 노무통제 문란자의 처벌·훈계 등 엄중단속할 것
六. 노무자의 단속 강화를 꾀할 것

강화하고, 노무관리를 쇄신하는 한편 노무자 브로커를 단속하여 스카우트를 사전에 방지하려는 것이었고, 協和會를 통해 탈출 조선인의 수색을 강화하여 원래의 사업장에 복귀시키는 한편 탈출자가 많은 기업에는 조선인을 할당하지 않도록 하는 것이었다.

이어서 일제는 강제동원 조선인의 탈출 방지를 논의하기 위해 1942년 8월 12일~9월 19일 11차례의 협의회를 개최하였다.[62] 厚生省이 주도하고 內務省, 商工省, 道·都·府·縣, 광산감독국, 중앙협화회 등이 공동 주최한 협의회에는 社會課(厚生課) 직원(協和事業 담당자), 職業課, 特高課 內鮮係長, 勞政課(勞政, 工場, 保安), 協和會 사업장 책임자 등 조선인의 강제동원과 직접적으로 관련있는 인물들이 참석하였고, 후쿠오카, 삿포로 등 조선인이 다수 동원된 지역을 중심으로 개최되었다. 이를 감안할 때 실질적으로는 조선인의 탈출 방지 효과를 거두기 위한 것으로 판단된다.

아울러, 강제동원 조선인의 사고방지와 탈출한 조선인의 검거를 위해

(一) 協和會는 경찰과 항상 협력하여 도주자의 발견에 힘쓸 것
(二) 도주자를 발견할 때는 訓戒하여 종전의 사업장에 복귀시킬 것
七. 사업주는 협화회원장을 소지하지 않은 자를 雇入하지 말 것

62) 「移入朝鮮人勞務者逃走防止打合會開催ニ關スル件」(厚生省發生 제82호, 1942년 8월 6일)(아시아역사자료센터 소장).

월일	개최장소		출석 府·縣
8.12	東京	厚生省 會議室	警視廳, 東京都, 神奈川縣, 千葉縣, 埼玉縣, 群馬縣, 栃木縣, 茨城縣
8.14	仙台	仙台市 商業會館	青森縣, 岩手縣, 宮城縣, 福島縣, 秋田縣, 山形縣
8.17	札幌	北海道信用購買 販賣組合 會議室	北海道
8.29	神戸	兵庫縣 縣會 會議室	滋賀縣, 京都府, 和歌山縣, 奈良縣, 大阪府, 兵庫縣
8.31	福岡	縣廳 西別館 大會議室	山口縣, 福岡縣, 佐賀縣, 熊本縣, 長崎縣, 大分縣, 鹿兒島縣, 宮城縣
9.1			福岡縣, 大分縣
9.3	川崎	醫師會館	長崎縣, 佐賀縣, 栃木縣, 鹿兒島縣, 宮城縣
9.5	山口	公會堂	岡山縣, 廣島顯, 山口縣, 鳥取縣, 島根縣
9.15	長野	長野縣 産業會館	石川縣, 福井縣, 新瀉縣, 富山縣, 長野縣
9.17	津	三重縣 社會事業會館	愛知縣, 岐阜縣, 精岡縣, 三重縣
9.19	松山	愛媛縣 議事堂	香泉縣, 愛媛縣, 德島縣, 高知縣

일본 전역에 移入勞務者事故防止委員會를 설치하였다. 이 위원회는 강제동원 조선인 500명 이상 在籍 혹은 1천 명 이상 조선인이 在住하는 사업장을 관할하는 경찰서를 단위로 하여 조직되었다. 경찰서장을 회장으로 하여 회원 10인으로 구성되었는데, 매월 1회 개최가 원칙이었다. 1944년 당시 364개가 설치되었고,[63] 538,720원의 예산이 소요되었다.[64]

특히, 일제는 조선인의 탈출을 방지하고 탈출한 조선인을 수색하기 위해 '內鮮警察'을 조직하고 운영하였다. 내선경찰 조직은 1921년 7월 28일 特別高等課[65] 산하에 內鮮高等係[66]로 신설되었고, 1932년 6월 28일 特別

63) 일본지역별 이입노무자사고방지대책위원회 설치현황(1944년)

구분	설치수	구분	설치수	구분	설치수	구분	설치수
北海道	16	勵木	1	青森	2	德島	1
警視廳	48	內良	-	山形	1	香川	1
京都	15	三重	1	秋田	2	愛媛	1
大阪	46	愛知	25	福井	5	高知	1
神內川	18	靜岡	7	石川	1	福岡	23
兵庫	27	山梨	2	富山	2	大分	7
長崎	6	滋賀	1	鳥取	1	佐賀	9
新瀉	2	岐阜	9	島根	2	熊本	6
埼玉	2	長野	3	岡山	9	宮崎	5
軍馬	3	宮城	2	廣島	17	鹿兒島	2
千葉	2	福島	3	山口	21	沖繩	-
茨城	3	岩手	2	和歌山	1	합계	364

64) 「昭和十九年度第二豫備金支出要求決定額」(警保局, 1944년 11월 28일), 『種村氏警察參考資料』 제98집(아시아역사자료센터 소장)).

65) 조선인 강제동원이 시작된 이후에도 特高警察의 증원이 2차례 확인되는데, 1939년 8월 特高係 순사 8명과 駐在所 순사 12명 등 20명이 증원되었고(「警察費豫算增加ニ關スル件」(경찰부장→총무부장, 1941년 8월 31일), 桶口雄一 編, 『協和會關係資料集』 Ⅲ, 綠蔭書房, 1991), 1941년 11월에는 警部 17명, 地方警視 4명 등 21명 등이 증원되었다(「廳府縣臨時職員等設置制中改正ノ件」(칙령 제1026호, 1941년 11월 28일)(아시아역사자료센터 소장).

66) 내무성 보안과 內鮮係의 조직표에 의하면, 사무관－이사관－屬 5계로 구성되었다. 담당업무는 1) 警衛사무, 普通要視察人사무, 2) 共産, 民族, 無政府主義운동, 학생운동, 종교운동, 3) 일반적 視察取締, 각종 紛爭議, 각종 범죄(思想, 宗教관계 제외), 기타 일반경찰행정, 4) 海港警備사무(不逞朝鮮人의 정보수집 포함), 渡航사무(不正渡航者 단속을 포함), 해외정보의 수집사무, 5) 協和事業 관계 사무, 內地 在住朝鮮人에 관한 諸調査, 對植民地 관계사무, 臺灣人에 관한 경찰사무 등이었다(「內鮮警察業務分掌」, 『種村氏警察參考資料』 제68집(아시아역사자료센터 소장)).

高等警察部 산하의 內鮮課[67]로 하나의 課 단위로 확대되었다.[68] 이후 조선인의 강제동원이 시작되는 1939년부터 매년 내선경찰의 증원이 수시로 이루어졌다.

일제의 내선경찰 증원 기준은 강제동원되는 조선인의 인원수였다. 즉, 새로 동원되는 조선인 550명마다 巡査 1명씩을 증원(조선인 550명 미만인 때도 200명 이상인 때는 순사 1명 배치)하였고, 순사 20명이 증원될 때마다 警部補 1인을 증원시켰다. 특히, 조선인이 대량으로 동원되는 사업장에는 경찰이 직접 배치되었는데, 강제동원 조선인 1,500명 이상인 사업장에는 순사 1명과 경부보 1명, 1,000~1,500명 미만인 경우에는 순사 1명의 배치가 원칙이었다. 이와는 별도로 500명 이상~1,000명 미만인 사업장에도 순사

67) 「내선경찰 기구일람표」에 의하면, 보안과장－사무관－이사관－屬 8로 구성되어 있다. 내무성은 당초 2屬의 증원을 요청하려 했으나, '極力 經費節減을 꾀할 취지'로 屬 1(담당업무는 이주조선인의 逃走防止에 관한 사무, 이주조선인 取締에 관한 調査研究)의 增員을 자진 삭제하였다(「本省內鮮警察機構一覽表」, 『公文類聚』 제65편(아시아역사자료센터 소장)).

구분	담당 업무	비고
屬 1	○ 警衛사무 ○ 普通要視察人사무 ○ 조선인의 內地渡航 取締에 관한 일반사무	○ 內 2명은 經常 ○ 內鮮事務 직원으로서 5명은 勞務動員計劃에 의한 것임
屬 1	○ 共産, 民族, 無政府主義운동의 取締 ○ 학생운동, 종교운동의 取締	
屬 1	○ 조선인 관계 각종 紛爭議 取締 ○ 각종 범죄의 검거 예방 ○ 이주 노동자에 관한 일반사무	
屬 1	○ 海港警備 사무 ○ 不逞鮮人에 관한 정보 수집정리 사무 ○ 해외 정보의 수집정리 사무	
屬 1	○ 協和事業 관계 사무 ○ 內地 재주 조선인에 관한 諸調査 사무 ○ 대만인에 관한 일반사무	
屬 1	○ 이주 노동자에 관한 일반 사무 ○ 協和事業에 관한 사무	
(屬 1)	○ 조선인의 內地渡航 취체에 관한 조선 측과의 연락사무	○ 부산에 출장(長期)
屬 1	○ 이주 조선인 관계 紛爭議 取締 사무 ○ 이주조선인에 관한 지방청과의 연락 사무	○ 새로 증원요청 사항임

68) 「警視廳組織系統沿革圖」, 『種村氏警察參考資料』 제90집(아시아역사자료센터 소장).

1명이 배치되었다.[69]

1939~1944년 사이 내선경찰이 7차례 증원된 사실을 확인할 수 있다. 1939년 11월에는 54명이 증원되었고,[70] 1940년 12월에도 증원되어 당시의 경찰인력은 241명이었다.[71] 1941년 1월에는 16명(경부보 1명과 순사 15명)이 증원되었는데, 홋카이도에서는 자체적으로 순사 20명이 증원되었다.[72] 특히, 같은 해 2월에는 부산도항보호사무소 2층에 內務省警報局朝鮮派遣員 사무소가 개설[73]되고 내선경찰이 부산에 직접 파견되어 강제동원 조선인의 보호단속 업무에 투입되었다.[74] 이때 후쿠오카현 경찰부에서 屬 1명이 파견되었는데, 내무성 경보국 파견원의 지휘감독하에 근무하며, 필요한 경비는 후쿠오카현에서 부담하였다.[75] 이후 1942년 12월에 465명(경부보 23명, 순사 407명, 촉탁 35명)이 증원되었고,[76] 1943년 6월에는 208명(경부보 10명, 순사 171명, 촉탁 27명)이 증원되었다.[77] 내선경찰의 증원이 마지

69) 1943년 당시 강제동원 조선인 500명 이상 1,000명 미만의 사업장에 대해 순사 15명을 배치하였다(「昭和十八年度第二豫備金支出要求」(警保局, 1943년 7월 24일), 『種村氏警察參考資料』 제88집(아시아역사자료센터 소장)).

70) 「廳府縣臨時職員等設置制中改正ノ件」(칙령 제764호, 1939년 11월 7일) 및 「昭和十四年度第二豫備金支出ノ件通知」(藏計제1049호, 1939년 9월 23일)에 의하면, 노무동원계획의 수행을 위해 北海道廳에 屬 1명, 府縣에 屬 46명 및 勞務動員計劃에 관한 사무에 종사시키기 위해 北海道廳에 警部 1명, 府縣에 地方警視 2명, 警部 4명이 증원되었고, 臨示地方經費 21,907원(勞務動員諸費 19,415원, 應急協和事業費 2,492원)이 증액되었다.

71) 「內務部臨時職員等設置制中改正ノ件」(칙령 제919호, 1940년 12월 19일)(아시아역사자료센터 소장).

72) 「警察費豫算追加方ニ關スル件」(경찰부장→총무부장, 1941년 8월 31일), 桶口雄一 編, 『協和會關係資料集』 Ⅲ, 綠蔭書房, 1991, 15~23쪽.

73) 「內務省派遣員開設ニ關スル件」(慶南高 제9837호, 1940년 12월 26일, 경상남도지사→경무국장, 내무성 경보국장), 『일제의 한국침략사료총서』(국가보훈처 공훈전자사료관 소장).

74) 「內務省警報局朝鮮派遣員事務所開設ニ關スル件」(警報局保發甲제1호, 1941년 2월 12일, 警報局長→警視總監, 각 廳府縣長官), 朴慶植 編, 『在日朝鮮人關係資料集成』 제4권, 1975.

75) 「內務省警報局朝鮮派遣員事務所ニ關シ福岡縣警察官派遣方ノ件」(內務省 警報局長 → 福岡縣知事, 1942년 10월 30일)(아시아역사자료센터 소장).

76) 「內鮮警察機構整備ニ關スル警察官吏增員ノ件」(1942년 12월 17일), 『種村氏警察參考資料』 제68집(아시아역사자료센터 소장).

막으로 확인되는 1944년 11월에는 274명(경부보 41명, 순사 233명)을 증원하여 당시의 내선경찰 수는 경부 3명, 경부보 121명, 순사 697명, 촉탁 44명 등 총 865명에 달했다.[78] 이 가운데 사업장에 직접 배치된 인원은 417명

77) 「内鮮警察機構整備ニ伴ウ增員ニ關スル件」(乙제849호, 1943년 9월 30일), 『種村氏警察参考資料』 제88집(아시아역사자료센터 소장).

78) 1944년 11월 당시의 내선경찰 배치는 아래의 표와 같다(「昭和十九年度第二豫備金支出要求決定額」(警保局, 1944년 11월 28일), 『種村氏警察参考資料』 제98집(아시아역사자료센터 소장)).

구분	계	경부	경부보			순사			촉탁		
			일반	사업장	계	일반	사업장	계	통역	특수	계
北海道	192	1	5	25	30	86	68	154	1	6	7
警視廳	13	-	-	-	-	7	4	11	1	1	2
京都	-	-	-	-	-	-	-	-	-	-	-
大阪	28	1	1	-	1	14	10	24	1	1	2
神奈川	17	-	1	-	1	10	4	14	1	1	2
兵庫	23	-	1	2	3	11	7	18	1	1	2
長崎	45	-	1	4	5	24	14	38	1	1	2
新瀉	21	-	-	3	3	7	9	16	1	1	2
埼玉	3	-	-	-	-	3	-	3	-	-	-
群馬	14	-	-	-	-	6	7	13	1	-	1
千葉	9	-	-	1	1	4	3	7	1	-	1
茨城	21	-	-	5	5	4	11	15	1	-	1
枥木	5	-	-	1	1	1	3	4	-	-	-
奈良	-	-	-	-	-	-	-	-	-	-	-
三重	9	-	-	-	-	2	7	9	-	-	-
愛知	3	-	-	-	-	2	1	3	-	-	-
靜岡	15	-	-	2	2	5	7	12	1	-	1
山型	-	-	-	-	-	-	-	-	-	-	-
滋賀	-	-	-	-	-	-	-	-	-	-	-
岐阜	7	-	-	2	2	2	3	5	-	-	-
長野	12	-	-	1	1	6	4	10	1	-	1
宮崎	8	-	-	-	-	3	5	8	-	-	-
福島	29	-	-	3	3	20	4	24	1	1	2
岩手	35	-	-	7	7	11	15	26	1	1	2
青森	8	-	-	-	-	4	4	8	-	-	-
山形	3	-	-	-	-	2	1	3	-	-	-
秋田	12	-	-	-	-	9	1	10	1	1	2
福井	1	-	-	-	-	1	-	1	-	-	-
石川	1	-	-	-	-	1	-	1	-	-	-
富山	14	-	1	-	1	10	1	11	1	1	2

(경부보 103명, 순사 314명)이었다. 특히, 1944년 12월 현재 1,500명 이상의 조선인이 동원된 사업장은 224개, 1,000~1,500명의 조선인이 동원된 사업장은 207개에 달했다. 이는 6개월 전인 1944년 6월에 비해 각각 160.5%(138개소)와 223.3%(143개소) 증가한 수치였다.[79] 위의 사업장 수로 강제동원자

鳥取	-	-	-	-	-	-	-	-	-	-	-
島根	3	-	-	-	-	2	1	3	-	-	-
岡山	8	-	-	-	-	6	1	7	1	-	1
德島	8	-	-	-	-	4	4	8	-	-	-
山口	18	-	-	2	2	8	6	14	1	1	2
和歌山	-	-	-	-	-	-	-	-	-	-	-
廣島	-	-	-	-	-	-	-	-	-	-	-
香川	2	-	-	-	-	2	-	2	-	-	-
愛媛	3	-	-	-	-	2	1	3	-	-	-
高知	3	-	-	-	-	3	-	3	-	-	-
福岡	197	1	5	33	38	83	68	151	1	6	7
大分	-	-	-	-	-	-	-	-	-	-	-
佐賀	56	-	1	12	13	10	31	41	1	1	2
熊本	9	-	-	2	2	3	4	7	-	-	-
宮崎	4	-	-	-	-	2	2	4	-	-	-
鹿兒島	6	-	-	-	-	3	3	6	-	-	-
계	865	3	18	103	121	383	314	697	20	24	44

79) 강제동원 조선인 1,500명 이상 및 1,000명~1,500명 미만의 사업장수 현황

구분	1,500명 이상의 사업장			1,000명~1,500명 미만 사업장		
	1944.6월	1944.12월	증가수	1944.6월	1944.12월	증가수
北海道	20	53	33	16	41	25
神奈川	-	-	-	3	9	6
兵庫	1	4	3	2	5	3
長崎	4	9	5	5	15	10
新瀉	1	5	4	2	6	4
群馬	-	-	-	1	11	10
千葉	-	1	1	-	2	2
茨城	2	9	7	-	-	-
枋木	1	3	2	-	-	-
三重	-	-	-	1	10	9
愛知	-	-	-	-	2	2
靜岡	2	5	3	1	4	3
山梨	-	-	-	-	-	-
岐阜	1	3	2	-	-	-
長野	3	4	1	4	8	4

수를 산출하면, 1944년 11월 당시 1천 명 이하의 중·소규모 사업장을 제외한 대규모 사업장에만도 최소 543,000명(336,000명(=1,500명×224개소)+207,000명(=1,000명×207개소) 이상의 조선인이 동원되어 있었다.

내선경찰은 상대적으로 많은 조선인이 동원된 지역에 배치되었는데, 1942년 12월 당시에는 야마구치현(24명), 홋카이도(20명), 후쿠오카현(19명), 효고현(14명), 이바라키현(12명), 후쿠시마현(10명), 오사카부(10명), 아이치현(10명) 등을 중심으로 배치된 반면에 1944년 11월에는 후쿠오카현(197명), 홋카이도(192명), 사하현(56명), 나가사키현(45명), 이와테현(35명) 중심으로 배치되었다. 즉, 후쿠오카현과 홋카이도 지역은 1942년과 1944년 당시 모두 내선경찰이 최대 배치되는 것으로 보아 1942년과 1944년 동일하게 가장 많은 조선인이 집단 동원되는 지역이었음을 알 수 있다. 아울러 1942년 당시에는 야마구치현, 효고현, 이바라키현 등을 중심으로 많은 조선인이 집단 동원되는 상황이었는데, 1944년 11월 당시에는 사하현, 나가사키현, 이와테현에 집중적으로 조선인이 집단동원되었던 상황임을 알 수 있다.

福島	4	7	3	-	-	-
岩手	2	10	8	3	7	4
青森	-	-	-	2	8	6
山形	-	-	-	-	3	3
秋田	-	-	-	1	4	3
福井	-	-	-	-	1	1
富山	-	-	-	-	3	3
島根	-	-	-	-	2	2
岡山	-	-	-	-	2	2
德島	-	-	-	-	7	7
山口	4	1	3	5	7	2
愛媛	-	-	-	1	4	3
福岡	33	77	44	9	13	4
佐賀	7	24	17	3	10	7
熊本	1	3	2	1	3	2
宮崎	-	-	-	1	5	4
鹿兒島	-	-	-	1	6	5
계	86	224	138	64	207	143

이상과 같이 일제는 조선인의 탈출 방지를 위해 제도와 기구를 정비하고 경찰인력을 증원하는 등 최선의 노력을 다하였다. 현지에서는 정신훈련과 행동훈련을 실시하였고, 동원지에 도착한 이후에도 協和訓練과 훈련교육을 통해 조선인의 '일본인화'를 추진하였다. 또한 탈출방지대책을 세워 추진하였는데, 「이입조선인노무자요강」과 「조선인노무자 내지송출의 강화에 대하여」 등이 대표적이다. 내무성 경보국 조선파견원사무소를 부산에 개설하여 내선경찰을 파견하였고, 內地送出勞務者錬成所를 부산과 여수에 설립하여 숙박 중의 탈출에 대비하였다. 조선과 일본 지역에서 각종 협의회를 개최하였으며, 일본 전역에 364개에 달하는 이입조선인사고방지대책위원회를 설치하였고, 인솔인들에게 상장이나 상여금을 지급하여 감시를 강화시키고자 하였다. 특히, 일본 지역에서는 강제동원 조선인의 전담부서인 내선경찰 기구를 정비하고 경찰인원도 대폭 증원하였다. 강제동원이 시작되던 해인 1939년부터 시작하여 매년 꾸준히 내선경찰을 증원시켰고, 다수의 조선인이 동원된 사업장에는 직접 내선경찰을 배치하였다. 1944년 11월 말 내선경찰은 865명(경부 3명, 경부보 121명, 순사 697명, 촉탁 44명)에 달했다. 하지만 일제의 다양한 탈출방지책에도 불구하고 강제동원 조선인은 끊임없이 탈출을 시도하였다. 개인적인 탈출도 시도되었지만 계획적인 집단탈출도 빈번하였다.

(2) 동원지 현장에서의 탈출

강제동원 조선인들은 동원되는 과정에서 뿐만 아니라 동원지에 도착한 이후에도 끊임없이 탈출을 감행하였다. 朴正泰는 작업 현장에서 직접 탈출현황을 목격하였고,[80] 金鍾述은 친구들과 함께 탈출한 경험을 증언하기

80) 「박정태(朴正泰, 1922년 경남 함안군 출생)의 증언」, 일제강점하강제동원피해진상규명위원회, 『내 몸에 새겨진 8월』, 2008, 352～375쪽.

도 하였다.[81)]

하지만 탈출하다가 붙잡히면 본보기가 되어 집단적으로 폭행당하였다. 심지어는 매를 맞아 죽는 경우도 많았다. 때문에 탈출은 죽음을 각오한 것이었다.

1943년 동원된 朴時永도 탈출하다 붙잡혀 구타를 당하는 상황을 목격하고 증언하였다. 화장실을 통해 탈출한 조선인이 사흘 만에 잡혀왔는데, 삽 등으로 숨 넘어갈 정도로 폭행당하여 차라리 죽는 것이 나을 정도였다고 한다.[82)] 후쿠오카현 가마시(嘉麻)시의 야마노(山野)광업소 우루시오(漆生) 탄광에서 일하던 일본인 大平金章은 조선인 탈출을 돕다가 발각되어 폭력을 당했다. 당시 노무관리자들은 조선인들에게만 폭력을 행사했으나, 大平은 조선인의 탈출을 도왔기 때문에 심하게 폭력을 당한 것이었다.[83)]

일제 당국의 기록에서도 탈출하다 붙잡힌 조선인이 일본인 노무계원에게 맞아 사망한 사건을 발단으로 노동쟁의가 전개되었음을 확인할 수 있다. 1943년 10월 15일 가라후토(樺太) 나요시(名好)군 니시사쿠다(西柵田)촌 가네야마(金山) 함바에서 일본인 노무계원 등 5명이 탈출하다 붙잡힌 조선인 2명을 조선인들의 면전에서 私刑을 가하여 1명이 죽고, 다른 1명이 중상을 당하는 사건이 발생하였다. 이를 본 동료 조선인들은 일본인 노무계원들에게 사체의 인도를 요구하였으나 건네주지 않자 다음날 사무소로 몰려가 노무계원들을 폭행하며 항쟁하였다.[84)]

강제동원 조선인은 집단적으로 탈출을 감행하였다. 1942년 11월 도야마

81) 「김종술(金鍾述, 1922년 경남 산천군 출생)의 증언(법이 뭐 시퍼래요 바로 군법이라)」, 일제강점하강제동원피해진상규명위원회, 『내 몸에 새겨진 8월』, 2008, 274～294쪽.

82) 「박시영(朴時永, 1920년 경남 김해군 출생)의 증언」, 일제강점하강제동원피해진상규명위원회, 『아홉머리 넘어 홋카이도로』, 2009, 402~425쪽.

83) 「오쓰보 가네아키(大平金章, 미쓰이 야마노(山野)광업소 우루시오(漆生)탄광 광부)의 증언」, 하야시에이다이 저, 신정식 역, 『일제의 조선인노동 강제수탈사』, 비봉출판사, 1982, 206~210쪽.

84) 「內地人勞務係員等が逃走者に私刑を加へ致死せしめたるに發端する集團暴行事件」, 明石博隆·松浦総三 編, 『昭和特高彈壓史』 8, 太平出版社, 1975.

(富山)현 니이가와(新川)군 소재 니혼(日本)카바이트(주) 魚油공장에 동원된 조선인들(93명)은 대장, 반장 등 지도자급 15명을 중심으로 집단탈출계획을 세웠다. 이들은 동지들을 포섭하는 한편 ① 탈출할 때는 끝까지 탈출할 것, ② 5원 이상의 탈출자금을 준비할 것, ③ 야간에 탈출할 것, ④ 산악지대로 탈출할 것, ⑤ 임금 지급일 전후로 탈출할 것, ⑥ 집단 탈출할 것 등 구체적인 탈출방안이 논의되었다.[85] 그러나 特高경찰에 의해 주도 인물이 검거되면서 실행이 되지는 못했다. 하지만 조선인 지도자들을 중심으로 탈출시간, 탈출 방법 등 구체적인 실행방안까지 계획된 집단탈출 항쟁이었다.

후쿠오카현 이즈카(飯塚)시 소재 스미토모(住友)광업(주) 추우와이(忠猥)광업소에서도 2차례의 집단탈출이 시도되었다. 1944년 5월 24일 1차로 54명(75%)이 집단 탈출하였고, 3일 뒤인 27일에도 나머지 37명 가운데 36명(97.3%)이 집단 탈출에 성공하였다.[86] 또한 1945년 7월 28일 나가노(長野)

---

85) 「國民動員計劃に依る移入朝鮮人勞務者の狀況」(특고월보 1942년 11월), 내무성 경보국 보안과, 『특고월보』 제31집.

(1) 이곳을 탈출하여 自由勞動者가 되면 보통 일당이 5원인데, 장소에 따라서는 10원도 받을 수 있다.

(2) 내가 전에 일본에 모집으로 동원되어 와서 탈출했었는데, 3일 동안 3만보를 걸었더니 조선인 함바(飯場)에 이르러 목적을 이루었다. 따라서 탈출할 때는 끝까지 탈출하지 않으면 안된다.

(3) 탈출할 때는 적어도 各人 5원 이상을 준비하지 않으면 안된다. 저금을 인출해서 미리 가지고 있을 필요가 있다.

(4) 晝間에 탈출하면 조선인인 것이 발각되니까 夜間에 탈출해야 한다.

(5) 탈출 방향은 철도 沿線과 중요 도로를 통하면 체포될 위험이 많아 산악지대로 탈출하고, 체포(追捕)의 손이 느슨(緩)해지면 목적지로 향하는 것이 良策이다.

(6) 지도원들이 '내일은 勘定日이니까 탈출하지 않는다.'고 생각하기에 26일 오늘이 절호의 탈출일이다. 혹시 결행하지 못한 경우에는 감정 다음날인 28일 탈출해야 한다. 왜냐하면 지도원들은 '隊員들이 저금이나 送金을 했기 때문에 탈출하지 않는다.'고 생각한다.

(7) 혼자서 탈출하는 경우는 곤란하니 한꺼번에 전부 탈출해야 한다. 행여 탈출한 경우가 있으면 경계가 엄중해져 탈출이 불가능하다.

(8) 탈출 도중에 경찰에 체포되어도 죽이는 일은 절대 없으니 걱정할 필요 없다. 길어야 1개월인데, 本籍地로 送還되는 것이 고작이다.

86) 「國民動員計劃に依る移入朝鮮人勞務者の狀況」(특고월보 1944년 6월), 내무성 경보국 보안

현의 ○○鑄鐵공장에 징용되었던 15명이 집단 탈출하였고,[87] 1944년 1월 31일~2월 2일 사이 효고(兵庫)현 아시야(芦屋)시 소재 가와사키(川崎)중공업(주) 製鈑공장에서는 우치데(打出)요에 소속된 조선인을 중심으로 '향후 징용 때문에 돌아갈 수 없을 수 있으니 지금 바로 고향으로 돌아가자.', '고베에도 공습이 곧 있을 것'이라며 25명이 집단 탈출하였다.[88] 효고현 특고경찰은 탈출자 4명을 검거하고 이 중 3명을 '육해군형법 위반'으로 처벌하였다. 이 집단 탈출사건은 당시의 일본 국내 및 세계정세를 파악하고 있던 조선인들의 항거였다. 강제노동에 시달리던 조선인들은 제2차 세계대전의 戰況을 정확하게 인식하고 있었고, 재계약이 강요되어 現員徵用되기 때문에 고향으로 돌아갈 수 없는 상황까지도 알고 있었다.

1943년 6월 15일 후쿠오카현 온가(遠賀)군 나카마쵸(中間町) 소재 큐슈(九州)탄광에서는 동료 조선인의 구타를 목격하고 동료의 편에서 복수하며 항쟁한 37명 全員이 집단탈출하였고,[89] 키타큐슈(北九州) 다카다(高田) 광산 및 니혼(日本)광업(주) 오미네(大峯)광산에서는 탈출한 강제동원 노

과, 『특고월보』 제36집.

87) 「逃亡セル集團移入半島徵用工員ノ諸行動ニ關スル件」, 朴慶植 編, 『在日朝鮮人關係資料集成』 제5권, 三一書房, 1976.

88) 「國民動員計劃に基く移入朝鮮人勞務者の狀況」(특고월보 1944년 2월), 내무성 경보국 보안과, 『특고월보』 제35집.

一. 우리들의 회사도 軍需會社法이 적용되어 이미 제1중대 소속자에게는 징용 명령이 있었다. 2년의 계약기간이 곧 끝나는 우리들은 4년이 지난다해도 돌아갈 수 없기 때문에 지금 바로 고향으로 돌아가자.

一. 우리들의 공장도 軍需工場이 되기 때문에 최근에 헌병이 와서 문을 엄중히 감시하고 있다. 이번에 탈출하여 歸鮮하지 않으면 돌아갈 수 없으니 지금 바로 돌아가자

一. 뉴기니아 방면에서 일본군이 또 전멸하였다고 한다. 일본이 최초 점령했던 지역을 점점 미국에 빼앗기고 있다. 지금도 공습이 있기 때문에 일본 본토도 당할 것이다. 그리고 고베(神戶)에는 영국이 건설한 대공장이 있기 때문에 곧 영국 군대가 상륙할 것이다. 그러면 우리들은 産業戰士이기 때문에 가장 먼저 죽는다.

一. 대만에 공습이 있어 6~7백 명이 죽었고, 고베에 언제 공습이 있을지 알 수 없다. 어차피 올 거라면 빨리 와서 떨어뜨리는 편이 낫다.

89) 「國民動員計劃に基く移入朝鮮人勞務者の狀況」(특고월보 1943년 7월), 내무성 경보국 보안과, 『특고월보』 제33집.

동자가 사망한 사건이 발생하였다. 이 사건으로 인해 대규모 '폭동'이 일어나 결국 "군대가 출동할 정도"까지 되었다.[90]

또한, 오카야마현 다마노(玉野)시의 미쓰이(三井)협화대 소속 징용 조선인 全員(72명)은 1945년 6월 29일~7월 8일 사이 16차례에 걸쳐 집단탈출하였다. 특히, 7월 1일과 2일에는 각 10명씩, 그리고 7월 15일에는 11명, 7월 5일과 8일에는 5명씩 집단으로 탈출하였다. 이들의 탈출은 같은 고향 출신자들이 뜻을 같이하여 집단적으로 탈출하는 경향을 보였다. 이에 대해 오카야마(岡山)현 지사는 1945년 7월 20일 內務大臣, 厚生大臣, 保安部長, 特高課長, 각 청 · 부 · 현 장관, 조선총독부 경무국장 앞으로 〈이입 및 응징사 조선인 노무자 도주 수배에 관한 건〉을 발하여 탈출한 조선인의 강력한 수색을 요구하였다.[91]

이 외에도 1943년 6월 15일 후쿠오카현 온가(遠賀)군 큐슈(九州)채탄 新手五坑에서의 무력항쟁과 집단탈출,[92] 1944년 9월 30일 홋카이도 스가와라구미(管原組)에서의 집단탈출,[93] 1945년 3월 니가타(新瀉)철공소 징용 조선인들의 집단탈출사건[94] 등 강제동원 조선인들은 집단적으로 탈출을 감행하였다.

강제동원 조선인들의 탈출은 일제의 침략전쟁을 저해하는 역할을 하였다. 일제도 1942년 11월 말 홋카이도 지역 탄광에 동원된 조선인은 22,266명

90) 「조선인문제－사상대책연구회보고서 제2집」(1944. 8월), 『전시기식민지통치자료』 제7권(변은진, 「일제침략전쟁기 조선인 '강제동원' 노동자의 저항과 성격－일본내 '도주'와 '비밀결사운동'을 중심으로」, 『아세아연구』 18, 2002에서 재인용).

91) 탈출한 조선인에 대해서는 탈출일자, 본적 및 주소, 직업, 성명, 연령, 키, 얼굴색 등의 인상, 복장, 일본어 이해 정도 등의 항목으로 리스트가 작성되었다(「移入並應徵朝鮮人勞務者逃走手配ニ關スル件」, 朴慶植 編, 『在日朝鮮人關係資料集成』 제5권, 三一書房, 1976).

92) 「集團暴行逃走事件」, 明石博隆 · 松浦総三 編, 『昭和特高彈壓史』 8, 太平出版社, 1975, 104쪽.

93) 「定着指導特異事件」(특고월보 1944년 10월), 내무성 경보국 보안과, 『특고월보』 제36집.

94) 「徵用移入朝鮮人勞務者集團逃走ニ關聯スル朝鮮獨立運動事件ニ關スル件」(特高秘鮮 제6174호, 1945년 6월 25일, 新瀉縣 警察部長→內務省 警報局 保安課長), 朴慶植 編, 『在日朝鮮人關係資料集成』 제5권, 三一書房, 1976.

(채탄부 8,760명, 충전부 1,051명, 굴진부 2,415명, 운반부 6,078명)으로서 '일본인에 비해 체격 우수하고 … 갱내작업 비율이 44%를 점하고 있고, 근래 先山[95]에 종사하는 技能工 조선인 숫자가 점증하는 경향에 있는 등 조선인의 석탄 생산에 관한 공헌이 현저하게 크다.'고 인정하고 있다.[96]

실제로 일제의 침략전쟁을 저해하기 위해 독립운동의 방략으로서 집단탈출을 실행수단으로 삼았다. 1945년 3월 니가타철공소에서 생산저해 방안으로서 집단탈출을 독려한 사건,[97] 1944년 8월 홋카이도 니혼(日本)발전(주)에서 집단탈출한 조선인이 제1방략을 집단탈출로 설정한 민족독립운동사건[98] 등이 대표적이다.

일제의 정보당국은 강제모집 초기단계인 1939년 11월부터 1943년 12월 사이 탈출인원을 조사하였다.[99] 이를 정리한 것이 〈그림 19〉이다.

〈그림 19〉에서 보는 바와 같이, 탈출인원과 탈출율 또한 지속적으로 증가하고 높아졌다.[101] 1939년 11월 2.2%(429명)[102]였던 탈출율은 1940년

95) 先山(さきやま) : 탄광 막장에서 석탄을 캐는 숙련 갱부 ↔ 後山(あとやま)

96) 「參事會關係書類 昭和十八年二月十九日」, 桶口雄一 編, 『協和會關係資料集』 Ⅲ, 綠蔭書房, 1991.

97) 1945년 3월 7일 동원된 松本一奉과 漢川守奉 등은 '집단탈출의 방법을 통해 일본의 戰力을 약화시키고 일본의 敗戰을 촉진'시킬 것을 결의하였다. 수십 명의 조선인을 동지로 포섭하여 민족의식을 앙양시키고, 탈출을 권장하는 한편 탈출여비를 조달토록 하였다. 실제로 1945년 3월 31일 24명이 집단탈출하였다(「朝鮮人治安維持法違反者名簿」, 朴慶植 編, 『在日朝鮮人關係資料集成』 제5권, 三一書房, 1976).

98) 1934년 강제모집 방식으로 동원된 松村隆春은 동지들을 규합하여 민족독립의 방략으로서 〈구체적 실행수단〉(1) 중요 공사장의 노무자를 탈출시켜 생산의 저해를 꾀하고 일본의 戰力을 저하시킬 것, 2) 재계약 반대, 3) 저축 반대, 4) 召集에 응하지 않을 것)과 〈실행계획〉(탈출 노무자들이 함바(飯場)를 경영하여 독립운동 자금을 조성할 것)을 정하였다(「旭川土建朝鮮獨立運動事件關係被疑者松村隆春檢擧ニ關スル件」(特鮮秘 제1402호, 1945년 5월 13일, 北海道廳長官→內務大臣, 樺太廳長官, 東北六縣各長官, 山梨縣知事), 朴慶植 編, 『在日朝鮮人關係資料集成』 제5권, 三一書房, 1976).

99) 내무성 경보국 보안과가 작성한 『특고월보』(1939년 12월~1943년 12월)를 정리하였다. 강제동원 조선인의 탈출자 현황은 1944년부터 통계가 이루어지지 않았다.

100) 1942년 1월 탈출율이 18.5%로 급격히 줄어들었는데, 통계의 오류로 생각된다. 1942년 1월 전후 모두 30%의 탈출율을 보이고 있기 때문이다.

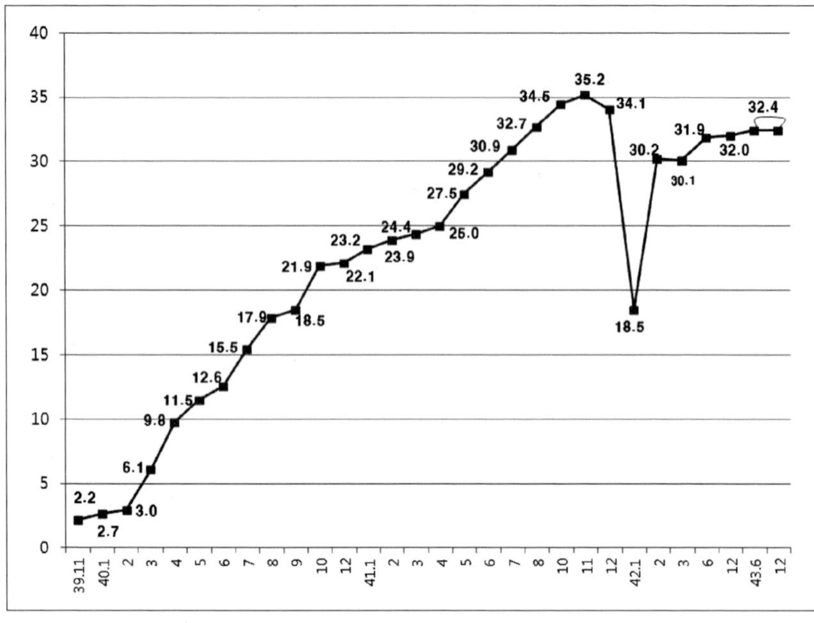

〈그림 19〉 조선인 탈출율(1939년 12월~1943년 12월)[100)]

4월에는 10%(4,518명)에 가까워졌고, 1940년 10월에는 이미 20%(15,392명)를 넘어섰으며, 1941년 7월에는 30%(33,152명)를 넘는 수치이다. 이후 1943년 12월까지 지속적으로 30%를 넘어서고 있다. 탈출율이 가장 정점을 이룬 것은 1941년 11월이다. 탈출율이 무려 35.2%에 달하였는데, 이는 조선인 강제동원자 3명 중 1명이 탈출할 정도로 높은 비율이었다. 조선인 강제동

101) 일제의 조선인 동원 인원 또한 지속적으로 증가 추세였다. 일제 정보당국의 조사에 의하면, 1939년 11월 19,135명이었던 것이 1941년 5월에는 10만 명을 넘어섰고, 1942년 12월에는 이미 20만 명을 훌쩍 넘어섰으며, 1943년 6월경에는 30만 명을 넘어서고 있다. 불과 4년 만에 최소 조선인 약 37만 명이 동원되었다.

102) 1939년 11월 당시 탈출자가 429명에 달하자 조선인의 탈출원인을 분석하였다. 일제는 조선인의 탈출 원인을 처음부터 탈출의 의도를 가졌다거나 알선 유혹, 탄광·광산 작업의 공포, 그리고 노동조건이 상이한 경우 등으로 분석하였다. 그러나 이는 일제의 탈출원인 분석일 뿐이다. 일제는 그들의 침략전쟁 수행을 위해 조선인의 참여를 강제하였지만, 애초부터 조선인의 자발적인 참여는 불가능한 것이었다(「[勞務動員計劃實施に伴ふ移住朝鮮人勞働者の狀況](특고월보 1939년 11월), 내무성 경보국 보안과, 『특고월보』 제23집).

원자의 탈출율이 높은 것은 그만큼 열악한 노동환경과 노동조건 및 민족 차별에 의한 폭력적 노무관리 상황이 반영된 결과였다.

일제는 조선인의 탈출이 지속적으로 증가하자 1940년 4월~1941년 12월 매달 탈출현황과 함께 탈출원인을 다시 조사하였다.[103)]

〈그림 20〉에서 보는 것처럼, 일제는 조선인의 탈출원인을 계획적 도망, 도회생활 동경, 선동 유혹, 갱내작업 공포, 대우 등의 불만, 轉職, 기타 등 7가지로 조사하였다. 이 가운데 가장 높은 비율을 차지하는 것이 '기타' (25.9%) 항목이다. 일제가 조선인의 탈출원인을 제대로 파악하지 못하고 있음을 반증하는 것으로 생각된다.

그 다음이 '선동 유혹'(20.9%)이다. 1943년 충청남도 報國隊長으로서 998명의 충남지역 조선인을 이바라키(茨城)현 히다치(日立)광산으로 인솔하였

103) 탈출원인을 알 수 있는 1940년 4월~1941년 12월 『특고월보』를 정리하였다.

시기		계	계획적	도회생활	선동	갱내작업	대우 등	전직	기타
연	월		도항	동경	유혹	공포	불만		
1940	4	4,581	523	345	652	880	464	196	1,458
	5	5,421	618	367	786	999	520	247	1,884
	6	6,112	672	402	883	1,171	604	280	2,100
	7	8,302	1,022	590	1,523	1,529	663	360	2,615
	8	10,939	1,338	811	2,102	2,046	782	518	3,342
	9	12,071	1,492	791	2,395	2,142	862	594	3,795
	10	15,392	1,934	1,085	3,175	2,993	959	1,027	4,219
	12	17,911	2,414	1,165	3,590	3,637	1,102	1,245	4,758
1941	1	19,972	2,817	1,152	4,081	3,953	2,183	1,486	5,219
	2	21,451	3,010	1,325	4,165	4,204	1,270	1,749	5,528
	3	23,123	3,179	4,165	4,732	4,459	1,358	1,983	6,036
	4	23,955	3,246	4,732	4,877	4,521	1,421	2,062	6,418
	5	27,859	3,775	4,877	5,596	5,223	1,543	2,323	7,600
	6	30,437	4,183	5,596	6,163	5,707	1,620	2,647	8,177
	7	33,152	4,565	6,163	6,728	6,107	1,754	3,216	8,599
	8	35,966	5,040	6,728	7,453	6,642	1,941	3,417	8,992
	9	38,364	5,318	7,453	8,319	7,156	1,968	3,537	9,464
	10	40,365	5,609	8,319	9,102	7,731	2,100	3,680	9,352
	11	41,854	5,738	9,102	9,625	7,916	2,166	3,724	9,701
	12	43,031	5,946	9,625	10,062	8,026	2,300	3,687	9,952

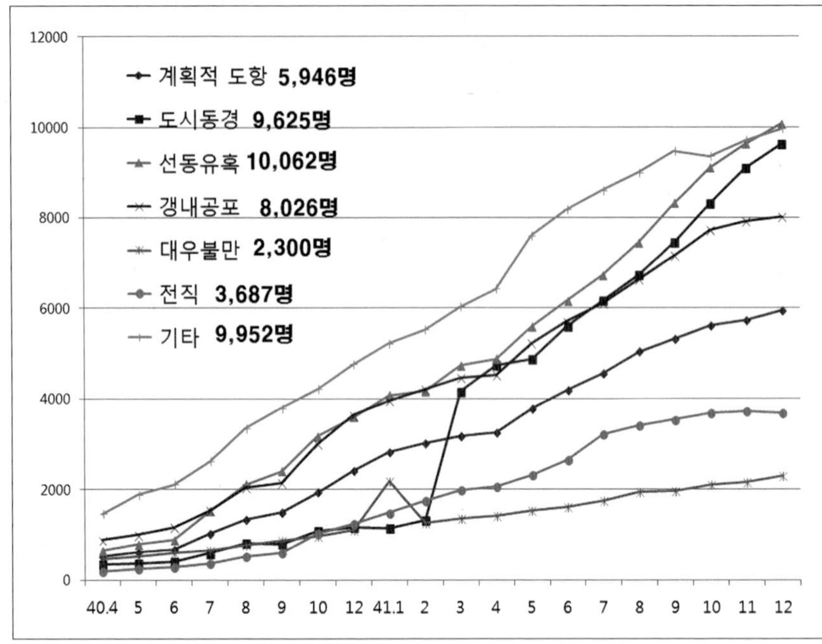

〈그림 20〉 탈출원인(1940년 4월~1941년 12월)

던 全鳳漢의 증언에 의하면, 동원지에 도착한 이후 보국대장으로서의 지위를 인정받지 못해 휘하 隊長, 班長, 組長을 인솔하여 탈출하였고, 이후 '徵兵 차출'인 것처럼 위장하여 충남 출신 조선인 50명씩 2차례에 걸쳐 100명을 탈출시켰다고 한다.[104)]

다음으로 갱내작업의 공포(18.9%)이다. 이는 일제 스스로도 조선인이 '살기 위해' 탈출하였음을 자인하는 상황과 다름없다. 탄광이나 광산에 동원되었던 조선인은 掘進夫로서 암석을 폭파시키거나 기계로 직접 뚫었고, 支柱夫로서 막장이 무너지지 않도록 목재로 고정시키는 일을 하였으며, 採炭夫로서 직접 탄이나 암석을 캐는 일을 했고, 運搬夫로서 鑛車나 炭車

104) 「전봉한(全鳳漢, 1911년 충남 논산군 출생)의 증언」, 독립기념관 한국독립운동사연구소 소장 구술자료(필자가 2001년에 충남 논산군 자택에서 면담함).

를 활용하여 석탄이나 암석을 갱 밖으로 운반하는 역할을 담당하였다. 이런 과정에서 사고나 재해가 빈번하게 일어났다. 막장이 무너지거나 천정에서 바위와 돌덩어리가 수시로 떨어졌고, 탄차에 깔리거나 추락하는 경우도 비일비재하였다. 가스에 중독되기도 하였고, 가스 폭발로 다치거나 죽는 경우도 많았다.

이외에도 도회생활 동경(16.3%), 계획적 도항(13.6%), 轉職(8.3%), 대우의 불만(6.0%) 등이다. 이들 원인은 '선동 유혹'과 함께 동원지를 탈출하여 새로운 일에 종사하는 것을 의미하는 것으로, 전체의 65.1%에 해당한다. 계획적이었든 제3자의 선동·유혹에 의한 것이었든 탈출한 강제동원자는 삶을 위해 직업을 가져야만 하는 상황이었다.

1939년 7월~1942년 6월 사이 동원된 조선인 총 181,311명 중에 탈출자가 65,172명(35.9%)에 달하자, 일제는 생산력 확충과 치안을 위한 명목으로 1942년 8월 15일부터 1개월 동안 일본 전역의 조선인을 대상으로 협화회 회원장의 소지 여부를 조사하였다. 그 결과 1942년 8월 15일~9월 10일 사이 일본 전역에서 실시된 조사결과가 취합되어 〈협화회 회원장 무소지자 조치상황〉이 작성되었다.[105] 이에 의하면, 총 조사인원은 634,416명이었고, 회원장 무소지자는 68,468명(10.8%)이었다. 이 가운데 탈출자로 분류된 인원은 6,098명(8.9%)이었는데, 종전의 사업장에 인도하는 경우가 2,832명(46.4%), 본적지로 송환하는 경우가 526명(8.6%), 현재의 사업장에 취로시키는 경우가 2,740명(44.9%)로 나타난다. 주목되는 점은 징계의 의미로 생각되는 본적지 송환과 종전의 사업장 인도의 인원 및 비율보다 현재 취로하고 있는 사업장에서 그대로 일하도록 묵인하는 조치의 인원 및 비율이 훨씬 더 많고 높다는 점이다. 이는 그만큼 조선인의 노동력이 차지하는 비

105) 「國民動員計劃に依る移入朝鮮人勞務者の逃走防止に對する一齊調査實施狀況」(특고월보 1942년 10월), 내무성 경보국 보안과, 『특고월보』 제31집.

중이 높고 중요했음을 의미하는 것이라 하겠다.

또한 1942년 8월의 일제조사 이후 1년 6개월 만인 1944년 2월 다시 일본 전역의 조선인 노무자에 대한 일제 단속을 실시하였다. 이는 「도주이입조선인노무자 일제취체요강」에 의거한 것이었다.[106] 1944년 2월 1일~4월 30일 약 3개월 동안 조선인 탈출자에 대한 일제 단속을 실시하였는데, 이를 정리한 것이 〈표 16〉이다.

〈표 16〉에서 보는 것처럼, 일제는 1944년 2월 1일~3월 31일과 4월 15~30일 大阪, 京都 등 2개 府, 홋카이도의 1개 道 및 아이치, 효고 등 24개 현 등 27개 도 · 부 · 현 지역의 조선인 탈출자를 색출하고자 하였다. 총 대상인원은 441,640명이었는데, 1942년 8월의 조사대상보다 192,776명이 줄었다. 이는 후쿠오카현 등 많은 조선인이 동원된 지역이 조사에서 제외된 때문이었다. 조사 대상이 가장 많은 곳은 오사카(182,387명)였고, 아이치현(58,657명), 효고현(46,436명), 교토(16,343명), 기후(岐阜)현(15,689명), 시마네(島根)현(12,325명), 홋카이도(10,049명), 후쿠야마(岡山)현(9,541명), 나가노(長野)현(9,004명) 순이다.

일제의 단속 결과, 협화회 회원장을 소지하지 않은 인원은 조사대상 전체인원의 2.9%(12,965명)에 해당한다.[107] 1942년 2월의 10.8%에 비해 7.9%가 낮아진 비율인데, 그만큼 1942년에 비해 강제동원 조선인이 더욱 협화회의 통제하에 있었음을 의미한다 하겠다.

이 중 탈출인원은 2,656명으로 협화회 회원장을 소지 않은 인원의 20.5%

106) 내무성 경보국 보안과, 「특고월보(1944년 6월)」 및 「특고월보(1944년 11월)」, 『특고월보』 제36집.

107) 협화회 회원장을 소지하지 않은 인원이 가장 많은 지역은 오사카(2,037명), 아이치현(1,831명), 홋가이도(1,669명), 효고현(1,358명), 기후현(642명) 순이고, 비율로 보면 이와데(岩手)현(16.8%), 홋카이도(16.6%), 가가와(香川)현(11.6%), 와카야마(和歌山)현(8.1%), 고치(高知)현(7.8%), 아키타(秋田)현(7.3%), 사할린(6.8%), 오카야마(岡山)현(6.4%), 에히메(愛媛)현(6.0%), 미에(三重)현(5.8%) 순이다.

〈표 16〉 조선인 탈출자 검거상황(1944년 2월 1일~4월 30일)

부·현명	조사 총인원	회원장 무소지자	탈출자				
			종전 직장	현 직장	다른 직장	송환	계
계	441,640	12,965(2.9%)	369	1,840	422	24	2,656(20.5%)
大阪	182,387	2,037(1.1%)	25	2	16	1	44(2.2%)
京都	16,343	387(2.4%)	3	72	10	1	86(22.4%)
兵庫	46,436	1,358(2.9%)	33	439	10	15	497(36.7%)
奈良	6,444	54(0.8%)	2	-	-	-	2(3.7%)
和歌山	5,573	452(8.1%)	1	92	-	-	93(20.6%)
岡山	9,541	599(6.3%)	6	116	1	2	125(20.9%)
鳥取	2,439	104(4.3%)	2	-	-	-	2(1.9%)
島根	12,325	64(0.5%)	9	27	-	-	36(56.3%)
香川	1,494	173(11.6%)	1	1	-	-	2(1.2%)
德島	573	10(1.7%)	2	2	-	-	4(40%)
愛媛	6,422	385(6.0%)	2	6	-	-	8(2.1%)
高知	3,473	270(7.8%)	1	14	-	-	15(5.6%)
愛知	58,657	1,831(3.1%)	6	305	8	1	320(17.5%)
三重	5,126	299(5.8%)	8	26	-	-	34(11.4%)
岐阜	15,689	642(4.1%)	15	52	-	2	69(10.7%)
長野	9,004	168(1.8%)	9	37	10	-	56(33.9%)
富山	7,290	239(3.3%)	1	8	-	-	9(3.8%)
福井	7,934	335(4.2%)	18	112	-	1	131(39.0%)
石川	5,521	84(1.5%)	2	2	-	-	4(4.8%)
新瀉	3,435	68(2.0%)	10	9	12	-	31(45.6%)
樺太	7,871	537(6.8%)	23	89	1	-	113(21.0%)
北海道	10,049	1,669(16.6%)	120	394	336	-	850(50.9%)
青森	3,858	152(3.9%)	18	-	6	-	24(15.8%)
秋田	2,595	190(7.3%)	21	-	12	-	33(17.4%)
岩手	2,585	435(16.8%)	14	6	-	-	20(4.6%)
山形	2,009	67(3.3%)	1	2	-	1	4(6.0%)
福島	3,689	204(5.5%)	5	22	-	-	27(13.2%)
宮城	2,878	152(5.3%)	11	6	-	-	17(11.2%)

에 해당된다. 강제동원 조선인 5명 중 1명이 탈출한 셈이다. 1942년의 조사(8.9%)에 비해 무려 11.6%가 증가한 비율로, 이는 강제동원 조선인이 협화회의 통제가 심해진 상황임에도 오히려 탈출비율은 증가한 상황이었음을 말해준다. 탈출인원이 가장 많은 지역은 홋카이도(850명)이고 효고현(497명), 아이치현(320명), 오카야마현(125명), 후쿠이현(131명), 사할린(113명)

순이고, 탈출율은 시마네현(56.3%), 홋카이도(50.9%), 니가타현(45.6%), 후쿠시마현(40%), 도쿠시마현(40%), 후쿠이현(39.0%), 효고현(36.7%), 나가노현(33.9%), 교토부(22.4%), 가라후토(21.0%), 오카야마현(20.9%), 와카야마현(20.6%) 순이다. 또한, 탈출인원이 가장 많은 사업장은 탄광(1,197명)으로, 전체 탈출인원의 45.1%에 달하였다. 가스 폭발사고 등 노동재해가 빈번하고 고된 노동이 사업장이었던 만큼 탈출인원과 탈출율이 높았다. 그 다음은 토건사업장(32.9%), 금속광산(10.5%), 철강 및 조선(5.7%), 항공기(2.0%), 농업(1.9%) 순이었다. 결국 홋카이도와 효고현의 탄광에 동원된 조선인의 탈출 비율이 가장 높았음을 알 수 있다.[108]

탈출원인에 있어서도 자발적인 탈출이 93.8%(2,491명)로 압도적으로 높았다. 그 외 사업 관계자 등의 스카우트도 5.6%(148명)였다. 일부 스카우트에 의한 탈출이 있었지만, 일상적인 폭력과 배고픔에 시달리던 조선인이 자의로 탈출한 경우가 대부분이었던 것이다.

조선인 탈출자(2,656명)의 검거 장소별 현황은 〈표 17〉과 같다.

〈표 17〉에서 보는 바와 같이, 동원지에서 탈출한 조선인이 탈출 후에 취로하고 있던 장소는 토건 작업장을 비롯하여 철강·조선, 금속광산, 탄광, 하역작업, 항공기 제작, 농업 등 다양하다. 탈출한 조선인은 자유노동자로 취업하였다. 탈출 조선인이 가장 많이 취업한 사업장은 토건사업으로 1,843명(69.4%)이고, 이어서 석탄광산 168명(6.3%), 철강·조선 149명(5.6%%), 금속광산 144명(5.4%%), 항공관련 69명(2.6%), 농업 53명(2.0%), 하역 39명(1.5%), 상업 4명(0.2%) 순이다. 무직은 35명(1.3%)이다. 탈출한 조선인은 토건사업장에 취업하는 경향이 많았음을 알 수 있다. 이 중에는 군 관계의 토건사업장에 취업한 249명도 포함되어 있다. 1943년 1월 후쿠오카현 아카사카(赤坂)탄광에 동원되었던 文有烈은 탄광을 탈출하여 교량 보수공사나

108) 이유는 알 수 없으나, 이 조사에서는 후쿠오카현이 제외되어 있다.

〈표 17〉 탈출 조선인의 검거 장소별 현황

부현별		검거장소										
		계	탄광	금속광산	철강조선	항공	토건	하역	상업	농업	무직	기타
총계		2,656	168	144	149	69	1,843	39	4	53	35	152
近畿中國四國블럭	소계	914	23	17	139	10	641	10	-	-	22	52
	大阪	44	-	-	1	-	16	2	-	-	19	6
	京都	86	1	5	1	-	72	1	-	-	2	4
	兵庫	497	-	4	128	6	341	6	-	-	1	11
	奈良	2	-	-	-	-	-	-	-	-	-	2
	和歌山	93	3	1	-	-	89	-	-	-	-	-
	岡山	125	-	4	8	-	84	1	-	-	-	28
	鳥取	2	-	-	-	-	2	-	-	-	-	-
	島根	36	19	2	1	-	14	-	-	-	-	-
	香川	2	-	-	-	-	1	-	-	-	-	1
	德島	4	-	-	-	-	4	-	-	-	-	-
	愛媛	8	-	1	-	4	3	-	-	-	-	-
	高知	15	-	-	-	-	15	-	-	-	-	-
中部北陸블럭	소계	654	37	48	5	6	499	9	4	3	10	33
	愛知	320	16	-	2	4	286	7	2	3	-	-
	三重	34	6	-	1	-	9	-	-	-	-	18
	岐阜	69	10	30	1	-	18	-	1	-	9	-
	長野	56	1	12	-	-	35	-	-	-	-	8
	富山	9	3	-	1	-	5	-	-	-	-	-
	福井	131	-	3	-	-	123	-	1	-	-	4
	石川	4	-	-	-	2	1	-	-	-	1	-
	新潟	31	1	3	-	-	22	2	-	-	-	3
東北블럭	소계	1,088	108	79	5	53	703	20	-	50	3	67
	樺太	113	32	1	-	-	70	3	-	1	-	6
	北海道	850	71	72	5	53	570	17	-	47	2	13
	青森	24	-	-	-	-	2	-	-	-	1	21
	秋田	33	-	3	-	-	18	-	-	-	-	12
	岩手	20	5	-	-	-	5	-	-	-	-	10
	山形	4	-	3	-	-	-	-	-	-	-	1
	福島	27	-	-	-	-	26	-	-	-	-	1
	宮城	17	-	-	-	-	12	-	-	2	-	3

제방공사 등 토건 현장에서 일했다고 한다.[109]

109) 「문유열(文有烈, 전남 영암군 출생, 1943년 1월 후쿠오카현 아카사카(赤坂)탄광 동원)의 증

탈출자에 대한 조치사항을 살펴보면, 현재의 사업장에 취로시키는 경우가 69.3%(1,840명), 다른 직장에 취로시키는 경우가 422명(15.9%), 종전의 사업장으로 보내는 경우가 13.9%(369명), 본적지로 송환하는 경우가 0.9%(24명)이다. 이를 1942년의 조사와 비교해 볼 때, 종전의 사업장으로 되돌려 보내는 경우는 32.5%가 줄어들고 송환자 비율도 7.7% 줄어든 반면 현재의 사업장에 그대로 취로시키는 비율은 24.4% 늘어난 결과를 보였다. 조선인의 탈출에 대한 징계절차 없이 현재 사업장의 취로를 묵인하는 조치가 급증했음을 알 수 있는데, 이는 그만큼 조선인의 노동력이 필수불가결한 상황이었음을 알려준다. 특히, '군사상 필요한 토목건축 작업'에 종사하는 경우에는 원래의 직장으로 보내지 않고 군사상의 업무를 수행토록 하였다. 조선인의 노동력이 차지하는 비중이 높았을 뿐 아니라 더욱 중요한 상황이었던 것이다. 결국 홋카이도와 효고현 등의 탄광에 동원된 조선인이 가장 많이 탈출하였고, 탈출한 조선인은 토건사업장의 자유노동자로서 삶을 영위해 나갔음을 알 수 있다.

해방된 해인 1945년에도 강제동원 조선인의 탈출은 이어졌다. 일제 당국의 분석에 의하면, 1945년 1~3월 3개월 동안 23,268명이 탈출하였고, 이는 전체 탈출자의 16%를 점하는 것이었다. 일제 당국은 그 직접적인 원인을 미군의 비행기 '空襲'으로 파악하였다. 즉, 1) 공습 직후의 혼란한 상황에서는 일본인 관리자들이 강제동원 조선인에 대한 통솔력을 상실하게 되고, 2) 罹災 조선인들의 寮 관리가 철저하지 못하고 熱意도 없다는 것, 3) 강제동원 조선인들의 공습에 대한 공포와 식량의 궁핍화, 기숙사의 不備, 본능적인 歸鄕 및 歸鮮 열의 등으로 인식하였다. 그리고 향후에도 강제동원 조선인의 탈출자가 늘어날 것이라고 전망하고 있었다.[110]

언」, 하야시에이다이 저, 신정식 역, 『일제의 조선인노동 강제수탈사』, 비봉출판사, 1982, 121~132쪽.

110) 「勤務面に現はれたる動向」, 明石博隆 · 松浦総三 編, 『昭和特高彈壓史』 8, 太平出版社, 1976,

조선인들은 강제동원된 이후에 끊임없이 탈출을 생각하고 탈출을 시도하였다. 탈출이 쉽지 않다는 것을 알면서도, 탈출하다 붙잡히면 매질을 당하는 상황에서도 죽음을 각오하고 동원지를 벗어나고자 하였다. 그동안 탈출은 강제동원 조선인의 '개인적 저항' 및 '소극적 저항'의 차원에서 논의되었다. 물론 개인적 탈출이 시도되었지만, 집단탈출 특히, 동향인을 중심으로 한 계획적인 집단 탈출도 빈번하였다. 또한, 항일 독립운동의 구체적 실행수단으로서 집단탈출 방식을 수행하기도 하였다. 탈출은 '집단적인 적극적 저항'의 형태로 재평가될 필요가 있다.

3) 충남 출신 강제동원자의 탈출

충남 출신 강제동원자들도 동원되는 과정이나 동원된 이후에도 끊임없이 탈출을 시도하였다. 중국·만주 등으로 망명하기도 하였고, 강제동원을 피해 칠갑산이나 대둔산, 계룡산 등의 산속에 들어가거나 인근의 야산에 몸을 숨겼고, 황해 바다의 인근의 섬에 숨기도 하였다.

1941년 9월 가라후토(樺太) 도요하타(豊畑)광업(주)에 강제모집으로 동원된 충남 논산군 광석면 출신 崔在弘은 강제동원을 피해 집을 떠나 인근의 여산면, 강경, 연산 등 여기저기 떠돌았고,[111] 朴商在는 많은 인원이 탈출하는 걸 봤지만, 정작 본인은 갈 데가 없어 그냥 갔다고 했다.[112] 1943년 12월 야마구치현 우베(宇部)시 오키노야마(沖之山) 탄광에 동원된 충남 서산군 출신 金甲得은 강제동원을 피하기 위해 낮에는 피해 있다가 밤에 집

326~328쪽.

111) 「최재홍(崔在弘, 1922년 충남 논산군 출생)의 증언」, 일제강점하강제동원피해진상규명위원회, 『지독한 이별』, 2007, 74~79쪽.

112) 「박상재(朴商在, 1923년 충남 예산군 출생)의 증언(하늘은 구름반이고, 땅바닥엔 장작불이요)」, 일제강점하강제동원피해진상규명위원회, 『내 몸에 새겨진 8월』, 2008, 77~112쪽.

에 들어가기를 반복했으며,[113] 1944년 7월경 홋카이도탄광기선(주) 유바리(夕張)광업소에 동원된 朴龍源은 낮에는 노동일을 하며 피해 있다가 밤에 집으로 돌아오는 방법으로 대여섯 차례나 징용을 피했다고 한다.[114]

충남 출신 강제동원자들은 동원되는 과정에서 지속적으로 집단 탈출을 시도하였다. 1943년 12월 오키노야마(沖之山) 탄광에 동원된 金甲得의 증언에 의하면, 서산에서 동원된 20여 명 중에 대여섯 명을 제외하고는 다 탈출했고,[115] 1944년 1월 니가타현의 전기화학공업(주)에 동원된 김동열은 동원되는 과정에서 홍성 지역과 여관 등지에서 대부분의 인원이 탈출하였다고 하였다.[116] 1943년 1월 나가사키현 미쓰비시(三菱) 兵器제작소로 동원된 朴泳男은 고향 당진에서 천안을 거쳐 부산에 가는 중에 약 30명이 탈출하였다고 하였다.[117]

1944년 4월~8월 사이 홋카이도탄광기선(주)에 동원되던 충남 출신자들도 지속적으로 집단탈출하였다.[118]

〈표 18〉에서 보듯이, 1944년 4월 25일~8월 6일 사이 충남지역에서 홋카이도탄광기선(주)에 모두 13차례 동원되었다. 광업소에 도착한 인원(571명)은 할당인원의 60%, 군 인계인원의 75.8% 비율이다. 군에서 인계된 후 동원되는 과정에서 모두 182명이 탈출하였다. 조선 국내 지역에서 163명이 탈출하였고, 일본 지역에서 19명이 탈출하였다. 약 24.2%의 탈출율을 보이

113) 「김갑득(金甲得, 1926년 충남 서산군 출생)의 증언」, 일제강점하강제동원피해진상규명위원회, 『가긴 어딜가? 헌병이 총 등고 지키는데』, 2006, 23~38쪽.

114) 「박용원(朴龍源; 1928년 5월 충남 서산군 출생)의 증언」, 일제강점하강제동원피해진상규명위원회, 『가긴 어딜가? 헌병이 총 들고 지키는데』, 2006, 319~348쪽.

115) 「김갑득(金甲得, 1926년 충남 서산군 출생)의 증언」, 일제강점하강제동원피해진상규명위원회, 『가긴 어딜가? 헌병이 총 등고 지키는데』, 2006, 23~38쪽.

116) 「김동열(金東烈, 1927년 충남 서산군 출생)의 증언」, 일제강점하강제동원피해진상규명위원회, 『가긴 어딜가? 헌병이 총 등고 지키는데』, 2006, 202~232쪽.

117) 「박영남(朴泳男, 1927년 충남 당진군 출생)의 증언」, 일제강점하강제동원피해진상규명위원회, 『내 몸에 새겨진 8월』, 2008, 376~395쪽.

118) 北海道炭鑛汽船(주), 『釜山往復』 Ⅰ, 167~184쪽 ; 『釜山往復』 Ⅱ, 443~490쪽,

〈표 18〉 홋카이도탄광기선(주) 충남 출신 강제동원자의 탈출 현황(1944년 4~8월)

출발 일자	할당 군명	할당인원	군 인계		탈출인원			도착	
			인원	비율	계	조선	일본	인원	비율
4.25	부여	39	39	100	5	4	1	34	87
6. 5	아산	100	110	110	50	50	-	60	54.5
6.15	부여	50	46	92	8	8	-	38	76
6.21	천안	50	48	96	3	1	2	45	90
6.29	천안	50	46	92	12	12	-	24	52.2
6.29	논산	50	34	68	10	10	-	24	48
7.10	서산	199	86	86	28	26	2	58	58
7.15	논산	50	49	98	18	12	6	31	74
7.15	부여	50	48	96	24	21	3	24	48
7.17	당진	100	100	100	25	25	-	75	75
7.21	천안	100	98	98	6	4	2	92	92
7.29	논산	100	45	45	9	7	2	36	36
8. 6	논산	16	16	100	10	9	1	6	38
계	-	954	753	78.9	182	163	19	571	60.0

는데, 동원자 4명 중에 1명이 탈출한 셈이다.

홋카이도탄광기선(주)에 동원되던 충남 출신 조선인들은 기차가 정차 중일 때 기회를 엿보다가 플랫폼의 반대쪽으로 탈출하였고, 물을 마신다거나 용변을 본다는 구실을 이용하여 탈출하였다. 숙소에서 집단적으로 탈출하였을 뿐만 아니라 달리는 열차 안에서 뛰어내리기도 하였다. 이는 일제 당국의 조선인 탈출방지방안이었던 「朝鮮人勞務者內地送出ノ强化ニ就テ」의 내용과도 일치하는 상황임을 알 수 있다.[119]

119) 「朝鮮人勞務者內地送出ノ强化ニ就テ」, 長澤秀 編, 『戰時下朝鮮人中國人聯合軍俘虜强制連行資料集』 Ⅱ 朝鮮人强制連行(文書篇), 綠蔭書房, 1992.
〈기차 내에서의 탈출방지대책〉
① 명령 없이 정차 중에 하차를 금지할 것, ② 음료(湯茶)는 인솔자가 보급할 것, ③ 탄광노동체험자, 再度자를 조사할 것, ④ 거동의심자(不審者)를 조사할 것, ⑤ 창문을 여는 자나 용변자에 주의할 것, ⑥ 승강구에 서있는 것(停立)을 금지할 것
〈인계지에서의 탈출방지대책〉
① 기차 안에서 용변을 해결하게 하고, 하차 직후에 용변자에 주의할 것, ② 단체행동의 경우(인계, 査證, 숙소에의 행진, 인솔외출 등)에 인솔자 중의 1인은 반드시 그 대(隊)를 떨어져 가까운 거리에서 따라다니며 전면적으로 감시를 할 것, ③ 일용품, 담배(煙草) 등 일괄구입할 것, ④ 숙소에서 교대로 감시원을 배치할 것

1944년 6월 5일 아산군청에 모인 98명 가운데 현지 숙박 중에 28명이 집단 탈출하였고, 부산까지 동원되는 도중에 다시 13명이 탈출하여 부산항을 출발한 인원은 군 인계인원의 54.5%(60명)에 불과하였다. 그리고 같은 달 15일 부여군 출신자 6명이 대전역에서 탈출하였고, 29일에는 천안군 출신자 12명이 집단 탈출하였다. 7월 중에는 10일 서산군청을 출발한 86명 가운데 조선 국내에서 26명이 집단 탈출하였고, 일본 지역에서도 2명이 탈출하여 결국 동원된 인원은 48%(24명)에 불과하였다. 15일에는 논산군청에서 49명이 출발하여 국내에서 12명, 일본에서 6명이 탈출하여 31명만이 동원되었고, 부여군에서 48명이 출발하여 국내에서 21명, 일본에서 2명이 탈출하여 24명만이 동원되었다. 17일에는 당진군에서 100명이 동원되어 이 가운데 25명이 집단 탈출하였다.[120] 이상과 같이 충남 출신 강제동원자들은 숙박지와 철도역 그리고 달리는 기차에서 뛰어내리는 등 집단적으로 탈출을 감행하였다.

1944~45년경은 탈출자가 너무 많아 일제도 탈출자의 수색을 방관 내지는 포기하였고 한다. 충남 연기군 출생인 李用雨도 2차례나 탈출했다. 1차는 홋카이도 탄광으로 동원된다는 소리를 듣고 부산에서 탈출하였고, 2차는 큐슈 탄광으로 간다는 소리를 듣고 경산에서 탈출하여 다시 고향에 돌아왔다. 3차는 기차 짐을 싣고 내리는 일을 한다는 얘기를 듣고 어차피 가야할 거 탄광이 아니라서 그냥 갔다고 한다.[121] 충남 논산군 출신 金福壽도 5차례나 징용을 피했다고 한다. 친척의 도움으로 삼촌 집에서 약 3개월 동안 숨어 있기도 하였고, 평남 용광군을 비롯하여 청진, 평양, 사리원 등지를 전전하였다.[122]

---

120) 「チロ逃出情報(2)」, 『釜山往復』 Ⅱ. ‘チロ’란 조선인 강제동원자를 나타내는 전신용어이고, 중국인 강제동원자는 ‘カロ’라고 하였다.

121) 「이용우(李用雨, 1921년 충남 연기군 전동면 출생)의 증언」(필자가 1999년 12월 대전 유성구 자택에서 면담).

조선인이 동원되는 과정에서 탈출하여 고향으로 돌아오면 구장이나 노무과 직원들이 좋아하였다고 한다. 징용으로 보낼 인원이 적었던 고향에서는 이들을 다시 징용으로 보내어 할당수를 채울 수 있었기 때문이다.[123] 일단 고향을 벗어나면 할당량이 채워져 마을공동체 책임은 면해진 것이기 때문에 적극적으로 탈출을 시도하였던 것이다. 실제로 직접 강제동원 조선인을 인솔했던 군 내무과장은 인계인수 후에 "우리를 임무는 다 끝났으니까 너희들이 알아서 해라."라고 하며 탈출을 권고하는 듯한 분위기도 있었다고 한다.[124]

충남 출신 강제동원자들은 동원된 이후에도 탈출을 감행하였다. 1942년 9월경 후쿠오카현 니혼제철(주) 야하타(八幡)제철소로 동원된 李天求는 배고픔을 못이겨 새벽녘에 보초의 감시를 피해 철조망을 넘어 탈출했다.[125] 1943년 3월 강제모집 방식에 의해 오이타(大分)현 사가노세키(佐賀關)제련소에 동원된 金基玉은 같이 일하던 동료들이 같이 탈출하자고 했다고 한다. 정작 본인은 무서워서 못했지만, 동료 2명이 탈출에 성공했고 1명은 잡혀와 감옥살이를 했다고 증언하였고,[126] 1943년 11월 효고(兵庫)현 고베(神戸)시 가와사키(川崎)조선소에 동원된 李秀哲도 많은 조선인이 탈출했음을 증언하였다.[127]

122) 「김복수(金福壽, 1923년 충남 논산군 출생)의 증언」(필자가 2001년 자택에서 면담)에 의하면, 징용영장을 받았으나 5차례나 징용을 피했다고 한다. 당시 여자 供出이 많아서 장가를 갈 수 있었고 결혼 후 13일 만에 강제동원을 피해서 도망했다고 한다.

123) 「이용우(李用雨, 1921년 충남 연기군 전동면 출생)의 증언」(필자가 1999년 12월 대전 유성구 자택에서 면담).

124) 「최병연(崔炳淵, 1923년 충남 서산군 출생)의 증언」, 일제강점하강제동원피해진상규명위원회, 『가긴 어딜 가? 헌병이 총 들고 지키는데』, 2006, 100~125쪽.

125) 「이천구(李天求, 1927년 충남 서천군 출생)의 증언」, 일제강점하강제동원피해진상규명위원회, 『똑딱선 타고 오다가 바다 귀신 될 뻔 했네』, 2006, 190~218쪽.

126) 「김기옥(金基玉, 1927년 충남 서천군 출생)의 증언」, 일제강점하강제동원피해진상규명위원회, 『똑딱선 타고 오다가 바다 귀신 될 뻔 했네』, 2006, 222~241쪽.

127) 「이수철(李秀哲, 1923년 충남 서천군 출생)의 증언」, 일제강점하강제동원피해진상규명위원회

고노마이광산에 동원된 충남 연기군 출신 金昌龍이 1942년 3월 29일 탈출을 감행하자, 일제는 상세한 人相着衣를 공유하며 인근의 農家와 상점, 열차, 역, 시가지 등을 수색하여 김창룡을 체포하고자 하였다.[128)]

강제동원 조선인이 탈출하다가 붙잡히면 매를 맞거나 특별 감시대상으로 중노동에 시달려야 했다. 심지어는 매를 맞아 죽는 상황이 빈번하였다. 1944년 1월 후쿠오카현 치쿠호(筑豊) 지방의 탄광에 동원된 충남 서산군 출신 朴龍植의 증언에 의하면, 도망하다 붙잡힌 경우에는 등쪽에 빨간 글씨로 '도망병은 死刑이다.'라고 적힌 복장을 입고 問招를 당하였다고 한다. 그리고 이를 본보기로 삼아 탈출을 하지 못하도록 다른 조선인들에게는 매일 견학하게 하였다.[129)]

홋카이도 지역에서는 탈출하다가 붙잡히면 '다꼬베야'에 갇혀 고된 노동에 시달려야 했다. 1942년 2월 27일 홋카이도탄광기선(주) 소라치(空知)광업소에 동원된 충남 홍성군 출신 尹秉烈은 같이 일하였던 윤○훈이 탈출하다 붙잡혀 '다꼬베야'에서 중노동에 시달리고 있음을 증언하고 있다.[130)]

회, 『당꼬라고요?』, 2005, 148~167쪽.

128) 김창룡은 1919년 11월 18일생으로, 본적이 충남 연기군 금남면, 주소는 충남 공주군 반포면 공암리였는데, 스미토모(住友) 本社 고노마이(鴻之舞)광업소에 運搬夫로 동원되었다. 당시의 인상착의는 키 157㎝(5尺2寸), 靑白色의 얼굴, 둥근 머리털의 올백머리, 윗니에 금니가 있고, 홀쭉한 남자, 국방색 상하에 지카다비(地下足袋)를 신었다(「半島勞務員逃亡ニ關スル件報告」, 林えいだい 監修·責任編集, 守屋敬彦 編集, 『戰時外國人强制連行關係史料集』Ⅲ, 朝鮮人 2 下卷, 明石書店, 1991).

129) 「박용식(朴龍植, 1927년 1월 충남 서산군 출생)의 증언」, 일제강점하강제동원피해진상규명위원회, 『당꼬라고요?』, 2005, 31~51쪽.

> 도망병이라고 해서 도망병이라는 복장이 있어. 일본 놈은, 그럴 적에 등에다가 빨간 글씨로 썼다고. '도망병은 死刑이다!' 그 복장을 옷에다가 입혀 준다고. 그럼 입고 다닌다고. 다니면 일종의 불조심 하라는 것처럼, '도망병은 사형이다.' 그 옷을 입혀줘. 도망을 못 가게 하는 거지. 도망을 못 가고, 도망가는 사람을 붙잡아다, 問招받는 자리가 있어. 문초하는 곳을 견학을 시켜. 매주 매일 견학을 시킨다고. 도망병이 없을 수가 없으니까. 그럴 적에 온 사람들이 늙은 사람이 아니라 젊은 사람이기 때문에 다 도망가려고 마음 먹어. 가만히 생각을 한다면은, '이렇게 죽어야 하나. 이왕에 죽으려면 한시라도 자유 갖고 살자.' 그런 마음에 인간적으로 도망이란 게 없을 수가 없는 세상이여. 그러나 그걸 일본 놈들은 동조(同調) 안 혀. 아무도. (*일본인은) 독중 중에도 그런 독종이여.

'다꼬베야'에서의 생활은 그야말로 훨씬 더 고된 중노동이었다. 보통의 경우 3교대가 일상적이었지만 '다꼬베야'에 속한 동원자는 2교대였다. 탈출의 대가로 '다꼬베야'에 갇혀 밤낮없이 강제노동에 시달려야 했다.

일본 큐슈의 야마구치(山口)탄광에 동원되었던 충남 논산군 출신 안병구[131]와 나가사키현 탄광에서 일하던 충남 서산군 출신 韓淵愚[132]는 동료 조선인이 탈출하다가 붙잡혀 매를 맞는 모습을 경험하고 이를 증언하였고, 1942년 6월 홋카이도 헤이도키(平取) 철도공사장으로 강제모집에 의해 동원된 한 충청도 출신이 탈출하다 붙잡혀 일본인 봉두에게 매 맞아 죽은 사건도 발생하였다.[133]

이처럼 탈출하다 붙잡히면 해당 사업장의 노무계, 지도원 등 노무 관리자들에게 집단 구타를 당했다. 심하게 매를 맞아 죽는 경우도 있었다. 때문에 탈출은 죽음을 각오한 것이었다. 그러나 강제동원 조선인은 목숨을 걸고 끊임없이 탈출하였다.

심지어는 도망할 우려가 있다는 이유로 구타하여 사망에 이른 사건도 발생하였다. 후쿠오카현 후루카와(古河)광업소 오미네(大峰)탄광에서는 1944년 3월 13일 도주의 우려가 있다는 이유로 李興麟을 사무소로 동원하고 집단

130) 「윤병렬(尹秉烈, 1925년 충남 홍성군 출생)의 증언」, 일제강점하강제동원피해진상규명위원회, 『아홉머리 넘어 홋카이도로』, 2009, 74~109쪽.

131) 「안병구(安秉邱, 1925년 충남 논산군 출생)의 증언」(2001년 필자가 면담함).

132) 「한연우(韓淵愚, 1919년 충남 서산군 출생)의 증언」, 일제강점하강제동원피해진상규명위원회, 『똑딱선 타고 오다가 바다 귀신 될 뻔 했네』, 2006, 80~84쪽.

133) 권병탁, 『게라마열도 : 일제말 징용기』, 영남대학교 출판부, 1982.
7~8명의 봉두(奉頭)가 그를 둘러싸고 온갖 욕지거리를 하더니 몽둥이로 그의 옆구리와 정강이를 후려갈겼다. 그는 잘못했다고 손발을 부비며 용서를 빌었다. "도망친 놈은 죽어도 괜찮다."라고 하며 신이 나는 듯 그의 옷을 벗기고는 정강이 사이에 몽둥이를 넣고 앉게 하고는 어깨에 걸터 앉으면서 꽉꽉 눌렀다. … 한 봉두는 다른 몽둥이로 어깨를 힘껏 쳤다. 그는 개구리처럼 뻗으면서 부들부들 떨었다. 다른 봉두도 가세하여 구두발로 걷어찼고, 또 다른 놈은 덮쳤다. 그는 피투성이가 되면서 완전히 의식을 잃었다. 이때 봉두들은 습관적으로 미리 준비해 둔 물을 끼얹고 포대를 덮어두고는 쑥덕쑥덕하면서 담배를 피웠다. 얼마를 지나도 숨소리가 들리지 않자 그는 들것에 얹혀 의무실로 갔지만 영영 돌아오지 않았다.

구타하여 결국 사망에 이르게 하였던 것이다.[134)]

일제는 탈출한 조선인을 발견하면 폭행하고 특별 감시대상으로 관리하였다. 특히, 징용에 불응하는 자는 국민징용령 위반으로 처벌하였다. 국민징용령 위반 판결문(326건)을 통해 충남지역 국민징용령 위반 현황을 살펴볼 수 있다. 우선 출신지 부·군별로 살펴보면, 〈그림 21〉과 같다.

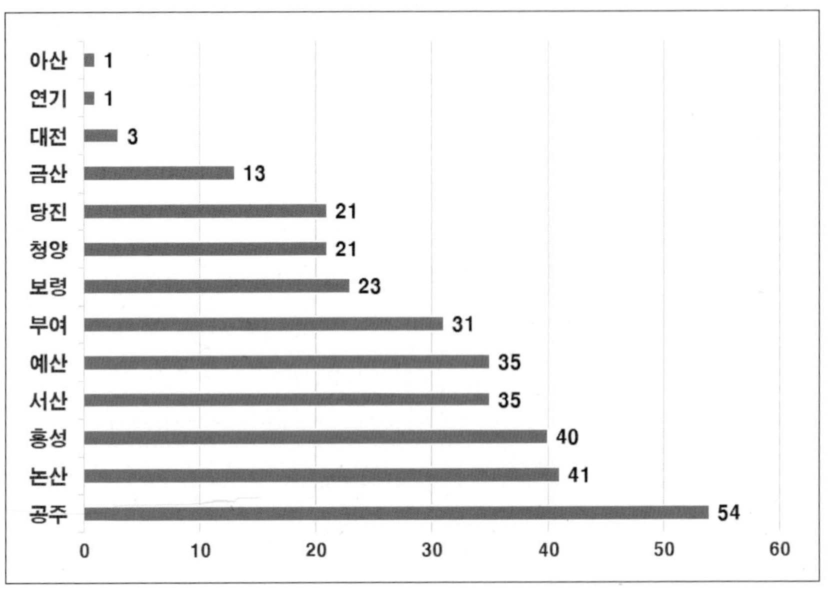

〈그림 21〉 충남지역 국민징용령 위반 부·군별 현황

〈그림 21〉에서 보는 바와 같이, 충남지역 13개 부·군 모두에서 326명이 '국민징용령(국민근로동원령) 위반'으로 처벌된 상황을 알 수 있다. 충남 전 지역에서 탈출로써 징용을 거부하였던 것이다.

국민징용령 위반자로 처벌받은 충남지역 가운데 공주군이 54명(17.0%)

134) 「國民動員計劃に基く移入朝鮮人勞務者の狀況」(1944년 4월), 내무성 경보국, 『특고월보』 제35집.

으로 가장 많고 논산군 41명(12.9%), 홍성군 40명(12.6%), 서산군과 예산군이 각각 35명(11.0%), 부여군, 보령군, 청양군과 당진군, 금산군 순으로 나타난다. 국민징용령 위반자가 20명 이상인 지역은 모두 9개 군이다. 특히 공주, 논산, 홍성, 서산, 예산지역에서 두드러진다. 이는 강제동원 인원이 많이 할당된 지역과 대체로 일치한다.

당시의 징용 대상 연령은 16~50세였다. 이를 연령별로 정리한 것이 〈그림 22〉이다.

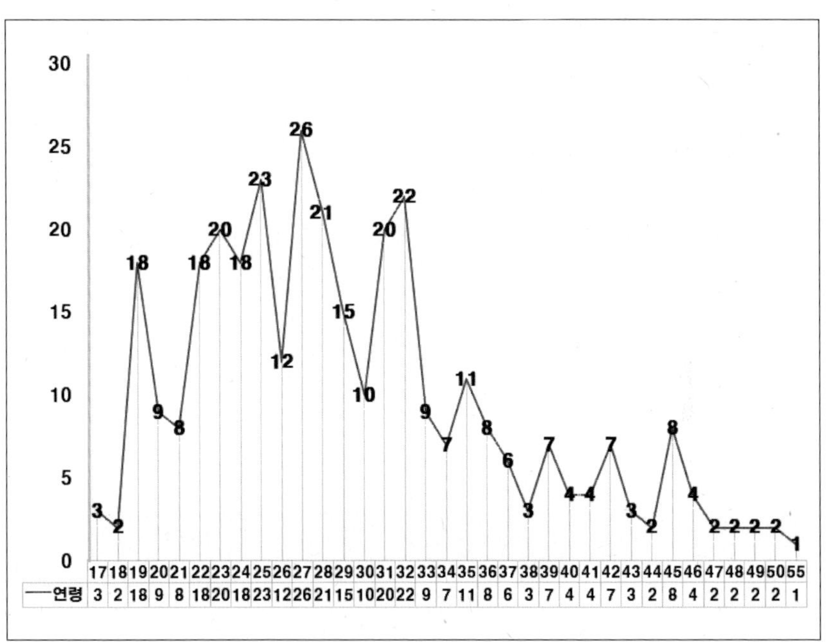

〈그림 22〉 충남지역 국민징용령 위반 연령별 현황

〈그림 22〉에서처럼 징용에 저항하여 국민징용령 위반 처벌을 받은 조선인의 연령은 17세~55세이다. 10대가 23명(7.1%)이고, 20대가 170명(52.1%), 30대가 92명(28.2%), 40대가 38명(11.7%), 50대가 3명(0.9%)로 나타난다. 전

체 20~30대가 80.4%(262명)에 달하는 만큼 징용의 주 대상이 20~30대였음을 추측할 수 있다.

그런데 국민징용령 위반자 중 징용 대상연령의 상·하한을 벗어난 인원이 포함되어 있어 주목된다. 징용의 적용연령 범위를 넘어서는 충남 부여군의 55세 고령자(1명)를 국민징용령 위반죄로 벌금형을 선고하였다. 또한 국민징용령 위반 판결문 가운데 미성년자임을 고려한 판결내용이 확인된다. 1944년 도아(東亞)광업(주) 나가사토(中里)광업소에 징용되었던 金田○○(19세)과 木村○○(19세)의 선고 내용 가운데 '심신 아직 발육되지 않은 미성년자이고 개전의 정이 있는 자'라며 징역 6월을 선고하였다.[135] 미성년자에 대해서 처벌한 사례가 다수 발견되는데, 17세 3명, 18세 2명, 19세 18명 등 23명(7.1%)이다. 이들의 형량을 보면 징역 8월 이상의 중형이 87.0%(20명) 비율이고, 법정 최고형인 징역 1년의 비율도 34.8%(8명)에 달한다.

국가총동원법에 의하면, 징용에 불응하는 경우에는 1년 이하의 징역이나 1천 원 이하의 벌금이 선고되었다.[136] 실제로 판결문을 살펴본 결과, 벌금 30원부터 징역 3년[137]에 이르기까지 다양하다. 벌금형, 징역형과 함께 금고형(1건), 공소기각(7건)도 포함되어 있다.

135) 「金田○○의 판결문」, 「木村○○의 판결문」, 『형사재판원본』(CJA0002151)(국가기록원 소장).

136) 『국가총동원법』(법률 제55호, 1938년 4월) 제4조 및 제36조(「조선총독부관보」 제3391호, 1938년 5월 10일).

제4조 정부는 戰時에 국가총동원 상 필요 있는 때는 勅令이 정한 바에 의해 帝國臣民을 징용하여 총동원업무에 종사시킬 수 있다. 다만, 병역법의 준용을 방해하지 않는다.

제36조 다음 각호의 1에 해당하는 자는 1년 이하의 懲役 또는 1천원 이하의 罰金에 처한다.

1. 제4조의 규정에 의한 징용에 응하지 않거나 또는 同條의 규정에 의한 업무에 종사하지 않은 자

137) 징역 1년을 초과하는 사례는 모두 6건(징역 1년 6월~3년)으로, 국민징용령 위반 뿐만 아니라 도박, 절도, 상해죄 등이 병행되어 부과된 경우이다.

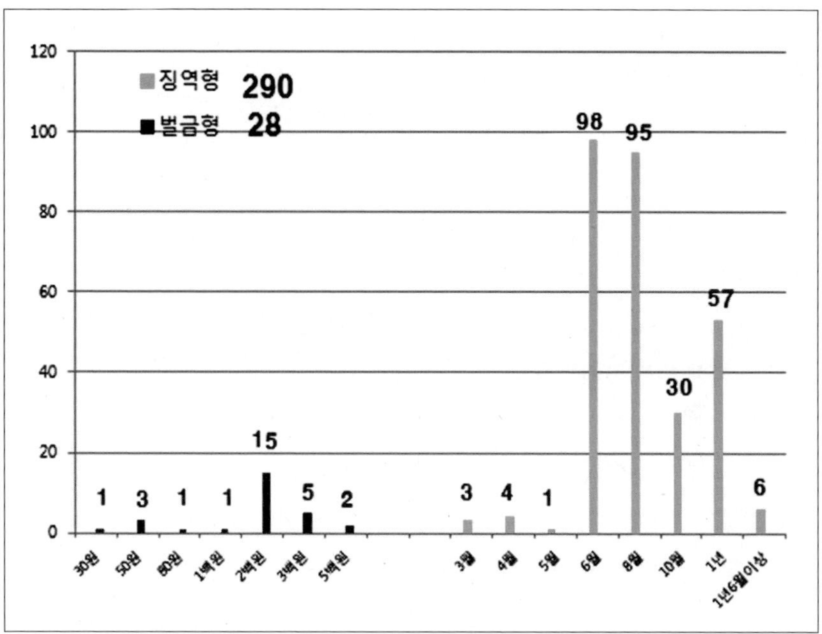

〈그림 23〉 충남지역 국민징용령 위반 형기 및 형량별 현황

〈그림 23〉에서 보는 것처럼, 징역형은 전체의 91.2%(290건)에 달하고, 벌금형이 선고된 경우는 8.5% (28건)이다. 이로 보아 징용 거부자들에게는 벌금형보다는 징역형을 선고하였음을 알 수 있다. 이를 자세히 살펴보면, 벌금형은 벌금 30원부터 5백 원에 이르기까지 다양하다. 벌금 2백 원 선고(15건, 53.6%)가 가장 많고, 3백 원(5건, 17.9%), 50원(3건, 10.7%), 5백 원(2명, 7.1%) 순이다. 징역형의 경우에는 징역 3월에서 징역 3년까지 선고되었다. 징역 6월이 98건(33.8%)으로 가장 많고, 징역 8월 95건(32.8%), 징역 1년 57건(19.7%), 징역 10월 30건(10.3%) 등의 순이다. 징역 6월~징역 1년이 96.6%(280건)에 달할 만큼 집중되어 있다.

1945년 2월 이전에는 징역 1년은 보이지 않고 벌금형과 징역 3월~10월이 선고되었지만, 「국민근로동원령」이 제정된 1945년 3월 이후(175건)에는 징역 8월~3년의 중형이 전체의 84.7%(149건)를 차지한다. 특히, 징역 1년 이상이 33.1%(58건)에 달한다. 일제의 침략전쟁이 격화되고 패망이 가까와지면서 국민징용령 위반 처벌의 수위도 높아지는 추세임을 알 수 있다.

3. 노동쟁의

1) 노동쟁의의 전개과정

가족과 정든 고향을 등지고 동원된 조선인들은 동원지에 도착한 이후 강제노동에 시달렸다. 강제동원 조선인들은 일제의 침략전쟁 수행을 위한 戰時産業의 열악한 노동 상황 속에서 민족차별을 경험하며 罷業, 怠業 및 직접적인 무력행사 등 다양한 방식의 노동쟁의를 전개하였다.

강제동원 조선인들의 노동쟁의는 당시 全體主義的 독재국가, 파시즘체제였던 일제의 한 가운데에서 행해진 것이라는 것을 인식할 필요가 있다. 일제는 1938년 이후 국가총동원체제하에서 軍部에 실권이 장악된 행정부(내각)가 국민의 모든 재산과 인력, 정치, 경제, 사회 등 모두를 마음대로 통제할 수 있는 완벽한 전체주의적 독재국가, 파시즘 체제였다.[138]

『국가총동원법』 제7조와 제33조에 의하면, '노동쟁의의 예방 혹은 해결에 관해 필요한 命令을 하거나 또는 작업소의 폐쇄, 작업 혹은 노무의 중지 기타의 노동쟁의에 관한 행위의 制限 혹은 禁止'를 할 수 있었고, 이를 위반하는 경우에는 '3년 이하의 징역 또는 5천 원 이하의 벌금'을 부과할 수 있었다.[139] 때문에 국가총동원체제하의 일본에서는 노동단체가 해산

138) 전기호, 「일제하 조선인 강제연행 · 강제노동에 있어서 강제의 성격에 관한 연구」, 『경제연구』 16호, 16~17쪽.

139) 「國家總動員法」(칙령 제315호) 제7조 및 제33조,(『조선총독부관보』 제3391호, 1938년 5월 10일).

되었고 노동운동이 거의 끊긴 상황이었다. 그럼에도 강제동원된 조선인은 적극적으로 노동쟁의를 전개하였다.

파업, 태업이나 紛議, 단식투쟁과 직접적인 무력행사 등 조선인의 노동쟁의는 강제동원 초기인 1939년부터 시작되어 1945년 해방이 될 때까지 지속적으로 전개되었다. 문헌상 확인되는 강제동원 조선인의 최초의 노동쟁의는 1939년 10월 2일 홋카이도 유바리(夕張)탄광으로 동원될 조선인 398명이 승선한 선박 내에서 있었다.[140] 무로란(室蘭)항에 정박 중인 단신마루(膽振丸)에서 전북 부안군 출신 朱漢植(23세) 등은 "우리들 2백 명은 어느 곳에서도 단결하지 않으면 안된다. 위험한 작업에 종사하지 않도록 우리들은 단결하여 주장하여야 한다. 우리 동료가 부상 당하거나 죽은 때는 우리들 2백 명이 회사에 교섭하거나 경찰에 항의해야 하는데, 결국 단결력이 필요하다. 또한 우리들이 먹는 밥은 실로 粗末하다. 한 번 쪘다가 다시 찐 밥은 먹어도 배부르지 않기 때문에 이런 밥은 절대로 먹지 말아야 한다." 라며 동원지에 도착하기 전에 이미 일제에 요구사항을 전달하며 노동쟁의를 벌이고 있었던 것이다.

또한, 직접적인 행동으로 표출된 최초의 조선인 노동쟁의는 1939년 10월 18일 홋카이도 오모리(大森)광산에서 임금 지급문제가 발단이 되어 강제동원 100명 全員이 참여한 罷業사건이었다.[141] 같은 해 12월 26일 홋카이도탄광기선(주) 소라치(空知)광업소에서 전개된 조선인 81명 全員이 참가

제7조 정부는 전시에 국가총동원상 필요있는 때는 勅令이 정한 바에 의해 노동쟁의의 예방 혹은 해결에 관해 필요한 命令을 하거나 또는 작업소의 폐쇄, 작업 혹은 노무의 중지 기타의 노동쟁의에 관한 행위의 制限 혹은 禁止를 할 수 있다.

제33조 다음 각호의 1에 해당하는 자는 3년 이하의 懲役 또는 5천원 이하의 罰金에 처한다.

1. 제7조의 규정에 의한 命令 또는 制限 혹은 禁止에 위반하는 자

140) 「室蘭港碇泊中の容易言動」(특고월보 (1939년 11월 · 12월), 내무성 경보국 보안과, 『특고월보』 제23집.

141) 「紛爭諸一覽表」(특고월보 1939년 11월 · 12월), 내무성 경보국 보안과, 『특고월보』 제23집.

한 파업 역시 임금문제와 식사문제로 촉발된 것이었고,[142] 12월 29일 가고시마(鹿兒島)현 아이라(始良)군 타마야마(玉山)광산에서는 일본인의 구타로 시작되어 강제동원 조선인 99명이 파업을 단행하였다.[143] 이외에도 홋카이도 지역에서 25건(파업 14건, 태업 1건, 紛議 10건), 야마구치(山口)현 3건(紛議), 후쿠오카현[144] 2건(태업) 등 31건에 달했다. 특히, 노동쟁의 전체 가운데 83.9%(26건)가 홋카이도 지역의 탄광이나 광산에서 발생하였다.[145]

142) 「勞務動員計劃實施に伴ふ移住朝鮮人勞働者の狀況」, 明石博隆·松浦総三 編, 『昭和特高彈壓史』 6, 太平出版社, 1975, 303쪽.

143) 「勞務動員計劃實施に伴ふ移住朝鮮人勞働者の狀況」, 明石博隆·松浦総三 編, 『昭和特高彈壓史』 6, 太平出版社, 1975, 310쪽.

144) 내무성 경보국 보안과의 통계에 의하면, 1939년 9월~1942년 9월 약 3년 동안 후쿠오카현에서 전개된 강제동원 조선인의 노동쟁의는 132건(단체투쟁 96건, 일본인과의 투쟁 36건), 참가인원은 7,015명(단체투쟁 6,640명, 일본인과의 투쟁 1,845명)이었다(내무성 경보국 보안과, 「國民動員計劃に伴ふ移入朝鮮人勞務者並在住朝鮮人の要注意動向 昭和19년 10월」(豫算說明資料), 『種村氏警察參考資料』 제107집(아시아역사자료센터 소장).

〈후쿠오카현 강제동원 조선인의 노동쟁의 현황(1939.9~1942.9)〉

구분			계	광업		토건	공업
				석탄산	金山		
건수			132	117	2	9	4
참가인원			7,015	6,389	23	396	207
단체투쟁	소계	건	96	84	1	8	3
		명	5,170	4,661	22	311	176
	파업	건	11	11	-	-	-
		명	481	481	-	-	-
	태업	건	38	32	-	5	1
		명	1,724	1,558	-	164	2
	직접행동	건	22	22	-	-	-
		명	1,325	1,325	-	-	-
	기타	건	25	19	1	3	2
		명	1,640	1,359	22	147	174
일본인과 투쟁	직접행동	건	36	33	1	1	1
		명	1,845	1,688	1	85	71

145) 홋카이도탄광기선(주)(10회 ; 유바리(夕張)광업소 6회, 호로나이(幌內)광업소 3회, 신호로나이(新幌內)광업소 1회)를 비롯하여 미쓰비시(三菱)광업(주) 비바이(美唄)광업소(3회), 스키토모(住友)광업(주) 고노마이(鴻之舞)광산(2회), 미쓰이(三井)광산(주) 데이네(手稻)광산(2회), 키타니혼(北日本)광업소 고노마이(鴻之舞)광산, 호쿠류(北龍)광산, 미쓰이(三井)(주) 스나가와(砂川)광산, 아사노(淺野)탄광, 비세이(美生)광업소 나가쿠라(長倉)탄광, 이와기(磐城)탄광

이는 강제동원 조선인이 광산 노동을 고통스럽게 여기고 특히 갱내 작업에 공포를 느낀다는 일제의 분석이 타당해 보이는 결과이다.

쟁의형태를 살펴보면, 파업이 15건으로 가장 많고, 紛議 13건, 태업이 3건이었다. 홋카이도 지역의 미쓰비시(三菱)광업(주) 비바이(美唄)광업소[146]와 홋카이도탄광기선(주) 유바리(夕張)광업소[147]에서는 여러 차례의 노동쟁의가 발생하였다.

일제 당국은 1939년 당시 강제동원 조선인이 전개한 노동쟁의의 특징을 4가지로 분석하였다.

첫째, 강제동원 조선인들은 농업에 종사했기 때문에 광산 노동을 다소 고통스럽게 생각하고, 특히 坑內 작업에 공포를 느끼는 자가 다수라는 점, 둘째, 조선인은 강제모집 당시의 노동조건 등을 철저하게 이해하지 못해

(주) 나가쿠라(長生)탄광, 치쿠호(筑豊)광업소, 니혼(日本)탄광 신야마노(新山野)탄광 등이다.

146) 비바이(美唄)광업소는 1939년도에만 모두 3차례의 조선인 항쟁이 발생한 기업이다. 1939년 10월 30일과 11월 21일에 파업하였고, 11월 11일에는 직접 무력행동을 전개하였다. 전체인원 318명 중 150명이 참여한 첫 번째 파업은 임금 문제로 발생한 것이었는데, 관할서의 진압(諭示)으로 해산되었다. 전체인원 200명 중 98명이 참가한 두 번째 파업은 탄광사고에 의한 사망사건 발생이 원인이었다. 落磐 사고로 2명의 조선인이 숨지자 갱내작업은 위험하다고 취로를 거부하였던 것이다. 결국 파업 조선인 전원이 관할서에 연행되었다. 마지막으로 11월 11일 발생한 노동쟁의는 일본인들이 조선인을 구타하면서 시작되었다. 분개한 동료 조선인 30명이 복수하고자 직접 행동으로 나섰으나, 주재 순사에 의해 해산되었다(「勞務動員計劃實施に伴う移住朝鮮人勞働者の狀況」(특고월보 1939년 11월 · 12월), 내무성 경보국 보안과, 『특고월보』 제23집).

147) 유바리(夕張)광업소에서는 1939년 4차례의 집단항쟁이 전개되었다. ① 11월 15일의 항쟁은 요장의 조선인 구타를 목격한 동료 조선인 238명 전원이 요장의 경질을 요구하며 입갱을 거부한 것이었다. 하지만 관할서장의 개입(鎭撫)으로 해산되고 말았다. ② 강제동원 조선인 136명이 참여한 12월 2일의 파업은 갱내작업의 위험을 경험한 조선인들이 직장 변경을 요구하며 입갱을 거부한 것이었다. 관할서는 주모자 10명을 연행하여 해산시키려 하였으나, 도리어 파업에 동참했던 126명이 집단적으로 관할서에 항의하였다. 결국 관할서의 개입(설득)으로 해산하였다. ③ 12월 11일 조선인 278명은 눈보라가 맹렬한 날씨를 이유로 취로를 거부하였고, 다음날에도 조선인 40명이 태업을 계속하였다. 결국 주모자 12명이 관할서에 엄중 훈계되면서 태업을 철회하였다. ④ 이틀 뒤인 12월 13일에는 118명이 참가한 파업이 있었다. 일본인 노동자의 조선인(金判同) 구타가 발단이 되어 일본인과의 공동작업이 불안하니 조선인들만의 작업장을 요구하며 파업한 것이다. 결국 회사와 관할서의 설득으로 파업을 철회하였다(「勞務動員計劃實施に伴う移住朝鮮人勞働者の狀況」(특고월보 1939년 11월 · 12월), 내무성 경보국 보안과, 『특고월보』 제23집).

서 사소한 것에도 動搖하는 경향이 있다는 점, 셋째, 강제동원된 조선인 중에 소수의 思想者가 섞여 있어 순박한 자를 선동하기도 하고, 기업 관리자들의 조선인에 대한 불합리한 대우 때문에 紛爭議가 야기된다는 점, 넷째, 모든 분쟁이 항상 집단적 행동으로 나오는 경향이 현저하다는 점 등으로 분석하였던 것이다.[148)]

이와 같은 일제의 분석은 꽤 타당해 보인다. 당시 열악한 노동환경과 노무관리자의 폭력적 대우로 인해 다수의 조선인이 참여하는 집단행동 형태의 노동쟁의가 전개되고 있는 상황이었다. 그럼에도, 일제 당국은 그들 자신의 원인 분석에도 불구하고 노동조건, 노동재해, 기업 관리자들의 고압적 태도 등 본질적인 문제의 해결에는 관심이 없이 경찰력에 의한 강제 진압으로 일관하였다.

일제 당국은 강제동원 조선인들의 노동쟁의가 증가하자 이를 '紛爭議'로 간주하고, 1940년 4월부터 본격적으로 일본 전역의 조선인 노동쟁의 상황을 파악하기 시작하였다. 내무성 경보국은 일본 道·都·府·縣별로 노동쟁의에 참여한 인원수를 비롯하여 투쟁일수, 투쟁의 원인과 요구사항, 투쟁 방식 및 결과를 상세하게 조사하였던 것이다. 이를 알 수 있는 것이 〈그림 24〉이다.

〈그림 24〉에서 보는 바와 같이, 1939년 10월~1945년 5월 사이 약 5개년 동안 최소 강제동원 조선인의 노동쟁의는 1,709건이었고, 참여인원은 94,456명에 달하였다.[149)] 매년 341.8건, 매월 약 28.5건, 매일 약 0.95건의 노동쟁의가 발생하여 매년 18,891.2명, 매월 1,574.3명, 매일 52.5명이 노동쟁의에 참여할 정도로, 강제동원 조선인은 지속적으로 그리고 적극적으로 노동쟁의를 전개하였다.

148) 「紛爭議狀況」(특고월보 1939년 11월· 12월), 내무성 경보국 보안과, 『특고월보』 제23집.

149) 내무성 경보국 보안과, 『特高月報』(1939년 9월~1944년 11월)와 『昭和特高彈壓史』에 수록되어 있는 분쟁의(紛爭議) 건수와 참가인원을 합산하여 정리한 내역이다.

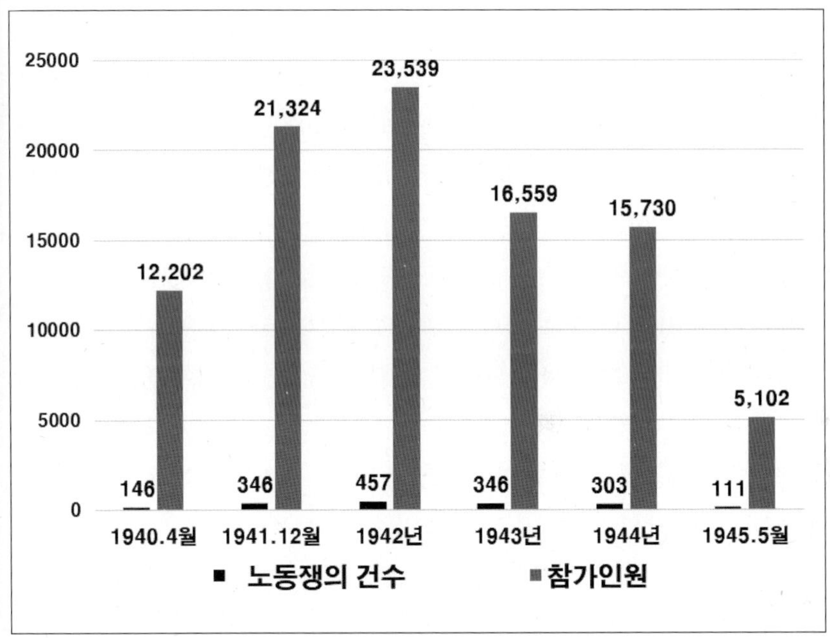

〈그림 24〉 강제동원 조선인의 노동쟁의 현황(1939년 10월~1945년 5월)[150)]

강제동원된 조선인들이 도착한 1939년 10월부터 1940년 4월 사이 약 8개월 동안 146건의 노동쟁의를 전개하였다. 1940년 5월~1941년 12월 사이 20개월 동안 346건이었고, 1942년에는 457건(단체투쟁 330건, 일본인과의 투쟁 127건)으로 증가하였다. 이후 1943년에는 346건(단체투쟁 235건, 일본인과

150) 1939~1941년, 1944년의 노동쟁의 건수와 참가인원은 내무성 경보국 보안과가 작성한 『特高月報』를 인용하였고, 1942~43년의 통계는 내무성 경보국 보안과가 1944년 10월 작성한 「國民動員計劃に伴ぶ移入朝鮮人勞務者並在住朝鮮人の要注意動向」(豫算說明資料)(『種村氏警察參考資料』 제107집, 아시아역사자료센터 소장)을 인용하였으며, 1945년의 통계는 『昭和特高彈壓史』(제8권)를 인용하였다.

〈강제동원 조선인의 노동쟁의 현황(1939.10~1945.5)〉

구분	'39.10월~ '40.4월	'40.5월~ '41.12월	1942년	1943년	1944년 1~11월	1945년 1~5월
건수	146	346	457	346	303	111
참가인원	12,202	21,324	23,539	16,559	15,730	5,102

의 투쟁 111건)의 노동쟁의를 벌였고, 1944년(1~11월)에는 11개월 동안 303건의 노동쟁의를 전개하였다. 해방된 해인 1945년에는 5개월(1~5월) 동안 111건의 노동쟁의를 전개하였다. 강제동원 초기인 1939년부터 조선인의 노동쟁의가 시작되어 매년 약 300건 이상의 노동쟁의가 전개되었다. 이는 적어도 하루에 약 1건 이상의 노동쟁의가 발생한 셈이다.[151]

참여인원 측면에서도 1939년 10월~1941년 4월 12,202명에서 1940년 5월~1941년 12월 21,324명으로 늘었고, 1942년에는 23,5396명으로 증가하였다. 1943년에는 16,559명, 1944년 1~11월 11개월 동안 15,730명이 참여하였으며, 1945년 1~5월 5개월 동안 5,102명이 참여하는 등 강제동원 조선인들은 노동쟁의에 적극적이었다. 1939~1942년 시기에는 강제모집 방식으로 동원된 조선인이 노동쟁의의 중심을 이루고 있었으나, 1943년 시기부터는 관 주도 방식으로 동원된 조선인을 중심으로 노동쟁의가 전개[152]되었음을 알 수 있다.

일제 당국은 1940년 4월 이후부터 일본 전역의 조선인 노동쟁의 상황을 파악하였다. 1940년 4월(11월 제외)~1941년 12월 강제동원 조선인의 노동쟁의 건수 및 참가인원, 쟁의일수를 정리한 것이 아래의 〈표 19〉이다.

151) 정혜경은 강제동원 조선인의 파업(노동운동) 건수를 1939년 32건, 1940년 338건, 1941년 492건, 1942년 295건, 1943년 324건, 1944년 303건으로 파악하였고(정혜경, 『일본의 아시아태평양전쟁과 조선인 강제동원』, 동북아역사재단, 149쪽), 도노무라 마사루는 1939~1940년 338건(23,383명), 1941년 154건(10,143명), 1942년 295건(16,606명), 1943년 324건(16,993명)으로 파악하였다(도노무마 마사루, 김철 옮김, 『조선인 강제연행』, 뿌리와이파리, 2018, 166~167쪽).

152) 내무성 경보국 보안과가 작성한 『特高月報』에 의하면, 1943년 한 해 동안 발생한 강제동원 조선인의 노동쟁의 324건 가운데 관 주도 방식으로 동원된 조선인이 주도한 노동쟁의는 약 84.6%(274건) 비율이다.

〈표 19〉 강제동원 조선인의 노동쟁의 현황(1940년 4월~1941년 12월)[153)]

구분		1940년							
		4월	5월	6월	7월	8월	9월	10월	12월
노동쟁의 건수		146	169	197	215	242	261	281	338
참가인원		12,202	14,410	15,336	17,169	19,501	20619	22,156	23,383
쟁의일수		189	858	255	273	450	341	396	457
방식	진정	7	5	8	8	12	16	22	26
	태업	39	45	47	48	60	63	71	98
	파업	38	47	62	67	63	68	72	77
	시위운동	21	17	11	15	18	15	15	17
	직접행동	21	34	35	43	39	51	59	61
	기타	20	21	34	34	50	48	42	59

구분		1941년					
		1월	2월	3월	4월	5월	6월
노동쟁의 건수		348	745	372	382	407	430
참가인원		24,127	26,347	24,417	25,259	29,218	30,490
쟁의일수		468	444	469	483	523	650
방식	진정	25	26	28	29	33	37
	태업	101	104	108	108	110	127
	파업	84	434	90	97	102	105
	시위운동	18	24	19	19	27	27
	직접행동	65	72	73	75	83	76
	기타	54	85	54	54	52	58

구분		1941년					
		7월	8월	9월	10월	11월	12월
노동쟁의 건수		463	464	475	480	480	492
참가인원		31,408	32,319	32,890	33,242	31,834	33,526
쟁의일수		573	597	609	608	623	628
방식	진정	37	38	38	41	41	38
	태업	121	133	133	132	133	134
	파업	112	111	117	117	118	121
	시위운동	29	29	30	33	33	31
	직접행동	85	95	96	93	93	99
	기타	59	58	61	64	63	69

153) 「募集に依る移住朝鮮人勞働者の狀況」(특고월보 1940년 5월~1941년 12월), 내무성 경보국 보안과, 『특고월보』 제25집~제28집.

위 〈표 19〉에서 보는 바와 같이, 1940년 4월(11월 제외)~1941년 12월 사이 약 20개월 동안 강제동원 조선인의 노동쟁의는 346건이었고, 쟁의일수는 439일, 참여인원은 21,324명에 달하였다.[154] 매월 약 17.3건의 노동쟁의에 1,066.2명이 참여하였다. 강제동원 조선인은 적어도 이틀에 한 번 정도(매일 약 0.6건)는 노동쟁의를 전개하였고, 약 71명이 참여한 셈이다. 그만큼 강제동원 조선인은 지속적으로 그리고 적극적으로 노동쟁의를 전개하였다.

일제는 강제동원 조선인이 전개한 노동쟁의 방식을 크게 6가지로 조사하였다. 陳情, 怠業, 罷業, 시위운동, 직접행동, 기타 등이 그것이다. 가장 많은 비율을 차지하는 것이 태업으로, 27.2%(134건) 비율이다. 두 번째로 파업이 24.6%(121건)이고, 직접행동 20.1%(99건), 기타 14.0%(69건), 진정 7.7% (38건), 시위운동 6.3%(31건) 순이다. 강제동원 조선인은 당시의 상황과 그들의 형편에 따라 노동쟁의 방식을 결정하고 실행하였는데, 주로 태업과 파업을 중심(51.8%)으로 전개하였음을 알 수 있다. 특이한 것은 직접행동의 비율이 높다는 점이다. 직접행동은 몽둥이나 나무 막대기, 대나무, 자갈 등을 손에 들고 직접적인 무력을 행사하며 요구를 관철시키는 방식이다. 노동쟁의 5건 중 적어도 1건 이상을 직접행동의 방식으로 실행하고 있는 것이다.

일제 당국은 강제동원 조선인의 노동쟁의가 증가하기 시작하자, 노동쟁의의 원인과 요구사항을 조사하였다. 1940년 4월~1941년 12월 사이 노동쟁의의 원인 및 요구사항을 정리하면 아래의 〈그림 25〉와 같다.

154) 일제의 내무성은 매달 노동쟁의 건수와 참가인원을 비롯하여 노동쟁의의 방식 등을 조사하였다. 그런데 매달의 통계가 해당 월의 통계인지 누적통계인지가 분명치 않다. 전체 노동쟁의 건수와 참가인원은 누적통계로 보이지만, 노동쟁의 방식으로 볼 때는 월별로 증감이 반복되어 누적통계로 생각되지 않기 때문이다. 필자는 고민 끝에 누적통계로 산정하였다.

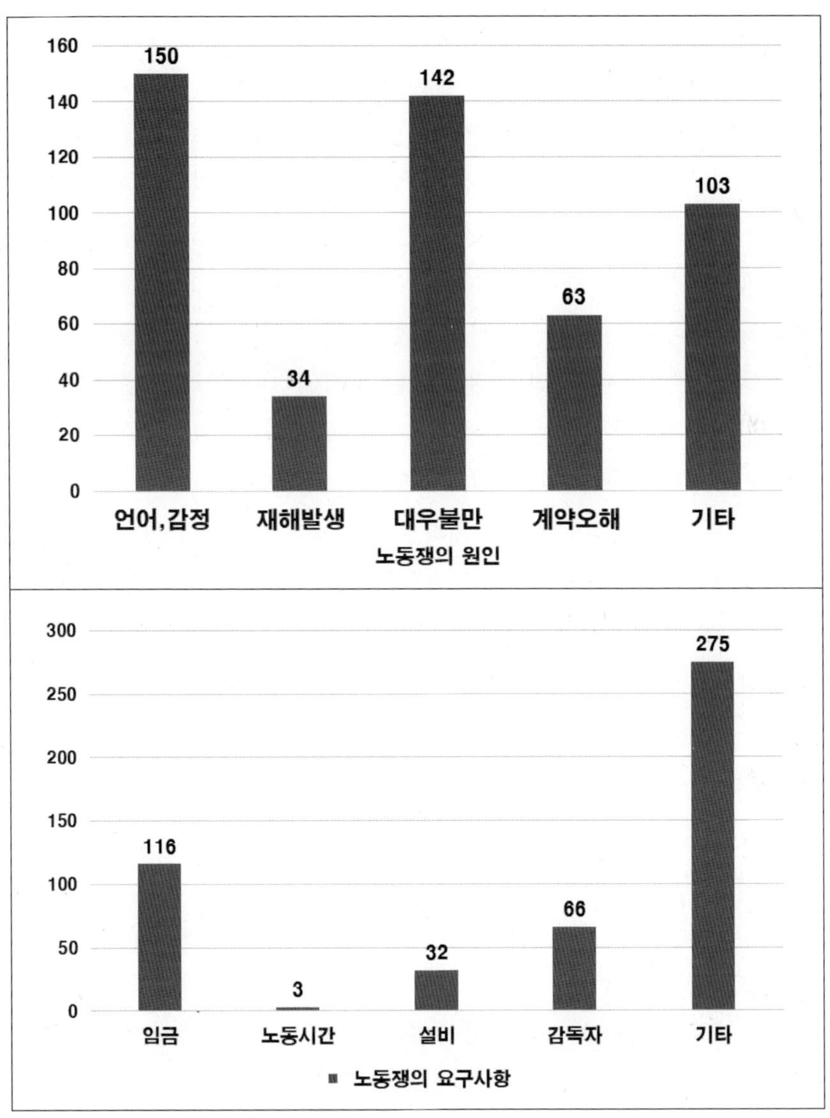

〈그림 25〉 노동쟁의 원인 및 요구사항(1940년 4월~1941년 12월)

위 〈그림 25〉에서 보는 바와 같이, 일제는 강제동원 조선인이 전개한 노동쟁의의 원인을 언어·감정의 행위에 의한 투쟁, 재해 발생, 대우의 불만,

계약 사항의 오해, 기타 등 5가지로 조사하는 한편, 강제동원 조선인의 요구사항을 임금, 노동시간, 설비, 감독자 배척, 기타 등으로 조사하였다.

우선 노동쟁의의 원인을 살펴보면, 가장 많은 원인은 '언어 · 감정의 행위에 의한 투쟁'으로 30.5%(150건)에 달하였다. 노동쟁의 3건 중에 1건은 '언어 · 감정'이 이유였던 셈이다. 두 번째가 대우의 불만'으로 28.9%(142건) 비율이고, 이하 '기타'가 20.9%(103건), '계약사항의 오해' 12.8%(63건), 재해발생 6.9%(34건) 순이다. 여기서 중요한 것은 가장 높은 비율을 차지하고 있는 원인인 '언어 · 감정의 행위에 의한 투쟁'과 '대우의 불만'은 직접적인 노동조건과 관련이 없다는 점이다. 전체 노동쟁의의 59.41%를 차지하는 사유가 폭력적인 노무관리와 민족차별에 따른 반일감정에 의해 촉발되었다고 할 수 있을 것이다. 특히, '기타'로 기재되어 있는 경우까지 합한다면 무려 80.3%에 달한다. 그 외에도 '계약사항의 오해'로 표기되었지만, 실제로는 임금이나 노동시간, 노동조건 등 기존의 계약사항과 다른 경우를 뜻하는 것이고, 낙반이나 가스 폭발사고 등 노동재해도 원인이 될 만큼 강제동원 조선인의 노동 상황은 열악하였음을 알 수 있다.

일제는 조선인의 노동쟁의를 줄여보고자 요구사항을 크게 6가지로 분석하였다. 임금의 증액과 임금 산정 및 지급방법의 변경, 감독자의 배척, 설비 기타 복리시설의 증진, 노동시간의 단축, 기타 등이다.

가장 높은 비율을 차지하는 것이 '기타'로 기재되어 있는 경우로, 전체의 55.9%(275건)에 해당한다. 이는 일제가 강제동원 조선인의 요구사항도 정확히 파악하지 못하고 있음을 반증하는데, 이는 민족차별에 의한 평소의 불만이 폭발하는 상황과 관련된 것으로 생각된다.

그 다음이 임금과 관련된 사항으로, 전체의 23.6%(116건)에 해당한다. 일제는 조선인의 탈출을 방지하기 위해 강제저축 등 각종 명목으로 월급에서 공제하여 少額 정도만을 지급하였다. 때문에 조선인들은 임금을 증액시킬 것을 요구하고, 임금의 산정방식에 이의를 제기하는 한편 본인에게 직접 임금을 지급할 것 등 지급방법의 변경 등을 강력하게 요구하였던 것이다. 감독자의 배척을 요구한 것은 전체의 13.4%(66건)이다. 이는 조선인이 일본인 노무관리자의 억압적·폭력적인 노무관리 상황에 놓여있었음을 알려주는 지표이다.

결국 강제동원 조선인의 노동쟁의는 '언어·감정의 행위에 의한 투쟁', '대우의 불만' 및 계약과 다른 노동조건 때문에 촉발되었지만, 임금의 증액 및 임금 산정·지급방식의 개선과 감독자의 교체를 요구하며 지속되었다. 조선인 노동쟁의의 근본적 원인은 노무관리자의 억압적·폭력적인 대우와 임금에 대한 불만이었던 것이다.

일제는 노동쟁의의 원인과 요구사항을 조사하면서까지 조선인의 노동쟁의를 막으려 했다. 特高警察과 內鮮警察을 增員하는 한편 사업장에도 직접 내선경찰을 배치하여 조선인의 노동쟁의를 사전에 방지하고자 하였다.

그러나 강제동원 조선인은 해방이 되는 1945년까지 직접적인 무력행사를 비롯하여 파업, 태업, 단식 등 다양한 형태의 노동쟁의를 지속적으로 전개하였다.

1940년 강제동원 조선인이 전개한 대표적인 노동쟁의는 1월 1일 후쿠오카현 다카마쓰(高松)탄광에서의 무력항쟁[155]을 비롯하여 나가사키현 닛치쓰(日窒)광업 에무카에(江迎)炭業所[156]와 후쿠시마현 이리야마(入山)탄갱(주)에서의 罷業,[157] 홋카이도 시즈카리(靜狩)金山(주) 시즈카리광업소와

155) 1940년 1월 1일 후쿠오카현 온가(遠賀)郡 닛산(日産)화학공업소 다카마쓰(高松)炭鑛(조선인 총 400명)에 강제동원된 조선인 200명은 勞務係가 외출하고 돌아온 동료 조선인 2명을 구타함을 듣고 노무계 詰所를 습격하였다. 결국 노무계가 경질되는 것으로 해결되었다(「移住並紛爭議發生狀況」, 明石博隆·松浦総三 編, 『昭和特高彈壓史』 6, 太平出版社, 1975, 309쪽).

156) 1940년 1월 4일 나가사키현 키타마츠우라(北松浦)郡 에무카에무라(江迎村) 닛치시(日窒)광업 에무카에(江迎)炭業所에 강제동원된 조선인 146명 全員은 임금 인상 등 대우 개선을 요구하며 파업을 단행하였다(「移住並紛爭議發生狀況」, 明石博隆·松浦総三 編, 『昭和特高彈壓史』 6, 太平出版社, 1975, 304쪽).

157) 1940년 1월 24일 후쿠시마현 이와키(石城)군 유모토쵸(湯本町) 이리야마(入山)炭坑(주)에 동원된 430명의 조선인은 동료 조선인의 사망에 분개하여 一齊罷業을 단행하고, 사무소로 몰

미쓰비시(三菱)광업(주) 비바이(美唄)광업소에서의 怠業[158] 등 1월에만도 5건이다. 2월에 전개된 노동쟁의는 홋카이도 모지리(茂尻)광업소 파업,[159] 나가노(長野)현 니혼(日本)發送電 죠반(常盤) 발전공사장에서의 무력항쟁[160] 등이고, 3월에 전개된 노동쟁의는 이바라키(茨城)현 히다치(日立)광산 스와(諏訪)採礦所에서의 무력항쟁,[161] 유베쓰(雄別)광업소[162]와 홋카이도 미쓰비시광업(주) 오유바리(大夕張)광업소,[163] 도요사토(豊里)광업소에서의 파업,[164] 미야자키(宮崎)현 마키미와(槇峯)광산에서의 무력항쟁[165] 등이다.

려가 勞務係를 폭행하였다(「募集移住朝鮮人勞働者に關する調査表(二月末)」(특고월보 1940년 2월), 내무성 경보국 보안과, 『특고월보』 제24집).

158) 1940년 1월 23일 홋카이도 야마코시(山越)郡 오샤만베무라(長万部村) 시즈카리(靜狩)金山(주) 시즈카리(靜狩)광업소에 동원된 조선인 186명 全員이 식사 및 임금의 개선을 요구하며 怠業하였다. / 1940년 1월 30일 홋카이도 소라치(空知)군 비바이쵸(美唄町) 미쯔비시(三菱)광업(주) 비바이(美唄)鑛業所에 동원된 조선인 194명은 당일 落盤 사고로 사망한 조선인의 弔意를 위한 2일간의 休業을 요구하며 怠業하였고, 이 중 85명은 入坑을 거부하였다(「募集移住朝鮮人勞働者に關する調査表(二月末)」(특고월보 1940년 2월), 내무성 경보국 보안과, 『특고월보』 제24집).

159) 「募集移住朝鮮人勞働者に關する調査表(二月末)」(특고월보 1940년 3월), 내무성 경보국 보안과, 『특고월보』 제24집.

160) 1940년 2월 12일 나가노(長野)현 니시치쿠마(西筑摩)郡 미츠오손(三丘村) 니혼(日本)發送電 죠반(常盤)발전공사장에 동원된 조선인 250명 全員은 동료 조선인이 구타당하는 것을 발견하고 감시건물(見張小屋)을 파괴하고 현장감독, 일본인 世話係 등을 폭행하였다. 결국 중심인물 6명이 傷害罪로 검거되었다(「募集移住朝鮮人勞働者に關する調査表(二月末)」(특고월보 1940년 3월), 내무성 경보국 보안과, 『특고월보』 제24집).

161) 1940년 3월 3일 이바라키(茨城)현 히다치(日立)시 히다치(日立)광산 스와(諏訪)採礦所에 동원된 조선인 363명 全員은 동료 조선인의 구타사실을 듣고 '경찰과 광산 측의 事後保證은 신뢰할 수 없다. 또한 광산에서는 절대 일할 수 없다.'라며 항쟁하였다(「募集移住朝鮮人勞働者に關する調査表(二月末)」(특고월보 1940년 3월), 내무성 경보국 보안과, 『특고월보』 제24집).

162) 「募集移住朝鮮人勞働者に關する調査表(二月末)」(특고월보 1940년 3월), 내무성 경보국 보안과, 『특고월보』 제24집.

163) 1940년 3월 12일 홋카이도 유바리(夕張)郡 유바리쵸(夕張町) 미쓰비시(三菱)광업(주) 오유바리(大夕張)광업소(조선인 516명)에서 강제동원 조선인 140명은 勞務係의 更迭을 요구하며 罷業을 단행하였다(「紛爭議事例」, 明石博隆 · 松浦総三 編, 『昭和特高彈壓史』 7, 太平出版社, 1975, 25쪽).

164) 1940년 3월 22일 홋카이도 소라치(空知)군 아카비라무라(赤平村) 쇼와(昭和)중공업(주) 도요사토(豊里)광업소에 동원된 조선인 195명 全員은 임금 인상과 副食物의 개선을 요구하며 罷業을 단행하였다. 중심인물 2명은 送還되었다. / 4월 12일 효고현 야부(養父)군 미나미타니

4월에 전개된 노동쟁의는 4월 1일 홋카이도 쇼와(昭和)광업(주) 신호로나이(新幌内)광업소에서의 무력항쟁[166]을 비롯하여 4월 2일 후쿠시마(福島)현 나가구라(長倉) 本坑에서의 罷業 및 무력항쟁사건과 같은 달 3일 고치(高知)현 縣營 수력 가기(加技)발전소 공사장에서의 怠業,[167] 효고(兵庫)현 아케노베(明延)광산에서의 罷業[168] 등이 대표적이다.

그 외에도 9월 7일 홋카이도 닛소데시오(日曹天塩)광업소[169]와 25일 홋

무라(南谷村) 아케노베(明延)광산(강제동원 조선인 총 255명)에 동원된 조선인 125명은 회사의 임금 지불액이 모집 조건보다 적기 때문에 一齊罷業을 단행하였다(「紛爭議事例」, 明石博隆 · 松浦総三 編, 『昭和特高彈壓史』 7, 太平出版社, 1975, 26쪽).

165) 1940년 3월 24일 미야자키현 시가시우스키(東臼杵)郡 키타가타무라(北方村) 마키미와(槇峯)광산에 강제동원된 조선인 190명(강제동원 조선인 199명)은 공휴일에 인원점호를 하는 등 엄격한 노무관리자인 일본인 감독에 대항하여 감시실(見張室)에 쇄도하여 유리창을 부수고 일본인 감독을 폭행하였다(「紛爭議事例」, 明石博隆 · 松浦総三 編, 『昭和特高彈壓史』 7, 太平出版社, 1975, 28쪽).

166) 1940년 4월 1일 홋카이도 소라치(空知)군 미카사무라(三笠村) 쇼와(昭和)광업(주) 신호로나이(新幌内)광업소(강제동원 조선인 423명)에서 328명의 강제동원 조선인은 기숙사 창에 격자를 붙이자 인권을 무시하는 차별적 취급하지 말라고 철회를 요구하며 休業하였다(「紛爭議事例」, 明石博隆 · 松浦総三 編, 『昭和特高彈壓史』 7, 太平出版社, 1975, 24쪽).

167) 1940년 4월 2일 후쿠시마현 이와기(石城)군 이와사키무라(磐崎村) 나가쿠라(長倉) 本坑에 강제동원된 조선인 200여 명이 일본인에 구타당하는 동료 조선인을 동정하여 一齊罷業을 단행하는 한편 사무소, 坑口 등에 몰려가 일본인 人事係를 폭행하였다. 결국 경찰관 12명이 파견되어 중심인물 30명을 檢束하고 10명을 送還하였다. / 1940년 4월 3일 고치현 오가와(吾川)군 오사키무라(大崎村) 縣營 수력 가기(加技)발전소 공사장(조선인 321명)에 동원된 조선인 300명은 임금 인상 및 가족에 直接送金을 요구하며 怠業하였다. 결국 중심인물 1명은 送還되었다(「民族派朝鮮人にたいする彈壓」, 明石博隆 · 松浦総三 編, 『昭和特高彈壓史』 7, 太平出版社, 1975, 27쪽).

168) 1940년 4뤟 12일 효고현 야부(養父)군 미나미다니무라(南谷村) 소재 아케노베광산에 동원된 조선인 103명(강제동원 조선인 203명)은 임금 지급액수가 당초의 조건과 다르다며 파업을 단행하였다(「勞務動員計劃實施に伴ふ移住朝鮮人勞働者の狀況」(특고월보 1940년 4월), 내무성 경보국 보안과, 『특고월보』 제24집).

169) 1940년 9월 7일 오후 11시경 雷管이 터져 작업 중이던 동료 金山元万 등 2명이 부상당하는 사고가 발생하였다. 阿珍泰恩, 李相錄事, 李且慈 등은 일본인 發破係의 부주의로 일어난 사고로 판단하고 복수하고자 하였다. 李且慈는 동료 조선인 약 120~30명에게 이를 알리는 한편, 阿珍泰恩은 동료 약 100명 정도를 인솔하여 부상자가 있는 旭川病院으로 향하였다. 마침 그곳에 있던 일본인(발파계)을 발견한 조선인 수십 명은 그를 포위하고 폭행하였다. 이 사건으로 1940년 10월 15일 16명 정도가 檢事局에 送局되었고, 그중 11명(추정)이 상해죄와 폭력행위등처벌에관한법률 위반으로 有罪 판결을 받고 복역하였다. 확인된 주요인물 명단은 아래의 표와 같다(日曹鑛業(주) 日曹天塩鑛業所, 『自昭和十七年一月 至昭和十七年五月

카이도 마군베쓰(眞勳別) 발전공사장에서의 무력항쟁[170] 및 같은 달 29일 고치현 와타리가와(渡川) 改修 야쓰카(八束)工事場에서의 무력항쟁,[171] 10월 7일 홋카이도 미쯔비시광업(주) 비바이탄광에서의 무력항쟁[172] 등을 전개하였다.

특히, 1940년 2월 홋카이도 모지리(茂尻)광업소에서의 一齊罷業과 3월

警察往復文書綴 勞務課』(北海道開拓記念館 소장)(長澤秀, 「日曹天塩炭鑛と朝鮮人强制連行－會社文書を中心に」, 在日朝鮮人運動史硏究會, 『在日朝鮮人史硏究』 제24호, 1994에서 재인용).

인명	검거 당시 연령	형명 및 형기	수감장소
阿珍泰恩	21	징역 1년	不明
李且慈	28		
山本丁俊	24	징역 10개월	旭川刑務所
金本成台	25		
山本三万	22		
星山泰岩	20	징역 6개월	帶廣刑務所
金山慶巖	33		
河本龍俊	24	징역 4개월	不明
金成万石	22		
金海龍俊	19	不明	帶広少年刑務所
張潤植	20		

170) 1940년 9월 25일 홋카이도 가미가와(上川)군 가미가와무라(上川村) 소재 마군베쓰(眞勳別) 발전공사장(전체 노동자 2,000명 중 조선인 1,300명)에 동원된 조선인 70여 명은 일본인 관리인이 조선인 반장 盧承表(26세)를 구타했다는 소식을 듣고 분개하여 복수하고자 大擧하여 일본인 감독 등을 폭행하였다(「多衆暴行事件」, 明石博隆·松浦総三 編, 『昭和特高彈壓史』 7, 太平出版社, 1975, 66쪽).

171) 1940년 9월 29일 고치현 하타(幡多)군 야쓰카(八東)村 와타리가와(渡川 ; 시만도가와(四万十川)의 하류지역) 개수 야쓰카공사장에서 金相臺 등 50여 명은 각자 곤봉, 나무막대기, 대나무 등을 들고 평소 엄격하게 노무관리를 수행했던 일본인 工夫長을 찾아가 구타하고, 이어서 약 900m 떨어져 있는 사무소로 쳐들어가 사무실 집기를 파괴하고 상해를 가하였다. 결국 경찰이 출동하여 강제동원 조선인 48명이 검속되었고, 18명이 폭력행위 등 처벌에 관한 법률 위반 및 상해죄로 送局되었다(「募集に依る移住朝鮮人勞働者の狀況」(특고월보 1940년 11월), 내무성 경보국 보안과, 『특고월보』 제29집).

172) 10월 7일 홋카이도 미쯔비시광업(주) 비바이탄광(조선인 970명)에서 朴又岩 외 강제동원 조선인 150여 명은 일본인 노동자와의 爭鬪를 복수하고자 大擧하여 일본인을 갱내 입구에서 구타하고, 이 일본인이 常磐臺역장실로 피하자 강제동원 조선인들은 역장실로 쇄도하였다. 결국 경찰들이 출동하여 주모자 5명이 폭력행위 등 처벌에 관한 법률 위반으로 送局되었다(「募集に依る移住朝鮮人勞働者の狀況」(특고월보 1940년 11월), 내무성 경보국 보안과, 『특고월보』 제29집).

17일 유베쓰광업소에서의 罷業은 〈陳情書〉 및 〈要求書〉를 제출하는 등 계획적이고 조직적인 측면이 강하다.

홋카이도 모지리광업소에서의 노동쟁의는 金鍾顯을 대표로 한 조선인 195명 全員이 1) 鑑札 改名의 건, 2) 임금 개선의 건, 3) 임금은 직접 본인에게 줄 것, 4) 內鮮差別 없을 것 등을 적은 〈진정서〉를 제출하며 一齊罷業한 것이었고, 유베쓰광업소에서의 노동쟁의는 강제동원 조선인 457명(조선인 동원자 총 485명)이 1) 고용계약기간 2년을 6개월로 단축할 것, 2) 훈련 종료 및 물가 騰貴로 임금을 인상할 것, 3) 노동시간을 10시간으로 단축할 것, 4) 稼働傳票는 매일 발표할 것 등의 〈요구서〉를 제출하고 파업한 것이었다.[173]

또한, 1940년 9월 29일 고치현 와타리가와 改修 공사장에서의 항쟁은 金相臺 등 50여 명의 조선인들이 '엄격한 노무관리'에 불만이 폭발하여 곤봉, 나무 막대기, 대나무 등으로 일본인 工夫長을 폭행하는 한편, 약 900m 떨어져 있는 사무소로 쳐들어가 사무실 집기 등을 부수고 관리인들을 폭행한 것이었다.[174] 이 항쟁은 중심인물 48명이 檢束되어 18명이 送局될 만큼 적극적이고 집단적인 무력항쟁이었다.

1941년에도 새해 첫날인 1월 1일부터 시작하여 12월까지 강제동원 조선인은 지속적으로 노동쟁의를 전개하였다. 주목되는 점은 1941년 4~6월 시기는 「米穀消費規正」이 실시됨에 따라 식사문제를 이유로 한 노동쟁의가 다수 전개되었다는 점이다. 「米穀消費規正」은 1941년 4월 1일부터 6대 도시부터 시작하여 점차 각 府縣에서도 실시되었다. 종래의 割當配給量을 개정하여 通帳制[175]를 실시하는 것으로, 배급량이 종전 1인 1일 1升 내지

173) 「募集移住朝鮮人勞働者に關する調査表(二月末)」(특고월보 1940년 3월), 내무성 경보국 보안과, 『특고월보』 제24집.

174) 「募集に依る移住朝鮮人勞働者の狀況」(특고월보 1940년 11월), 내무성 경보국 보안과, 『특고월보』 제29집.

7, 8合 정도에서 2合 3勺으로 대폭 축소되었다. 일제 당국도 '육체 노동에 시달렸던 조선인들이 상당히 고통을 호소하고 있는 실정'이었음을 파악하고 있었고, '노동 파업, 태업 등을 야기하는 등 이 동향은 상당 주의를 요하는 실정'이라며 우려를 나타내고 있었다.[176] 식사문제를 이유로 한 노동쟁의는 4월 1일 홋카이도 가시와쿠라이시(柏倉石)광업소에서의 파업 및 무력항쟁사건을 비롯하여 4월 3일 홋카이도 가야누마(芽沼)탄광과 홋카이도 탄광기선(주) 유바리(夕張)광업소에서의 파업,[177] 5월 25일 미에(三重)현 기슈(紀州)광산에서의 파업, 5월 8일 후쿠시마(福島)현 요시마(好間)광업소에서의 파업, 5월 25일 후쿠오카(福岡)현 야마다(山田)탄광에서의 태업, 6월 3일 후쿠오카현 히라야마(平山)탄광에서의 파업[178] 등이다.

175) 米穀配給通帳은 일제가 「食糧管理法」(법률 제40호로 1942년 2월 21일 제정)에 근거하여 시행된 식량관리제도(일제 당국이 쌀과 보리 등 식량의 가격과 공급 등을 관리하는 제도)하에서 1942년 4월 1일부터 쌀의 배급을 받기 위해 발행된 통장이다. 農林水産省 주관이었고, 市町村이 발급하였는데, 一般用미곡류구입통장, 旅行者用미곡류구입통장, 船舶用미곡류구입통장, 職場加配用곡류구입통장, 勞務者加配用미곡류구입통장, 業務用미곡류구입통장, 小賣販賣業者用미곡류구입통장 등 7가지 종류가 있었다. 이 제도는 1981년 6월 11일 식량관리법 개정에 의해 폐지되었다.

176) 「米穀消費規正實施に伴う在住朝鮮人の動靜」, 明石博隆·松浦総三 編, 『昭和特高彈壓史』 7, 太平出版社, 1975, 104, 113~114쪽.

177) 1941년 4월 1일 홋카이도 후루비라(古平)군 후루비라쵸(古平町) 소재 가시와쿠라이시(柏倉石)광업소에 동원된 조선인 179명은 '공복으로 노동을 감당하지 못한다.', '우리들을 虛言으로 모집하고 밥도 충분히 주지 않는다.'라고 노무계를 폭행하고, 파업을 결행하였다. / 1941년 4월 3일 홋카이도 후루우(古宇)郡 도마리무라(泊村) 소재 가야누(芽沼)탄광에 동원된 조선인 125명은 '공복으로 노동을 감당하지 모한다.'고 불만을 호소하고 '쌀밥을 먹을 때까지 일하지 않는다.'며 一齊罷業을 결행하였다. / 1941년 4월 3일 홋카이도 홋카이도탄광기선주식회사 유바리(夕張)광업소에 동원된 조선인 23명은 '공복으로 감당하지 못한다.'며 입갱을 거부하고 파업을 결행하였다(「米穀消費規正實施に伴う在住朝鮮人の動靜」, 明石博隆·松浦総三 編, 『昭和特高彈壓史』 7, 太平出版社, 1975, 105~106쪽).

178) 1941년 5월 25일 미에현 미나미무로(南牟婁)군 이루카무라(入鹿村) 소재 기슈(紀州)광산에 동원된 조선인 113명은 5월 25일 米穀의 增配를 요구하며 罷業을 단행하였다. / 1941년 5월 8일 후쿠시마현 이와기(石城)군 요시마무라(好間村) 요시마(好間)광업소(조선인 210명)에 동원된 조선인 165명이 飯米의 增量을 요구하며 罷業하였다. / 1941년 5월 25일 후쿠오카현 가호(嘉穗)군 야마다쵸(山田町) 소재 야마다(山田)탄광(조선인 177명)에 동원된 조선인 60여명은 '배가 고파서는 일할 수 없다.'며 결근하였다. / 1941년 6월 3일 후쿠오카현 가호(嘉穗)郡 우수이쵸(碓井町) 소재 히라야마(平山)탄광 조선인 37명은 空腹을 이유로 취로를 거부하고 罷業하였다(「米穀消費規正實施に伴う在住朝鮮人の動靜」, 明石博隆·松浦総三 編, 『昭和

이 외에도 1941년의 대표적인 노동쟁의는 1월 1일 후쿠시마현 닛소(日曹)광업(주) 죠반(常磐)탄광에서의 무력항쟁[179]을 비롯하여 후쿠오카현 닛산(日産)화학공업(주) 온가(遠賀)광업소에서의 파업,[180] 홋카이도탄광기선(주) 유바리탄광 및 이바라키(茨城)현 히다치(日立)탄광에서의 무력항쟁,[181] 가나가와(神內川)현 國道 개량공사장 사와라구미(佐原組), 시즈오카(靜岡)현 니혼광업(주) 미네노야마(峯ノ山)와 도이(土肥)광산에서의 무력항쟁,[182] 야마가타(山形)현 후루카와(古河)합명회사 나가마쓰(永松)광업소 및 홋카이도탄광기선(주) 소라치(空知)광업소에서의 무력항쟁[183] 등이다.

特高彈壓史』 7, 太平出版社, 1975, 113~117쪽).

179) 1941년 1월 1일 후쿠시마현 이와기(石城)군 오카이무라(赤井村) 소재 닛소(日曹)광업(주) 죠반(常磐)탄광에 동원된 조선인 약 80여 명은 일본인에 구타당한 동료 金善出의 소식을 듣고 대거하여 취사장에 몰려가 유리창 등을 부수고 폭행하였다. 이 사건으로 중심인물 15명이 檢束되었다(「特殊事件」, 明石博隆・松浦総三 編, 『昭和特高彈壓史』 7, 太平出版社, 1975, 91~92쪽).

180) 1941년 1월 12일 후쿠오카현 온가(遠賀)군 소재 닛산(日産)화학공업(주) 온가(遠賀)광업소(조선인 2,015명)에서 강제동원 조선인 225명이 임금 인상을 요구하며 罷業을 단행하였고, 다음날은 사무소로 몰려가 亂入하며 항쟁하였다. 이 사건으로 중심인물 38명이 檢束되고 그 가운데 18명은 送還되었다(「特殊事件」, 明石博隆・松浦総三 編, 『昭和特高彈壓史』 7, 太平出版社, 1975, 91쪽).

181) 「警察署襲擊を示威せる事件」 및 「警察官の刀劍奪取, 暴行傷害事件」, 明石博隆・松浦総三 編, 『昭和特高彈壓史』 7, 太平出版社, 1975, 117~118쪽.

182) 1941년 10월 2일 가나가와)현 미우라(三浦)군 우치가쵸(浦賀町) 소재 國道 개량공사장 사와라구미(佐原組)에 동원된 조선인 115명은 도주 조선인 2명을 사무소 계원에 인도했던 조선인을 폭행하고 사무소에 亂入하였다. / 1941년 10월 5일 시즈오카현 이와다(磐田)군 다츠야마무라(龍山村) 소재 니혼(日本)광업(주) 미네노야마(峯ノ山)광산에 동원된 조선인 原田星鶴 외 20여 명은 부실한 점심식사에 분개하여 취사실에 몰려가 炊事係를 폭행하였다. 결국 原田星鶴 등 7명을 검거되어 送還되었다. / 1941년 10월 11일 시즈오카현 다가타(田方)군 도이쵸(土肥町) 소재 도이(土肥)金山會社(조선인 176명)에 동원된 충남출신 100여 명은 同鄕 조선인이 구타당하는 것을 보고 분개하고, 사무소에 亂入하여 유리창을 깨고 일본인 관리자들을 폭행하였다. 중심인물 11명이 檢束되고 8명은 상해죄, 폭력행위 등 처벌에 관한 법률 위반으로 送局되었다(「特殊紛爭事件」, 明石博隆・松浦総三 編, 『昭和特高彈壓史』 7, 太平出版社, 1975, 162~163쪽).

183) 1941년 12월 1일 야마가타현 모가미(最上)군 오쿠라무라(大藏村) 소재 후루카와(古河)合名會社 나가마쓰(永松)광업소 조선인 平山聖利 외 28명은 임금 인상 문제가 발단되어 사무실에 몰려가 全員 歸鮮을 위해 임금을 정산해 달라고 요구하였으나 받아들여지지 않아다. 곤봉, 땔나무, 부젓가락 등으로 勞務係를 폭행하였다. 의 설득에 이해하기 못해 곤봉, 땔나무, 쇠젓가락 등으로 폭행하였다. 중심인물 28명을 검속하여 그 가운데 17명을 공무집행방해죄

특히, 이 시기부터는 강제동원 조선인의 노동쟁의 가운데 경찰에 직접 대항하는 무력항쟁으로 발전하는 모습이 발견된다. 대표적인 항쟁이 유바리탄광과 히다치광산에서의 무력항쟁이다. 우선 1941년 6월 25일 홋카이도 유바리탄광에 동원된 조선인 213명의 항쟁은 寮長 배척을 시작으로 경찰에 대항하는 무력항쟁으로 발전하였다. 急派된 경찰에 의해 34명이 檢束되어 경찰서로 연행되자 강제동원 조선인 800명 全員은 '27일까지 檢束者를 放免하지 않으면 경찰서를 습격한다.'며 대규모 항쟁으로 발전하였다.[184)] 또한, 6월 11일 이바라키현 히다치광산에서는 50여 명의 조선인이 대우 개선을 요구하며 시작한 노동쟁의가 경찰의 刀劍을 빼앗고 경찰관(순사부장 1, 순사 2)과 勞務係員을 폭행하는 무력항쟁으로 발전하였다. 결국 급파된 경찰에 의해 진압되었으나, 참가자 全員이 檢束되고 중심인물 22명이 公務執行妨害罪로 送局될만큼 적극적인 무력항쟁이었다.[185)]

일제 당국은 1942년부터는 노동쟁의의 유형을 '團體鬪爭'과 '內鮮人間 鬪爭'으로 구분하여 조사하였다. 이는 일제의 민족차별을 경험한 강제동원

로 送局하였다. / 12월 12일 홋카이도 홋카이도탄광기선(주) 소라치(空知)광업소에 동원된 조선인 수십 명은 술(清酒) 배급 등 평소의 불만이 분출되어 일본인 통역을 폭행하고 사무소의 유리창 41매, 板戸 3매, 障子 2매를 파괴하였다. 일제 경찰이 출동하여 중심인물 9명이 검속되었다. 다음날 강제동원 조선인 66명은 一齊休業을 단행하고 동료의 석방을 요구하였다. 결국 谷川龍先 외 8명은 送局되었다(「特殊紛爭事件」, 明石博隆·松浦総三 編, 『昭和特高彈壓史』 7, 太平出版社, 1975, 202~203쪽).

184) 1941년 6월 25일 홋카이도 유바리(夕張)군 소재 유바리(夕張)탄광에 동원된 조선인 213명은 療長 배척을 주장하던 중 이를 설득하려던 駐在 巡査를 포위하여 모자, 옷 등을 빼앗고 폭행하였다. 관할 夕張署는 경찰을 急派하여 조선인을 진압하고 34명을 檢束하여 경찰서로 연행하였다. 그러자 조선인 全員 800명은 '27일까지 검속자를 放免하지 않으면 경찰을 습격한다.'는 뜻을 통지하며 경찰서를 습격하려 하였다. 결국 경찰과 경방단에 의해 진압되었고, 검속자 34명 중 10명은 공무집행방해죄 등으로 送局되었다(「警察署襲撃を示威せる事件」, 明石博隆·松浦総三 編, 『昭和特高彈壓史』 7, 太平出版社, 1975, 117~118쪽).

185) 1941년 6월 11일 이바라키현 히다치(日立)市 소재 히다치(日立)광산에 동원된 조선인 50여 명은 대우개선 요구가 받아들여지지 않자 勞務係員, 경찰관(순사부장 1, 순사 2)과 亂鬪를 벌여 칼을 빼앗고 폭행하였고, 사무소에 亂入하였다. 결국 日立署에서 急派된 경찰관에 의해 조선인의 항쟁은 진압되었고, 全員이 檢束되어 중심인물 22명이 공무집행방해죄로 送局되었다(「警察官の刀劍奪取, 暴行傷害事件」, 明石博隆·松浦総三 編, 『昭和特高彈壓史』 7, 太平出版社, 1975, 118쪽).

조선인들이 일본인들의 비난이나 질책 등을 용인하지 않고 적극적으로 대항하였음을 나타내주는 결과라고 할 수 있다.

1942년의 조사는 강제모집 방식만의 1월과 2월, 강제모집과 관 주도 방식을 구분하여 조사한 3월과 6월 그리고 12월로 한정되어 있다. 1944년 내무성의 조사에 따르면, 1942년 강제동원 조선인이 전개한 노동쟁의는 457건, 참가인원 23,539명이다. 1942년 당시의 내무성 조사에는 후쿠오카현이 제외되어 있어 강제동원 조선인이 전개한 노동쟁의의 전모를 밝히기는 어렵지만, 동원 방식별 현황이나 시기별 추이를 살필 수 있어 제한적으로나마 분석해 보고자 한다. 이를 정리한 것이 〈그림 26〉이다.

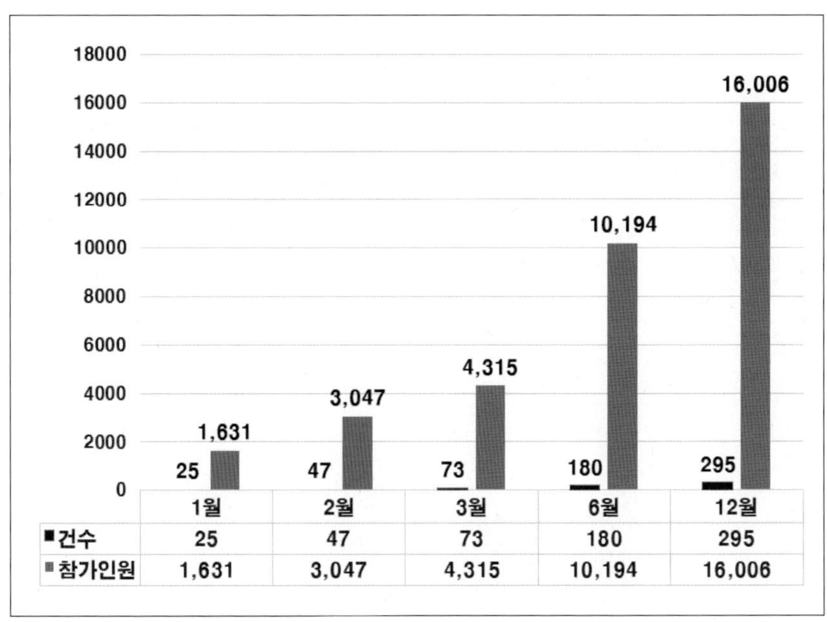

	1월	2월	3월	6월	12월
■건수	25	47	73	180	295
■참가인원	1,631	3,047	4,315	10,194	16,006

〈그림 26〉 강제동원 조선인의 노동쟁의 현황(1942년)[186]

186) 1942년 3월 이후에는 동원방식(강제모집, 관 주도)별로 강제동원 조선인의 노동쟁의 현황이 '勞働紛爭議'와 '內鮮人 鬪爭事件'으로 구분되어 기재되어 있다(「勞務動員計劃産業に従事する朝鮮人勞働者の狀況」(특고월보 1942년 4월~1943년 1월), 내무성 경보국 보안과, 『특고월

〈그림 26〉에서 보는 것처럼, 1942년 당시 내무성 경보국 보안과가 조사(후쿠오카현 제외)한 바에 의하면, 한 해에 강제동원 조선인이 전개한 노동쟁의는 최소 295건으로, 16,006명이 참여하였다. 강제모집 방식으로 동원된 조선인이 전개한 노동쟁의는 203건으로 10,462명이 참여하였고, 관주도 방식으로 동원된 조선인이 전개한 노동쟁의는 92건으로 5,544명이 참여하였다. 이 시기까지는 아직 강제모집 방식으로 동원된 조선인들의 노동쟁의가 중심을 이루고 있었다.

1942년 전개된 대표적인 노동쟁의는 1월 11일 후쿠오카현 미쓰비시광업(주) 호죠(方城)탄광에서의 怠業과 홋카이도 유바리(夕張)광업소에서의 罷業[187]을 비롯하여 2월 8일 홋카이도 스미토모(住友)광업(주) 나이에(奈正

보』 제30집~제32집).

〈1942년 강제동원 조선인 노동쟁의 현황(1942년 1~3월, 6월 및 12월)〉

구분				1월	2월	3월			6월			12월		
				강제모집	강제모집	계	강제모집	관주도	계	강제모집	관주도	계	강제모집	관주도
발생건수				28	47	73	71	2	180	171	9	295	203	92
참가인원				1,631	3,047	4,315	4,119	196	10,194	9,412	782	16,006	10,462	5,544
단체투쟁	계		건	28	41	62	60	2	148	140	8	203	150	53
			명	1,641	2,784	3,730	3,534	196	9,296	8,662	634	12,607	8,961	3,646
	형태	파업	건	16	20	26	26	0	39	38	1	48	42	6
			명	824	1,195	1,369	1,369	0	2,520	2,448	72	3,031	2,588	443
		태업	건	5	8	14	14	0	45	43	2	68	46	22
			명	232	339	783	783	0	2,444	2,311	133	3,515	2,360	1,155
		직접행동	건	2	2	7	7	0	24	23	1	35	22	13
			명	144	148	282	282	0	860	786	74	2,091	786	1,305
		기타	건	5	11	15	13	2	40	36	4	52	40	12
			명	441	1,102	1,296	1,100	196	3,472	3,117	355	3,970	3,227	743
일본인과투쟁	계		건	3	7	11	11	0	35	33	2	92	53	39
			명	31	198	278	278	0	1,368	1,220	148	3,399	1,501	1,898
	형태	직접행동	건	3	5	9	9	0	31	29	2	86	48	38
			명	31	197	216	216	0	1,134	986	148	3,147	1,264	1,883
		기타	건	0	1	2	2	0	4	4	0	6	5	1
			명	0	1	62	62	0	234	234	0	252	237	15

187) 1942년 1월 11일 후쿠오카현 方城탄광에 강제동원 조선인 670명 중 大和寮 소속 조선인 77명은 代用食 배급에서 일본인과 차별한다며 集團怠業을 전개하였고, 홋카이도탄광기선(주)

江)광업소와 2월 23일 미쓰이(三井)광산(주) 스나가와(砂川)광업소에서의 파업,[188] 2월 26일 이와데(岩手)현 마쓰오(松尾)광산[189] 및 3월 19일 가나가와(神奈川)현 (주)구마가이구미(熊谷組)에서의 무력항쟁,[190] 5월 31일 후쿠시마(福島)현 이와키(磐城)탄광(주)에서의 단식투쟁과 6월 6일 홋카이도 스미토모공업(주) 고노마이광업소에서의 태업,[191] 6월 시즈오카(靜岡)현 니혼발전(주) 공사장에서의 파업,[192] 10월 28일 효고(兵庫)현 니치아(日亞)제강(주)[193]과 12월 9일 사가(佐賀)현 기시마(杵島)탄광에서의 무력항쟁[194]

夕張광업소에 동원된 165명의 조선인은 代用食을 불만으로 一齊罷業하였다(「募集に依る移住朝鮮人勞働者の狀況」(특고월보 1942년 1월), 내무성 경보국 보안과, 『특고월보』 제29집).

188) 홋카이도 소라치(空知)군 스나가와쵸(砂川町) 소재 미쓰이(三井)광산(주) 스나가와(砂川)광업소에 동원된 조선인 1,056명 중 326명은 식사 배급량의 부족을 이유로 一齊罷業하였고, 스미토모(住友)광업(주) 나이에(奈井江)광업소에 동원된 조선인 154명은 식사량 增配를 요구하며 怠業하였다(「募集朝鮮人勞働者の主要紛爭事件」(특고월보 1942년 3월), 내무성 경보국 보안과, 『특고월보』 제29집).

189) 「移住朝鮮人勞働者の特異紛爭事件」(특고월보 1942년 2월), 내무성 경보국 보안과, 『특고월보』 제29집.

190) 가나가와현 츠쿠이(津久井)군 요세쵸(興瀨町) 소재 구마가이구미(熊谷組)에 동원된 金井大奎 등 130명은 구타당하는 동료를 목격하고 단결하여 항의하며 경찰서에 탄원하였으나, 도리어 중심인물 4명이 檢束되었다(「多衆暴行事件」(특고월보 1942년 4월), 내무성 경보국 보안과, 『특고월보』 제29집).

191) 홋카이도 몬베쓰(紋別)군 몬베쓰쵸(紋別町) 스미토모(住友)공업(주) 고노마이(鴻之舞)광업소에 동원된 조선인 244명은 임금 지급문제로 怠業하였고, 후쿠시마현 이와기(石城)군 우치고무라(內鄕村) 이와기(磐城)탄광(주)에 동원된 86명의 조선인은 식사량 增配를 요구하면 단식투쟁하였다(「國民動員計劃に依る移入朝鮮人勞務者の狀況」(특고월보 1942년 6월), 내무성 경보국 보안과, 『특고월보』 제30집).

192) 시즈오카현 하루나(榛名)군 나카가와네무라(中川根村) 닛파쓰(日發)발전공사 시마자와(柿間澤)공사장에 동원된 1,038명의 조선인 중 130명이 탈출한 동료의 죽음을 애도하며 일본인 班長頭의 교체를 요구하며 파업하였다(「國民動員計劃に依る移入朝鮮人勞務者の狀況」(특고월보 1942년 7월), 내무성 경보국 보안과, 『특고월보』 제30집).

193) 효고현 오자키(尾崎)市 쓰루쵸(鶴町) 소재 니치아(日亞)제강(주)에 동원된 조선인 435명 중 148명이 임금 지불방법을 항의하며 집단폭행하였다(「國民動員計劃に依る移入朝鮮人勞務者の狀況」(특고월보 1942년 11월), 내무성 경보국 보안과, 『특고월보』 제31집).

194) 12월 9일 사하현 기시마(杵島)군 오마치(大町) 기시마(杵島)炭坑(조선인 1,400명이 동원됨)에서 식사량의 減食 문제(종래의 1일 8合을 5合 4勺으로 줄임)를 발단으로 조선인 270명은 부당함을 주장하며 무력을 행사하였는데, 중심인물 6명이 검거되었다(「國民動員計劃に依る移入朝鮮人勞務者の狀況」(특고월보 1942년 12월), 내무성 경보국 보안과, 『특고월보』 제31집).

등이다.

특히, 동료 조선인의 구타로 촉발되어 전개된 대규모 무력항쟁은 이와데현 마쓰오광산과 가나가와현 (주)구마가이구미에서의 무력항쟁이 대표적이다. 1942년 2월 26일 마쓰오광산에 동원된 조선인 184명은 동료 조선인이 구타당하는 것을 목격하고 사무소로 몰려가 파괴하고 寮長 등을 폭행하였다. 이 사건으로 184명 全員이 檢束되고 66명이 경찰서에 연행되었다.[195] 또한, 3월 19일 (주)구마가이구미에서 동료 조선인의 구타를 목격한 金井大奎 등 조선인 130명은 일치단결하여 항의하며 경찰서에 탄원하였다.[196]

1943년의 조사는 6월과 12월 2차례만 이루어졌다. 1944년 내무성의 보고에 따르면, 1943년 강제동원 조선인이 전개한 노동쟁의는 346건, 참가인원 16,559명이다. 1943년 당시의 내무성 조사에는 후쿠오카현이 제외되어 있는 상황이어서 전모를 밝히기는 어렵지만, 제한적으로나마 분석해 보고자 한다. 이를 정리한 것이 〈그림 27〉이다.

〈그림 27〉에서 보듯이, 1943년에 강제동원 조선인들이 전개한 노동쟁의는 최소 324건으로, 16,493명이 참여하였다. 6월에는 노동쟁의 174건에 9,661명이 참여하였고, 12월에는 150건의 노동쟁의에 강제동원 조선인 8,932명이 참여하였다. 또한, 강제모집 방식으로 동원된 조선인이 전개한 노동쟁의는 50건으로, 1,329명이 참여하였고, 관 주도 방식으로 동원된 조선인이 전개한 노동쟁의는 274건으로, 15,164명이 참여하였다. 이 시기부터는 관 주

195) 이와테현 마쓰오(松尾)광산에 동원된 조선인 790명 중 제화기숙요 소속 조선인 184명은 동료가 구타당하는 것을 목격하고 사무소를 파괴하고 요장 등을 폭행하였다. 이 사건으로 184명 전원이 檢束되고 66명이 경찰서에 동원되었다(「移住朝鮮人勞働者の特異紛爭事件」(특고월보 1942년 2월), 내무성 경보국 보안과, 『특고월보』 제29집).

196) 가나가와현 츠쿠이(津久井)郡 요세쵸(興瀬町) 소재 구마가이구미(熊谷組)에 동원된 金井大奎 등 130명은 구타당하는 동료를 목격하고 단결하여 항의하며 경찰서에 탄원하였으나, 도리어 중심인물 4명이 檢束되었다(「多衆暴行事件」(특고월보 1942년 4월), 내무성 경보국 보안과, 『특고월보』 제29집).

도 방식으로 동원된 조선인의 노동쟁의가 건수(84.6%)나 참여인원(91.9%) 면에서 모두 중심을 이루는 상황이었음을 알 수 있다.

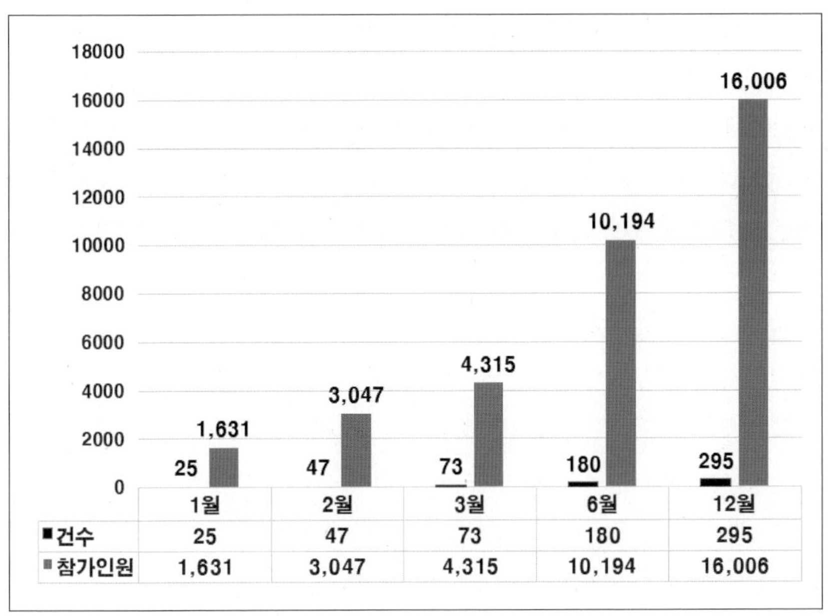

〈그림 27〉 강제동원 조선인의 노동쟁의 현황(1943년)[197]

1943년 당시 강제동원 조선인의 노동쟁의 방식은 직접적인 무력항쟁이 중심을 이루었음을 알 수 있다. 단체투쟁의 경우, 직접행동 35.6%(80건, 4,532명)을 비롯하여 기타 34.7%(78건, 3,543명), 태업 18.2%(41건, 2,754명) 파업 16.0%(36건, 2,651명)이었다. 일본인과의 투쟁의 경우 82.0%(91건, 2,406명)가 직접적인 무력투쟁으로 전개되었는데, 이를 포함한다면 49.4%(171건,

197) 1943년의 노동쟁의 현황은 2차례(1~6월, 7~11월), 동원방식(강제모집, 관 주도)별로 '勞働紛爭議'와 '內鮮人 鬪爭事件'으로 구분되어 기재되어 있다(「國民動員計劃に基く移入朝鮮人勞務者の狀況」(특고월보 1943년 9월, 1944년 2월), 내무성 경보국 보안과, 『특고월보』 제34집, 제35집).

6,938명)에 달한다. 즉, 1943년 당시 강제동원 조선인이 전개한 노동쟁의는 2번 중에 1번은 직접적인 무력투쟁으로 전개된 셈이다.

1943년 강제동원 조선인 全員이 참여하거나 100명 이상 참여한 노동쟁의만 해도 60여 건에 달할 정도였다. 조선인 구타를 발단으로 전개된 교토(京都)부 요사(與謝)군 오에(大江)니켈공업(주)과 후쿠오카현 가호(嘉穗)광업소에서의 무력항쟁,[198] 6월 28일 조선인 260명 全員이 참여한 가이지마(貝島) 다이노우라(大之浦)광업소에서의 경찰관 공무집행 방해사건,[199] 6월 13~14일 큐슈(九州)채탄 가사하라(笠原)광업소에서 舍監의 경질을 요

〈1943년 강제동원 조선인 노동쟁의 현황〉

구분				1~6월			7~12월		
				강제모집	관주도	계	강제모집	관주도	계
발생건수				38	136	174	12	138	150
참가인원				963	8,698	9,661	366	6,466	6,832
단체투쟁	계		건	18	92	110	8	117	125
			명	712	7,142	7,854	524	5,102	5,626
	형태	파업	건	5	16	21	3	12	15
			명	216	1,579	1,795	124	732	856
		태업	건	3	16	19	1	21	22
			명	38	1,046	1,084	24	1,646	1,670
		직접행동	건	3	36	39	3	38	41
			명	130	2,763	2,893	373	1,266	1,639
		기타	건	7	24	31	1	46	47
			명	328	1,754	2,082	3	1,458	1,461
일본인과 투쟁	계		건	20	44	64	4	43	47
			명	251	1,556	1,807	41	1,230	1,271
	형태	직접행동	건	16	40	56	2	33	35
			명	164	1,368	1,532	12	862	874
		기타	건	4	4	8	2	10	12
			명	87	188	275	29	368	397

198) 일본인 노무계원이 탈출하다가 붙잡힌 조선인의 구타소식을 들은 동료 조선인들은 크게 激高하여 함성을 지르며 사무소를 습격하여 전화기, 유리창 다수를 부수고, 또 노무계원의 私宅에 기와조각, 木片 등을 던지며 항거하였는데, 중심인물 13명은 폭력행위등처벌에관한법률 위반으로 검거되었다.

199) 조선인 訓練隊長을 순사가 駐在所로 끌고 가려고 하자 동료 조선인 260명 전원이 이를 저지하고자 항쟁한 사건으로, 중심인물 13명이 검거되었다.

구한 사건,[200] 7월 4일 가고시마(鹿兒島)현 이즈미(出水)군 철도공업(주) 이즈미출장소에서의 집단파업[201] 등이다.[202]

이외에도 6월 15일 후쿠오카현 온가(遠賀)군 큐슈채탄 신데고(新手五)坑에서는 舍監으로부터 구타당하는 조선인을 본 동료 조선인 37명이 사무소의 유리창(179매)을 부수고 사감을 폭행한 후 집단 탈출하였고,[203] 10월 후쿠오카현 다가와(田川)군 아카이케(赤池)탄광에서는 동료 조선인의 폭행을 목격한 조선인 140명이 사무소에 쳐들어가 사감을 폭행하였다. 경찰이 출동하여 기업 측에 '노무관리의 是正을 嚴重警告'한 것으로 보아 탄광 관리자가 얼마나 조선인을 비인간적이고 폭력적으로 대했는가 짐작하게 한다. 결국 노동쟁의를 주도한 중심인물 15명 가운데 3명이 傷害罪로 처벌되었다.[204] 또한 같은 해 12월 후쿠시마현 후루카와(古河)광업(주) 요시마(好間)광업소에 동원된 조선인과 일본인 사이에 대충돌이 발생하였다. 1943년 12월 25일 오후 6시 30분경 조선인에 대한 일본인의 叱責이 발단이 되어 강제동원 조선인 약 90명은 私宅으로 몰려가 유리창을 깨고 일본인을 폭행하였다. 이 사건으로 9명이 傷害致死, 傷害, 폭력행위등처벌에관한법률 위반으로 처벌되었다.[205]

200) 식사량이 적은 것은 飯米의 일부를 轉買하여 私腹을 채우고 있는 舍監 때문이라고 판단한 조선인 전원(149명)은 사감의 경질을 사업주에 집단 요구하였다.

201) 임금 지급이 늦어지자 평소의 불만이 일시에 폭발한 조선인 전원(135명)은 임금 인상을 요구하며 일제히 罷業하였다.

202) 「主なる紛爭議」, 明石博隆 · 松浦総三 編, 『昭和特高彈壓史』 8, 太平出版社, 1976, 101~104쪽.

203) 조선인의 집단탈출이 발생하자 일제 당국은 탈출자를 受配하였다. 탈출자 37명 가운데 35명이 발견되었고, 이 가운데 數名은 검거되었다(「集團暴行逃走事件」, 明石博隆 · 松浦総三 編, 『昭和特高彈壓史』 8, 太平出版社, 1976, 104쪽).

204) 상해죄로 검거된 중심인물은 아래의 표와 같다(「寄宿舍舍監の訓戒に發端する集團暴行事件」, 明石博隆 · 松浦総三 編, 『昭和特高彈壓史』 8, 太平出版社, 1976).

성명	나이	담당업무	본적
金城起成	28	채탄부	황해도 벽성군 일신면 무정리
点山成基	22		황해도 벽성군 일신면 법교리
点山順基	35		

1944년에도 강제동원 조선인은 지속적으로 노동쟁의를 전개하였다. 일제 당국이 조사한 1944년 1~11월 사이 강제동원 조선인의 노동쟁의 현황은 〈표 20〉과 같다.[206]

〈표 20〉에서 보는 것처럼, 1944년 1~11월 사이 강제동원 조선인은 최소 303건의 노동쟁의를 전개하고, 15,730명이 참여하였다. 조선인의 노동쟁의는 매달 27.5건, 1,430명이 참여할 만큼 상시적이고 적극적으로 전개되었다. 특히 6월에는 51건으로 가장 많고, 1월(34건), 7월(30건) 순이다. 참여인원 면에서는 10월(2,390명), 11월(2,429명)과 1월(2,330명)에 집중(45.4%; 7149명)되고 있다. 1944년만으로 한정해보면, 강제동원 조선인의 노동쟁의는 겨울과 봄에 집중되는 경향을 보인다고 할 수 있다.

파업, 태업 등 단체투쟁은 노동 조건이나 노동환경의 개선을 요구하여 일어난 노동쟁의인데 반해 일본인과의 투쟁사건은 노무관리자 등 일본인의 폭력에 대응한 쟁의이다. 단체투쟁이 156건 10,938명, 일본인과의 무력투쟁이 147건 4,344명으로, 쟁의빈도는 비슷하지만 참여인원은 단체투쟁이 2배 정도 많았다. 이는 쟁의형태상 당연한 결과인데, 일본인과의 무력투쟁은 노동현장에서 그때그때 나타나는 형태로 대규모의 인원이 참여할 수

205) 중심인물은 아래의 표와 같다(「國本仁坤等に對する傷害致死,傷害,暴力行爲等處罰に關する法律違反各被告事件豫審終結決定－福島地方裁判所 報告－」, 朴慶植 編, 『在日朝鮮人關係資料集成』 제5권, 三一書房, 1976).

성명	나이	직업	본적
國本仁坤	26	채탄부	황해도 신천군 방흥면 용천리
安谷允相	26	채탄부	황해도 송화군 연장면 관하리
松野雲三	20	채탄부	황해도 신천군 초리면 백현리 120
波尹泰仁	24	후산부	강원도 삼척군 근덕면 동막리 1121
水野白龍	25	후산부	황해도 신천군 북부면 신풍리 90
井上判順	33	채탄부	충청남도 논산군 강경읍 욱정
青松一鳳	22	채탄부	충청북도 제천군 수산면 수리 80
松田午天	27	채탄부	충청북도 제천군 한수면 수리 32
柳龍文	32	채탄부	충청북도 옥천군 옥천면 대천리

206) 「移入朝鮮人勞務者各種紛爭議發生狀況調」(특고월보 1944년 11월), 내무성 경보국 보안과, 『특고월보』 제36집.

〈표 20〉 강제동원 조선인의 노동쟁의 현황(1944년 1월~11월)

구분					계	1월	2월	3월	4월	5월	6월	7월	8월	9월	10월	11월
총계				건수	303	34	25	27	28	19	51	30	22	21	22	24
				인원	15,730	2,330	1,064	854	781	685	1,945	1,729	955	568	2,390	2,429
단체투쟁	형태	계		건수	156	22	14	17	16	7	23	14	11	7	13	12
				인원	10,938	1,882	736	799	525	337	1,175	975	608	403	1882	1,616
		파업		건수	34	1	5	5	3	2	5	4	2	5	1	1
				인원	1,803	155	167	267	259	92	211	94	27	344	166	21
		태업		건수	35	8	1	3	5	1	7	1	3	-	4	2
				인원	1,926	408	34	103	151	3	227	43	134	-	567	256
		직접행동	집단폭행	건수	36	7	4	3	4	1	9	5	-	-	2	1
				인원	3,176	641	212	140	91	101	644	748	-	-	516	83
			기타	건수	1	-	-	-	-	-	-	-	1	-	-	-
				인원	5	-	-	-	-	-	-	-	5	-	-	-
		기타		건수	52	7	6	6	4	3	1	4	5	2	6	8
				인원	3,985	698	323	287	44	61	93	90	442	59	632	1,256
일본인과투쟁	형태	계		건수	147	12	11	10	12	12	28	16	11	14	9	12
				인원	4,344	448	328	55	256	348	770	754	347	165	508	813
		직접행동	집단폭행	건수	95	8	7	5	7	6	20	14	4	11	4	9
				인원	3,632	201	231	35	144	186	668	691	256	407	39	774
			기타	건수	27	3	2	4	1	3	3	1	4	2	2	2
				인원	70	5	4	8	1	8	11	3	17	6	4	3
		기타		건수	25	1	2	1	4	3	5	1	3	1	3	1
				인원	1,166	24	93	12	111	154	91	54	74	52	465	36

없는 상황이 많았기 때문이다.

조선인의 노동쟁의(단체투쟁)은 파업, 태업, 휴업, 단식이나 직접적인 무력행사의 형태로 나타났다. 그중에서도 직접적인 무력행사는 건수로는 52.5%(159건)로 전체 노동쟁의의 1/2이 넘는 비율이고, 참여인원은 43.8%(6,883명) 비율이었다. 특히, 일본인과의 투쟁사건의 경우로 한정한다면, 건수의 92.5%, 인원의 71.0%로 비율로 특히 더 비중이 높았다. 그만큼 직접적인 무력행사의 형태가 강제동원 조선인의 주된 노동쟁의 형태였음을 알 수 있다.

또한, 파업과 태업의 형태도 상당히 많았다. 태업의 경우 건수는 11.6%, 참여인원은 12.2% 비율이었고, 파업의 경우 건수는 11.2%, 참여인원은 6.9%

였다. 이를 합치면 건수는 22.8%, 참여인원은 19.1%로 나타난다. 단체투쟁의 경우에는 직접행동이 가장 높은 비율을 차지하고는 있지만, 파업과 태업 등과 큰 차이는 없다. 강제동원 조선인들은 그때그때의 상황에 따라 직접적인 무력행동을 전개하기도 하고, 집단 파업과 태업, 단식투쟁, 집단탈출 등의 형태로 저항하였던 것이다.

조선인은 노동쟁의를 통해 낙후된 근로조건을 개선하고, 민족적 차별의 해결을 모색하였다. 하지만 일부 요구가 관철되고 타협의 산물이 나타나긴 하였으나, 대부분은 강제동원 조선인들의 요구사항이 수용되지 않았다. 조선인들의 요구가 수용된 것은 단 7건(2.3%)뿐이고, 2/3 이상(71.6%) 수용되지 않은 결과로 나타난다. 특히, 送局되는 경우도 23,2%(76건)에 달했다.

1944년 당시 100명 이상 참여한 노동쟁의만 해도 19건에 달했다. 1월 1일 사할린 지역의 니혼제철(주) 도마리기시(泊岸)광업소에서의 무력항쟁[207]을 비롯하여 3월 6일 후쿠오카현 가미야마다(上山田)탄광에서의 파업과 3월 13일 후루카와(古河)광업소 오미네(大峯)탄광에서의 무력항쟁,[208] 6월 21일 홋카이도 가야누마(茅沼)광업소에서의 파업과 무력항쟁,[209] 유베쓰(雄別)탄광(주) 모지리(茂尻)광업소에서의 파업,[210] 홋카이도 발전소공사장에서

207) 가라후토(樺太) 시쿠까(敷香)군 도마리키시(泊岸)촌 소재 니혼(日本)제철(주) 모마리키시광업소에 동원된 조선인(863명) 중 일본인 지도원의 폭력에 대항하여 100여 명의 조선인이 사무소에 몰려가 유리창, 난로, 전등 등을 부수고 일본인 지도원에게 복수하였다. 이 사건으로 중심인물 5명이 폭력행위 등 처벌에 관한 법률로 送局되었다(「移入朝鮮人勞務者の集團暴行事件」(특고월보 1944년 2월), 내무성 경보국 보안과, 『특고월보』 제35집).

208) 후쿠오카현 가호(嘉穗)군 소재 미쓰비시(三菱)광업(주) 가미야마다(上山田)炭坑(강제동원 조선인 1,1,31명)에서는 3월 6일 減食을 발단으로 하여 101명이 파업하였다(「國民動員計劃に基る移入朝鮮人勞務者の狀況」(특고월보 1944년 4월), 내무성 경보국 보안과, 『특고월보』 제35집).

209) 홋카이도 가야누마(茅沼)炭火광업(주) 가야누마광업소에 동원된 조선인(8,114명) 중 400여 명이 寮長의 구타로 죽은 동료를 대신하여 복수하고자 요에 쳐들어가 요장을 폭행하고, 다음날은 일제히 罷業하며 다시 요에 몰려가 파괴하였다([集團暴行事件](특고월보 1944년 7월), 내무성 경보국 보안과, 『특고월보』 제36집).

210) 홋카이도 유베쓰(雄別)탄광(주) 모지리(茂尻)광업소에 강제동원 1,100명 중 계약이 만료된 187명이 재계약 정착에 반대하며 일제 파업하였다(「罷業怠業事件」(특고월보 1944년 8월),

의 파업,[211] 홋카이도 아시베쓰(芦別)광산에서의 파업,[212] 9월 30일 홋카이도 비바이(美唄)광업소에서의 一齊休業,[213] 홋카이도 스가와라구미(管原組)에서의 집단탈출,[214] 아키타(秋田)현 오사리자와(尾去澤)광업소에서의 絕食 및 무력항쟁,[215] 효고(兵庫)현 나가사키(川崎)중공업(주) 함선공장에서의 집단 무력항쟁,[216] 오카야마(岡山)현 다마노(玉野)조선소에서의 絕食同盟[217] 등이다. 특히, 가야누마광업소와 나가사키중공업에서는 400명 이상의 대규모 무력항쟁이 전개되었고, 海軍省 소속의 오미나토・요코스카 해군시설부에서는 징용된 조선인들이 파업과 무력항쟁을 벌였다. 또한, 비

내무성 경보국 보안과, 『특고월보』 제36집).

211) 홋카이도 가미가와(上川)군 히가시가와(東川)촌 일본발전 공사장 아라가와구미(荒川組)에 동원된 조선인(156명) 중 107명은 계약기간 만료에 따른 재계약 반대를 요구하며 罷業하였다. 결국 경찰이 개입하여 전원의 계약기간이 연장되었다(「集團暴行事件」(특고월보 1944년 10월), 내무성 경보국 보안과, 『특고월보』 제36집).

212) 홋카이도 아시베쓰쵸(芦別町) 미쓰이(三井) 아시베쓰광산에 동원된 200명 전원은 동료 3명이 北方 軍要員으로 착출되는 것을 안타깝게 여겨 一齊罷業하였다(「集團暴行事件」(특고월보 1944년 10월), 내무성 경보국 보안과, 『특고월보』 제36집).

213) 홋카이도 소라치(空知)군 비바이쵸(美唄町) 미쓰비시광업(주) 비바이(美唄)광업소에 강제동원된 2,000명 중 160명이 일본인 노무계원들이 동료 조선인을 구타하는 것을 목격하고, 이에 대한 사죄를 요구하며 一齊休業하였다(「集團暴行事件」(특고월보 1944년 10월), 내무성 경보국 보안과, 『특고월보』 제36집).

214) 홋카이도 앗케시(厚岸)군 오타(太田)촌 軍이 관리하는 採石사업장 스가와라구미(菅原組)에 동원된 조선인 317명 전원이 재계약을 반대하며 일제히 休業하고 현장으로부터 집단탈출하였다(「定着指導特異事件」(특고월보 1944년 10월), 내무성 경보국 보안과, 『특고월보』 제36집).

215) 아키타현 가즈노(鹿角)군 오사리자와쵸(尾去澤町) 소재 미쓰비시(三菱) 오사리자와광업소에 동원된 조선인 520명 중 제2協和寮 소속 仁川部隊 80명, 利川・金浦部隊 104명 등 184명이 식사량의 減食에 대항하여 絕食을 전개하는 한편 요장 등을 폭행하였다. 결국 관할 경찰서와 警防團員(50명)에 의해 진압되었다(「集團暴行事件」(특고월보 1944년 11월), 내무성 경보국 보안과, 『특고월보』 제36집).

216) 효고현 고베(神戶)시 스마구(須磨區) 소재 나가사키(川崎)중공업(주) 함선공장에 동원된 조선인 1,221명 중 614명은 식사량 減食에 대항하여 식당에서 항의하며 취사장에 몰려가 유리창 등을 부수고 일본인 지도원을 폭행하였다(「兵庫縣外一縣に於ける集團暴行事件」(특고월보 1944년 11월), 내무성 경보국 보안과, 『특고월보』 제36집).

217) 오카야마현 다마노(玉野)조선소에 동원된 조선인 277명 全員이 일본인 教官의 구타에 항의하며 絕食同盟을 감행하였다(「集團暴行事件以外の直接行動」(특고월보 1944년 11월), 내무성 경보국 보안과, 『특고월보』 제36집).

바이광업소에서는 一齊休業, 다마노조선소에서는 絕食同盟, 스가와라구미에서는 조선인 全員이 집단탈출하는 등 다양한 투쟁을 전개하였다.

해방을 맞이한 1945년에도 강제동원 조선인의 노동쟁의는 계속되었다. 1945년 5월 말을 기준으로 5,102명의 조선인이 참가한 노동쟁의 111건이 전개되었다. 이 시기에는 일본인 노무관리자의 구타가 원인이 된 노동쟁의는 64%에서 31%로 현저하게 감소한 반면에 給食 문제로 발생한 노동쟁의가 5%에서 50%로 급증하였다.[218] 특히, 식사문제로 인한 집단 폭행사건은 나가사키(川崎)현의 미쓰비시(주) 나가사키조선소,[219] 기후(岐阜)현의 이비가와(揖斐川)전기공업(주),[220] 도치기(栃木)현의 皇國제5027공장[221] 등에서 전개되었다.[222]

또한, 징용된 조선인들의 노동쟁의도 계속되었다. 1942년 2월 9일 아오모리(青森)현 오미나토(大湊) 해군시설부에서의 무력항쟁,[223] 1942년 2월

---

218) 「移入朝鮮人勞務者紛爭議發生狀況」, 朴慶植 編, 『在日朝鮮人關係資料集成』 제5권, 三一書房, 1976.

219) 나가사키현 니시소노기(西彼杵)군 후쿠다무라(福田村) 소재 미쓰비시(三菱) 나가사키(長崎)조선소에 징용된 170여 명의 조선인은 식사량이 減食되자 급식량의 검사를 요청하였는데, 검사과정에서 조선인을 속이려 한 班長을 폭행하고 식기, 밥통(飯櫃) 등을 던져 파손하였다. 결국 중심인물 13명이 검속되어 폭력행위로 검사국에 송국되었다.

220) 기후현 오가키(大垣)市 무로무라쵸(室村町) 소재 이비가와(揖斐川)전기공업(주)에서 5월 5일 저녁 식사 때 2인분의 식사를 竊食하던 高山○가 舍監에 구타당하여 기절하자 이를 안 金山○○ 등 15명은 사감실에 쳐들어가 의자 등을 집어던지며 유리창을 깨드리고 전치 1주간의 상해를 입혔다. 관할서에서는 중심인물 2명을 폭행 및 상해죄로 검거하였다.

221) 도치기현 시모쓰가(下都下)군 오야무라(大谷村) 소재 皇國제5027공장(징용 조선인 31명) 西山寮 소속 조선인 반장 松山○○은 일본인 대장 高木○에게 부족한 급식량을 늘리도록 요청하였다. 이 과정에서 1일 급식량 4合을 2合 8勺으로 줄여 배급했음을 안 조선인들은 분개하여 일본인 주임을 구타하였다. 중심인물 松山 외 5명은 검거 취조되었고 집단폭행사건으로서 送局되었다.

222) 「給食をを繞る集團暴行事件」, 明石博隆·松浦総三 編, 『昭和特高彈壓史』 8, 太平出版社, 1976, 332~333쪽.

223) 아오모리현 시모키타(下北)군 소재 오미나토해군시설부의 청부업체인 사사키구미(佐佐木組)에 동원된 조선인(644명) 중 319명이 식량의 減量에 대해 增配를 요구하며 노무사무소에 몰려가 사무실을 부수며 항의하였다(「集團暴行事件」(특고월보 1944년 3월), 내무성 경보국 보안과, 『특고월보』 제35집).

나가사키현의 사세보(佐世保) 海軍建築部,[224] 1943년 2월 8일 미야기(宮城)현 마쓰시마(松島)비행장 건설공사장 징용 조선인 400여 명의 무력항쟁,[225] 1944년 2월 돗토리(鳥取)현 소재 미호(美保) 海軍施設部,[226] 1944년 4월 히로시마(廣島)현 구레(吳) 해군시설부,[227] 1944년 7월 미야자키(宮城)현 요코스카(橫須賀) 해군시설부[228] 등에 징용된 조선인들의 저항이 그것이다. 특히, 히로시마현 구레 해군시설부에서는 1943년 8월과 1944년 4월 2차례의 노동쟁의가 발생하였다. 1943년 8월 9일 요장 1명, 반장 6명 등 조선인 지도자들의 지도하에 조선인 징용자 700여 명이 사무소를 습격하고 지도원(6명)을 폭행하는 등 무력행사를 벌였고,[229] 1944년 4월 19일에는 일본인

224) 나가사키현의 사세보 해군건축부에 징용된 조선인들은 1942년 2월 15일 일본인 警務係가 金子碩鉉을 구타하는 상황을 발견하고 462명(전체 1,580명의 29.2%)이 집단 항쟁을 전개하였으나, 무장 출동한 海兵團의 警戒兵 30여 명에 강제로 진압되었고, 중심인물 16명이 잡혀가 취조를 받았다. 같은 해 5월에도 사세보 해군건축부 공사장에 동원된 조선인 340명 전원은 일본인으로부터 구타당한 동료의 복수를 위해 무력항쟁을 전개하였는데, 곤봉 등을 휴대하고 '이런 일이 있는가?', '일본인을 때려 죽여라.'라며 사무소로 몰려가 유리창을 깨뜨리고 나무담장을 두드리면서 일본인을 폭행하였다(「海軍徵用朝鮮人工員の紛議發生」(특고월보 1942년 2월), 내무성 경보국 보안과, 『특고월보』 제29집).

225) 미야기현 모노우(桃生)군 야노혼마치(矢野本町) 소재 마쓰시마(松島)비행장 건축공사장에 조선인 800여 명이 징용되었는데, 2월 8일 오후 8시 30분경 조선인 宿舍(120명 수용)에서 난로의 위치 문제를 발단으로 守衛(2명)를 구타하고 평소 불만이 쌓인 징용 조선인 280명도 합세하여 약 4백여 명의 조선인은 大擧하였다. 결국 무장한 군인(水兵) 18명이 출동하여 진압되었는데, 石卷憲兵分隊에서 중심인물을 檢束하여 取調하였다(「徵用朝鮮人工員の暴行傷害事件」(특고월보 1943년 2월), 내무성 경보국 보안과, 『특고월보』 제32집).

226) 돗토리현 소재 미호 해군시설부에는 1944년 2월 약 30명이 식사 배급량 문제를 항의하면서 사무소로 몰려가 유리창을 부수고 일본인을 폭행하는 등 항쟁을 계속하였다(「徵用朝鮮人勞務者の集團暴行事件」(특고월보 1944년 2월), 내무성 경보국 보안과, 『특고월보』 제35집).

227) 1944년 4월 히로시마현 가모(賀茂)군 야스우라쵸(安浦町) 소재 구레(吳) 해군시설부에 징용된 조선인 100명 중 징용공원 9명이 警務員의 가혹한 감독과 私的 制裁에 대항하여 사무소로 쳐들어가 경무원을 폭행하였다(「鮮人徵用工員の集團暴行事件」(특고월보 1944년 7월), 내무성 경보국 보안과, 『특고월보』 제36집).

228) 1944년 7월 미야자키(宮城)현 미야자키군 다가쇼(多賀城)촌 소재 요코스카(橫須賀) 해군시설부 공사장 스가와라구미(管原組) 配下 신가와구미(新川組) 다가쇼(多賀城)출장소에 동원된 조선인 360명 전원이 정착도회 개최에 대항하여 노무관리자와 사복 경찰을 폭행하였다. 결국 스가와라구미 소속으로 복귀하되 2년 계약연장으로 마무리되었다(「移入朝鮮人勞務者紛爭議發生狀況」(특고월보 1944년 8월), 내무성 경보국 보안과, 『특고월보』 제36집).

229) 히로시마현 구레(吳) 해군시설부에서는 2차례 노동쟁의가 발생하였다. 1943년 8월 9일 오후

警務員의 모멸적인 대우로 조선인들이 해당 경무원을 폭행하였다.[230)]

조선인은 강제동원이 시작된 1939년부터 1945년 해방이 될 때까지 끊임없이 대규모 노동쟁의를 지속하였다. 집단 무력항쟁을 비롯하여 파업과 태업 그리고 단식, 집단탈출 등 다양한 형태로 노동쟁의를 전개하였다.

강제동원된 조선인은 최악의 근로조건 속에서 강제노동에 시달리고 민족적 차별을 겪으며 內鮮一體의 허구성을 자각하였고 점점 반일주의자가 되어갔다. 강제동원 초기에는 노동조건, 노동환경의 개선을 요구하며 파업, 태업 및 무력행사 등을 벌인 노동운동 성격의 노동쟁의는 점차 진압 경찰에 직접 맞서는 적극적인 무력항쟁의 형태로 이어졌고, 민족운동 성격의 노동쟁의로 발전하였다. 또한, 노동쟁의 형태도 파업·태업 등의 형태에서 점차 직접적인 무력 항쟁의 형태가 더욱 빈번해졌다.

노동운동 성격의 노동쟁의는 점차 진압 경찰에 직접 대항하는 적극적인 무력 항쟁으로 발전하였다. 진압 경찰에 직접 대항하는 적극적인 무력 항쟁은 1941년 6월 이바라키(茨城)현 히다치광산의 刀劍 탈취 및 폭행사건[231)]

7시 30분경 조선인 징용자 700여 명은 일본인 지도원들에게 구타당하는 동료 조선인 文山寅泰를 목격하고, 이를 항의하며 지도원들을 폭행하며 항쟁하였다. 이는 평소 물자배급과 식사의 부족, 지도원들의 폭력 등 강압적 대우로 쌓인 불만이 폭발한 것이었다. '지도원을 붙잡아 구타하라.', '지도원을 두들겨 패라.'라고 소리치며 사무소를 습격하고 지도원들(6명)을 폭행하였다. 이 항쟁은 요장 1명, 반장 6명 등 조선인 지도자들의 지도하에 조직적으로 이루어진 집단행동이라는 특징이 있다. 그러나 중심인물 29명은 1944년 3월 26일 구레해군 군법회의에서 多衆暴行罪 및 多衆暴行傷害罪로 징역 1년~4년의 중형을 선고받았다. 이들의 죄명은 海軍刑法(제68조) 및 刑法(제204조) 위반이었다(곤도 노부오(近藤伸生), 「자료소개 : 히로시마(廣島) 구레(吳) 해군공창 조선인 징용공들에 대한 군법회의 판결을 읽고」, 『한일민족문제연구』 제25집, 2013).

230) 1944년 4월 19일에는 일본인 警務員의 가혹한 대우가 발단이 되어 징용된 조선인이 직접적인 무력을 행사하였다. 警務員은 戰時訓練에 참가했던 조선인 22명을 2열 횡대로 세우고 서로의 상대를 주먹으로 때리게 하였고, 이에 분개한 조선인들(9명)이 곤봉 등으로 警務員을 폭행하였다(「鮮人徵用工員の集團暴行事件」(특고월보 1944년 7월), 내무성 경보국 보안과, 『특고월보』 제36집).

231) 1941년 6월 11일 이바라키현 히다치광산에 동원된 강제동원 조선인 50여 명의 항쟁에 대해 경찰관과 인근 광산의 노무계원들이 진압을 시도하자 폭행 경찰관의 刀劍을 빼앗고 폭행하였다. 결국 비상출동한 히다치경찰서의 경찰관 20여 명의 진압에 전원이 검거되고 22명이 公務執行妨害罪로 송국되었다(「移住勞働者の集團暴行事件」(특고월보 1941년 6월), 내무성

을 비롯하여 홋카이도 오유바리(大夕張)탄광의 경찰서 습격사건,[232] 같은 해 12월 야마가타(山形)현 나가마쓰(永松)광업소의 경찰 폭행사건,[233] 1943년 8월 후쿠오카현 아소(麻生)광업(주) 요시와이(吉猥)탄광의 주재소 습격사건[234]과 홋카이도 유베쓰(雄別)탄광(주) 모지리(茂尻)광업소 紛爭사건,[235] 1944년 6월 홋카이도 아카비라(赤平)광업소 조선인의 노동쟁의(1200명), 6월 13일 홋카이도 이와미자와(岩見澤)시 히가시호로나이(東幌內)광업소 소속 이시야마구미(石山組) 조선인(53명)의 노동쟁의,[236] 7월 4일 홋카이도 가야베(茅部)군 오토시베(落部)촌 철도공사장 이케자키구미(池崎組) 소속 오시쯔구미(大失組) 조선인(80명)의 노동쟁의, 7월 14일 미야기현 미야

경보국 보안과, 『특고월보』 제27집).

232) 1941년 6월 25일 홋카이도 유바리(夕張)군 오유바리(大夕張)탄갱에서는 평소 식사 문제로 寮長에 불만을 품던 2백여 명의 조선인들은 일방적으로 요장 편에서 자신들을 설득하러 온 순사를 폭행하였다. 이 사건으로 유바리경찰서는 조선인 34명을 동원해갔다. 이때 동료 조선인들은 정거장까지 쫓아나와 경찰들을 폭행하고 投石도 불사하였다. 급기야 다른 요에 속한 조선인들까지 합세하여 약 800명으로 불어난 조선인은 일치단결하여 '27일까지 검속자를 방면시키지 않으면 경찰서를 습격하겠다.'고 직접 행동을 경고하며 항거하였다 동원된 8백여 명의 조선인이 경찰을 폭행하고 投石戰을 벌이기도 하였다(「移住勞働者の集團暴行事件」(특고월보 1941년 6월), 내무성 경보국 보안과, 『특고월보』 제27집).

233) 1941년 12월 1일 야마가타현 모가미(最上)군의 후루카와(古河)合名會社 나가마쓰(永松)광업소에 동원된 平山聖利 등 29명은 임금 인상을 요구하며 일본인 勞務係와 이를 진압하려는 순사를 폭행하여 17명이 공무집행방해죄로 송국되었다(「募集に依る移住朝鮮人勞働者の狀況」(특고월보 1941년 12월), 내무성 경보국 보안과, 『특고월보』 제28집).

234) 1943년 8월 11일 후쿠오카현 가호(嘉穗)군 아소(麻生)광업(주) 요시와이(吉猥)탄갱에 동원된 수십 명의 조선인이 식사문제를 발단으로 집단폭행사건을 전개하였다. 이를 진압하고자 조선인을 폭행한 주재 순사의 주재소를 파괴하였다. 결국 경찰관과 在鄕軍人, 靑年團 등 약 100명이 출동하여 진압되었고, 18명이 포력행위 등 처벌에 관한 法律 위반으로 송국되었다(「國民動員計劃實施に依する移入朝鮮人勞務者の狀況」(특고월보 1943년 10월), 내무성 경보국 보안과, 『특고월보』 제34집).

235) 1944년 8월 31일~9월 1일 강제동원 조선인 약 800명이 경찰과 일대 난투를 벌인 사건이다. 조선인과 통역의 다툼으로 시작하였으나, 경찰관의 강압으로 800명에 달하는 조선인들이 합세하여 경찰에 직접 대항하였고, 결국 70명이 검거되었다(「雄別茂尻半島人爭擾事件報告」(1944년 9월 3일, 空知鑛業所→勤勞部 勞務課長), 朴慶植 編, 『朝鮮問題資料叢書』 제1권, アヅア問題研究所, 1982).

236) 「東幌內炭礦石山組半島勞務者騷擾ニ關スル件速報」(1944년 7월 14일, 幌內鑛業所 勞務課長 → 勤勞部 勞務課長), 朴慶植 編, 『朝鮮問題資料叢書』 제1권, アヅア問題研究所, 1982.

기(宮城)군 다가조(多賀城)촌 소재 요코스카(橫須夏) 해군시설부 다가가와(多賀川)공사장의 스가와라구미(管原組) 소속 신가와구미(新川組) 다가조 출장소 조선인의 노동쟁의, 7월 17일 후쿠오카현 이즈카(飯塚)시 소재 미쓰비시(三菱)(주) 미노다(稔田)탄갱 조선인(1,304명)의 노동쟁의, 7월 21일 미에현 미나미무로(南牟婁)군 이루카(入鹿)촌 소재 기슈(紀州)광산 조선인(658명)의 노동쟁의, 1944년 10월 후쿠오카현의 가이지마(貝島) 다이노우라(大之浦)탄광의 무력항쟁사건[237]과 스미토모(住友)(주) 본베쓰(奔別)광업소에서의 파업[238] 등이 대표적이다.

특히, 홋카이도 오유바리탄광의 경찰서 습격사건은 약 800명에 달하는 조선인이 단결하여 경찰을 폭행하고 경찰서에 쳐들어가 投石戰을 벌이는 등 적극적으로 무력항쟁을 벌인 것이었고, 스미토모(주) 본베쓰광업소의 파업사건은 강제동원 조선인 1,400명이 파업에 동참하는 등 적극적으로 항거한 것이었다.

그중에서도 홋카이도 아카비라광업소의 노동쟁의는 1944년 6월 16~22일 강제동원 조선인 약 1,200명이 전개한 파업 및 무력항쟁이다.[239] 사건의

237) 1944년 10월 28일 후쿠오카현의 가이지마(貝島) 다이노우라(大之浦)탄갱에서도 일본인 순사들의 일방적 차별대우에서 비롯된 조선인 85명의 집단항쟁 사건이 발생하였다. 조선인들은 돌멩이를 던지고 사무실 유리창을 부수며, 몽둥이를 들고 사무실로 쳐들어 가 칼을 뽑으며 대항하는 순사들의 모자와 옷을 벗기며 구타하였다. 결국 급파된 경찰관 22명에 의해 중심인물 15명이 검속되었고 강제로 진압되었다(「移入朝鮮人勞務者紛爭議發生狀況」(특고월보 1944년 11월), 내무성 경보국 보안과, 『특고월보』 제36집).

238) 1944년 10월 15~16일 탈출하다 붙잡힌 조선인(日川基永)이 구타당하여 사망한 사건이 발생하자 豊田宗九(32세) 등 강제동원 조선인 1,400명 全員이 1) 刑具의 제거, 2) 술 티켓의 직접 배급, 식량의 增配 등을 요구하며 파업하였고 일대 충돌이 발생하였다(「住友奔別鑛業所朝鮮人勞務者紛爭報告」(1944년 10월 16일, 新幌內鑛業所 勞務課長→本店 勞務課長), 「住友奔別鑛業所朝鮮人勞務者紛爭報告(第二報)」(1944년 10월 19일, 新幌內鑛業所 勞務課長→本店 勞務課長), 「住友奔別鑛業所半島人勞務者私刑致死竝罷業事件ニ關スル件」(1944년 10월 17일, 幌內鑛業所→勤勞部長), 「住友奔別鑛業所半島人勞務者私刑致死竝罷業事件ニ關スル件」(1944년 10월 19일, 幌內鑛業所長→勤勞部長), 朴慶植 編, 『朝鮮問題資料叢書』 제1권, アジア問題硏究所, 1982).

239) 「住友赤平礦半島勞務者暴動ニ關スル件」(空知內제1020호, 1944년 6월 26일, 空知鑛業所長→本店 勤勞課長), 朴慶植 編, 『朝鮮問題資料叢書』 제1권, アジア問題硏究所, 1982.

발단은 6월 16일 宋元鍾万과 木原興圭 등 班長 6명이 회합하여 큐슈(九州)에서의 재계약 반대투쟁의 소식을 듣고,

1) 무엇을 들어도 한 마디도 대답하지 말 것
2) 요장으로부터 공격을 받아도 강경하게 歸鮮을 주장할 것
3) 警官이 때려도 절대 덤비지 말고, 나중에 전원 결속하여 보복할 것
4) 기간 만료자들은 決死의 각오로써 連名簿에 血印하고, 동지를 규합하여 罷業에 나설 것

등을 합의하고 재계약 반대투쟁을 벌이기로 하였다.[240] 다음날인 17일 宋完 등 3명이 재계약 반대를 요구하며 요장에게 誓約書를 작성할 것을 요구하자 警官이 龍川경찰서로 연행하였고, 21일에는 特高主任이 계약기간 만료자 60여 명을 會館에 집합시켜 정착지도를 하였다. 이런 가운데 조선인 약 150명이 쇄도하여 "요장을 죽여라"며 항의를 계속하였다.

드디어 6월 22일 오전 4시 제2分寮와 제13分寮의 조선인이 파업을 시작하여 제3, 4, 7分寮와 親友寮의 조선인도 합세하여 유리문과 탁자 등을 파괴하고 경찰관과 노무계원 등을 폭행하였다. 이 사이 회사 측에서 중심인물 2명을 사무소로 납치하자 더욱 분개한 조선인 약 7백 명은 "소장을 죽여라. 과장을 내쫓자"라고 소리치며 시위진행을 하는 한편 일대 난투가 벌어졌다. 그러나 急報를 받고 출동한 용천경찰서장 등 警察隊와 警防團에 의해 진압되었고, 중심인물 73명이 送局[241]되었다.[242] 결국 7월 1일 오전

240) 종래 만기계약에 대한 재계약은 첫 번째는 官憲의 탄압에 의해 강행되었고, 두 번째는 회사 측의 접대 정책으로 끝났는데, 이번이 세 번째 재계약이었다.

241) 北海道廳 特高課長의 지휘하에 다쓰가와(龍川)경찰서 경관 35명과 삿포로(札幌), 이와미자와(岩見澤), 아사히가와(旭川) 등에서 증원된 경관 58명 등 총 93명의 警官隊가 일제 검거를 실시하여 중심인물 73명을 검거, 送局하였다. 또한, 당일 다쓰가와 경찰서장, 북해도청 특고과장, 삿포로지방재판소 차석검사, 석탄통제회 勤勞部員, 軍需監督官 등이 모여 향후 대책을 협의하였다.

9시 일제는 강제동원 조선인 1천 명을 寮 앞 광장에 모이게 한 후 국민의례, '황국신민의 서사'를 제창케 한 후에 기간 만료자에 대해 1년 이상의 계약 기간을 연장시켰고, 가정 사정상 어쩔 수 없는 경우에 한하여 1년 연장하는 것으로 결정하고 말았다.[243] 이 노동쟁의는 조선인 班長을 중심으로 강제동원 조선인이 단결하여 파업을 일으키고 1주일 동안 치열하게 무력행사를 벌인 항쟁이었다.

강제동원 조선인의 노동쟁의는 노동운동 성격에서 점차 민족주의 성격으로 발전해 나갔다. 독립만이 민족 모순의 해결책임을 깨달아 민족운동의 성격을 나타내는 집단행동을 전개해 나갔다. 일제도 강제동원 조선인의 노동쟁의가 민족운동 성격으로 발전하는 것을 경계하였다. 內務省의 보고에 의하면, 일제 당국도 강제동원 조선인 가운데 '不良 不純分子가 상당하여 사상적으로 不穩分子가 介在하였고, 일부 思想分子들이 일본의 패전과 조선의 독립을 획책하여 직접 잠입하거나 意識分子를 혼입시켜 노동쟁의를 민족적으로 선동'하고 있음을 경계하였다.[244]

민족주의 성격을 드러내는 노동쟁의는 1943년 3월과 5월 사가현의 가라쓰(唐津)탄광과 오기(小城)탄광에서 발생한 무력항쟁을 비롯하여 1943년 2월 가나가와(神奈川)현 니혼(日本)鋼管(주) 쓰루미(鶴見)제철소의 親睦會 중심의 一齊罷業,[245] 1943년 4월 가와사키(川崎)제강소의 一齊罷業, 1944년 6월 효고현의 오타니(大谷)중공업(주) 아마가사키(尼崎)공장의 協和訓練隊 特別青年會 활동, 1944년 히로시마현 수력발전소 건설공사에서의 在日朝

242) 「住友赤平礦半島勞務者暴動ニ關スル件」(空知內제1055호, 1944년 6월 30일, 空知鑛業所長→勤勞部長), 朴慶植 編, 『朝鮮問題資料叢書』 제1권, アヅア問題研究所, 1982.

243) 「住友赤平礦半島勞務者暴動ニ關スル件」(空知內제10785호, 1944년 7월 3일, 空知鑛業所長→勤勞部長), 朴慶植 編, 『朝鮮問題資料叢書』 제1권, アヅア問題研究所, 1982.

244) 內務省 警報局 保安課, 「(極秘文書)國民動員計劃に伴ふ移入朝鮮人勞務者並在住朝鮮人の要注意動向」(1944년 10월), 『種村氏警察參考資料』 제107집(아시아역사자료센터 소장).

245) 內務省 警報局 保安課, 「(極秘文書)國民動員計劃に伴ふ移入朝鮮人勞務者並在住朝鮮人の要注意動向」(1944년 10월), 『種村氏警察參考資料』 제107집(아시아역사자료센터 소장자료).

鮮人과 강제동원 조선인이 연계한 민족운동, 1944년 9월 이시가와(石川)현의 (주)고마쓰(小松)제작소 아와쓰(粟津)공장의 항쟁, 1945년 3월 니가타(新瀉)철공소 징용 조선인들의 집단탈출사건 등이다.

우선 대표적인 민족주의 성격의 노동쟁의는 1943년 3월과 5월 사가현의 가라쓰(唐津)탄광과 오기(小城)탄광에서 전개된 무력항쟁이다. 중심인물인 豊田實彦(36세)은 永川靑年同盟에 가입하여 독립운동을 전개했던 인물인데, 1942년 11월에 노무자 대장으로 오기탄광에 동원되었다.[246] 그는 동원지에 도착하자마자 동지를 모집하여 일제에 대항하고자 하였다. 대장인 常山燦植과 반장인 松田正燮, 竹本永國 등을 동지로 포섭하고, 숙소에서 會合하고 협의하면서 민족적 의식을 고양시키며 쟁의를 계획하였다. 그러던 중에 1943년 1월 하순경 가라쓰탄광으로 轉坑된 풍전은 이곳에서도 동지를 모집하고 쟁의를 계획하였다. 대장 河本時宏,[247] 반장 宇本常基, 福山岳呂와 현장조수 端關英 등 6명을 동지로 포섭하고, 숙소에서 회합하며 민족의식을 앙양하고 단결의 강화를 꾀하는 한편 구체적인 사무소 습격방법 등을 협의하였다. 풍전을 비롯한 가라쓰탄광과 오기탄광의 중심인물들은 집단행동을 계획하며,

① 일본인과의 차별대우는 결국 조선의 독립에 의해서만 근본적으로 해결된다. 조선의 독립을 위해 서로 단결하여 일제에 저항하자.

246) 국가기록원 소장 「井華鑛業株式會社 唐津鑛業所 명부」에 의하면, 동원방식은 '오기(小城)탄갱', 출생일은 '1909년(明治 42년) 6월 10일', 입소일자는 '1943년(昭和18) 2월 22일', 퇴소일자는 '1943년(昭和18) 5월 23일', 퇴소이유는 '오기탄광 소환'으로 기재되어 있다(『朝鮮人勞働者に關する調査結果』(佐賀縣2)(CTA0000043), 269쪽(국가기록원 소장)).

247) 국가기록원 소장 명부에 의하면, 본적은 경남 산청군 산청면 지리 186번지, 1905년 10월 15일 출생하여 39세 때인 1943년 1월 17일 관주도 방식으로 가라쓰탄광에 동원되었다. 그런데 동 인물은 같은 명부에 두 차례 기록되어 있다. 1943년 1월 17일 관 주도 동원, 1944년 6월 6일 一時歸鮮 및 1944년 5월 5일 동원, 1945년 5월 14일 歸鮮이 그것이다. 이로 보아 1944년 5월 5일 재계약 이후 일시 귀선하였던 상황을 추측할 수 있다(『朝鮮人勞働者に關する調査結果』(佐賀縣2)(CTA0000043), 253쪽 및 269쪽(국가기록원 소장)).

② 탄광 측의 차별 대우와 학대는 호소만으로는 소용 없다. 조선인의 단결된 힘에 의해서만 해결될 수 있다.

③ 구호만으로는 소용 없고 서로 결속하여 탄광 측에 대항하여야 한다. 사무소로 쳐들어가서 일본인 관리인을 혼내주자.

④ 진정한 조선인의 해방은 독립에 의해서만 완성된다. 일본 전역의 全 조선인이 단결하여 봉기하여야 한다.

등 4가지를 결의하였다.[248] 드디어 1943년 3월 1일 우선 가라쓰탄광에서 집단항거를 감행하였다. '식사문제에 대한 대장의 태도가 무례하다.'며 조선인 약 150명이 사무소로 몰려가 유리창을 부수며 항쟁하였다. 이어서 5월 25일에는 오기탄광에서 약 50명의 조선인이 '점심에 찬밥을 지급한다.'며 식당의 유리창과 식탁을 부수고 炊事夫를 폭행하는 등 항쟁하였다. 이후 豊田은 1943년 6월 15일을 기하여 가라쓰탄광과 오기탄광의 동시 항쟁을 추진하고, 이를 전국적으로 확대시킬 계획을 세우며 동지 획득에 노력하였다. 그 결과 도쿄에서는 山田一正 등 9명, 나고야에서는 高島春吉 등 5명, 시모노세키에서는 金相仁 등 16명 등 총 27명을 동지로 포섭하는데 성공하였다. 그러나 1943년 10월 13일 豊田, 常山, 松田, 竹本이 검거되어 일본 전역에서의 항쟁은 이루어지지 못하였다. 결국 豊田은 1944년 1월 16일 사가(佐賀)형무지소에서 위궤양으로 사망하였고, 나머지 인물들은 1944년 1월 26일 送局되었다.[249] 이 항쟁은 隊長, 班長 등 조선인 지도자를 중심으로 전개된 민족적 항쟁이었다. 특히, 민족차별과 학대를 해결할 수 있는 길은 오직 조선의 독립에 의해서만 가능함을 인식했다는 점, 조선인의 단결과 직접적인 실력행사를 꾀했다는 점, 그리고 일본 전역에서의 조선인

248) 「在佐賀移入朝鮮人勞務者民族主義グループ檢擧取調狀況」(특고월보 1944년 10월분), 내무성 경보국 보안과, 『특고월보』 제36집.

249) 독립운동사 편찬위원회, 『독립운동사』 별집 3권, 1978, 764쪽.

동시 봉기를 계획했다는 점 등을 통해 정확한 현실인식의 바탕 위에서 계획되고 실행된 민족운동이었다고 평가할 수 있을 것이다.

민족운동 성격의 또 다른 항쟁은 1943년 2월 가나가와(神奈川)현 요코하마(橫濱)시 소재 니혼(日本)鋼管(주) 쓰루미(鶴見)제철소에서 訓練隊長을 비롯한 조선인 114명이 親睦會를 결성한 것이다. 1943년 2월 15~18일 京城職業紹介所 직원이던 吳山秀雄(27세)으로부터 친목회를 결성할 것을 지도받은 훈련대장 平田忠雄 등 10여 명은 3월 2일 아래와 같이 활동방침을 정하고 친목회를 결성했다.[250)]

① 우리 114명은 장래 조선 공업발전의 기초가 될 기술 습득을 위해 産業戰士로서 활동하는 것이다. 목적 달성을 위해 단결융화가 필요하다.
② 친목회를 결성하고 전원 상호 扶助하고 親睦融和를 꾀하자.
③ 일본인 지도원이나 工員이 차별대우나 압박을 가하면 일치단결하여 대항하고, 장래에는 니혼鋼管(주) 각 공장의 조선인 전원이 단체를 결성하여 각종 문제의 해결을 꾀하자.
④ 회원 간의 사고는 절대 공장 지도원이나 경찰에게 알리지 말자.
⑤ 회원은 매달 50전의 회비를 갹출하자.

친목회는 강제동원 조선인 상호간의 상호부조와 친목 단결을 꾀하여 결성되었다. 특히, 향후 조선의 공업발전을 위해 기술을 습득하는 産業戰士로서의 의미를 부여하였고, 일제의 차별대우에 일치단결하여 대항하거나 단체를 결성하고자 하였다. 특히, 매달 50전씩의 회비를 갹출하는 등 실천적인 모습도 볼 수 있다. 하지만 3월 11일 일제 당국에 발각되어 平田 등 중심인물 9명이 檢擧되면서 해산되고 말았다.

250) 「思想容疑者ノ介在スルニ認識移入朝鮮人勞務者ノ紛爭議」(특고월보 1943년 4월), 내무성 경보국, 『특고월보』 제32집.

1944년 4~6월 효고현 오타니(大谷)중공업(주) 아마가사키(尼崎)공장에서의 민족주의 항쟁은 廣田炳奎[251]를 중심으로 趙山勤倍, 杉本貞鉉, 佐藤建泰, 山本永漢, 金海永鶴, 松田濟福 등이 協和訓練隊特別青年會를 결성하여 항일 독립운동을 추진한 것이었다.[252] 廣田은 金日成隊 高英石의 영향을 받아 독립운동에 헌신할 것을 결심한 후, 동지를 포섭하기 위해서는 조선 국내보다 조선 청년 다수가 동원된 일본 지역이 낫다고 판단하고, 1944년 3월 오타니중공업(주)에 징용된 인물이다. 廣田은 기숙사 등에서 수시로 會合하며,

① 조선 독립사상이 급격히 대두하였다. 우리들 청년도 현재의 추세를 정확하게 인식하여 민족적 자각을 갖지 않으면 안된다.
② 소련과 중국은 일본 타도를 위해서 당연히 조선독립을 돕는다.
③ 김일성은 조선 침공을 계획 중이니 이에 응하여 궐기해야 한다.
④ 일본에서 봉기하기 위해서는 조직을 확대하고 집단화할 필요가 있으니, 제4기 訓練工 약 150명을 조직화해야 한다.
⑤ 집단조직의 방법은 協和訓練隊特別青年會를 결성하고 이를 모체로 의

251) 廣田炳奎(내무성 기록에는 廣田炳武(25세)로 기재되어 있음)는 中農의 가정에서 자라 京城商業實踐學校를 中退, 농업에 종사해왔다. 金日成隊 소속의 高英石의 영향을 받아 독립운동에 헌신할 것을 결심하고, 1944년 3월 大谷重工業(주) 尼崎工場에 동원되었다. 1944년 4월 상순경부터 趙山勤倍 등 6명을 동지로 포섭하고 第一寮 제18호실 등에서 자주 회합하며 단결의 강화 및 민족의식의 앙양하였다(內務省 警報局 保安課, 「(極秘文書)國民動員計劃に伴ふ移入朝鮮人勞務者並在住朝鮮人の要注意動向」(1944년 10월), 『種村氏警察參考資料』 제107집(아시아역사자료센터 소장자료)).

252) 주요 인물은 아래와 같다(「在尼崎朝鮮人民族主義グループ協和訓練隊特別青年訓練會事件檢擧取調狀況」, 박경식 편, 『在日朝鮮人關係資料集成』 제5권, 三一書房, 1976).

성명	연령	본적	검거일	送局日
廣田炳奎	27	황해도 신계군 다미면 중산리 279	1944.6.15	1944.10.6
趙山勤倍	25	경기도 양주군 백석면 오산리 448		
杉本貞鉉	20	황해도 금천군 서천면 시변리 159		
佐藤建泰	25	황해도 금천군 서천면 시변리 172		
山本永漢	24	황해도 금천군 웅덕면 배서리 136		
金海永鶴	24	황해도 금천군 서천면 시변리		
松田濟福	23	황해도 평산군 금약면 대촌리 488		

식계몽을 하여야 한다.
⑥ 청년회는 합법적 단체로 위장하여 매달 2~3회의 토론회를 개최하고, 회사 당국자가 출석하지 않는 기회에 계몽해야 한다.
⑦ 제1회 토론회는 원고를 작성해 두어야 한다.

등을 협의하면서 강제동원 조선인의 의식의 앙양 및 단결의 강화를 꾀하고 동지의 집단적 포섭에 노력하였다. 하지만 1944년 6월 15일 발각되어 檢擧되었고 10월 6일 送局되었다. 이 민족운동 사건은 다수의 조선청년을 포섭하기 위해 강제동원에 스스로 응했다는 점, 황해도 지역 청년을 중심으로 協和訓練隊特別青年會를 결성하여 독립운동을 추진했다는 점, 다수의 동지를 포섭하기 위해 치밀하게 계획하고 수행했다는 특징이 있다.

또한, 징용 방식으로 동원된 조선인들을 중심으로 민족운동이 전개되기도 하였다. 니가타(新瀉)철공소에 징용된 松本一奉[253)]을 중심으로 漢川守奉 등은 조선 독립의 실현을 위해 '집단탈출의 방법을 통해 일본의 戰力을 약화시키고 일본의 패전을 촉진'시키기로 결의하고, 동지를 포섭하는 한편 집단탈출을 실행하였다.[254)] 松本一奉은 1944년 12월 29일 叔父인 李昌俊으로부터,

① 태평양전쟁은 조만간 일본의 패전으로 끝난다.
② 일본의 敗戰과 함께 조선은 미국과 소련의 원조로 독립한다.
③ 독립 후 조선의 정치형태는 소련의 지도에 의해 가난한 사람도 돈도 없

253) 松本一奉은 일본인 관헌과 농민의 횡포에 대해 민족적 반항의식을 가지고 자랐는데, 1943년 7월 관 주도 방식으로 동원된 후 '不良鮮人'으로서 본적지에 送還된 후 1944년 6월 28일 叔父인 李昌俊의 지도하에 金日成隊에 가입하였고, 1945년 3월 7일 제3차 징용자로서 니가타(新瀉)鐵工所에 동원되었다.

254) 「徵用移入朝鮮人勞務者集團逃走ニ關聯スル朝鮮獨立運動事件ニ關スル件」(特高秘鮮제6174호, 1945년 6월 25일, 新瀉縣 警察部長→內務省 警報局 保安課長), 朴慶植 編, 『在日朝鮮人關係資料集成』 제5권, 三一書房, 1976.

는 평등한 행복한 정치형태이다.

④ 독립 후 조선의 최고지도자는 김일성이다.

⑤ 징용으로 일본에 동원된 후에는 隊員 중에서 우수한 자를 동지로 포섭하고 함께 탈출하여 歸鮮할 것

등을 지도받고, 1945년 3월 17일 니가타철공소에 징용되었다. 松本은 징용된 이후 동월 19~30일 사이 漢川守奉 등 수십 명의 조선인을 동지로 포섭하여 민족의식을 앙양시키고, 일본인 指導員에 반감을 가지도록 지도하였다. 또한, 일본어에 능통한 조선인을 포섭하여 金日成隊에 가입시키고, 강제동원 조선인들에게 탈출을 권장하면서 이를 실현하기 위해 탈출여비를 조달토록 하였다. 드디어 1945년 3월 31일 88명의 조선인 중에 24명이 집단탈출을 실행하였다.

특히, 재일조선인이 강제동원 조선인을 지도하여 전개한 항일 독립운동이 있어 주목된다. 스기모토구미(杉本組)에 취직한 高島尊伊[255]는 히로시마현 야마가타(山縣)군 안노(安野)촌의 수력발전소 건설공사에 동원된 조선인 10명을 동지로 포섭하며 민족의식을 고취하였다.[256] 1944년 10월 하순~1945년 4월 사이 高島尊伊는 飯場頭인 德川立雄, 春山三郎 등 10명과 수시로 會合하며 "이번 전쟁은 일본이 세계를 상대로 싸우고 있기 때문에 이길 수 없다. 전쟁이 길어져 물자가 부족해지는 일본은 전쟁에서 이기기 어렵고 미국이 승리한다. 미국이 조선에 독립을 가져다준다."라며 일본의 패전과 조선의 독립을 강조하면서 민족의식을 앙양하였다.

255) 高島尊伊는 본적지에서 貧農으로 자라 普通學校 졸업 후 농업에 종사하다가 20세에 일본으로 건너간 이래 大阪, 京都 등을 옮겨 다니며 노동에 종사하였다. 1944년 2월 스기모토구미(杉本組)의 사무원(世話役)으로 취직하였다. 廣島縣 山縣郡 安野村 日發 水力發電所 建設工事를 위해 조선인 약 800명이 동원되었다.

256) 「治安維持法(朝鮮獨立)違反容疑者內偵ノ件」(特鮮秘 제843호, 1945년 6월 27일, 廣島縣 警察部長→內務省 警報局長, 廣島地方裁判所 檢事正), 朴慶植 編, 『在日朝鮮人關係資料集成』 제5권, 三一書房, 1976.

이외에도 민족운동 성격의 노동쟁의는 1942년 4월 홋카이도 가미스나가와쵸(上砂川町) 소재 미쓰이(三井)광산에 동원되었다가 탈출한 土工夫 新川大湧(24세)의 독립운동[257]을 비롯하여 1942년 9월 이래 홋카이도 유바리탄광에서 孫田邦杜, 孫田鍾業, 田原耕威, 平沼繁男, 崔元貞 등 12명을 중심으로 한 出炭沮害의 태업, 1943년 4월 가나가와현 가와사키(川崎)시 소재 니혼강관(주) 가와사키제강소의 一齊罷業, 홋카이도 유바리(夕張)시 가시마(鹿島) 소재 토건공사장 이데구미(井出組) 소속 安田光浩(24세)의 프롤레타리아 赤色勞動組合 활동, 1944년 9월 29일 이시가와(石川)현 고마쓰(小松)시 후쓰쵸(符津町) 소재 (주)고마쓰제작소 아와쓰(栗津)공장의 파업 및 집단탈출 항쟁 등이다.

그 가운데 1943년 4월 가와사키제강소의 一齊罷業 사건은 金原善在, 青田武雄 등이 주도하여 강제동원 조선인 3천명이 참여한 대규모 파업사건이었다. 金原, 青田은 간디의 책을 읽고 조선의 독립의식을 쌓아갔는데, 우연히 國民勤勞硏究會가 편찬한 『半島技能工の育成』에서 조선인에 대해 '물을 벌컥벌컥 마시고 도둑질을 예사로 한다.'는 등 조선인의 결점이 다수 게재된 것을 보고 조선 민족을 고의로 모욕했음을 분개하고, 동료 조선인들에게 민족의식을 고취하고자 하였다.[258] 여러 차례에 걸쳐 숙소 등에서 조선인의 모욕을 묵인할 수 없다고 설파하며 동지를 포섭해 나갔다. 大山石, 毛野容杜, 島村龍準, 金峰惠煥, 松村信行, 加藤文弘, 木村英雄[259] 등의 동지와 함께,

257) 內務省 警報局 保安課, 「(極秘文書)國民動員計劃に伴ふ移入朝鮮人勞務者並在住朝鮮人の要注意動向」(1944년 10월), 『種村氏警察參考資料』 제107집(아시아역사자료센터 소장자료).

258) 「日本鋼管に於ける移入朝鮮人勞務者を民族的に煽動せる事件」, 明石博隆 · 松浦総三 編, 『昭和特高彈壓史』 8, 太平出版社, 1976.

259) 1943년 12월 2일 나가사키(川崎)중공업주식회사 제철소 兵庫工場에 관 주도 방식으로 동원되어 탈출(일자 미상)하였다. 해당 기업에 동원된 조선인은 205명이다(『朝鮮人勞働者に關する調査結果』(兵庫縣2)(CTA0000038), 314쪽(국가기록원 소장)).

반도 청년들이면 보아라. 이번 문제는 들은 대로이다. 이 문제가 해결될 때까지는 절대로 현장에 나가지 말고, 문제의 해결에 盡力하자. 무슨 얼굴로 거리를 다니겠는가? 현장에 출근하는 자는 각오하라!

라고 한글로 쓴 檄文을 숙소 내의 指導員室에 게시하고 민족의식을 고양하는 한편 집단 파업을 계획하고 실행하였다. 그러나 4월 22일 金原, 青田 등 중심인물이 검거되었다.[260)]

또한, 고마쓰제작소의 노동쟁의는 1944년 12월 1일~1945년 1월 2일 米澤漢澤, 平川烈玉, 安田光燁, 李田敎錫[261)]을 중심으로 金光應雲, 大川弘吉, 豊田丁淨, 西原英, 清水洲, 達川熙夫, 西河甲鎬, 日浦守茂, 荒井雲龍, 林洲, 宮本好植, 利川順範, 河原德伸, 安田相龍, 高山甲鎬, 國本一郎, 林元森, 高山年鎬, 徐光森 등이 11차례 회동하며 罷業을 일으키고 조선인 전원이 怠業하며, 사전에 탈출을 계획하고 29명이 집단 탈출하는 등 파업과 태업, 탈출 등 다양한 방식으로 진행된 민족운동이었다.[262)]

이 외에도 일제의 탐지에 의해 실행 단계에 이르지 못하고 사전 계획 단

구분	1943년	1944년	1945년	계
할당인원(명)	100	100	100	300
동원인원(명)	95	92	18	205(68%)

260) 검거 送局된 중심인물은 아래와 같다.

성명	나이	직업	본적	檢擧日	送局日
金原善在(金善在)	22	職工	강원도 춘천군 춘천읍 소양통	4.22	7.24
青田武雄(趙昌基)			황해도 연백군 은천면 연남리		

261) (주)고마쓰(小松)제작소 독립운동 중심인물의 연령, 본적은 아래와 같다.

성명	연령	본적
米澤漢澤(米澤正元의 弟)	29	충북 충주군 가창면 창동리 155
平川烈玉(平川壽福의 二男)	21	경북 예천군 예천읍 생천동 636
安田光燁(安田榮憲의 二男)	20	충북 보은군 수간면 모서리 263의 4
李田敎錫(李田宗晨의 長男)	17	충북 옥천군 동이면 가풍리 223
山川元吉(戸主 山川淺根)	23	충남 예산군 예산읍 향천리 151

262) 「勞計移入鮮人勞動者ノ民族運動容疑事實ニ關スル件」,(發特一高제147호, 1945년 2월 26일 石川縣知事→內務大臣), 朴慶植 編, 『在日朝鮮人關係資料集成』 제5권, 三一書房, 1976.

계에서 발각된 강제동원 조선인의 민족운동도 다수였다. 1944년 10월 미쓰비시(三菱)중공업(주) 히로시마(廣島)조선소의 松本容鎭을 중심으로 한 민족독립운동계획사건,[263] 1943년 홋카이도 히가시니혼(東日本)木造船(주) 하코다테(函館)공장의 金祭貞을 중심으로 한 치안유지법위반사건,[264] 니혼강관(주) 쓰루미(鶴見)조선소의 치안유지법위반사건,[265] 탈출 조선인의

263) 松本容鎭은 1923년 출생하여 淸雲공립보통학교를 졸업하고 1941년 3월 養正중학교를 졸업하였는데, 金敎臣으로부터 영향을 받아 민족독립운동을 전개하던 중 1942년 1월 27일 검거되어 1943년 3월 21일 경성지방법원에서 징역 1년 6월(집행유예 3년)을 선고받았고, 보호관찰 처분으로 京城思想保護團體인 大和塾에 수용되었다. 1944년 10월 15일 三菱重工業(주) 廣島造船所에 징용된 이후 전체 징용자의 대표로서 鈴川俊, 金井奉奎, 金井鐘太郎, 邊日○, 林○ 등과 함께 노동조건과 민족차별에 대해 항의하고 怠業을 전개하였으며, 조선독립의식을 각성시켰다. 鈴川俊은 1939년 4월 私立 京城高等豫備學校에 입학하고 다음해 3월 同校 종료, 龍山高砂工業 傭人이 되어 1944년 11월부터 압록강수력발전(주) 雇員으로서 취업 중 1944년 10월 17일 징용되어 電氣艤裝 工員으로 취로 중이다. 國本天弘은 보통학교에서 乙種 京城商業實踐學校 졸업 후 1941년 東京都 小鴨상업학교에 입학하고 1942년 3월 가정의 사정에 의해 중도퇴학하고 경성부 황금정 조선축산회사 사무원으로서 취업 중 1944년 10월 17일 징용되었다(「朝鮮獨立運動容疑者內偵報告」(特高秘發제12호, 1945년 1월 8일 廣島縣 警察部長→內務省 警報局長, 廣島地方裁判所 檢事正) 및 「朝鮮獨立運動容疑者內偵報告」(特高秘發제41호, 1945년 1월 17일 廣島縣 警察部長→內務省 警報局長, 廣島地方裁判所 檢事正), 「朝鮮獨立治安維持法違反被疑事件檢擧ニ關スル件」(特高秘發제142호, 1945년 2월 28일 廣島縣 警察部長→內務省 警報局長), 「治安維持法(朝鮮獨立)違反被疑事件檢擧ニ關スル件」(特高秘 제261호, 1945년 4월 15일, 廣島縣 警察部長→內務省 警報局長), 朴慶植 編, 『在日朝鮮人關係資料集成』 제5권, 三一書房, 1976).

성명	출생일	본적	檢擧日
松本容鎭	1923.10.22	경성부 종로구 都染町 146	1945.3.22
鈴川俊	1923. 7.28	경성부 종로구 체부정 165	1945.4.6
國本天弘	1923.10.29	경성부 동대문구 안암정 65	

264) 金祭貞(金村貞樹)은 1917년 5월 1일 함경남도 원산부 斗南里 677번지에서 출생하여 1925년 4월 공립보통학교에 입학 후 1927년 2월 10일 同校를 중퇴하고, 소작농, 기계제작 職工, 발동기선 注油夫, 기관사 見習 등을 하다가 1943년 9월 5일 강제동원(隊長)되어 現場 記錄工으로서 일했다. 동원된 이후에는 대장으로서 大山仁敎, 金澤弘, 鈴木愛一 등과 조선인의 처우 개선과 민족차별의 시정을 요구하는 한편 '조선민족에 대한 차별대우를 배제하고 그 자유와 행복을 획득하기 위해서는 조선독립 외에는 다른 길이 없다.'고 생각하고 강제동원된 조선인들의 독립의식을 앙양시켰다(「治安維持法違反被疑事件檢擧ニ關スル件 具申」(特高秘 제72호, 1945년 2월 23일, 北海道廳長官→內務大臣), 「函館東日本木造船會社關係朝鮮獨立治安維持法違反被疑事件檢擧ニ關スル件」(特鮮秘 제72호, 1945년 3월 24일, 北海道廳長官→內務大臣, 樺太廳長官, 東北六縣各知事, 管下各警察署長), 朴慶植 編, 『在日朝鮮人關係資料集成』 제5권, 三一書房, 1976).

265) 張起亮(張村起亮)은 1922년 12월 16일 평안북도 신의주에서 출생(본적은 경성부 종로구 昭格町 60의 12호, 호주 張村昌燮 五男)하여 강원도 철원보통학교를 졸업하고 1941년 3월 普

민족의식을 고취한 사건,[266] 동료 조선인의 집단탈출을 독려한 사건[267] 등이 있다.

강제동원 조선인들의 노동쟁의는 당시 전체주의적 독재국가였던 일제의 한복판에서 수행되었던 항거였음을 인식할 필요가 있다. 전시체제하에서 「국가총동원법」에 의해 노동쟁의와 관련한 활동은 전면 금지되었으며, 이를 위반하는 경우에는 3년 이하의 징역이나 5천 원 이하의 벌금 등 중형이 선고될 것이 예정되었다. 때문에 당시의 일본 내에서는 모든 노동단체가 해산되었고 노동운동이 끊긴 상황이었다. 이런 일제의 파시즘 체제하에서 최악의 노동조건과 민족적 차별을 겪으며 반일주의자가 되어갔던 강제동원 조선인들은 파업, 태업, 단식과 직접적인 무력행사, 집단탈출 등 집단적으로 항거하였던 것이다. 노동쟁의의 초기에는 임금 인상, 대우의 개선 등 노동 조건과 노동환경에 관한 노동운동의 성격이 중심이었지만, 점차 경찰의 무력항쟁에 직접 맞서는 항쟁으로 발전하였고, 나아가 민족차별을 경험하며 內鮮一體의 허구성을 간파하고 민족운동의 성격을 나타내는

成중학교를 졸업하고 1941년 4월 延禧專門學校 商科에 입학하고 1943년 2월 퇴학당하였다. 이후 형이 경영하는 精米所에 종사하다가 高原水利組合 書記로 근무하고 1944년 8월 징용영서를 받아 日本鋼管(주) 鶴見造船所에 징용되어 제9鶴扇寮의 지도원 助手로서 新井滿次, 松岡昌燁, 大山義夫, 林德次郎, 金原性基, 永城京忠, 大山東, 李時潤, 長山忠德 등과 함께 대우의 개선을 요구하고 會合하며 민족의식을 앙양하고 生産沮害의 전술로써 탈출을 독려하였다(「治安維持法違反被疑事件檢擧ニ關スル件」(特高秘 제95호, 1945년 5월 10일, 神奈川縣知事→內務大臣, 地方裁判所 檢事正), 朴慶植 編, 『在日朝鮮人關係資料集成』 제5권, 三一書房, 1976).

266) 1945년 6월 29일 밤 히로시마현 이즈미오쓰(泉大津)시 해안에서 부산 방면으로 향하는 密船 후쿠요시마루(福吉丸)(19톤)에 탑승한 金川泰元(1926년 12월 3일 생, 본적은 경남 함안군 칠원면 구성리 800, 神武제1006工場 大林組 土工), 金川光安(1902년 12월 12일생, 본적 경남 함안군 칠원면 구성리 800, 무직)은 神武제3001工場에 동원되었다가 탈출한 松田年裕 등 9명에게 일본의 敗戰과 조선 독립을 말하며 민족의식을 고취하였다(「朝鮮獨立企圖犯人檢擧ニ關スル件」(特二親제282호, 1945년 7월 17일, 大阪府知事→內務大臣, 近畿地方總監, 朝鮮總督府 警務局長, 關係各廳府縣長官, 慶尙南道知事, 大阪地方裁判所 檢事正), 朴慶植 編, 『在日朝鮮人關係資料集成』 제5권, 三一書房, 1976).

267) 松本一奉은 조선 독립을 실현할 지름길은 일본의 패전에 있다고 생각하고, 동료 강제동원 조선인의 집단탈출을 독려하는 등 생산저해를 꾀했다(「朝鮮人治安維持法違反者名簿」, 朴慶植 編, 『在日朝鮮人關係資料集成』 제5권, 三一書房, 1976).

노동쟁의로 발전해 나갔다.

강제동원 조선인의 노동쟁의에 대해 일제는 철저하게 탄압하였다. 무장한 경찰과 군인을 동원하여 위압적이고 폭력적인 진압으로 일관하였다. 일제의 내무성 경보국이 작성한 『특고월보』에는 조선인 노동쟁의의 진행 과정과 함께 해결 상황이 담겨져 있다. 일제 당국의 조사항목이 1940~1941년 시기와 1942~1944년 시기에 다소 차이가 있다.

우선 1940~1941년은 노동쟁의의 결과가 '목적 관철', '목적 불관철', '타협', '慰留해결', '미해결' 등 5가지 항목으로 조사되어 있다. 이를 정리한 것이 아래의 〈그림 28〉이다.

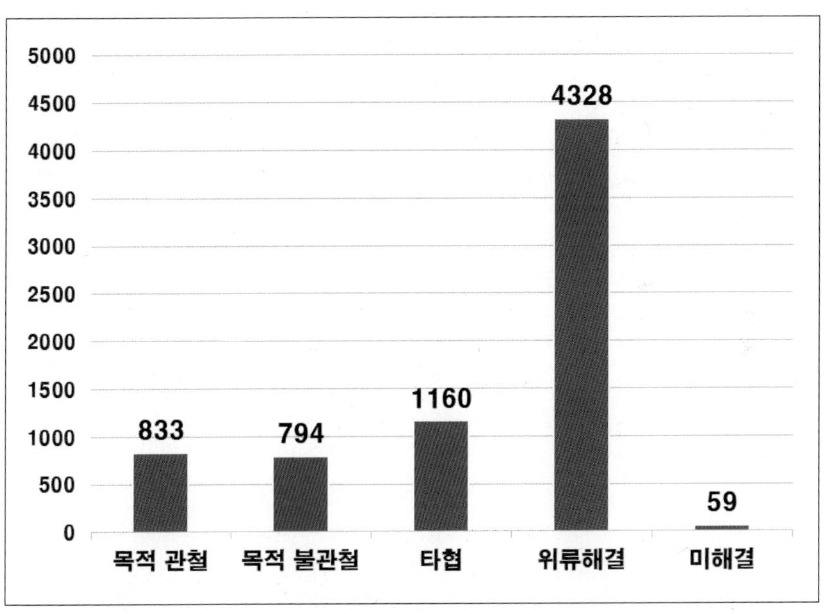

〈그림 28〉 강제동원 조선인의 노동쟁의 결과(1940년 4월~1941년 12월)[268]

268) 1940년 4월~1941년 12월 강제동원 조선인의 노동쟁의 결과이다.

일제 당국은 1940년 4월(11월 제외)~1941년 12월 사이 약 20개월 동안 강제동원 조선인들이 전개한 노동쟁의의 최종적인 해결 결과를 조사해 두었다. 과연 노동쟁의를 통한 강제동원 조선인들의 요구는 받아들여졌을까?

위 〈그림 28〉에서 보는 것처럼, 노동쟁의의 목적이 관철된 경우는 11.5%(833건), 목적이 관철되지 않은 경우는 11.0%(794건), '타협' 16.0%(1,160건), '慰留[269) 해결' 59.9%(4,328건), 미해결 0.8%(59건)로 나타난다. 가장 많은 비율을 보이는 '慰留 해결'이라든가 '타협'이라는 것은 실제로는 일제 당국의 경찰력(공권력)이 조선인을 위압하는 형태였기 때문에 조선인들의 요구가 수용되었다고 볼 수는 없을 것이다.

결국 일제 당국이 파악한 1940~1941년 시기 강제동원 조선인들의 노동쟁의 7,229건 가운데 조선인들의 요구가 받아들여진 것은 11.5%(794)에 불과하였다.

일제 당국은 1942년 이후부터는 이전과는 다른 방식으로 강제동원 조선인의 노동쟁의 결과를 조사하고 있다. 즉, '요구 관철', '요구 거절', '타협', '요구 철회', '送局', '자연소멸', '기타' 등 7가지 형태로 조사하였다. 조사항목이 더 세분화되었으며, 送局[270)]의 형태가 포함된 점이 특징적이다. 특히, 送局이 포함되었다는 점은 일제의 강제적 진압과 刑事 처벌이 급증되었음을 추측할 수 있는 대목이다.

구분	1940	1941	계
소계	1,849	5,380	7,229
목적 관철	161	672	833
목적 불관철	197	597	794
타협	338	822	1,160
慰留 해결	1,082	3,246	4,328
미해결	16	43	59

269) 慰留란 '달래어 머무르게 함'이라는 뜻으로, 조선인들의 요구가 수용되었기보다는 경찰력이 동원된 위압과 감언이설로 노동쟁의를 끝내도록 설득한 것으로 생각된다.

270) 送局은 '수사 기관에서 피의자를 사건 서류와 함께 검찰청으로 넘겨 보내는 일'로, 노동쟁의에 참여한 조선인을 형사피의자(피고인)로 간주했음을 보여준다.

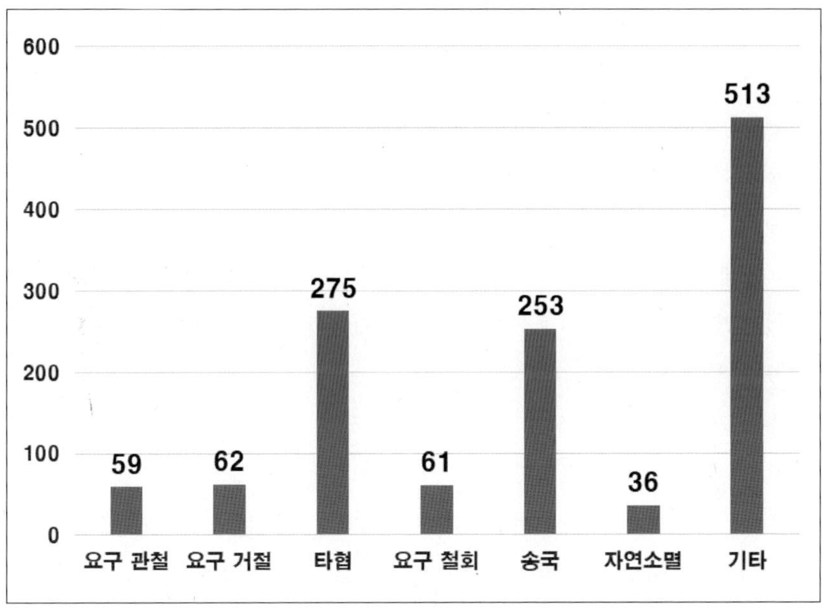

〈그림 29〉 강제동원 조선인의 노동쟁의 결과(1942~1944년)[271]

실제 노동쟁의의 최종 결과를 살펴보면, '기타'가 50.7%(513건)로 가장 높은 비율이고, 이하 타협 21.8%(275건), 送局 20.1%(253건) 순이고, 요구 거절(4,9%, 62건), 요구 철회(4.8%, 61건), 요구 관철(4.7%, 59건)은 비슷한 수준을 보인다.

앞서도 설명했듯이, 노동쟁의의 결과 가운데 '타협'이라든가 '자연 소멸',

271) 1941~1944년 강제동원 조선인의 노동쟁의 결과이다.

구분	1942	1943	1944	계
계	635	323	301	1,259
요구 관철	41	11	7	59
요구 거절	49	7	6	62
타협	136	62	77	275
요구 철회	27	18	16	61
送局	87	90	76	253
자연 소멸	17	9	10	36
기타	278	126	109	513

'요구 철회'로 표현된 것 역시 일제 당국과 경찰의 강압하에서, 조선인들은 어쩔 수 없이 타협하거나 요구를 철회할 수밖에 없는 상황이었다고 생각된다. '경찰의 알선과 설득', '경찰의 鎭撫', '경찰의 嚴諭와 懇諭'로 해결되었다고 표현되었지만, 실제로는 경찰(군)의 고압적이고 위압적인 강압에 의해 강제해산되었음을 뜻한다고 하겠다.

노동쟁의의 요구사항이 수용된 경우는 9건, 회사(사업주 또는 노무계 등)에 의한 해결이 14건, 군에 의한 해결이 8건, 경찰에 의한 해결이 354건(91.9%) 등이었다.

가장 많은 비율을 차지하고 있는 '기타' 또한 정확히 어떤 의미인지는 알 수 없지만, 경찰력(공권력)의 강압하에 나타난 결과로 추측할 수 있다. 이로 보아 표면적으로는 조선인의 요구가 '타협'이라든가 '요구 철회', '자연소멸' 등의 형태로 수용된 듯 보이나, 실제로 노동쟁의를 전개한 조선인의 요구가 수용된 것은 극히 일부(요구 관철, 4.7%)에 불과하였다고 결론지을 수 있다.

특히, 강제동원 조선인이 전개한 노동쟁의의 최종 결과가 送局이 20.1%를 보이는 것은 적어도 노동쟁의 5건 중 1건이 형사 처벌로 끝맺음되고 있다. 이는 그만큼 일제가 조선인의 노동쟁의를 강압적인 진압으로 일관했음을 보여주는 것이다. 실제로 일제 내무성 경보국이 작성한 『특고월보』에 기재되어 있는 주요 노동쟁의 사례 385건을 분석한 결과 '경찰에 의한 해결'이 91.9%(354건)에 달했다. '軍에 의한 해결'(8건)을 포함한다면 94.0%(362건)에 해당할 만큼 조선인의 노동쟁의가 일제 당국의 공권력(경찰력, 군)에 의해 강제로 진압되고 있음을 알 수 있다.[272)]

강제동원 조선인 500명 이상이 동원된 사업장에는 전담 內鮮警察이 배

272) 내무성 경보국이 작성한 『특고월보』에 기재되어 있는 '주요 紛爭議'를 분석한 결과, 요구사항이 수용된 경우는 9건, 회사에 의한 해결이 14건, 軍에 의한 해결이 8건, 경찰에 의한 해결이 354건이었다.

치되어 있어 집단행동이 발생하면 예외 없이 무장한 경찰이 출동하였고 무자비한 강제진압이 실시되었다. 일제는 노동쟁의의 원인과 과정을 조사하면서 중심인물을 색출하여 검거하고 처벌하였다. 식사, 임금, 구타, 대우 개선 등 조선인들이 요구하는 기본적인 노동조건에는 관심이 없었고, 오로지 노동항쟁을 일으킨 중심인물을 검거하는 데만 집중하였다. 조선인 노동쟁의에 대한 일제의 해결은 조선인 리더를 집단으로부터 격리시키는 것이었다.

강제동원 조선인의 노동쟁의는 대부분 경찰의 개입과 무력 진압으로 끝났다. 500명 이상의 조선인이 동원된 사업장에 배치되어 있던 일본인 순사는 조선인의 노동쟁의가 발생하면 즉각적으로 개입하였고, 인근의 경찰서에 연락을 취하여 진압을 요청하였다. 때로는 무장한 경찰들뿐만 아니라 警防團이나 일본인 勤勞報國隊도 합세하여 조선인의 노동쟁의를 진압하였다.

그렇지만 반일감정으로 무장한 강제동원 조선인들은 끊임없이 노동쟁의를 전개하였다. 민족차별을 경험한 조선인은 순박한 농민에서 반일주의자로 전환되어 노동운동 성격의 노동쟁의뿐만 아니라 경찰에 직접 맞서는 등 항쟁을 더욱 적극화하였고, 민족모순을 깨달아 민족운동 성격의 노동쟁의를 전개하였다.

2) 충남 출신 강제동원자의 노동쟁의

충남지역 출신 강제동원자들은 함께 자고 먹고, 강제노동에 시달리며 동료애는 커져 갔다. 또한, 민족 차별과 폭력이 난무하고, 사고와 재해가 빈번한 열악한 노동환경 속에서 민족의식은 성장해갔다.

충남 출신 강제동원자들은 他道 출신 조선인들과 함께 파업, 태업, 휴업, 단식 등 노동쟁의를 벌여나갔고, 중심적인 위치에서 노동쟁의를 주도하기도 하였다. 1944년 효고(兵庫)현 가와사키(川崎)조선소에 동원된 충남 출신 강제동원자들은 식사량에 대한 항의로 노동쟁의를 시작하여 집단행동으로 확대하였다. 충남 서산군 출신으로 分隊長을 맡고 있었던 최병연의 증언에 의하면, 동료 분대장들과 함께 음식량에 대한 항의를 하자 일본인 관리자는 폭력으로 일관하며 경찰서로 연행하였다. 이에 대해 강제동원 조선인 4천여 명이 합세하여 경찰서로 몰려가 집단적으로 항의하였던 것이다.[273]

특히, 충남 출신 강제동원자들은 동향 출신 조선인의 부당한 폭력상황을 목격하면 동향인을 도와 집단적으로 항의하며 직접적인 무력을 행사하였다. 1941년 10월 시즈오카(靜岡)현 다가타(田方)군 도이쵸(土肥町) 소재 도이(土肥)광업소에 동원된 충남 출신 노동자 176명은 協和寮에서 집단생활하며 동료애가 커져갔다. 그러던 중 10월 11일 일본인 노무계로부터 구타당하는 충남 출신 조선인을 목격한 동향 출신 100여 명은 사무소로 쳐들어가 유리창을 부수고 노무계원(3명)을 폭행하였다. 결국 경찰에 강제 진압되고 중심인물 11명이 검거되었는데, 그중 8명이 상해죄와 폭력행위 등 처벌에 관한 법률 위반죄로 送局되었다.[274] 또한 1942년 4월 14일 야마구치(山口)현의 우베(宇部)시 소재 히가시미조메(東見初)탄광에서도 충남 출신 강제동원자들의 집단 항거가 있었다. 충남 출신 姜奉俊 등 4명이 일본인 노무계원으로부터 '꾀병으로 무단 결근'했다는 이유로 구타당하는 것을 목격하자 尹默熙 등 충남 출신 동료 조선인 54명은 '우리들에 대한 폭행은 결코 용서할 수 없다'며 사무실로 몰려가 일본인 노무계원에게 항의하였다.[275] 충남 출신 강제동원자의 무력 항쟁은 증언을 통해서도 확인할 수

273) 「최병연(崔炳淵, 1923년 충남 서산군 출생)의 증언」, 일제강점하강제동원피해진상규명위원회, 『가긴 어딜 가? 헌병이 총 들고 지키는데』, 2006, 100~125쪽.

274) 「募集に依る移住朝鮮人勞働者の狀況」(특고월보 1941년 10월), 내무성 경보국 보안과, 『특고월보』 제28집.

있다. 일본 홋카이도 아사지노(淺茅野) 비행장에 동원된 충남 천원군 출신 지옥동은 일본인 감독의 폭력에 맞서 동료 조선인들이 합세하여 일본인 감독에게 폭력을 행사한 경험을 증언하였다. '일이 힘들고 밥이 적다.'는 충남 출신 조선인의 하소연을 들은 일본인 감독은 그를 무자비하게 '피가 줄줄 날 때까지' 발로 차며 구타하였는데, 이를 목격한 동향 출신 조선인들은 동료의 억울함을 복수하고자 합세하여 일본인 감독을 발로 밟고 폭행하며 '반은 죽도록' 보복하였다고 한다.[276)]

강제동원 조선인과 일본인 사이에 집단적인 충돌사건이 발생하곤 하였다. 1943년 8월 16일 야마구치현 미네(美禰)군 오미네쵸(大嶺町)에 소재한 니혼광업(주) 산요(山陽)무연탄광업소에서 충남 출신 강제동원자들과 일본인 사이에 대규모 출동사건이 발생하였다. 일본인 노동자의 충남 출신 岩本在春을 향한 모욕적인 言辭를 발단으로 시작하여 일본인 노무계(3명)의 일방적인 편파 판정에 대해 충남 청양군, 홍성군, 예산군, 보령군, 논산군 출신 조선인 300명은 평소의 불만이 폭발하였다. 일본인 경찰과 防護團員(50명), 勤勞報國隊員(40명)[277)] 등이 출동하여 무장 진압하려하자 이에 반발한 충남 출신 조선인들은 더욱 격앙하여 일대 충돌이 벌어졌다.[278)] 결국 일본인 1명 사망, 3명이 부상당하였고, 조선인은 중상자 4명 등 6명이

275) 「食事問題に起因する紛爭事件其他」(특고월보 1942년 4월), 내무성 경보국 보안과, 『특고월보』 제30집.

276) 「지옥동(池玉童, 1926년 충남 천원군 출생)의 증언」, 일제강점하강제동원피해진상규명위원회, 『아홉머리 넘어 홋카이도로』, 2009, 366~381쪽.

277) 방호단은 일본인 일반노무자로 조직되었는데, 木刀 16本을 휴행하고 노무계의 지휘하에 신솔되었고, 근로보국대는 豊浦區 內豊浦寮의 일본인들로 구성되었는데, 전체 129명 중에 40명이 인솔되어 왔다. 이들 중 5명이 구속되었는데, 해당 기업의 적극적 중재로 9월 8일 2명이 석방되고, 수용자(3명)에게는 差入 등 편의를 제공하는 한편 가족의 구휼 등을 실시했다(「移入勞務者の集團暴行事件」, 明石博隆·松浦総三 編, 『昭和特高彈壓史』 8, 太平出版社, 1976).

278) 「移入勞務者の集團暴行騷擾事件」(특고월보 1943년 9월), 내무성 경보국 보안과, 『특고월보』 제33집.

부상당하였다. 이 사건으로 8월 21일 조선인 23명(상해 및 상해치사 5명, 상해치사 7명, 상해 11명)이 送局되어 야마구치형무소에 강제수용되었다.[279)]

뿐만 아니라, 충남 출신 강제동원자들은 열악한 노동환경과 민족 차별 문제가 근본적으로 식민지적 모순에서 비롯된 것을 깨달았다. 따라서 노동운동 성격의 노동쟁의를 민족운동 성격의 노동쟁의로 발전시켜 나갔다. 충남 출신 강제동원자들이 중심이 된 민족운동 성격의 대표적인 노동쟁의가 1944년 5~9월 조선인 土工 민족주의그룹사건과 1945년 2월 홋카이도 후지와라구미(藤原組)의 치안유지법 위반사건, 1944년 8월~1945년 8월 아사히가와(旭川) 토공그룹의 독립운동 사건 등이다.

279) 중심 인물은 李万基 등 23명에 달한다(「蔡原万基外三十一名に對する傷害致死,傷害事件の處理狀況－山口地方裁判所 檢事局 報告」, 朴慶植 編, 『在日朝鮮人關係資料集成』 제5권, 三一書房, 1976).

성명	연령	본적	직업	죄명
李(蔡原)万基	19	충남 청양군 비봉면 양사리	採炭夫	상해치사
西原明洙	21	충남 논산군 양촌면도평리 19	채탄부	상해치사
李(岩本)在春	43	충남 보령군 대천면 동대리 484	運搬夫	상해치사
水原泰好	23	충남 청양군 운곡면 위나리	掘進夫	상해치사, 상해
魯炳三	31	충남 청양군 청양면 읍내리	채탄부	상해치사, 상해
張間道文	36	전남 제주도 제주읍 삼종리 1151	舍監	상해치사
新本炳西	28	충남 청양군 청양면 벽천리 180	운반부	상해치사
國本鶴南	33	충남 청양군 대치면 형산리	채탄부	상해치사, 상해
豊川儀求	26	충남 청양군 사양면 신왕리 95	채탄부	상해치사, 상해
平山恒夫	26	충남 청양군 적곡면 악지리 316	채탄부	상해치사
星野秉南	21	충남 청양군 적곡면 은곡리	채탄부	상해치사, 상해
金本貴鳳	24	충남 홍성군 서부면 창곡리 86	채탄부	상해치사
蔡京錫	39	충남 청양군 비봉면 강정리 330	굴진부	상해
西村登孫	34	충남 보령군 청소면 신송리	채탄부	상해
林相熙	28	충남 청양군 운곡면 광암리	채탄부	상해
西原鉉國	28	충남 홍성군 서부면 상황리	채탄부	상해
金城丁龍	27	충남 청양군 비봉면 학당리	채탄부	상해
金鳳山	22	충남 청양군 청양면 적앵리	채탄부	상해
朴王同	19	충남 보령군 오천면 교성리	채탄부	상해
林(林田)今學	38	충남 청양군 운곡면 추광리	채탄부	상해
崔(德山)龍福	24	충남 청양군 적곡면 중추리	채탄부	상해
原本虎植	26	충남 청양군 화성면 용당리	채탄부	상해
李山庚信	40	충남 청양군 비봉면 인정리 406	채탄부	상해

조선인 토공 민족주의그룹사건은 1943년 7월 홋카이도 삿포로(札幌)시 소재 홋카이도철도공업(주)의 이와다구미(岩田組)에 동원된 조선인 土工[280] 文鍾達, 金甲淳, 金正夾, 張福成 등을 중심으로 전개된 민족운동이었다.[281] 1943년 7월 홋카이도철도공업(주)의 이와다구미에 동원된 충남 대덕군 출신의 문종달은 일본인의 조선인에 대한 민족 차별과 모욕적 노무관리, 그리고 식량 기타 모든 물자의 부족 상황을 체험하면서 점차 민족주의자로 변모해갔고, '민족적 차별을 철폐하고 조선인의 참된 자유 행복을 도모하는 길은 일본 통치로부터 이탈하여 조국을 광복시키는 길밖에 없다.'고 생각하게 되었다. 특히, 식량 기타 모든 물자의 부족은 일본의 國力이 약화되었다는 것을 뜻하는 것으로 '조선인이 단결하여 一擧에 봉기하면 반드시 목적을 달성할 것'이라고 생각하고 독립운동에 헌신하였다. 이후 문종달은 1944년 5월 하순경부터 동향 출신인 김갑순, 김정협, 장복성 등과 함께 수차례에 회합하고 민족의식을 앙양하는 한편 동지 포섭에 매진하고,

① 3천년 동안 고유한 풍속을 유지한 독립국이라는 자부심을 가질 것
② 어떠한 애로나 난관이 있어도 끈질기게 독립운동을 전개할 것
③ 단결을 강화할 것

등을 결의하였다.[282] 그러나 1944년 9월 28일 문종달 등 중심인물들이 검

280) 土工은 토목이나 건축공사에서 토사를 취급하는 공사에 종사하는 사람(미장이)이다.

281) 조선인 토공 민족주의그룹사건의 중심인물은 아래와 같다(「在札幌朝鮮人土工民族主義グループ檢擧取調狀況」, 朴慶植 編, 『在日朝鮮人關係資料集成』 제5권, 三一書房, 1976).

성명	연령	직업	본 적	檢擧日	送局日
文鍾達 (文山鍾達)	26	土工夫	충남 대덕군 기성면 도안리 590번지	1944.9.28	1945.2.28
金甲淳 (金田甲淳)	21		충남 대덕군 구즉면 문지리		
金正夾 (金田正夾)	21		전북 부안군 향산면 거룡리 433번지		
張福成	41		충남 서산군 운산면 용장리 48번지		

거되어 治安維持法 違反으로 관할 檢事局에 送致되었다. 이들의 독립운동은 실행되지 못하였지만, 조선인의 참된 자유와 행복은 광복하는 길밖에 없다는 현실 인식하에 충남 출신 강제동원자들이 추진한 민족운동의 하나였다.

홋카이도 삿포로시의 후지와라구미(藤原組)에 동원된 충남 출신 조선인들의 강렬한 독립사상과 言辭가 1945년 2월 28일 일제의 탐지에 의해 발각되어 治安維持法 違反으로 送致되기도 하였으며,[283] 아사히가와(旭川) 토공그룹의 독립운동[284]이 전개되었다. 즉, 1943년 4월 홋카이도 니혼발전(주)의 건설공사장 아이사와구미(逢澤組)에 강제모집 방식으로 동원된 충남 공주 출신 土工 松村隆春[285]은 조선독립운동의 실천을 결정하고 1944년 8월 28일 탈출하였다. 이후 1945년 8월 茂山成雨, 平田載春, 三原泰永, 松岡圭玉 등과 會合하여 "우리들은 지금까지 일본인에 학대되어 왔는데, 조선도 독립할 때가 왔다. 일본은 반드시 이 전쟁에서 패한다. 우리들의 선배인

282) 독립운동사 편찬위원회, 『독립운동사』 별집 3권, 1978, 276~277쪽.
  1) 조선에는 3천년의 역사가 있어서 풍속 습관이 고유하여 독립국을 유지해 왔다. 우리들은 결코 이를 잊어서는 안된다.
  2) 조선독립만세사건(3.1운동)은 한일합병에 의해서 일본이 조선 민족을 멸시하고 차별한 데에 분개하여 정치인, 지식인, 학생 할 것 없이 거족적으로 독립만세를 외친 것인데, 중국 등지로 망명의 길을 떠나거나 혹은 검거되어 이 운동은 일시 중단되었으나 우리들이 독립운동을 전개함에는 어떠한 애로나 난관이 있어도 어디까지나 끈질기에 단행할 각오가 있어야 한다.
  3) 우리 민족 가운데에는 위대한 인물도, 두뇌가 뛰어난 인물도 많으나, 다만 의견 일치가 되지 않아서 독립운동에 지장이 되어 왔다. 그러므로 금후에는 최선의 힘을 다해서 단결을 강화하지 않으면 안된다.

283) 「朝鮮人治安維持法違反者名簿」, 박경식 편, 『在日朝鮮人關係資料集成』 제5권, 三一書房, 1976.

284) 변은진, 「일제 침략전쟁기 조선인 '강제동원' 노동자의 저항과 성격 : 일본 내 '도주'·'비밀결사운동'을 중심으로」, 『아세아연구』 제45권 2호, 2002, 52~53쪽.

285) 松村隆春(당시 25세)은 본적이 충남 공주군 사곡면 雲岩里 349번지에서 출생하여 보통학교 졸업 후 酒造株式會社 配給所 事務員, 酒販賣組合 雇員을 거쳐 保險 外交員에 종사하였다. 1943년 北海道 日本送電(주) 건설공사장 逢澤組에 강제모집되어 土工夫에 종사하였다. 이후 조선독립운동의 실천을 결의하고 동지와 함께 1944년 8월 28일 탈출하여 秋田縣 花岡鑛山, 栃木縣 河內郡 橫川村 淸水組, 千葉縣 香取郡 東大戶村 金田方, 山梨縣 東山梨郡 諏訪町 乙女鑛山 上田方 등으로 옮겨 다니며 독립운동을 모색하였다.

김일성은 만주에서 조선의 독립운동을 하고 있다."며 독립운동을 계획하였다. 특히, 조선 독립의 구체적인 실행수단으로서

① 중요 공사장의 노무자를 탈출시켜 생산의 沮害를 꾀하고 일본의 戰力을 低下시킬 것
② 재계약 반대
③ 저축 반대
④ 召集에 응하지 않을 것

등을 목표로 정하였고, 탈출한 노무자들이 함바(飯場)를 경영하여 독립운동 자금을 조성하려는 실행계획도 세웠다.[286] 아사히가와 토공그룹의 독립운동은 당시의 세계정세를 정확히 인식하여 현실적인 실행수단과 구체적인 실행계획을 세운 독립운동이었다.

이상과 같이 충남 출신 강제동원자들은 민족 차별과 열악한 노동환경을 같이 겪으며 동료애가 커졌고, 민족의식 또한 성장해갔다. 따라서 충남 출신 강제동원자들은 동향 출신 조선인이 일본인에게 폭력을 당하면 집단적으로 항의하고 직접적인 무력을 행사하며 보복하였다. 특히, 민족 차별을 벗어나고 참된 자유와 행복을 도모하는 길은 일제의 통치를 벗어나 광복하는 길밖에 없다는 현실 인식하에 민족운동 성격의 노동쟁의를 전개하였다.

286) 「旭川土建朝鮮獨立運動事件關係被疑者松村隆春檢擧ニ關スル件」(特鮮秘 제1402호, 1945년 5월 13일, 北海道廳長官→內務大臣, 樺太廳長官, 東北六縣各長官, 山梨縣知事), 朴慶植 編, 『在日朝鮮人關係資料集成』 제5권, 三一書房, 1976).
〈구체적 실행수단〉
1) 중요 공사장의 노무자를 탈출시켜 생산의 저해를 꾀하고 일본의 戰力을 저하시킬 것, 2) 재계약 반대, 3) 저축 반대, 4) 召集에 응하지 않을 것
〈실행계획〉
탈출 노무자들이 함바(飯場)를 경영하여 독립운동 자금을 조성할 것

제7장

결 론

제7장

결론

2018년 10월 30일 대법원은 강제동원자들이 신일본제철을 상대로 한 손해배상 청구소송 재상고심에서 "1965년 한일청구권협정과 무관하게 일본 기업으로부터 개별적인 손해배상을 받을 수 있다."고 판결하였다. 이에 대하여 일본 총리 아베 신조(安倍晋三)는 11월 1일 일본 중의원 예산위원회에서 "일본 정부는 이번 사건을 '징용공'이라는 표현이 아닌, 舊 조선반도 출신 노동자 문제로 부르고 있다."라며 "당시 국가총동원법상 국가동원령에는 모집과 관 알선, 징용이 있었지만, 실제 이번 재판의 원고들은 모두 모집에 응했기 때문에 조선반도 출신 노동자 문제"라고 하였다. 이는 일본의 최고 지도자가 조선인 강제동원의 강제성을 정면으로 否定한 발언이다.

일제는 '노무(국민)동원계획'의 일환으로 조선인을 강제동원하였다. 그들의 침략전쟁을 수행하기 위해 부족한 노동력을 식민지 조선에서 조달하고자 한 것이다. 전체주의적 독재국가이자 파시즘체제였던 일제의 조선인 인력동원은 계획적이고 조직적으로 그리고 강제적으로 수행되었다.

일제는 조선인 강제동원의 사전 작업으로서 조선 전역의 노동력을 조사하고, 행정 · 경찰기구를 정비하면서 담당 인력을 증원시켰다.

일제는 임의로 '이상경지면적'을 설정하여 過剩戶數를 산출해내고, 농업에서 노동으로의 出稼·轉業이 가능한 인원과 희망인력을 조사하였다. 동원 가능한 인력을 최대한 끌어내고 희망인력 비율을 높게 산출함으로써, 표면적으로 일제 식민정책에 동조하는 조선인 비율을 높이고, 그들 정책의 정당성을 확보하고자 하였다. 하지만 이 비율은 역으로 조선인 인력 동원에 대한 강제적 성격과 기만적 행태를 드러내고 있다.

또한, 일제는 조선인 강제동원을 수행했던 중앙·지방 행정기구와 경찰기구를 확대·개편하면서 담당 인력을 증원하였다. 지방 말단에서 조선인 강제동원에 관여했던 인원은 경찰 2만여 명을 비롯하여 읍·면 직원 그리고 구장을 포함하여 약 10만 명에 달할 정도였다.

일본지역으로의 조선인 강제동원은 강제모집과 관 주도 그리고 징용의 방식을 중심으로 수행되었다. 강제모집은 1939년 9월(실제 수행된 것은 1938년 6월)부터 시작되었는데, 일본 기업의 모집인이 조선총독부가 할당한 인원을 할당받은 지역에서 인솔해가는 인력동원 방식이었다. 강제모집의 동원지역은 경기도를 비롯하여 충청남·북도, 전라남·북도, 경상남·북도 등 7개 도로 한정되었다.

강제모집은 일본 후생성과 조선총독부가 계획 단계부터 실행이나 인솔 단계 그리고 동원 후의 노동 단계에 이르기까지 깊숙이 개입하고 주도한 인력 동원방식이었다. 일본 후생성과 조선총독부의 허가나 승인 없이는 일본 기업이 강제모집 자체를 시작할 수 없었고, 강제모집 대상지역과 인원수의 허가·할당 등 모든 절차마다 일본 후생성과 조선총독부가 주도하였다. 실제로 조선인을 '모집'할 때는 조선총독부와 지방 행정기구 그리고 경찰의 협조 없이는 불가능하였다. 동원 과정과 동원된 이후 조선인의 身上에 변동이 있을 때마다 각 기업은 후생성과 도·도·부·현 그리고 조선총독부에 수시로 보고하였다. 때문에 형식적으로는 '모집'이었지만 실제로는 강제적이고 기만적이며 비인간적인 방식으로 수행되었다.

강제모집 방식만으로는 일제의 노동력 부족을 충족시키지 못하자 1942년

2월부터 관 주도 방식이 시작되었다. 관 주도는 일본 후생성과 조선총독부의 총괄하에 조선인의 강제동원 사무를 朝鮮勞務協會로 일원화하고, 인솔 업무를 東亞旅行社에 일임하는 동원방식이다. 이 시기부터는 강원도와 황해도가 동원지역에 추가되었고, 동원 대상자의 선정기준과 우선순위가 정해졌으며, 組－班－隊의 군대식 隊組織으로 인솔되었다. 동원 대상은 연령 만 17~45세의 신체 건강, 사상 견실하고 육체노동을 감당할 수 있는 남자였다. 그중에서도 우선적 대상은 희망자, 무직자, 과잉농가, 경작지가 적은 농가였다. 특히, 경작지가 적은 마을, 旱水害가 빈번한 마을, 강제동원된 前歷이 있는 마을 등에서는 가능한 한 많은 인원을 동원토록 하였다. 최종적으로는 희망자, 무직자, 연령이 적은 자, 독신자, 부양가족이 적은 자 등을 우선적으로 동원하였다.

관 주도 방식 또한 일제가 계획 수립부터 실행과 인솔 그리고 동원 후에 이르기까지 주도하였다. 일본 후생성과 조선총독부의 승인 · 허가 없이는 조선인의 관 주도 동원 자체가 불가능하였고, 동원 지역과 인원, 동원 기간 그리고 인솔 등 모든 실행과정에서 일본 후생성과 지방관청, 조선총독부와 지방 행정기구와 경찰 등이 조직적으로 연계하여 수행한 것이었다.

강제모집과 관 주도 방식과는 별도로 일제는 법적으로 강제된 징용을 실시하였다. 징용은 「국민징용령」에 근거하여 수행된 인력 동원 방식으로, 징용에 응하지 않으면 형사처벌되었다. 징용의 대상은 원칙적으로 16~50세 미만의 남자였는데, 그중에서도 무직자, 연령이 적은 자, 독신자, 부양가족이 적은 자, 현재 종사하는 업무의 중요도가 낮은 자가 우선적인 대상이었다. 징용은 일본 후생성과 육 · 해군성, 일본 지방관청 그리고 조선총독부와 지방 행정관청, 경찰이 일체가 되어 조선인을 동원한 방식이었다.

강제모집, 관 주도, 징용 등 각각의 방식에 따라 동원시기, 대상지역, 대상자 선정기준, 동원과정 등에 차이가 있었지만, 일제가 주도하고 조선총독부가 깊숙이 개입한 인력동원이었다는 점에서는 동일하였다.

1939~45년 일본 후생성이 '노무(국민)동원계획'을 수립할 단계부터 조선인의 인력동원이 이미 예정되어 있었고, 일본 후생성과 육 · 해군성 그리고 조선총독부의 허가와 승인 없이는 조선인의 인력동원 자체가 불가능하였다. 일본 정부와 지방청 그리고 조선총독부와 지방 행정기구, 경찰 등이 연계하여 계획적이고 조직적으로 그리고 강제적으로 조선인을 동원하였던 것이다. 조선의 지역 말단에서는 조선총독부의 지시에 의해 도 할당-부 · 군 할당-읍 · 면 할당되는 행정체계 속에서 할당받은 동원 인원은 무슨 일이 있어도 채워야했다. 때문에 폭력적이고 강제적이며, 비인간적인 동원 방식이 수반되었다. 강제모집, 관 주도, 징용 등 모든 인력동원 방식에서 계획적 · 조직적인 측면과 강제적 · 비인간적 성격이 분명히 드러난다.

그동안 강제모집, 관 주도, 징용은 시기 순으로 적용되었고, 〈조선인노무자 내지송출방법의 강화에 관한 건〉이 시행된 1944년 9월에 들어서야 조선인의 징용이 시작되었다고 이해되어 왔다. 하지만 일제의 필요에 따라 동원방식이 적용되었을 뿐이다. 또한, 1942~43년에도 조선인 징용이 일반화되고 있었다. 이 시기에 최소 14차례 4,565명 이상의 조선인이 징용되었고, 국민징용령 위반자가 상당수에 달했다. 특히, 충청남도의 경우, 1942년 1월 15일 최초로 징용이 실시되었다.

충남지역에서는 1939년부터 조선인의 인력 동원이 시작되었고, 관 주도 방식이 시작된 1942년부터 크게 증가하여 1943~44년에 최고조를 이룬다. 동원방식별로 볼 때, 관 주도 방식에 의한 동원 비율이 월등히 높고, 징용과 강제모집 방식의 순서로 동원되었다.

일제의 노동력 조사 결과 농업에서 노동으로의 出稼 · 전업 가능비율이 높았던 공주, 서산, 부여, 당진 등에서 많은 인원이 동원되었는데, 일본의 홋카이도와 큐슈 지역을 중심으로 고노마이광산과 히라야마광산, 니혼제철(주) 가마이시제철소, 히다치광산 등에 집중되었다. 이처럼 특정 부 · 군에서 특정한 기업에 다수 동원되는 상황은 종래의 緣故와 地盤 관계가 고려된 '할당' 및 '알선' 방식 때문이었다.

일제는 이른바 '内鮮一體'를 주장하며 일본인과 조선인의 차별이 없는 것처럼 위장하였지만, 실제로는 宿食, 임금, 노동시간, 담당업무 등 모든 면에서 차별하였다. 조선인은 일본인과 숙사와 식당 등을 따로 사용하였다. 조선인들은 담장과 철조망이 둘러쳐 진 작업장 내에 집단적으로 수용되었고, 외출이나 편지 왕래도 금지될 정도로 철저히 통제되었으며, 일상적인 구타와 폭력으로 점철된 삶을 살았다. 또한, 조선인은 정해진 월급을 지급받지 못한 경우가 많았고, 숙식비나 침구료, 協和會費, 愛國貯金 등 각종 명목으로 공제되어 용돈 정도를 지급받았다. 특히, 일제는 조선인의 탈출 방지책으로서 일정 금액 이하를 지급하였고, 조선인을 貯蓄組合에 가입시켜 최소 생활비 외에는 모두 저금토록 강제하였다. 하지만 저금통장을 일본인 관리자가 관리하여 정작 조선인은 본인의 저축액이 얼마인가를 알지 못했고, 심지어는 저금통장을 보여달라고 주장했다가 콘크리트 바닥에서 몽둥이로 맞기도 하였다.

조선인들이 가장 견디기 어려웠던 점은 "배고픔"이었다고 할 만큼 당시의 식사는 육체노동을 견디기 힘든 양과 질이었다. 때문에 월급을 받으면 죽이나 우동, 도꼬로땡 등 代用食을 사먹는데 써버렸고, 콩깻묵이나 고구마, 옥수수, 쑥 등을 섞어 음식량을 늘림으로써 포만감을 느끼도록 할 정도였다.

또한, 조선인은 언제 죽을지 모르는 두려움 가운데 강제노동에 시달렸다. 탄광이나 광산에서는 落盤과 가스 폭발이나 가스중독, 壓死 사고, 추락, 感電, 火傷, 埋沒, 浸水 등 다양한 노동재해가 발생하였다. 열악한 노동환경 속에서 사고는 곧 죽음으로 이어졌다. 조선인 사이에서는 '굴 안에 들어갈 때는 허리에 魂魄을 짊어지고 간다.'는 말이 퍼질 정도로 하루하루의 삶이 고단하고, 죽음에 직면해 있었다. 때문에 강제동원 조선인들은 최악의 노동조건과 민족차별을 겪으며, 일제가 내세우는 内鮮一體의 허구성을 깨달았고 점점 반일감정을 갖게 되었다.

일제의 강제동원에 대해 조선인들이 순순히 응했던 것은 아니다. 탈출을 비롯하여 실무자들에 대한 보복, 檄文 살포 · 무력항쟁 등 비밀결사 투쟁, 罷業 · 怠業 · 斷食 · 집단항쟁 등의 노동쟁의 등 다양한 방법으로 저항하였다.

조선의 청장년들은 비밀결사를 조직하여 일본인 순사와 投石戰을 벌이는 등 무력항쟁을 벌이는 한편 檄文 살포 등 징용 반대투쟁을 전개하였다. 개인적 차원에서는 읍 · 면 직원과 경찰에게 보복하고, 탈출의 방법으로 저항하였다. 동원된 이후에도 조선인은 지속적으로 저항하였는데, 탈출과 罷業 · 怠業 · 斷食 · 집단항쟁 형태의 노동쟁의를 전개하였다.

일제는 조선인의 탈출을 방지하기 위해 다양한 방안을 강구하였다. 現地訓練과 出發式을 거행하여 정신교육을 실시하고, 전담 인솔인을 편제하였으며, 下關渡航者保護斡旋所와 內地送出勞務者錬成所를 설치하였다. 또한, 조선인을 기업 · 경찰 · 協和會 등 다중 통제에 편입시키고, 일본 전역에서 조선인의 탈출 방지를 논의하기 위해 협의회를 개최하였으며, '內鮮警察'을 확대하고 증원하는 한편 다수의 조선인이 동원된 사업장에 직접 경찰을 배치하는 등 다양한 탈출 방지책을 실시하였다. 하지만 강제동원 조선인은 고향 현지에서, 숙박지와 기차역 그리고 달리는 열차 등 동원되는 과정에서, 동원된 이후에도 끊임없이 탈출하였다.

그동안 탈출을 개인적이고 소극적인 저항으로 논의해 왔지만, 일제의 戰力을 약화시키기 위한 독립운동 방략으로서 집단탈출을 계획하고 실행했던 것을 고려하면 집단적이고 적극적인 저항의 형태로 평가할 수 있을 것이다.

조선인의 노동쟁의는 강제동원 초기인 1939년부터 시작되어 1945년 해방이 될 때까지 지속적으로 전개되었다. 강제동원 조선인은 罷業, 怠業, 斷食 및 직접적인 무력행사 등의 형태로 노동쟁의를 전개하였는데, 당시

처한 상황에 따라 쟁의방식을 바꿔가며 저항하였다. 특히, 초기에는 노동운동 성격의 노동쟁의를 벌였으나, 점차 경찰에 직접 맞서는 항쟁의 적극화가 진행되었고, 마침내 '독립만이 민족 차별과 식민지 모순의 해결책'임을 깨달아 민족운동 성격의 노동쟁의로 발전하였다.

대표적인 민족운동 성격의 노동쟁의는 1943년 3월과 5월 사가현의 가라츠(唐津)탄광과 오기(小城)탄광의 무력항쟁을 비롯하여 1942년 9월 홋카이도 유바리(夕張)탄광의 태업, 1943년 2월 가나가와현 니혼鋼管(주) 쓰루미(鶴見)제철소와 1943년 4월 가와사키(川崎)제강소의 一齊罷業, 1944년 6월 효고현의 오타니(大谷)중공업(주) 아마가사키(尼崎)공장과 히로시마현 수력발전소 건설공사의 민족운동 사건, 1944년 9월 이시가와(石川)현의 (주) 고마쓰(小松)제작소 아와쓰(栗津)공장의 노동쟁의, 1945년 3월 니가타(新瀉)철공소 징용공들의 집단탈출사건 등이다.

특히, 강제동원 조선인이 단체를 결성하여 전개한 노동쟁의는 니혼鋼管(주) 쓰루미제철소의 親睦會와 오타니중공업(주) 아마가사키공장의 協和訓練隊特別青年會 등이고, 재일조선인과 연계하여 전개한 노동쟁의는 히로시마현 수력발전소 건설공사에서의 항쟁이다.

충남 출신 강제동원자도 다른 지역 출신자들과 함께 노동쟁의를 전개하였으며, 주도적인 위치에서 민족운동 성격의 노동쟁의를 이끌며 항거하였다.

충남 출신이 주도적으로 이끈 노동쟁의는 1941년 10월 시즈오카 도이광업소에서의 무력항쟁을 비롯하여 1942년 4월 야마구치현의 히가시미조메탄광에서의 무력항쟁, 홋카이도 아사지노 비행장에서의 무력항쟁, 1943년 8월 야마구치현 니혼광업(주) 산요무연탄광업소에서의 무력항쟁, 1944년 효고현 가와사키(川崎)조선소에서의 집단항쟁 등이다. 특히, 충남 출신이 중심이 된 민족운동 성격의 노동쟁의는 1944년 5월~9월 홋카이도 홋카이도철도공업(주)의 이와다구미(岩田組) 朝鮮人 土工 민족주의그룹사건과

1945년 2월 홋카이도 후지와라구미(藤原組)의 치안유지법 위반사건, 1944년 8월~1945년 8월 아사히가와(旭川) 토공그룹의 독립운동 사건 등이다. 충남 출신 강제동원자들은 열악한 노동환경과 민족 차별 문제가 근본적으로 식민지적 모순에서 비롯된 것을 깨달아 민족운동 성격의 노동쟁의를 전개하였는데, 당시의 세계정세를 정확히 인식하여 현실적인 실행수단과 구체적인 실행계획을 세워 민족 독립운동을 추진하였다.

일본 내의 모든 노동단체가 해산되고 노동운동이 끊긴 파시즘 총동원체제하에서 전개된 강제동원 조선인의 노동쟁의는 민족적 자각하에 전개된 반전반제투쟁이자 항일 독립운동이었다.

1930년 국제노동기구(ILO)가 채택하고 1932년 5월 1일부터 효력이 발생한 「강제근로협약」에 의하면, 강제근로를 완전히 폐지할 것과 강제근로의 모든 책임은 施政을 담당하는 최고기관에 있다는 점, 음식물 및 기후가 달라서 강제근로자들의 건강을 위태롭게 만드는 지역으로 이송되어서는 안 된다는 점 그리고 강제근로의 불법적인 강요는 형사상의 범죄로 처벌되어야 한다는 점이 명시되어 있다. 예외적으로 조세와 공공사업 수행을 위해 강제근로를 실시하는 경우에도 18~45세의 신체 건강한 성인 남자로 동원 대상이 한정되고, 1년에 60일을 초과할 수 없으며, 현금으로 보수를 지급할 것과 특히, 광산의 갱내근로를 위하여 사용되어서는 안된다고 규정되어 있다. 하지만 일제가 수행한 조선인 강제동원은 그들이 스스로 비준한 「강제근로협약」을 정면으로 위반하는 것이다.

일제의 조선인 강제동원은 '경제적 수탈과 민족말살정책'이라는 일관된 식민정책의 연장선에서 수행된 반인륜적 인력 수탈정책이자 조선민족 말살정책으로서, 식민정책의 최종착지로서의 의미를 담고 있다. 일본 정부는 여전히 조선인 강제동원의 강제성을 부정하고 있다. 일제의 조선인 강제동원은 과거의 역사가 아닌 현재 진행형의 역사라고 할 수 있다.

참고문헌

1. 자료

(1) 국가기록원 소장 자료

조선총독부 내무국 사회과, 『勞務資源調査關係書類』(CJA0016565)

조선총독부 후생국 노무과, 『失業調査綴』(CJA0016567)

조선총독부 내무국 사회과, 『復命書綴』(CJA0016572)

조선총독부 내무국 사회과, 『南洋行農業移民關係』(CJA0016666)

조선총독부 내무국 지방과, 『國庫補助關係綴』(CJA0003591)

조선총독부 경무국, 『雜書綴』(CJA0002509)

조선총독부 경무국, 『警察區劃配置關係綴』(CJA0002526)

조선총독부 법무국 법무과, 『國家總動員關係綴』(CJA0004244)

조선총독부 법무국 민사과, 『朝鮮寄留令ニ關スル書類』(CJA0004278)

경남 통영군 일운면, 『機密書類』(CJA0024526)

미군정청 경무부, 『수사자료표: 일제시기 수형자 지문원지』(DE0005593, DE0005722)

경성지방법원, 『刑事判決原本』(CJA0000001)

대전지법 홍성지청, 『刑事裁判原本綴』(CJA0001071)

광주지법 목포지청, 『刑事裁判原本』(CJA0002035)

광주지법 순천지청, 『刑事裁判原本』(CJA0002151) 등

『朝鮮人勞働者に關する調査結果』(15권) (국가기록원 소장)

『いわゆる朝鮮人徵用者に關する名簿』(6권) (국가기록원 소장)

『日帝下被徵用者名簿』(3권) (국가기록원 소장)

(2) 구술자료

「김영한(金英漢)의 증언」(1999년 대전 자택 등에서 3차례 면담)
「이용우(李用雨)의 증언」(1999년 대전 자택에서 면담)
「이승순(李承順)의 증언」(2001년 논산 자택에서 3차례 면담)
「박재덕(朴在德)의 증언」(2001년 논산 자택에서 면담)
「김복수(金福壽)의 증언」(2001년 논산 자택에서 면담)
「김용석(金容錫)의 증언」(2001년 논산 자택에서 면담)
「최용준의 증언」(2001년 논산 자택에서 면담)
「이종만(李鍾萬)의 증언」(2005년 서산 자택에서 3차례 면담)
「김○○의 증언」(2005년 홍성 요양원에서 면담)
「윤일기(尹一基)의 증언」(2006년 대전 노인회관에서 면담)
「임순상(林順相)의 증언」(2006년 대전 자택에서 면담)
「박노삼(朴魯三)의 증언」(2006년 부여 자택에서 면담)
「채주영(蔡胄榮)의 증언」(2006년 용인 자택에서 면담)
「노형래(盧亨來)의 증언」(2006년 서천 자택에서 면담)

「장대열(張大烈)의 증언」(1998년 경북 군위 자택에서 공동 면담)
「김석암의 증언」(1998년 경북 군위 노인회관에서 공동 면담)
「이병기의 증언」(1998년 경북 군위 자택에서 공동 면담)
「이말실의 증언」(1998년 경북 군위 자택에서 공동 면담)
「이원석의 증언」(1998년 경북 군위 자택에서 공동 면담)
「금기탁의 증언」(1998년 경북 군위 자택에서 공동 면담)
※ 1998년 8월 19~20일 기슈(紀州)광산 강제동원자를 대상으로 경북 안동 · 군위 지역에서 김정미, 佐藤正人, 齋藤日出治, 정혜경, 이승엽, 탁효경 등과 공동 면담을 진행함

「안병구(安秉邱)의 증언」(2001년 논산 자택에서 정혜경과 공동 면담)
「안병태의 증언」(2001년 논산 자택에서 정혜경과 공동 면담)
「한준석의 증언」(2001년 논산 자택에서 정혜경과 공동 면담)
「전봉한(全鳳漢)의 증언」(2001년 논산 자택에서 2차례 면담)
「송종섭의 증언」(2001년 논산 자택에서 면담)

「김정근의 증언」(2001년 논산 자택에서 면담)
「홍문유(洪文裕)의 증언」(2001년 논산 자택에서 면담)
※ 2001년 12월 충남 논산 지역에서 정혜경, 표영수, 가와카미 아키히로(河上明裕) 등과 공동 면담을 진행함(독립기념관 한국독립운동사연구소 구술채록사업)

권병탁, 『게라마열도 : 일제말 징용기』, 영남대학교 출판부, 1982
하야시 에이다이 저, 신정식 역, 『일제의 조선인노동 강제수탈사』, 비봉출판사, 1982
일제강점하강제동원피해진상규명위원회, 『당꼬라고요?』(2005)
『똑딱선 타고 오다가 바다 귀신 될 뻔 했네』(2006)
『가긴 어딜가? 헌병이 총 들고 지키는데』(2006)
『검은 대륙으로 끌려간 조선인들』, 『갑자 · 을축생은 군인에 가야 한다』(2006)
『수족만 멀쩡하면 막 나는거야』, 『시베리아 억류 조선인 포로의 기억』(2007)
『내 몸에 새겨진 8월』(2008), 『조선이라는 나라가 있었구나』(2008)
『굴 파러 군대 갔어!』(2008), 『남방기행』(2008)
『아홉머리 넘어 홋카이도로』(2009)

(3) 일본 アジア歷史資料センター 소장 자료

『種村氏警察參考資料』 제68집, 제88집, 제90집, 제98집, 제107집
『公文類聚』, 『公文雜纂』, 『昭和十九年 勤勞查察調查關係書類(其二)』
中央協和會, 「移入勞務者訓練及取扱要綱」, 「出動勞務者訓練服務心得準則」, 「移入勞務者生活訓練必携」, 「移入勞務者訓練實施の具體的研究」

(4) 국가보훈처(공훈사료관) 소장 자료

독립운동사 편찬위원회, 『독립운동사』 별집 3권, 1978
『독립유공자공훈록』, 『일제의 한국침략사료총서』
「경상북도 경산군 남산면 대왕산죽창의거사건개요」

(5) 기타 자료 및 자료집

內務省 警報局 保安課, 『特高月報』(1939년 11월~1944년 11월)

高等法院 檢事局, 『朝鮮檢察要報』(1944~1945년)
北海道炭鑛汽船株式會社, 『釜山往復』(1944~1945년)(北海道大學 소장)
朝鮮總督府 警務局, 「昭和19年上半期國民徵用等勞務事犯取締狀況表」(독립기념관 소장)
大藏省 管理局, 『日本人の海外活動に關する歷史的調査』 朝鮮篇 第9分册, 1947
札幌通商産業局 石炭部 編, 『北海道の石炭産業』, 1954
近藤釼一 編, 「太平洋戰爭下終末期朝鮮の政治」, 『朝鮮近代史料』(2), 1964
近藤釼一 編, 『太平洋戰下終末期の朝鮮』, 友邦協會, 1967
김정명, 『조선독립운동』, 原書房, 1967
국사편찬위원회 편, 『일제침략하 한국36년사』, 탐구당, 1970
明石博隆, 松浦總三 編, 『昭和特高彈壓史』, 太平出版社, 1975
朴慶植, 『在日朝鮮人關係資料集成』(5권), 三一書房, 1975~1976
朴慶植, 『朝鮮問題資料叢書』(15권), 국학자료원, 1992
朴慶植, 『戰時强制連行·勞務管理政策』(2권), 국학자료원, 1998
宮田節子 編, 『高等外事月報』, 高麗書林, 1988
林えいだい, 『戰時外國人强制連行關係史料集』(4권), 明石書店, 1991
長澤秀 編, 『戰時下朝鮮人中國人聯合軍俘虜强制連行資料集』, 綠蔭書房, 1991~92
樋口雄一 編, 『協和會關係資料集』(5권), 綠蔭書房, 1992~1993
한국정신문화연구원, 『해외희생자유해현황 조사사업보고서』(Ⅰ·Ⅱ), 1995~96
국가기록원(당시 정부기록보존소), 『日帝文書 解題－理財·司計·商工·輕金屬·燃料·勞務篇－』, 2002
일제하강제동원진상규명특별법제정추진위원회, 국회연구단체 나라와문화를생각하는모임, 『일제강점하강제동원피해진상규명특별법제정을위한 보고대회』, 2003
국사편찬위원회, 『지방에 살다』, 2006
대일항쟁기강제동원피해진상조사및국외강제동원희생자등지원위원회(일제강점하강제동원피해진상규명위원회), 『강제동원 기증 자료집: 사진류, 명부류, 문서류, 박물류, 기타』(2006), 『소록도 한센병환자의 강제노역에 관한 조사』(2006), 『'大東亞聖戰大碑'와 7인의 한국인특공대』(2006), 『거문도 군사시설 구축을 위한 주민 강제동원에 관한 조사』(2006), 『일본 우토로지역 주민의 도일(渡日) 배경에 관한 조사』(2006), 『타이헤이마루사건』(2006), 『제주도 군사시설 구축을 위한 노무·병력동원에 관한 조사』(2007), 『사할린 '이중징용' 피해 진상조사』(2007), 『일본 조세이(長生)탄광 수몰사고 진상조사』(2007), 『사할린 가미시스카(上敷香) 조선인 학살사건 진상조사』(2007), 『야스쿠니신사 '한국인' 합사경위 및 합사자명부 진상조사』(2007), 『'조선여자근로정신대' 방식에 의한 노무동원에 관한 조사』(2008), 『일제시기 조선 내 군사시설 조사: 전남 서남해안 일대 군인동원을 중심으로』(2008), 『국내 주요 공장의 강제동원 실태에 관한 기초조사: 『경성일보』 기사 색인을 중심으로』(2008), 『하와이 포로수용소 한인 포로에 관한 조사』(2008), 『남양군도 지역 한인노무자 강제동원 실태에 관한 조사(1939~1941)』(2009), 『(사진으로 보는) 강제동원 이야기: 홋카이도편』(2009), 『태평양전쟁기 격전지와 조선인 희생자에 관한 연구 : 제5방면군 주둔지역을 중심으로』(2009), 『강제동원 명부해제집』 1 · 2(2009~10), 『위원회 활동 결과보고서』(2016).

고용노동부 국제기구담당관실, 『ILO 주요협약』, 문원기획, 2012

일본군'위안부'관련 기록물 유네스코세계기록유산 공동등재를 위한 국제연대위원회, 『일본군'위안부'의 목소리』, 2017

(6) 정기 간행물 및 신문자료

『朝鮮總督府官報』, 『朝鮮總督府調査月報』, 『朝鮮統計月報』

『朝鮮總督府統計年報』

京城日報社, 『朝鮮年鑑』(1945년도)

『동아일보』, 『조선중앙』, 『조선일보』, 『매일신보』, 『부산일보』, 『중외일보』

『민주중보』, 『대구매일신보』, 『하나일보』, 『경산향토신문』, 『쿠키뉴스』

2. 연구저서

(1) 국내

곽건홍, 『일제의 노동정책과 조선노동자 1938~1945』, 신서원, 2001
권병탁, 『게라마열도 : 일제말 징용기』, 영남대학교 출판부, 1982
권희영, 『일제하 피강제동원자 등 실태조사연구 보고서』(보건복지부), 2003
김대상, 『일제하 강제인력수탈사』, 정음사 1975
김민영, 『일제의 조선인노동력 수탈 연구』, 한울아카데미, 1995
김운태, 『일본제국주의의 한국통치』, 박영사, 1986
김인덕, 『강제연행사연구』, 경인문화사, 2003
이상의, 『일제하 조선의 노동정책 연구』, 혜안, 2006
전기호, 『일제시대 재일한국인 노동자계급의 상태와 투쟁』, 지식산업사, 2003
정혜경, 『일제말기 조선인 강제연행의 역사－사료연구』, 경인문화사, 2003
정혜경, 『조선인 강제연행 강제노동Ⅰ : 일본편』, 선인, 2006
정혜경, 『일본 제국과 조선인 노무자 공출』, 선인, 2011
정혜경, 『공출 징용 강제연행 강제노동』, 선인, 2013
정혜경, 『아시아태평양전쟁에 동원된 조선의 아이들』, 섬앤섬, 2019
정혜경, 『일본의 아시아태평양전쟁과 조선인 강제동원』, 동북아역사재단, 2019
정혜경, 심재욱, 오일환, 김명환, 北原道子, 김난영, 『강제동원을 말한다－명부편』 1, 선인, 2011
정혜경, 김명환, 今泉有美子, 방일권, 심재욱, 조건, 오일환, 『강제동원을 말한다－명부편』 2, 선인, 2012
조동걸, 『한국민족주의의 발전과 독립운동사연구』, 지식산업사, 1993
최영호, 박진우, 류교열, 홍연진 지음, 『부관연락선과 식민－식민도시 부산과 민족 이동』, 논형, 2007
한일민족문제학회, 『강제연행 · 강제노동 연구 길라잡이』, 선인, 2005

(2) 국외

朴慶植, 『太平洋戰爭中における朝鮮人勞働者の强制連行について－日本帝國主義の爪跡－』, 朝鮮大學校 地理歷史學科, 1962

朴慶植,『朝鮮人强制連行の記錄』, 未來社, 1965
朝鮮人强制連行眞相調査團,『沖縄朝鮮人强制連行虐殺眞相調査團報告書』, 1972
朴慶植,『日本帝國主義の朝鮮支配』, 1973
朝鮮人强制連行眞相調査團,『朝鮮人强制連行調査の記錄－北海道・千島・樺太 篇』, 現代史出版會, 1974
金贊汀,『證言 朝鮮人强制連行』, 新人物未來社, 1975
金贊汀,『火の慟哭－在日朝鮮人坑夫の生活史』, 田畑書店, 1979
林えいだい,『消された朝鮮人强制連行の記錄』, 明石書店, 1989
樋口雄一,『協和會－戰時下在日朝鮮人統制組織の硏究－』, 社會評論社, 1989
樋口雄一,『戰時下朝鮮の農民生活誌』, 社會評論社, 1998
金慶海,『鑛山と朝鮮人强制連行』, 明石書店, 1987
吉田清治,『私の戰爭犯罪－朝鮮人强制連行－』, 1989
朝鮮人强制連行眞相調査團,『朝鮮人强制連行調査の記錄』(京都, 四國, 大阪, 兵庫, 廣島, 神奈川, 山口), 柏書房, 1992~94
桑原眞人,『戰前期北海道の史的硏究』, 北海道大學圖書刊行會, 1993
朝鮮人强制連行眞相調査團,『朝鮮人强制連行調査の記錄－中部・東海 篇』, 柏書房, 1997
朝鮮人强制連行實態調査報告書編纂委員會・札幌大學北海道委託調査報告書編纂室,『北海道と朝鮮人勞働者』, ぎょうせい(株), 1999
朝鮮人强制連行眞相調査團,『朝鮮人强制連行調査の記錄－神內川・千葉・山梨 篇－』, 柏書房, 2002
金英達,『朝鮮人强制連行の記錄』, 明石書店, 2003
金光烈,『足で見た筑豊朝鮮人炭鑛勞働の記錄』, 明石書店, 2004
山田昭次, 古壓正, 樋口雄一,『朝鮮人戰時勞働動員』, 岩波書店, 2005
外村大,『朝鮮人 强制連行』, 岩波書店, 2012(도노무라 마사루 지음, 김철 역,『조선인 강제연행』, 뿌리와 이파리, 2018)
竹內康人,『調査・朝鮮人强制連行① 炭鑛編』, 社會評論社, 2013
竹內康人,『調査・朝鮮人强制連行② 財閥・鑛山編』, 社會評論社, 2014
竹內康人,『調査・朝鮮人强制連行③ 發電工事・軍事基地編』, 社會評論社, 2015
竹內康人,『調査・朝鮮人强制連行④ 軍事工場・港灣編』, 社會評論社, 2015

3. 연구논문

(1) 국내

Chin-Sung Chung, "Colonial Migration from Korea to Japan"(PH.D.dissertation), the University of Chicago, 1984

김민영, 「일제의 조선인 노동력 수탈에 관한 연구 : 강제동원을 중심으로」, 전남대학교 대학원 박사학위논문, 1991

곽건홍, 「일제하 조선의 전시 노동정책 연구」, 고려대학교 박사학위논문, 1998

이상의, 「1930~40년대 일제의 조선인노동력 동원체제 연구」, 연세대학교 박사학위논문, 2002

한혜인, 「조선총독부의 '총동원체제'(1937~1945) 형성 정책」, 고려대학교 박사학위논문, 2006

안자코 유카(庵逧由香), 「조선총독부의 총동원체제 연구」, 고려대학교 박사학위논문, 2006

김미정, 「전시체제기 조선총독부의 여성노동력 동원정책과 실태」, 고려대학교 박사학위논문, 2015

※ 이상 박사학위 논문임

강만길, 「침략전쟁기 일본에 강제동원된 조선노동자의 저항」, 『한국사학보』 2, 1997

강정숙, 「일제 말기 조선인 군속 동원－오키나와로의 연행자를 중심으로－」, 『사림』 제32호, 2005

강정숙·서현주, 「일제 말기 노동력 수탈 정책 -법령을 중심으로-」, 한국정신대연구회 편, 『한일간의 미청산 과제』, 아세아문화사, 1997

강필구, 「일제의 전시체제기 조선인 강제동원 실태분석－대구광역시 강제동원 피해 신고자를 중심으로－」, 계명대학교대학원 석사학위논문, 2013

곤도 노부오(近藤伸生), 「자료소개 : 히로시마(廣島) 구레(吳) 해군공창 조선인 징용공들에 대한 군법회의 판결을 읽고」, 『한일민족문제연구』 제25집, 2013

곽건홍, 「전시체제기(1937~1945) 일제의 노동이동 제한 정책」, 『한국사학보』 5, 1998

곽건홍, 「침략전쟁기(1937~45) 일본에 강제동원된 조선노동자의 존재형태－ 군대식 노동규율과 노동조건의 민족적 차별을 중심으로」, 『아세아연구』 108, 2002

권영배, 「일제말 전시체제하 중등학교의 동원과 저항－대구지역을 중심으로」, 『역사

교육논집』 40, 2008

김광열, 「1945년 전반의 일본육군 농경근무대와 피동원 한인」, 『한일민족문제연구』 제20집, 2010

김난영, 「일제말기 경북 의성군의 노무동원 현황과 실태」, 충남대학교 석사논문, 2011

김도형, 「해방 전후 자바지역 한국인의 동향과 귀환활동」, 『한국근현대사연구』 제24집, 2003

김도형, 「태평양전쟁기 하와이 포로수용소의 한인 전쟁포로 연구」, 『한국독립운동사연구』 제22집, 2004

김도형, 「중부태평양 팔라우 군도 한인의 강제동원과 귀환」, 『한국독립운동사연구』 제26집, 2006

김도형, 「일제말기 대구24부대 학병 탈출의거」, 『군사』 제65집, 2007

김도형, 「일제 말기 필리핀 · 버마지역 한인 병사의 강제동원과 귀환」, 『한국독립운동사연구』 제4집, 2014

김명환, 「1943~44년 팔라우지역 조선인 노무자 강제동원－『조선인노무자관계철』분석을 중심으로－」, 『한일민족문제연구』 제14집, 2008

김명환, 「일제말기 남양척식주식회사의 조선인 동원실태」, 『한일민족문제연구』 제18집, 2010

김명환, 「일제말기 조선인의 남양군도 이주와 그 성격(1939~1941)」, 『한국민족운동사연구』 제64집, 2010

김미현, 「조선총독부의 농촌여성 노동력동원－'옥외노동' 논리를 중심으로」, 『역사연구』 13, 2003

김미현, 「전시체제기 인천지역 학생 노동력 동원」, 『인천학연구』 12, 인천대학교 인천학연구원, 2010

김민영, 「일제하 조선인 '강제연행' 문제의 연구쟁점과 전망(1)－전후처리 · 보상문제를 중심으로－」, 『춘계 박광순박사 화갑기념논문집』, 1993

김민영, 「사할린 한인의 이주와 노동, 1939~1945」, 『국제지역연구』 1, 2000

김민영, 「한국의 식민지시기 '전시노무동원'에 대한 연구동향」, 『역사교과서 속의 한국과 일본』, 혜안, 2000

김민영, 「식민지시대 노무동원 노동자의 송출과 철도 · 연락선」, 『한일민족문제연구』 제4집, 2003

김민영, 「일제강점기 국내 노무동원에 대한 연구: 전북지역의 사례」, 『한일민족문제연구』 제16집, 2009

김민철, 「전시체제하(1937~1945) 식민지 행정기구의 변화」, 『한국사학보』 제14집, 2003
김승일, 「중국 해남도에 강제연행된 한국인 귀환문제－조선보국대를 중심으로－」, 『한국근현대사연구』 제25집, 2003
김영택, 「일본지역 강제연행 노무자의 '노예노동'의 실상」, 『전남사학』 제22집, 2004
김윤미, 「일제말기(1938~1945) 강원지역 군인동원에 대한 연구」, 강원대학교 석사학위논문, 2006
김윤미, 「근로보국대 제도의 수립과 운용(1938~1941)」, 부경대학교 대학원 석사학위논문, 2007
김윤미, 「일제말기 거문도 요새화와 조선인 동원」, 『한일민족문제연구』 제22집, 2012
김인덕, 「일본지역 강제연행 연구－연구사에 대한 비판적 검토」, 『한국민족운동사연구』 제17집, 1997
김인덕, 「일제시대 여수지역 강제연행에 대한 고찰」, 『역사와경계』 67, 2008
김인덕·노영종·표영수, 「국내지역 구술자료수집을 바탕으로 한 강제연행의 실태」, 일제강점하강제동원피해진상규명등에관한특별법제정추진위원회, 『구술자료로 복원하는 강제연행의 역사－2001년도 구술자료수집결과보고회 자료집』, 2001
김인수, 「일제하 총동원체제에서의 노무동원과 저항에 관한 연구－조선 노동자들의 식민적 근대성 경험」, 서울대학교 대학원 사회학과 석사학위논문, 2000
김진영, 「일제말 강화군에 대한 인력동원의 실태와 추이(1938~45)－국가기록원 소장 '일제강제연행자 명부'를 중심으로－」, 경희대학교 석사학위논문, 2008
김흥식, 「안회남의 징용소설 연구」, 한국현대문학회, 『한국현대문학연구』 제41집, 2013
남경희, 「1930~1940년대 마이크로네시아지역 한인의 이주와 강제연행」, 국민대학교 대학원 석사학위논문, 2006
노영종, 「일제말기 조선인의 홋카이도지역 강제연행과 저항」, 충남대학교 석사학위논문, 2000
노영종, 「일제말기 조선인의 홋카이도지역 강제연행과 거부투쟁」, 『한국근현대사연구』 제17집, 2001
노영종, 「일제 강제연행자 현황에 대한 검토」, 『기록보존』 제16호, 2003
노영종, 「'군위안부' 관련 기록물 다시보기」, 『기록인』 제4호, 2008
노영종, 「국가기록원 소장 공탁기록물의 현황」, 『기록인』 제5호, 2008
노영종, 「대전지역의 강제연행 현황－국가기록원 소장 기록물을 중심으로－」, 『대전문화』 14집, 대전시사편찬위원회, 2008

노영종, 「충남지역 사회 · 경제수탈상」, 『충청남도지』 9(일제강점기), 2008

노영종, 「대전지역의 강제연행 현황 관련 기록물 현황」, 『대전문화』 제24집, 대전시사편찬위원회, 2015

노영종, 「일제강점기 노무자원 조사와 충남지역 강제연행」, 『한국근현대사연구』 제78집, 2016

노영종, 「조선총독부의 노무자원 조사와 대전지역의 강제연행 거부투쟁사례」, 『대전문화』 제25집, 대전시사편찬위원회, 2016

노영종, 「일제강점기 충남지역의 강제연행 현황」, 『인문학연구』 제111집, 충남대학교 인문과학연구소, 2018

다케우치야스토, 「강제연행기 조선인명부 조사 현황과 과제」, 『한일민족문제연구』 제16집, 2009

로스티뉴, 「한국인 군속의 인도네시아에서의 독립운동」, 인하대 석사학위논문, 2009

리일만, 「하지죠지마와 강제연행」, 『민족』 21, 2009

마쓰모토 다께노리(松本武祝), 「전시동원체제하 조선에 있어서 읍면 직원의 대일협력」, 『대동문화연구』 48, 2004

마쓰모토 다께노리(松本武祝), 「전시하 조선의 농민층 분화형태에 관한 분석 – 노동동원의 영향에 주목하여 –」, 『경제사학』 45, 2008

모리야 요시히코(守屋敬彦), 「기업 자료 중 각종 명부류의 기술내용에서 알 수 있는 조선인 강제연행자에 관한 사실」, 『한일민족문제연구』 제16집, 2009

문혜지, 「일제말기 완도지역 노무동원 연구」, 목포대학교 석사학위논문, 2014

민경문, 「일본 강제징용에 대하여」, 문예운동사, 『수필시대』 10, 2015

박맹수, 「홋카이도지역의 조선인 강제연행 자료에 대하여」, 『한일민족문제연구』 제4집, 2003

박맹수, 「일제말기 홋카이도로 강제동원된 전북 출신 노무자 213명의 명부」, 『한일민족문제연구』 제8집, 2005

변은진, 「일제침략전쟁기 조선인 '강제동원' 노동자의 저항과 성격 – 일본내 '도주'와 '비밀결사운동'을 중심으로」, 『아세아연구』 18, 2002

서혜선, 「자료소개 : 일제강점하 강제동원 관련 자료 소개」, 『한성사학』 25, 2010

서혜선, 「스미토모(住友) 고노마이(鴻之舞) 광산의 조선인 노무자 실태에 관한 연구, 1939~1942년」, 한성대학교 대학원 석사논문, 2013

신주백, 「일제의 교육정책과 학생의 근로동원(1943~1945)」, 『역사교육』 78호, 1999

신주백, 「한국에서 일본의 강제동원에 대한 연구 현황과 방향」, 『한일민족문제연구』

제27집, 2014

심재욱, 「공원명표를 통해 본 전시체제기 구일본육군조병창의 조선인 군속동원」, 『한국민족운동사연구』 제66집, 2006

심재욱, 「구일본해군 조선인군속 관련 자료(2009)에 대한 미시적 분석」, 『한일민족문제학회』 제24집, 2013

심재욱, 「전시체제기 조선인 해군군속의 일본지역 동원 현황－구일본해군 조선인군속 관련 자료(2009)의 데이터 분석을 중심으로」, 『한국민족운동사연구』 제81집, 2014

안자코 유카, 「총동원체제하 조선인 노동력 '강제동원' 정책의 전개」, 『한국사학보』 14, 2003

안정현, 「일제강점기 강제인력동원에 대한 글쓰기 고찰 : 징용을 중심으로」, 『한국학연구』 20, 2009

양지혜, 「전시체제기 일본질소비료주식회사의 식민지 노사관계 : 흥남 비료공장의 노동자 고용정책을 중심으로」, 『한국사연구』 175, 2016

여성구, 「전남 함평 · 장성군 귀환 생존자의 구술 사례연구」, 『한국근현대사연구』제25집, 2003

여성구, 「1940년대 전남지역 한인의 강제연행과 귀환－구술을 통해 본 귀환생존자의 사례를 중심으로」, 『역사학연구』 22, 2004

여순주, 「일제말기 조선인 여자근로정신대에 관한 실태연구」, 이화여대 여성학과 석사학위논문, 1994

유병선, 「일제말기 인도네시아 한인군속의 항일투쟁」, 『한국독립운동사연구』 제44집, 2013

윤선자, 「해방 후 전남지역으로 귀환한 해외한인의 현황」, 『역사학연구』 제22집, 2004

이경용, 「일제의 공문서 폐기 시론 : 국가기록원 소장 조선총독부 기록의 잔존성을 중심으로」, 『기록학연구』 67, 2021

이명종, 「일제말기 조선인 징병을 위한 기류제도의 시행 및 호적조사」, 『사회와역사』 74, 한국사회사학회, 2007

이병례, 「일제하 전시체제기 경성부의 노동력 동원구조」, 『사림』 제24호, 2005

이복주, 「일제말기 조선인 여자근로정신대에 관한 실태연구」, 이화여자대학교 석사논문, 1993

이복주, 「일제말기 강제동원의 유형과 실태」, 건국대 교육대학원 석사논문, 2011

이상의, 「일제지배 말기의 노동문제와 조선인의 저항」, 『역사연구』 13, 역사학연구

소, 2003
이상의, 「아시아 · 태평야전쟁기 일제의 '인천조병창' 운영과 조선인 학생동원」, 『인천학연구』 25, 2016
이상의, 「태평양전쟁기 조선인 전문학생 · 대학생의 학도지원병 동원 거부와 '학도징용'」, 『역사교육』 141, 2017
이수환, 이광우, 「1939~1945년 경북 지역의 노동력 강제동원」, 『민족문화논총』 제58집, 영남대학교 민족문화연구소, 2014
이승희, 「조선인의 일본 '밀항'에 대한 일제 경찰의 대응 양상」, 『다문화콘텐츠연구』 13, 중앙대학교 문화콘텐츠기술연구원, 2012
이연식, 「화태청 자료를 통해 본 일본제국의 사할린 한인 동원 실태 연구」, 『일본사상』 32, 2017
이종민, 「전시하 애국반 조직과 도시의 일상 통제 – 경성부를 중심으로 –」, 『동방학지』 124호, 2004
임현진, 「일제 전시체제하 조선인 노무동원에 대한 고찰 : 조선내로의 동원과 일본으로의 동원을 중심으로」, 경남대 교육대학원 석사논문, 2006
장 신, 「『朝鮮檢察要報』를 통해 본 태평양 전쟁 말기(1943~45)의 조선사회」, 『역사문제연구』 6, 2001
전기호, 「일제하 조선인 강제연행 · 강제노동에 있어서 강제의 성격에 관한 연구」, 『경제연구』 16-1, 경희경제연구소, 2000
전기호, 「강제연행 재일조선인 노동자들의 투쟁에 관한 연구」, 『경제연구』 17, 2001
전성현, 「일제말기 경남지역 근로보국대와 국내노무동원 – 학생 노동력 동원을 중심으로」, 『역사와경계』 제95집, 부산경남사학회, 2015
정태헌, 기광서, 「일제의 반인륜적 조선인 강제노무동원과 임금 탈취」, 『역사와현실』 50, 2003
정혜경, 「공문서의 미시적 구조 인식으로 본 남양농업이민(1939~1940)」, 『한일민족문제연구』 제3집, 2002
정혜경, 「일제 말기 강제연행 노동력 동원의 사례: 조선농업보국청년대」, 『한국독립운동사연구』 제18집, 2002
정혜경, 「일제 말기 조선인 군노무자의 실태 및 귀환」, 『한국독립운동사연구』 제20집, 2003
정혜경, 「국내 강제연행 연구, 미래를 위한 제언」, 『한일민족문제연구』 제7집, 2004
정혜경, 「기억에서 역사로 : 일제말기 일본제철(주)에 끌려간 조선인 노동자」, 『한국

민족운동사연구』 제41집, 2004
정혜경, 「일제말기 '남양군도'의 조선인노동자」, 『한국민족운동사연구』 제44집, 2005
정혜경, 「일제말기 조선인 강제연행·강제노동에 관한 기록사료－수집 및 활용 방안을 중심으로－」, 『사림』 제24호, 2005
정혜경, 「국민징용령과 조선인 인력동원의 성격－노무자와 군속의 틀을 넘어서－」, 『한국민족운동사연구』 제56집, 2008
정혜경, 「전시체제기 화태 전환배치 조선인 노무자 관련 명부의 미시적 분석」, 『숭실사학』 22, 2009
정혜경, 「스미토모 고노마이광산 발신전보를 통해 살펴본 조선인 노무동원 실태」, 『강제동원을 말한다－명부편(1)』, 선인, 2011
정혜경, 「일제말기 경북지역 출신 강제동원 노무자들의 저항」, 『한일민족문제연구』 제25집, 2013
정혜경, 「일제말기 남양군도 노무동원과 조선 여성」, 『역사와 교육』 23, 2016
정혜경, 「일제말기 홋카이도 스미토모 고노마이광업소 조선인 노무자 노동재해 관련 기록물 연구」, 『한일민족문제연구』 제30집, 2016
조원준, 「일본 강점기하의 조선인 노동력 강제동원에 관한 실태연구 : 일제말기 노동력동원을 중심으로」, 부경대 석사학위논문, 2006
지영임, 「구술을 통해 본 일제하 제주도 내 강제동원의 실태와 특징」, 조성윤 엮음, 『일제말기 제주도의 일본군 연구』, 보고사, 2008
한혜인, 「일제 강점기에 있어서의 한일 노동자 교류의 실태와 허실－홋카이도탄광기선주식회사를 중심으로－」, 『한국일본어문학회 학술발표대회논문집』, 2000
한혜인, 「조선인 강제연행에서의 강제성의 한 단면」, 『일본어문학』 10, 2001
한혜인, 「朝鮮人「强制連行」政策の運用－朝鮮總督府の運用を中心に－」, 『아시아문화연구』 제6집, 2002
한혜인, 「'강제연행'에서의 공출구조－1939·40년의 조선총독부 정책과 부산직업소개소의 역할을 중심으로－」, 『한일민족문제연구』 제4집, 2003
한혜인, 「홋카이도대학 부속도서관 소장 조선인 강제연행 관련자료의 현황」, 『일본 소재 한국사 자료 조사보고 Ⅱ』(해외사료총서 8권), 2004
한혜인, 「강제동원 정책과 동원이데올로기－1941년도 노무동원 조선총독부 운용계획을 중심으로」, 『한국일본어문학회 학술발표대회논문집』, 2005
한혜인, 「소위 관 주도에 의한 강제연행의 경로 －홋카이도탄광기선주식회사의 경우」, 『동양사학회 학술대회 발표논문집』, 2006

한혜인, 「전시기 조선인 강제연행의 경로－강제연행 정책수립의 과정을 중심으로－」, 『한일군사문화연구』 제5집, 2007

허광무, 「전시기 조세이탄광과 조선인 노무동원 : 생존자 증언에 의한 수몰사고의 재편성과 노동실태」, 『한일민족문제연구』 제13집, 2007

허수열, 「조선인 노동력 강제연행의 실태－조선내에 있어서의 강제동원 정책의 전개를 중심으로－」, 차기벽 편, 『일제의 한국 신민 통치』, 정음사, 1985

허수열, 「제주도에 있어서 조선인 강제동원」, 조성윤 엮음, 『일제말기 제주도의 일본군 연구』, 보고사, 2008

홍제환, 「전시기 조선인 동원자수 추청치 활용에 대한 비판」, 『경제사학』 44, 2008

황선익, 「일제강점기 대만지역 한인사회와 강제연행」, 『한국독립운동사연구』 제24집, 2005

히구이 유이치(樋口雄一), 「조선인 강제동원 연구의 현황과 과제」, 『한일민족문제연구』 제30집, 2016

(2) 북한

김동호, 「태평양전쟁마당에 조선 사람들을 강제동원하여 학살한 일제의 죄악」, 『력사과학』 1996년 제4호

리구호, 「항일무장투쟁의 혁명적 영향밑에 벌어진 재일조선인들의 반일반전투쟁」, 『력사과학』 1987년 제4호

리국순, 「일제 말기 조선인 강제 징용에 관한 고찰」, 『력사과학』 1984년 제3호

주종식, 「조선인 징용로동자들에 대한 일제의 가혹한 착취와 억압, 학살만행」, 『력사과학』 1977년 제3호

(3) 국외

康成銀, 「戰時下日本帝國主義の農村勞動力收奪政策」, 『歷史評論』, 1979

古庄正, 「在日朝鮮人勞働者の賠償要求と政府および資本家團體の對應」, 『社會科學討究』 31-2, 早稻田大學 社會科學研究所, 1985

今泉有美子, 「朝鮮半島における南洋移民－美國議會圖書館 所藏 南洋群島 關係史料を中心に－」, 『アリラン通信』 32, 2004

金英達, 「朝鮮人强制連行概念の再構成と統計引用におけるフィグユアロンダリング

について」, むくげの會,『むくげ通信』, 1991
朴慶植,「朝鮮人强制連行について調査研究」,『アジア問題研究所報』6, 1991
朴慶植,「朝鮮人强制連行」, 梁泰昊 編,『朝鮮人强制連行論文集成』, 明石書店, 1993
飛田雄一・金英達・高柳俊男・外村大,「朝鮮人戰時動員に關する基礎研究」,『青丘學術論叢』4, 1994
山田昭次,「中國人,朝鮮人强制連行史試論」,『朝鮮歷史論集』(下), 龍溪書舍, 1979
山田昭次,「日立鑛山朝鮮人强制連行の記錄」,『在日朝鮮人史研究』 제7호, 1980
山田昭次,「朝鮮人强制連行研究史覺書」, 梁泰昊 編,『朝鮮人强制連行論文集成』, 明石書店, 1993
山田昭次,「朝鮮人强制連行研究をめぐる若干の問題」,『日本植民地研究』6, 1994
相澤一正,「茨城縣朝鮮人中國人强制連行に關するノート」, 梁泰昊 編,『朝鮮人强制連行論文集成』, 明石書店, 1993
小林英夫,「朝鮮總督府の勞動力政策について」,『經濟と經濟學』34, 東京道立大學經濟學會, 1974
小澤有作,『近代民衆の記錄 10』(在日朝鮮人), 新人物未來社, 1978
守屋敬彦,「國家統制下における新興鑛山の勞働者募集－鴻之舞金鑛山を例として－」,『道都大學紀要』 제7호, 1988
守屋敬彦,「國家統制下における勞働者募集法規の研究」,『道都大學紀要』 제8호, 1989
守屋敬彦,「金屬鑛山と朝鮮・韓國人强制連行－鴻之舞金鑛山－」,『道都大學紀要』 제9호, 1990
守屋敬彦,「『支拂依賴書綴』よりみたる住友鴻之舞鑛山朝鮮人强制連行」,『道都大學紀要』 제10호, 1991
守屋敬彦,「第二次世界大戰下における朝鮮人强制連行の統計的研究－被連行者數について－」,『道都大學紀要』 제13호, 1994
守屋敬彦,「朝鮮人强制連行における募集・官斡旋・徵用方式の一貫性」,『道都大學紀要』 제14호, 1995
守屋敬彦, 「アジア太平洋戰爭下の朝鮮人强制連行のと遺家族援護」,『道都大學紀要』 제15호, 1996
遠藤公嗣,「戰時下の朝鮮人勞動者連行政策の展開と勞使關係」,『歷史學研究』, 1987
依田憙家,「第二次世界大戰下 朝鮮人强制連行と勞務政策」,『社會科學研究』, 早稻田大學 社會科學研究所, 1972
長澤秀,「戰時下常磐炭田における朝鮮人鑛夫の勞働と鬪い」, 梁泰昊 編,『朝鮮人强制

連行論文集成』, 明石書店, 1993

長澤秀, 「日曹天塩炭鑛朝鮮人强制連行－會社文書を中心に－」, 『在日朝鮮人史研究』 24, 1994

千住一, 「第6章 南洋群島」, 日本植民地研究會, 『日本植民地研究の現狀と課題』, 아테네사, 2008

桶口雄一, 「民族の心を奪う－'內鮮融和'政策と協和會－」, 大阪人權歷史資料課, 『朝鮮侵略と强制連行 : 日本は朝鮮に何をしたか?』, 解放出版社, 1992

桶口雄一, 「太平洋戰爭下の朝鮮人女性動員－愛國班を中心に」, 『朝鮮史研究論文集』 32, 1994

桶口雄一, 「戰時下朝鮮における女性動員－1942~1945を中心に」, 『植民地と戰爭責任』, 吉川弘文館, 2005

海野福壽, 「朝鮮の勞務動員」, 『岩波講座 日本近代と植民地』 5, 岩波書店, 1993

戸塚秀夫, 「日本帝國主義の崩壞と「移入朝鮮人」勞動者－石炭産業における一事例研究－」, 隅谷三喜男 編, 『日本勞使關係史論』, 東大出版, 1997

부 록

1. 일제강점기 조선인 노동력 조사현황(1940년 3월 말 기준)

	군명	여자(12~19세)		남자							
				소계		20~30세		31~40세		41~45세	
		가능	희망	가능	희망	가능	희망	가능	희망	가능	희망
경기도	고양	99	-	757	23	16	16	6	6	1	1
	광주	524	56	1,902	274	189	189	70	70	15	15
	양주	328	20	1,374	154	100	100	41	41	13	13
	연천	118	18	472	60	39	39	18	18	3	3
	포천	115	13	828	144	95	95	36	36	13	13
	가평	76	29	794	241	147	147	52	52	42	42
	양평	462	12	1,987	133	76	76	40	40	17	17
	여주	292	6	1,994	236	163	163	60	60	13	13
	이천	92	5	476	70	41	41	20	20	9	9
	용인	485	67	2,842	419	289	289	81	81	49	49
	안성	515	79	1,685	360	200	200	121	121	39	39
	평택	319	8	888	151	91	91	42	42	18	18
	수원	833	62	2,758	245	161	161	63	63	21	21
	시흥	434	24	1,308	120	82	82	31	31	7	7
	부천	166	19	763	60	34	34	35	35	1	1
	김포	136	26	589	100	66	66	32	32	2	2
	강화	324	35	2,427	253	206	206	33	33	14	14
	파주	194	4	996	38	34	34	2	2	2	2
	장단	107	13	757	75	48	48	19	19	8	8
	개풍	498	17	1,636	129	81	81	37	37	11	11
	계	5,017	513	26,234	3,285	14,744	2,158	8,661	829	2,829	298

	군명	여자(12~19세)		남자							
				소계		20~30세		31~40세		41~45세	
		가능	희망	가능	희망	가능	희망	가능	희망	가능	희망
강원도	춘천	121	38	613	127	353	66	307	47	53	14
	인제	451	7	2,154	147	1,076	93	717	39	361	15
	양구	44	9	191	53	105	33	63	16	23	4
	회양	35	1	189	19	90	10	74	6	25	3
	통천	131	3	848	59	494	28	245	23	109	8
	고성	129	2	483	42	20	17	171	24	82	1
	양양	270	33	1403	111	747	77	441	29	215	5
	강릉	574	55	2,911	66	1,544	52	1,059	10	308	4
	삼척	641	28	4,140	164	2,295	98	1,302	52	543	14
	울진	221	4	3,685	89	2,615	53	762	29	308	7
	정선	55	-	370	103	226	66	107	30	37	7
	평창	574	21	1,999	197	948	104	577	78	474	15

	영월	320	14	1,207	23	558	18	495	4	154	1
	원주	105	10	579	122	383	84	142	23	54	15
	횡성	570	14	1,986	85	1,020	48	677	29	289	8
	홍천	396	67	2,114	128	1,254	110	611	16	249	2
	화천	202	25	927	56	452	32	374	22	101	2
	금화	47	3	236	38	126	21	79	13	31	4
	철원	569	21	2,646	264	1,301	152	1,026	73	319	39
	평강	21	2	139	29	79	17	43	8	17	4
	이천	40	5	287	45	172	27	85	15	30	3
	계	4,760	356	25,285	1,967	14,144	1,206	7,829	586	3,312	175
경상북도	군명	여자(12~19세)		남자							
				소계		20~30세		31~40세		41~45세	
		가능	희망	가능	희망	가능	희망	가능	희망	가능	희망
	달성	1,993	139	2,317	809	1,639	633	443	139	215	37
	군위	759	146	3,412	2,136	2,148	1,493	931	517	313	124
	의성	689	184	5,087	2,576	3,424	1,839	1,115	500	548	237
	안동	410	31	4,227	1,288	2,918	969	915	250	394	69
	청송	348	36	3,375	1,328	2,132	932	943	321	500	75
	영양	236	23	3,603	370	2,402	259	808	76	393	35
	영덕	1,108	35	5,864	771	3,444	659	1,773	107	647	5
	영일	2,394	284	11,191	4,222	5,430	2,601	4,164	1,300	1,377	521
	경주	804	132	8,711	4,934	3,063	3,268	2,734	1,413	914	253
	영천	1,675	172	6,046	1,908	2,992	1,227	2,199	550	855	151
	경산	1,218	107	4,111	1,432	2,436	940	1,151	349	524	143
	고령	448	726	3,095	1,636	1,351	924	911	514	653	198
	성주	561	-	2,198	271	1,309	198	486	69	203	4
	칠곡	93	-	2,860	676	1,629	354	803	211	428	111
	김천	864	99	3,347	1,062	1,890	726	992	223	465	113
	선산	646	90	6,080	1,056	4,097	691	1,433	195	348	170
	상주	1,071	130	4,326	2,346	2,397	1,629	1,217	541	512	176
	문경	613	124	9,603	4,183	6,217	2,989	2,636	994	732	202
	예천	332	60	5,469	1,062	4,017	672	1,062	150	390	240
	영주	1,263	31	6,693	394	4,143	202	1,689	98	861	94
	봉화	1,203	189	4,370	1,101	2,334	796	1,298	257	318	48
	울릉	130	37	1,121	348	715	231	290	77	116	20
	합계	19,304	2,813	107,112	35,911	64,969	24,254	30,035	8,831	12,108	2,826
경상남도	군명	여자(12~19세)		남자							
				소계		20~30세		31~40세		41~45세	
		가능	희망	가능	희망	가능	희망	가능	희망	가능	희망
	진양	5,680	503	16,521	5,994	8,953	4,028	5,350	1,605	2,218	361
	의령	190	26	702	292	293	174	258	84	151	34
	함안	2,181	382	7,069	2,593	4,000	1,550	2,015	806	1,054	237
	창령	517	33	1,580	464	812	282	485	125	283	57

	밀양	4,685	155	13,622	3,492	7,027	1,823	4,375	1,094	2,220	575
	양산	654	142	2,024	912	1,183	540	585	285	256	87
	울산	1,642	123	5,766	1,902	3,431	1,336	1,582	370	753	196
	동래	2,218	226	3,738	309	1,838	260	1,187	46	713	3
	김해	788	57	4,692	2,431	2,413	1,358	1,605	807	674	266
	창원	362	111	1,141	505	669	334	322	107	150	64
	통영	6,734	299	17,454	2,330	10,256	1,823	4,667	434	2,531	73
	고성	5,870	259	14,911	2,175	6,761	1,389	4,631	537	3,519	249
	사천	177	21	808	222	459	143	229	54	120	25
	남해	-	-	1970	432	18	231	384	180	248	21
	하동	3,607	334	9,953	1,859	5,029	1,369	3,450	386	1,474	104
	산청	164	17	1,303	327	682	207	475	112	146	8
	함양	3,435	458	10,694	2886	5,276	2040	3,383	538	2,035	308
	거창	1,840	267	5,728	3,306	2,806	1,979	1,863	943	1,059	384
	합천	3,927	278	13,929	4,038	8,158	2,440	3,656	860	2,115	738
	계	44,671	3,691	133,605	56,469	71,384	2,306	40,502	9,373	21,719	3,790
전라북도	군명	여자(12~19세)		남자							
				소계		20~30세		31~40세		41~45세	
		가능	희망	가능	희망	가능	희망	가능	희망	가능	희망
	완주	1,363	209	8,444	3,430	4,852	2,068	2,592	981	1,000	381
	진안	626	72	4,491	1,868	2,792	1,194	1,306	519	393	184
	금산	736	103	4,485	1,848	2,688	1,365	1,164	370	633	113
	무주	1,048	76	4,756	2,559	2,841	1,766	1,384	575	531	218
	장수	140	14	1,838	1,033	1,054	600	685	371	99	52
	임실	655	120	3,621	1,714	2,087	1,125	1,097	441	437	148
	남원	678	92	4,268	1,665	2,368	1,092	1,404	446	497	127
	순창	1,539	151	6,066	1,900	1,086	1,125	1,919	507	1,061	268
	정읍	947	340	7,505	4,066	3,901	2,512	2,392	1,067	1,012	487
	고창	1,332	32	6,838	1,794	3,840	1,038	2,149	600	849	156
	부안	486	64	2,850	1,544	1,351	745	1,078	560	421	228
	김제	579	316	3,791	2,204	2,126	1,352	1,174	650	491	202
	옥구	529	101	2,535	1,115	1,291	614	896	345	348	156
	익산	750	200	3,797	1,791	2,055	1,001	1,183	563	559	228
	계	11,408	1,790	65,085	28,540	36,332	17,597	20,423	7,995	8,330	2,948
충청북도	군명	여자(12~19세)		남자							
				소계		20~30세		31~40세		41~45세	
		가능	희망	가능	희망	가능	희망	가능	희망	가능	희망
	청주	7,730	724	26,474	7,246	15,705	5,314	8,697	1,691	2,174	241
	보은	2,740	101	11,164	2,639	6,800	1827	3,552	609	821	203
	옥천	3,602	337	13,846	3,601	8,445	2,476	4,278	1,015	1,125	112
	영동	4,020	1,130	14,949	8,416	8,909	5,528	4,020	2,155	2,010	753
	진천	2,044	140	7,823	1,464	4,370	1,218	2,537	211	916	35
	괴산	4,842	834	19,033	1,669	11,020	1,669	6,344	-	1,669	-

	음성	3,478	37	13,911	1,512	8,579	1,159	4,289	238	1,043	115
	충주	5,870	172	22,100	2,468	15,813	2,072	5,525	345	2,762	51
	제천	3,607	373	12,438	2,486	7,587	1,741	3,234	621	1,617	124
	단양	2,034	70	7,295	960	4,279	651	2,385	280	631	49
	소계	39,967	3,938	149,125	32,461	89,503	25,655	44,861	7,143	14,739	1,685
충청남도	군명	여자(12~19세)		남자							
				소계		20~30세		31~40세		41~45세	
		가능	희망	가능	희망	가능	희망	가능	희망	가능	희망
	대덕	1,078	260	2,966	761	2,382	684	465	70	119	7
	공주	2,046	142	14,753	8,096	11,515	6,360	2,720	1,503	518	233
	금산	736	103	4,485	1,848	2,688	1,365	1,164	370	633	113
	논산	1,574	407	3,855	2,576	3,095	1,993	694	517	66	66
	당진	1,477	170	6,658	3,020	4,745	2,225	1,582	644	331	151
	보령	940	61	3,341	1,048	2,608	833	571	154	162	61
	부여	1,521	374	10,881	6,412	6,775	4,287	3,140	1,642	966	483
	서산	747	88	8,615	1,759	5,331	1,199	2,616	492	668	68
	서천	2,190	90	6,437	3,204	5,061	2,462	1,123	616	253	126
	아산	1,294	561	4,772	3,105	3,740	2,418	851	552	181	135
	연기	1,084	123	5,187	2,134	4,200	1,633	775	364	212	137
	예산	867	118	6,052	1,947	4,209	1,435	1,371	394	472	118
	천안	2,009	161	6,316	3,032	4,773	2,243	1,364	691	179	98
	청양	666	155	4,062	2,044	3,003	1,524	812	402	247	118
	홍성	692	7	6,281	2,470	4,580	1,709	1,324	608	377	153
	계	18,521	2,820	94,661	43,456	68,705	32,370	20,572	10,014	5,384	2,067
황해도	군명	여자(12~19세)		남자							
				소계		20~30세		31~40세		41~45세	
		가능	희망	가능	희망	가능	희망	가능	희망	가능	희망
	벽성	1,248	63	2,572	287	1,295	206	910	65	367	16
	연백	736	31	1,185	126	665	67	385	37	135	22
	금천	480	35	2,798	210	1,214	99	914	67	670	44
	평산	888	52	1,796	99	778	45	576	29	442	25
	신계	604	21	1,051	95	543	42	356	35	152	18
	옹진	316	18	2,218	122	1,204	68	712	48	302	6
	장단	350	16	1,301	170	653	85	457	60	191	25
	송화	519	16	1,938	66	1,032	17	618	30	288	19
	은율	255	14	1,347	182	696	115	447	43	204	24
	안악	475	4	1,387	240	748	11	456	72	183	55
	신천	479	120	995	172	554	102	356	49	85	22
	재령	405	65	2,551	504	1,067	239	755	150	529	115
	황주	758	116	2,798	880	1,214	362	914	271	670	247
	봉산	888	220	2,173	344	1,130	208	758	108	285	28
	서흥	864	75	2,186	231	1,082	95	546	76	558	60
	수안	978	51	1,373	195	805	125	527	51	241	19

	곡산	787	44	33,419	4,162	16,218	2,073	10,930	1,275	6271	815
	계	11,030	1961	63,088	8,085	30,898	3,959	20,617	2,466	11,573	1,560
평안남도	군명	여자(12~19세)		남자							
				소계		20~30세		31~40세		41~45세	
		가능	희망	가능	희망	가능	희망	가능	희망	가능	희망
	대동	3,927	71	11,278	709	6,073	457	910	183	1,484	69
	순천	1,808	32	6,235	583	3,349	393	385	114	875	76
	맹산	1,509	-	4,840	195	2,480	90	914	65	826	40
	양덕	1,236	-	3,547	3	1,736	-	576	3	562	-
	성천	3,095	121	9,500	708	5,109	410	356	205	1,398	93
	강동	2,196	29	5,198	812	2,330	456	712	269	936	87
	중화	2,971	44	8,603	894	4,497	478	457	310	1,206	106
	용강	3,998	25	12,418	643	6,525	438	618	180	1,818	25
	강서	4,450	95	11,515	1,221	5,650	731	447	419	1,775	71
	평원	2,580	212	6,541	1,210	3,395	687	456	368	1,020	155
	안주	1,602	4	5,609	365	2,763	228	356	133	897	4
	개천	1,242	39	3,746	536	2,041	335	755	130	613	71
	덕천	1,156	21	2,709	344	1,464	52	914	37	363	255
	영원	1,409	8	5,405	352	2,984	246	758	89	774	17
	계	33,179	721	97,144	8,575	50,396	5,001	546	2,505	14,547	1,069
평안북도	군명	여자(12~19세)		남자							
				소계		20~30세		31~40세		41~45세	
		가능	희망	가능	희망	가능	희망	가능	희망	가능	희망
	의주	4,520	643	13,880	3,995	7,290	2,155	4,535	1,332	2,155	508
	구성	8,018	1,036	36,275	11,345	19,365	6,273	10,910	3,054	6,000	2,018
	태천	5606	663	33,218	12,901	19,473	7,958	9,224	3,014	4,521	1,929
	운산	591	47	7,543	3,741	4,162	2,110	2,317	1,229	1,064	402
	희천	15,911	169	67,748	12,735	37,215	8,804	20,891	2,564	9,642	1,367
	영변	24,842	198	100,560	15,116	54,454	8,943	30,605	2,981	15,501	1,192
	박천	8,372	736	52,456	14,455	33,871	10,949	13,617	2,484	4,968	920
	정주	22,423	2,802	110,598	42,229	70,986	28,776	27,653	9,529	11,959	3,924
	선천	4,841	1,046	28,787	8,373	17,011	5,561	8,178	2,093	3,598	719
	철산	960	66	2,248	804	1,901	474	990	264	456	66
	용천	899	112	8,703	1,091	5,312	899	2,501	271	890	121
	삭주	2,226	85	11,817	3,467	7,579	2,119	3,168	942	1,070	406
	창성	308	73	3,013	1,166	1,874	889	779	108	360	169
	벽동	9,787	710	28,651	6,506	15,747	3,827	8,858	1,695	4,046	984
	초산	1,090	50	4,090	780	2,500	480	1,530	240	560	60
	위원	681	-	2,278	369	1,920	212	1,114	131	344	36
	강계	19,163	4,143	87,639	20,815	40,596	15,364	31,679	9,754	15,364	5,697
	자성	141	-	2,981	1,080	1,716	775	940	258	329	47
	후창	2,217	112	6,491	349	2,876	787	1,944	482	1,671	80
	계	132,596	12,691	611,780	170,429	345,849	107,355	181,433	42,425	84,498	20,645

	군명	여자(12~19세)		남자							
				소계		20~30세		31~40세		41~45세	
		가능	희망	가능	희망	가능	희망	가능	희망	가능	희망
함경남도	함주	1,688	42	7,674	612	5,000	352	2,569	190	105	70
	정평	544	48	3,248	662	1,816	405	978	181	454	76
	영흥	766	83	4,728	726	2,716	459	1,393	191	619	76
	고원	105	3	820	324	397	152	291	134	132	38
	문천	126		599	85	403	10	141	60	55	15
	덕원	329	21	1,611	295	1,097	208	339	57	175	30
	안변	900	7	2,612	253	2,390	95	103	135	119	23
	홍원	787	48	4,919	541	3,005	339	1,357	96	557	106
	북청	2,690	157	9,877	941	6,398	684	2,357	213	1,122	44
	이원	-	-	7	-	7	-	-	-	-	-
	단천	838	71	5,152	858	3,290	687	1,289	121	573	50
	신흥	569		2,997	283	2,069	191	580	75	348	17
	장진	655	27	2,580	478	1,384	258	823	145	373	75
	풍산	242		1,717	90	1,082	12	362	61	273	17
	삼수	232	8	1,148	143	642	83	327	31	179	29
	갑산	273	42	1,605	341	996	176	401	123	208	42
	계	10,744	557	51,294	6,632	32,692	4,111	13,310	1,813	5,292	708

	군명	여자(12~19세)		남자							
				소계		20~30세		31~40세		41~45세	
		가능	희망	가능	희망	가능	희망	가능	희망	가능	희망
함경북도	종성	221	12	742	38	525	34	185	-	32	4
	명천	193	-	627	29	379	25	183	2	65	2
	길주	644	-	1,856	-	1,024	-	532	-	300	-
	성진	88	-	418	-	291	-	105	-	22	-
	부령	150	6	556	39	336	20	143	14	77	5
	무산	343	2	1,192	76	654	41	362	26	176	7
	회령	885	4	2,690	1,021	1,430	500	881	322	379	199
	종성	258	-	668	-	355	-	208	-	105	-
	온성	81	-	110	8	68	5	27	3	15	-
	경원	448	4	1,110	155	632	92	368	44	110	19
	경흥	167	1	338	24	176	17	121	4	41	3
	계	3,478	29	1,006	1,390	5,870	734	3,115	415	1,321	239

2. 충남지역 강제동원 현황(1939~45년)

출신 부·군명	동원지		인원
	부·현명	기업명	
공주군	宮城縣	東京 第18陸軍造兵廠 仙台製造所 建設工事	1
		萬藏銅山鑛業所	2
		(주)西松組 塩釜出張所	73
		和田組	1
		소계	81
	岐阜縣	揮斐川電氣(주)	6
	兵庫縣	廣岳 三菱造船所	1
		(주)久保田鐵工所 武庫川工場	3
		三菱鑛業(주) 明延鑛山	2
		三菱鑛業(주) 生野鑛業所	92
		三菱重工業(주) 神戶造船所	1
		日本フュルト工業(주)	1
		소계	100
	福岡縣	일본福岡縣	5
		麻生鑛業(주) 吉猥炭鑛	3
		明治鑛業(주) 平山鑛業所	5
		寶珠山鑛業(주) 寶珠山炭鑛	146
		遠賀支部	1
		三菱鑛業(주) 飯塚協和會 上山田支部	1
		三井(주) 三池鑛業所	33
		日本製鐵(주) 八幡製鐵所	1
		소계	195
	福島縣	일본 福島縣	1
	北海道	萬字炭鑛(주)	2
		名寄通運會社 美深作業所	1
		三菱鑛業(주) 手稻鑛業	2
		日曹天塩鑛業所	14
		住友(주) 鴻之舞鑛山	352
		北海道炭鑛汽船(주)	1
		土建産報 稻場班	1
		(주)木田組	3
		소계	376
	岩手縣	日本製鐵(주) 釜石製鐵所	
	茨城縣	關本炭鑛(주)	1
		羽田精機(주)	79
		소계	80
	長崎縣	일본長崎縣	51

		吉原鑛業所 大志佐炭鑛	4
		長崎航運(주)	1
		藏內 尾平鑛業所	1
		長崎通運(주) 大村支店	1
		長崎通運(주) 淸水組 作業所	7
		소계	65
	長野縣	일본長野縣	1
		(주)大林組 松本出張所	1
		(주)相模組	4
		소계	6
	靜岡縣	古河鑛業(주) 久根鑛業所	2
		宇久須鑛業(주)	85
		中村組	6
		日本通運(주) 浜松支店	2
		黑崎窯業(주) 淸水工場	1
		소계	96
	佐賀縣	麻生鑛業(주) 工原鑛業所	1
		富士貨物自動車(주)	2
		西杵炭鑛	2
		小岩炭鑛	2
		昭和自動車(주)	1
		岩谷炭鑛	2
		有限會社 西唐津鐵工所	2
		日滿鑛業(주) 鑛業所	13
		소계	25
	秋田縣	小眞木鑛山	1
		小坂鑛山 多田組	3
		花岡鑛業所	8
		소계	12
	栃木縣	古河鑛業(주) 足尾鑛業所	9
		日本鑛業(주) 木戸ケ澤鑛山	1
		日本鑛業(주) 日光鑛山	3
		소계	13
	미상		35
	총계		1,225

출신 부·군명	동원지		인원
	부·현명	기업명	
금산군	宮城縣	林鑛業所	1
		(주)西松組 塩釜出張所	2
		소계	3
	岐阜縣	揮斐川電氣(주)	1

	兵庫縣	廣畑航運(주)	1
		三菱鑛業(주) 明延鑛山	6
		三菱電氣(주) 伊丹製作所	50
		三菱重工業(주) 神戸造船所	1
		神戸船舶荷役(주)	84
		日本通運(주) 姬路支社	1
		井華鑛業(주) 春日鑛山	5
		소계	148
	福岡縣	일본福岡縣	1
		明治鑛業(주) 平山鑛業所	4
		三井 三池鑛業所	1
		日本製鐵(주) 八幡製鐵所	1
		소계	7
	北海道	일본北海道	4
		住友鑛業(주) 鴻之舞鑛業所	6
		萬字鑛業(주)	53
		日曹天塩鑛業所	2
		太平洋炭鑛 釧路鑛業所	1
		소계	66
	山梨縣	일본 山梨縣	1
	岩手縣	일본 岩手縣	1
		日本製鐵(주) 釜石製鐵所	13
		소계	14
	茨城縣	關本炭鑛(주)	1
		日立鑛山	3
		日立製作所 水戸工場	1
		소계	5
	滋賀縣	日寶鑛軍用品(주) 土倉鑛業所	1
	長崎縣	일본長崎縣	8
		昭和炭業(주) 平田山炭鑛	2
		野上東亞鑛業(주) 神林炭鑛	54
		日室鑛業(주) 江迎炭業所	32
		長崎航運(주)	43
		川南 深堀造船所	1
		소계	140
	長野縣	일본長野縣	1
		大家鑛業 上伊那鑛山	4
		소계	5
	佐賀縣	富士貨物自動車(주)	1
		西杵炭鑛	1
		片倉鑛業(주)	1
		소계	3

	秋田縣	大日本鑛業(주) 發盛鑛業所	1
	秋田縣	三菱鑛業(주) 尾居澤鑛山	2
	秋田縣	花岡鑛業所	2
	秋田縣	소계	5
	枋木縣	古河鑛業(주) 足尾鑛業所	5
	枋木縣	日光土木建築(주)	1
	枋木縣	소계	6
	미상		1
	합계		404

출신 부·군명	동원지 부·현명	동원지 기업명	인원
논산군	宮城縣	菅原組 작업장	2
		三菱鑛業(주) 細倉鑛業所	4
		萬藏銅山鑛業所	2
		(주)西松組 塩釜出張所	2
		소계	10
	岐阜縣	揮斐川電氣(주)	2
	奈良縣	八宏運送(주) 王寺支社	1
	兵庫縣	(주)久保田鐵工所 武庫川工場	1
		三菱鑛業(주) 明延鑛山	2
		三菱 生野鑛業所	20
		三菱重工業(주) 神戸造船所	2
		日輪ゴム工業(주) 姫路工場	1
		日亞製鋼(주)	1
		井華鑛業(주) 春日鑛山	1
		(주)間組	1
		(주)播磨造船所	1
		소계	30
	福岡縣	綱分炭坑	2
		明治鑛業(주) 平山鑛業所	8
		明治炭鑛	1
		寶珠山鑛業(주) 寶珠山炭鑛	4
		三菱 飯塚鑛業所 鯰田炭鑛	2
		三井 三池鑛業所	10
		日本製鐵(주) 八幡製鐵所	1
		日本通運(주) 博多支店	1
		(주)木田組 作業所 福岡作業場	3
		소계	32
	福島縣	古河炭鑛	1
	北海道	일본北海道	1
		3692工場霧島隊	1

		萬字炭鑛(주)	3
		(주)木田組	5
		日曹天塩鑛業所	4
		住友鑛業(주) 鴻之舞鑛山	134
		北海道炭鑛汽船(주)	5
		土建産報 稻場班	1
		소계	154
	山口縣	일본山口縣	1
	新瀉縣	三菱 佐渡炭鑛	1
		新瀉縣	1
		소계	2
	岩手縣	日本製鐵(주) 釜石製鐵所	26
	茨城縣	關本炭鑛(주)	13
		日立鑛山	54
		日寶鑛軍用品(주) 土倉鑛業所	12
		소계	79
	長崎縣	일본長崎縣	1
		三菱 長崎造船所	1
		昭和炭業(주) 平田山炭鑛	1
		長崎航運(주)	2
		川南深堀造船所	1
		長崎通運(주) 大村支店	1
		소계	7
	長野縣	일본長野縣	3
		(주)鹿島組	7
		소계	10
	靜岡縣	大石細巾 織物工場	2
		宇久須鑛業(주)	114
		日本鋼管(주) 清水造船所	1
		中村組	5
		日本通運(주) 浜松支店	2
		日本通運(주) 靜岡支店	47
		소계	171
	佐賀縣	西杵炭鑛	1
		小岩炭鑛	1
		岩谷炭鑛	3
		日東商事(주)	1
		日滿鑛業(주) 新屋敷炭鑛	8
		소계	14
	秋田縣	大柴鑛山鑛業所	3
		三菱鑛業(주) 尾居澤鑛山	2
		帝國鑛業開發(주) 荒川鑛業所	5

<table>
<tr><td rowspan="12"></td><td rowspan="3"></td><td>秋田港灣運送(주)</td><td>34</td></tr>
<tr><td>花岡鑛業所</td><td>3</td></tr>
<tr><td>소계</td><td>47</td></tr>
<tr><td>樺太縣</td><td>일본樺太縣</td><td>6</td></tr>
<tr><td rowspan="4">栃木縣</td><td>古河鑛業(주) 足尾鑛業所</td><td>75</td></tr>
<tr><td>日光土木建築(주)</td><td>1</td></tr>
<tr><td>日本鑛業(주) 日光鑛山</td><td>16</td></tr>
<tr><td>소계</td><td>92</td></tr>
<tr><td colspan="2">합계</td><td>685</td></tr>
</table>

<table>
<tr><th rowspan="2">출신
부 · 군명</th><th colspan="2">동원지</th><th rowspan="2">인원</th></tr>
<tr><th>부 · 현명</th><th>기업명</th></tr>
<tr><td rowspan="30">당진군</td><td>宮城縣</td><td>(주)新潟鐵工所 三本木鑛業所</td><td>2</td></tr>
<tr><td rowspan="5">兵庫縣</td><td>(주)久保田鐵工所 武庫川工場</td><td>1</td></tr>
<tr><td>三菱鑛業(주) 明延鑛山</td><td>1</td></tr>
<tr><td>三菱 生野鑛業所</td><td>1</td></tr>
<tr><td>刈屋組</td><td>1</td></tr>
<tr><td>소계</td><td>3</td></tr>
<tr><td rowspan="4">福岡縣</td><td>일본 福岡縣</td><td>7</td></tr>
<tr><td>明治鑛業(주) 平山鑛業所</td><td>160</td></tr>
<tr><td>三井 三池鑛業所</td><td>1</td></tr>
<tr><td>소계</td><td>168</td></tr>
<tr><td rowspan="6">北海道</td><td>일본 北海道</td><td>3</td></tr>
<tr><td>大夕張鑛業所</td><td>2</td></tr>
<tr><td>雄別炭鑛鐵道 雄別協和會</td><td>1</td></tr>
<tr><td>住友鑛業(주) 鴻之舞光山</td><td>255</td></tr>
<tr><td>北海道炭鑛汽船(주)</td><td>1</td></tr>
<tr><td>소계</td><td>262</td></tr>
<tr><td>山口縣</td><td>櫻山炭鑛</td><td>4</td></tr>
<tr><td>岩手縣</td><td>日本製鐵(주) 釜石製鐵所</td><td>11</td></tr>
<tr><td>茨城縣</td><td>羽田精機(주)</td><td>41</td></tr>
<tr><td rowspan="6">長崎縣</td><td>일본長崎縣</td><td>2</td></tr>
<tr><td>吉原鑛業所 大志佐炭鑛</td><td>51</td></tr>
<tr><td>馬手浦工築所</td><td>1</td></tr>
<tr><td>日室鑛業(주) 江迎炭業所</td><td>1</td></tr>
<tr><td>住友 潛龍炭鑛</td><td>2</td></tr>
<tr><td>소계</td><td>57</td></tr>
<tr><td rowspan="4">靜岡縣</td><td>古河鑛業(주) 久根鑛業所</td><td>1</td></tr>
<tr><td>日本鑛業(주) 奉之澤鑛山</td><td>1</td></tr>
<tr><td>中村組</td><td>1</td></tr>
<tr><td>소계</td><td>3</td></tr>
<tr><td>佐賀縣</td><td>岩谷炭鑛</td><td>35</td></tr>
</table>

		立山炭鑛	48
		杵島炭鑛	124
		소계	207
	秋田縣	小坂鑛山 多田組	6
		花岡鑛業所	84
		소계	90
	枋木縣	古河鑛業(주) 足尾鑛業所	1
	미상		1
	합계		851

출신 부 · 군명	동원지 부 · 현명	기업명	인원
대전부(대덕군 포함)	宮城縣	東拓炭鑛(주)	1
		(주)西松組 瀨峯出張所	8
		(주)西松組 塩釜出張所	90
		片倉 大澤鑛山	1
		소계	100
	岐阜縣	揮斐川電氣(주)	6
	奈良縣	八宏運送(주) 王寺支社	1
	兵庫縣	(주)久保田鐵工所 武庫川工場	7
		大阪瓦斯(주) 信戶支社	1
		三菱鑛業(주) 明延鑛山	40
		三菱鑛業(주) 生野鑛業所	5
		三菱重工業(주) 神戶造船所	1
		井華鑛業(주) 春日鑛山	3
		(주)神戶製鋼所	1
		소계	58
	福岡縣	明治鑛業(주) 平山鑛業所	2
		三菱 飯塚鑛業所 鯰田炭鑛	2
		三井 三池鑛業所	65
		若松車輛(주) 若松工場	1
		日產 山田炭坑	1
		赤坂炭鑛	1
		소계	72
	北海道	일본北海道	2
		萬字鑛業(주)	1
		日曹天塩鑛業所	2
		住友鑛業(주) 鴻之舞鑛山	153
		소계	158
	山口縣	宇部興産(주) 沖ノ山炭鑛	1
	岩手縣	日本製鐵(주) 釜石製鐵所	81
	愛知縣	일본 愛知縣	1

	茨城縣	日立鑛山	45
	長崎縣	吉原鑛業所 大志佐炭鑛	20
		三菱 長崎造船所	2
		昭和炭業(주) 土肥之浦炭鑛	1
		長崎航運(주)	8
		소계	31
	長野縣	住友 芳之浦鑛	1
		일본長野縣	2
		飛島組 作業所	3
		(주)鹿島組	1
		소계	7
	靜岡縣	宇久須鑛業(주)	1
		中村組	3
		日本通運(주) 浜松支店	1
		土肥鑛山	1
		소계	6
	佐賀縣	麻生鑛業(주) 工原鑛業所	1
		富士貨物自動車(주)	3
		小岩炭鑛	2
		岩谷炭鑛	4
		日滿鑛業(주)	2
		日本通運(주) 神奇營業所	1
		소계	13
	秋田縣	東北採炭 平鹿出張所	3
		山川組	1
		小坂鑛山 多田組	7
		兒玉工業(주)	2
		花岡鑛業所	1
		소계	14
	樺太縣	일본樺太縣	5
	枋木縣	古河鑛業(주) 足尾鑛業所	6
		日本鑛業(주) 日光鑛山	23
		(주)錢高組 東京支店	1
		소계	30
	합계		629

출신 부·군명	동원지		인원
	부·현명	기업명	
보령군	宮城縣	三菱鑛業(주) 細倉鑛業所	1
	奈良縣	奈良交通(주)	1
	兵庫縣	三菱鑛業(주) 明延鑛山	4
	福岡縣	일본福岡縣	10

		高田鑛業所	1
		鹿生鑛業 上三緒炭鑛	1
		明治鑛業(주) 平山鑛業所	6
		三井 三池鑛業所	73
		日本製鐵(주) 八幡製鐵所	1
		(주)木田組 作業所 福岡作業場	1
		소계	93
	北海道	일본北海道	1
		萬字鑛業(주)	2
		日曹天塩鑛業所	1
		住友鑛業(주) 鴻之舞鑛山	8
		中外鑛業(주) 八雲鑛山	1
		(주)木田組	1
		소계	14
	山口縣	일본山口縣	2
	岩手縣	日本製鐵(주) 釜石製鐵所	79
	茨城縣	日立鑛山	2
	長崎縣	일본長崎縣	17
		長崎通運(주) 大村支店	2
		長崎通運(주) 清水組 作業所	5
		소계	24
	靜岡縣	古河鑛業(주) 久根鑛業所	1
		宇久須鑛業(주)	25
		日本鑛業(주) 奉之澤鑛山	2
		中村組	3
		日本通運(주) 浜松支店	1
		소계	32
	佐賀縣	富士貨物自動車(주)	1
		岩谷炭鑛	2
		日滿鑛業(주) 新屋敷炭鑛	2
		立川鑛業所	1
		소계	6
	秋田縣	三菱鑛業(주) 尾居澤鑛山	1
		花岡鑛業所	1
	미상		2
	합계		262

출신 부·군명	동원지		인원
	부·현명	기업명	
부여군	宮城縣	菅原組 作業場	1
		(주)鹿島組 作業所	1
		三菱鑛業(주) 細倉鑛業所	54

		(주)新瀉鐵工所 三本木鑛業所	2
		소계	58
	岐阜縣	揮斐川電氣(주)	2
	兵庫縣	(주)久保田鐵工所 武庫川工場	7
		三菱鑛業(주) 明延鑛山	1
		三菱重工業(주) 神戸造船所	1
		西國貨物自動車運送(주)	1
		(주)神戸製鋼所	1
		소계	11
	福岡縣	일본福岡縣	4
		明治鑛業(주) 平山鑛業所	14
		寶珠山鑛業(주) 寶珠山炭鑛	2
		三菱 上山田支部	1
		三井 三池鑛業所	33
		日産 山田炭坑	1
		소계	55
	北海道	일본北海道	1
		萬字炭鑛(주)	101
		明治鑛業(주)	1
		日曹 天塩鑛業所	145
		住友鑛業(주) 鴻之舞鑛山	169
		소계	417
	山口縣	일본山口縣	2
		宇部鑛業(주) 本山炭鑛	1
		소계	3
	山形縣	朗生鑛業(주) 田川鑛業所	1
	新瀉縣	三菱 佐渡炭鑛	3
	岩手縣	日本製鐵(주) 釜石製鐵所	5
	茨城縣	일본茨城縣	1
		關本炭鑛(주)	1
		日立鑛山	81
		日寶鑛軍用品(주) 土倉鑛業所	3
		소계	86
	長崎縣	일본長崎縣	4
		所營淄池工事	2
		三菱 長崎造船所	37
		長崎通運(주) 大村支店	2
		소계	45
	長野縣	일본長野縣	2
		石田組 須坂出張所	1
		野村鑛業(주) 伊那富鑛業所	1
		(주)鹿島組	1

		(주)大林組 松本出張所	2
		(주)相模組	3
		丸越炭鑛	5
		소계	15
	靜岡縣	古河鑛業(주) 久根鑛業所	4
		宇久須鑛業(주)	68
		中村組	1
		소계	73
	佐賀縣	富士貨物自動車(주)	1
		岩谷炭鑛	2
		祐崎木材工業(주)	1
		소계	4
	秋田縣	大同殖産(주) 鉛山銅山事務所	1
		山川組	1
		三菱鑛業(주) 尾去澤鑛山	1
		小坂鑛山 多田組	2
		帝國鑛業開發(주) 荒川鑛業所	48
		소계	53
	樺太縣	일본樺太縣	1
	枋木縣	일본枋木縣	1
		古河鑛業(주) 足尾鑛業所	96
		日本鑛業(주) 日光鑛山	4
		(주)古澤組	1
		소계	102
	합계		934

출신 부·군명	동원지		인원
	부·현명	기업명	
서산군	宮城縣	大河原石(주)	1
	岐阜縣	揮斐川電氣(주)	44
	兵庫縣	(주)久保田鐵工所 武庫川工場	1
		三菱鑛業(주) 明延鑛山	82
		(주)間組	1
		소계	84
	福岡縣	일본福岡縣	2
		明治鑛業(주) 平山鑛業所	225
		福岡縣 遠賀支部	1
		三菱 上山田支部	2
		三井 三池鑛業所	6
		若松車輛(주) 若松工場	1
		日本通運(주) 博多支店	1
		소계	238

	北海道	일본北海道	4
		3692工場霧島隊	2
		萬字炭鑛(주)	77
		三井 砂川鑛業區	1
		雄別炭鑛鐵道 雄別協和會	1
		日曹天塩鑛業所	3
		住友鑛業(주) 鴻之舞鑛山	7
		北海道炭鑛汽船(주)	1
		소계	96
	山口縣	일본山口縣	2
		櫻山炭鑛	4
		長生炭鑛	1
		소계	7
	岩手縣	日本製鐵(주) 釜石製鐵所	130
	茨城縣	日立鑛山	113
	滋賀縣	日寶鑛軍用品(주) 土倉鑛業所	1
	長崎縣	일본長崎縣	6
		吉原鑛業所 大志佐炭鑛	2
		昭和炭業(주) 平田山炭鑛	3
		佐世保 ○○矢岳分會	1
		川南深堀造船所	2
		長崎通運(주) 淸水造 作業所	3
		소계	17
	長野縣	(주)相模組	1
	靜岡縣	日本通運(주) 浜松支店	1
		黑崎窯業(주) 淸水工場	1
		소계	3
	佐賀縣	立山炭鑛	118
		杵島炭鑛	1
		佐賀自動車販賣(주)	1
		소계	120
	秋田縣	三菱鑛業(주) 尾居澤鑛山	4
		日本通運(주) 秋田支店	1
		花岡鑛業所	11
		소계	16
	枋木縣	古河鑛業(주) 足尾鑛業所	21
	미상		76
	합계		966

출신 부·군명	동원지		인원
	부·군명	기업명	
서천군	宮城縣	三菱鑛業(주) 細倉鑛業所	1
		(주)新瀉鐵工所 三本木鑛業所	2
		소계	3
	岐阜縣	(주)間組 瑞浪出張所	1
	兵庫縣	三菱鑛業(주) 明延鑛山	1
		三菱 生野鑛業所	1
		(주)神戶製鋼所	1
		소계	3
	福岡縣	일본 福岡縣	7
		明治鑛業(주) 平山鑛業所	122
		三菱 飯塚鑛業所 鯰田炭鑛	1
		三井 三池鑛業所 萬田勞務事務所	1
		勝田鑛業所	2
		日本製鐵(주) 八幡製鐵所	3
		日本通運(주) 博多支店	1
		日炭上山炭坑	5
		(주)都留鐵工所	1
		소계	143
	福島縣	일본福島縣	1
	北海道	일본北海道	3
		3692工場務島隊	2
		萬字炭鑛(주)	1
		明治鑛業(주)	1
		三菱 手稻鑛業	1
		日曹天塩鑛業所	3
		住友鑛業(주) 鴻之舞鑛山	132
		中外鑛業(주) 八雲鑛山	2
		소계	145
	山口縣	일본山口縣	2
	岩手縣	日本製鐵(주) 釜石製鐵所	6
	長崎縣	三菱 長崎造船所	36
		昭和炭業(주) 平田山炭鑛	1
		川南深堀造船所	3
		소계	40
	靜岡縣	古河鑛業(주) 久根鑛業所	48
		宇久須鑛業(주)	5
		中村組	5
		소계	58
	佐賀縣	西杵炭鑛	4

		杵島炭鑛	1
		소계	5
	秋田縣	花岡鑛業所	27
	枋木縣	일본枋木縣	1
		古河鑛業(주) 足尾鑛業所	21
		소계	22
	합계		456
출신 부·군명	동원지		인원
	부·현명	기업명	
아산군	宮城縣	萬藏銅山鑛業所	3
	岐阜縣	揮斐川電氣(주)	3
	兵庫縣	三菱造船所	1
		(주)久保田鐵工所 武庫川工場	13
		大日本セルロイド(주) 網干工場	1
		三菱鑛業(주) 中瀨鑛山	2
		三菱化成工業(주) 伊保工場	1
		(주)柳崎組	1
		소계	18
	福岡縣	일본福岡縣	8
		明治鑛業(주) 平山鑛業所	4
		三井 三池鑛業所	90
		日本通運(주) 博多支店	1
		소계	103
	北海道	일본北海道	1
		萬字鑛業(주)	3
		北海道炭鑛汽船(주)	1
		住友鑛業(주) 鴻之舞鑛山	282
		소계	287
	三重縣	石原産業(주) 紀州鑛山	1
	岩手縣	日本製鐵(주) 釜石製鐵所	9
	茨城縣	羽田精機(주)	1
		日立鑛山	87
		소계	88
	長崎縣	일본長崎縣	44
		所營淄池工事	1
		三菱 長崎造船所	44
		松島炭鑛(주) 大島鑛業所	1
		長崎航運(주)	3
		소계	93
	長野縣	上小貨物自動車(주)	4
		瘧井炭鑛	2

		(주)鹿島組	1
		丸越炭鑛所	2
		소계	9
	靜岡縣	古河鑛業(주) 久根鑛業所	39
		宇久須鑛業(주)	1
		日本通運(주) 浜松支店	1
		土肥鑛山	3
		土肥鑛業(주) 湯ケ島鑛山	32
		黑崎窯業(주) 清水工場	1
		소계	77
	佐賀縣	西杵炭鑛	76
		岩谷炭鑛	3
		杵島炭鑛	1
		소계	80
	秋田縣	三菱鑛業(주) 尾居澤鑛山	2
		兒玉工業(주)	1
		花岡鑛業所	5
		소계	8
	樺太縣	일본樺太縣	2
	枥木縣	古河鑛業(주) 足尾鑛業所	10
	미상		42
	합계		834

출신 부·군명	동원지		인원
	부·현명	기업명	
연기군	宮城縣	(주)西松組 瀨峯出張所	1
		(주)西松組 塩釜出張所	38
		소계	39
	岐阜縣	三井鑛山(주) 神岡鑛山	1
		揮斐川電氣(주)	1
		소계	2
	동경도	일본東京都	1
	兵庫縣	三菱鑛業(주) 明延鑛山	2
		三菱 生野鑛業所	2
		三菱化成工業(주) 伊保工場	1
		新興産業	1
		日亞製鋼(주)	2
		소계	9
	福岡縣	일본福岡縣	2
		明治鑛業(주) 平山鑛業所	3
		三菱 飯塚鑛業所 鯰田炭鑛	2
		三井 三池鑛業所	2

		日本製鐵(주) 八幡製鐵所	1
		소계	10
	北海道	일본北海道	4
		3692工場霧島隊	1
		三井 砂川鑛業區	1
		昭和鑛業所	1
		住友鑛業(주) 鴻之舞鑛山	275
		(주)木田組	1
		소계	283
	山口縣	일본山口縣	1
	三重縣	石原産業(주) 紀州鑛山	1
	岩手縣	日本製鐵(주) 釜石製鐵所	7
	愛知縣	일본愛知縣	1
		昭和鑛業(주) 田原出張所	1
		소계	11
	茨城縣	關本炭鑛(주)	52
	長崎縣	일본長崎縣	1
		吉原鑛業所 大志佐炭鑛	31
		三菱 長崎造船所	2
		昭和炭業(주) 平田山炭鑛	1
		日室鑛業(주) 江迎炭業所	1
		長崎航運(주)	39
		池野炭鑛	1
		川南 深堀造船所	2
		소계	130
	長野縣	上小貨物自動車(주)	1
		(주)相模組	3
		소계	4
	靜岡縣	宇久須鑛業(주)	8
		日本鑛業(주) 峯之澤鑛山	2
		熱海化學工業(주)	1
		土肥鑛業(주) 湯ケ島鑛山	1
		소계	12
	佐賀縣	小岩炭鑛	41
		立川鑛業所	77
		소계	118
	秋田縣	三菱鑛業(주) 尾居澤鑛山	1
	栃木縣	古河鑛業(주) 足尾鑛業所	4
		日本鑛業(주) 日光鑛山	1
		소계	5
	미상		2
	합계		626

출신 부·군명	동원지		인원
	부·현명	기업명	
예산군	宮城縣	三菱鑛業(주) 細倉鑛業所	1
		(주)安藤組 仙台出張所	1
		林鑛業所	2
		(주)西松組 塩釜出張所	1
		(주)新瀉鐵工所 三本木鑛業所	1
		소계	6
	岐阜縣	揮斐川電氣(주)	4
	兵庫縣	일본兵庫縣	2
		(주)久保田鐵工所 武庫川工場	28
		三菱鑛業(주) 明延鑛山	1
		三菱 生野鑛業所	1
		三菱重工業(주) 神戸造船所	2
		소계	34
	福岡縣	일본福岡縣	1
		綱分炭坑	1
		古河 下山田炭坑	2
		明治鑛業(주) 平山鑛業所	8
		寶珠山鑛業(주) 寶珠山炭鑛	2
		三菱 飯塚鑛業所 鯰田炭鑛	1
		三井 三池鑛業所	7
		日本製鐵(주) 八幡製鐵所	1
		日本通運(주) 博多支店	3
		소계	26
	福島縣	飛島組	2
	北海道	일본北海道	9
		萬字鑛業(주)	3
		北海道炭鑛汽船(주)	1
		雄別炭鑛鐵道 雄別協和會	1
		住友鑛業(주) 鴻之舞鑛山	125
		소계	139
	山口縣	일본山口縣	1
		日産 山陽無煙鑛業所	1
		소계	2
	山形縣	朗生鑛業(주) 田川鑛業所	1
	岩手縣	일본岩手縣	2
		日本製鐵(주) 釜石製鐵所	9
		田老鑛山	1
		소계	12
	茨城縣	羽田精機(주)	45

		日立鑛山	2
		소계	47
	長崎縣	일본長崎縣	3
		吉原鑛業所 大志佐炭鑛	2
		所營溜池工事	1
		소계	6
	長野縣	大岡炭鑛	1
		篠井炭鑛	3
		(주)相模組	1
		丸越炭鑛	4
		소계	9
	靜岡縣	古河鑛業(주) 久根鑛業所	41
		日本鑛業(주) 峯之澤鑛山	3
		中村組	2
		日本通運(주) 浜松支店	25
		土肥鑛山	1
		土肥鑛業(주) 湯ケ島鑛山	1
		소계	73
	佐賀縣	西杵炭鑛	2
		岩谷炭鑛	2
		소계	4
	秋田縣	일본秋田縣	3
		大同殖産(주) 鉛山銅山事務所	1
		小坂鑛山 多田組	4
		兒玉工業(주)	1
		花岡鑛業所	7
		소계	16
	樺太縣	일본樺太縣	1
	枋木縣	古河鑛業(주) 足尾鑛業所	2
		關東ドロマイト工業(주) 羽鶴鑛業所	2
		소계	4
	합계		386
출신 부·군명	동원지		인원
	부·현명	기업명	
천안군	宮城縣	加藤組	1
		林鑛業所	2
		(주)西松組 塩釜出張所	1
		소계	4
	岐阜縣	揮斐川電氣(주)	2
	奈良縣	日本理器(주) 大和工場	2
	兵庫縣	(주)久保田鐵工所 武庫川工場	2

		三菱 生野鑛業所	1
		三菱重工業(주) 神戶造船所	1
		永興産業(주) 姬路工場	1
		日本通運(주) 姬路支社	1
		日亞製鋼(주)	1
		(주)東芝組	1
		(주)柳崎組	1
		(주)播磨造船所	1
		소계	10
	福岡縣	일본福岡縣	2
		明治鑛業(주) 鑛業信和會 豊國支部	1
		明治鑛業(주) 平山鑛業所	5
		三菱 飯塚鑛業所 鯰田炭鑛	2
		三井 三池鑛業所	9
		日本製鐵(주) 八幡製鐵所	1
		소계	20
	福島縣	日立鑛山 鑛業報國 溫交會	1
	北海道	일본北海道	4
		北海道炭鑛汽船(주)	1
		日曹天塩鑛業所	1
		靜狩鑛山	1
		住友鑛業(주) 鴻之舞鑛山	177
		(주)木田組	3
		소계	188
	山口縣	일본山口縣	1
	岩手縣	日本製鐵(주) 釜石製鐵所	7
	茨城縣	일본茨城縣	1
		日立鑛山	2
		소계	11
	長崎縣	일본長崎縣	5
		昭和炭業(주) 平田山炭鑛	1
		神田炭鑛	1
		池野炭鑛	1
		長崎通運(주) 大村支店	1
		소계	9
	長野縣	島崎組	1
		(주)相模組	1
		소계	2
	靜岡縣	古河鑛業(주) 久根鑛業所	32
		日本鑛業(주) 峯之澤鑛山	1
		熱海化學工業(주)	1
		土肥鑛山	106

		黑崎窯業(주) 淸水工場	1
		소계	141
	佐賀縣	西杵炭鑛	31
		小岩炭鑛	1
		岩谷炭鑛	1
		日東商社(주)	1
		소계	34
	秋田縣	三菱鑛業(주) 尾居澤鑛山	1
		小坂鑛山 多田組	2
		花岡鑛業所	78
		소계	81
	樺太縣	일본樺太縣	1
	枋木縣	古河鑛業(주) 足尾鑛業所	4
	미상		53
	합계		663

출신 부·군명	동원지		인원
	부·현명	기업명	
청양군	宮城縣	(주)西松組 塩釜出張所	1
		(주)新瀉鐵工所 三本木鑛業所	1
		소계	2
	岐阜縣	揮斐川電氣(주)	1
	兵庫縣	일본兵庫縣	1
		(주)久保田鐵工所 武庫川工場	2
		帶倉土木(주)	4
		三菱鑛業(주) 明延鑛山	2
		三菱 生野鑛業所	6
		三菱重工業(주) 神呼造船所	1
		三菱化成工業(주) 伊保工場	1
		(주)間組	2
		소계	19
	福岡縣	일본福岡縣	4
		古河鑛業(주) 下山田炭坑	1
		明治鑛業(주) 平山鑛業所	1
		三菱 飯塚鑛業所 鯰田炭鑛	12
		三井 三池鑛業所	3
		日本通運(주) 博多支店	2
		赤坂炭坑	1
		소계	24
	福島縣	飛島組	1
	北海道	일본北海道	1
		萬字炭鑛(주)	2

		日曹天塩鑛業所	39
		住友鑛業(주) 鴻之舞鑛山	41
		소계	83
	山口縣	일본山口縣	1
	山形縣	朗生鑛業(주) 田川鑛業所	1
	新瀉縣	三菱 佐渡	3
		일본新瀉縣	2
		소계	5
	岩手縣	日本製鐵(주) 釜石製鐵所	13
	長崎縣	日立鑛山	4
		일본長崎縣	2
		吉原鑛業所 大志佐炭鑛	13
		日室鑛業(주) 江迎炭業所	3
		소계	22
	長野縣	丸越炭鑛所	1
	靜岡縣	古河鑛業(주) 久根鑛業所	59
		宇久須鑛業(주)	32
		日本鑛業(주) 奉之澤鑛山	2
		中村組	3
		소계	96
	佐賀縣	日本通運(주) 浜松支店	2
		富士貨物自動車(주)	1
		西杵炭鑛	3
		岩谷炭鑛	11
		杵島炭鑛	1
		소계	18
	秋田縣	日本通運(주) 秋田支店	24
		花岡鑛業所	2
		소계	26
	樺太縣	일본樺太縣	1
	朽木縣	古河鑛業(주) 足尾鑛業所	5
	합계		319

출신 부·군명	동원지		인원
	부·현명	기업명	
홍성군	宮城縣	三菱鑛業(주) 細倉鑛業所	1
	岐阜縣	揮斐川電氣(주)	2
	동경도	일본東京都	1
	대판부	管理工場 第21次 新規徵用	1
	兵庫縣	三菱造船所	1
		(주)久保田鐵工所 武庫川工場	1
		三菱鑛業(주) 明延鑛山	14

		三菱鑛業(주) 中瀨鑛山	3
		三菱 生野鑛業所	54
		住友電氣工業(주) 伊丹製作所	1
		소계	74
	福岡縣	일본福岡縣	1
		明治鑛業(주) 平山鑛業所	5
		三菱 上山田支部	1
		三井 三池鑛業所	8
		愛宕炭鑛	1
		日本通運(주) 博多支店	2
		振興炭坑	4
		소계	22
	北海道	일본北海道	5
		萬字炭鑛(주)	113
		雄別炭鑛 茂尻協和會	1
		住友鑛業(주) 鴻之舞鑛山	4
		소계	123
	山口縣	日産 山陽無煙鑛業所	4
		雀田炭鑛	1
		소계	5
	山形縣	朗生鑛業(주) 田川鑛業所	1
	三重縣	石原産業(주) 紀州鑛山	1
	岩手縣	日本製鐵(주) 釜石製鐵所	8
	茨城縣	日立鑛山	70
	長崎縣	일본長崎縣	86
		所營溜池工事	1
		日室鑛業(주) 江迎炭業所	4
		長崎航運(주)	1
		住友 芳之浦鑛	1
		소계	93
	長野縣	長崎通運(주) 大村支店	1
		(주)大林組 松本出張所	2
		丸越炭鑛所	3
		소계	6
	靜岡縣	日本鑛業(주) 奉之澤鑛山	95
		日本通運(주) 浜松支店	2
		소계	97
	佐賀縣	岩谷炭鑛	1
	秋田縣	三菱鑛業(주) 尾居澤鑛山	2
		日本通運(주) 秋田支店	5
		帝國鑛業開發(주) 荒川鑛業所	1
		花輪鑛山	1

		소계	9
	樺太縣	일본樺太縣	2
	枋木縣	古河鑛業(주) 足尾鑛業所	1
	미상		2
	합계		520
출신 부·군명	동원지 부·현명	동원지 기업명	인원
충남	岐阜縣	三井鑛山(주) 新岡鑛業所	1
		三井鑛山(주) 神岡鑛業所	23
		天生鑛山	23
		소계	47
	兵庫縣	古河電氣工業(주)	1
	福岡縣	明治鑛業(주) 平山鑛業所	2
		三井 三池鑛業所 萬田勞務事務所	1
		소계	3
	福島縣	古河炭鑛	1
	山口縣	長門起業炭鑛	1
	滋賀縣	日寶鑛軍用品(주) 土倉鑛業所	1
	長崎縣	三菱 長崎造船所	1
		日室鑛業(주) 江迎炭業所	1
		소계	2
	長野縣	일본長野縣	2
		(주)大林組 松本出張所	1
		(주)相模組	1
		소계	4
	佐賀縣	祐崎木材工業(주)	1
	秋田縣	鹿島組 不老倉出張所	2
	합계		372
총계			9,823

3. 충남지역 국민징용령 위반 현황(1942~45년)

번호	이름	주소	나이	직업	형량	동원지	판결	법원	징용일	준비 기간
1	李○○	공주	24	시계 수리	징역 1년 6월	日立製作所	45.2.28	경성	45.11.	-
2	井村 ○○	서산	19	농업	징역 8월	日本鑛業 高松炭鑛	44.12.29	서산	44.11.8	8일
3	林○○	당진	28	농업	징역 8월	北海道炭鑛汽船 新幌内炭鑛	44.12.29	서산	44.10.3	7일
4	韓○○	서산	18	농업	징역 8월	宇部興山 沖ノ山炭鑛	44.12.29	서산	44.12.16	10일
5	韓○○	서산	21	고용	징역 8월	宇部興山 沖ノ山炭鑛	45.1.7	서산	44.12.16	10일
6	李○○	서산	24	농업	징역 8월	宇部興山 沖ノ山炭鑛	45.1.7	서산	44.9.21	8일
7	旋田 ○○	당진	17	농업	징역 8월	北海道炭鑛汽船 新幌内炭鑛	44.12.29	서산	44.10.3	7일
8	鄭○○	서산	19	농업	징역 8월	宇部興山 沖ノ山炭鑛	45.1.7	서산	44.12.16	10일
9	高○○	서산	20	농업	징역 8월	日本鑛業 高松炭鑛	45.1.7	서산	44.11.8	8일
10	天田 ○○	서산	20	농업	징역 8월	日本鑛業 高松炭鑛	45.1.8	서산	44.11.8	8일
11	曺○○	서산	27	大工	징역 8월	宇部興山 沖ノ山炭鑛	45.1.8	서산	44.12.16	10일
12	具○○	당진	27	농업	징역 8월	北海道炭鑛汽船 新幌内炭鑛	45.1.26	서산	44.10.3	7일
13	河○○	당진	29	농업	징역 8월	明治鑛業 立山鑛業所	45.1.26	서산	44.12.23	8일
14	徐○○	당진	25	농업	징역 8월	北海道炭鑛汽船 新幌内炭鑛	45.1.26	서산	44.10.3	7일
15	柳○○	서산	22	농업	징역 8월	大阪海軍施設部	45.2.23	서산	45.2.6	7일
16	崔○○	서산	25	농업	징역 8월	明治鑛業 五山鑛業所	45.2.14	서산	45.1.24	10일
17	金○○	당진	24	농업	징역 8월	明治鑛業 立山炭鑛	45.2.19	서산	44.12.24	9일
18	松山 ○○	당진	24	농업	징역 8월	北海道炭鑛汽船 新幌内炭鑛	45.2.19	서산	44.10.3	7일
19	金○○	서산	41	농업	징역 8월	宇部興山 沖ノ山炭鑛	45.2.22	서산	44.12.14	9일
20	朴○○	서산	27	농업	징역 8월	日本鑛業 高松炭鑛	45.2.22	서산	44.11.8	8일

번호	이름	주소	나이	직업	형량	동원지	판결	법원	징용일	준비기간
21	金○○	서산	25	농업	징역 8월	住友鑛業 別子鑛山	45.2.23	서산	45.1.17	11일
22	金○○	서산	19	농업	징역 8월	宇部興山 沖ノ山炭鑛	45.2.23	서산	44.12.16	11일
23	李○○	서산	20	농업	징역 8월	住友鑛業 別子鑛山	45.3.5	서산	45.1.17	11일
24	金○○	서산	26	농업	징역 8월	住友金屬工業 伸銅所	45.3.6	서산	45.3.3	7일
25	山本○○	당진	19	농업	징역 8월	日本鑛業 矢岳炭鑛	45.3.6	서산	45.2.8	6일
26	梁川○○	서산	32	농업	징역 8월	宇部興山 沖ノ山炭鑛	45.3.8	서산	44.9.21	8일
27	延山○○	당진	23	농업	징역 8월	川崎重工業 泉州工場	45.3.14	서산	44.9.11	7일
28	山本○○	당진	25	농업	징역 8월	日本鑛業 矢岳炭鑛	45.3.20	서산	45.2.8	6일
29	漢陽○○	당진	24	농업	징역 8월	日本鑛業 矢岳炭鑛	45.3.2	서산	45.2.8	6일
30	金○○	당진	23	농업	징역 8월	大同製銅 安城工場	45.3.27	서산	44.12.16	15일
31	杞川○○	당진	42	농업	징역 8월	日本鑛業 矢岳炭鑛	45.4.2	서산	45.3.19	10일
32	水原○○	당진	29	箕제조	징역 8월	日本鑛業 矢岳炭鑛	45.4.7	서산	45.3.19	10일
33	金○○	당진	33	농업	벌금 50원	砂鑛開發 和寒鑛山	45.4.13	서산	45.2.19	5일
34	錦山○○	당진	47	농업	징역 8월	砂鑛開發 和寒鑛山	45.4.14	서산	45.2.19	5일
35	山本○○	당진	29	농업	징역 8월	砂鑛開發 和寒鑛山	45.4.14	서산	45.2.19	5일
36	文平○○	서산	33	농업	징역 8월	明治鑛業 立山炭鑛	45.4.16	서산	45.2.13	12일
37	石○○	서산	27	농업	징역 8월	日本製銅所 室蘭製作所	45.4.23	서산	45.3.7	9일
38	李○○	서산	23	농업	징역 10월	川崎重工業 泉州工場	45.4.28	서산	44.9.11	5일
39	韓○○	서산	25	농업	징역 8월	三井鑛山 三池炭鑛	45.5.7	서산	45.4.15	11일
40	李○○	당진	22	농업	징역 8월	三菱化成工業 黑崎工場	45.5.23	서산	45.4.19	16일
41	金○○	서산	19	농업	징역 1년	三井鑛山 三池炭鑛	45.7.15	서산	45.4.15	11일

번호	이름	주소	나이	직업	형량	동원지	판결	법원	징용일	준비기간
42	李○○	서산	45	농업	징역 8월	三井鑛山 三池炭鑛	45.7.15	서산	45.6.17	12일
43	鄭○○	서산	31	농업	징역 6월	昭和特殊製鋼 生麥工場	45.8.7	서산	45.5.15	8일
44	青田 ○○	공주	27	양복 직공	징역 6월	大湊 海軍施設部	44.7.6	공주	44.5.24	5일
45	尹○○	청양	35	농업	징역 6월	大湊 海軍施設部	44.8.25	공주	44.8.7	3일
46	姜○○	청양	45	농업	징역 6월	大湊 海軍施設部	44.9.20	공주	44.5.12	4일
47	林○○	공주	23	建具業	징역 6월	大湊 海軍施設部	44.9.20	공주	44.8.27	2일
48	徐○○	공주	32	左官業	징역 4월	大湊 海軍施設部	44.9.28	공주	44.8.27	4일
49	禹○○	공주	40	농업	징역 8월	大湊 海軍施設部	44.9.28	공주	44.7.31	1일
50	高○○	공주	36	농업	징역 6월	大湊 海軍施設部	44.9.28	공주	44.8.27	4일
51	李○○	공주	36	농업	징역 4월	大湊 海軍施設部	44.10.5	공주	44.8.27	1일
52	金○○	공주	39	기계수선	징역 6월 (유예3)	大湊 海軍施設部	44.10.5	공주	44.8.27	5일
53	李○○	공주	23	농업	징역 6월	大湊 海軍施設部	44.10.30	공주	44.8.27	5일
54	尹○○	공주	36	농업	징역 6월	大湊 海軍施設部	44.10.30	공주	44.8.27	1일
55	李○○	공주	26	농업	징역 6월	大湊 海軍施設部	44.10.31	공주	44.8.27	4일
56	李○○	공주	27	농업	징역 6월	福岡縣 貝島炭鑛	44.11.11	공주	44.9.27	5일
57	崔○○	공주	28	농업	징역 6월	福岡縣 貝島炭鑛	44.11.11	공주	44.9.27	5일
58	崔○○	공주	30	농업	징역 6월	福岡縣 貝島炭鑛	44.11.11	공주	44.9.27	5일
59	李○○	공주	23	농업	징역 6월	佐世保 海軍施設部	44.11.17	공주	44.8.27	5일
60	朴○○	공주	28	농업	징역 5월	佐世保 海軍施設部	44.12.12	공주	44.8.27	5일
61	李○○	공주	29	日稼	징역 6월	佐世保 海軍施設部	44.12.26	공주	44.8.27	5일
62	楊○○	공주	46	농업	징역 6월	福岡縣 貝島炭鑛	45.1.7	공주	44.9.27	5일

번호	이름	주소	나이	직업	형량	동원지	판결	법원	징용일	준비 기간
63	林○○	공주	35	농업	징역 6월	福岡縣 貝島炭鑛	45.1.24	공주	44.9.27	5일
64	梁○○	공주	28	농업	징역 6월	福島縣 貝島炭鑛	45.1.24	공주	44.9.27	5일
65	丁○○	공주	27	농업	징역 6월	福岡縣 三井鑛山	45.1.26	공주	44.12.14	4일
66	李○○	공주	23	농업	징역 6월	神戸市 川崎艦船工場	45.1.27	공주	44.10.5	13일
67	林○○	공주	23	농업	징역 4월	福島縣 貝島炭鑛	45.1.30	공주	44.12.14	3일
68	李○○	공주	25	농업	징역 6월	福岡縣 三井鑛山	45.1.31	공주	44.12.14	3일
69	金○○	공주	43	농업	징역 6월	福島縣 貝島炭鑛	45.1.31	공주	44.9.27	3일
70	徐○○	공주	29	농업	징역 6월	福島縣 貝島炭鑛	45.2.6	공주	45.1.4	2일
71	李○○	공주	33	농업	징역 8월	三井鑛山 三池鑛業所	45.3.3	공주	44.12.14	4일
72	金○○	공주	40	농업	징역 8월	三井鑛山 三池鑛業所	45.3.3	공주	44.12.14	4일
73	尹○○	청양	19	농업	징역 1년	宇部株式 東見初炭坑	45.3.5	공주	44.9.25	7일
74	金○○	공주	26	농업	징역 10월	大阪金屬工業 伸胡所	45.3.17	공주	45.3.3	7일
75	白川 ○○	공주	35	농업	징역 6월	佐世保 海軍施設部	45.3.17	공주	44.8.27	4일
76	金○○	공주	35	농업	징역 10월	第4 海軍燃料廠	45.3.17	공주	45.1.25	5일
77	盧○○	공주	27	농업	징역 10월	大阪 金屬工業	45.3.17	공주	45.3.3	7일
78	白○○	공주	27	농업	징역 10월	大阪 金屬工業	45.3.17	공주	45.3.3	3일
79	金○○	공주	25	농업	징역 6월	三井鑛山 三池炭鑛	45.3.26	공주	44.12.14	4일
80	李○○	청양	39	농업	징역 6월	明治鑛業 高松炭坑	45.3.31	공주	45.2.14	7일
81	趙○○	공주	27	농업	징역 10월	三井株式 美唄炭鑛	45.4.16	공주	45.1.12	4일
82	鄭○○	공주	31	농업	징역 10월	日本鑛業 高松炭鑛	45.4.16	공주	45.3.19	6일
83	吳○○	공주	49	농업	징역 10월	日本鑛業 高松炭鑛	45.4.16	공주	45.3.19	6일

번호	이름	주소	나이	직업	형량	동원지	판결	법원	징용일	준비기간
84	宮本○○	공주	37	농업	징역 10월	日本鑛業 高松炭鑛	45.4.16	공주	45.3.19	5일
85	木村○○	공주	31	농업	징역 10월	山口縣 東見炭坑	45.4.16	공주	45.2.21	7일
86	梁原○○	청양	19	농업	징역 10월	日本鑛業 高松炭鑛	45.4.17	공주	45.2.14	7일
87	柳○○	공주	21	농업	징역 10월	三井鑛山 三池炭鑛	45.4.23	공주	45.3.19	6일
88	嚴○○	공주	22	농업	징역 10월	大同製鋼株 星崎工場	45.4.26	공주	45.4.13	7일
89	李○○	공주	19	농업	징역 10월	日本鑛業 高松炭鑛	45.4.30	공주	45.3.19	6일
90	林○○	청양	28	농업	징역 10월	中門鑛業 中門靑陽鑛山	45.4.30	공주	44.6.8	당일
91	崔○○	공주	39	농업	징역 10월	三井株式 美唄炭鑛	45.4.26	공주	45.1.12	5일
92	松本○○	공주	45	농업	징역 10월	宇部株式 東見初炭坑	45.4.26	공주	45.2.21	7일
93	金○○	공주	27	농업	징역 10월	大阪市 住友金屬	45.4.26	공주	45.3.3	5일
94	丁○○	공주	43	농업	징역 10월	日本鑛業 高松炭鑛	45.4.26	공주	45.3.19	7일
95	林○○	공주	44	농업	징역 10월	宇久須鑛業 宇久須鑛山	45.4.26	공주	45.2.12	3일
96	姜○○	공주	27	농업	징역 10월	第四 海軍燃料廠	45.4.26	공주	45.1.26	5일
97	金○○	공주	30	농업	징역 1년	日本鑛業 大江鑛山	45.6.27	공주	45.6.17	7일
98	吳○○	공주	27	농업	징역 1년	日本鑛業 大江鑛山	45.7.5	공주	45.6.17	7일
99	姜○○	청양	27		공소 기각	미상	45.8.16	공주	-	-
100	金○○	홍성	20	농업	징역 3월	吳 海軍建築部	42.4.9	홍성	42.1.15	3일
101	李○○	홍성	28	농업	징역 3월	吳 海軍建築部	42.4.9	홍성	42.1.15	3일
102	李○○	홍성	23	농업	벌금 30원	吳 海軍建築部	42.3.23	홍성	42.1.15	3일
103	朴○○	예산	19	농업	징역 3월	吳 海軍建築部	42.5.23	홍성	42.1.15	3일
104	黃○○	예산	25	농업	벌금 2백원	大湊 海軍施設部	44.8.17	홍성	44.8.7	6일

번호	이름	주소	나이	직업	형량	동원지	판결	법원	징용일	준비기간
105	李○○	예산	27	농업	벌금 2백원	大湊 海軍施設部	44.8.29	홍성	44.8.7	6일
106	方○○	예산	28	농업	벌금 50원	大湊 海軍施設部	44.8.30	홍성	44.8.7	6일
107	高○○	홍성	27	농업	벌금 2백원	大湊 海軍施設部	44.9.9	홍성	44.8,7	7일
108	朴○○	홍성	27	조합 서기	징역 4월	大湊 海軍施設部	44.10.9	홍성	44.8,7	7일
109	宋○○	청양	24	농업	징역 6월	宇部興産 東見初炭鑛	44.10.16	홍성	44.9.25	7일
110	李○○	예산	22	농업	벌금 2백원	川崎重工業 泉州工場	44.9.30	홍성	44.9.11	5일
111	金○○	보령	41	농업	징역 6월	福岡縣 小倉炭鑛	44.10.31	홍성	44.9.28	6일
112	金○○	보령	30	농업	징역 6월	福岡縣 小倉炭鑛	44.10.31	홍성	44.9.28	6일
113	趙○○	보령	26	농업	징역 6월	福岡縣 小倉炭鑛	44.10.31	홍성	44.9.28	6일
114	文○○	보령	34	농업	징역 6월	福岡縣 小倉炭鑛	44.10.31	홍성	44.9.28	7일
115	黃○○	보령	23	농업	벌금 2백원	川崎重工業 泉州工場	44.10.18	홍성	44.9.11	5일
116	具○○	보령	32	농업	징역 6월	福岡縣 小倉炭鑛	44.11.6	홍성	44.9.28	4일
117	朴○○	홍성	25	採鑛夫	벌금 2백원	福島縣 日本曹達	44.12.28	홍성	44.10.27	11일
118	黃○○	홍성	24	농업	징역 6월	北海道 幌內鑛業所	44.11.13	홍성	44.10.2	10일
119	金○○	홍성	22	농업/ 광부	징역 6월	大阪海軍施設部	44.11.13	홍성	44.9.2	7일
120	尹○○	홍성	24	농업	징역 6월	北海道 幌內鑛業所	44.11.13	홍성	44.10.2	10일
121	金○○	보령	28	농업/ 고용	징역 6월	福岡縣 小倉炭鑛	44.11.13	홍성	44.9.28	4일
122	姜○○	보령	46	고용	징역 6월	福岡縣 小倉炭鑛	44.11.13	홍성	44.9.28	6일
123	李○○	보령	22	농업	징역 6월	福岡縣 小倉炭鑛	44.11.14	홍성	44.9.28	6일
124	徐○○	홍성	40	농업	징역 6월	北海道 幌內鑛業所	44.11.13	홍성	44.10.2	10일
125	金○○	홍성	26	농업	징역 6월	北海道 幌內鑛業所	44.11.14	홍성	44.10.2	10일

번호	이름	주소	나이	직업	형량	동원지	판결	법원	징용일	준비기간
126	孫○○	청양	25	농업	징역 6월	山口縣 東見初炭坑	44.12.12	홍성	44.9.25	7일
127	黃○○	홍성	37	농업	징역 6월	福島縣 日本曹達	44.12.11	홍성	44.10.27	8일
128	兪○○	보령	22	농업	징역 6월	神戶 川崎造船所	44.12.11	홍성	44.10.5	5일
129	李○○	홍성	40	농업	징역 6월	福島縣 日本曹達	44.12.11	홍성	44.10.27	11일
130	河○○	홍성	44	농업	징역 6월	福島縣 日本曹達	44.12.11	홍성	44.10.27	11일
131	崔○○	공주	22	농업	징역 6월	北海道炭鑛汽船 新幌內鑛業所	44.12.11	홍성	44.10.12	16일
132	韓○○	청양	45	농업	징역 6월	山口縣 東見初炭坑	44.12.12	홍성	44.9.24	6일
133	韓○○	홍성	25	농업	징역 6월	내지(內地)	44.12.28	홍성	44.5.12	6일
134	李○○	보령	29	농업	벌금 2백원	福岡縣 小倉炭鑛	44.12.16	홍성	44.9.28	6일
135	兪○○	홍성	43	농업	징역 6월	福岡縣 嘉穗鑛業	45.1.8	홍성	44.11.7	6일
136	印○○	예산	25	농업	징역 6월	福岡縣 嘉穗鑛業	45.1.9	홍성	44.9.24	11일
137	趙○○	부여	32	농업	징역 6월	宇部興産 東見初炭坑	45.1.9	홍성	44.9.25	7일
138	劉○○	청양	27	牛車挽	징역 6월	宇部興産 東見初炭坑	45.1.9	홍성	44.9.25	7일
139	金○○	홍성	50	농업	징역 6월	福島縣 日本曹達	45.1.9	홍성	44.10.27	11일
140	林○○	예산	31	농업	징역 6월	住友鑛業 潛龍鑛業所	45.1.13	홍성	44.12.25	10일
141	申○○	홍성	20	농업	징역 6월	福岡縣 嘉穗鑛業	45.1.8	홍성	44.11.7	6일
142	姜○○	예산	32	日稼	징역 6월	福岡縣 嘉穗鑛業	45.1.9	홍성	44.9.24	11일
143	趙○○	보령	25	농업	징역 6월	中央工業 南部工場	45.1.10	홍성	44.12.26	18일
144	金○○	예산	36	농업	징역 6월	住友鑛業 潛龍鑛業所	45.1.11	홍성	44.12.25	10일
145	金○○	예산	34	농업	징역 6월	住友鑛業 潛龍鑛業所	45.1.13	홍성	44.12.25	10일
146	林○○	예산	27	농업	징역 6월	鎭海 海軍施設部	45.1.13	홍성	44.11.20	6일

번호	이름	주소	나이	직업	형량	동원지	판결	법원	징용일	준비기간
147	金○○	예산	23	농업	징역 6월	住友鑛業 潛龍鑛業所	45.1.13	홍성	44.12.25	10일
148	郭○○	예산	27	농업	징역 6월	大湊 海軍施設部	45.1.13	홍성	44.8.7	6일
149	尹○○	홍성	17	농업	벌금 2백원	福岡縣 日本曹達	45.1.10	홍성	44.10.27	11일
150	柳○○	예산	19	농업	징역 8월	清津製鐵所	45.1.19	홍성	44.2.8	당일
151	金○○	홍성	29	농업	징역 6월	大湊 海軍施設部	45.1.18	홍성	44.8.7	7일
152	趙○○	예산	31	농업	징역 6월	住友鑛業 潛龍鑛業所	45.1.21	홍성	44.12.25	10일
153	韓○○	예산	45	농업	징역 6월	宇部興産 山陽無極炭鑛	45.2.7	홍성	45.1.12	5일
154	清本○○	청양	30	농업	징역 6월	佐世保 海軍施設部	45.1.26	홍성	44.8.27	7일
155	姜○○	청양	33	농업	징역 6월	宇部興産 東見初炭鑛	45.1.26	홍성	44.9.25	7일
156	金海○○	청양	45	농업	징역 6월	山口縣 東見初炭坑	45.1.26	홍성	44.9.25	7일
157	安○○	예산	27	농업	징역 6월	福岡縣 嘉穗鑛業所	45.1.18	홍성	44.9.24	11일
158	金○○	홍성	28	농업	벌금 2백원	日本曹達 會津工場	45.1.24	홍성	44.10.27	8일
159	李○○	예산	20	농업	징역 10월	住友鑛業 潛龍鑛業所	45.2.7	홍성	44.12.25, 45.1.12	10일, 5일
160	朴○○	홍성	46	농업	징역 6월	北海道炭鑛汽船 會津工場	45.2.16	홍성	44.10.2	10일
161	黃○○	홍성	48	농업	징역 6월	北海道炭鑛汽船	45.2.16	홍성	44.10.2	10일
162	張○○	홍성	45	농업	징역 6월	日本曹達 會津工場	45.2.16	홍성	44.10.27	8일
163	李○○	홍성	25	농업	징역 6월	日本曹達 會津工場	45.1.9	홍성	44.10.27	8일
164	崔○○	홍성	47	농업	징역 6월	北海道炭鑛汽船 幌内鑛業所	45.1.8	홍성	44.10.2	10일
165	李○○	홍성	25	농업	징역 6월	北海道炭鑛汽船 幌内鑛業所	45.1.8	홍성	44.10.2	10일
166	李○○	홍성	35	농업	벌금 2백원	日本曹達 會津工場	45.2.7	홍성	44.10.27	10일
167	金○○	홍성	26	농업	벌금 2백원	日本曹達 會津工場	45.1.31	홍성	44.10.27	7일

번호	이름	주소	나이	직업	형량	동원지	판결	법원	징용일	준비기간
168	趙○○	서산	19	농업	벌금 2백원	宇部興山 沖ノ山炭鑛	45.2.13	홍성	44.12.15	10일
169	吳○○	홍성	48	농업	징역 6월	日本曹達 會津工場	45.3.18	홍성	44.10.27	10일
170	李○○ 현원 징용	홍성	37	工作夫	징역 8월	帝國石綿鑛業 廣川鑛業所	45.3.30	홍성	44.6.9	당일
171	鄭山 ○○	예산	27	농업	징역 8월	德山曹達 石灰採石所	45.3.18	홍성	44.11.2	14일
172	李○○ 현원 징용	홍성	21	농업	징역 8월	帝國石綿鑛業 廣川鑛業所	45.4.7	홍성	44.6.9	당일
173	許○○	청양	38	농업	징역 8월	日本鑛業 日立鑛山	45.3.28	홍성	45.1.15	8일
174	李○○	청양	31	농업	징역 8월	日本鑛業 日立鑛山	45.3.28	홍성	45.1.15	8일
175	姜○○	청양	29	농업	징역 8월	日本鑛業 日立鑛山	45.3.28	홍성	45.1.15	8일
176	金城 ○○	예산	28	농업	징역 8월	日本鑛業 高松炭鑛	45.3.29	홍성	45.2.14	10일
177	崔○○	예산	36	농업	징역 8월	住友鑛業 潛龍鑛業所	45.3.29	홍성	44.12.25	10일
178	崔○○	예산	35	농업	징역 8월	宇部興産 山陽無煙鑛業所	45.3.29	홍성	45.1.14	7일
179	朴○○	예산	42	농업	징역 8월	住友鑛業 潛龍鑛業所	45.3.29	홍성	44.12.25	10일
180	崔○○ 현원 징용	홍성	21	採鑛夫	징역 8월	帝國石綿鑛業 廣川鑛業所	45.4.13	홍성	44.6.9	당일
181	朱○○	예산	23	집배인	징역 8월	住友鑛業 潛龍鑛業所	45.4.13	홍성	44.12.25	10일
182	崔○○	예산	36	농업	징역 8월	日本鑛業 高松炭鑛	45.4.13	홍성	45.2.14	10일
183	黃○○	홍성	20	농업	벌금 2백원	日本炭鑛 勿來鑛	45.4.13	홍성	45.2.23	13일
184	金○○ 현원 징용	청양	28	농업	벌금 3백원	帝國石綿鑛業 廣川鑛業所	45.4.7	홍성	44.6.9	당일
185	鄭○○	예산	22	농업	벌금 2백원	三池製錬所 彦島工場	45.4.18	홍성	45.4.15	8일
186	金○○	예산	31	농업	징역 8월	住友鑛業 潛龍鑛業所	45.4.17	홍성	44.12.25	10일

번호	이름	주소	나이	직업	형량	동원지	판결	법원	징용일	준비기간
187	金○○	보령	23	製炭業	징역 8월	福岡縣 小倉炭鑛	45.4.30	홍성	44.9.28	8일
188	成○○	예산	28	농업	징역 8월	宇部興産 山陽無煙鑛業所	45.4.17	홍성	45.1.12	5일
189	車○○	예산	42	농업	징역 8월	住友鑛業 潛龍鑛業所	45.4.17	홍성	44.12.25	10일
190	李○○	예산	31	농업	징역 8월	大湊 海軍施設部	45.4.17	홍성	44.8.7	6일
191	白○○	보령	36	농업	징역 8월	大江鑛業 中鶴炭坑	45.4.30	홍성	45.2.14	9일
192	崔○○ 현원 징용	홍성	35	채광부	징역 8월	帝國石綿鑛業 廣川鑛業所	45.4.24	홍성	44.6.9	당일
193	李○○	예산	20	日稼	징역 8월	福岡縣 嘉穗鑛業所	45.5.3	홍성	44.9.24	11일
194	鄭○○	보령	19	농업	징역 8월	三菱三池製錬所 彦島工場	45.4.30	홍성	45.4.15	9일
195	咸○○	예산	42	농업	징역 8월	日本鑛業 高松炭坑	45.4.24	홍성	45.2.14	10일
196	黃○○	보령	22	농업	징역 8월	三菱化成工業 黑崎工場	45.4.30	홍성	45.4.19	13일
197	金○○	보령	39	농업	징역 8월	大江鑛業 中鶴炭坑	45.4.30	홍성	45.2.14	9일
198	秋○○	보령	28	농업	징역 8월	福岡縣 小倉炭鑛	45.4.30	홍성	45.9.28	8일
199	金○○	보령	25	농업	징역 8월	福岡縣 小倉炭鑛	45.4.30	홍성	45.9.28	6일
200	李○○	보령	29	大工	징역 8월	大江鑛業 中鶴炭鑛	45.5.3	홍성	45.2.14	9일
201	鄭○○	홍성	31	농업	징역 10월	北海道炭鑛汽船 幌內鑛業所	45.5.4	홍성	44.10.2	5일
202	趙○○	보령	31	농업	징역 8월	大阪 海軍施設部	45.4.30	홍성	45.2.6	6일
203	尹○○	홍성	32	농업	벌금 3백원	中外鑛業 上國鑛山	45.5.9	홍성	45.1.13	6일
204	淸浦 ○○	홍성	31	농업	징역 8월	日本鑛業 勿來鑛	45.6.16	홍성	45.3.23	40일
205	崔○○	홍성	19	농업	징역 10월	北海道炭鑛汽船 幌內鑛業所	45.5.23	홍성	44.10.2	10일
206	梁○○ 현원 징용	홍성	42	채광부	벌금 3백원	帝國石綿鑛業 廣川鑛業所	45.4.27	홍성	44.6.9	당일

번호	이름	주소	나이	직업	형량	동원지	판결	법원	징용일	준비기간
207	松原○○	논산	24	支柱夫	벌금 1백원	三菱鑛業 佐渡鑛業所	44.3.31	강경	-	-
208	趙○○	논산	42	運搬夫	벌금 80원	三菱鑛業 佐渡鑛業所	44.4.1	강경	-	-
209	金○○ 현원징용	논산	37	日稼	징역 6월	鎭海 海軍施設部 平澤施設 工事事業所	44.7.29	강경	44.6.19	2일
210	李○○ 현원징용	논산	28	농업	징역 6월	鎭海 海軍施設部 平澤施設 工事事業所	44.8.21	강경	44.6.15	4일
211	金○○ 현원징용	논산	37	농업	징역 6월	鎭海 海軍施設部 平澤施設 工事事業所	44.9.30	강경	44.6.15	2일
212	梁○○	논산	29	농업겸 마차만	징역 6월	미상	44.10.30	강경	44.10.3	5일
213	林○○	논산	42	농업	징역 6월	미상	44.11.17	강경	44.10.3	8일
214	金○○	논산	24	농업	징역 6월	미상	44.12.11	강경	44.11.3	7일
215	李○○	논산	22	농업	징역 6월	明治鑛業 豊國炭鑛	45.1.21	강경	44.12.14	5일
216	朴○○	논산	25	농업	징역 6월	明治鑛業 豊國炭鑛	45.1.21	강경	44.12.14	5일
217	李○○	부여	55	농업	벌금 3백원	內地 炭坑	45.1.16	강경	44.9.27	5일
218	河○○	논산	31	농업	징역 6월	三井鑛山 山野鑛業所	45.2.12	강경	44.9.22	4일
219	金○○	논산	30	농업	징역 6월	北海道炭鑛汽船 新幌內炭鑛	45.2.12	강경	45.1.12	8일
220	金○○	논산	29	농업	징역 6월	미상	45.2.12.	강경	45.1.5	5일
221	李○○	논산	22	노동	징역 6월	福岡縣 明治鑛業	45.2.12	강경	44.12.14	2일
222	崔○○ *2번	논산	26	炭水夫	징역 1년	大阪 海軍施設部	45.3.5	강경	45.12.14, 45.2.5	5일, 3일
223	梁○○	논산	24	농업/馬車挽	징역 1년	靜岡縣	45.3.18	강경	45.2.12	6일
224	金○○	논산	18	농업	징역 1년	住友鑛業 別子鑛山	45.3.22	강경	44.11.13	19일
225	柳○○	부여	19	농업	징역 1년	미상	45.3.22	강경	45.1.24	6일
226	朴○○	논산	31	농업	징역 1년	內地 炭坑	45.3.24	강경	44.10.3	15일

번호	이름	주소	나이	직업	형량	동원지	판결	법원	징용일	준비기간
227	德原○○	논산	28	차 수선	징역 10월	愛媛縣	45.3.28.	강경	44.11.3	8일
228	黃○○	논산	31	농업	징역 1년	福岡縣	45.3.28	강경	45.3.12	10일
229	朴○○	논산	27	농업	징역 1년	北海道	45.3.28	강경	45.1.12	8일
230	安○○	부여	23	농업	징역 1년	兵庫縣	45.3.31	강경	44.10.16	14일
231	劉○○	논산	24	농업	벌금 5백원	福岡縣	45.3.31	강경	44.9.22	4일
232	裵○○	논산	19	농업	징역 1년	北海道炭鑛汽船 新幌內炭鑛	45.4.5	강경	44.10.13	25일
233	安○○	논산	37	농업	징역 1년	福岡縣	45.4.11	강경	44.12.14	5일
234	宮本○○	논산	28	노동	징역 1년	岩手縣	45.4.10	강경	45.2.18	6일
235	柳○○	논산	26	조선 미곡 행원	징역 10월	大阪 海軍施設部	45.4.18	강경	45.2.6	6일
236	邊○○	논산	27	농업	징역 8월	山口縣	45.4.16	강경	45.2.21	5일
237	孔○○	논산	31	농업	징역 1년	福岡縣	45.4.18	강경	45.3.12	10일
238	金○○	부여	25	농업	벌금 3백원	靜岡縣	45.4.11	강경	45.2.12	5일
239	田○○	부여	26	농업	징역 1년	福岡縣	45.4.25	강경	45.1.24	6일
240	高○○	논산	33	농업	징역 6월	岩手縣	45.4.23	강경	45.2.18	4일
241	張○○	논산	35	농업	징역 1년	福岡縣	45.4.23	강경	45.3.19	12일
242	朴○○	논산	34	농업	징역 1년	福岡縣	45.4.21	강경	44.9.22	4일
243	金○○	부여	29	馬車挽	징역 1년 6월	三井鑛業 三池炭鑛	45.4.25	강경	45.1.25	8일
244	金○○	부여	28	농업	징역 1년	福岡縣	45.4.23	강경	45.3.19	6일
245	吳○○	부여	39	일가	징역 1년	靜岡縣	45.4.23	강경	45.2.22	16일
246	權○○	논산	27	농업	징역 1년	明治鑛業 豊國炭鑛	45.4.23	강경	45.3.19	12일
247	李○○	부여	45	농업	징역 1년	福岡縣	45.4.25	강경	44.9.27	7일

번호	이름	주소	나이	직업	형량	동원지	판결	법원	징용일	준비기간
248	張○○	부여	29	石工	징역 6월	福岡縣	45.5.10	강경	45.3.19	6일
249	金○○	논산	33	농업	징역 1년	大湊 海軍施設部	45.5.11	강경	45.4.27	4일
250	朴○○	논산	25	농업	징역 1년	大阪府	45.5.11	강경	45.2.6	6일
251	趙○○	부여	26	농업	징역 1년	岩手縣	45.5.14	강경	45.2.18	11일
252	黃○○	부여	31	농업/牛車挽	징역 1년	青森縣	45.5.16	강경	45.4.27	6일
253	姜○○	부여	22	농업	징역 1년	北海道	45.5.22	강경	45.4.17	9일
254	姜○○	부여	19	농업	징역 1년	北海道	45.5.21	강경	45.4.17	9일
255	金○○	부여	31	농업	징역 8월	福岡縣	45.5.23	강경	45.1.25	8일
256	李○○	부여	28	농업	징역 1년	北海道	45.5.23	강경	45.4.17	9일
257	金○○	부여	21	농업	징역 1년	愛媛縣	45.5.25	강경	44.10.30	4일
258	崔○○	부여	28	농업	징역 8월	北海道	45.5.29	강경	45.4.17	9일
259	禹○○	논산	26	농업	징역 8월	福岡縣	45.5.29	강경	45.3.12	10일
260	李○○	부여	24	농업	징역 1년	山口縣	45.5.30	강경	45.3.24	7일
261	西河○○	부여	31	농업	징역 1년	青森縣	45.5.31	강경	45.4.27	6일
262	金○○	부여	31	농업	징역 1년	青森縣	45.5.28	강경	45.4.27	6일
263	金○○	부여	34	농업	징역 1년	福岡縣	45.5.31	강경	44.12.14	7일
264	洪○○	부여	32	농업	징역 1년	青森縣	45.5.31	강경	45.4.27	6일
265	趙○○	부여	35	농업	징역 1년	北海道	45.6.7	강경	45.4.17	9일
266	金○○	논산	30	농업	징역 1년	福岡縣	45.6.7	강경	45.5.27	20일
267	李○○	부여	30	농업	징역 1년	福岡縣	45.6.7	강경	44.11.18	16일
268	宋○○	논산	30	농업	징역 1년	山口縣	45.6.7	강경	45.2.21	5일

번호	이름	주소	나이	직업	형량	동원지	판결	법원	징용일	준비기간
269	鄭○○	논산	38	일가	징역 1년	長崎縣	45.6.11	강경	45.5.29	19일
270	田○○	논산	25	농업	징역 1년 벌금 2백원	北海道	45.6.8	강경	44.10.2	14일
271	俞○○	부여	50	일가	징역 1년	青森縣	45.7.19	강경	45.6.19	-
272	尹○○	부여	24	농업	징역 1년	愛知縣	45.7.28	강경	44.12.6	5일
273	金○○	부여	19	농업	징역 1년	福岡縣	45.7.28	강경	44.12.14	7일
274	朴○○	부여	41	농업	징역 1년	福岡縣	45.7.31	강경	45.1.24	6일
275	李田○○	논산	23	농업	공소 기각	미상	45.8.17	강경	-	-
276	韓○○	서산	38	농업	징역 8월	宇部鑛山 沖/山炭鑛	44.10.18	서산	44.9.21	8일
277	金澤○○	서산	21	농업	징역 8월	宇部鑛山 沖/山炭鑛	44.11.2	서산	44.9.21	8일
278	金○○	서산	23	농업	징역 8월	宇部鑛山 沖/山炭鑛	44.11.2	서산	44.9.20	7일
279	宋○○	서산	33	농업	징역 8월	宇部鑛山 沖/山炭鑛	44.11.4	서산	44.9.21	8일
280	朴○○	서산	34	농업	징역 8월	宇部鑛山 沖/山炭鑛	44.11.4	서산	44.9.21	8일
281	柳○○	서산	24	농업	징역 8월	宇部鑛山 沖/山炭鑛	44.11.10	서산	44.9.21	8일
282	申○○	서산	24	농업	징역 6월	佐世保 海軍施設部	44.11.10	서산	44.8.27	9일
283	金○○ *2번	당진	27	油商	징역 10월	大阪海軍施設部 北海道炭鑛汽船 新幌內炭鑛	44.11.2	서산	44.9.2, 44.10.3	7일, 7일
284	尹○○	서산	33	농업	징역 8월	宇部鑛山 沖/山炭鑛	44.12.23	서산	44.9.21	8일
285	金原○○	보령	25	농업	징역 1년	大正鑛業 中鶴炭鑛	45.5.17	김천	45.4.24	5일
286	豊川○○	보령	17	농업	징역 1년	大正鑛業 中鶴炭鑛	45.5.17	김천	45.4.24	5일
287	林○○	청양	23	농업	징역 8월	宇部興産 東見初炭鑛	45.6.23	홍성	44.9.25	12일
288	金○○	예산	30	농업	징역 1년 6월	미상	45.6.15	홍성	-	-

번호	이름	주소	나이	직업	형량	동원지	판결	법원	징용일	준비기간
289	金○○	예산	22	농업	징역 3년	제222부대	45.6.15	홍성	45.4.25	8일
290	申○○	예산	22	농업	금고 1년	제222부대	45.6.15	홍성	45.4.25	8일
291	松村○○	청양	28	광내부	징역 10월	중천광업 중천청양광산	45.7.13	홍성	44.6.8	당일
292	趙○○	서산	30	식육판매	징역 1년	横濱市 昭和特殊製鋼	45.6.20	대구	45.6.9	2일
293	姜○○	예산	24	日稼	징역 6월	미상	45.1.21	홍성	-	-
294	姜○○	청양	29	농업	징역 8월	미상	45.4.7	홍성	-	-
295	金○○	예산	23	농업	징역 6월	미상	45.1.22	홍성	-	-
296	金海○○	청양	35	농업	징역 6월	미상	45.3.16	홍성	-	-
297	鄭○○	대덕	20	무직	단기2년 장기3년	三菱 航空機製作所	45.4.20	경성	45.12.7	-
298	鶴城○○	공주	39	공장직공	징역 6월	大奏 海軍施設部	45.4.21	경성	44.8.10	2일
299	棟方○○	아산	39	서무계	벌금 50원	미상	45.4.7	경성	-	-
300	姜○○	공주	22	인쇄직공	징역 6월	福島縣 炭鑛	44.12.14	경성	44.10.1	3일
301	崔○○	청양	23	농업	징역 8월	昭和鑛業 吉井炭坑	45.3.29	홍성	45.2.7	5일
302	崔○○	부여	21	농업	징역 1년	福岡縣	45.7.28	강경	45.1.23	17일
303	平山○○	대전	32	鉽力業	징역 1년	貝島鑛業 大之浦炭鑛	45.6.26	경주	45.6.17	1일
304	松山○○	공주	46	大工	벌금 5백원	福井縣 森興業株式	45.6.5	김천	45.2.12	4일
305	吳○○	논산	49	농업	징역 8월	帝國砂白金 雨龍鑛山	45.8.8	전주	45.6.17	5일
306	平谷○○	서산	34	철공업	징역 10월	미상	45.5.26	인천	45.1.26	15일
307	金井○○	연기	32	-	공소기각	미상	45.8.16	인천	-	-
308	長谷川○○	당진	28	-	공소기각	미상	45.8.16	인천	-	-
309	金島○○	당진	32	-	공소기각	미상	45.8.16	인천	-	-

번호	이름	주소	나이	직업	형량	동원지	판결	법원	징용일	준비기간
310	朴○○	대덕	35	-	공소기각	미상	45.8.16	인천	-	-
311	尹○○	당진	25	日稼	징역 1년	名古屋市 千草兵器工場	45.7.27	대구	-	-
312	金○○	예산	26	광부	징역 1년	달성군 小林鑛業所	45.7.28	대구	44.4.8	-
313	菊田○○	연기	23	사무원	징역 1년	東京都 石川島造船所	45.8.7	대구	-	-
314	黃○○	금산	22	농업	징역 8월	大阪府 藤榮田造船所	44.12.30	전주	44.10.13	14일
315	山本○○	금산	22	농업	징역 6월	大阪府 藤榮田造船所	44.12.30	전주	44.9.14	6일
316	正木○○	금산	25	농업	징역 6월	三井鑛山 芦別鑛業所	45.1.15	전주	45.1.12	4일
317	任○○	금산	19	농업	징역 8월	三井鑛山 芦別鑛業所	45.2.19	전주	45.1.20	13일
318	梁○○	금산	24	농업	징역 10월	三井鑛山 神岡鑛業所	45.3.5	전주	45.1.16	4일
319	吳○○	금산	34	농업	징역 8월	福岡縣 九州採炭	45.3.13	전주	45.2.15	5일
320	李○○	금산	29	농업	징역 8월	山口縣 宇部鑛業	45.6.8	전주	45.2.22	5일
321	金○○	금산	36	농업	징역 8월	三井鑛業 芦別鑛業所	45.6.27	전주	44.12.3	5일
322	李○○	금산	21	농업	징역 8월	三井鑛山 神岡鑛業所	45.6.30	전주	45.4.17	6일
323	金○○	금산	41	농업	징역 8월	三井鑛業 芦別鑛業所	45.6.29	전주	44.12.3	5일
324	柳○○	금산	32	농업	징역 8월	長崎縣 日鐵鑛業	45.8.4	전주	44.9.24	4일
325	盧○○	금산	31	농업	징역 1년	野村鑛業 置戸鑛山	45.7.19	대구	45.6.19	9일
326	李○○	금산	33	농업	징역 1년	미상	45.7.4	청주	-	-

4. 강제동원 조선인의 주요 노동쟁의(1939~45년)

일 시		동원지	노동쟁의		동원 인원	쟁의 참가수
			형태	이유		
1939	10.18	北海道 大森鑛山	罷業	임금	100	100
	10.21	北海道 三菱鑛業(주) 手稻鑛山	罷業	식사	293	293
	10.27	北海道 鴻之舞鑛山	紛議	구타 임금	150	150
	10.27	北海道 長倉炭坑	罷業	사고위험	150	150
	10.28	長生炭鑛	紛議	탈출자 구타	221	221
	10.30	北海道 三菱鑛業(주) 美唄鑛業소	罷業	임금	318	150
	11.3	北海道 三井鑛業(주) 砂川鑛山	罷業	침구대금	148	148
	11.7	北海道 三菱鑛業(주) 手稻鑛山	紛議	낙반사고	292	292
	11.12	北海道 新幌內炭鑛	紛議	일본인투쟁	140	140
	11.15	北海道 夕張炭鑛	紛議	구타	238	238
	11.19	福島縣 磐城炭鑛(주)	罷業	임금	138	138
	11.21	三井鑛業(주) 美唄鑛業소	罷業	낙반사고	200	98
	12.2	北海道 夕張鑛業소	罷業	사고위험	1571	126
	12.5	北海道 日本鑛業(주) 鴻之舞鑛山	紛議	구타	280	280
	12.13	北海道炭鑛汽船(주) 夕張鑛業소	罷業	구타	118	118
	12.15	雄別炭鑛會社 浦幌炭業	罷業	구타	130	130
	12.28	日本炭業(주) 新山野炭鑛	怠業	임금	197	170
	12.26	北海道炭鑛汽船(주) 空知鑛業所	罷業	임금	81	81
	12.20	宮崎縣 新田原飛行場	怠業	노동조건	194	144
	12.29	鹿兒島縣 玉山鑛山	罷業	구타	99	99
1940	1.1	福岡縣 日産化學工業 高松炭鑛	紛議	구타	400	100
	1.4	長崎縣 日窒鑛業 江迎炭業所	罷業	임금	146	146
	1.23	北海道 靜狩金山(주) 靜狩鑛業所	怠業	식사	186	186
	1.22	日本鑛業(주) 三井大盛鑛山	怠業	폭행	-	120
	1.24	北海道 三菱鑛業(주) 美唄鑛業所	怠業	폭행	-	194
	1.24	入山炭坑(주)	罷業	사망	-	430
	1.30	三菱鑛業(주) 美唄鑛業所	怠業	낙반사고	194	194
	1.30	日本發送 電三浦 貯水池工事場	분쟁	탈출자 구타	200	150
	2.8	北海道 雄別炭鑛(주) 茂尻鑛業所	罷業	대우개선	195	195
	2.10	日本發送電 常盤發電工事場	분쟁	구타	250	250
	2.23	玉ノ山鑛山	休業	폭발사고	150	93
	2.26	北海道炭鑛汽船(주) 夕張鑛業所	요장배척	식사	92	92
	3.3	茨城縣 日立鑛山 諏訪採鑛所	분쟁	구타	363	363
	3.5	古河鑛業(주) 大峯鑛業所	-	훈련완화	282	186
	3.12	北海道 三菱鑛業(주) 大夕張鑛業所	罷業	구타	516	140
	3.12	北海道炭鑛汽船(주) 幌內鑛業所	陳情	임금	103	103
	3.16	北海道 日本鑛業(주) 豊羽鑛山	罷業	變死	100	99
	3.20	北海道 三菱 美唄鑛山	罷業,폭행	구타	887	115

일 시		동원지	노동쟁의		동원 인원	쟁의 참가수
			형태	이유		
	3.21	北海道 雄別炭鑛(주) 茂尻鑛業所	罷業	송환	179	115
	3.22	北海道 昭和電工(주) 豊里鑛業所	罷業	임금	195	195
	3.24	宮崎縣 槇峯鑛山	습격	점호	199	190
	3.29	北海道 雄別炭鑛(주) 雄別鑛業所	罷業	계약기간	52	52
	4.1	北海道 昭和鑛業(주) 新幌內鑛業所	罷業	인권무시, 차별	423	328
	4.1	靜岡縣 日本鑛業(주) 河津鑛山	紛議	감독경질	60	60
	4.2	福島縣 磐城炭鑛 長倉本坑	罷業 무력항쟁	구타	-	200
	4.3	高知縣 縣營水力 加技發電所工事場	怠業	임금	321	300
	4.6	北海道 彌生鑛業所	罷業	임금	197	197
	4.11	新瀉縣 佐渡金山	罷業	임금	97	97
	4.12	兵庫縣 明延鑛山	罷業	임금	255	115
	4.15	青森縣 上北鑛山	怠業	임금	50	50
	4.15	栃木縣 日本鑛業(주) 日光鑛山	罷業	임금	69	69
	8.7	北海道 三菱鑛業(주) 美唄鑛山	무력항쟁	구타	970	150
	8.15	大分縣 三菱鑛業(주) 尾平鑛業所	罷業 무력항쟁	임금	-	50
	8.27	福島縣 入山採炭(주)	무력항쟁	구타	-	80
	8.29	高知縣 渡川改修 八東工事場	무력항쟁	감독	-	50
	9.25	北海道 眞勳別發電工事場	무력항쟁	구타	1,300	70
	10.7	北海道 三菱鑛業(주) 美唄炭鑛	무력항쟁	구타	970	150여
	10.9	宮城縣 三菱鑛業(주) 細倉鑛山	무력항쟁	구타	-	25
	10.15	大分縣 三菱鑛業(주) 尾平鑛業所	파업	임금	-	50
	10.19	高知顯 渡川改修八東工事場	무력항쟁	노무관리	-	50여
	10.27	福島縣 入山採炭株式會社	무력항쟁	구타	-	80여
1941	1.1	福島縣 日曹鑛業(주) 常磐炭鑛	무력항쟁	떡 배급	-	80여
	1.2	長崎縣 日鐵鑛業(주) 北浦鑛業所	무력항쟁	구타	192	100
	1.12	福岡縣 日產化學工業(주) 遠賀鑛業所	罷業	임금	2,015	225
	4.1	北海道 柏倉石鑛業所	罷業	식사	-	179
	4.3	北海道 芽沼炭鑛	罷業	식사	-	125
	4.3	北海道 北海道炭鑛汽船(주) 夕張鑛業所	罷業	식사	-	23
	5.1	福岡縣 八幡製鐵所 入江組	怠業	식사	39	6
	5.2	福岡縣 日本化成(주) 船舶荷役場	怠業, 탈출	식사	110	20
	5.3	福岡縣 築紫鑛業所	怠業	식사	-	14
	5.3	福島縣 磐城炭鑛	罷業	식사	280	40
	5.8	福島縣 好間鑛業所	罷業	식사	210	165
	5.25	三重縣 紀州鑛山	罷業	식사	-	123
	5.25	福岡縣 山田炭鑛	怠業	식사	177	60
	6.3	福岡縣 平山炭鑛	罷業	식사	-	37
	6.11	茨城縣 日立鑛山	무력항쟁	구타	-	50여
	6.25	北海道 大夕張炭坑	무력항쟁	민족차별	213	200여

일 시		동원지	노동쟁의		동원 인원	쟁의 참가수
			형태	이유		
	10.2	神內川縣 國道改良工事場	무력항쟁	탈출자 구타	115	115
	10.5	靜岡縣 日本鑛業(주) 峯山炭山	무력항쟁	식사	-	20여
	10.12	靜岡縣 土肥金山會社 土肥鑛業所	무력항쟁	구타	176	100여
	12.1	山形縣 古河合名會社 永松鑛業所	무력항쟁	임금	-	29
	12.12	北海道 北海道炭鑛汽船(주) 空知鑛業所	무력항쟁 休業	술배급	-	66
1942	1.11	福岡縣 三菱鑛業(주) 方城炭鑛	怠業	식사	670	77
	1월	北海道炭鑛汽船(주) 夕張鑛業所	罷業	식사	165	165
	2.8	宮城縣 松島飛行場 建築工事場	무력항쟁	구타	800	400
	2.8	北海道 住友鑛業(주) 奈井江鑛業所	怠業	식사	154	154
	2.15	長崎縣 佐世保海軍建築部	무력항쟁	구타	1,580	462
	2.23	北海道 三井鑛山(주) 砂川鑛業所	罷業	식사	1,056	326
	2.26	岩手縣 松尾鑛山	무력항쟁	구타	790	184
	3.19	神奈川縣 (주)熊谷組	紛議	구타	130	130
	5.31	福島縣 磐城炭鑛(주) 鑛業所	단식투쟁	식사증배	1301	86
	5월	長崎縣 佐世保海軍建築部	무력항쟁	구타	340	340
	6.5	滋賀縣 日窒鑛業(주) 土倉鑛業所	紛議	대우개선	95	95
	6.6	北海道 住友工業(주) 鴻之舞鑛業所	怠業	임금	-	244
	6월	靜岡縣 日發發電工事 柿間澤工事場	罷業	구타사망	1,038	230
	7.12	山口縣 東見初炭鑛	怠業	조건 상이	299	299
	7.29	北海道 北千島 北方軍事要地	무력항쟁	구타	54	54
	7.30	日發發電工事場	무력항쟁	-	33	33
	8.4	長崎縣 世保鑛業所 矢岳鑛山	무력항쟁	-	1,050	153
	8.10	秋田縣 古河鑛業所 阿仁鑛山	怠業	경고	37	37
	8.14	兵庫縣 三菱鑛業(주) 生野鑛業所	무력항쟁 집단탈출	口論	-	45
	8.30	神奈川縣 日本鋼管(주) 扇町製鋼所	무력항쟁	구타	100	99
	9.22	大熊縣 東京第二陸軍造兵廠 熊本出張所	무력항쟁	구타	62	41
	10.1	北海道 日鐵 俱知安鑛山	罷業	임금	98	98
	10.5	福岡縣 日本鑛業(주) 逢ノ山鑛山	무력항쟁	식사배급		21
	10.11	福岡縣 土肥金山會社 土肥鑛業所	무력항쟁	구타	176	100
	10.13	北海道 雄別炭鑛 茂尻鑛業所 土屋組	怠業	대우개선	100	100
	10.28	兵庫縣 日亞製鋼(주)	대우개선	임금	435	148
	10월	神奈川縣 國道改良工事場 佐原組	무력항쟁			150
	11.9	茨城縣 日立鑛山	무력항쟁	음식	53	52
	11.24	神奈川縣 日本鋼管(주) 川崎製鋼所	무력항쟁	-	-	
	12.1	山形縣 古河合名會社 永松鑛業所	무력항쟁	임금		28
	12.9	佐賀縣 杵島炭鑛	무력항쟁	식사	1,400	170
	12.12	北海道炭鑛汽船(주) 空知鑛業所	무력항쟁 休業	-	-	66
	12.16	福島縣 古河鑛業(주) 好間鑛業所	무력항쟁	구타	81	81
	12.17	宮城縣 大貫鑛業所	怠業	임금	47	47

일 시		동원지	노동쟁의		동원 인원	쟁의 참가수
			형태	이유		
	12.18	山口縣 大濱炭鑛	무력항쟁	술 배급	33	30
1943	1.2	福岡縣 日炭 新山野炭鑛	무력항쟁 집단탈출	반감	283	97
	1.12	大熊縣 四ノ山炭鑛	투쟁	구타	196	116
	2.8	宮城縣 松島飛行場 建築工事場	무력항쟁	구타	-	280
	2.8	福岡縣 日鐵 八幡製鐵所	무력항쟁	식사	646	479
	2.15	神奈川縣 日本鋼管(주) 鶴見製鐵所	친목회	-	114	10여명
	3.1	佐賀縣 唐津炭鑛	무력항쟁	식사	538	150
	3.7	愛媛縣 帝國鑛業開發(주) 今出鑛業所	怠業	식사감식	24	24
	3.18	長崎縣 長崎鑛業(주) 伊之島鑛業所	무력항쟁	구타	23	23
	3.31	兵庫縣 大阪機械製作所 尼崎工場	무력항쟁	강제저축	148	148
	4.1	福岡縣 三井 山野鑛業所	무력항쟁	구타	732	180
	4.2	宮崎縣 鐵道工事(주)	무력항쟁	식사	263	51
	4.10	神奈川縣 日本鋼管(주) 川崎製鋼所	罷業	귀선요구	837	837
	4.15	福島縣 古川炭鑛	투쟁	대우개선	468	402
	4.23	大阪府 大同製銅(주) 大阪工場	怠業	대우개선	99	99
	4.28	岩手縣 同鐵鑛業(주) 釜石鑛業所	紛議	구타	694	4백여명
	4월	神奈川縣 日本鋼管(주) 扇町製鋼所	紛議	훈련대장 경질	-	35
	4월	神奈川縣 日本鋼管(주) 川崎製鋼所	파업	민족차별	-	3천명
	5.6	秋田縣 古河鑛業(주) 古河阿仁鑛業所	무력항쟁	구타	102	81
	5.8	佐賀縣 浦之崎造船	무력항쟁	외출,반감	60	60
	5.10	岐阜縣 三井 神岡鑛業所	紛議	구타	1,000	400
	5.11	福岡縣 三菱 飯塚鑛業所	罷業	-	1,127	92
	5.15	福岡縣 貝島 大之浦鑛業所	무력항쟁	구타	35	35
	5.25	佐賀縣 小城炭坑	무력항쟁	식사(찬밥)		50
	5월	福岡縣 日鐵二瀨鑛業所 潤野炭鑛	무력항쟁	탈출구타	1,107	68
	6.2	樺太縣 佐佐木組	무력항쟁	외출 경고	70	70
	6.10	福岡縣 三井 三池鑛業所	무력항쟁	식사	45	45
	6.11	京都府 大江니켈工業(주)	무력항쟁	구타	360	260
	6.12	福井縣 日本亞鉛工業(주)	무력항쟁	사고	100	100
	6.13	福岡縣 九州採炭 笠原鑛業所	紛議	식사 사감 경질	149	149
	6.15	長崎縣 日鐵北松鑛業所	무력항쟁	식사	51	51
	6.15	福岡縣 九州採炭 新手五坑	무력항쟁 집단탈출	구타징계	37	37
	6.22	福岡縣 嘉穗鑛業所	무력항쟁	구타	110	110
	6.27	福岡縣 貝島 大之浦鑛業所	집단항쟁	주재소 연행	260	260
	6.28	北海道 野村鑛業(주) イトムカ鑛業所	罷業	강제저축	160	160
	6월	山口縣 日本鑛業(주)	怠業	식사	217	80
	7.4	鹿兒島縣 鐵道工業(주) 出水出張所	罷業	임금	135	135

일 시		동원지	노동쟁의		동원 인원	쟁의 참가수
			형태	이유		
	7.4	大分縣 第二陸軍造兵廠 坂ノ市製鐵所	罷業	강제저축	263	43
	7.15	日本鑛業(주) 山陽無煙炭鑛業所	怠業		217	80
	7.16	秋田縣 花岡町(주) 藤田組 花岡鑛山	무력항쟁	구타	650	205
	7.26	神奈川縣 日本鋼管(주) 淺野船渠	무력항쟁	식사	26	26
	7.26	山口縣 宇部興業(주) 沖ノ岩鑛業所	怠業	구타	190	190
	7.27	福岡縣 三菱鑛業(주) 上山田炭坑	罷業	식사	35	35
	7.28	東京都 (주)宮製鐵所	罷業	임금	33	33
	7.상순	遠藤組	怠業	임금	163	66
	7월	兵庫縣 久保田鐵工所 尼崎工場	罷業	동료석방	195	80
	8.2	愛媛縣 住友鑛業(주) 田坂島製鐵所	무력항쟁	減食	80	60
	8.8	北海道 川口組	무력항쟁	구타	148	84
	8.9	廣島縣 吳海軍施設部	무력항쟁	구타	-	7백여명
	8.11	福岡縣 麻生鑛業(주) 吉猥炭鑛	무력항쟁	구타	2,620	수십명
	8.14	青森縣 日本鑛業(주) 上北鑛山	무력항쟁	口論	357	110
	8.16	福岡縣 麻生鑛業(주) 赤坂炭坑	무력항쟁	구타	184	184
	8.16	山口縣 日鑛 山陽無煙鑛業所	무력항쟁	口論		300
	8.18	熊本縣 三井 三池鑛業所 四ノ山炭坑	무력항쟁	술 배급	1,246	100
	8.29	福岡縣 三井 田川鑛業所	투쟁	口論	923	125
	9.29	福岡縣 東菰田浜崎豆炭工場	투쟁	구타	1,160	80
	9.30	岩手縣 西松組 鐵道工事場	무력항쟁	구타	61	46
	10.15	樺太縣 金山飯場	무력항쟁	구타 사망	120	102
	10.19	福岡縣 貝島 大之浦炭鑛	무력항쟁	외출		50
	10.18	岩手縣 西松組	무력항쟁	구타	66	60
	11.7	福岡縣 日本鑛業(주) 遠賀鑛業所 第一高松炭鑛	무력항쟁 罷業	식량	-	116
	11.24	兵庫縣 川崎重工業 製鐵工場	투쟁	민족차별	-	3
	12.1	樺太縣 豊畑炭鑛	罷業 무력항쟁	私的制裁	263	85
	12.6	北海道 管屋組	무력항쟁	반감	90	23
	12.10	長崎縣 日本鑛業(주) 矢岳炭鑛	무력항쟁	식사 구타	1,047	7
	12.16	福岡縣 日本鑛業(주) 忠淸寮	무력항쟁	노동조건	115	99
	12.중순	樺太廳 三井鑛山(주) 內川炭鑛 遠藤組	罷業	식사	37	37
1944	1.1	樺太廳 日本製鐵(주) 泊岸鑛業所	무력항쟁	私的制裁	863	164
	1.3	北海道炭鑛汽船(주) 角田鑛	무력항쟁	구타	139	수십명
	1.4	北海道 荒卷組	罷業	임금	-	25
	1.25	佐賀縣 砥川炭鑛	무력항쟁	구타	103	62
	1.31	兵庫縣 川崎重工業(주) 製版工場	집단탈출	流言	-	25
	1월	鳥取縣 美保海軍施設部	무력항쟁	식사	430	30
	2.1	靜岡縣 土肥鑛業所	怠業	기간만료 歸鮮	-	24
	2.1	長崎縣 三菱 高島鑛業所	罷業	식사	1,278	13

일 시	동원지	노동쟁의		동원 인원	쟁의 참가수
		형태	이유		
2.4	三重縣 石原産業(주) 紀州鑛山	무력항쟁	식량	-	26
2.5	福島縣 大昭炭鑛(주) 上山田鑛	무력항쟁	식사	-	60
2.9	青森縣 大湊海軍 請負 佐佐木組	무력항쟁	식사	644	644
2.11	樺太廳 樺太人造石油(주) 內淵鑛業所	무력항쟁	구타	1,140	60
2.15	樺太廳 樺太人造石油(주) 內淵鑛業所	무력항쟁	구타	1,140	30여명
2.17	宮城縣 海軍飛行場 管原組 矢本出張所	무력항쟁	구타	703	십수명
2.21	山口縣 大浜炭鑛	怠業	減食	-	45
3.1	長崎縣 日鐵 北松鑛業所 池野鑛	罷業	歸鮮	381	55
3.6	福岡縣 三菱 上山田炭鑛	罷業	식사	1,131	101
3.13	福岡縣 古河鑛業所 大峯炭鑛	무력항쟁	구타 사망	-	270
3.15	岩手縣 松尾鑛山	怠業	임금	742	33
3.17	山口縣 德山曹達(주) 福本組	罷業	임금	-	56
3.21	福岡縣 黑崎窯業(주)	罷業	식사	55	55
4.6	福岡縣 三菱 飯塚鑛業所	罷業	재계약	2,607	68
4.11	岐阜縣 三井鑛山(주) 神岡鑛業所	무력항쟁	減食	853	67
4.21	北海道 赤平鑛業所	무력항쟁	기간만료	1,305	60
4.23	福岡縣 貝島鑛業(주) 大辻炭鑛	罷業	재계약	541	541
4월	山口縣 東見炭鑛	무력항쟁	식사	-	90
5.4	山口縣 東見初炭鑛(주)	怠業	귀선	1,182	95
5.17	兵庫縣 尼崎製鐵(주)	무력항쟁	구타	183	61
5.28	山口縣 宇部興産(주) 東見初炭鑛	무력항쟁	식량	1,321	150
6.21	北海道 茅沼炭化鑛業(주) 茅沼鑛業所	무력항쟁	사망	814	250
7.11	北海道 雄別炭鑛(주) 茂尻鑛業所	罷業 怠業	재계약	1,100	187
7.17	福岡縣 三菱 鯰田炭鑛	무력항쟁	식사	1,504	100여명
7.19	北海道 海軍施設部工事場 管原組	休業	재계약	-	87
7.20	北海道 軍管理採石事業場 管原組	休業	재계약	-	170
7.21	三重縣 石原産業(주) 紀州鑛山	무력항쟁	환자조치	143	658
7.25	北海道 日發工事場 荒川組	罷業	재계약	156	107
7.25	宮城縣 橫須賀海軍施設部 管原組 配下 新川組 賀城出張所	무력항쟁	기간만료	-	360
7월	宮城縣 西松組 配下 平山飯場	무력항쟁	구타	-	76
8.1	北海道 海軍施設部協力會 清水組	무력항쟁	구타	-	25
8.8	佐賀縣 日滿鑛業(주) 新屋敷鑛業所	罷業	재계약	1,225	85
8.14	岩手縣 東亞鑛業(주) 田老鑛業所 소속 宮古製鍊所	무력항쟁	구타	-	87
9.1	北海道 三菱 茂尻鑛業所	休業	동료석방	-	35
9.21	長野縣 昭和電工 大町工場	罷業	휴가	195	85
9.22	北海道 三井 美唄鑛業所	무력항쟁	술 배급	-	150
9.25	北海道 三井 芦別炭鑛	罷業	군요원공출	973	200
9.27	靜岡縣 宇久須鑛業(주) 宇久須炭鑛	무력항쟁	구타	-	30

일 시		동원지	노동쟁의		동원 인원	쟁의 참가수
			형태	이유		
	9.30~10.2	福島縣 常磐炭鑛 湯本鑛	休業	재계약	-	66
	10.1	北海道 三菱鑛業(주) 美唄鑛業所	休業	구타	2,000	160
	10.8	秋田縣 三菱 尾去澤鑛業所	무력항쟁	減食	520	184
	10.15	兵庫縣 川崎重工業(주) 艦船工場	무력항쟁	식량	1,221	501
	10.19	福岡縣 淺野시멘트工場	무력항쟁	구타	60	50
	10.21	岡山縣 玉野造船所	絕食同盟	구타	277	277
	10.28	福岡縣 貝島 大之浦炭鑛	무력항쟁	구타	213	85
1945	3.17	新潟縣 新潟鐵工所	집단탈출	-	88	24
	4.3	北海道 北海道砂鑛開發(주) 和寒鑛山	무력항쟁	물품 배급	-	100
	4.18	長崎縣 三菱 長崎造船所	무력항쟁	식사	-	170
	5.5	岐阜縣 揖斐川電氣工業(주)	무력항쟁	식사	-	15
	5.22	栃木縣 皇國第5027工場	무력항쟁	식사	31	31

찾아보기

【ㄱ】

【ㄴ】

【ㄷ】

【ㄹ】

【ㅁ】

【ㅂ】

【ㅅ】

▎노영종

사람 사는 세상을 꿈꾸며
충남대학교에서 한국근대사를 전공하고 석사, 박사학위를 받았다.
일제의 조선인 강제동원과 저항에 대한 연구를 진행하여
2019년「일제 말기 노동력 강제동원과 거부투쟁」으로 결실을 보았다.

현재 국가기록원 학예연구관으로 근무하며, 국가의 중요 기록물을 수집·보존하고 연구자를 비롯한 일반 국민들이 기록물을 활용할 수 있도록 노력하고 있다.

논저로「일제 말기 조선인의 북해도지역 강제연행과 거부투쟁」,「일제 강제연행자 현황에 대한 검토」,「대전지역의 강제연행 현황」,「일제 강점기 노무자원 조사와 충남지역 강제연행」,「일제강점기 충남지역의 강제연행 현황」 등이 있다.